Die Chronik-Bibliothek des 20. Jahrhunderts

Brigitte Beier

Chronik 1927

Tag für Tag in Wort und Bild

Chronik Verlag

Abbildungen auf dem Schutzumschlag
(oben links beginnend)
Der US-amerikanische Postflieger Charles Lindbergh vor seinem Flugzeug, der „Spirit of St. Louis mit dem er den Atlantik überflog
Start des Sechstagerennens im Berliner Sportpalast
Neue Damenmode mit kurzen Röcken
Leo D. Trotzki, sowjetischer Politiker und Kritiker des Parteichefs Josef W. Stalin
Der Führer der chinesischen Kuomintang-Partei, Chiang Kai-shek (Mitte), mit zwei Gefolgsleuten

Redaktion: Ingrid Reuter (Text), Norbert Fischer, Traute Schürmann-Baetzel (Bild)
Anhang: Ludwig Hertel, Bernhard Pollmann, Karl Adolf Scherer
Gesamtherstellung: Mohndruck Graphische Betriebe GmbH, Gütersloh

ISBN 3-577-14027-5

Inhalt 1927

Der vorliegende Band aus der »Chronik-Bibliothek des 20. Jahrhunderts« führt Sie zuverlässig durch das Jahr 1927 und gibt Ihnen – aus der Sicht des Zeitzeugen, aber vor dem Hintergrund des Wissens von heute – einen vollständigen Überblick über die weltweit wichtigsten Ereignisse in Politik und Wirtschaft, Kultur und Sport, Alltag und Gesellschaft. Sie können das Jahr in chronologischer Folge an sich vorüberziehen lassen, die »Chronik 1927« aber auch als Nachschlagewerk oder als Lesebuch benutzen. Das Chronik-System verbindet eine schier unübersehbare Fülle von Artikeln, Kalendereinträgen, Fotos, Grafiken und Übersichten nach einheitlichen Kriterien und macht damit die Daten dieses Bandes mit jedem anderen Band vergleichbar. Wer die »Chronik-Bibliothek« sammelt, erhält ein Dokumentationssystem, wie es in dieser Dichte und Genauigkeit nirgends sonst zu haben ist.

Hauptteil (ab Seite 10)

Jeder Monat beginnt mit einem Kalendarium, in dem die wichtigsten Ereignisse chronologisch geordnet und in knappen Texten dargestellt sind. Sonn- und Feiertage sind durch farbigen Druck hervorgehoben. Pfeile verweisen auf ergänzende Bild- und Textbeiträge auf den folgenden Seiten. Faksimiles von Zeitungen und Zeitschriften, die im jeweiligen Monat des Jahres 1927 erschienen sind, spiegeln Zeitgeist und herausragende Ereignisse.
Wichtige Ereignisse des Jahres 1927 werden – zusätzlich zu den Eintragungen im Kalendarium – in Wort und Bild beschrieben. Jeder der Einzelartikel dieses Bandes bietet eine in sich abgeschlossene Information. Die Pfeile des Verweissystems machen auf Artikel aufmerksam, die an anderer Stelle dieses Bandes ergänzende Informationen zu dem jeweiligen Thema vermitteln.
615 teils farbige Abbildungen und grafische Darstellungen illustrieren die Ereignisse und Entwicklungen des Jahres 1927 und werden damit zu einem historischen Kaleidoskop besonderer Art.
Hinter dem Hauptteil (auf S. 214) geben originalgetreue Abbildungen einen Überblick über alle Postwertzeichen, die im Jahr 1927 im Deutschen Reich neu ausgegeben wurden.

Übersichtsartikel (ab Seite 22)

20 Übersichtsartikel, am blauen Untergrund zu erkennen, stellen Entwicklungen des Jahres 1927 zusammenfassend dar.
Alle Übersichtsartikel aus den verschiedenen Jahrgangsbänden ergeben – zusammengenommen – eine sehr spezielle Chronik zu den jeweiligen Themenbereichen (z. B. Film von 1900 bis 2000).

Anhang (ab Seite 215)

Der Anhang zeigt das Jahr 1927 in Statistiken und anderen Übersichten. Ausgehend von den offiziellen Daten für das Deutsche Reich, Österreich und die Schweiz, regen die Zahlen und Fakten zu einem Vergleich mit vorausgegangenen und nachfolgenden Jahren an.
Für alle wichtigen Länder der Erde sind die Staats- und Regierungschefs im Jahr 1927 aufgeführt und werden wichtige Veränderungen aufgezeigt.
Die Zusammenstellungen herausragender Neuerscheinungen auf dem Buchmarkt sowie der Premieren auf Bühne und Leinwand werden zu einem Führer durch das kulturelle Leben des Jahres.
Das Kapitel »Sportereignisse und -rekorde« spiegelt die Höhepunkte des Sportjahres 1927.
Internationale und deutsche Meisterschaften, die Entwicklung der Leichtathletik- und Schwimmrekorde sowie alle Ergebnisse der großen internationalen Wettbewerbe im Automobilsport, Eiskunstlauf, Fußball, Gewichtheben, Pferde-, Rad- und Wintersport sowie im Tennis sind wie die Boxweltmeister im Schwergewicht nachgewiesen.
Der Nekrolog enthält Kurzbiographien von Persönlichkeiten, die 1927 verstorben sind.

Register (ab Seite 234)

Das *Personenregister* nennt – in Verbindung mit der jeweiligen Seitenzahl – alle Personen, deren Namen in diesem Band verzeichnet sind. Werden Personen abgebildet, so sind die Seitenzahlen kursiv gesetzt. Herrscher und Angehörige regierender Häuser mit selben Namen sind alphabetisch nach den Ländern ihrer Herkunft geordnet.

REVUE

Das Jahr 1927

1927 ist ein Jahr, in dem die »Zwanziger« wirklich golden sind: In den Großstädten sind die Revuen mit ihrer zwanglosen Abfolge von Sketchen, Gesangs- und Tanznummern stets ausverkauft. Die Berliner Ballsaison glänzt wie nie zuvor. Kulturelles und gesellschaftliches Leben stehen in voller Blüte. Die Reichshauptstadt Berlin wird zur Welthauptstadt von Musik, Film und Theater. Die Tillergirls reißen die Zuschauer zu Begeisterungsstürmen hin. Für die großen Ausstattungsshows von Eric Charrell im Großen Schauspielhaus und Hermann Haller im Admiralspalast stehen die Menschen Schlange. So unterschiedliche Meisterwerke wie Franz Lehárs Operette »Der Zarewitsch«, Bert Brechts und Kurt Weills Songspiel »Mahagonny« und Ernst Kreneks Jazzoper »Jonny spielt auf« finden große Resonanz. Die Filme »Metropolis« von Fritz Lang und »Berlin – Die Symphonie einer Großstadt« von Walter Ruttmann setzen Wegmarken in der Entwicklung dieses jungen Mediums. Auf den Theaterbühnen reicht das Spektrum von Erwin Piscator mit seiner Agitationsbühne bis zu den gewagten Klassiker-Inszenierungen Jürgen Fehlings.

Auch die Wirtschaft zeigt sich von Kriegsfolgen und Depression erholt. Seit drei Jahren ist der Dawes-Plan in Kraft. Er mildert die Reparationszahlungen aus dem Versailler Friedensvertrag und läßt Auslandsanleihen ins Deutsche Reich fließen. Das Land erlebt eine Phase der Hochkonjunktur. Die Zahl der Arbeitslosen sinkt unter eine Million, die Zahl der Konkurse fällt um 50% gegenüber dem Vorjahr. Daß dieses wirtschaftliche Hoch nicht lange anhält, ahnt niemand. Nach entbehrungsreichen Jahren wird der geringste Zweifel an der Dauerhaftigkeit des Aufschwungs schnell beiseite gewischt.

Mit dem konjunkturellen Aufwärtstrend geht eine Verbesserung in der Sozialgesetzgebung einher. Im Juli beschließt der Reichstag Schutzgesetze für werdende Mütter sowie die Einführung der Arbeitslosenpflichtversicherung. Die deutschen Sozialgesetze, die seit ihrer Einführung durch Otto von Bismarck in den 80er Jahren des 19. Jahrhunderts als beispielhaft gelten, bleiben damit auch weiterhin weltweit vorbildhaft.

Das allgemein glänzende Bild hat aber auch Schattenseiten. Das Leben der unteren Schichten ist durch monotone Fabrikarbeit, Akkord und einen langen Arbeitstag geprägt. Selbst das Einkommen mittlerer Beamter ist so knapp bemessen, daß es gerade zur Haushaltsführung ausreicht. Ein preußischer Regierungsrat kann mit einem Gehalt von 737,25 RM die laufenden Kosten für eine siebenköpfige Familie nicht decken.

Politisch vollzieht sich 1927 die Wende nach Rechts; damit steht das Deutsche Reich am Beginn eines Weges, der in Terror und Diktatur endet. Als Reichskanzler Wilhelm Marx im Januar sein viertes Kabinett bildet, beruft er erstmals einen Vertreter der rechtsgerichteten Deutschnationalen Volkspartei (DNVP) als Minister. Bei der Einweihungsfeier des Tannenbergdenkmals in Hohenstein (Ostpreußen) weist Reichspräsident Paul von Hindenburg die deutsche Schuld am Weltkrieg zurück. In den meisten Ländern des Deutschen Reiches wird das Redeverbot für Adolf Hitler aufgehoben, das über drei Jahre bestanden hat. Für seine NSDAP und ihn ist das ein entscheidender Schritt auf dem Weg zur Macht, er kann nun ungehindert seine Forderungen nach Revision des Versailler »Schandfriedens« erheben und der »Bewegung« neue Mitglieder zuführen. Im Ausland wird diese Entwicklung aufmerksam, jedoch mit großer Zurückhaltung registriert.

Auch in den USA boomt die Wirtschaft; im Mai läuft in den Detroiter Ford-Werken das 15millionste Modell T (»Tin Lizzy«) vom Band. Am 20. Mai schafft ein Amerikaner eine Pionierleistung der Fliegerei. Charles Lindbergh wagt mit seinem Flugzeug »Spirit of St. Louis« erfolgreich den ersten Alleinflug über den Atlantik. Sein Flug wird zum Medienereignis in Europa und den USA, Lindbergh ist der gefeierte Star. Mit seiner Maschine verwirklichte er den Traum, die alte und die neue Welt einander näher zu bringen.

Die Jubelstimmung in den USA kann auch der Prozeß gegen die Anarchisten Sacco und Vanzetti nicht trüben. Auch wenn Tausende auf die Straße gehen, beherrschen optimistische Prognosen das Meinungsbild.

In der Sowjetunion zeichnet sich 1927 eine dramatische Verschärfung des Machtkampfes in der politischen Führung ab. Josef Stalin entmachtet im November seine früheren Mitkämpfer Leo Trotzki, Grigori Sinowjew und Lew Kamenew; sie wollten seinem Kurs einer rücksichtslosen Verwandlung des Landes vom Agrar- zum Industriestaat nicht folgen. Stalin beginnt den blutigen Kampf um die Alleinherrschaft, dem in den kommenden Jahrzehnten Hunderttausende zum Opfer fallen werden.

Weit entfernt von der europäischen Öffentlichkeit fällt auch im Fernen Osten eine Entscheidung, die in einen jahrzehntelangen Konflikt mündet. In Schanghai läßt Chiang Kai-Shek, der Führer der nationalrevolutionären Truppen der Kuomintang, die kommunistische Gewerkschaftsmiliz entwaffnen. Für die spätere Feindschaft zwischen ihm und dem kommunistischen Führer Mao Tse Tung ist der Grundstein gelegt.

◁ Attraktion in der Berliner Scala: Der Auftritt der Tiller-Girls ist einer der Höhepunkte der Haller-Revue, die allabendlich Hunderte von Zuschauern anziehen.

▷ Folgende Doppelseite: Charles Lindbergh wird durch seinen Transatlantikflug über Nacht berühmt. Auf dem Weg zum Start in New York überfliegt er mit seiner Maschine »Spirit of St. Louis« San Diego.

N-X-211
RYAN
NYP
NX211
Spirit of St.Louis

Januar 1927

Mo	Di	Mi	Do	Fr	Sa	So
					1	2
3	4	5	6	7	8	9
10	11	12	13	14	15	16
17	18	19	20	21	22	23
24	25	26	27	28	29	30
31						

1. Januar, Neujahr

Reichspräsident Paul von Hindenburg gibt in Berlin den traditionellen Neujahrsempfang für das Diplomatische Korps. In einer Ansprache weist Paul von Hindenburg auf die wachsende Bedeutung des Friedensgedankens hin. → S. 16

Der konservative Politiker Giuseppe Motta tritt turnusgemäß das Amt des Bundespräsidenten der Schweiz an. Motta war bereits 1915 und 1920 Bundespräsident. → S. 20

In Ungarn wird eine neue Währung eingeführt: 12 500 Papierkronen (bisherige Währung) werden zu einem Pengö zusammengefaßt.

Nach einem Pressebericht hat sich die Namensgebung im Deutschen Reich in den letzten Jahren entscheidend verändert. Bemerkenswert ist die Zunahme ausländischer Vornamen wie Yvonne und Leonid. → S. 24

Das Deutsche Reich wird in den Internationalen Lawn-Tennisverband aufgenommen.

2. Januar, Sonntag

Die Außenminister Finnlands, Lettlands und Estlands treffen in Reval, der Hauptstadt Estlands, zusammen, um ihre Haltung gegenüber dem mächtigen Nachbarn Sowjetunion aufeinander abzustimmen. → S. 19

3. Januar, Montag

Der Inventur-Ausverkauf im Deutschen Reich läuft an. Warenhäuser und Fachgeschäfte werben mit Preisnachlässen bis zu 80% (bis 15. 1.). → S. 21

Ein Abkommen zwischen der Deutschen Reichsbank und den Notenbanken Österreichs, Ungarns, der Tschechoslowakei und der Schweiz tritt in Kraft, das den internationalen Giroverkehr zwischen diesen Staaten ermöglicht. → S. 21

Der Schriftsteller Ernst Gläser wird vom Schöffengericht Kassel freigesprochen. Gläser war wegen Gotteslästerung und Erregung öffentlichen Ärgernisses im Zusammenhang mit seinem Drama »Seele über Bord«, das bei der Uraufführung 1926 in Kassel zu einem Theaterskandal geführt hatte, angeklagt.

4. Januar, Dienstag

Das Fernkabel Berlin–Wien wird feierlich eingeweiht. Die ersten offiziellen Gespräche führen der deutsche Reichspräsident Paul von Hindenburg und der österreichische Bundespräsident Michael Hainisch sowie der deutsche Reichskanzler Wilhelm Marx und der österreichische Bundeskanzler Ignaz Seipel. → S. 20

Das US-Repräsentantenhaus berät einen Antrag, in dem Präsident Calvin Coolidge aufgefordert wird, die »ungleichen« Verträge mit China zu annullieren. Außenminister Frank B. Kellogg erklärt, die US-amerikanische Regierung sei dazu grundsätzlich bereit (→ 27. 1./S. 18).

5. Januar, Mittwoch

Zwischen dem Deutschen Reich und Portugal wird eine Funkverbindung aufgenommen.

Das US-amerikanische Kriegsschiff »Galveston« mit 160 Marinesoldaten landet im Hafen der nicaraguanischen Stadt Corinto, um den konservativen Ministerpräsidenten Adolfo Díaz im Bürgerkrieg gegen den liberalen Gegenpräsidenten Juan Bautista Sacasa zu unterstützen. → S. 18

In einem Erlaß fordert der italienische Ministerpräsident und Duce Benito Mussolini die faschistischen Präfekten auf, von illegalen Mitteln im Kampf gegen politische Gegner abzusehen. → S. 19

In Berlin und New York wird der Film »Hotel Stadt Lemberg« (Regie: Mauritz Stiller) mit Pola Negri in der Hauptrolle uraufgeführt. → S. 28

6. Januar, Donnerstag

Bei Massendemonstrationen in der chinesischen Stadt Kiukiang wird die britische Konzession gestürmt, am 3. Januar war bereits die Konzession in Hankau von Demonstranten besetzt worden. London erklärt sich am 27. Januar bereit, die Konzessionen chinesischer Verwaltung zu unterstellen (→ 27. 1./S. 18).

Der 23jährige Harry Domela, der sich als Hohenzollernprinz ausgegeben und damit Geld erschwindelt hatte, wird in Euskirchen festgenommen. → S. 23

7. Januar, Freitag

In der litauischen Stadt Kowno wird die gesamte kommunistische Stadtverordnetenfraktion festgenommen. Die Kommunisten hatten gegen die Erschießung von vier Parteimitgliedern protestiert.

8. Januar, Sonnabend

Der Berliner Stadtrat Ernst Reuter (SPD) wird wegen »formaler Beleidigung« zu einer Geldstrafe von 500 Reichsmark verurteilt. Reuter hatte zwei Artikel im »Vorwärts« zu verantworten, in denen Marineoffiziere als »flegelhaft« bezeichnet worden waren. → S. 17

Am Hamburger Thalia-Theater wird das Stück »Spiel im Schloß« von Ferenc Molnár uraufgeführt. Andere deutsche Bühnen ziehen mit Aufführungen dieser Erfolgskomödie nach.

Die Oper »Penthesilea« von dem Schweizer Komponisten Othmar Schoeck – nach dem gleichnamigen Drama von Heinrich von Kleist – wird in Dresden uraufgeführt. → S. 27

9. Januar, Sonntag

Die mexikanische Regierung erklärt sich bereit, im Konflikt mit den USA über die Verstaatlichung der mexikanischen Ölfelder die Entscheidung des Schiedsgerichts in Den Haag zu akzeptieren (→ 5. 1./S. 18).

Aus den Senatswahlen in Frankreich, bei denen ein Drittel aller Sitze neu besetzt wird, geht die Linke erwartungsgemäß als Sieger hervor. Die Mehrheitsverhältnisse in dieser Kammer der Nationalversammlung ändern sich jedoch nicht wesentlich.

Bei einem Kinobrand in der kanadischen Stadt Montreal sterben 77 Kinder. → S. 23

Das Berliner Renaissance-Theater veranstaltet eine Lesung zum Gedächtnis an den Dichter Rainer Maria Rilke, der am 29. Dezember 1926 gestorben ist. Die Gedenkrede hält der österreichische Schriftsteller Robert Musil. Tilla Durieux und andere Mitglieder des Ensembles lesen aus Rilkes Werken. → S. 27

10. Januar, Montag

Reichspräsident Paul von Hindenburg spricht mit den Parteiführern der Reichstagsfraktionen über Möglichkeiten zur Bildung einer neuen Reichsregierung (→ 29. 1./S. 14).

Eric Colban, der Leiter der Sektion für nationale Minderheiten im Völkerbundssekretariat, trifft zu einem Besuch der schlesischen Gebiete Polens in Kattowitz ein. → S. 19

Im Berliner Ufa-Palast am Zoo wird der Film »Metropolis« von Fritz Lang nach dem gleichnamigen Roman von Thea von Harbou uraufgeführt. → S. 26

Angesichts der wachsenden Schauspieler-Arbeitslosigkeit beschließen der Deutsche Bühnenverein und die Genossenschaft Deutscher Bühnen-Angehöriger die Einrichtung von Prüfungsausschüssen für junge Menschen, die Schauspieler werden wollen. Den Leitungen der deutschen Bühnen wird empfohlen, nur Schauspielanwärter einzustellen, die diese Prüfung bestanden und sich damit als qualifiziert erwiesen haben.

Der Aufsichtsrat der Berliner Städtischen Oper spricht sich für die Bildung einer Arbeitsgemeinschaft mit der Berliner Staatsoper unter der Leitung des preußischen Generalintendanten Heinz Tietjen aus.

Reichsaußenminister Gustav Stresemann warnt in einem Brief an Theodor Lewald, den Vorsitzenden des Deutschen Reichsausschusses für Leibesübungen, vor den Gefahren einer Überbewertung des Sports. → S. 30

11. Januar, Dienstag

In einer Kampfabstimmung wird der Altsozialist Max Heldt erneut zum Ministerpräsidenten von Sachsen gewählt.

In Berlin wird der Barmat-Prozeß eröffnet. Henri und Julius Barmat sind des betrügerischen Konkurses angeklagt. Der Zusammenbruch des Barmat-Konzerns hatte 1924 zu einer Regierungskrise geführt. → S. 16

Die französische Deputiertenkammer wählt im dritten Wahlgang den Sozialisten Ferdinand Buisson zu ihrem Präsidenten.

Das Völkerbundssekretariat in Genf veröffentlicht einen Bericht über die Grippeepidemie in Europa, von der Belgien, Dänemark, Spanien, Frankreich, Großbritannien, Irland, die Niederlande, Norwegen, Schweden, die Schweiz und die Tschechoslowakei betroffen sind.

Reichsbankpräsident Hjalmar Schacht gibt eine Senkung des Diskontsatzes von 6 auf 5% bekannt; der Lombardsatz bleibt bei 7%.

12. Januar, Mittwoch

Anläßlich der Beratung der Ruhegeldzahlungen im Reichsetat kommt es – wie 1926 – im Reichstag zu heftiger Kritik an den hohen Pensionen für Militärs und Politiker aus der Kaiserzeit.

Die von Rudolf Hilferding geleitete Agrarkommission der SPD legt ihr Programm vor. Die Sozialdemokraten fordern eine Bodenreform; durch Enteignungen soll die Nutzfläche landwirtschaftlicher Großbetriebe auf 750 ha begrenzt werden. → S. 21

Das Deutsche Reich und die Türkei schließen einen Handelsvertrag.

In Frankfurt am Main wird die Gaunerkomödie »Ein besserer Herr« von Walter Hasenclever uraufgeführt. Im Zentrum der Handlung steht ein Heiratsschwindler.

13. Januar, Donnerstag

Die Verhandlungen zwischen dem Deutschen Reich und Italien über den Bau einer Auto-Fernstraße Hamburg–Mailand werden erfolgreich abgeschlossen.

Reichspräsident Paul von Hindenburg spricht mit dem Zentrumspolitiker Theodor von Guérard über die Möglichkeiten der Regierungsbildung. Die Chancen für das Zustandekommen einer Mehrheitsregierung werden als gering eingeschätzt (→ 29. 1./S. 14).

14. Januar, Freitag

Reichsinnenminister Wilhelm Külz (DDP) spricht sich in einem Schreiben an die Regierungen der Länder dagegen aus, den politischen Kampfverbänden die militärische Betätigung zu gestatten.

Die neue Mode ist das Thema der Januarausgabe der US-amerikanischen Zeitschrift »Delineator«

Januar 1927

Erzherzog Friedrich läßt sich als viertes Mitglied des Hauses Habsburg in die Liste der Mitglieder des ungarischen Oberhauses aufnehmen. Außer Friedrich sind Erzherzog Joseph, dessen Sohn Joseph Franz sowie Friedrichs Sohn, der Kronprätendent Albrecht, Mitglieder des ungarischen Oberhauses (→ 1. 2./S. 38).

15. Januar, Sonnabend

Nachdem die Versuche von Julius Curtius (Deutsche Volkspartei) zur Bildung einer neuen Reichsregierung gescheitert sind, beauftragt Reichspräsident Paul von Hindenburg den noch amtierenden Reichskanzler Wilhelm Marx mit der Kabinettsbildung (→ 29. 1./S. 14).

Der britische Schatzkanzler Winston Churchill trifft zu (inoffiziellen) Gesprächen mit dem italienischen Ministerpräsidenten und Duce Benito Mussolini in Rom ein. → S. 19

Sieger des 25 000-US-Dollar-Schwimmens von der Insel St. Catalina zum kalifornischen Festland (35 km Luftlinie) ist der 17jährige George Young (Kanada) mit einer Zeit von 15:45 h. → S. 25

16. Januar, Sonntag

Die niederländische Regierung gibt bekannt, daß sie die legitimen Forderungen Chinas zur Erlangung der vollen staatlichen Souveränität unterstütze (→ 27. 1./S. 18).

17. Januar, Montag

Der japanische Ministerpräsident Reijiro Wakatsuki erklärt, daß Japan in der Neuordnung der Beziehungen zwischen Europa und China die Rolle eines Vermittlers übernehmen könne (→ 27. 1./S. 18).

Im Zusammenhang mit der Verhaftung von drei Abgeordneten der weißrussischen Minderheit in Polen wird die Hromada, die Organisation der Weißrussen in Polen, verboten.

18. Januar, Dienstag

Die sozialdemokratische Reichstagsfraktion erklärt die Bereitschaft, eine Regierung der Mitte zu unterstützen, lehnt eine Regierungsbeteiligung jedoch ab (→ 29. 1./S. 14).

Die Filmprüfstelle in Berlin verbietet einen Film über den Armee- und Marinetag vom August 1926, der den Aufmarsch von Reichswehrabteilungen zeigt. Das Verbot wird damit begründet, daß solche Szenen dem Ansehen des Deutschen Reiches im Ausland schaden könnten.

19. Januar, Mittwoch

US-Außenminister Frank B. Kellogg erklärt in Washington, die US-Regierung sei bereit, in der Auseinandersetzung mit Mexiko über die Verstaatlichung der Ölfelder die Entscheidung eines Schiedsgerichts zu akzeptieren (→ 5. 1./S. 18).

Die britische Regierung entsendet ein Kontingent von 310 Marinesoldaten nach China, erklärt jedoch zugleich, daß die Politik Großbritanniens im Reich der Mitte nicht auf Gewalt abziele (→ 27. 1./S. 18).

Die Redoute im Wiener Opernhaus, in den Jahren zuvor eines der glänzendsten Ballereignisse in der österreichischen Hauptstadt, muß wegen schleppenden Kartenvorverkaufs abgesagt werden.

Sieger des 18. Berliner Sechstagerennens ist das französische Team Georges Wambst/Charles Lacquehaye. → S. 30

20. Januar, Donnerstag

In Mexiko werden die von der katholischen Kirche unterstützte Unruhen gegen den sozialistischen Präsidenten Plutarco Elías Calles niedergeschlagen.

21. Januar, Freitag

Die Zentrumsfraktion im Reichstag erklärt ihre Bereitschaft zur Teilnahme an einer Reichsregierung der bürgerlichen Mitte (→ 29. 1./S. 14).

In einem Erlaß weist das preußische Kultusministerium auf die Verpflichtung des Beamten zu würdigem Verhalten hin. Die Treue- und Gehorsamspflicht erlege insbesondere den Lehrern Zurückhaltung bei politischer Meinungsäußerung auch außerhalb der Dienstzeit auf. → S. 17

Im Münchner Schauspielhaus wird die satirische Komödie »Das gastliche Haus« von Heinrich Mann uraufgeführt.

Die für die Olympischen Winterspiele 1928 in St. Moritz neu erbaute Sprungschanze wird eröffnet. Das erste Springen gewinnt der Norweger Dagfin Carlsen mit einer Höchstweite von 39 m. Carlsen war außerhalb der Konkurrenz bereits 41 m gesprungen. → S. 31

22. Januar, Sonnabend

In Prag wird ein Vertrag zum Flugverkehr des Deutschen Reiches und der Tschechoslowakei unterzeichnet.

In der Berliner Philharmonie findet das Wohltätigkeits-Kostümfest der Reklamefachleute und Reklamekünstler, »Im Reich der Reklame«, statt. → S. 23

23. Januar, Sonntag

Der Reichsausschuß des Republikanischen Reichsbundes kommt in Berlin zu seiner Jahrestagung zusammen.

Die US-Amerikanerin Martha Norelius stellt mit 5:51,4 min in Coral Gables (USA) einen neuen Weltrekord über 400 m Freistil auf.

Das österreichische Paar Herma Jaros-Szábo/Ludwig Wrede gewinnt in Wien die Weltmeisterschaft im Eiskunstlauf der Paare. → S. 30

24. Januar, Montag

Im Ufa-Palast am Zoo in Berlin hat der Film »Eine Dubarry von heute« von Alexander Korda mit Hans Albers und Marlene Dietrich Premiere.

Im Capitol in Berlin wird der Film »Liebe« von Paul Czinner mit Elisabeth Bergner uraufgeführt.

25. Januar, Dienstag

Die US-Regierung bekräftigt ihre Absicht, Leben und Eigentum der in China lebenden US-Amerikaner zu schützen, erklärt jedoch zugleich, daß sie keine weitergehenden Ansprüche in China verfolge (→ 27. 1./S. 18).

Bei einem Schiffsunglück in der Nähe der spanischen Stadt San Esteban de Pavia kommen 14 Personen ums Leben.

26. Januar, Mittwoch

Die Kabinettskrise in Belgien wird beigelegt. Ministerpräsident Henri Jaspar (katholisch) erklärt sich bereit, die Forderungen des sozialistischen Koalitionspartners nach einer sofortigen Erhöhung der Alterspensionen zu erfüllen.

Der Reichstag verabschiedet das Gesetz zur Bekämpfung der Geschlechtskrankheiten. Geschlechtskranke werden verpflichtet, sich von einem approbierten Arzt behandeln zu lassen. → S. 22

Als Maßnahme zur Bekämpfung der Arbeitslosigkeit beschließt der Verwaltungsrat der Deutschen Reichsbahngesellschaft in Berlin, 200 Lokomotiven, 1000 Personen- und 2000 Güterwaggons in Auftrag zu geben. → S. 21

Im Vergnügungslokal »Clou« in Berlin wird das Kostümfest der Berliner Secession, »Turmbau zu Babel«, veranstaltet (→ 22. 1./S. 23).

27. Januar, Donnerstag

Die Reichstagsfraktion der Deutschen Demokratischen Partei (DDP) erklärt, daß sie zu einer Beteiligung an der Reichsregierung nicht bereit sei (→ 29. 1./S. 14).

Zwei kommunistische Abgeordnete des tschechoslowakischen Parlaments werden in Prag zu mehrmonatigen Kerkerstrafen verurteilt, weil sie Parlamentseinrichtungen demoliert und Abgeordnete tätlich angegriffen haben sollen.

28. Januar, Freitag

Reichswehrminister Otto Geßler tritt aus der Deutschen Demokratischen Partei (DDP) aus, um sein Ministeramt auch in einer neuen Regierung behalten zu können. → S. 15

Bei Hausdurchsuchungen der Politischen Polizei in Berlin wird ein Maschinengewehr beschlagnahmt, zehn Angehörige der rechtsradikalen Organisation »Werwolf« werden festgenommen.

29. Januar, Sonnabend

Reichspräsident Paul von Hindenburg ernennt den Zentrumspolitiker Wilhelm Marx zum neuen Reichskanzler. Die neue Regierung ist eine Koalition aus Zentrum, Deutscher Volkspartei (DVP), Deutschnationaler Volkspartei (DNVP) und Bayerischer Volkspartei (BVP). → S. 14

Das Internationale Schiedsgericht in Den Haag bestimmt, daß die Reparationszahlungen des Deutschen Reichs nach dem Dawes-Plan nicht die Entschädigungsleistungen enthalten, die vom Deutschen Reich an Reichsangehörige wegen Kriegsschäden zu leisten sind. → S. 17

Am Breslauer Stadttheater wird das Drama »Bonaparte« von Fritz von Unruh uraufgeführt. → S. 27

30. Januar, Sonntag

Bei den Landtagswahlen in Thüringen verliert die Rechte (DNVP, DVP, Landbund, Zentrum, NSDAP, Wirtschaftspartei) die Mehrheit.

Bei einem Zusammenstoß zwischen Angehörigen des linksgerichteten Republikanischen Schutzbundes und der rechten Frontkämpfervereinigung in Schattendorf (Burgenland/Österreich) kommen zwei Menschen ums Leben, elf Personen werden verletzt. → S. 20

Die Schweiz unterliegt in einem Fußball-Länderspiel gegen Italien in Genf 1:5.

Österreich gewinnt die Eishockey-Europameisterschaft, die seit dem 24. Januar in der österreichischen Hauptstadt Wien ausgetragen wird. → S. 30

31. Januar, Montag

Das Reichskabinett unter Reichskanzler Wilhelm Marx (Zentrum) tritt in Berlin zur konstituierenden Sitzung zusammen.

Die Tätigkeit der Interalliierten Militärkommission im Deutschen Reich, die nach den Bestimmungen des Versailler Friedensvertrags eingerichtet worden ist, wird beendet. → S. 17

Gestorben:

3. Göttingen: Carl Runge (*30. 8. 1856, Bremen), deutscher Mathematiker.

9. Bayreuth: Houston Stewart Chamberlain (*9. 9. 1855, Portsmouth), britischer Kulturphilosoph und Schriftsteller, seit 1916 deutscher Staatsbürger. → S. 25

18. Leipzig: Otto Wiener (*15. 6. 1862, Karlsruhe), deutscher Physiker.

19. Bouchoute bei Brüssel: Charlotte (*7. 6. 1840, Laeken bei Brüssel), Exkaiserin von Mexiko.

Geboren:

12. München: Leopold Ahlsen, deutscher Hörspielautor und Dramatiker.

30. Stockholm: Olof Palme (†28. 2. 1986, Stockholm), schwedischer sozialdemokratischer Politiker.

»The Illustrated London News« vom 29. Januar 1927 berichtet über die Ereignisse in Schanghai während des chinesischen Bürgerkrieges

THE ILLUSTRATED LONDON NEWS

REGISTERED AS A NEWSPAPER FOR TRANSMISSION IN THE UNITED KINGDOM AND TO CANADA AND NEWFOUNDLAND BY MAGAZINE POST.

SATURDAY, JANUARY 29, 1927.

The Copyright of all the Editorial Matter, both Engravings and Letterpress, is Strictly Reserved in Great Britain, the Colonies, Europe, and the United States of America.

THE CHINESE CIVIL WAR: AN ANTI-"RED" GUNNER READY TO LOAD A STOKES TRENCH-MORTAR.

The civil war in China, at the moment of writing, is still pursuing its desultory course, and no decisive action has occurred. The warring parties are divided into two groups—on the one side, the northern "anti-Red" allies, Chang Tso-lin, Wu Pei-fu, and Sun Chuan-fang; and on the other side the Cantonese under Chiang Kai-sheh (with Russian advisers), who have established themselves at Hankow and are expected to threaten Shanghai, and the forces of Feng Yu-hsiang, usually known as the Kuominchun, or National Army, a term applied to the Cantonese as well.

PHOTOGRAPH SUPPLIED BY TOPICAL.

Die neue Reichsregierung; o. v. l. Koch, Keudell, Köhler, Schiele, Curtius, u. v. l. Brauns, Stresemann, Reichskanzler Marx, Hergt, Geßler

Wende nach rechts ist vollzogen

29. Januar. Nach langen Verhandlungen ist die Bildung einer neuen Regierung im Deutschen Reich zum Abschluß gebracht. Der Koalition gehören das Zentrum, die Partei des katholischen Kleinbürgertums, die rechtsliberale, der Großindustrie nahestehende Deutsche Volkspartei (DVP), die rechtsgerichtete Deutschnationale Volkspartei (DNVP) und die Bayerische Volkspartei (BVP) an. Reichskanzler bleibt Wilhelm Marx (Zentrum), Reichsaußenminister Gustav Stresemann von der DVP.

Mit der sog. Bürgerblock-Regierung vollzieht sich in der Weimarer Republik eine Wende nach rechts; die Deutschnationalen sind endgültig als regierungsfähig anerkannt.

Der alten Regierung Marx hatte neben Zentrum und DVP die linksliberale Deutsche Demokratische Partei (DDP) angehört; das Minderheitskabinett war – vor allem in außenpolitischen Fragen – lange Zeit von der SPD unterstützt worden.

Die SPD war es aber auch, die am 17. Dezember 1926 das alte Kabinett Marx zu Fall brachte. Nach einem heftigen Angriff ihres Abgeordneten Philipp Scheidemann auf die geheime Zusammenarbeit der Reichswehr mit der sowjetischen Roten Armee (→ 23. 2./S. 40) stellte die sozialdemokratische Fraktion einen Mißtrauensantrag, der zum Sturz der Regierung führte.

Die SPD erhoffte sich danach die Beteiligung an einer Regierung der Großen Koalition. Die DVP lehnte dies jedoch nach Scheidemanns Enthüllungen, ebenso wie die »stillschweigende Duldung« einer bürgerlichen Minderheitsregierung durch die SPD, ab.

Das Zentrum gab nach einem Brief von Reichspräsident Paul von Hindenburg (→ 20. 1./S. 14) sein Zögern gegen eine Koalition mit den Deutschnationalen auf.

Hindenburg zur Koalitionsfrage

20. Januar. Reichspräsident Paul von Hindenburg, der einer Regierungsbeteiligung der Sozialdemokraten ablehnend gegenübersteht, greift in die Regierungsbildung direkt ein, indem er den geschäftsführenden Reichskanzler Wilhelm Marx dazu auffordert, »mit tunlichster Beschleunigung« ein Kabinett der bürgerlichen Parteien, das über die Mehrheit im Reichstag verfügt (d. h. unter Einschluß der rechtsgerichteten DNVP) zu bilden. Hindenburg appelliert zugleich an die in Frage kommenden Fraktionen, »persönliche Bedenken ... im Interesse des Vaterlands beiseite zu stellen.«

Mit diesem Vorgehen Hindenburgs kündigt sich das Konzept einer autoritären Präsidialregierung bereits an. Hindenburgs Eingriff steht zwar formal im Einklang mit der Weimarer Verfassung, entspricht jedoch nicht dem Grundgedanken der Verfassungsväter.

Besorgnis im Ausland

30. Januar. In den Reaktionen des Auslands auf die Regierungsneubildung im Deutschen Reich äußert sich die Besorgnis darüber, ob die Politik der Entspannung gegenüber dem Westen und der begrenzten Anerkennung der Bestimmungen des Versailler Friedensvertrags fortgesetzt werde.

Besonders in Frankreich wird die Befürchtung laut, daß die Deutschnationalen (DNVP) die Verständigungspolitik gegenüber den westlichen Nachbarstaaten, die im Vertragswerk von Locarno (1925) und in der Aufnahme des Deutschen Reiches in den Völkerbund (1926) ihre Bestätigung erhalten hatte, torpedieren könnten.

Die DNVP war bereits im ersten Kabinett Hans Luther, das am 15. Januar 1925 gebildet worden war, vertreten. Die deutschnationalen Minister schieden jedoch aus Protest gegen die Locarno-Verträge aus der Regierung aus. Andere Pressestimmen, vor allem aus den USA, äußern die Hoffnung, daß die DNVP und die durch sie repräsentierten Kreise in die Verständigungspolitik integriert werden könnten. In diesem Sinne äußert sich auch Reichsaußenminister Gustav Stresemann in einem Interview mit der britischen Zeitung »Times«: »Es ist ein Beweis dafür, daß auch in weiten Kreisen, die hinter der deutschnationalen Partei stehen, inzwischen das Verständnis für die Locarno-Politik lebendig geworden ist, und daß sich diese Politik in Zukunft sowohl im Parlament als auch in der Öffentlichkeit auf eine ganz überwiegende Mehrheit stützen kann ...«

Durch das Verbleiben von Reichswehrminister Otto Geßler im Amt (→ 28. 1./S. 15) erhalten Spekulationen über eine Fortsetzung der geheimen Aufrüstung der Reichswehr neue Nahrung.

Reichswehrminister Geßler bleibt

28. Januar. *Otto Geßler, der seit 1920 in wechselnden Kabinetten das Amt des Reichswehrministers innehat, verläßt seine Partei, die linksliberale Deutsche Demokratische Partei (DDP), um auch nach dem Ausscheiden der Partei aus der Regierung Minister bleiben zu können. Diesem Entschluß Geßlers ist ein Konflikt mit dem DDP-Vorsitzenden Erich Koch vorausgegangen, der sich an einer Veröffentlichung des DDP-nahen Generals Walther Reinhardt in der »Deutschen Allgemeinen Zeitung« vom 8. Januar entzündet hatte. Reinhardt greift in einem »Der Heeresersatz« überschriebenen Artikel die »heeresfeindliche Gesinnung«, die nicht nur bei den Sozialdemokraten, sondern auch innerhalb der DDP weit verbreitet sei, scharf an. Geßler erklärt auf die Anfrage Kochs, daß er die Veröffentlichung Reinhardts ausdrücklich genehmigt habe; ein Zerwürfnis des Ministers mit seiner Partei ist unabwendbar (Abb.: l. Geßler bei den Skimeisterschaften der Reichswehr).*

DNVP bekennt sich zur Verfassung

Die »Richtlinien der künftigen Politik«, die Koalitionsvereinbarungen der neuen Reichsregierung, enthalten neben der Ankündigung von Gesetzesvorhaben auf den Gebieten der Kultur- und Sozialpolitik ein Bekenntnis zur Fortsetzung der Verständigungspolitik und zur republikanischen Verfassung:

Der Zentrumspolitiker Wilhelm Marx bleibt in der rechtsbürgerlichen Koalition, die am 29. Januar gebildet wird, Kanzler

»1. Außenpolitik
Fortführung der bisherigen Außenpolitik im Sinne gegenseitiger friedlicher Verständigung. Anerkennung der Rechtsgültigkeit des Vertragswerkes von Locarno, loyale gleichberechtigte Mitarbeit im Völkerbund.
2. Verfassung
Anerkennung der Rechtsgültigkeit der in der Verfassung begründeten republikanischen Staatsform. Unbedingter Schutz dieser Verfassung in ihrer Gesamtheit sowie der verfassungsmäßigen Reichsfarben (Artikel 3 der Reichsverfassung) gegen alle herabsetzenden Verunglimpfungen und rechtswidrigen Angriffe (→ 15. 8./S. 140).
Vorgehen gegen alle Vereinigungen und Bestrebungen, die den Umsturz der bestehenden Staatsform bezwecken. Verbot an alle Beamte, sich an solchen Vereinigungen oder Bestrebungen zu beteiligen. Die verfassungsmäßig gewährleisteten Rechte der Beamten werden hierdurch nicht berührt...
3. Reichswehr
1. ...
2. Den Angehörigen der Reichswehr ist die Zugehörigkeit, das Zusammenarbeiten mit politischen Verbänden aller Richtungen, zu denen die sogenannten Wehrverbände aller Richtungen gehören, verboten.
3. Es wird eine Rekrutierungsordnung erlassen, die Vorkehr trifft, daß keine verfassungsfeindlichen Personen ... in die Reichswehr aufgenommen werden.
4. Kulturfragen
Es ist angeregt: Erlaß eines Reichsschulgesetzes unter Wahrung der Gewissensfreiheit und des Elternrechtes, grundsätzliche Gleichstellung der ... vorgesehenen Schularten; Sicherung des Religionsunterrichtes ... (→ 14. 7./S. 121).
5. Sozialpolitik
Tatkräftige Förderung der Sozialreform, Ausbau und Vollendung des Arbeitsrechtes. Der nächste Schritt auf diesem Gebiet soll die Schaffung einer umfassenden Arbeiterschutzgesetzgebung unter besonderer Berücksichtigung der Bergarbeit sein. Darin ist – ausgehend von den deutschen Verhältnissen – die Arbeitszeit einschließlich der Sonntagsruhe im Einklang mit den internationalen Vereinbarungen zu regeln (→ 8. 4./S. 70). Aufgrund einer solchen Neuregelung ist die deutsche Regierung zur Ratifizierung des Washingtoner Abkommens gleichzeitig mit den anderen westeuropäischen Industrieländern bereit. Bis zum Inkrafttreten dieses Gesetzes sollen durch Übergangs- und Notmaßnahmen Mißstände auf dem Gebiet der Arbeitszeit beseitigt werden.
Die in Art. 165 der Reichsverfassung vorgesehene Mitwirkung der Arbeiter und Angestellten in der Wirtschaft ist im Sinne der im Reichswirtschaftsrat zustandegekommenen Einigung weiter auszubauen. Dringlich ist die Verabschiedung einer Versicherung gegen Arbeitslosigkeit (→ 7. 7./S. 120).
Entschlossene Bekämpfung der Erwerbslosigkeit und Fürsorge für die Erwerbslosen mit allen zweckdienlichen wirtschafts- und sozialpolitischen Mitteln. Die Sozialreform ist auch international, insbesondere im Zusammenwirken mit dem Internationalen Arbeitsamt, zu fördern.«

Neujahrsempfang bei Reichspräsident Hindenburg

Anfahrt vor dem Palais des Reichspräsidenten, Berlin

Zuversicht für das neue Jahr

In den Ansprachen führender europäischer Politiker zum Jahreswechsel 1926/27 wird Befriedigung über die ruhige internationale Lage und über die Stabilität der Wirtschaftsentwicklung deutlich. Die Gefahren für die europäische Demokratie durch die Diktaturen in Polen, in den baltischen Staaten und im faschistisch regierten Italien geraten kaum in den Blick.

Reichspräsident Paul von Hindenburg umreißt beim Neujahrsempfang für die Reichsregierung in Berlin seine Vorstellungen von der innen- und außenpolitischen Situation des Reiches:

»In erster Linie muß es unser aller gemeinsames Ziel sein, baldigst die Räumung des immer noch besetzten Gebietes zu erreichen. Im Bereiche der inneren Politik ist am dringendsten die Behebung der wirtschaftlichen Not und der immer noch so großen Erwerbslosigkeit. Daneben harren wichtige sozialpolitische Fragen ... der Lösung. Wir wollen hoffen und wünschen, daß es im neuen Jahr gelingt, all diese bedeutsamen Aufgaben durchzuführen und damit eine Grundlage zu schaffen, auf der die weitere Gesundung und der Wiederaufstieg unseres Volkes sich vollziehen kann. Hierzu ist die erste Voraussetzung, daß in allen Lebensfragen unserer Nation der einigende Wille und die zusammengefaßte Kraft aller Teile und Schichten unseres Volkes eingesetzt werden können ... Nicht darauf kommt es an, das Trennende zu betonen, sondern darauf, das uns allen Gemeinsame zu suchen und festzuhalten ...«

Der französische Außenminister Aristide Briand äußert in einem Gespräch mit der Zeitung »Temps« Befriedigung über die Ergebnisse des Jahres 1926, in dem das Deutsche Reich dem Völkerbund beigetreten ist:

»Ich erkläre ausdrücklich, daß das Jahr 1926 in Europa eine Friedensarmatur geschaffen hat, die einen guten Schutz gegen die Kriegsgefahr bildet ... Deutschland ist heute Mitglied des Völkerbundes. Es hat öffentlich und freiwillig die vertraglichen Grenzen anerkannt und sich verpflichtet, sie nicht gewaltsam zu ändern. Ein rechtliches System, auf Ausgleichs- und Schiedsverträgen begründet, hat den Platz der alten Methode der Bündnisse eingenommen, die gegeneinander gerichtet waren und die eines Tages zur Anwendung von Gewalt führen mußten.«

Der italienische Ministerpräsident und Duce Benito Mussolini erklärt in seiner Rede an das Direktorium der faschistischen Partei:

»Das Jahr 1926 sah die Schaffung des korporativen Staates, im Jahr 1927 wird dieser Staat auf dem Gebiet der Verteilung der Interessen und auf dem Gebiet der Vertretung des Volkes zuerst praktisch in Erscheinung treten ... [→ 11. 11./S. 184]. So wird unter dem wachsenden Interesse der ganzen Welt der riesenhafte Versuch zur Bildung einer großen nationalen Gesellschaft, die auf ganz anderen Grundlagen als in anderen Staaten aufgebaut ist, durchgeführt werden. Ich bin sicher, daß dieser Versuch glücklich durchgeführt wird.«

Bestechungsaffäre um Barmat-Brüder

11. Januar. In Berlin wird der Prozeß wegen Betrugs und Bestechung gegen die Brüder Julius und Henri Barmat sowie neun weitere Personen eröffnet.

Der Konzern der Brüder Barmat war im Dezember 1924 zusammengebrochen. Der Konkurs hatte schwerwiegende politische Folgen, da SPD- und Zentrumspolitiker dem Konzern gegen Geldzahlungen Kredite beschafft hatten. Insgesamt soll das Barmat-Unternehmen fast 35 Millionen Reichsmark (RM) an Darlehen erhalten haben, u. a. 14 Millionen RM vom Reichspostministerium und weitere Millionenkredite von der Preußischen Staatsbank und der Deutschen Girozentrale.

Julius Barmat

Auch Reichspräsident Friedrich Ebert stand im Schußfeld der Kritik, weil er freundschaftliche Beziehungen zu den Barmats hatte. Die gegen Ebert erhobenen Anschuldigungen erwiesen sich jedoch als haltlos. Ebert starb 28. Februar 1925 an einer Blinddarmentzündung, die er u. a. deshalb verschleppte, um sich gegen die Vorwürfe zu verteidigen. Ein Urteil im Barmat-Prozeß wird im Jahr 1927 noch nicht gefällt.

Reichspräsident Friedrich Ebert war Zielscheibe von Verleumdungen bei der Barmat-Affäre

Streit um Reparationszahlungen

29. Januar. Das Internationale Schiedsgericht, das seit dem 21. Januar in Den Haag (Niederlande) über die Auslegung des Dawes-Plans berät, fällt sein Urteil. Das Gericht stellt fest, daß die Reparationen, die nach diesem Plan vom Deutschen Reich zu erbringen sind, lediglich die Zahlungen an die Siegermächte umfassen.

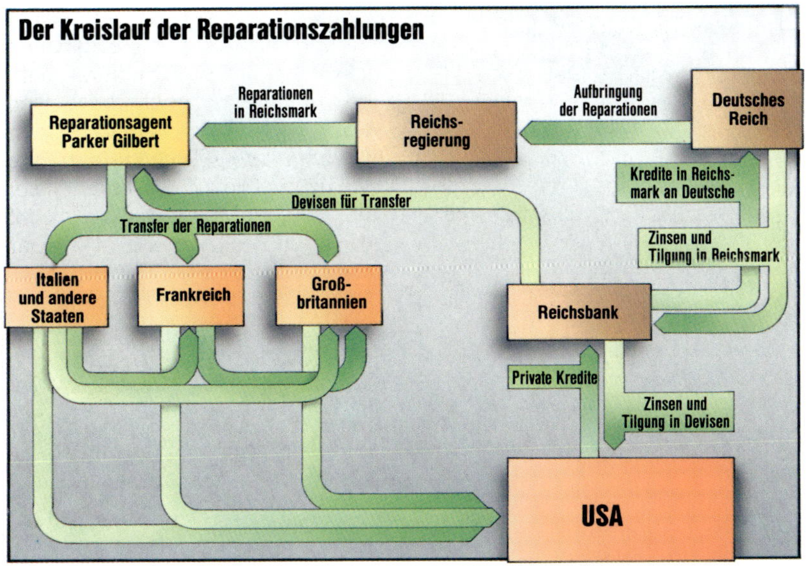

Der nach dem US-amerikanischen Finanzpolitiker und Bankier Charles Gates Dawes benannte Plan vom August 1924 regelt die Reparationszahlungen, die nach den Bestimmungen des Versailler Friedensvertrags vom Deutschen Reich für Schäden im Weltkrieg zu erbringen sind. Der Plan verknüpft die Verpflichtung des Deutschen Reiches zur Zahlung von rd. 2,4 Milliarden Goldmark jährlich mit der Gewährung von großzügigen Krediten aus dem Ausland (→ 20. 10./S. 167).

Nach den Bestimmungen von Versailles ist das Deutsche Reich jedoch nicht nur zur Zahlung von Reparationen an die Alliierten, sondern auch an Angehörige des Deutschen Reiches verpflichtet, die von den Kriegsfolgen – durch Enteignung, Transfer ihrer Güter ins Ausland u. a. – betroffen sind. Das Gericht stellt nun fest, daß diese Gelder nicht in den Raten des Dawes-Plans enthalten sind.

Alliierte ziehen Kontrolleure ab

31. Januar. Die ständige interalliierte Militärkontrollkommission im Deutschen Reich löst sich fristgerecht auf. Die Kommission hatte bisher die Aufgabe, die Einhaltung der Abrüstungsbestimmungen des Versailler Friedensvertrags von 1919 zu überwachen.

Am 11. Dezember 1926 hatte der Völkerbundsrat in Genf beschlossen, diese Überwachungsaufgaben in eigener Regie durchzuführen. Einen Tag darauf faßten Vertreter der sechs Mächte Deutsches Reich, Großbritannien, Frankreich, Belgien, Italien und Japan in Genf den Beschluß zur Auflösung der Militärkommission und stellten die Klärung nahezu aller strittigen Fragen der deutschen Abrüstung fest.

Nach den Bestimmungen von Versailles sind dem Aufbau einer Armee im Deutschen Reich enge Grenzen bezüglich der personellen Ausstattung und der Ausrüstung mit Waffen gezogen. Allerdings hat es in der Vergangenheit wiederholt Verstöße gegen diese Bestimmungen gegeben, wie z. B. eine geheime Zusammenarbeit der Reichswehr mit der Roten Armee (→ 23. 2./S. 40).

Maulkorb für Beamte

21. Januar. Nach einer Mitteilung des Amtlichen Preußischen Pressedienstes hat der preußische Kultusminister Carl Heinrich Becker in einem Erlaß die Beamten auf die Einschränkung der politischen Meinungsäußerung hingewiesen.

Becker verweist auf die »Treu- und Gehorsamspflicht, die es dem Beamten verbietet, von diesen Rechten [auf freie Meinungsäußerung] einen gleich weiten Gebrauch zu machen, wie es jedem anderen Staatsbürger gestattet ist, der nicht unter dem Zwange der im öffentlichen Interesse unerläßlichen Disziplin steht.«

Postbeamte bei Schichtbeginn um 5 Uhr früh im Hauptpostpaketamt Berlin; der Erlaß des preußischen Kultusministeriums zur politischen Betätigung richtet sich vorrangig an Lehrer, aber auch an andere Beamte

E. Reuter (SPD), im Berliner Stadtrat für Verkehrsfragen zuständig

Stadtrat Reuter erhält Geldstrafe

8. Januar. Ein Berliner Schöffengericht verurteilt den Berliner Stadtrat Ernst Reuter (SPD) wegen formaler Beleidigung zu einer Geldstrafe von 500 Reichsmark (RM).

Reuter hatte als verantwortlicher Redakteur in der sozialdemokratischen Zeitung »Vorwärts« einen Artikel veröffentlicht, der sich mit dem Verhalten des Marineoffizierskorps des Kreuzers »Hamburg« bei einem Besuch in San Francisco 1926 auseinandersetzte. Die Offiziere hätten die Farben der Republik als »schwarz-rot-goldenen Dreck« apostrophiert und bei der Begrüßungsansprache durch Vertreter der Stadt in San Francisco provokativ gehustet, sobald die Rede auf die republikanische Weimarer Verfassung kam. Insgesamt wird das Benehmen der Offiziere als »flegelhaft«, »gemein« und »taktlos« bezeichnet.

Den Antrag der Verteidigung, die Offiziere des Kreuzers einzeln zu vernehmen, um die Stichhaltigkeit der Schilderung im »Vorwärts« zu überprüfen, lehnt das Gericht ab. Es setzt vielmehr voraus, daß die Zeitungsdarstellung den Tatsachen entspricht und verhängt gegen Reuter – ohne Beweisaufnahme – lediglich wegen Beleidigung die Geldstrafe in Höhe von 500 RM. Das Urteil gegen Reuter, der im Berliner Stadtrat für Verkehrsfragen zuständig ist, wird am 8. Juli in zweiter Instanz verschärft: Die Geldstrafe wird auf 1500 RM angehoben (→ S. 39).

Britische Feuerwehr bei der Abwehr von chinesischen Demonstranten während des Aufruhrs in der Stadt Hankau

Anhänger der nationalrevolutionären Kuomintang stürmen in Hankau britische Banken und Geschäfte

Großmachtinteressen in China

27. Januar. Aus Furcht vor einem weiteren Vordringen der nationalrevolutionären, mit der Sowjetunion verbündeten Kantonregierung und ihrer von Chiang Kai-shek geführten Revolutionsarmee erklärt sich die britische Regierung in einer Note zum Verzicht auf die Vorrechte der in China lebenden Briten und zu einer Auflösung der britischen Konzessionen grundsätzlich bereit.

Im 19. Jahrhundert haben Großbritannien, Frankreich, Rußland und die USA durch sog. »ungleiche Verträge« zur Durchsetzung ihrer wirtschaftlichen Interessen das Reich der Mitte einem halbkolonialen Status unterworfen und die Errichtung von Konzessionen und das Recht auf Handel in China durchgesetzt.

Seit dem Sturz des letzten chinesischen Kaisers 1912 ist die Situation in dem asiatischen Großreich durch einen Verfall der zentralen Staatsgewalt und durch Kämpfe miteinander rivalisierender Kriegsherren, die einzelne Provinzen gewaltsam beherrschen, bestimmt.

In diesen Bürgerkrieg ist auch die Armee der Kantonregierung verwikkelt, die von der Nationalrevolutionären Partei (Kuomintang) getragen wird. Im Sommer 1926 hat die etwa 100 000 Mann starke Armee von Kanton aus einen Feldzug nach Norden gestartet und bereits beträchtliche Erfolge erzielt, der Regierungssitz wurde von Kanton ins eroberte Wuhan verlegt. Chiang Kai-shek und seinen Anhängern geht es nicht um die Durchsetzung eines persönlichen Machtanspruchs, sondern hinter der Bewegung steht ein politisches Programm, das der Wiedervereinigung und der Aufhebung ausländischer Einflüsse verpflichtet ist.

Die Befürchtung, daß ganz China mit einem Sieg der Kuomintang unter den Einfluß der Sowjetunion geraten könnte, erklärt die Bereitschaft der in China engagierten Großmächte, u. a. Großbritanniens, zum freiwilligen Verzicht auf ihre Privilegien. Die sowjetische Regierung ist seit 1923 durch ein Abkommen mit der Kuomintang verbunden. In der Bewegung sind auch die chinesischen Kommunisten aktiv (→ 24. 3./S. 53). Großbritannien läßt sich durch fremdenfeindliche Demonstrationen in Hankau und Kiukiang am 3. und 6. Januar nicht von seiner Politik des Entgegenkommens abbringen.

Entgegenkommen Großbritanniens

27. Januar. In der Note an die Regierungen in Peking und Hankau erklärt die britische Regierung ihre Bereitschaft zur Aufgabe der besonderen Gerichtsbarkeit für britische Untertanen in China und zur Eingliederung der britischen Konzessionen unter chinesische Verwaltung:

»1. Die Regierung ... ist bereit, die modernen chinesischen Gerichte als zuständige Gerichte für Prozesse, in denen Engländer Kläger oder Beklagte sind, anzuerkennen ...

2. Die Regierung ... ist bereit, die Rechtmäßigkeit eines billigen chinesischen Nationalitätengesetzes anzuerkennen.

3. Die Regierung ... ist bereit, soweit dies tunlich ist, in britischen Gerichten in China das moderne chinesische bürgerliche und Handelsrecht mit Ausnahme des Prozeßrechts einzuführen ...

6. Die Regierung ... ist bereit, ... gemäß den besonderen Umständen in jedem betreffenden Hafen Vereinbarungen zu treffen, um die bisherige Munizipalverwaltung der britischen Konzessionsgebiete abzuändern und sie ... den spezifisch chinesischen Verwaltungen näherzubringen ...«

Chiang Kai-shek, der Oberbefehlshaber der Kuomintang

Zentralamerika wird ein Pulverfaß

5. Januar. Mit der Entsendung des Kriegsschiffs »Galveston«, das bei der Hafenstadt Corinto vor Anker geht, bekräftigen die Vereinigten Staaten von Amerika ihren Entschluß, in den Bürgerkrieg in Nicaragua militärisch einzugreifen. An Bord der »Galveston« befinden sich 160 Marinesoldaten, die den konservativen Präsidenten Adolfo Díaz gegen den Liberalen Juan Bautista Sacasa, der sich am 4. Dezember 1926 zum Gegenpräsidenten hat ausrufen lassen, unterstützen sollen.

Insgesamt stehen vor der nicaraguanischen Küste sechs Schlachtkreuzer, sieben Zerstörer, ein Minenschiff, vier Seebeobachtungsflugzeuge und eine Landungstruppe von 2000 Mann aus den USA in Bereitschaft.

P. Elías Calles

Gegenpräsident Sacasa erhält Waffenlieferungen und militärische Hilfe aus Mexiko, das sich ebenfalls im Konflikt mit den USA befindet. Der mexikanische Präsident Plutarco Elías Calles, der sich um ein Zurückdrängen des ausländischen Einflusses in seinem Staat bemüht, hat 1926 sämtliche Bodenschätze des Landes – einschließlich des Erdöls – verstaatlichen lassen. Von dieser Maßnahme sind vor allem US-amerikanische Ölgesellschaften betroffen.

Adolfo Díaz

In der Auseinandersetzung Mexiko – USA ist jedoch eine Lösung absehbar. Calles erklärt sich am 9. Januar dazu bereit, die Entscheidung eines internationalen Schiedsgerichts in der Frage der Verstaatlichung des Öls zu akzeptieren, und am 19. Januar gibt US-Außenminister Frank B. Kellogg bekannt, Washington werde den Fall an ein Schiedsgericht überweisen (→ 28. 12./S. 198). Auch in Nicaragua verfolgen die Vereinigten Staaten wirtschaftliche Interessen (→ 7. 5./S. 86).

Randstaaten fürchten die UdSSR

2. Januar. Regierungsvertreter aus Finnland, Lettland und Estland kommen in der lettischen Hauptstadt Reval zu einer Konferenz zusammen, um ihre Politik gegenüber der Sowjetunion aufeinander abzustimmen.

Im Zuge der Neuordnung nach dem Ende des Weltkrieges waren sieben kleinere Staaten im Osten neu entstanden: Polen, die Tschechoslowakei, Litauen, Lettland, Estland, Finnland und die Freie Stadt Danzig.

Finnland, Estland und Lettland hatten vor der Erlangung der staatlichen Selbständigkeit zum Herrschaftsbereich des russischen Zarenreiches gehört. Finnland erklärte sich nach der Oktoberrevolution in Rußland am 15. November 1917 für unabhängig, war in der Folge jedoch von einem schweren Bürgerkrieg zwischen Bürgerlichen und Anhängern des sowjetischen Systems betroffen. Nach dem Sieg der Bürgerlichen wurde am 21. Juni 1919 eine republikanische Verfassung beschlossen. Sowjetrußland erkannte die finnische Selbständigkeit 1920 an.

Am 24. Februar 1918 hatte der estnische Nationalrat die staatliche Unabhängigkeit des Landes, das zu diesem Zeitpunkt von deutschen Truppen besetzt war, erklärt. Sowjetrußland erkannte die Selbständigkeit Estlands ebenfalls 1920 an. In Lettland hatte eine von Deutschen unterstützte Nationalregierung erst 1919 die Kontrolle über einen Großteil des Landes gewonnen.

Augustin Voldemaras, der Ministerpräsident von Litauen seit 1926

Die drei »Randstaaten« bemühen sich – verstärkt seit dem Abschluß des Rapallo-Vertrags zwischen dem Deutschen Reich und Sowjetrußland 1922, der sie in ihrer Furcht vor einer Umklammerung bestärkt hat – darum, ihre Außenpolitik aufeinander abzustimmen. Estnische Befürchtungen, die sozialistischen Regierungen in Finnland und Lettland könnten eine separate Verständigung mit der Sowjetregierung suchen, erweisen sich auf der Konferenz als gegenstandslos.

Durch den Vertrag von Rapallo 1922 mit dem Deutschen Reich (2. v. l. Reichskanzler J. Wirth) gewann die UdSSR internationale Anerkennung

Mussolini fordert legale Methoden

5. Januar. In einem Rundschreiben an alle Präfekten des Landes fordert der italienische Ministerpräsident und Duce Benito Mussolini diese dazu auf, von der Verwendung illegaler Methoden und von Gewalt Abstand zu nehmen.

Mussolini begründet diese Aufforderung damit, daß mit der Übernahme der Regierungsgewalt durch die Faschisten die Präfekten, die per se der faschistischen Partei angehören, die rechtmäßige Autorität der Staatsgewalt in den Provinzen darstellten. Damit sei die Verwendung illegaler Mittel zur Durchsetzung von Parteizielen nicht mehr nötig.

In dem Schreiben heißt es u. a.: »Was immer geschehe oder mir persönlich [Mussolini] geschehen möge, die Zeit der Repressalien, der Zerstörung und der Gewalttätigkeit muß vorüber sein. Auch müssen die Präfekten selbst jede Andeutung von Demonstrationen gegen ausländische Vertretungen unbedingt . . . unterdrücken . . .«

Minderheitenschutz in Polen

10. Januar. Eric Colban, der Leiter der Sektion für nationale Minderheiten beim Völkerbund, trifft in Kattowitz ein, um sich über die Lage der deutschen Minderheit in den – nach dem Ergebnis der Volksabstimmung von 1919 und dem Beschluß der Botschafterkonferenz der Alliierten von 1920 – zu Polen gehörenden Gebieten Oberschlesiens zu informieren.

Der im Weltkrieg neu erstandene polnische Staat beherbergt in seinen Grenzen, die im Westen durch die Beschlüsse des Versailler Friedensvertrags festgelegt sind, beträchtliche nationale Minderheiten – neben den Deutschen vor allem Ukrainer, Weißruthenen und Juden. Der Anteil der Deutschen in Polen beläuft sich auf 3,9%, der ukrainische ist noch wesentlich höher anzusetzen.

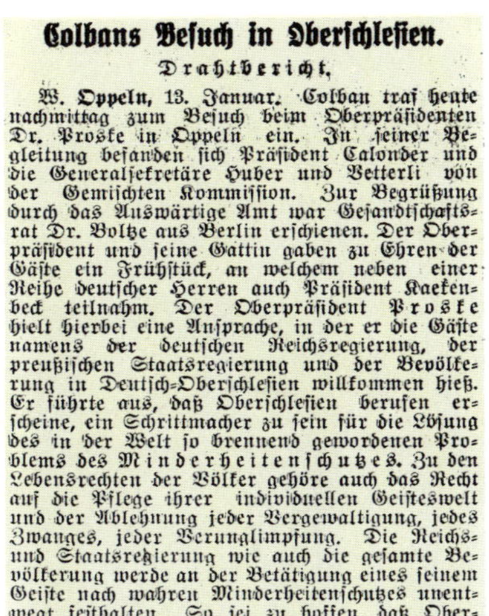

Colbans Besuch in Oberschlesien.

Drahtbericht.

W. Oppeln, 13. Januar. Colban traf heute nachmittag zum Besuch beim Oberpräsidenten Dr. Proske in Oppeln ein. In seiner Begleitung befanden sich Präsident Calonder und die Generalsekretäre Huber und Vetterli von der Gemischten Kommission. Zur Begrüßung durch das Auswärtige Amt war Gesandtschaftsrat Dr. Boltze aus Berlin erschienen. Der Oberpräsident und seine Gattin gaben zu Ehren der Gäste ein Frühstück, an welchem neben einer Reihe deutscher Herren auch Präsident Kaeckenbeck teilnahm. Der Oberpräsident Proske hielt hierbei eine Ansprache, in der er die Gäste namens der deutschen Reichsregierung, der preußischen Staatsregierung und der Bevölkerung in Deutsch-Oberschlesien willkommen hieß. Er führte aus, daß Oberschlesien berufen erscheine, ein Schrittmacher zu sein für die Lösung des in der Welt so brennend gewordenen Problems des Minderheitenschutzes. Zu den Lebensrechten der Völker gehöre auch das Recht auf die Pflege ihrer individuellen Geisteswelt und der Ablehnung jeder Vergewaltigung, jedes Zwanges, jeder Verunglimpfung. Die Reichs- und Staatsregierung wie auch die gesamte Bevölkerung werde an der Betätigung eines seinem Geiste nach wahren Minderheitenschutzes unentwegt festhalten. So sei zu hoffen, daß Oberschlesien mit dazu beitragen werde, die Arbeiten Colbans in der Minderheitensektion des Völkerbundes zu fördern.

Bericht in den »Düsseldorfer Nachrichten« vom 14. Januar über den Besuch Colbans in Oberschlesien

Zum Schutz der Minderheiten in Polen ist im sog. »Kleinen Vertrag von Versailles« u. a. vorgesehen, daß in Gebieten mit einem »beträchtlichen Ausmaß« an Minderheitsangehörigen ein Mindestmaß an Unterricht in der Muttersprache zu gewährleisten sei. Bei Verstößen gegen diese Bestimmungen können Vertreter der nationalen Minderheiten zwar Beschwerde beim Völkerbund einlegen, allerdings können sie nicht als Rechtspersonen auftreten. Dies steht allein Mitgliedsstaaten des Völkerbundes zu. Da es weder einen jüdischen noch einen ukrainischen oder weißruthenischen Staat gibt und das Deutsche Reich erst 1926 dem Völkerbund beigetreten ist, sind solche Beschwerden in der Vergangenheit meist nicht behandelt worden (→ 12. 3./S. 52).

Winston Churchill trifft den Duce

15. Januar. Der britische Schatzkanzler Winston Churchill trifft – von Athen kommend – zu einem Besuch in Rom ein. Churchill führt während seines Aufenthalts in der italienischen Hauptstadt u. a. mit dem italienischen Ministerpräsidenten und Duce Benito Mussolini Gespräche.

W. Churchill

Am 20. Januar erklärt Churchill in einer Pressekonferenz, daß sein Besuch lediglich als Privatmann erfolge.

Churchill zeigt sich von der Persönlichkeit Mussolinis beeindruckt. Den Faschismus bezeichnet der britische Politiker vor allem als ein erfolgreiches Kampfmittel gegen den Bolschewismus, auch wenn er hervorhebt, daß Großbritannien andere Wege als Italien im Kampf gegen den Kommunismus einschlagen werde.

Aufmarsch des Republikanischen Schutzbundes vor sozialdemokratischen Funktionären, Mitte: Karl Renner

Abteilung der Heimwehr, die aus Selbstschutzverbänden nach dem Weltkrieg entstanden ist, bei der Rast

Überfall auf die Schutzbündler

30. Januar. Bei einem Zusammenstoß zwischen Mitgliedern der rechtsgerichteten Frontkämpfervereinigung und des sozialdemokratisch orientierten Republikanischen Schutzbundes kommen in Schattendorf (Burgenland) zwei Menschen ums Leben. Die Angehörigen der Frontkämpfervereinigung, die sich in einem Gasthaus versammelt haben, eröffnen von dort aus das Feuer auf vorbeiziehende Schutzbündler. Sie geben etwa 30 Salven aus dem Fenster ab. Zwei Unbeteiligte – ein achtjähriges Kind und ein Kriegsinvalide – sind auf der Stelle tot, zahlreiche Angehörige des Republikanischen Schutzbundes werden z. T. schwer verletzt.

Bereits in den ersten Jahren der Republik Österreich haben sich in den einzelnen Bundesländern sog. Heimwehren gebildet, die sich paramilitärisch organisierten.

Die Frontkämpfervereinigung entwickelte sich aus einem wirtschaftlichen Interessenverband ehemaliger Angehöriger des Militärs. Der Republikanische Schutzbund dagegen ist 1923 entstanden, um die Republik gegen restaurative Tendenzen zu verteidigen.

Als Reaktion auf den Mord rufen die Sozialdemokraten zu Proteststreiks und Demonstrationen auf (→ 15./16. 7./S. 118).

Fernkabelverbindung Berlin – Wien wird feierlich eröffnet

4. Januar. Das Fernkabel, das die deutsche Hauptstadt Berlin mit der österreichischen Hauptstadt Wien verbindet, wird feierlich eingeweiht. Zu dem Festakt in der Wiener Hofburg haben sich Vertreter der österreichischen Regierung und des Diplomatischen Korps, der Großindustrie, des Handels und der Bankwelt eingefunden. Die deutsche Reichsregierung ist durch Postminister Karl Stingl (BVP) vertreten.

Zur Eröffnung des Kabels telefoniert der österreichische Bundespräsident Michael Hainisch mit Reichspräsident Paul von Hindenburg, anschließend tauschen der österreichische Bundeskanzler Ignaz Seipel und der deutsche Reichskanzler Wilhelm Marx fernmündlich Glückwünsche aus.

Das neue Kabel, ein sog. deutsches Normalkabel, enthält 18 Leitungen für größte Entfernungen und 15 für Entfernungen von mindestens 700 km. Es ist das erste Fernkabel über die Südgrenze des Deutschen Reiches.

Durch die Schließung des Kabelabschnitts Berlin–Wien werden Ferngespräche von den Britischen Inseln bis zum Schwarzen Meer in Zukunft möglich werden; das Kabel nach Budapest ist in Bau.

Am 8. Januar werden vier direkte Leitungen Berlin–Wien für den regulären Fernsprechverkehr eröffnet, in den Wochen darauf folgen zwei weitere nach Berlin, drei nach Frankfurt am Main, zwei nach München, je eine nach Leipzig, Nürnberg und Hamburg usw.

Vom Deutschen Reich aus gibt es bereits direkte Kabelverbindung nach Großbritannien, in die Niederlande und die Schweiz.

Karl Stingl

Michael Hainisch

Ignaz Seipel

Motta wirbt für Völkerbundsidee

1. Januar. Der Tessiner Giuseppe Motta, einer der profiliertesten Politiker der Schweiz, übernimmt das Amt des Bundespräsidenten im Jahre 1927.

Nach der Verfassung der Eidgenossenschaft wird der Bundespräsident alljährlich von der Regierung, dem Bundesrat, aus ihrem Kreis gewählt. Ihm kommen das Recht auf Vorsitz bei Beratungen des Bundesrats und auf Vertretung der Schweiz nach außen zu; darüber hinaus besitzt er keine anderen Kompetenzen als alle übrigen Bundesratsmitglieder.

Seit 1920 leitet Motta zudem das Politische Department, das zuvor jeweils dem Bundespräsidenten zugeordnet war. Der konservative Politiker, der seit 1911 dem Bundesrat angehört, hat damit maßgeblichen Einfluß auf die Außenpolitik seines Landes gewonnen.

Der schweizerische Bundespräsident Giuseppe Motta hat schon frühzeitig den Völkerbundsbeitritt des Deutschen Reichs befürwortet

Im Jahr der Übernahme des Politischen Departments durch den Tessiner Giuseppe Motta vollzog die Schweiz den Beitritt zum Völkerbund und gab ihre traditionell »unbedingte« zugunsten der sog. »differenzierten« Neutralität auf. Mit Rücksicht auf ihre geschichtliche Situation ist die Schweiz, anders als die übrigen Mitglieder des Völkerbundes, nicht zu militärischen Sanktionen aus Solidarität bei einem Angriff auf einen dem Völkerbund angehörenden Staat verpflichtet.

Motta warb bereits 1920 für den deutschen Beitritt zum Völkerbund, der 1926 erfolgte. Die Aufnahme wurde durch den Vertrag von Locarno (1925) ermöglicht.

SPD gegen die Großgrundbesitzer

12. Januar. Die Agrarkommission der SPD, die von dem sozialdemokratischen Reichstagsabgeordneten Rudolf Hilferding geleitet wird, legt den Entwurf zu einem Agrarprogramm der Partei vor.
Die SPD fordert darin eine Bodenreform, die durch Enteignung gegen Entschädigung eine Begrenzung der landwirtschaftlichen Großgrundbesitzungen auf etwa 750 ha und der Waldbestände auf 100 ha durchsetzen soll. Ferner wird die Verabschiedung eines Pachtschutz- und eines Kleingartengesetzes vorgeschlagen. Die Sozialdemokraten wollen – so ihr Agrarprogramm – durch ein gesetzliches Vorkaufsrecht der Gemeinden bei der Veräußerung von Grundbesitz das Grundeigentum der Kommunen vergrößern.
Ferner fordert die SPD eine Verbesserung des ländlichen Volksschulwesens.
Das Agrarprogramm der SPD findet bei den Klein- und Mittelbauern, die von den Vorschlägen zur Bodenreform profitieren könnten, kaum Widerhall. Der Reichslandbund, die Interessenvertretung der Landwirte, wird von den Großgrundbesitzern dominiert und steht der rechtsgerichteten DNVP nahe (→ 5. 2./S. 41).

Gewaltiger Ansturm der Käufer beim Inventur-Ausverkauf

3. Januar. *In den Städten des Deutschen Reiches läuft der sog. Inventur-Ausverkauf an. Bis zum 15. Januar bieten Warenhäuser und Einzelhandelsfachgeschäfte ihre Waren mit Preisnachlässen bis zu 80% an. Bedarfsartikel sind durchweg um 25 bis 30% reduziert worden, Luxuswaren um 50 bis 75%.*
Die Geschäftsleute äußern sich über den Verlauf des Ausverkaufs äußerst befriedigt. In allen Sparten liegt das Verkaufsergebnis – trotz des guten Weihnachtsgeschäfts 1926, das schon einige Kaufkraft abgeschöpft hat – über dem des Vorjahres. Für viele Einzelhändler ist das Ausverkaufsgeschäft das beste überhaupt seit der Inflation von 1923. Die außerordentlich gute Nachfrage ist nach Ansicht von Experten auf die günstige Wirtschaftslage – die allerdings auf den Arbeitsmarkt noch nicht durchgeschlagen hat – zurückzuführen, aber auch auf die anhaltende Sparsamkeit der Deutschen. Besonders gute Ergebnisse werden bei Schuhen, Damenmoden – insbesondere Kleider, modische Strickwaren und Pelze –, Wäsche und Modewaren gemeldet. Aber auch das Teppichgeschäft läuft ungewöhnlich gut. Insgesamt ist beim Inventur-Ausverkauf ein Trend zu mehr Qualität und zur überlegten Auswahl zu erkennen (Abb.: Zeitungsannonce).

Die Reichsbahn vergibt Aufträge

26. Januar. Der Verwaltungsrat der Deutschen Reichsbahngesellschaft beschließt auf seiner Jahrestagung, die vom 24. bis zum 26. Januar in Berlin stattfindet, Aufträge im Gesamtwert von rund 65 Millionen Reichsmark (RM) vorzuziehen, um auf diese Weise zum Abbau der Arbeitslosigkeit beizutragen. Nach dem Beschluß sollen 200 Lokomotiven, 1000 Personen- und 2000 Güterwaggons sofort bestellt werden, deren Anschaffung bisher nicht im Jahre 1927 vorgesehen war. Die Auftragssumme verteilt sich wie folgt:

- ▷ 28 Millionen RM für neue Lokomotiven
- ▷ 25 Millionen RM für Personenwaggons
- ▷ 12 Millionen RM für Güterwaggons

Zusätzlich soll die Elektrifizierung der Vorortstrecken im Raum München beschleunigt werden.
Ferner beschließt die Reichsbahngesellschaft, keine weiteren Personalreduzierungen vorzunehmen. Lediglich in den Werkstätten ist eine Verringerung der Arbeitskräfte um 500 Personen geplant; ihre Unterbringung in anderen Bereichen des öffentlichen Dienstes soll sichergestellt werden.
Der Verwaltungsrat faßt diese Beschlüsse vor dem Hintergrund einer günstigen Konjunktur- und Verkehrsentwicklung, aber weiterhin hohen Arbeitslosenzahlen, die sich mit 2,09 Millionen Ende Januar gegenüber Ende Dezember fast verdoppelt haben.
Die Reichsbahn ist seit dem Abschluß des Dawes-Plans (1924), der die Reparationszahlungen des Deutschen Reiches an die Siegermächte des Weltkriegs regelt, nicht mehr vollständig in deutscher Verfügungsgewalt.

Großraum-Güterwagen der Reichsbahn mit einem Ladevermögen von 50 t für die Beförderung von Kohle

Ferngiroverkehr von Land zu Land

3. Januar. Zwischen der Deutschen Reichsbank und den nationalen Noteninstituten in Österreich, der Schweiz und der Tschechoslowakei wird der internationale Giroverkehr eingeführt. Mit der Schaffung dieses Verbundes ist der ersten Schritt zu einer Europäisierung des Giroverkehrs getan.
Künftig sind Zahlungen, die bisher nur intern ausgeführt werden konnten, zwischen den Banken dieser Staaten möglich. Bereits vor dem Weltkrieg hat es einen internationalen Giroverkehr unter Beteiligung des Deutschen Reiches gegeben, der allerdings von den Postanstalten ausgeführt wurde und die telegraphische Übermittlung in viel geringerem Ausmaß nutzen konnte als nunmehr die Banken. Sie garantieren bei einer Einzahlung bis 12 Uhr mittags die Überweisung am gleichen Tag.

Gesundheit 1927:

Aufklärung, Kontrolle und Bestrafung

Im Deutschen Reich ist – einhergehend mit der günstigeren Wirtschaftslage im Vergleich mit den Nachkriegsjahren und dem Inflations- und Krisenjahr 1923 – ein leichter Rückgang der Krankheiten, die mit materieller Not einhergehen (wie Tuberkulose, Skorbut und andere Mangelerkrankungen), zu verzeichnen. Das Hauptaugenmerk der Gesundheitspolitik richtet sich nunmehr auf den Bereich sexueller Aufklärung und der Maßnahmen gegen Geschlechtskrankheiten. Allein in den deutschen Gefängnissen liegt die Zahl der Syphilitiker bei 125 000.

Das Gesetz zur Bekämpfung der Geschlechtskrankheiten wird am 26. Januar – gegen die Stimmen der Kommunisten, der Völkischen, der Wirtschaftlichen Vereinigung und von Minderheiten aus anderen Fraktionen – in dritter Lesung vom Reichstag angenommen und tritt nach der Billigung durch den Reichsrat am 1. Oktober in Kraft.

Die wichtigste Bestimmung des Gesetzes ist die Verpflichtung aller an einer ansteckenden Geschlechtskrankheit leidenden Personen, sich durch einen approbierten Arzt behandeln zu lassen. Sie wird ergänzt durch das Verbot an alle anderen Personen, solche Krankheiten zu behandeln (bisher waren auch nichtärztliche Heilmethoden zugelassen). Auch die Erteilung von Ratschlägen zur Selbstbehandlung in öffentlichen Vorträgen wird ausdrücklich verboten.

Jeder Geschlechtskranke hat die Pflicht, sich von einem Arzt untersuchen und, falls erforderlich, so lange behandeln zu lassen, wie eine Ansteckungsgefahr besteht. Die Geschlechtskranken machen sich straffällig, sofern sie – obwohl ihnen ihr Leiden bekannt ist – weiterhin geschlechtlich verkehren oder eine Ehe schließen. Allerdings wird das Delikt nur auf Antrag verfolgt. Die sozialdemokratische Reichstagsfraktion kann die kostenlose Behandlung von finanziell Minderbemittelten durchsetzen.

Weitere wichtige Veränderungen, die mit dem Gesetz in Kraft treten, sind die Aufhebung der Reglementierung und Kasernierung von Prostituierten und der Ersatz der Sittenpolizei durch das Gesundheitsamt und die Fürsorge, die künftig für die Untersuchung der Prostituierten auf Geschlechtskrankheiten zuständig sind. Die Polizei kann lediglich dann einschreiten, wenn eine Behandlung verweigert wird. Damit hat die deutsche Frauenbewegung eine Forderung, die sie seit Anfang des Jahrhunderts vertritt, endlich durchgesetzt.

In der Frage der Geburtenregelung kommt es 1927 zu keiner politischen Entscheidung. Während die bürgerlichen Parteien und die Regierung – unter Hinweis auf die seit langem rückläufigen Geburtenzahlen – eine Aufhebung des Abtreibungsparagraphen 218 und die weitere Verbreitung von Verhütungsmitteln im allgemeinen ablehnen (die erbgesundheitliche Beratung von Ehekandidaten aus »rassenhygienischen« Gründen jedoch fördern), kämpfen die Kommunistische Partei und die proletarische Frauenbewegung für die Förderung der sexuellen Aufklärung von Frauen aus der Unterschicht und für die Abschaffung des Abtreibungsverbots.

Die Zahl der 1927 im Deutschen Reich vorgenommenen Abtreibungen wird auf rd. 500 000 geschätzt, wobei Abbrüche bei Kurpfuschern vielfach tödlich enden oder zu bleibenden Schäden führen. Frauen aus finanziell bessergestellten Kreisen können sich allerdings meist einen medizinisch einwandfreien Schwangerschaftsabbruch erkaufen und sind vor Strafverfolgung sicher: Nur 0,1% der im Jahr 1927 wegen des Paragraphen 218 verurteilten Frauen gehören der reicheren Bevölkerungsschicht, 92% der Unterschicht an.

Straßenprostitution in der Reichshauptstadt

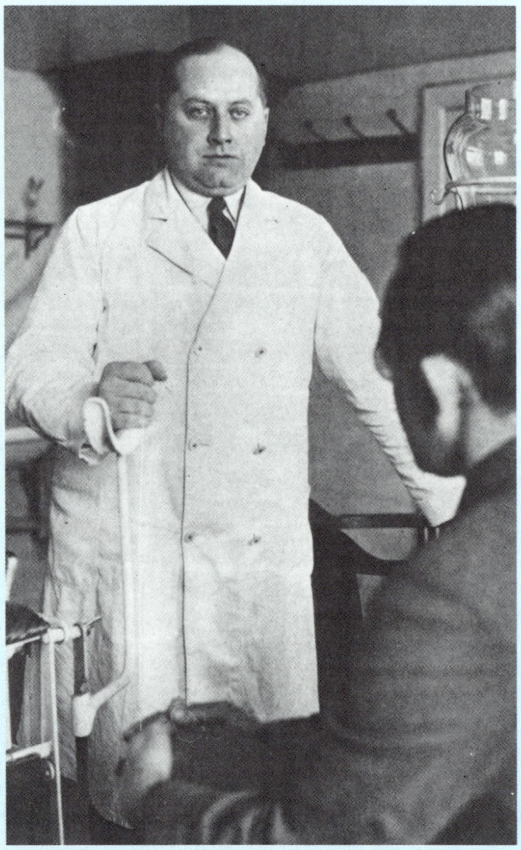

Der Dichter Gottfried Benn, als Arzt mit der Behandlung Geschlechtskranker vertraut

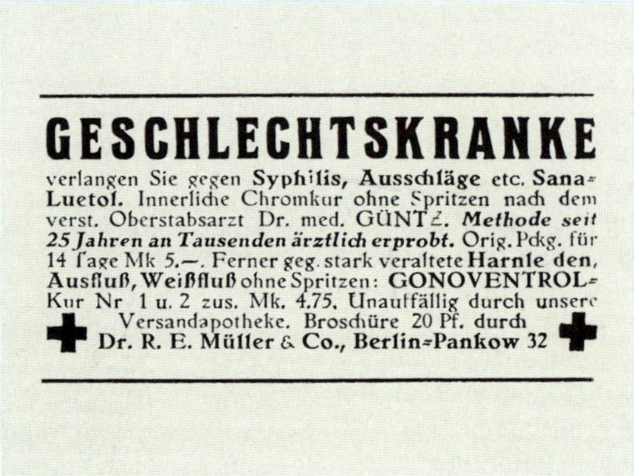

Werbung für Heilmittel in der Zeitung

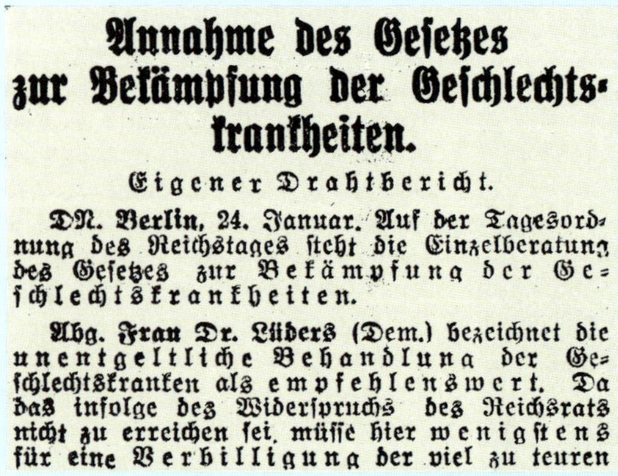

Annahme des Gesetzes zur Bekämpfung der Geschlechtskrankheiten.

Eigener Drahtbericht.

DN. Berlin, 24. Januar. Auf der Tagesordnung des Reichstages steht die Einzelberatung des Gesetzes zur Bekämpfung der Geschlechtskrankheiten.

Abg. Frau Dr. Lüders (Dem.) bezeichnet die unentgeltliche Behandlung der Geschlechtskranken als empfehlenswert. Da das infolge des Widerspruchs des Reichsrats nicht zu erreichen sei, müsse hier wenigstens für eine Verbilligung der viel zu teuren

Zeitungsartikel zur Verabschiedung des Gesetzes zur Bekämpfung von Geschlechtskrankheiten

Szene aus der Mütterschule in Stuttgart, wo Frauen Wickelkurse besuchen können

Domela – falscher Hohenzollernprinz

6. Januar. Der 23jährige Harry Domela, der sich im Dezember 1926 mit falschem Adelstitel Geld und Zugang zu höheren Gesellschaftskreisen erschwindelt hatte, wird in Euskirchen festgenommen.

Der Hochstapler schildert den Höhepunkt seiner Köpenickiade, als er sich als Kronprinzensohn Wilhelm, d. h. als Enkel von Kaiser Wilhelm II., ausgab:

Harry Domela

»In Erfurt kam ich völlig blank an. Ich begab mich sofort zum Hotel ... Ich stellte mich dem Portier als Baron von Korff vor und verlangte ein Zimmer. Ich ließ allerdings durchblicken, daß der Name ein Pseudonym sei und ich noch einen weit höheren Adelstitel besitze.

Der Portier besah mich von oben bis unten und sagte dann, ja, er habe noch Zimmer auf der vierten Etage. Da schnauzte ich den Portier an, wie er sich erlauben könne, mir eine derartige Wohnung anzubieten. Ich verlange mindestens einen Salon mit Schlafzimmer und Bad. Der Hoteldirektor, der diese Auseinandersetzung anhörte, entschuldigte sich in den devotesten Ausdrücken und gab mir die besten Zimmer auf der ersten Etage.

Um meine Rolle nun durchzuführen, ließ ich mir eine Fernverbindung mit der Hofverwaltung des Prinzen Louis Ferdinand [des zweiten Sohnes des Kronprinzen] in Potsdam geben. Ich sprach in der Überzeugung, daß das Hotelpersonal zuhörte, so als ob ich der Prinz Wilhelm, der älteste Sohn, wäre ...

Dieses Gespräch hatte eine fabelhafte Wirkung. Ich wurde mit Königliche Hoheit tituliert ...

Auf die Frage des Oberbürgermeisters von Gotha, ob Kaiserliche oder Königliche Hoheit die richtige Anrede sei, sagte ich, daß ich zwar auf diese Titel Anspruch habe, aber bei älteren würdigen Herren es mir durchaus genügen würde, wenn man mich einfach mit Prinz Wilhelm anrede. Er fühlte sich sichtlich geschmeichelt und machte von dieser Anrede Gebrauch ...«

Die Reichshauptstadt Berlin ist im Kostümballrausch

22. Januar. *Die Ballsaison in der Reichshauptstadt erreicht mit einer Reihe von Kostümfesten ihren Höhepunkt. Allein in der Nacht vom 22. auf den 23. Januar finden drei große Kostümbälle statt.*

Der Wohltätigkeitsball der Reklamefachleute, der alljährlich in der Philharmonie veranstaltet wird, steht 1927 unter dem Motto »Im Reich der Reklame«. Die Saalwände sind mit Tüchern bespannt, auf denen bekannte Firmen künstlerisch für ihre Produkte werben. In der Mitte des Konzertsaales ist eine silberglitzernde Frauenfigur aus Papiermaché aufgebaut, die für eine bekannte Zigarettenmarke wirbt. Ein weißer Teddybär läuft für eine Pelzfirma, ein mit Teppichen beladenes Kamel für eine Teppichfirma Reklame. Prominenz aus Politik und Gesellschaft mischt sich – meist im Frack oder Abendkleid – unter die Kostümierten. Zu den besonderen Attraktionen des Balls, den der Club der Filmindustrie im Zoo veranstaltet, gehört eine Konkurrenz des Filmnachwuchses. Der Ball im Künstlerhaus steht unter dem Motto »Folget mir nach Rimini, dorten werdet ihr genesen ...«; am 26. Januar zieht die Berliner Secession mit dem Kostümfest »Turmbau zu Babel« nach. Das Gauklerfest der Kunstgewerbeschule Reimann findet bereits am 20. Januar in den Räumen des Zoologischen Gartens statt (Abb.: Preisgekrönte Kostümträger).

Blick in den Zuschauerraum des Laurier-Palace-Kinos in Montreal, im Hintergrund links ist der Ausgang zu der Treppe zu erkennen, auf der sich 77 wegen einer Explosion in Panik geratene Kinder zu Tode trampelten

77 Kinder sterben beim Kinobrand

9. Januar. 77 Kinder fallen einem Brand im Laurier-Palace-Kino in Montreal (Kanada) zum Opfer, 25 müssen mit Verletzungen ins Krankenhaus eingeliefert werden.

Im Parkett unterhalb des Balkons bricht in der Nachmittagsvorstellung aus ungeklärter Ursache ein Feuer aus, das allerdings von der Feuerwehr rasch gelöscht werden kann. Wegen einer Explosion, die durch den Brand ausgelöst wird, jedoch wenig bedrohlich ist, geraten die Kinder in Panik und versuchen überhastet, über eine schmale Treppe zu fliehen.

Nahezu alle Opfer der Katastrophe werden auf dieser Treppe erdrückt oder von nachdrängenden Kindern zu Tode getrampelt.

Brautkleid aus Spitzen mit langer Schleierschleppe

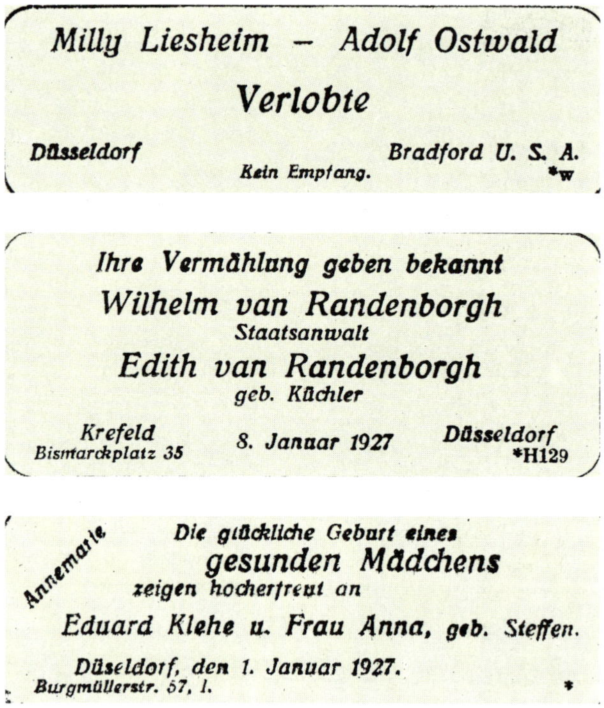

Milly Liesheim – Adolf Ostwald

Verlobte

Düsseldorf Bradford U. S. A.

Kein Empfang. *w

Ihre Vermählung geben bekannt

Wilhelm van Randenborgh

Staatsanwalt

Edith van Randenborgh

geb. Küchler

Krefeld
Bismarckplatz 35

8. Januar 1927

Düsseldorf
*H129

Annemarie

Die glückliche Geburt eines

gesunden Mädchens

zeigen hocherfreut an

Eduard Klehe u. Frau Anna, geb. Steffen.

Düsseldorf, den 1. Januar 1927.

Burgmüllerstr. 57, I. *

Familienanzeigen zur Verlobung, Vermählung, Geburt

Frauen mit Beruf sind gefragt

Mehr als acht Jahre nach Kriegsende hat sich der Heiratsmarkt im Deutschen Reich, der in der Zeit nach dem Weltkrieg von oft kurzfristigen Eheschließungen bestimmt war, konsolidiert.

Die Mitgiften haben allerdings den Vorkriegsstand noch nicht wieder erreicht. Während vor 1914 Mitgiften von 500 000 Reichsmark (RM) in den begüterten Kreisen durchaus üblich waren, werden solche Summen nunmehr lediglich vereinzelt von Auslandsdeutschen, die für ihre Tochter eine Ehe mit einem Reichsangehörigen anstreben, geboten. Im Deutschen Reich gelten 200 000 RM als absolute Obergrenze. Die niedrigeren Mitgiften deuten auf einen Rückgang des Kapitalbesitzes hin.

Kaufmann,
29 Jahre, groß, gutes Aeußere, einwandfreie Vergangenheit, Abteilungsleiter in Großkaufhaus, wünscht Briefwechsel mit junger Dame, vornehm. Charakter und etwas Vermögen bzw. Einheirat. Branche gleich, da anpassungsfähig.

Junge Frau,
schuldlos geschieden, wie Schmeichler sagen, sehr hübsch, mit vollkommen eingerichteter Eigenwohnung und Sinn für Gesellschaft, Tanz und Theater, wünscht zw. Ehe die Bekanntschaft eines lebenslustig., vermögenden Herrn von modernen Anschauungen.

Akad. Maler,
aus alter Lübecker Familie, 25 Jahre alt, möchte Studienreise nach Niederl.-Indien in Begleitung seiner Gattin antreten.

Universitätsdozent,
30 Jahre, Philosoph, sucht Briefwechsel mit intellektueller Berlinerin aus bestem Bürgerhaus, die fähig ist, in kleiner Universitätsstadt ihrem Gatten bei wissenschaftlichen Arbeiten zu assistieren und einen in den äußeren Mitteln bescheidenen, würdig-vornehmen Hausstand zu leiten.

Für meine Tochter,
Anfang 20, herzensguter, heiterer Charakter, perfekt in Haus und Küche, schöne Ausstattung und kleine Barmitgift, suche ich einen Gatten in gesicherter Position, der meinem Kind ein treuer Führer durchs Leben sein will.

Bankbeamter,
sport- u. kunstliebend, 27 Jahre alt, wünscht sich stille, harmonische Häuslichkeit mit voll-

Die Veröffentlichung einer Heiratsanzeige in der Tageszeitung oder Illustrierten ist kein Tabu mehr. Berufstätige Frauen geben solche Anzeigen meist selbst auf, bei Nicht-Berufstätigen ergreifen die Eltern die Initiative

Die Berufstätigkeit einer Frau scheint im Bewußtsein gerade der oberen Klassen eine Mitgift durchaus nicht zu ersetzen, wie die neuesten Zahlen einer bayerischen Statistik belegen. 81,5% der heiratenden Frauen sind vor der Eheschließung berufstätig gewesen. Innerhalb der verschiedenen Erwerbszweige gibt es jedoch bedeutende Unterschiede in der Frage, inwieweit eine Heirat mit einer berufstätigen Frau in Frage kommt. So heiraten selbständige Landwirte zu 95% Frauen, die zuvor gearbeitet haben. Bei den selbständig Gewerbetreibenden liegt die Zahl bei 79,5%, bei den kaufmännischen Angestellten bei 77% und bei den selbständigen Kaufleuten bei 75%. In den sog. Oberklassen erreichen die Hochzeiten mit berufstätigen Frauen lediglich in der Gruppe der Schriftsteller und Künstler einen ähnlich hohen Anteil (75%), in den anderen Berufsgruppen liegt er z. T. erheblich niedriger (Lehrer 60%, Ärzte 52%, höhere Beamte und Offiziere 41%).

Umgekehrt ist aus der Sicht der Frauen zu beobachten, daß sich unter den Akademikern lediglich Ingenieure und Angehörige anderer empirischer Berufe besonderer Beliebtheit als Heiratskandidaten erfreuen und Offiziere nicht mehr stärker begehrt sind als andere Beamte.

Ausländische und adlige Vornamen

1. Januar. Einen grundlegenden Wandel in der Namensgebung im Vergleich zur Zeit vor dem Weltkrieg stellt der Berliner Arzt Michael Cohn in einer Presseveröffentlichung fest.

Besonders bemerkenswert ist die Zunahme ausländischer Vornamen – Maud, Yvonne, Sonja, Kasia bei den Mädchen, Leonid und Jurij bei den Jungen – sowie die Verwendung von Namen, die ursprünglich dem Adel vorbehalten waren (z. B. Detlef, Bodo, Eberhard, Guntram, Wolfhart), in bürgerlichen und proletarischen Schichten. Der demokratische Zeitgeist hat also auch in die Namensgebung hineingewirkt.

Der Trend zum »Aparten« zeigt sich an der Wahl von Doppelnamen: Während 1907/08 kein einziger Doppelname unter 1000 Namen im Geburtsregister erscheint, sind es nun immerhin bei den Jungen 52, bei den Mädchen sogar 70. Die beliebtesten Jungen-Doppelnamen sind Karlheinz (23 von 1000) und Hansjoachim (13 von 1000), bei den Mädchen Anneliese (23 von 1000), Liselotte (22 von 1000) und Rosemarie (8 von 1000).

Cohn weist ferner auf die Verwendung von abgewandelten Mädchennamen hin: Gegenüber nur 18 schlichten Margareten gibt es 45 Margots, drei Margits und zwei Margas unter 1000 Registereintragungen, das schlichte Dorothea bleibt mit sieben Nennungen hinter zwölf Doras zurück, hinzu kommen noch drei Doris.

Die beliebtesten deutschen Namen

Jungen	Mädchen
1. Horst	Ursula
2. Günther	Ingeborg (Inge, Ingrid)
3. Heinz	Margot
4. Gerhard	Helga
5. Werner	Gerda
6. Kurt	Edith
7. Hans	Gisela
8. Harry	Ruth
9. Wolfgang	Waltraud
10. Karlheinz	Irmgard
11. Herbert	Eva
12. Helmut	Anneliese
13. Rudi	Liselotte

Kaugummikonzern stiftet 25 000 US-Dollar für Marathonschwimm-Sieger

15. Januar. *Überraschender Sieger des Marathonschwimmens von der Insel St. Catalina zur kalifornischen Küste wird der erst 17jährige Kanadier George Young. Er erhält für seinen ersten Platz einen Preis von 25 000 US-Dollar (rund 105 000 Reichsmark), der von dem US-amerikanischen Kaugummikonzern Wrigley's gestiftet worden ist. Der aus Toronto stammende Young durchschwimmt den Kanal in der Nähe von Los Angeles – 35 km Luftlinie, tatsächliche Schwimmstrecke etwa 50 km – in einer Zeit von 15:45 h. Er führt von Beginn an und kann trotz einer erheblichen Kopfverletzung, die er sich an einem Felsen kurz vor der Küste zuzieht, den Kampf um die 25 000 US-Dollar wegen seiner außerordentlich guten Kondition bis zum Ende durchstehen.*

Sieger George Young/Kanada

102 Bewerber sind gestartet, darunter auch 13 Frauen. Die Mehrzahl der Schwimmer hat sich vor Beginn des Rennens am ganzen Körper mit Fett eingecremt, um sich vor Unterkühlung zu schützen. Dennoch erreichen nur wenige in dem nur 13° C warmen Wasser das Ziel. Alle Frauen, darunter auch die deutsche Rekordschwimmerin Lotte Schömmel und die US-Amerikanerin Clarabelle Barrett, die lange Zeit die Frauengruppe angeführt hat, müssen aufgeben. Die beiden Schwimmerinnen, die es am längsten im Wasser ausgehalten haben, erhalten allerdings einen Trostpreis in Höhe von je 2500 US-Dollar (umgerechnet rund 10 500 Reichsmark) zugesprochen. Der Wrigley's-Konzern hat sich das Spektakel, von dem er sich einen gewaltigen Werbeeffekt erhofft, insgesamt 40 000 Dollar kosten lassen (Abb.: Start der 102 Teilnehmer am Strand von St. Catalina).

Goldpalast in Venedig

18. Januar. Der Cà d'Oro, einer der prächtigsten, am Canal Grande gelegenen Paläste Venedigs, wird nach einer grundlegenden Restaurierung feierlich eingeweiht und zusammen mit einer neu eingerichteten Gemäldegalerie der Öffentlichkeit zugänglich gemacht.

Der Cà d'Oro, der seinen Namen (deutsch: Goldenes Haus) wegen der reichen Goldverzierungen an der Fassade erhalten hat, ist 1421 bis 1436 von den italienischen Baumeistern Matteo Raverti, Giovanni und Bartolomeo Buon im gotischen Stil erbaut worden – zur Blütezeit der venezianischen Kunst.

Nach Jahrhunderten der Vernachlässigung und des Verfalls hat Baron Giorgio Franchetti 1896 den Palast erworben und mit der Restaurierung der Fassade und der Innenräume begonnen. Zugleich hat der italienische Adlige eine Gemäldesammlung mit Meisterstücken der verschiedenen italienischen Schulen angelegt. Zu den Glanzstücken gehören »Venus vor dem Spiegel« von Tizian und »Der heilige Sebastian«, ein Spätwerk von Andrea Mantegna, ferner ein von dem Niederländer Anthonis van Dyck geschaffenes Porträt.

1922 ging das Gebäude in den Besitz des italienischen Staates über, der die Restaurierungsarbeiten zum Abschluß brachte. Ein danebenliegender kleinerer Palast wurde zerstört, um dem Cà d'Oro mit seinem Hof, einem der schönsten in ganz Venedig, mehr Licht zu geben.

Blick auf die Fassade des Cà d'Oro, der nach vierjähriger Renovierung nunmehr wiederhergestellt ist

Rassentheoretiker Chamberlain tot

9. Januar. In Bayreuth stirbt der britische Kulturphilosoph Houston Stewart Chamberlain, ein Schwiegersohn des Komponisten Richard Wagner, im Alter von 71 Jahren.

Nach einer kleinen Trauerfeier im Wohnhaus des Verstorbenen neben der Villa Wahnfried wird der Sarg zur Einäscherung nach Coburg gebracht. Dort steht eine Gruppe von Nationalsozialisten mit Adolf Hitler an der Spitze Spalier. Die antisemitische Rassentheorie Chamberlains war von großem Einfluß auf die NS-Ideologie. An der Einäscherungsfeier nehmen Ex-König Ferdinand von Bulgarien und Prinz August Wilhelm von Preußen teil, der einen Kranz niederlegt.

In Regisseur Fritz Langs Zukunftsvision »Metropolis« erscheint die Maschine in der Unterstadt als Moloch

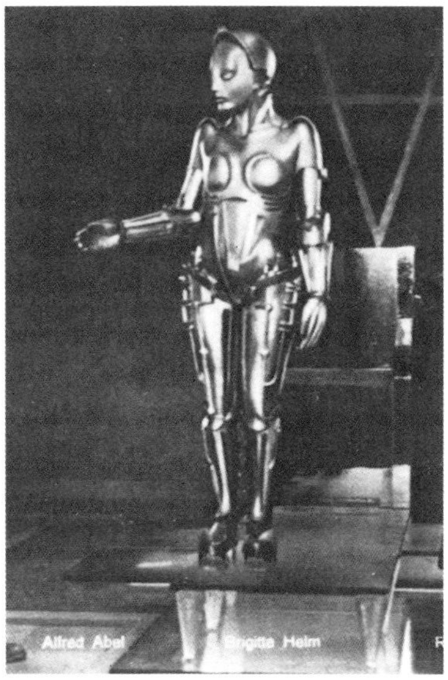

Die »falsche Maria«, ein Roboter, der die Arbeiter aufwiegelt

Durch elektrische Ströme wird dem Roboter die Gestalt der wahren Maria (Brigitte Helm) verliehen

Vision einer Stadt der Zukunft

10. Januar. Der Film »Metropolis« wird im Ufa-Palast in Berlin uraufgeführt. Er ist unter der Regie von Fritz Lang von der Ufa in Berlin mit einem Kostenaufwand von rund fünf Millionen Reichsmark produziert worden.

»Metropolis« ist die Vision einer Stadt der Zukunft, in der sich die in Wolkenkratzern lebende Oberschicht von Arbeitern, die in einer unterirdischen Stadt gewaltige Maschinen bedienen, versorgen läßt. Der Herrscher der Oberstadt läßt einen Roboter, die »falsche Maria«, konstruieren, der die Arbeiter zur Maschinenstürmerei aufwiegelt. Die Rebellion soll zum Anlaß der endgültigen Unterwerfung der Arbeiter genommen werden. Nach einer Reihe von Verwicklungen erscheint die »echte Maria« und bringt die Versöhnung zwischen Oberschicht und Arbeitern zustande.

Der Film wird meist negativ aufgenommen, wobei sich die Kritik vornehmlich gegen das Drehbuch Thea von Harbous richtet. Dagegen ist die Meinung über Langs Regieleistung geteilt. Während einige Kritiker Langs Darstellung der Entfremdung durch die automatisierte Arbeit überzeugend ins Bild gesetzt sehen, nehmen andere Anstoß an der ornamental-dekorativen Ausgestaltung der Massenszenen.

Darstellerin Brigitte Helm als »falsche Maria« bei einem Tanz

Fritz Lang (l.) bei Dreharbeiten mit Heinrich George, Brigitte Helm

Die Arbeiter in der Unterstadt müssen unter schweren Bedingungen für den Unterhalt der Oberstadt sorgen

Gustav Fröhlich als Sohn des Diktators der Oberstadt, der mit Maria für die Befreiung der Arbeiter kämpft

Der umstrittene Regisseur Lang

Fritz Lang, geboren am 5. Dezember 1890 in Wien, begann 1916, Drehbücher zu schreiben, und debütierte 1919 als Filmregisseur mit »Halbblut«.

Langs 1921 gedrehter Film »Der müde Tod«, eine moderne Parabel über den Handel einer jungen Frau mit dem personifizierten Tod, findet bei der Kritik positive Beachtung. Es folgen »Dr. Mabuse, der Spieler« (1922) und die Nibelungenfilme »Siegfrieds Tod« (1923) und »Kriemhilds Rache« (1924).

Langs Filmsprache ist durch einen langsamen Rhythmus gekennzeichnet; Wirkung erzielt er vor allem durch Architektonik und Beleuchtungseffekte. Durch die starre Gestik und Mimik der Schauspieler und die ornamentale Anordnung in den Massenszenen werden individueller und spontaner Ausdruck dem dekorativen Element untergeordnet.

Verschiedene Kritiker haben Langs Filme mit der nationalsozialistischen Ideologie in Verbindung gebracht, unter Hinweis auf den Mythos des nordischen Menschen in den Nibelungenfilmen und auf die Unterordnung der Massen unter einen Führer in »Metropolis«. – Lang emigriert allerdings 1933 in die USA.

Gedenkfeier für den Dichter Rilke

9. Januar. Im Berliner Renaissance-Theater wird eine Gedenkfeier für den Prager Dichter Rainer Maria Rilke, der am 29. Dezember 1926 bei Montreux (Schweiz) gestorben ist, veranstaltet. Die Rede zum Gedenken an Rilke hält der österreichische Schriftsteller Robert Musil.
Er führt u. a. aus: »Rainer Maria Rilke war schlecht für diese Zeit geeignet. Dieser große Lyriker hat nichts getan, als daß er das deutsche Gedicht zum erstenmal vollkommen gemacht hat; er war kein Gipfel

Rainer Maria Rilke, am 29. Dezember 1926 bei Montreux gestorben

dieser Zeit, er war eine der Erhöhungen, auf welche das Schicksal des Geistes über Zeiten wegschreitet... Er gehört zu den Jahrhundertzusammenhängen der deutschen Dichtung, nicht zu denen des Tages...«
Wie Musil, so hebt auch der Schriftsteller Klaus Mann in einem Nachruf auf Rilke, der am 14. Januar in der Zeitschrift »Literarische Welt« veröffentlicht wird, die Zeitlosigkeit des Rilkeschen Werkes hervor. Er schreibt: »Es ist ein großer Trost für uns alle, die wir heute beginnen, daß diese Gedichte heute entstehen konnten, heute, in unseren Tagen. Sie sind tröstlich und hilfreich nicht durch das eigentlich, was sie von dieser Zeit aussagen können, ... aber sie teilen uns mit von ihrer eigenen Geruhsamkeit, ihrer Musik, ihrer Trauer und ihrem Frieden. Vielleicht wurde überhaupt noch niemals so schön gedichtet...«

Geschlechterkampf in der Oper

8. Januar. In Dresden wird die Oper »Penthesilea« von Othmar Schoeck uraufgeführt. Das Libretto basiert auf dem gleichnamigen Drama von Heinrich von Kleist, das Schoeck zu einem Einakter gestrafft hat.
Die Oper schildert das Aufeinandertreffen der Anführerin der Amazonen, Penthesilea, und des Griechen Achill im Krieg um Troja. Die Amazonen leben in einem Frauenstaat zusammen und nehmen von Zeit zu Zeit eine Anzahl von Männern gefangen, die in einem orgiastischen Liebesfest zur Fortpflanzung des Amazonengeschlechts beitragen sollen und anschließend freigelassen werden.
Die Amazonen greifen in den Kampf um Troja ein, um wiederum einige Männer in ihre Gewalt zu bringen. Penthesilea und Achill werden in der Schlacht immer wieder voneinander angezogen, die Amazonenführerin schließlich von dem Griechen besiegt. Als sie aus der Ohnmacht erwacht, täuscht Achill vor, daß er ihr unterlegen sei, da nach dem Gesetz der Amazonen Liebe nur nach der Eroberung des Mannes möglich ist.
Als das Amazonenheer sich nähert, um die Anführerin aus den Händen Achills zu befreien, wird Penthesilea ihre Lage bewußt. Die beiden verlieren sich im Kampfgetümmel wieder aus den Augen, und Achill beschließt, Penthesilea erneut zum Zweikampf herauszufordern und sich – vorgetäuscht – besiegen zu lassen. Penthesilea verkennt diese Absicht, läßt Hunde auf Achill hetzen und in ihrer Haßliebe den Mann ermorden. Als ihr Achills Motiv klar wird, tötet sie sich selbst.

Irma Taviani als Penthesilea in der Uraufführung der Oper in Dresden

Kleists Drama ist eine Metapher für den Kampf der Geschlechter, in dem sich – in der Antike – Mann und Frau noch gleichstark gegenübertreten. Zugleich stellt es den Kampf Penthesileas um das Recht auf individuelle Liebe dar (die ihr nach den Gesetzen der Amazonen verwehrt ist).
Schoecks musikalische Ausgestaltung knüpft an den Text Kleists, der Affekte direkt in Sprachbewegungen umsetzt, unmittelbar an. In den Berichten über das Schlachtgeschehen verwendet er das gesprochene Wort, das ohne Bruch sich zu ekstatischem, in der Liebesszene auch lyrischem gesanglichen Ausdruck steigert. Das Orchester ist mit Bläsern und Schlagzeug reichlich besetzt.

Streit um Unruhs Napoleon-Drama

29. Januar. Fritz von Unruhs Schauspiel »Bonaparte« wird am Breslauer Lobe-Theater erstmals aufgeführt; die offizielle Uraufführung folgt am 5. Februar in Frankfurt am Main. Das Stück wird an zahlreichen Bühnen nachgespielt und entwickelt sich zum größten Publikumserfolg der Saison.
Fritz von Unruh, der Autor des Dramas um den Kaiser der Franzosen, hat sich durch die Erfahrungen als Offizier im Weltkrieg zum Pazifisten gewandelt und ist wegen seiner konsequenten Absage an den Militarismus der Kaiserzeit zu einer Symbolfigur für die Republik geworden. Vor diesem Hintergrund erwartet die Öffentlichkeit mit Spannung seine Auseinandersetzung mit der historischen Gestalt Napoleons, die die Rückkehr der französischen Republik zur Monarchie markiert.
Die großen Theaterkritiker beurteilen das Stück kontrovers. Bernhard Diebold äußert sich begeistert: »Der Typus [Napoleon] bleibt trotz allem ›großer Mann‹. Unruh kennt dennoch das Format. Aber er setzt ein negatives Vorzeichen vor diese Größe. Er schreibt gegen Napoleon...« Herbert Ihering vom »Berliner Börsen-Courier«, stellt dagegen einen Widerspruch zwischen Unruhs Gesinnung und der Sprache fest: »Unruh ist der letzte Ausdruck des Hohenzollernreiches. Ein tönender Imperialismus der Diktion gebärdet sich pazifistisch.«

Werner Krauss als Napoleon Bonaparte in Berlin

Heinrich George in der Frankfurter Aufführung

Fritz Kennemann als Napoleon in Braunschweig

Ewald Schindler als Franzosenkaiser in Mannheim

Eine neue Starrolle für Pola Negri

5. Januar. In Berlin und Paris findet gleichzeitig die Welturaufführung des US-amerikanischen Films »Hotel Imperial« (deutscher Verleihtitel: »Hotel Stadt Lemberg«) mit Pola Negri in der Hauptrolle statt. Regie führt der Schwede Mauritz Stiller. Die in Polen geborene Negri, die wegen ihres exotischen Aussehens – wie in den meisten ihrer Filme – die Rolle des Vamps spielt, beeindruckt durch ihr intelligentes und differenziertes Mienen- und Gestenspiel.

George Siegmann, Pola Negri in »Hotel Stadt Lemberg«

Die großen weiblichen Stummfilmstars sind in ihrem Typ – in Hollywood wie auch in den deutschen Studios – meist eindeutig festgelegt. Das Publikum reagiert auf einen Wechsel des Fachs im allgemeinen mit Enttäuschung. Zu den beliebtesten Leinwandstars in der zweiten Hälfte der 20er Jahre gehören neben Pola Negri u. a.:

▷ Die Dänin Asta Nielsen, geboren 1881, deren schauspielerische Kunst durch sparsame, genaue Gesten gekennzeichnet ist. Nach einem ersten Erfolg mit »Afgrunden« (1910), bei dem ihr Ehemann und Manager Urban Gad Regie führte, ging Asta Nielsen 1911 nach Berlin. Mit ihren ausdrucksvollen dunklen Augen und dem klagenden Gesichtsausdruck verkörpert sie meist tragische Figuren, so auch in »Hamlet« (1920)

▷ Die Deutsche Henny Porten, geboren 1890, die mit »Anne Boleyn« unter Ernst Lubitsch 1920 ihren Durchbruch erlebte und zunächst auf das Fach der unschuldig verfolgten heroischen Frau festgelegt war. Seit ihrer Zusammenarbeit mit Regisseur Carl Froelich (1924) tritt sie meist in Filmlustspielen auf

▷ Die US-Amerikanerin Mary Pickford, geboren 1893, die bereits als Kind zum Film gekommen ist. Ihre Darstellung des frischen und einfachen jungen Mädchens machte sie schon vor dem Weltkrieg zu einem der bestbezahlten Hollywoodstars. Ihre Darstellung in »The Little American Girl« (1917; Regie: Cecil B. DeMille) und in dem Kinderfilmklassiker »Daddy-Long-Legs« (1919; Regie: Marshall Neilan) fand auch bei der Kritik Anklang.
1919 heiratete Mary Pickford den bekannten Filmschauspieler Douglas Fairbanks und gründete mit ihm, Charlie Chaplin und David Wark Griffith die United Artists.
Nach einigen Rollen im bewährten Klischee spielte sie 1923 unter Ernst Lubitsch in »Rosita« ein rassige Spanierin, sah sich jedoch aufgrund der negativen Reaktion des Publikums gezwungen, zum alten Rollenfach zurückzukehren

▷ Die Schwedin Greta Garbo, geboren 1905, verkörpert eine geheimnisvolle Frau mit müder erotischer Ausstrahlung. Mit Stillers »Gösta Berlings Saga« (1924) international bekannt geworden, spielte sie im Deutschen Reich unter Georg Wilhelm Pabst (mit Asta Nielsen) in »Die freudlose Gasse« (1925) und drehte in Hollywood u. a. »The Tempress« (1926; Regie: Fred Niblo) und »The Flesh and the Devil« (1926; Regie: Clarence Brown).

Erfolg als »Madame Dubarry«

Pola Negri (eigentl. Appolonia Chalupek) wurde am 3. Januar 1899 in Lippnau (Polen) geboren. Sie spielte ihre ersten großen Rollen auf dem Theater bei Max Reinhardt in Berlin und wurde von Alexander Hertz für den Film entdeckt. Ihr ersten großen Leinwanderfolge feierte sie mit Filmen von Ernst Lubitsch. Als Pola Negri mit dessen »Madame Dubarry« auch in den USA bekannt geworden war, wechselte sie 1922 zur Paramount-Filmgesellschaft nach Hollywood. Zu den bekanntesten Filmen der Schauspielerin gehören:

1918: »Die Augen der Mumie Ma« (Regie: Ernst Lubitsch)
1919: »Madame Dubarry« (Regie: Ernst Lubitsch)
1923: »Bella donna« (Regie: George Fitzmaurice)
»The cheat« (Regie: George Fitzmaurice)
»The Spanish Dancer« (Regie: Herbert Brenon)
1927: »Hotel Stadt Lemberg« (Regie: Mauritz Stiller)
»The Woman on Trial« (Regie: Mauritz Stiller)

Ein neuer Star in Hollywood: Die schwedische Schauspielerin Greta Garbo als Anna Karenina in dem 1927 gedrehten Film »Love« (»Liebe«) von Edmund Goulding nach dem Roman des russischen Realisten Leo D. Tolstoi

Französische Zigarettenreklame (von Leonetto Cappiello, 1927)

Ausstellungsplakat (Farboffsetdruck, Herbert Bayer, 1927)

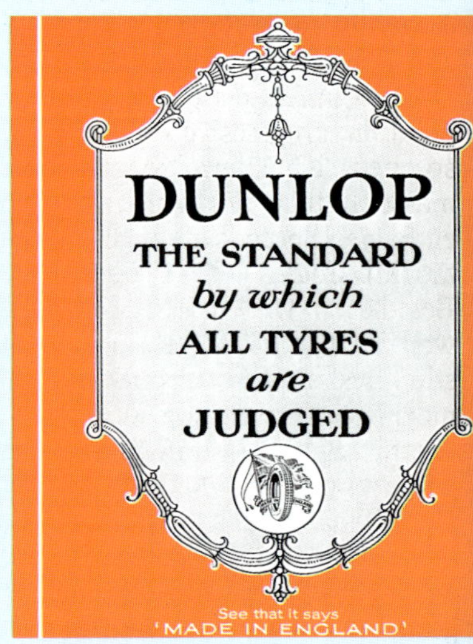

Farbreklame für die Reifenfirma »Dunlop« in einer Illustrierten

Kosmetikreklame für ein exklusives Produkt der Firma F. Wolff und Sohn, für die der Werbekünstler Jupp Wiertz im Jahr 1927 tätig ist

Sogenannte »Himmelschriftflieger« stehen nicht nur in den USA und in Großbritannien, sondern auch in deutschen Städten im Dienst der Reklame

Werbung 1927:

Werbeanzeigen künstlerisch gestaltet

Führende Künstler verschiedener Kunstrichtungen sind sich nicht zu schade, ihre Arbeit in den Dienst der Werbung zu stellen. Neben der weiterhin fortbestehenden sentimentalen Kitschreklame gibt es in der zweiten Hälfte der 20er Jahre in den modernen Stilen gestaltete, künstlerisch anspruchsvolle Werbung.

Der Kunstkritiker Walter F. Schubert äußert sich in seinem 1927 erscheinenden Buch »Die deutsche Werbegrafik« geradezu enthusiastisch über die Möglichkeiten der Reklame, die er als »unentbehrliches Glied im modernen Wirtschaftsleben« bezeichnet. Durch die kapitalistische Konkurrenzsituation werde der Werbekünstler zu Höchstleistungen angespornt.

Die Reklamekunst gilt jedoch auch politisch progressiven, avantgardistischen Künstlern wegen ihrer massenhaften Wirkung und ihrer einfachen Sprache als wichtiges Betätigungsfeld.

Bei diesen Künstlern steht dabei weniger die Reklame für ein bestimmtes Produkt, sondern vielmehr die Vermittlung allgemeiner Werte – Sportsgeist, Fortschrittsbegeisterung usw. – im Vordergrund.

Der Dada- und Collage-Künstler Kurt Schwitters, der in Hannover eine eigene Werbeagentur betreibt, gründet z. B. 1927 den »Ring der Werbegestalter«, bei dem u. a. folgende Künstler Mitglied sind:

▷ Der Maler und Grafiker Friedrich Vordemberge-Gildewart, der seit 1924 der niederländischen Künstlervereinigung »De Stijl« verbunden ist und mit schlichten, durch räumliche und flächige Elemente bestimmten Bildmontagen bekannt geworden ist. Vordemberge-Gildewart ist besonders vom Kubismus beeinflußt

▷ Der deutsche Maler und Grafiker Willi Baumeister, dessen Bildkompositionen im Grenzbereich zwischen Abstraktem und Gegenständlichem angesiedelt sind

▷ Der ehemalige Dadaist Max Burchartz, dessen Hauptbetätigungsfeld in der Fotomontage liegt

▷ Der Typograph Jan Tschichold

▷ Der niederländische Designer Cesar Domela

Der »Ring der Werbegestalter« erhält in Hannover Aufträge von öffentlichen Institutionen – wie den Entwurf von Werbesprüchen für die städtische Straßenbahn und die Gestaltung von Ausstellungsräumen für das Landesmuseum – aber auch von privaten Firmen.

Für zwei Hannoveraner Firmen, die Keksfabrik Bahlsen und für die Pelikanwerke Günther Wagner, die Büroartikel herstellen, arbeitet neben Kurt Schwitters auch der sowjetische Konstruktivist El Lissitzky, der für Pelikan u. a. einen Briefkopf mit dicken Balken und asymmetrischer Komposition, der an den Bauhausstil erinnert, entwickelt.

Titelblatt der Zeitschrift »Motor und Sport« (Heft 15, 1927) mit Werbung für die Automobilfirma Steyr

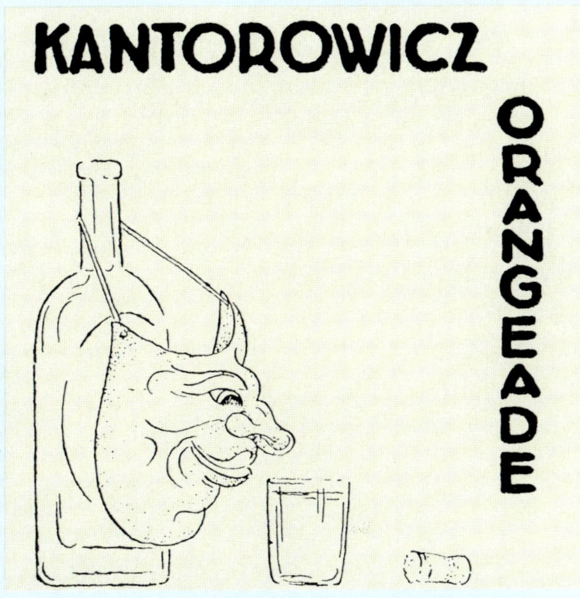

Reklame für eine Orangeade, veröffentlicht in einer Nummer des Jahres 1927 der Zeitschrift »Querschnitt«

Österreich bleibt beim Eislauf vorn

23. Januar. Bei den Eiskunstlauf-Meisterschaften der Paare und Herren, die vom 19. bis 23. Januar in Wien ausgetragen werden, bestätigen die österreichischen Läufer ihre führende Position.

Bei den Paarlauf-Weltmeisterschaften siegen unangefochten Herma Jaros-Szábo/Ludwig Wrede aus Wien mit einem harmonischen Vortrag. Die Plätze zwei und drei werden ebenfalls von österreichischen Paaren belegt.

Bei den Europameisterschaften der Herren gewinnt Vorjahressieger Willi Böckl (Wien), der die Eleganz seiner Kür noch weiter verbessert hat. Die besondere Aufmerksamkeit des Publikums gilt jedoch dem erst 17jährigen Karl Schäfer (Wien), der auf Anhieb auf Platz drei kommt.

Alter und neuer Europameister im Eiskunstlauf der Herren: Der Wiener Ingenieur Willi Böckl, bekannt für die Eleganz seiner Sprünge

Eishockey-Triumph der Österreicher

30. Januar. Die Eishockey-Europameisterschaften in Wien enden erwartungsgemäß mit dem Sieg Österreichs. Die heimische Mannschaft schlägt im letzten Spiel die Tschechoslowakei 1:0. Im Spiel zuvor hatte die belgische Mannschaft die deutsche Auswahl 3:0 besiegt und sich damit den zweiten Platz gesichert. Die deutsche Mannschaft kommt so auf Platz drei, was als unerwarteter Erfolg gewertet wird.

Polen schlägt am letzten Spieltag Ungarn 6:1 und kommt damit vor den überraschend schlecht abschneidenden Tschechoslowaken auf den vierten Platz. Schlußlicht ist die Mannschaft aus Ungarn.

Endergebnis der Eishockey-EM

Mannschaft	Spiele	gewonnen	verloren	unentsch.	Tore	Punkte
Österreich	5	5	–	–	13:2	10:0
Belgien	5	3	1	1	13:5	7:3
Deutsches Reich	5	3	2	–	10:5	6:4
Polen	5	1	2	2	11:9	4:6
Tschechoslowakei	5	1	3	1	7:6	3:7
Ungarn	5	–	5	–	1:28	0:10

Wambst/Lacquehaye gewinnen Berliner Sechstagerennen

19. Januar. Sieger des 18. Berliner Sechstagerennens, das am Kaiserdamm ausgetragen wird, ist das französische Team Georges Wambst/Charles Lacquehaye vor Alessandro Tonani/Willi Lorenz (Italien/Deutsches Reich), das über lange Zeit in Berlin in Führung gelegen hatte.

18 Jahre nach dem ersten Sechstagerennen in Berlin (1909) hat die Hallenradsportveranstaltung ein wenig an Popularität verloren. Die Rennen sind nur an den Wochenenden gut besucht. Sportkommentatoren bezeichnen das 18. Sechstagerennen als das langweiligste der Geschichte. Sie bemängeln die hohen Gagen, die an die Sportler gezahlt werden (bis zu 1000 Reichsmark pro Tag).

Gerüchte, daß es »Schiebungen« gegeben haben soll, weisen die Veranstalter und der sportliche Leiter des 18. Sechstagerennens, der ehemalige Profi-Fliegerweltmeister und neunmalige Sechstagesieger Walter Rütt, zurück. Diese Gerüchte waren wegen des ruhigen Rennverlaufs, der auf Absprachen zwischen den beteiligten Fahrern hinwies, aufgekommen.

Die Berliner Sechstagerennen gehen traditionell – ohne Unterbrechung – über 145 Stunden, wobei sich immer jeweils ein Fahrer eines Teams auf der Bahn befinden muß. Für Spurtrunden werden Zusatzprämien gezahlt.

Blick in den Sportpalast in Berlin, wo vom 13. bis zum 18. Januar die Sechstagerennfahrer ihre Runden drehen; die Zuschauerränge sind nur an den Wochenenden gefüllt; das Sportschauspiel hat an Attraktivität verloren

Eine Warnung vor der »Bizepskultur«

10. Januar. In einem Brief an den Vorsitzenden des Deutschen Reichsausschusses für Leibesübungen, Theodor Lewald, warnt Reichsaußenminister Gustav Stresemann vor den Gefahren einer Überbewertung des Sports in der Gesellschaft. Als Beispiel dafür führt der Politiker an, daß sogar »auf den ersten Seiten ernster Zeitungen« Meldungen von Boxkämpfen und anderen Sportereignissen zu finden seien.

In dem Schreiben Stresemanns heißt es u. a.: »Mir scheint es notwendig, auch wieder auf die Gefahr hin, weiten Massen zu mißfallen, einmal ein Wort davon zu sagen, daß das Geistige gegenüber dem Körperlichen nicht weiter so zurücktreten darf, wie es jetzt der Fall ist. Wir sind Freunde jeder körperlichen Ertüchtigung. Aber wie ... bereits gesagt wurde, kann nicht die Aristokratie des Geistes durch die Aristokratie des Bizeps ersetzt werden.«

Die umstrittene Olympiaschanze in St. Moritz in der Schweiz, die am 21. Februar offiziell eingeweiht wird, im Bau

Der Österreicher Harald Paumgarten gewinnt in der Wintersaison 1926/27 die Internationale Deutsche Meisterschaft im Langlauf in Garmisch-Partenkirchen

Deutsche rüsten für Olympiade

Im Deutschen Reich laufen die Vorbereitungen für die Olympischen Winterspiele 1928 in Sankt Moritz und für die Sommerspiele 1928 in Amsterdam auf Hochtouren.
Erstmals seit 1912 werden die Deutschen in Amsterdam wieder bei den Olympischen Wettbewerben vertreten sein. Die 1916 für Berlin vorgesehenen Spiele mußten wegen des Weltkriegs ausfallen, danach waren deutsche Sportler wegen der Kriegsschuld ausgeschlossen. 1924 wurden Staatssekretär a. D. Theodor Lewald und Oskar Ruperti, der Vorsitzende des Deutschen Ruderverbandes, erstmals wieder als deutsche Vertreter in das Internationale Olympische Komitee (IOC) gewählt, 1925 faßte das IOC den Beschluß, dem Deutschen Reich 1928 die Teilnahme zu gestatten.
Eine der schwierigsten Aufgaben des Deutschen Olympischen Ausschusses (DOA) bei der Vorbereitung auf Amsterdam und Sankt Moritz ist die Beschaffung der finanziellen Mittel. Die Reichsregierung stellt insgesamt 600 000 Reichsmark (RM) zur Verfügung, das Verlagshaus Ullstein stiftet 200 000 RM, die IG Farben 40 000 RM und weitere Industrieunternehmen ebenfalls Geldbeträge in dieser Größenordnung. Das übrige Geld wird durch Sammlungen des Deutschen Reichsausschusses für Leibesübungen und der einzelnen Sportverbände aufgebracht, so daß dem DOA über 1,3 Millionen RM zur Verfügung stehen.
Die für Amsterdam nominierten Leichtathleten müssen sich in einer Erklärung dazu verpflichten, »alle . . . Kräfte zur Verfügung zu stellen« und sich insbesondere »in dem Genuß von Alkohol, Nikotin und auch in sexueller Hinsicht strengste Zurückhaltung aufzuerlegen.«

Walter Glaß aus Klingenthal gewinnt 1927 die Internationalen Meisterschaften der Schweiz und Österreich

Ein erster Test für die Sprungschanze

21. Februar. Die eigens für die Olympischen Winterspiele 1928 in Sankt Moritz (Schweiz) errichtete Sprungschanze wird offiziell ihrer Bestimmung übergeben.
Sieger des Eröffnungsspringens ist der Norweger Dagfin Carlsen, der in der Weite mit Sprüngen von 36, 37, 39 m zwar hinter dem Schweizer Georges Luillemier (37, 39, 39 m) zurückbleibt, wegen der besseren Haltung jedoch von den Preisrichtern auf Platz eins gesetzt wird. Carlsen hatte in einem Probespringen außerhalb der Konkurrenz die bisher größte Weite – 41 m – erreicht.
Dennoch bleibt die Sprungschanze in dem Engadiner Wintersportparadies weit hinter den Erwartungen der Fachwelt zurück. Sie ist mit enormen Kosten für Sprünge bis zu 90 m konstruiert worden. Nach dem Eröffnungsspringen werden Verbesserungen am Anlauf vorgenommen, die wenigstens Weiten bis zu 60 m ermöglichen sollen.
Auch insgesamt stoßen die Vorbereitungen auf die Olympischen Winterspiele in Sankt Moritz, die vom 11. bis 19. Februar 1928 stattfinden sollen, auf Kritik. Den Verantwortlichen wird vorgeworfen, ihr Hauptaugenmerk auf die Förderung des Fremdenverkehrs und weniger auf eine exakte organisatorische Vorbereitung zu legen.
Die geplanten Olympischen Winterspiele in Sankt Moritz sind die zweiten überhaupt.

Februar 1927

Mo	Di	Mi	Do	Fr	Sa	So
	1	2	3	4	5	6
7	8	9	10	11	12	13
14	15	16	17	18	19	20
21	22	23	24	25	26	27
28						

1. Februar, Dienstag

Das Land Sachsen hebt das Redeverbot für den Nationalsozialisten Adolf Hitler auf (→6./9. 3./S. 54).

Im Beisein von Reichstagspräsident Paul Löbe wird in München die erste deutsche Buchdrucker-Meisterschule eröffnet. Die Leitung übernimmt der Graphiker Paul Renner. →S. 43

In Berlin wird der Film »Faschingszauber« von Rudolf Walther-Fein mit Harry Liedtke in der Hauptrolle uraufgeführt.

2. Februar, Mittwoch

An einer Demonstration von Landwirten, zu der im Rahmen der »Grünen Woche« in Berlin der Reichslandbund aufgerufen hat, beteiligen sich rund 8000 Personen. Sprecher fordern eine Verbesserung des Zollschutzes für landwirtschaftliche Produkte (→5. 2./S. 41).

Die Regierung der Vereinigten Staaten teilt offiziell mit, daß sie den liberalen Gegenpräsidenten von Nicaragua, Juan Bautista Sacasa, auch dann nicht anerkennen werde, wenn es ihm gelänge, das ganze Land in seine Gewalt zu bringen (→5. 1./S. 18).

Aus Protest gegen die Ausschreitungen des Frontkämpferbundes in Schattendorf (Burgenland) am 30. Januar legen die Wiener Arbeiter gemäß einer Anordnung der sozialdemokratischen Gewerkschaften von 11 Uhr bis 11.15 Uhr die Arbeit nieder (→30. 1./S. 20).

3. Februar, Donnerstag

Der neue Reichskanzler Wilhelm Marx (Zentrum) gibt vor dem Reichstag seine Regierungserklärung ab. Marx kündigt eine Fortsetzung der Verständigungspolitik mit Frankreich an. →S. 39

Zwischen Frankfurt am Main und New York wird erstmals ein Ferngespräch über Funk geführt.

Das Deutsche Reich nimmt auf dem öffentlichen Kapitalmarkt eine 5%ige Anleihe in Höhe von 300 Millionen Reichsmark auf.

Im Ufa-Palast am Zoo in Berlin hat der Film »Blutsbrüderschaft«, der den Kampf der französischen Fremdenlegion in Afrika zum Thema hat, Premiere. Regie führt Herbert Brenon, in der Hauptrolle ist Ronald Colman zu sehen.

4. Februar, Freitag

In einer Rede vor dem Reichstag erklärt Kuno Graf von Westarp, der Vorsitzende der Deutschnationalen Volkspartei (DNVP), das Bekenntnis seiner Partei zum Staat sei nicht mit einem Bekenntnis zur derzeitigen (republikanischen) Staatsform gleichzusetzen (→3. 2./S. 39).

An der Wiener Universität kommt es am 3. und 4. Februar zu Übergriffen von völkischen auf sozialistische und jüdische Studenten (→8. 2./S. 43).

Zwei deutsche Angehörige der französischen Fremdenlegion werden von einem Kriegsgericht in der französischen Hauptstadt Paris zu 20 Jahren Zuchthaus verurteilt. →S. 43

Malcolm Campbell stellt in Pendine mit einem Napier-Campbell einen neuen Geschwindigkeits-Weltrekord auf. Er erreicht mit seinem Wagen eine Höchstgeschwindigkeit von 281,434 km/h (→29. 3./S. 61).

5. Februar, Sonnabend

Mit 235 gegen 174 Stimmen spricht der Reichstag der neuen Regierung Wilhelm Marx das Vertrauen aus. Zu den Gegenstimmen gehört u. a. der Zentrumspolitiker Joseph Wirth, der 1921/22 selbst Reichskanzler war. Die übrigen Gegenstimmen entfallen auf die SPD, KPD und DDP. Die 18 Enthaltungen stammen aus dem Lager der Völkischen und der Wirtschaftspartei (→3. 2./S. 39).

Der Parteivorstand der SPD fordert in einem Aufruf zum Kampf gegen die neue, von der DNVP mitgetragene Regierung Marx auf.

In den Warenhäusern des Deutschen Reichs geht die »Weiße Woche« zu Ende, in der Weißwaren (Wäsche) besonders günstig angeboten werden.

Bei der Funkstunde in Berlin konstituiert sich ein Kultureller Beirat. Die anderen deutschen Rundfunkanstalten ziehen in den nächsten Wochen nach. →S. 41

Der Verleger Rudolf Reimann und der Buchhändler Fritz Domning werden in Leipzig wegen Vorbereitung zum Hochverrat zu jeweils zehn Monaten Festungshaft und einer Geldstrafe von 100 Reichsmark verurteilt. →S. 39

6. Februar, Sonntag

Der SC Riessersee wird durch einen 2:1-Erfolg über den SC Charlottenburg in Füssen Deutscher Meister im Eishockey.

Der Wiener Willi Böckl kann bei den Weltmeisterschaften im Eiskunstlauf der Herren in Davos seinen Titel erfolgreich verteidigen (→23. 1./S. 30).

7. Februar, Montag

Der am 25. Dezember 1926 verstorbene japanische Kaiser Joschihito wird in Japans Hauptstadt Tokio feierlich beigesetzt. →S. 38

In London wird das neue Gebetbuch der anglikanischen Kirche vorgelegt, an dem 70 Jahre lang gearbeitet worden ist. Es bestimmt den Ritus der anglikanischen Gottesdienste. →S. 44

König Georg V. von Großbritannien hält bei der Parlamentseröffnung in London die Thronrede, in der er von der Sorge der Briten angesichts des Bürgerkriegs in China spricht. →S. 38

Die Allgemeine Elektricitätsgesellschaft (AEG) kündigt in Berlin die Zahlung einer Dividende von 7% an ihre Aktionäre an.

8. Februar, Dienstag

An der Universität Budapest kommt es zu antisemitischen Ausschreitungen. →S. 43

In Berlin wird der Film »Unter Ausschluß der Öffentlichkeit« mit Werner Krauss, Mary Delschaft und Ida Wüst uraufgeführt.

9. Februar, Mittwoch

Ein von der Stadt Oporto ausgehender Aufstandsversuch gegen die Diktatur von Präsident António Óscar Fragoso Carmona wird von portugiesischen Regierungstruppen niedergeschlagen (→3. 2./S. 37).

In Brüssel wird ein Schiedsvertrag zwischen Belgien und der Schweiz unterzeichnet.

10. Februar, Donnerstag

Die südlich von Hamburg gelegenen Städte Harburg und Wilhelmsburg schließen sich zusammen.

In einer Botschaft vor dem US-Kongreß ruft US-Präsident Calvin Coolidge zu einer Seeabrüstungskonferenz der Mächte USA, Großbritannien, Frankreich, Italien und Japan auf. →S. 36

In Leipzig wird die Oper »Jonny spielt auf« des österreichischen Komponisten Ernst Křenek uraufgeführt. Křenek verwendet in dem Werk Jazzrhythmen. →S. 46

Erstmals seit dem Weltkrieg wird in Paris wieder eine Oper von Richard Strauss, »Der Rosenkavalier«, aufgeführt. Die Oper wird in der Presse vorwiegend negativ aufgenommen.

Der Schriftsteller Erich Weinert und der Publizist Carl von Ossietzky werden wegen Beleidigung von Offizieren zu Geldstrafen von je 500 Reichsmark verurteilt. →S. 39

In Krefeld findet die Uraufführung der Komödie »Die Friedenskonferenz« von Leo Lania statt.

11. Februar, Freitag

Der Reichstag spricht dem neuen Innenminister Walter von Keudell (DNVP) mit 218 gegen 161 Stimmen (eine Enthaltung) das Vertrauen aus. Keudell war u. a. wegen seiner Verbindungen zu den Urhebern des rechtsgerichteten Kapp-Putsches (1920) von der Linksopposition heftig attackiert worden.

Bei einer Versammlung der NSDAP im Berliner Arbeiterviertel Wedding kommt es zu Zusammenstößen zwischen Nationalsozialisten und Kommunisten.

Die japanische Regierung erklärt in Tokio ihre grundsätzliche Bereitschaft zur Teilnahme an der von US-Präsident Calvin Coolidge vorgeschlagenen Seeabrüstungskonferenz (→10. 2./S. 36).

12. Februar, Sonnabend

Die Reichsregierung übermittelt der polnischen Regierung ihren Beschluß, die Verhandlungen über den Abschluß eines deutsch-polnischen Handelsvertrags vorerst auszusetzen. →S. 40

In der österreichischen Stadt Klagenfurt wird ein Rundfunksender in Betrieb genommen.

Im Theater in der Königgrätzer Straße in Berlin wird das Drama »Die treue Nymphe« von Margaret Kennedy mit Elisabeth Bergner in der Hauptrolle in deutscher Erstaufführung gezeigt.

13. Februar, Sonntag

Der Reichsbanner, eine der SPD nahestehende Kampforganisation, spricht sich auf der Reichskonferenz in Magdeburg dafür aus, die Tätigkeit der neuen Reichsregierung mit Sorge und Mißtrauen zu beobachten.

König Gustav V. von Schweden trifft in Berlin ein. Er empfängt Reichspräsident Paul von Hindenburg zu einem Abendessen in der schwedischen Gesandtschaft.

In Mainz findet die deutsche Erstaufführung der Oper »Das schlaue Füchslein« von dem tschechischen Komponisten Leoš Janáček statt.

In Garmisch-Partenkirchen gehen die internationalen Deutschen Skimeisterschaften im Lang- und Sprunglauf zu Ende (seit 11. 2.). Den 18-km-Langlauf gewinnt der Österreicher Harald Paumgarten, im Sprunglauf siegt der Deutsche Gustav Müller aus Bayrisch-Zell.

14. Februar, Montag

Die portugiesische Regierung ordnet die Auflösung derjenigen militärischen Verbände an, die sich an dem Putschversuch am 3. Februar beteiligt haben (→3. 2./S. 37).

Die deutsche, jüdische, ukrainische und weißrussische Fraktion im polnischen Sejm, der Abgeordnetenkammer des Parlaments, protestieren gegen die Beschlagnahme ihrer gemeinsamen Zeitschrift »Ratio«.

Bei einem Erdbeben im Süden des Königreichs der Serben, Kroaten und Slowenen (heute Jugoslawien) sterben zehn Menschen.

Bei einem Eisenbahnunglück in der Nähe der britischen Stadt Hull kommen zwölf Menschen ums Leben, 40 werden verletzt.

Die in München erscheinende Zeitschrift »Jugend« widmet Heft 7 des Jahrgangs 1927 dem Fasching

Februar 1927

Der Komponist Paul Hindemith wird an die Staatliche Hochschule für Musik in Berlin berufen.

15. Februar, Dienstag

Reichspräsident Paul von Hindenburg veranstaltet in Berlin einen »parlamentarischen Bierabend«, an dem Reichskanzler Wilhelm Marx, der preußische Ministerpräsident Otto Braun sowie Vertreter der Reichs- und Länderregierungen teilnehmen.

In Brüssel geht der erste »Kongreß gegen koloniale Unterdrückung und Imperialismus« zu Ende (seit 10. 2.). Delegierte aus allen Erdteilen sprechen sich für eine vollständige Abschaffung des Kolonialsystems aus. →S. 37

Die französische Regierung lehnt den Vorschlag von US-Präsident Calvin Coolidge zu einer Seeabrüstungskonferenz ab (→10. 2./S. 36).

Der bekannte rumänische Tenor Trajan Grosavescu wird in Wien von seiner Frau erschossen. →S. 43

16. Februar, Mittwoch

Der deutsch-französische provisorische Handelsvertrag, der am 21. Februar ausläuft, wird bis zum 21. Mai 1927 verlängert. Bis dahin sollen die Verhandlungen über einen definitiven Vertrag abgeschlossen werden (→17. 8./S. 140).

Der britische Premierminister Stanley Baldwin erklärt im Unterhaus in London, Großbritannien werde die Produktion von Giftgas nicht einstellen, solange andere Staaten dieses Kampfmittel herstellten. →S. 36

In Berlin wird die Operette »Der Zarewitsch« von dem österreichischen Komponisten Franz Lehár uraufgeführt. Das Werk ist dem Tenor Richard Tauber gewidmet, der auch die Titelrolle singt. →S. 44

17. Februar, Donnerstag

Das Denkmal von Kaiserin Elisabeth von Österreich wird in Meran (Südtirol) durch einen politisch motivierten Anschlag schwer beschädigt. Der Statue wird der Kopf abgeschlagen.

An den Schulen des Deutschen Reichs finden Gedenkveranstaltungen zur 100. Wiederkehr des Todestags des Schweizer Pädagogen Johann Heinrich Pestalozzi statt. →S. 44

In Breslau und Dresden wird die Oper »Hanneles Himmelfahrt« von Paul Graener nach dem gleichnamigen Bühnenstück von Gerhart Hauptmann uraufgeführt.

18. Februar, Freitag

Zu Ehren der Unterhaltungsschriftstellerin Hedwig Courths-Mahler, die ihren 60. Geburtstag feiert, erscheinen Sondernummern in der Illustriertenpresse. →S. 45

19. Februar, Sonnabend

Der Student Johann Lang wird in Hamburg wegen Beleidigung zu drei Monaten Haft verurteilt. Er hatte dem Reichsbankpräsidenten Hjalmar Schacht unterstellt, in Aufwertungsfragen eigennützig entschieden zu haben.

Aus Protest gegen die neu eingetroffenen britischen Truppen treten die Arbeiter in der chinesischen Stadt Schanghai in den Generalstreik (→24. 3./S. 53).

20. Februar, Sonntag

Der Allgemeine Deutsche Automobilclub (ADAC) spricht sich auf einer Sitzung des Verwaltungsrats in Berlin für die Abschaffung der Kraftfahrzeugsteuer aus. Die Steuer sei ursprünglich als Luxussteuer eingeführt worden, das Automobil sei jedoch inzwischen als »wirtschaftlich notwendiges Verkehrsinstrument« allgemein anerkannt.

In Oslo gehen die Weltmeisterschaften im Eiskunstlauf der Damen (seit 19. 2.) zu Ende. Die Norwegerin Sonja Henie verweist die Österreicherin Herma Jaros-Szábo auf Platz zwei. Die Entscheidung des Wertungsgerichts wird in der Presse heftig attackiert. →S. 47

Den Fußball-Städtekampf Berlin–Paris gewinnt die Berliner Mannschaft vor 35000 Zuschauern im Poststadion an der Lehrter Straße in Berlin 5:1.

21. Februar, Montag

Der spanische Außenminister José Maria Yanguas-Messia tritt wegen Meinungsverschiedenheiten mit dem diktatorisch regierenden Präsidenten Miguel Primo de Rivera in der Marokko-Frage zurück. Primo de Rivera übernimmt selbst die Leitung des Außenministeriums. →S. 37

Der Schweizer Flieger Walter Mittelholzer, der am 7. Dezember 1926 von Zürich aus zu einem Afrika-Flug gestartet ist, landet am Ziel seiner Flugreise, in Kapstadt. →S. 43

Ein Geschäftsgebäude in Frankfurt am Main, das zu einem Kinopalast umgestaltet werden soll, stürzt während der Bauarbeiten ein, drei Bauhandwerker kommen ums Leben, 30 werden verletzt.

22. Februar, Dienstag

In Lübeck wird das Drama »Die Ersten und die Letzten« von John Galsworthy in deutscher Erstaufführung gezeigt. Die Bearbeitung der deutschen Version stammt von May Meyerfeld.

23. Februar, Mittwoch

Im Auswärtigen Ausschuß des Reichstags findet eine abschließende Besprechung der – gegen den Versailler Vertrag verstoßenden – Zusammenarbeit von Reichswehr und Roter Armee statt. Reichswehrminister Otto Geßler erklärt, daß die Kooperation beendet worden sei. →S. 40

In einer scharfen Protestnote an die sowjetische Regierung erklärt Großbritannien, daß ein Andauern der antibritischen Propaganda der Sowjetunion einen Abbruch der diplomatischen Beziehungen zur Folge haben werde (→3. 3./S. 53).

In Königsberg (Ostpreußen) geht die Deutsche Ostmesse (seit 20. 2.) zu Ende. Das Messegeschäft leidet unter dem deutsch-polnischen Zollkrieg (→12. 2./S. 40).

Der Physiker Albert Einstein hält in Berlin einen Vortrag unter dem Titel »Theoretisches und Experimentelles zur Frage der Entstehung des Lichts«. →S. 44

24. Februar, Donnerstag

Die Regierungskommission für das Saargebiet beim Völkerbund spricht sich für die Einsetzung von Eisenbahntruppen zur Bewachung des Schienenverkehrs aus. Die Truppe soll international zusammengesetzt und 800 Mann stark sein. Das Saargebiet steht seit 1920 unter Verwaltung des Völkerbunds (→12. 3./S. 52).

Die britische Regierung entsendet einen Kreuzer nach Nicaragua, der im Notfall den Schutz der dort lebenden britischen Bürger übernehmen soll (→5. 1./S. 18).

Abgeordnete der kroatischen Oppositionspartei tragen bei einer Parlamentssitzung in Belgrad einen nackten Mann in den Saal, dessen Körper von Mißhandlungen gezeichnet ist. →S. 37

In den Wiener Kammerspielen wird das Stück »Venus im Völkerbund. Ein Lustspiel aus der Romantik der Gegenwart« von Rolf Lauckner uraufgeführt. →S. 37

25. Februar, Freitag

In den bestreikten Fabriken der Metallindustrie Sachsens wird die Arbeit wiederaufgenommen, da der Schlichtungsspruch in einer Urabstimmung von den gewerkschaftlich organisierten Arbeitern akzeptiert worden ist. Die Unternehmer hatten schon zuvor ihr Einverständnis mit den vorgeschlagenen Lohnerhöhungen signalisiert. →S. 40

Die Freie Stadt Danzig und Polen einigen sich auf ein Verkehrsabkommen, das den internationalen Personenverkehr und den Gütertransport erleichtern soll.

Erstmals seit dem Militärputsch im Dezember 1926 tritt das litauische Parlament, der Sejm, zusammen. Der neue Ministerpräsident Augustin Woldemaras erklärt, daß Litauen als selbständiger Staat erhalten bleiben müsse. Eine stärkere Anlehnung an eine Großmacht komme für Litauen nicht in Frage.

Im Ufa-Palast am Zoo in Berlin findet die Uraufführung des Films »Meine Tante – Deine Tante« von Carl Froelich statt. Der Film wird zu einem großen Erfolg für die Hauptdarstellerin Henny Porten.

26. Februar, Sonnabend

Reichsaußenminister Gustav Stresemann, der sich zu einem Urlaub an der Riviera aufhält, trifft in Monte Carlo mit dem ehemaligen britischen Botschafter in Berlin, Viscount Edgar Vincent D'Abernon, zusammen, um die für März (→12. 3./S. 52) angesetzte Tagung des Völkerbundsrats vorzubereiten (→6. 2./S. 41).

Die britische Regierung teilt US-Präsident Calvin Coolidge mit, daß sie zur Teilnahme an der vorgeschlagenen Seeabrüstungskonferenz bereit sei (→10. 2./S. 36).

27. Februar, Sonntag

Die sowjetische Regierung weist die Vorwürfe Großbritanniens wegen angeblicher antibritischer Propaganda zurück (→3. 3./S. 53).

Die Deutsche Lufthansa AG teilt mit, daß Kinder unter drei Jahren umsonst, Kinder von drei bis sieben Jahren zum halben Preis fliegen können.

In der »Berliner Illustrirten« wird ein Aufsatz des US-amerikanischen Filmkomikers Charlie Chaplin unter dem Titel »Menschenkenntnis – Das Geheimnis meines Erfolges, das Geheimnis jeden Erfolges« veröffentlicht. →S. 44

28. Februar, Montag

In den Städten des Rheinlands werden Rosenmontagsumzüge veranstaltet. →S. 41

Die ungarische Polizei nimmt in Budapest 50 Personen, die einen kommunistischen Umsturz vorbereitet haben sollen, in Haft.

Die Kraftfahrzeugsteuer im Deutschen Reich wird mit einem Zuschlag von 25% belegt (→9. 11/S. 187).

Im Hochverratsprozeß gegen den kommunistischen Verlagsprokuristen Fritz Schälicke wird das Urteil gefällt: Ein Jahr Festungshaft und 100 Reichsmark Geldstrafe. Schälike wird der Veröffentlichung verräterischer Schriften für schuldig befunden. →S. 39

Gestorben:

8. Berlin: Heinrich Braun (*23. 11. 1854, Budapest), deutscher Sozialpolitiker.

19. Kopenhagen: Georg Brandes (eigentl. Morris Cohen, *4. 2. 1842, Kopenhagen), dänischer Philosoph und Literaturtheoretiker.

28. München: Ludwig von Zumbusch (*17. 7. 1861, München), deutscher Maler.

Geboren:

3. Berlin: Friedrich Karl Flick, deutscher Industrieller.

4. Danzig: Horst Ehmke, deutscher sozialdemokratischer Politiker.

7. Montpellier: Juliette Greco, französische Chansonette.

Die »Leipziger Illustrirte Zeitung« mit einer Illustration zum Karneval

USA laden zur Seeabrüstung ein

10. Februar. Der US-amerikanische Präsident Calvin Coolidge schlägt Großbritannien, Japan, Italien und Frankreich eine Fünf-Mächte-Konferenz zur Seeabrüstung vor. Während die britische und die japanische Regierung positiv reagieren, lehnen Frankreich und Italien ab.

Coolidge erläutert in einer begeistert aufgenommenen Rede im US-Kongreß in Washington das Memorandum, das den eingeladenen Mächten überreicht worden ist. Es enthält die Anregung, die Flottenstärken der drei Seegroßmächte USA, Großbritannien und Japan auch bei leichteren Kriegsschiffen auf das Verhältnis 5:3:3 festzusetzen und über die Flottenstärke Frankreichs und Italiens in diesem Bereich gesondert zu verhandeln.

Die fünf Mächte hatten sich 1922 in der Washingtoner Flottenkonferenz darauf geeinigt, ihre schweren Kriegsschiffe auf zehn Jahre so zu begrenzen, daß ein Verhältnis von fünf (USA) zu drei (Großbritannien), zu drei (Japan), zu 1,67 (Frankreich), zu 1,67 (Italien) gegeben ist; die leichteren Seewaffengattungen und die U-Boote waren von der Vereinbarung ausgeschlossen.

US-Präsident Calvin Coolidge (mit Ehefrau) lädt die Seemächte zu einer Abrüstungskonferenz ein

Bereits am 11. Februar erklärt der japanische Außenminister Kijuro Shidera die Bereitschaft seiner Regierung zur Teilnahme an einer Seeabrüstungskonferenz. Großbritanniens Zusage erfolgt am 26. Februar in einer Note von Außenminister Joseph Austen Chamberlain. Die britische Regierung fordert darin eine genaue Abstimmung der Seeabrüstungskonferenz mit den Abrüstungsbemühungen des Völkerbundes (→ 21. 3./S. 52).

Frankreich lehnt die Teilnahme am 15. Februar unter Hinweis auf die vorbereitende Abrüstungskonferenz des Völkerbundes ab. Durch eine Sonderkonferenz der Großmächte, wie sie die US-Regierung angeregt habe, würden die Autorität des Völkerbundes geschwächt und die in Genf begonnenen Bemühungen um eine allgemeine Rüstungsbeschränkung zu Lande, im Wasser und in der Luft behindert. Italien lehnt am 21. Februar die Teilnahme an der von Coolidge vorgeschlagenen Konferenz ebenfalls ab. Die faschistische Regierung weist darauf hin, daß die US-Vorschläge nur die Weltmeere beträfen, während die Interessen Italiens vor allem im Mittelmeer lägen.

Nachdem Großbritannien und Japan Anfang März ihre Bereitschaft auch zur Teilnahme an einer Drei-Mächte-Konferenz erklären, erfolgt die formelle Einladung der Vereinigten Staaten an die beiden Mächte am 12. März (→ 4. 8./S. 139).

Die Briten halten am Giftgas fest

16. Februar. Der konservative britische Premierminister Stanley Baldwin erklärt auf Anfrage eines Abgeordneten der oppositionellen Labour Party im Unterhaus in London, daß – entgegen den Beschlüssen der Vorbereitenden Abrüstungskommission des Völkerbundes in Genf (→ 21. 3./S. 52) – in Großbritannien weiterhin Giftgas produziert werde.

Stanley Baldwin

Baldwin meint, daß die britische Regierung einen internationalen Beschluß zur Einstellung der Giftgasproduktion zwar begrüßen werde, jedoch nicht bereit sei, als einzige Nation voranzugehen.

Der konservative britische Premierminister weist ferner darauf hin, daß zwei mächtige Nationen – die Vereinigten Staaten von Amerika und die Sowjetunion – überhaupt nicht Mitglieder des Völkerbundes und daher an die Beschlüsse der Organisation nicht gebunden sind.

Isolationismus und wachsende Stärke

Der Vorschlag des US-amerikanischen Präsidenten Calvin Coolidge zur weiteren Rüstungsbegrenzung auf See führt den isolationistischen Kurs der USA fort.

Die USA, die aus dem Eingreifen in den Weltkrieg zugunsten der Alliierten gestärkt hervorgegangen sind, haben weder den Versailler Friedensvertrag unterzeichnet, noch sind sie dem Völkerbund beigetreten, obwohl dieses kollektive Sicherheitssystem auf Anregung des US-amerikanischen Präsidenten Thomas Woodrow Wilson entstanden ist. Die US-Regierung fürchtet eine Einengung ihrer Entscheidungsfreiheit durch diese internationale Organisation.

Das Washingtoner Flottenabkommen, das 1922 auf US-Initiative von den USA, Großbritannien, Japan, Frankreich und Italien unterzeichnet worden ist, stellt einen Ersatz für das Sicherungssystem des Völkerbundes dar. Mit dem Weltkrieg hatte Großbritannien seine Rolle als führende Seemacht verloren; Japans Bedeutung im Pazifik war dagegen gewachsen.

Durch die 1922 in Washington vereinbarte Seeabrüstung und den Verzicht der fünf Mächte auf einen weiteren Ausbau der Stützpunkte im Pazifik haben die USA ihre Sicherheit verstärken können. Mit der angestrebten Erweiterung der Seeabrüstung verfolgt die US-Regierung wiederum das Interesse einer Erhöhung der Verteidigungsstärke. Die USA wachsen zur Weltmacht des Westens heran.

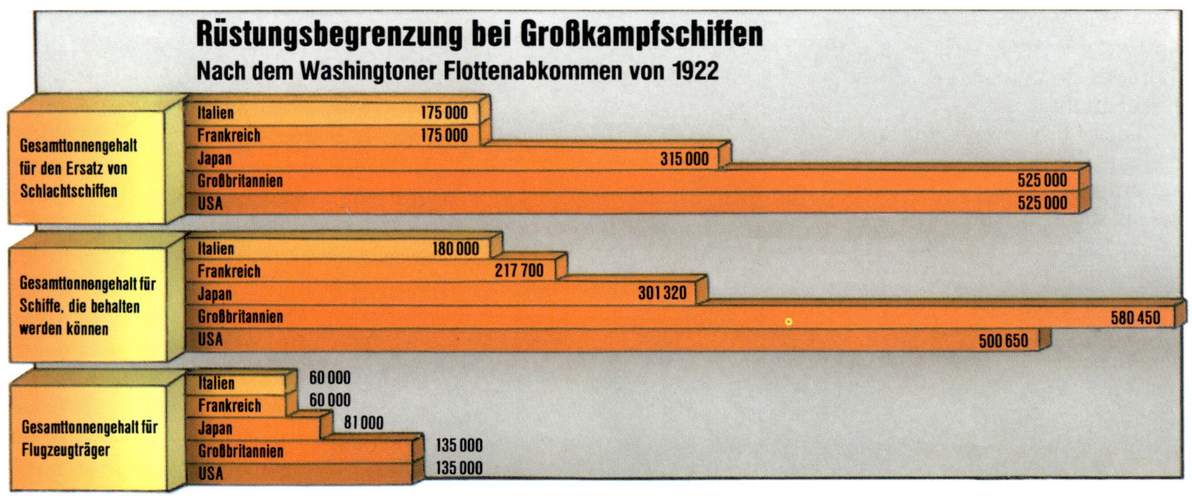

Der Wagen des indischen Vizekönigs, Baron E. F. Irwin, auf dem Weg zur Parlamentseröffnung in Neu-Delhi

Protest gegen Kolonialsystem

15. Februar. In Brüssel geht der erste internationale »Kongreß gegen koloniale Unterdrückung und Imperialismus« unter Beteiligung zahlreicher Vertreter der Kolonien aus allen Erdteilen zu Ende.

Im Mittelpunkt der Beratungen in Brüssel stehen Möglichkeiten des Kampfes gegen das mächtige britische Kolonialsystem, unter dessen Einflußbereich 523 Millionen Menschen (das ist etwa ein Viertel der gesamten Erdbevölkerung) leben. Von besonderer Bedeutung ist die Verständigung zwischen der indischen Befreiungsbewegung Swaradsch und der nationalrevolutionären chinesischen Kuomintang-Partei, die beide wichtige Machtfaktoren im Kampf gegen den britischen Imperialismus darstellen. Die Swaradsch bekräftigt ihre Absicht, durch aktive Propaganda in Indien den Einsatz indischer Soldaten gegen die Aufständischen in China zu vereiteln (→24. 3./S. 53).

Obwohl auch Angehörige der Unabhängigen Arbeiterpartei Großbritanniens und der Gewerkschaften des Mutterlandes den britischen Kolonialismus verbal verdammen, beurteilen sie die Möglichkeiten, die Befreiungsbewegungen in Indien und China durch Streikaktionen in Großbritannien zu unterstützen, eher skeptisch.

Putsch in Portugal gescheitert

3. Februar. In der portugiesischen Stadt Oporto erhebt sich ein Teil der dort stationierten Regimenter gegen die Militärdiktatur von General António Óscar Fragoso Carmona, die im Juli 1926 errichtet worden ist.

Der Aufstandsversuch findet starken Widerhall in der Bevölkerung und breitet sich bis in die Hauptstadt Lissabon aus, wo es mehrere Tage lang zu heftigen Kämpfen kommt, in die auch Batterien von Kriegsschiffen, die mit meuternden Soldaten besetzt sind, eingreifen. Die Rebellen nehmen drei Regierungsmitglieder als Geiseln.

Erst am 8. Februar müssen sich die aufständischen Soldaten in Oporto den übermächtigen Regierungstruppen ergeben, einen Tag später kapitulieren auch die letzten Rebellen in Lissabon. Dem »revolutionären Komitee«, das den Putschversuch geplant und vorbereitet hat, gehören mehrere Politiker an, die vor der Militärdiktatur hohe politische Ämter bekleidet haben, z. B. der frühere Ministerpräsident Domingues Santos, der bei den Kämpfen ums Leben kommt, und zwei Mitglieder der Demokratischen Partei, Jaime Morais und Jaime Cortozao, die Selbstmord begehen, als sie die Aussichtslosigkeit des Putschversuchs erkennen.

Barrikade der Putschisten in Oporto

General Carmona, der Präsident und Ministerpräsident des Landes bleibt, geht mit äußerster Härte gegen die Überlebenden des Aufstands vor. Putschisten, deren Beteiligung einwandfrei feststehe, werden in die afrikanische Kolonie Guinea deportiert.

Belgrad: Blutiger Mann im Parlament

24. Februar. In der Skupschtina, dem Parlament des Königreichs der Serben, Kroaten und Slowenen (heute Jugoslawien) kommt es zu einem Eklat: Bei einer Sitzung, auf der über den Mißbrauch der Amtsgewalt durch das Innenministerium beraten wird, tragen Abgeordnete der kroatischen Bauernpartei, die in der Opposition steht, einen nackten, am ganzen Körper mit blauen Flekken und anderen Spuren von Mißhandlungen übersäten Mann in den Sitzungssaal.

Die Vertreter der Opposition behaupten, daß dieser Mann in der Nacht zuvor wegen eines geringfügigen Vergehens festgenommen und von Beamten der Belgrader Polizei so zugerichtet worden sei. Nach tumultartigen Szenen, bei denen es fast zu Tätlichkeiten unter den Abgeordneten kommt, wird die Parlamentssitzung unterbrochen.

Die Regierung erklärt den Parteiführern der Opposition, daß gegen den Polizeichef von Belgrad Disziplinarmaßnahmen eingeleitet werden.

Mehr Macht für Spaniens Diktator

21. Februar. Der spanische Außenminister José Maria Yanguas-Messia, der seit 1925 dieses Amt innehat, tritt wegen Meinungsverschiedenheiten mit dem Militärdiktator und Ministerpräsidenten Miguel Primo de Rivera y Orbaneja zurück. Der Diktator übernimmt am 27. Februar selbst die Leitung des Außenministeriums.

Der erst 36jährige Yanguas hatte während seiner Amtszeit mit der konsequenten Tangerpolitik, die 1926 zum Austritt Spaniens aus dem Völkerbund führte, Aufsehen erregt. Er hatte als Kompensation für den spanischen Verzicht auf einen Sitz im Völkerbundsrat die Anerkennung der Zugehörigkeit der Tangerzone zu Spanien gefordert, war damit jedoch nicht durchgedrungen.

Die Tangerzone liegt an der marokkanischen Küste und steht unter internationalem Status. Bereits 1926 hatte es Gerüchte gegeben, daß Yanguas diese Politik – gegen seine Überzeugung – allein auf Anweisung Primo de Riveras verfolgt habe.

Der traditionelle Leichenwagen mit den sterblichen Überresten des japanischen Kaisers Joschihito wird durch die Hauptstadt Tokio gezogen

Zweitägige prunkvolle Bestattungszeremonie für Kaiser Joschihito von Japan

7. Februar. Mehr als zwei Millionen Japaner verfolgen persönlich die zweitägigen Bestattungsfeierlichkeiten für ihr religiöses und weltliches Oberhaupt, den am 25. Dezember 1926 verstorbenen Kaiser Joschihito.
Der Sarg mit den sterblichen Überresten des Monarchen wird am 7. Februar abends vom Palast in Tokio zur 5 km entfernten Leichenhalle gebracht, wobei die Straßen und Plätze in der japanischen Hauptstadt von Menschen bevölkert sind, die niederknien und sich in den Staub werfen, wenn der Leichenwagen vorbeigeschoben wird. Dieser traditionelle Bestattungswagen ist so konstruiert, daß die Räder bei jeder Umdrehung sieben verschiedene Knarrlaute zum Zeichen der Trauer erzeugen.

Neuer Kaiser von Japan ist der Sohn Joschihitos, der 25jährige Hirohito, der bereits seit 1921 die Regentschaft für seinen erkrankten Vater geführt hat

Nach Beendigung der Zeremonien in der Leichenhalle wird der Sarg um Mitternacht mit der Bahn zu einer eigens eingerichteten Station bei Akasawa, etwa 50 km von Tokio, gebracht.
Dort findet der verstorbene Kaiser Joschihito in einem Mausoleum mit Blick auf den Fudschijama, den heiligen Berg der Japaner, seine letzte Ruhestätte.

Briten streiten um China-Politik

7. Februar. König Georg V. von Großbritannien verliest zur Parlamentseröffnung die Thronrede, die das Programm der konservativen Regierung unter Premierminister Stanley Baldwin vorstellt.
Der Monarch erklärt, daß Großbritannien eine Revision der ungleichen Verträge mit China auf friedlichem Wege wünsche, zugleich jedoch entschlossen sei, das Leben britischer Staatsangehöriger in China notfalls mit militärischen Mitteln zu sichern. In der Aussprache fordert die oppositionelle Labour Party den Rückruf der nach China entsandten Truppen (→ 24. 3./S. 53).

König Georg V. von Großbritannien und Nordirland verläßt mit der Staatskutsche den Buckingham-Palast, um im Parlament die Thronrede zu verlesen

Die Habsburger in Budapest präsent

1. Februar. In Budapest wird die Eröffnung des ungarischen Parlaments mit großem Prunk begangen. Besondere Aufmerksamkeit erregt der Habsburger Erzherzog und Kronprätendent Albrecht, der sich für diesen Anlaß eine Phantasieuniform hat schneidern lassen. Albrecht ist – wie drei weitere Angehörige des Hauses Habsburg – Mitglied des ungarischen Oberhauses.
Nach dem Zusammenbruch der Doppelmonarchie Österreich-Ungarn im Weltkrieg hat das Magyarenreich zwar die Staatsform der Monarchie beibehalten, der Thron ist jedoch nicht besetzt.

Urteile gegen Linkspublizisten

Eine Reihe von linksgerichteten Autoren, Journalisten, Verlegern und Buchhändlern wird im Februar von deutschen Gerichten wegen Vorbereitung zum Hochverrat bzw. wegen Beleidigung zu Haft- und Gefängnisstrafen verurteilt. Die Urteile werden in der sozialdemokratischen und kommunistischen, aber auch in der linksliberalen Presse als Gesinnungsjustiz bezeichnet.

Rudolf Reimann, Prokurist beim Verlag »Junge Garde«, und Fritz Domning, der Geschäftsführer der Buchhandlung der »Vereinigten Internationalen Verlagsanstalten« (»Viva«) werden am 5. Februar vom Reichsgericht Leipzig zu je zehn Monaten Festungshaft und einer Geldstrafe von 100 Reichsmark (RM) verurteilt. Das Gericht sieht es als erwiesen an, daß sie durch die Verbreitung der Bücher »Levisite oder: Der einzig gerechte Krieg« von Johannes R. Becher (→ 12. 10./S. 174), »Thomas Müntzer« von Bertha Lask und »Barrikaden an der Ruhr« von Kurt Kläber an der Vorbereitung von Hochverrat beteiligt gewesen seien.

Am 27. Februar folgt – ebenfalls in Leipzig – das Urteil gegen Fritz Schälicke, in dessen Verlag »Barrikaden an der Ruhr« und drei weitere beanstandete Bücher erschienen sind. Er wird mit einem Jahr Festungshaft und 100 RM Geldstrafe (ersatzweise zehn Tage Gefängnis) wegen Vorbereitung zum Hochverrat und Verstoß gegen das Republikschutzgesetz (→ 17. 5./S. 87) bestraft.

Der Schriftsteller Erich Weinert und der Publizist Carl von Ossietzky werden am 10. Februar wegen Beleidigung von Offizieren und Mannschaften des Schulkreuzers »Hamburg« zu je 500 RM Geldstrafe verurteilt. Ossietzky hatte 1926 ein Gedicht Weinerts im »Montag Morgen« veröffentlicht, in dem der Besuch der »Hamburg«-Besatzung in Hollywood persifliert worden war (→ 8. 1./S. 17; 20. 12./S. 205).

Johannes R. Becher

Carl von Ossietzky

Fritz Domning

Beschlagnahmt

worden ist für das Deutsche Reich vom Oberreichsanwalt in Leipzig der kürzlich erschienene deutsche Schicksalsroman im Zeitalter des Giftgaskrieges

$(CH\,Cl = CH)_3\,As$

(Levisite)

oder

Der einzig gerechte Krieg

von

Johannes R. Becher

Beschlagnahme des Romans von J. R. Becher

Fritz Schälicke

Marx für Republik, gegen Kaiserreich

3. Februar. Reichskanzler Wilhelm Marx (Zentrum) gibt vor dem Reichstag seine Regierungserklärung ab, die ein Bekenntnis zur republikanischen Verfassung enthält, das auch die rechtsgerichtete DNVP an die Staatsform binden soll.

In der Erklärung heißt es u. a.: »Die neue Reichsregierung ist sich einig, daß die Grundlage unserer Politik, die Anerkennung der Rechtsgültigkeit der in der Verfassung von Weimar gegründeten republikanischen Staatsform, auch für die Arbeit der neuen Regierung volle Geltung behalten soll ... Die Reichsverfassung ist durch Beschluß der Nationalversammlung rechtmäßig zustande gekommen. Es ist daher auch die selbstverständliche Auffassung aller in der gegenwärtigen Regierung zusammengeschlossenen Fraktionen dieses Hauses, daß Abänderungen von Einzelheiten der bestehenden Verfassung auf dem verfassungsmäßig vorgeschriebenen Wege vorgenommen werden müssen. Jeden Versuch gewaltsamer oder sonst ungesetzlicher Abänderung wird die Reichsregierung als Hochverrat ahnden ...«

Dieser entschiedenen Absage an antirepublikanische Tatsachen setzt Marx – mit Rücksicht auf die Deutschnationalen – eine Würdigung der deutschen (monarchistischen) Vergangenheit entgegen, dessen »Symbolen Achtung und Ehre gezollt« werden sollen.

Reichskanzler Wilhelm Marx (r.) mit Reichspräsident Hindenburg

Preußens Ministerpräsident Otto Braun für Einheitsstaat

24. Februar. Der preußische Ministerpräsident Otto Braun (SPD) spricht sich dagegen aus, Preußen zum Reichsland zu erklären. Mit einer entsprechenden Verfassungsänderung würde die preußische Landesregierung mit der Reichsregierung zusammengelegt werden. In der programmatischen Erklärung Brauns heißt es u. a.:

Otto Braun

»... Preußen mit seinen gegen 40 Millionen Bewohnern muß unversehrt erhalten bleiben, denn es muß und wird schließlich doch den Kern des zu schaffenden deutschen Einheitsstaates bilden ...

Preußen hat stets erklärt, daß es seine staatliche Selbständigkeit zugunsten des großen deutschen Einheitsstaates aufgeben wolle, wenn die andern deutschen Länder ein gleiches tun. Das ist leider bisher nicht geschehen, sondern im Gegenteil, von den süddeutschen Staaten, insbesondere Bayern, gehen Bestrebungen aus, die die geringen Ansätze zum Einheitsstaat aus der Weimarer Verfassung beseitigen.

Ich kann mich daher auch mit dem Vorschlage, Preußen zum Reichslande zu erklären, nicht befreunden. Nach der Weimarer Verfassung, die kein Reichsland kennt, ist das schon aus formalen Gründen nicht möglich. Ich wüßte auch nicht, wie dieser Vorschlag verfassungsrechtlich verwirklicht werden sollte, ohne die Bevölkerung Preußens gegenüber der Bevölkerung anderer deutscher Länder in ihrer politischen Willensbetätigung stark zu beeinträchtigen. Die Erklärung Preußens zum Reichsland müßte die Personalunion der Reichsregierung mit der preußischen Regierung zur Folge haben. Das würde aber bedeuten, daß die Bevölkerung Preußens, von der nach der republikanischen Verfassung alle Staatsgewalt ausgehen soll, nicht darüber zu bestimmen hätte, wie die Regierung zusammengesetzt sein soll, die diese Staatsgewalt ausübt, daß vielmehr die Bayern, Badenser, Hessen usw., die in ihrem Land selbst ihre Regierung bestimmen, in Preußen mitbestimmend regieren sollen ... Das deutsche Volk muß und wird auch aus dem jetzt bestehenden föderativen Wirrwarr den Weg zum großen deutschen Einheitsstaat finden« (→ 7. 12./S. 197).

Gespräch über »Sowjetgranaten«

23. Februar. Im Auswärtigen Ausschuß des Reichstags in Berlin findet eine letzte Besprechung über die – gegen die Bestimmungen des Versailler Friedensvertrags verstoßende – Zusammenarbeit der Reichswehr mit der Roten Armee statt.

Reichswehrminister Otto Geßler und Staatssekretär Carl von Schubert erklären Vertretern der kommunistischen und sozialdemokratischen Reichstagsfraktion sowie dem Zentrumspolitiker und früheren Reichskanzler Joseph Wirth, daß die Kooperation nicht mehr bestehe.

Durch Veröffentlichungen in der britischen Zeitung »Manchester Guardian« war Anfang Dezember 1926 bekannt geworden, daß es von 1920 bis November 1926 eine geheime Kooperation zwischen der Reichswehr und der Roten Armee gegeben hatte. Es wurden Offiziere zur kriegstechnischen Ausbildung ausgetauscht, und die sowjetische Regierung gestattete die Errichtung deutscher Rüstungsfirmen in der Sowjetunion, die schwere Waffen und Flugzeuge herstellten, deren Produktion dem Deutschen Reich verboten worden ist.

Reichswehrmanöver auf der Saale bei Dessau; der deutschen Armee sind durch den Versailler Vertrag personelle und materielle Grenzen gesetzt

1922 wurde die »Gesellschaft zur Förderung gewerblicher Unternehmungen« mit Sitz in Berlin und Moskau und von der Reichsregierung zur Verfügung gestelltem Kapital gegründet. Sie war die Dachorganisation für die deutsche Rüstungsindustrie in der Sowjetunion, die in folgenden Bereichen arbeitete:

- ▷ Flugzeuge und Motoren wurden durch die Junkerswerke bei Fili hergestellt
- ▷ Granaten wurden in den ehemaligen Putilow-Werken in Leningrad, Schlüsselburg, Tula und Slatust produziert
- ▷ Die Giftgaserzeugung fand in Trotzk bei Samara statt

Die sozialdemokratische Reichstagsfraktion hatte ihren Mißtrauensantrag, der am 17. Dezember 1926 zum Sturz der bürgerlichen Minderheitsregierung führte (→29. 1./S. 14), mit dieser illegalen Zusammenarbeit begründet.

Streiks in Sachsen

25. Februar. Nach der Beilegung des Tarifkonflikts in der sächsischen Metallindustrie nehmen 150 000 ausgesperrte bzw. streikende Metaller die Arbeit wieder auf.

Der Arbeitskampf hatte sich an der Frage der Arbeitszeit entzündet. Bislang war es den Metallunternehmern möglich, ohne Befragung der Betriebsvertretung die Regelarbeitszeit von 48 Wochenstunden durch Überstunden zu überschreiten. Die Arbeitnehmervertreter hatten die 46-Stunden-Woche, einen 10%igen Zuschlag für Überstunden und eine Höchst-Wochenarbeitszeit von 51 Stunden gefordert.

Auf den Streik von etwa 6000 Metallarbeitern in Leipzig, der am 5. Februar begann, reagierten die Unternehmer mit Aussperrungen.

Ein am 14. Februar im sächsischen Arbeitsministerium ausgearbeiteter Schiedsspruch, der eine Wochenarbeitszeit bis zu 53 Stunden ermöglichte – die Unternehmer hatten selbst nur 52 Stunden gefordert –, wurde am 18. Februar vom Reichsarbeitsministerium (der höchsten Instanz bei Tarifkonflikten) abgelehnt. Nach erneuten Verhandlungen kam am 21. Februar eine gütliche Einigung der Tarifparteien zustande, die folgende Regelungen vorsieht:

- ▷ Die Regelarbeitszeit beträgt 48 Stunden wöchentlich
- ▷ Die Arbeitszeit kann im Benehmen mit der Betriebsvertretung bis auf 51 Stunden heraufgesetzt werden; für in diesem Rahmen liegende Überstunden ist ein Zuschlag von 10% zu zahlen
- ▷ Weitere Überstunden sind nur nach einer Vereinbarung mit der Betriebsvertretung möglich. Die Zuschläge liegen dann zwischen 25 und 50% (→8.4./S.71).

Polens Außenminister August Zaleski befürwortet eine Anlehnung seines Landes an Frankreich

Verhandlungen mit Polen abgebrochen

12. Februar. Die deutsch-polnischen Verhandlungen über den Abschluß eines beiderseitigen Handelsvertrags werden von deutscher Seite für ausgesetzt erklärt.

Die Reichsregierung begründet ihren Beschluß mit dem Hinweis auf die Ausweisung von vier deutschen Beamten aus dem polnisch-oberschlesischen Kattowitz im Januar. Polen habe sich geweigert, den Ausweisungsbeschluß rückgängig zu machen. Die deutsche Regierung zieht daraus die Konsequenz, daß der Abschluß eines Handelsvertrags erst dann erfolgen könne, wenn in der Frage der Niederlassung Deutscher in Polen eine Einigung erzielt sei (→23. 11./S. 186).

Polen führt seit seiner Neugründung nach dem Weltkrieg eine strenge Polonisierungspolitik gegen nationale Minderheiten (→5. 1./S. 19), die dazu geführt hat, daß allein bis 1923 500 000 Deutschstämmige die nach dem Versailler Vertrag an Polen abgetretenen Gebiete verlassen haben. Diese Politik ist auf die polnische Furcht vor einer Revision seiner Westgrenze zugunsten des Deutschen Reichs zurückzuführen. Während das Deutsche Reich in den Verträgen von Locarno (1925) seinen westlichen Nachbarn die bestehenden Grenzen garantiert hat, lehnt Reichsaußenminister Gustav Stresemann ein Ost-Locarno ausdrücklich ab (→S. 151).

Bürokratie beim Radio

5. Februar. Bei der Funkstunde in Berlin kommt der Kulturelle Beirat zu seiner ersten Sitzung zusammen. In den folgenden Monaten konstituieren sich auch in den anderen Sendern des Deutschen Reiches Kulturbeiräte.
Nach den Genehmigungsbestimmungen muß der Kulturbeirat – neben dem Überwachungsausschuß, der bei den meisten Anstalten schon 1926 gegründet worden ist – als zweites Aufsichtsgremium eingerichtet werden. Die Aufgabe des Beirats ist die »Mitwirkung an der Gestaltung des Programms hinsichtlich der Darbietungen auf dem Gebiete von Kunst, Wissenschaft und Volksbildung«, wobei die Mitglieder des Kulturbeirats beratend und überwachend tätig werden sollen. Sie haben insbesondere darauf zu achten, daß in Rundfunkdarbietungen keine parteipolitischen Interessen verfolgt werden.
Befürchtungen, der Kulturbeirat könne seine Funktionen für Zensurmaßnahmen mißbrauchen, erweisen sich als ebenso unbegründet wie Hoffnungen, dieses Gremium könne zu einem »Hörerparlament« ausgeweitet und zu einer direkten Vertretung der Radiobenutzer werden. Die Kulturbeiräte, die von den Landesregierungen in Absprache mit den Rundfunkanstalten ernannt werden, setzen sich in der Regel aus höheren Beamten zusammen.
Die Einrichtung der Kulturbeiräte trägt so dazu bei, die Rundfunkverwaltung zu bürokratisieren und zu entpolitisieren. Um »Überparteilichkeit« und »Neutralität« bemüht, verzichten die Rundfunkanstalten in ihren Programmen im allgemeinen auf brisante, sogar auf aktuelle Themen. Sie können sich in ihrer publizistischen Wirkung mit der Presse durchaus nicht messen, obwohl die Zahl der Rundfunkteilnehmer bis zum Jahresende 1927 auf über zwei Millionen ansteigt.

Demonstration des Reichslandbundes

5. Februar. In Berlin geht die zweite Grüne Woche (seit 29. 1.) zu Ende. Der Reichslandbund, die Organisation der Landwirte im Deutschen Reich, nutzt die Veranstaltung, um seine politischen Forderungen publik zu machen.
Der Reichslandbund ist 1920 durch einen Zusammenschluß der bisher getrennt bestehenden Verbände der Großgrundbesitzer und der Kleinbauern entstanden.
Mit seiner Ideologie des »Landvolks«, die den Interessengegensatz zwischen diesen Gruppen verwischt, dagegen aber eine tiefe Kluft zwischen den in der Landwirtschaft und in der Industrie Tätigen behauptet, steht die Organisation des Reichslandbundes der Deutschnationalen Volkspartei (DNVP) nahe. Die linksliberale Deutsche Demokratische Partei (DDP) strebt die Gründung einer Gegenorganisation der Landwirte an.

Außenminister Gustav Stresemann gerät während seines Urlaubs an der Riviera in einen Karnevalszug

Der Außenminister in Erholungsurlaub

6. Februar. Reichsaußenminister Gustav Stresemann trifft zu einem einmonatigen Erholungsurlaub in San Remo an der italienischen Riviera ein. Alle Spekulationen, Stresemann werde den Aufenthalt zu politischen Gesprächen, z. B. mit dem italienischen Ministerpräsidenten und Duce Benito Mussolini nutzen, erweisen sich als unzutreffend.
Dennoch gilt Stresemann auch während seiner Ferien die öffentliche Aufmerksamkeit. Der Korrespondent einer Berliner Tageszeitung berichtet vom Urlaubsort: »Besuch bei Dr. Stresemann in San Remo. Man stellt erfreut die erkennbare, fast auffallende Wirkung der ... politischen Entziehungskur fest. Die Ruhe in San Remo hat den erhofften Erfolg gebracht trotz des Regens, der die Laune verdirbt und Zimmerhaft bedingt. Und trotzdem es nur eine relative Ruhe ist. Zwar von unerwünschten Interviewern und Photographen bleibt der deutsche Reichsaußenminister hier verschont, seitdem man sich davon überzeugt hat, daß die lebende Hecke der Begleitung nicht zu durchdringen ist, und daß alle Kombinationen über politische Begegnungen in San Remo müßig sind ... Man respektiert das Ruhebedürfnis des Ministers; grüßt ihn höflich bei der Promenade ... macht den Gast aber nicht zum Objekt taktloser Schaulust ...«

In Köln erster Umzug seit 1914

28. Februar. Erstmals seit 1914 wird in Köln wieder ein Rosenmontagsumzug veranstaltet. Der Weltkrieg und die – 1926 aufgehobene – Besatzung haben 13 Jahre lang das traditionelle Karnevalsvergnügen in der Rheinmetropole verhindert.
Tausende Einheimische und Touristen säumen die Straßen, als der Zug um 11 Uhr startet – Büros, Schulen und Kindergärten sind seit 10 Uhr geschlossen.
Die Karnevalsgesellschaften greifen mit ihren Wagen Zeitereignisse auf. Die Wagen »Völkerbund« – alle Nationen vereint unter dem Zeichen der Narrenkappe und der Sektflasche – und »Friedensengel« – unter dessen ramponierten Flügeln Chinesen und Nicaraguaner Narrentänze aufführen – wagen den Ausflug in die hohe Politik. Auch dem Kölner Oberbürgermeister Konrad Adenauer gelten einige Anspielungen.
Bejubelt werden die Wagen »Funkturm«, der Drache »Fließarbeit« und ein Zeppelin-Modell mit Tanzdiele und Bar an Bord.

Der Drache »Fließarbeit« beim Rosenmontags-Festumzug in Köln

Große Maskenparade in der US-amerikanischen Stadt Philadelphia

Gepolsterte, für Straße und Schiene geeignete Spezialwagen der Hamburger Zigarettenfirma Reemtsma zum Transport der Tabakwaren in die jeweiligen Zweigniederlassungen

Internationale Ausstellung für Lkw und Spezialfahrzeuge in Köln (Ausstellungshalle)

Straßen/Verkehr 1927:

Verkehrspolitik in den Anfängen

Die Verkehrssituation im Deutschen Reich ist durch eine zunehmende Konkurrenz von Straße und Schiene bestimmt. Durch die Erfindung des Riesenluftreifens 1927 wird die Verlagerung auch von Schwertransporten auf die Straße ermöglicht.

Anders als bei der Eisenbahn gibt es noch keinen Tarif für die Güterbeförderung mit Lastkraftwagen, wie insgesamt die Situation im Straßenverkehr durch nur geringe Eingriffe von seiten des Staates gekennzeichnet ist. So ist der Straßenbau, der aus Steuergeldern finanziert wird, nicht Reichs-, sondern Ländersache. In Preußen sind dafür niedrigere Instanzen wie Kreise und Kommunen zuständig. Dementsprechend fehlt es an einer effektiven Planung des Straßenbaus.

Auch in den Luftverkehr greift der Staat administrativ wenig ein, obwohl die 1926 durch Zusammenschluß der Aero-Lloyd und der Junkers-Luftverkehr gegründete Deutsche Lufthansa AG zu 65% auf Subventionen angewiesen ist. Neben der Lufthansa gibt es 1927 noch 23 weitere kleinere Unternehmen für den Regionalverkehr. Die Lufthansa strebt dagegen nach einer Internationalisierung des Luftverkehrs. Sie ist 1927 z.B. an der Gründung der spanischen Fluglinie »Iberia« beteiligt.

Der größte Betonbrückenbau im Deutschen Reich: Die 40 m hohe Brücke in Pirmasens; Bogenspannweite 80 m

Fahrräder und Motorräder aus dem Deutschen Reich werden bis in das afrikanische Uganda exportiert

Die Polizei läßt Autos mit Plakaten, die die Verkehrsvorschriften enthalten, durch die Straßen fahren

Flug von Zürich bis nach Kapstadt

21. Februar. Der Schweizer Flieger Walter Mittelholzer landet nach zweieinhalbmonatigem Afrikaflug am Ziel seiner Reise in Kapstadt in der Kapprovinz der Südafrikanischen Union.

Mittelholzer war am 7. Dezember 1926 von Zürich aus zu dem rd. 20 000 km langen Flug gestartet. Die wichtigsten Etappen seiner Reise waren Pisa, Neapel, Athen, Kairo, Luxor, Assuan, Khartum, der Kilimandscharo, der Victoriasee, die Küstenstädte Beira (Mosambik) und Durban (Südafrika). Der Schweizer Pilot benötigt mit seinem Dornier-Merkur-Wasserflugzeug, dem er den Namen »Switzerland« gegeben hat, 97,5 h reine Flugzeit.

Zu den fliegerischen Höhepunkten gehört die Überquerung des Mittelmeers von Griechenland zur ägyptischen Hafenstadt Abukir nahe Alexandria. Mittelholzer legt diese 600 km lange Strecke ohne Begleiteskorte zurück.

Der Schweizer Flieger bringt beeindruckende Luftaufnahmen von den Pyramiden von Gise und vom Nildelta mit nach Hause. Der Nil dient ihm – bis zum Äquator – als bevorzugter Landeplatz.

Eine der eindrucksvollsten Aufnahmen, die Mittelholzer mit nach Hause bringt, ist ein Luftbild von der Cheops-Pyramide in Ägypten

Mittelholzer wagt auch einen Abstecher zum Stamm der Dinkas, der an einem Nebenarm des Nils, am Sobatfluß, in Zentralafrika lebt und noch kaum mit der westlichen Zivilisation in Berührung gekommen ist.

Afrika ist zwar lange kolonisiert und durch einige Auto- und durch die natürlichen Wasserstraßen weitgehend erschlossen, abseits der großen Verkehrswege sind die afrikanischen Völker jedoch nur mit langwierigen Expeditionen durch Steppe und Urwald zu erreichen.

Tenor von eigener Frau erschossen

15. Februar. In Wien wird der rumänische Tenor Trajan Grosavescu von seiner Frau erschossen.

Die Tat geschieht wenige Stunden vor der geplanten Abreise des Sängers nach Berlin, wo Grosavescu ein Engagement an der Staatsoper als Graf Richard in Giuseppe Verdis »Maskenball« antreten sollte. Aus Verärgerung darüber, daß ihr Mann sie nicht mitnehmen will, greift Nelly Grosavescu zum Revolver, den sie in der gemeinsamen Wohnung in Wien unter der Wäsche versteckt hat, und erschießt ihren Mann aus kürzester Entfernung.

Frau Grosavescu, die mit dem Tenor in zweiter Ehe verheiratet war, litt seit langem unter einer krankhaften Eifersucht.

Am 25. Juni fällt das Wiener Schwurgericht das Urteil gegen Nelly Grosavescu. Sie wird von den Geschworenen einstimmig des Totschlags für schuldig befunden, aber dennoch freigesprochen, da Psychiater ihr bescheinigen, daß sie die Tat im Zustand der Sinnesverwirrung begangen hat.

Antisemitismus an den Hochschulen

8. Februar. Nach antisemitischen Ausschreitungen wird die Universität Budapest vorübergehend geschlossen.

Etwa 1000 Studenten haben sich im Hof des Universitätsgebäudes versammelt, um gegen die Ernennung zweier jüdischer Professoren mit antisemitischen Hetzflugblättern und Plakaten zu demonstrieren.

Auch in Österreich und im Deutschen Reich ist der Antisemitismus an den Hochschulen weit verbreitet. So ist z. B. nach der Satzung der österreichischen Studentenschaften die Aufnahme jüdischer Mitglieder nicht möglich (→ S. 187). Der Deutsche Akademikertag bekräftigt 1927 seine zwei Jahre zuvor aufgestellte Forderung, keine weiteren »Lehrer jüdischer Abstammung« zu berufen und für Studenten den Numerus clausus einzuführen, um der »Überfremdung der deutschen Hochschulen durch jüdische Lehrkräfte und Studierende einen Riegel vorzuschieben«.

Zuchthaus für Fremdenlegionäre

4. Februar. *Das französische Kriegsgericht in der marokkanischen Stadt Rabat verurteilt zwei deutsche Fremdenlegionäre, einen Sergeanten und einen Unteroffizier, zu je 20 Jahren Zuchthaus. Ihnen wird angelastet, bei den Kämpfen zwischen der französischen Kolonialmacht in Marokko und dem Berberstamm der Rifkabylen um Abd El Krim 1926 zu den Aufständischen übergelaufen zu sein und sich dort an militärischen Aktionen gegen Frankreich beteiligt zu haben. Die Fremdenlegion, die Kolonialtruppe Frankreichs, steht Freiwilligen aller Nationalitäten im Alter zwischen 18 und 40 Jahren offen (Abb.: Berbertruppen).*

Meisterschule für Buchdruckerkunst

1. Februar. In München wird in Anwesenheit von Reichstagspräsident Paul Löbe (SPD) die erste deutsche Meisterschule für Buchdrucker eröffnet. Die Leitung übernimmt der Graphiker Paul Renner.

In 25 Klassen bilden 34 Lehrkräfte an der Münchner Meisterschule etwa 1000 Buchdruckergesellen in drei Semestern zu Meistern und Betriebsleitern aus. An Lehrmitteln sind Hand- und Schnellpressen, Setzmaschinen und Einrichtungen für Lithographie, Stein-, Offset- und Kupferdruck sowie für Fotografie vorhanden.

Die Typographie ist ein wichtiges Betätigungsfeld für die Künstler der Neuen Sachlichkeit. Im Kampf gegen Schnörkel und Verzierungen setzt sich die Groteskschrift – anstelle der Fraktur und Antiqua – zunehmend durch. Im Extrem wird sogar auf Großbuchstaben ganz verzichtet. Das Seitenlayout ist durch asymmetrische Satzspiegel gekennzeichnet.

Neues Gebetbuch für die Anglikaner

7. Februar. Das britische Haus der Bischöfe legt das neue »Prayer Book« (Gebetsbuch) der anglikanischen Kirche vor, das in 70 Jahren Arbeit erstellt worden ist und den Ritus und die Liturgie neu festlegt. Es enthält u. a. neue Formeln, die bei der Austeilung bestimmter Sakramente, z. B. bei der kirchlichen Eheschließung, zu sprechen sind.

Bei dem Reformwerk geht es in erster Linie um die Frage, inwieweit die anglikanische Kirche eine Annäherung an das katholische Dogma vollzieht. Eine Reihe entsprechender Änderungen waren innerhalb des anglikanischen Klerus auf heftige Kritik gestoßen.

Die Bischöfe hatten sich daher in einem Kompromiß darauf geeinigt, das neue Gebetbuch dem bisher bestehenden als Ganzes einzuverleiben, eine Reihe von Formeln und Vorschriften jedoch als Zusätze aufzunehmen, so daß den Geistlichen die Anwendung – oder das Festhalten an den alten Gepflogenheiten – freigestellt ist.

Wegen der traditionell engen Verflechtung zwischen der anglikanischen Kirche und dem Staat bedarf die Einführung des neuen Gebetbuches der Zustimmung durch beide Häuser des britischen Parlaments (→ 15. 12./S. 205).

Albert Einstein hält gemeinverständliche Vorträge zur Physik

Einstein-Vortrag zur Lichttheorie

23. Februar. Albert Einstein hält in Berlin den populären Vortrag »Theoretisches und Experimentelles zur Frage der Entstehung des Lichts«. Er erläutert darin, daß die sog. Doppelnatur des Lichtes – einerseits Welle, andererseits Korpuskel – noch nicht zureichend erklärt werden könne. Einstein hat 1921 den Nobelpreis nicht für seine Relativitätstheorie, sondern für Arbeiten zur Theorie des Lichts erhalten.

Der Schweizer Pädagoge Johann Heinrich Pestalozzi (Gemälde)

Pestalozzis Werk weiterhin aktuell

17. Februar. Anläßlich des 100. Todestags von Johann Heinrich Pestalozzi hebt Georg Wolff, der Vorsitzende des Deutschen Lehrervereins, seine Bedeutung hervor: »Wir stehen heute Pestalozzi unendlich viel näher ... Das hat seinen tiefsten Grund darin, daß wir den Kampf gegen dieselben Mächte führen ...: Ein spröder Intellektualismus ... die Abkehr vom wahren Leben, die Herrschaft der Bücherwelt ...«

Filmkomiker Charlie Chaplin schreibt Aufsätze über seine Arbeit

Erfolgsrezept: Die Menschenkenntnis

27. Februar. Die »Berliner Illustrirte« veröffentlicht den Aufsatz »Menschenkenntnis: Das Geheimnis meines Erfolges – das Geheimnis jeden Erfolges« von Charlie Chaplin. Darin heißt es u. a.: »Worauf sich z. B. meine Menschenkenntnis, ... am meisten stützt, das ist ..., daß es eine ganz sichere Wirkung hat, ... einen Menschen zu zeigen, der sich in einer lächerlichen und peinlichen Situation zugleich befindet.«

Berlin feiert den Kammersänger Richard Tauber in Franz Lehárs »Zarewitsch«

16. Februar. Bei der Uraufführung der Operette »Der Zarewitsch« des österreichischen Komponisten Franz Lehár feiert Kammersänger Richard Tauber im Künstlertheater Berlin Triumphe. Besonders die von lyrischem Sentiment durchströmten großen Gesangsnummern des Zarewitsch, »Es steht ein Soldat am Wolgastrand« mit dem Abgesang »Hast du dort droben vergessen auch mich« und »Hab nur dich allein«, reißen das Publikum zu Begeisterungsstürmen in der Reichshauptstadt hin.

In der Kritik der »Vossischen Zeitung« heißt es z. B. »Das Künstlertheater hat der Neuheit eine glänzende Aufnahme bereitet, und sie entschied gewiß den Erfolg des Abends. Köstlich tenorisierte Tauber den fürstlichen Melancholikus, und wo er girren darf, bezauberte er vollends.«

Der lyrische Tenor Richard Tauber startete seine Karriere 1913 an der Dresdner Hofoper, doch erst in der Verbindung mit Lehár gelingt ihm der entscheidende Durchbruch. 1926 war es die Operette »Paganini«, die das Operettenpublikum in der Reichshauptstadt Berlin begeisterte.

»Der Zarewitsch«, Lehárs neuestes Werk, ist von einer schwermütigen Grundstimmung geprägt und greift auf slawisches Liedgut zurück; es finden sich jedoch auch Nummern mit aktuellen Tanzformen wie Onestep, Tango, Foxtrott und Valse Boston.

Diese Spanne des musikalischen Ausdrucks schlägt sich auch in der Instrumentierung nieder: Die Balalaika wird eingesetzt, aber auch das Saxophon.

Richard Tauber in der Operette »Der Zarewitsch«

Lehár, einer der erfolgreichsten Operettenkomponisten

Der Völkerbund in Drama und Roman

24. Februar. Rolf Laucknes Stück »Venus im Völkerbund. Ein Lustspiel aus der Romantik der Gegenwart«, wird an den Wiener Kammerspielen mit großem Erfolg zur Uraufführung gebracht.
In Anspielung an Ereignisse, die sich 1920 tatsächlich beim Einzug des Völkerbundes zugetragen haben – die Bürger Genfs waren gerade zu diesem Zeitpunkt über die Räumung einiger Bordelle in Streit geraten –, stellt Lauckner in seiner ebenso frivolen wie politisch scharfen Satire den Gegensatz zwischen der Würde des Völkerbundsparlaments und den Niederungen der käuflichen Liebe dar. Die aus ihren angestammten Quartieren verbannten Freudenmädchen müssen in einem Seeschloß Wohnung nehmen, in dem versehentlich auch einige Vertreter einer Großmacht untergebracht sind – so kommt es zu einigen Verwirrungen.
Lauckner ist nicht der erste, der die Konferenzen der Weltorganisation literarisch verarbeitet hat. Die britische Autorin Rose Macaulay, die als Journalistin über die erste Völkerbundsversammlung in Genf berichtet hatte, schildert in ihrem Roman »Mystery at Geneva« (»Geheimnis in Genf«) den internationalen Trubel am Rande der Konferenzen, angereichert mit Reminiszenzen an den englischen Schauerroman. Eine Reihe hochgestellter Persönlichkeiten der Genfer Bühne verschwindet auf mysteriöse Weise in den mittelalterlichen Katakomben der Stadt.
Der französischsprachige Autor Marcel Rouff, Mitarbeiter einer großen Genfer Zeitung, entwickelt in seinem Roman »Sur le Quai Wilson« (»Über dem Quai Wilson«) vor dem Hintergrund der historischen Völkerbundsversammlung von 1924, auf der das Genfer Protokoll verabschiedet worden ist, die Liebesgeschichte zwischen einem französischen Diplomaten und einer mondänen jungen Frau, die mit einer wirtschaftspolitischen Intrige die Aufnahme eines Phantasiestaates in den Völkerbund durchsetzt.
Jean de Granvilles Roman »La belle Endormeuse« (»Die schöne Zauberin« – eine bildliche Umschreibung für den Völkerbund) kommt über eine triviale Kriegs- und Spionagegeschichte nicht hinaus.

Courths-Mahlers Geburtstag

18. Februar. Die deutsche Unterhaltungsschriftstellerin Hedwig Courths-Mahler begeht den 60. Geburtstag. Die Presse nimmt dies zum Anlaß, auf das Werk der Erfolgsautorin zurückzublicken.
Die in Nebra gebürtige Courths-Mahler, die als Hausangestellte vorlesen mußte und so mit den Werken von Felix Dahn, Gustav Freytag und Eugenie Marlitt bekannt wurde, schrieb im Alter von 17 Jahren ihren ersten Roman. Seitdem hat sie weit mehr als 100 Bücher veröffentlicht und sich zur Millionärin emporgeschrieben.
Durch ihren eigenen Lebensweg kann die Courths-Mahler die ähnlich gelagerten Schicksale ihrer weiblichen Hauptfiguren glaubhaft machen. Die Heldinnen ihrer Bücher erreichen – nach der Überwindung von schweren Hindernissen – schließlich den Aufstieg in die oberen Gesellschaftsschichten und das Liebesglück; besonders begünstigt erscheinen dabei Frauen, die sich dem Mann gegenüber demütig, unterwürfig, liebevoll und opferbereit zeigen. »Emanzipierte« Frauen, die ihr Leben selbst in die Hand nehmen, werden von Courths-Mahler dagegen verächtlich dargestellt; das Glück bleibt ihnen versagt.

Die Unterhaltungsschriftstellerin Hedwig Courths-Mahler, die weit über 100 Bücher veröffentlicht hat

Die Autorin suggeriert ihren Leserinnen und Lesern, die meist dem Kleinbürgertum entstammen, daß ein sozialer Aufstieg möglich ist, sofern man nur über den passenden Charakter verfügt und sich anpassungsbereit zeigt. Courths-Mahler arbeitet täglich bis zu 16 Stunden. Auf dem Höhepunkt ihrer Produktivität – in den letzten Kriegsjahren und in der unmittelbaren Nachkriegszeit – veröffentlichte sie monatlich einen Roman.
Zu den bekanntesten Parodien auf ihre Werke gehören »Kurts Maler. Ein Lieblingsroman des deutschen Volkes« von Alfred Hein und »Courths-Mahler. Schlichte Geschichten fürs traute Heim« von Hans Reimann (beide 1922).

»Ich bin wirklich viel echter als alle meine Parodien«

Der Schriftsteller Georg Hermann veröffentlicht in der »Vossischen Zeitung« vom 18. Februar einen »Festgruß« zum Geburtstag von Hedwig Courths-Mahler, in dem es u. a. heißt:

»Ich kenne eine Menge Parodien auf Sie. Sie sind alle falsch. Sie, verehrte Frau, sind viel echter als alle Ihre Parodien. Sie haben den absoluten und reinen Mut zum Kitsch – weil Sie gar nicht fühlen, daß es Kitsch ist. Sie sind unnachahmlich – wie Rembrandt ... Aus Ihnen und Ihren papiernen Phantasien schreiben zehn Millionen Menschen, die nie außer zu einer Wäscherechnung oder einer Steuererklärung die Feder in die Hand genommen haben. Die seelisch ganz unverdorben, künstlerisch völlig unbefleckt, literarisch Kinder und reine Toren sind; wenn sie auch eine ganz geheime Tradition haben von tausend angelesenen Erinnerungen, die wie Miasmen in der Luft schweben.
Das ist das Geheimnis Ihres Erfolges, Frau Hedwig Courths-Mahler, das Ihnen niemand rauben kann. Wie jene sich das Leben denken, das sie nicht kennen, der reichen Leute, der adligen Leute ... das schreiben Sie....
Oh ... Sie sind weltenfern aller Literatur. Goethe, Keller, Fontane und all die anderen, die sie aufbauten in unermüdlicher Arbeit langer Leben ... für Sie haben sie nicht gelebt. Von zehn Ausdrücken für eine Sache kennen Sie nur den abgegriffendsten, trivialsten, eben den, den man um keinen Preis mehr sagen darf, für den die Kinder bei den Klassenaufsätzen Nachsitzen bekommen ... aber das ist ja voraussichtlich das letzte Geheimnis Ihres Welterfolges ...«

Hedwig Courths-Mahlers Antwortbrief auf diesen Festgruß von Georg Hermann ist in der »Vossischen Zeitung« vom 3. März abgedruckt. Daraus seien einige Auszüge im folgenden zitiert:

»Sehr geehrter Herr!
Im ›Genuß‹ Ihres Festgeschenkes an mich möchte ich Ihnen einige Richtigstellungen zukommen lassen ... Der Titel meines Buches heißt ›Unser Weg ging hinauf‹. Das klingt nicht ganz so dumm und gekünstelt, als ›hinan‹. Vielleicht ist es interessant für Sie, zu erfahren, daß wirklich literarische Größen, wie z. B. Clara Viebig, Hermann Bahr usw., meiner gerecht werden. Dazu gehört allerdings fester Boden unter den Füßen und etwas mehr ›Größe‹, als Sie besitzen.
... Wenn Sie zwei meiner Werke gelesen haben und noch dazu meine Erstlingswerke, glauben Sie über meine ganze Produktion orientiert zu sein. Freilich – wenn man Jettchen Gebert oder Henriette Jacoby gelesen hat, kann man sagen, man kennt Georg Hermann, denn so sehr viel mehr haben Sie nicht geschrieben. Was also haben Sie Großes geleistet, daß Sie sich so himmelhoch erhaben über die Courths-Mahler dünken? Mit einem Satz Ihres Machwerks haben Sie allerdings recht: Ich bin wirklich viel echter als alle meine Parodien. Da ist Ihnen wider Willen etwas Nettes aus der bosheitgefüllten Feder gerutscht.
... Es ist ein schlechter Ton, sich an einer wehrlosen alten Frau zu vergreifen, wenn man vorgibt, ein Mann zu sein.
Falls Sie Mut zeigen wollen, können Sie diese Entgegnung an gleicher Stelle publizieren lassen, an der Ihr Artikel gegen mich stand – aber, bitte, ungekürzt. Damit könnten Sie mir ›vielleicht‹ imponieren ...«

Oper/Operette 1927:

Jazz, Tanzrhythmen und auch Volksmusik

Das Opernleben des Jahres 1927 ist durch eine außerordentliche Vielfalt geprägt; die Komponisten greifen auf musikalische Mittel zurück, die außerhalb der Kunstform Oper entwickelt worden sind, vielfach mit dem Anspruch, das Musiktheater breiteren Publikumsschichten zu öffnen. Die Kreativität der modernen Opernkomponisten zeigt sich so am produktiven Umgang mit vorgegebenem Material.

Ein Paradebeispiel für diesen Trend ist die Oper »Jonny spielt auf« von dem österreichischen Komponisten Ernst Křenek, die am 10. Februar in Leipzig uraufgeführt wird. Das Libretto stammt ebenfalls von Křenek. Eine Textstelle aus der Oper enthält sein Programm: »So spielt uns Jonny auf zum Tanz. Es kommt die Neue Welt übers Meer gefahren mit Glanz und erbt das alte Europa durch den Tanz.«

Mit Jazzrhythmen und modernen Tanzformen wie Shimmy, Charleston, Blues und Foxtrott greift Křeneks Oper die Amerikabegeisterung, die Mitte der 20er Jahre unter den europäischen Intellektuellen weit verbreitet ist, auf.

Auch Kurt Weills Oper in einem Akt, »Royal Palace«, reagiert auf den Zeitgeist. Das Libretto dieser »tragischen Revue« (diese Charakterisierung stammt vom Komponisten) des Dada-Künstlers Yvan Goll, beschreibt die Lebenskrise einer Frau, deren Liebe nicht erwidert wird. Allerdings können Kurt Weills kompositorische Mittel, die Elemente aus Oper, Operette, Revue und musikalischer Stummfilmbegleitung miteinander zu verbinden suchen, die Kritiker nicht überzeugen. Das Amüsement erscheint flüchtig, und obwohl die Oper insgesamt nur 50 Minuten lang ist, wirkt sie langweilig.

Der französische Komponist Darius Milhaud verarbeitete in seinen bisherigen Werken ebenfalls Jazzelemente und südamerikanische Rhythmen. In seiner Oper »Der arme Matrose« (Libretto: Jean Cocteau), die am 12. Dezember 1927 in Paris uraufgeführt wird, erweist sich seine Anpassungsfähigkeit an vielschichtige musikalische Formen in beredter Weise. Der Handlung – eine seit Jahren auf ihren Geliebten wartende Frau erschlägt, einer Täuschung erliegend, diesen, als er endlich zurückkommt – und dem Schauplatz – eine Hafenstadt – entsprechend gestaltet Darius Milhaud mit gewollter Primivität der Melodik die Musik im Sinne einer bänkelhaften Moritat.

Szenenfoto aus der Erfolgsoper des Jahres 1927, »Jonny spielt auf« von dem österreichischen Komponisten Ernst Křenek

In der Oper »Sly oder Die Legende vom wiedererweckten Schläfer« von dem deutsch-italienischen Komponisten Ermanno Wolf-Ferrari (Uraufführung am 29. 12. 1927 in Mailand) spiegelt der musikalische Ausdruck – ebenfalls im Bänkelton – die szenische Entwicklung wider. Die Handlung der Oper (das Libretto hatte Giovacchino Forzano ursprünglich für Giacomo Puccini verfaßt, der jedoch dem »Turandot«-Stoff den Vorzug gab) spielt im Jahre 1603, die männliche Hauptrolle trägt – chronologisch nicht ganz passend – Züge des französischen Dichters François Villon (1431–1461). Die Musik Wolf-Ferraris, der das Opernpublikum bisher durch an der Opera buffa geschulte Leichtigkeit begeisterte, weist hier tragische Züge auf, immer wieder unterbrochen durch eine fast derbe Fröhlichkeit. Die Orchestrierung ist leuchtend und farbig.

»Schwanda, der Dudelsackpfeifer« von dem tschechischen Komponisten Jaromir Weinberger (Uraufführung am 27. 4. in Prag) ist ganz im Volkston gehalten.

Der Komponist verarbeitet in dieser Volksoper souverän Melodien und Tanzweisen aus seiner böhmischen Heimat.

Szene aus der einaktigen Oper »Royal Palace« von Kurt Weill, v. l. Delia Reinhardt, Carl Jöken, Leo Schützendorf und Leonhard Kern

Darius Milhauds Oper »Der arme Matrose« wird 1927 uraufgeführt

Arthur Honegger verkörpert die moderne Musik aus der Schweiz

Maria Jeritza in der Puccini-Oper »Turandot«, 1927 in London

Ludwig Hofmann als »Jonny« in der Berliner Aufführung der Oper

Hella Kürty in der Operette »Nur du« von Walter Kollo

Sonja Henies umstrittener Sieg

20. Februar. Die erst 15jährige Norwegerin Sonja Henie gewinnt in Oslo erstmals die Weltmeisterschaften im Eiskunstlauf der Damen. Sie verweist die Österreicherin Herma Jaros-Szábo, die sechsmal in direkter Folge diesen Titel gewonnen hat und – zusammen mit ihrem Partner Ludwig Wrede – am → 23. Januar (S. 30) Weltmeisterin im Paarlauf geworden ist, auf Rang zwei. Dritte wird die Norwegerin Brit Simmensen vor der Deutschen Meisterin Ellen Brockhöft. Es nehmen lediglich diese vier Damen teil.

Beim Pflichtlaufen halten sich die Leistungen der Konkurrentinnen Jaros-Szábo und Henie etwa die Waage, und auch in der Kür kann die kleine Norwegerin nicht restlos überzeugen, während Jaros-Szábo ihr – allerdings nicht allzu schweres – Programm mit vollendeter Sicherheit vorträgt.

Die Entscheidung der Preisrichter fällt denkbar knapp aus: Sonja Henie erhält mit Platzziffer 7 und 369,576 Punkten den Titel zugesprochen, Herma Jaros-Szábo wird mit Platzziffer 8 und 364,540 Punkten zweite; ebenso gering ist der Unterschied in der Bewertung der Dritt- und Viertplazierten: Simmensen erhält Platzziffer 17 und 301,25 Punkte, sie erreicht damit den dritten Platz, Brockhöft liegt mit Platzziffer 18 und 295,15 Punkten nur knapp dahinter.

Wegen der Besetzung des Preisgerichts, in dem sich die Norweger die Majorität gesichert haben, wird die Entscheidung in Oslo von der internationalen Presse scharf kritisiert. Der österreichische Preisrichter legt – vergeblich – gegen die Entscheidung Protest ein.

Die Norweger hatten zunächst vier einheimische Preisrichter und einen Österreicher in die Jury berufen; dem deutschen Preisrichter, der Frau Brockhöft nach Oslo begleitet hatte, war mitgeteilt worden, daß seine Anmeldung zu spät erfolgt sei. Nach einem Protest von Frau Jaros-Szábo beim Präsidenten des Internationalen Eislaufverbandes, dem Schweden Ulrich Salchow, wurden sowohl der deutsche Preisrichter wie ein schwedischer zugelassen, die Norweger stockten jedoch nun die Zahl der Preisrichter auf sieben auf und stellten mit vieren weiterhin die Mehrheit.

Kein fair play bei der Eislauf-WM

Der deutsche Sportjournalist Willy Meisl schreibt in einem Kommentar zu den Vorgängen in Oslo:

»Man kann die Situation in ihrer ganzen entmutigenden Traurigkeit in einer ebenso einfachen und prägnanten wie bedauerlichen Formel zusammenfassen: In Wien gewinnt Frau Jaros-Szábo, in Oslo gewinnt Fräulein Sonja Henie . . . Es ist jammerschade um Sonja, die, wäre ihr beispielsweise nächstes Jahr bei den Olympischen Winterspielen ein *echter* Triumph geglückt, die Sportwelt in heller Begeisterung hinter sich gehabt . . . Falsche Hilfe, kein fair play, peinliche Folgen.«

Sonja Henie, bei den Olympischen Winterspielen 1924 in Chamonix noch auf dem achten Platz, gelingt der Sprung an die Weltspitze

Die neue Weltmeisterin Sonja Henie mit den Trophäen, die sie bisher als Eiskunstläuferin gewonnen hat

März 1927

Mo	Di	Mi	Do	Fr	Sa	So
	1	2	3	4	5	6
7	8	9	10	11	12	13
14	15	16	17	18	19	20
21	22	23	24	25	26	27
28	29	30	31			

1. März, Dienstag

In Paris werden die Verhandlungen über den Abschluß eines deutsch-französischen Handelsvertrags wiederaufgenommen (→ 17. 8./S. 140).

Der mehr als 160 Jahre alte Grenzstreit zwischen Kanada und Neufundland um ein 160 Quadratmeilen großes Gebiet wird durch das Richterkollegium des britischen Oberhauses zugunsten von Neufundland entschieden.

Pio Rómeo Bosque, der am 10. Januar zum Präsidenten von El Salvador gewählt worden ist, tritt sein Amt an. Er leitet eine begrenzte Liberalisierung und Reformen in dem mittelamerikanischen Staat ein.

Bei einem Bergwerksunglück bei Monmouth in Wales werden 62 Bergleute verschüttet. 51 Grubenarbeiter sterben, die anderen können gerettet werden. → S. 58

Der Leiter des deutschen Wetterdienstes, Willi König, erklärt in einer Presseveröffentlichung, daß die milden Winter der vergangenen Jahre nicht auf eine langfristige Klimaveränderung hindeuten. → S. 58

2. März, Mittwoch

In Essen wird der XI. Parteitag der KPD eröffnet (bis 7. 3.). Der Parteivorsitzende Ernst Thälmann erklärt, der schärfste Kampf der Kommunisten müsse den linken Sozialdemokraten gelten.

US-Präsident Calvin Coolidge unterzeichnet in Washington eine Marinevorlage und bewilligt damit Gelder in Höhe von 450 000 US-Dollar (umgerechnet 1,89 Millionen RM) für den Bau dreier Kreuzer.

Das Königreich der Serben, Kroaten und Slowenen (heute Jugoslawien) vollzieht die diplomatische Anerkennung der Sowjetunion.

Im Großen Schauspielhaus Berlin hat die Eric-Charell-Revue »Wie einst im Mai« (Text: Rudolf Bernauer und Rudolph Schanzer, Musik: Walter Kollo und Willy Bredschneider) Premiere. → S. 59

In der Berliner Staatsoper am Platz der Republik (Krolloper) wird die Oper »Royal Palace« von Kurt Weill uraufgeführt. Anschließend wird Manuel de Fallas Oper »Meister Pedros Puppenspiel« gezeigt.

3. März, Donnerstag

Das britische Unterhaus debattiert über die Beziehungen zur Sowjetunion. Außenminister Joseph Austen Chamberlain zieht einen Abbruch der diplomatischen Beziehungen zur Sowjetunion in Betracht. → S. 53

Das Dorf Bisinchi auf der Insel Korsika wird durch einen Erdrutsch völlig verschüttet.

Der britische Automobilrennfahrer J. G. Parry Thomas verunglückt bei dem Versuch, auf Pendine Sands den Geschwindigkeits-Weltrekord zu brechen, tödlich (→ 29. 3./S. 61).

4. März, Freitag

Auf einer Kundgebung in Berlin bezeichnet der deutsche Reichskanzler Wilhelm Marx die These von der Kriegsschuld Deutschlands als Lüge (18. 9./S. 150).

Anläßlich der Etatberatung der Stadt Köln erklärt der Kölner Oberbürgermeister Konrad Adenauer (Zentrum), die wirtschaftliche Stärkung der Provinzstädte sei durch die »ungeheure Konzentrationssucht« auf die Reichshauptstadt Berlin gefährdet. → S. 55

Josef W. Stalin, der Generalsekretär der Kommunistischen Partei der Sowjetunion (KPdSU), führt in einer Rede in Moskau aus, daß er einen baldigen Krieg für ausgeschlossen, einen Abbruch der diplomatischen Beziehungen zu Großbritannien für »unwahrscheinlich« halte (→ 3. 3./S. 53).

Die Kabelverbindung zwischen dem Nordseehafen Emden und New York wird eingeweiht. Es ist das erste deutsch-amerikanische Überseekabel nach dem Weltkrieg. → S. 57

In Berlin wird der Film »Die Lady ohne Schleier« mit Lil Dagover und Gösta Ekman (Regie: Gustaf Molander) uraufgeführt. Es ist Lil Dagovers letzter Film, bevor sie ein Engagement in den USA antritt.

In Berlin findet die Uraufführung des Filmlustspiels »Der Juxbaron« von Willi Wolf mit Marlene Dietrich und Trude Hesterberg statt.

5. März, Sonnabend

In Bayern wird das Redeverbot für Adolf Hitler, den Führer der NSDAP, aufgehoben (→ 6./9. 3./S. 54).

Der britische Außenminister Joseph Austen Chamberlain trifft zu Gesprächen mit seinem französischen Amtskollegen Aristide Briand in Paris ein. Die beiden Politiker reisen gemeinsam zur Sitzung des Völkerbundsrats nach Genf (→ 12. 3./S. 52).

6. März, Sonntag

Adolf Hitler spricht erstmals seit mehr als zwei Jahren wieder auf einer öffentlichen Versammlung in Bayern. Das Thema seiner Rede in Vilsburg lautet »Zukunft oder Untergang«. Am 9. März folgt ein öffentlicher Auftritt Hitlers im Zirkus Krone in München. → S. 54

In einem Gespräch mit seinem britischen Amtskollegen Joseph Austen Chamberlain erläutert Reichsaußenminister Gustav Stresemann, daß 85% der Deutschen hinter seiner Verständigungspolitik stünden.

7. März, Montag

In Genf wird die Frühjahrssitzung des Völkerbundsrats eröffnet. Den Vorsitz führt erstmals der deutsche Außenminister Gustav Stresemann (→ 12. 3./S. 52).

Die Deputiertenkammer des französischen Parlaments billigt mit 500 gegen 31 (kommunistische) Stimmen die Regierungsvorlage zur Heeresreform, in der u. a. jeder Franzose, gleich welchen Alters oder Geschlechts, zur Landesverteidigung verpflichtet wird.

Bei einem Erdbeben auf der japanischen Insel Tango kommen rd. 3500 Menschen ums Leben, drei Städte werden vollständig zerstört. → S. 58

8. März, Dienstag

Der Völkerbundsrat in Genf behandelt die Frage der deutschen Minderheitsschulen im (polnischen) Oberschlesien. Die polnische Regierung vertritt die Ansicht, daß die Schulpolitik nicht dazu beitragen dürfe, die deutsche Minderheit in dem Gebiet zu vermehren (→ 12. 3./S. 52).

Der Vertreter Italiens beim Völkerbund, Vittorio Scialoja, gibt in Genf die Ratifizierung des Vertrags über Bessarabien von 1920 bekannt. Das Gebiet war in dem zwischen Frankreich, Großbritannien, Italien und Japan auf der einen und Rumänien auf der anderen Seite abgeschlossenen Vertrag als zu Rumänien gehörig anerkannt worden. → S. 53

Die italienische Zeitung »Tribuna« veröffentlicht die zehn Gebote für den faschistischen Milizsoldaten. Das achte Gebot lautet »Mussolini hat immer recht«. → S. 53

9. März, Mittwoch

Reichsaußenminister Gustav Stresemann und der polnische Außenminister August Zaleski treffen am Rande der Völkerbundsratstagung in Genf zusammen, um Möglichkeiten zur Wiederaufnahme der deutsch-polnischen Handelsvertragsverhandlungen zu erörtern (→ 12. 2./S. 40).

Der »Berliner Börsen-Courier« veröffentlicht einen Aufruf des Schriftstellers und Drehbuchautors Béla Balázs: »Bitte, Mr. Chaplin, kommen Sie nach Europa!«

10. März, Donnerstag

Reichsaußenminister Gustav Stresemann bestätigt in Genf Meldungen, daß die Reichsregierung eine Demarche an die Hauptmächte des Versailler Friedensvertrags vorbereite, in der die völlige Räumung des Rheinlands von Besatzungstruppen beantragt werde (→ 17. 4./S. 69).

Wegen eines angeblich geplanten Einfalls von Truppen des Königreichs der Serben, Kroaten und Slowenen (heute Jugoslawien) macht Albanien mobil (→ 22. 11./S. 185).

Erstmals in der Geschichte eines moslemischen Staates wird in Istanbul (Türkei) die Ehe einer moslemischen Frau mit einem Nicht-Moslem per Aufgebot öffentlich angekündigt. Grundlage ist das Bürgerliche Gesetzbuch der Türkei, das am 4. Oktober 1926 in Kraft getreten ist und das islamische Mischehenverbot aufgehoben hat.

11. März, Freitag

In Berlin wird der Prozeß gegen vier Angeklagte der Schwarzen Reichswehr wegen Fememordes eröffnet (→ 26./31. 3./S. 55).

Das Reichsbanner Schwarz-Rot-Gold, die der SPD nahestehende Kampforganisation, veranstaltet in Hamburg einen »Großdeutschen Abend«, auf dem die Forderung nach einem »Anschluß« Österreichs an das Deutsche Reich unter Wahrung der republikanischen Staatsform aufgestellt wird (→ 14. 11./S. 183).

Die Sowjetunion und die Türkei schließen in Ankara einen Vertrag über Handel und Schiffahrt.

Im Gloria-Palast in Berlin wird der Film »Der Boxer« von und mit Buster Keaton in deutscher Erstaufführung gezeigt.

Der deutsche Schwimmer Erich »Ete« Rademacher stellt bei einem Schwimmfest in Brüssel mit 2:48,0 min einen neuen Weltrekord über 200 m Brust auf.

12. März, Sonnabend

Die Leipziger Frühjahrsmesse, die nach sechstägiger Dauer zu Ende geht, steht im Zeichen wirtschaftlichen Aufschwungs. → S. 57

Die Frühjahrssitzung des Völkerbundsrats in Genf geht zu Ende. Der Vorschlag der Regierungskommission des Völkerbunds im Saarland, eine international zusammengesetzte Eisenbahntruppe von maximal 800 Mann aufzustellen, wird nach einem heftigen Rededuell zwischen dem französischen Außenminister Aristide Briand und dem deutschen Außenminister Gustav Stresemann angenommen. → S. 52

13. März, Sonntag

Anläßlich des Volkstrauertags zum Gedenken an die Opfer des Weltkriegs veröffentlicht die »Vossische Zeitung« in Berlin eine Zukunftsvision über den Volkstrauertag im Jahr 1939. → S. 55

Bei einem Grubenunglück im oberschlesischen Kattowitz kommen sechs Bergleute ums Leben.

Der Dampfer »New York«, das neueste Schiff der Hamburg-Amerika-Linie, läuft zu einer Probefahrt in die Nordsee aus. Die »New York« ist das vierte Schiff der Albert-Ballin-Klasse der Reederei Hapag.

Eine Karikatur auf die Sitten der Reichen auf dem Titelblatt der »Fliegenden Blätter« vom 18. März 1927

März 1927

Den Wasalauf, einen Skilanglauf über 90 km von Sälen nach Mora (Mittelschweden), gewinnt der Schwede Konrad Petterson in 6:19:32 h. Insgesamt sind 88 Läufer gestartet, 60 erreichen das Ziel.

14. März, Montag

Anläßlich der zweiten Lesung des Haushaltsplans des Wirtschaftsministeriums kommt es im Reichstag zu einer Grundsatzdebatte über Möglichkeiten zur Überwindung der Wirtschaftskrise (→12. 3./S. 57).

Vier preußische Freimaurerlogen dementieren Pressemeldungen von einer bevorstehenden Zusammenkunft mit französischen Logen. Solange »auf Deutschland noch die Kriegsschuldlüge laste und deutsches Gebiet noch vom Feinde besetzt gehalten werde«, komme ein solches Treffen nicht in Frage.

Der Generaldirektor der Hamburg-Amerika-Linie, Wilhelm Cuno, gibt beim deutschen Seeschiffahrtstag in Berlin die Handelsflottenstärke des Deutschen Reichs mit 3,2 Millionen Bruttoregistertonnen an. →S. 58

15. März, Dienstag

Unterhalb der Dnjepr-Stromschnellen wird mit dem Bau des größten Wasserkraftwerks der Sowjetunion begonnen, an dem u. a. die deutsche Siemens AG beteiligt ist. Die Anlage wird nach mehr als fünfjähriger Bauzeit 1932 eröffnet.

Das Chen-O'Malley-Abkommen tritt in Kraft. Damit werden die britischen Konzessionen in den chinesischen Städten Hankau und Kiukiang für aufgelöst erklärt (→27. 1./S. 18).

Im Ufa-Palast am Zoo in Berlin hat der Film »Die Csárdásfürstin« nach der Operette von Emmerich Kálmán Premiere.

16. März, Mittwoch

Im Reichsverkehrsministerium wird ein Ausschuß für die Normung und Prüfung von Straßenbaustoffen gegründet.

In der Berliner Secession wird eine Ausstellung eröffnet, die der Darstellung des Sports in der modernen Malerei gewidmet ist (bis 24. 4.).

17. März, Donnerstag

König Christian X. und Königin Alexandrine von Dänemark statten Reichspräsident Paul von Hindenburg in Berlin einen Höflichkeitsbesuch ab.

Die US-Regierung spricht sich in einer Note an den Völkerbund gegen eine internationale Kontrolle von Abrüstungsbemühungen einzelner Staaten aus.

Auf der Tagung des Exekutivkomitees (seit 10. 3.) der Kuomintang-Partei wird Chiang Kai-shek von Posten des Vorsitzenden abgewählt, bleibt jedoch Oberbefehlshaber der Kuomintang-Truppen (→24. 3./S. 53).

18. März, Freitag

In einer Grundsatzrede vor dem Reichstag beklagt der Abgeordnete der Deutschen Demokratischen Partei (DDP), Theodor Heuss, das Fehlen eines allgemeinverbindlichen Bildungsideals. →S. 56

In Zürich findet die Uraufführung des faschistischen Propagandafilms »Il Duce« statt.

19. März, Sonnabend

Die Deutsche Volkspartei (DVP) veranstaltet in Hannover eine Gedenkfeier zum 60jährigen Bestehen einer nationalliberalen Partei.

20. März, Sonntag

Auf dem Bahnhof Lichterfelde-Ost in Berlin kommt es zu Zusammenstößen zwischen Anhängern von KPD und NSDAP. →S. 54

Die Sowjetunion, die selbst Anspruch auf Bessarabien erhebt, protestiert gegen die Ratifikation des Bessarabien-Vertrags, der das Gebiet Rumänien garantiert, durch das italienische Parlament (→8. 3./S. 53).

Die Raab-Katzenstein Flugzeugwerke führen den Motorschlepp für Segelflugzeuge ein, mit dem die Beförderungszahlen gesteigert und die Wirtschaftlichkeit des Flugverkehrs erhöht werden sollen.

21. März, Montag

Die Vorbereitende Abrüstungskonferenz des Völkerbundes tritt in Genf zusammen. Das Gremium beendet seine Beratungen am 26. April, ohne zu einer Beschlußfassung gelangt zu sein. →S. 52

Bei ihrem Nordfeldzug besetzen die Truppen der Kantonregierung unter Chiang Kai-shek die Stadt Schanghai, am 24. März auch die Stadt Nanking (→24. 3./S. 53).

Die Deutsche Lufthansa AG nimmt den Flugverkehr auf der Strecke Berlin–Dresden–Prag–Wien auf.

22. März, Dienstag

Das Reichsgericht in Leipzig verurteilt den kommunistischen Redakteur Georg Schwarz als Herausgeber der Broschüre »Rotfront an der Ruhr« wegen Vorbereitung zum Hochverrat zu sechs Monaten Festungshaft und 50 Reichsmark Geldstrafe (→S. 39).

In Gießen wird der Femeprozeß gegen Leutnant Ernst von Salomon und zwei weitere Angeklagte wegen eines Mordversuchs an Oberleutnant Erwin Wagner im Jahre 1922 eröffnet (→26./31. 3./S. 55).

Im Propyläen Verlag erscheint »Die Hauspostille«, eine Sammlung von Gedichten Bertolt Brechts.

23. März, Mittwoch

Der preußische Ministerpräsident Otto Braun (SPD) fordert Reichskanzler Wilhelm Marx (Zentrum) auf, für eine Verlängerung des Republikschutzgesetzes, das am 21. Juli 1927 ausläuft, Sorge zu tragen. Braun weist auf Gerüchte über eine bevorstehende Rückkehr von Ex-Kaiser Wilhelm II. ins Deutsche Reich hin, die mit dem Republikschutzgesetz untersagt werden kann. →S. 57

In der Berliner Volksbühne wird das Stück »Gewitter über Gotland« von Ehm Welk uraufgeführt. Wegen der politischen Tendenz der Inszenierung von Erwin Piscator kommt es zu einer Spaltung innerhalb der Volksbühne. →S. 60

Das New Yorker Schach-Meisterturnier gewinnt der Kubaner José Raúl Capablanca y Graupera.

24. März, Donnerstag

Die Länder Preußen, Braunschweig, Sachsen und Anhalt protestieren gegen die Streichung von 20 Millionen Reichsmark für den Weiterbau des Mittellandkanals.

In der Berliner Stadtverordnetenversammlung kommt es bei einem Disput über den Überfall von Nationalsozialisten auf Kommunisten in Lichterfelde zu tumultartigen Szenen (→19. 3./S. 54).

Mit einer Gegenstimme billigt das Parlament des Königreichs der Serben, Kroaten und Slowenen (heute Jugoslawien) den Heeresetat 1927, der 20,4% der gesamten Staatsausgaben ausmacht.

25. März, Freitag

Gewinner des Grand-National-Hindernisrennens in Aintree ist Sprig mit Jockei Ted Leader.

26. März, Sonnabend

Vier Angehörige der Schwarzen Reichswehr werden in Berlin wegen Mordes bzw. Anstiftung zum Mord zum Tode verurteilt. →S. 55

In Wilhelmshaven läuft der Kreuzer »Königsberg« vom Stapel.

Im Deutschen Reich und in Österreich finden Gedenkveranstaltungen aus Anlaß des 100. Todestags des Komponisten Ludwig van Beethoven statt. →S. 60

Der Politiker Alfred Hugenberg (DNVP) erwirbt Aktien der Universum-Film AG (Ufa) im Wert von 15 Millionen Reichsmark und sichert sich damit die Vorherrschaft in dem Filmkonzern. →S. 60

Das preußische Kultusministerium erläßt Richtlinien zur Reform der Schulmusikerziehung. Künftig soll an den Schulen nicht mehr »Gesang«, sondern das Fach »Musik« unterrichtet werden.

27. März, Sonntag

Die Frankfurter Frühjahrsmesse wird eröffnet (bis 31. 3.). Die Sonderausstellungen »Die neue Wohnung und ihr Innenausbau« und »Der neuzeitliche Haushalt«, in denen bekannte Innenarchitekten Beispiele des modernen Möbeldesign präsentieren, dauern bis zum 10. April.

Der Berliner Magistrat beschließt die Einrichtung eines Abendgymnasiums.

28. März, Montag

Vor dem Wiener Schöffengericht beginnt der Prozeß gegen den Erfinder Emil Marek, der beschuldigt wird, sich selbst ein Bein abgeschlagen zu haben, um eine Versicherungsprämie in Höhe von 100 000 US-Dollar (umgerechnet rund 420 000 RM) zu erschwindeln. →S. 58

Die Hamburg-Amerika-Linie beschließt erstmals seit dem Weltkrieg wieder die Zahlung einer Dividende in Höhe von 6% (→14. 3./S. 58).

29. März, Dienstag

Der Schriftsteller Walter von Molo, einer der schärfsten Kritiker des im Dezember 1926 verabschiedeten Gesetzes zum Schutz der Jugend vor Schmutz und Schund, wird als Zensor in die Oberprüfstelle berufen.

Der britische Automobilrennfahrer Major Henry O'Neal de Hane Segrave stellt am Strand von Florida einen neuen Geschwindigkeitsweltrekord auf. →S. 61

30. März, Mittwoch

Der Dramatiker Ernst Toller, der Schriftsteller Kurt Tucholsky und die Regisseure Erwin Piscator und Leopold Jessner kritisieren die unpolitische Haltung der Volksbühne in einer Versammlung im Berliner Herrenhaus zur neuesten Piscator-Inszenierung (→23. 3./S. 60).

Im Weimarer Nationaltheater findet die Uraufführung des Dramas »Thomas Paine« von dem völkischen Schriftsteller Hanns Johst statt.

31. März, Donnerstag

Im Gießener Femeprozeß werden die Urteile gefällt. →S. 55

Geboren:

1. New York: Harry Belafonte, US-amerikanischer Sänger und Schauspieler.

10. Würselen bei Aachen: Jupp Derwall (eigentl. Josef Derwall), deutscher Fußballspieler und -trainer.

10. Eberswalde bei Berlin: Paul Wunderlich, deutscher Maler.

11. Stuttgart: Joachim Fuchsberger, deutscher Fernsehunterhalter und Filmschauspieler.

12. Chascomus: Raúl Alfonsín, argentinischer Politiker.

21. Reideburg bei Halle: Hans-Dietrich Genscher, deutscher Politiker.

24. Wasserburg am Bodensee: Martin Walser, deutscher Schriftsteller.

27. Baku: Mstislaw L. Rostropowitsch, russischer Cellist.

Die Pariser Zeitschrift »L'Illustration« vom 19. März 1927 mit einem Bildbericht über die Begräbnisfeierlichkeiten für Kaiser Joschihito von Japan

Dans ce numéro, LA PETITE ILLUSTRATION contenant la dernière partie de : LES AMANTS DU LAC, par Albéric Cahuet, avec la célèbre mélodie de Niedermeyer.

L'ILLUSTRATION

RENÉ BASCHET, directeur

SAMEDI 19 MARS 1927

85e Année. — N° 4385.

Gaston SORBETS, rédacteur en chef.

LE JAPON EN DEUIL : LE PEUPLE EN PRIÈRES DEVANT LE MAUSOLÉE DE L'EMPEREUR DÉFUNT

Chaque jour, des milliers de sujets viennent en pèlerinage devant la colline funèbre au sommet de laquelle s'élève le petit temple où repose le corps.

Voir l'article et les autres photographies, pages 278 et 279.

Völkerbundsratssitzung unter Vorsitz von Gustav Stresemann (M., sitzend), l. daneben Aristide Briand

Tagung unter deutschem Vorsitz

12. März. In Genf geht nach sechstägiger Dauer die 44. Tagung des Völkerbundsrats zu Ende, die erstmals unter deutscher Leitung steht. Vorsitzender ist Außenminister Gustav Stresemann.

Mit dem Beitritt in den Völkerbund am 8. September 1926 hat das Deutsche Reich zugleich einen ständigen Sitz im Völkerbundsrat erhalten und ist damit als Großmacht anerkannt worden. Weitere ständige Mitglieder sind Großbritannien, Frankreich, Italien und Japan.

Auf der Ratstagung werden zwei Komplexe behandelt:

▷ In der Frage der Schulen für Angehörige der deutschen Minderheit in den polnischen Gebieten Oberschlesiens wird der deutsche Rechtsstandpunkt, daß allein die Erklärung der Eltern über die Deutschsprachigkeit ihrer Kinder genüge, um ihre Aufnahme in eine deutschsprachige Schule zu begründen, zwar nicht generell bestätigt, im konkreten Fall jedoch danach entschieden (→ 10. 1./S. 19)

▷ Beim Problem der Besatzungstruppen im Saargebiet fällt der Völkerbundsrat folgende Entscheidung: Die alliierten Besatzungssoldaten werden abgezogen und innerhalb von drei Monaten durch einen internationalen Bahnschutz ersetzt, dessen Höchststärke auf 800 Mann festgesetzt wird.

Das Saargebiet, etwa 2000 km² groß und von 800 000 Einwohnern bewohnt, ist 1920, nachdem französische Annexionsversuche am US-amerikanischen und britischen Widerstand gescheitert waren, nach den Bestimmungen des Versailler Friedensvertrags der Verwaltung des Völkerbundes treuhänderisch unterstellt worden mit der Aussicht, 1935 eine Volksabstimmung über die endgültige Zugehörigkeit des Gebietes zum Deutschen Reich oder zu Frankreich durchzuführen. Die deutsche Regierung strebt eine Vorverlegung dieser Volksabstimmung an (→ 17. 6./S. 102).

Gegensatz in der Abrüstungsfrage

21. März. Die Vorbereitende Abrüstungskommission des Völkerbundes kommt in Genf zur dritten Tagung zusammen. Die Kommission ist am 12. Dezember 1925 vom Völkerbundsrat beschlossen worden. Ihr gehören neben zahlreichen europäischen Völkerbundsstaaten die Vereinigten Staaten als Nicht-Völkerbundmitglied an (→ 30. 11./S. 182).

Die Tagung endet am 26. April mit einem Mißerfolg, da die Gegensätze der beteiligten Großmächte direkt aufeinanderprallen:

▷ Das Deutsche Reich will unter der Parole der »Rüstungsnivellierung« eine Revision des Versailler Vertrages, der allein die unterlegenen Mächte des Weltkriegs zur Abrüstung zwingt, erreichen. Die Abrüstung anderer Staaten soll mit deutschen Wiederaufrüstungsschritten einhergehen

▷ Frankreich und Großbritannien ist im Gegensatz dazu an einer Sicherung des bestehenden Zustands gelegen. Sie schlagen daher eine Rüstungsbegrenzung auf dem gegenwärtigen Stand vor

Nicht der Abbau der bestehenden Gewaltstrukturen durch politische oder schiedsgerichtliche Einigung in Streitfragen, sondern die Sicherung der eigenen nationalen Position steht – auch wenn von Abrüstung die Rede ist – im Vordergrund.

Die Geschichte des Völkerbunds

Der Völkerbund ist am 15. November 1920 erstmals zu einer Versammlung in Genf zusammengekommen. Die Gründung der internationalen Friedensorganisation geht auf Ideen der Haager Friedenskonferenzen von 1898 und 1907, auf denen Abkommen über die friedliche Regelung internationaler Streitfälle und über Gesetze und Gebräuche des Landkriegs geschlossen worden waren, zurück. Der US-amerikanische Präsident Thomas Woodrow Wilson hatte am 8. Januar 1918, im letzten Jahr des Weltkriegs, in einem 14-Punkte-Friedensplan die »Errichtung einer allgemeinen Gesellschaft der Nationen zur Gewährung der politischen Unabhängigkeit und der territorialen Integrität der Staaten« gefordert.

Nach dem Weltkrieg wurde die Völkerbundsakte als Bestandteil der Pariser Vorortverträge, die von den Siegermächten mit den unterlegenen Staaten geschlossen wurden, am 28. April 1919 verabschiedet.

Zunächst waren allein die 32 Siegermächte des Weltkriegs sowie 13 neutrale Staaten Mitglied des Völkerbundes. Weitere Länder konnten mit Zweidrittelmehrheit von der Völkerbundsversammlung aufgenommen werden. 1926 erfolgte der Beitritt des Deutschen Reichs. Der Entschluß der USA, dem Völkerbund nicht beizutreten, setzte das Ansehen und die Handlungsfähigkeit der Organisation von vornherein herab.

Die Mitgliedsstaaten des Völkerbundes verpflichteten sich u. a. zur Ausarbeitung eines Abrüstungsplans (→ 21. 3./S. 52) und dazu, Sanktionen gegen Länder zu erlassen, die einen anderen Staat des Völkerbundes kriegerisch angreifen. Ferner wurde ein Schiedsgerichtsverfahren für die Beilegung von Streitigkeiten vereinbart.

Die obersten Organe des Völkerbundes sind die Völkerbundsversammlung (→ S. 151), der Völkerbundsrat (→ 12. 3./S. 52) und das Generalsekretariat.

Auseinandersetzungen zwischen den Bürgerkriegsparteien von Chiang Kai-shek und Sun Chuang-fang

Am 21. März nehmen die Kuomintang Schanghai ein und zerstören die Gebäude ausländischer Konzessionen

Panik unter Ausländern in China

24. März. Bei der Eroberung der chinesischen Stadt Nanking durch Truppen der nationalrevolutionären Kuomintang-Armee unter Chiang Kai-shek kommt es zu Ausschreitungen. Die Gebäude der ausländischen Konsulate und Firmen werden zerstört (→ 12. 4./S. 66).

Unter der ausländischen Bevölkerung in Nanking bricht, nachdem es einige Todesopfer gegeben hat, eine Panik aus. Britische und US-amerikanische Kanonenboote auf dem Jangtsekiang-Fluß eröffnen das Feuer; nach chinesischen Angaben werden 100 Chinesen dabei getötet; die westliche Presse spricht von lediglich sechs Toten.

Als Urheber für die Übergriffe gegen ausländische Einrichtungen in Nanking werden einerseits die disziplinlos flüchtenden Soldaten des bisher Nanking beherrschenden Kriegsherren Sun Chuang-fang, zum anderen jedoch die Kommunisten genannt. Sie sollen – so die Behauptung Chiangs – die Ausschreitungen gezielt durchgeführt haben, um die Annäherung der Kuomintang an die Westmächte zu torpedieren.

Italiens verspätete Garantien

8. März. Der italienische Vertreter beim Völkerbund, Vittorio Scialoja, erklärt auf einer Pressekonferenz in Genf, daß sich die Regierung Italiens entschlossen habe, den Vertrag über Bessarabien zu ratifizieren. Die Ratifikation durch das – faschistisch beherrschte – Parlament in Rom erfolgt am 10. März mit 200 von 201 Stimmen.

Bessarabien, das seit 1878 zu Rußland gehörte, war 1918 während des Weltkriegs von Rumänien annektiert worden. In dem 44 420 km² großen Gebiet wohnten zu diesem Zeitpunkt 2,6 Millionen Menschen. Die Siegermächte des Weltkriegs, Frankreich, Großbritannien, Italien und Japan, hatten in einem Vertrag mit der rumänischen Regierung am 28. Oktober 1920 die Zugehörigkeit des Gebiets zu Rumänien garantiert. In der Folge hatten jedoch lediglich die britische und die französische Regierung den Vertrag ratifiziert. Da die Ratifikation durch mindestens drei Staaten erforderlich ist, tritt der Vertrag erst jetzt, nach der italienischen Ratifizierung, in Kraft.

Die Regierung Italiens erklärt, daß die Ratifikation nicht als Feindseligkeit gegen die Sowjetunion zu verstehen sei.

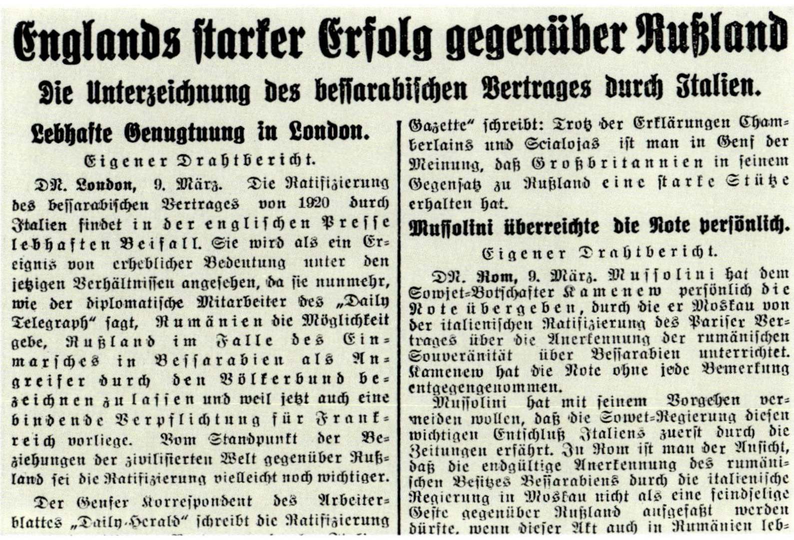

Englands starker Erfolg gegenüber Rußland

Die Unterzeichnung des bessarabischen Vertrages durch Italien.

Lebhafte Genugtuung in London.

Eigener Drahtbericht.

DN. **London,** 9. März. Die Ratifizierung des bessarabischen Vertrages von 1920 durch Italien findet in der englischen Presse lebhaften Beifall. Sie wird als ein Ereignis von erheblicher Bedeutung unter den jetzigen Verhältnissen angesehen, da sie nunmehr, wie der diplomatische Mitarbeiter des „Daily Telegraph“ sagt, Rumänien die Möglichkeit gebe, Rußland im Falle des Einmarsches in Bessarabien als Angreifer durch den Völkerbund bezeichnen zu lassen und weil jetzt auch eine bindende Verpflichtung für Frankreich vorliege. Vom Standpunkt der Beziehungen der zivilisierten Welt gegenüber Rußland sei die Ratifizierung vielleicht noch wichtiger.

Der Genfer Korrespondent des Arbeiterblattes „Daily-Herald“ schreibt die Ratifizierung

Gazette“ schreibt: Trotz der Erklärungen Chamberlains und Scialojas ist man in Genf der Meinung, daß Großbritannien in seinem Gegensatz zu Rußland eine starke Stütze erhalten hat.

Mussolini überreichte die Note persönlich.

Eigener Drahtbericht.

DN. **Rom,** 9. März. Mussolini hat dem Sowjet-Botschafter Kamenew persönlich die Note übergeben, durch die er Moskau von der italienischen Ratifizierung des Pariser Vertrages über die Anerkennung der rumänischen Souveränität über Bessarabien unterrichtet. Kamenew hat die Note ohne jede Bemerkung entgegengenommen.

Mussolini hat mit seinem Vorgehen vermeiden wollen, daß die Sowet-Regierung diesen wichtigen Entschluß Italiens zuerst durch die Zeitungen erfährt. In Rom ist man der Ansicht, daß die endgültige Anerkennung des rumänischen Besitzes Bessarabiens durch die italienische Regierung in Moskau nicht als eine feindselige Geste gegenüber Rußland aufgefaßt werden dürfte, wenn dieser Akt auch in Rumänien leb-

Die »Düsseldorfer Nachrichten« vom 9. März über den Bessarabienvertrag

Die »zehn Gebote« des Faschismus

8. März. Jeder Soldat der faschistischen Miliz in Italien hat den Befehl erhalten, einen Text mit den »zehn Geboten« des Faschismus ständig bei sich zu tragen. Sie lauten:

»1. Der Faschist ... soll nie an den ewigen Frieden glauben.

2. Die im Gefängnis verbrachten Tage sind immer wohlgedient.

3. Man kann seinem Vaterland selbst als Wächter einer Gasolinkanne dienen.

4. Dein Kamerad soll dein Bruder sein, erstens, weil er mit dir zusammen lebt, zweitens, weil er ebenso denkt wie du.

5. Dein Patronengürtel usw. wurde dir nicht zum unnützen Gebrauch ausgehändigt, sondern zur Aufbewahrung für den Krieg.

6. Sage niemals, die Regierung bezahlt, denn du selbst bist es, der zahlt, und die Regierung hast du selbst gewünscht ...

7. Disziplin ist die Sonne der Armeen ...

8. Mussolini hat immer recht.

9. Es gibt keine mildernden Umstände für Freiwillige, die ungehorsam sind.

10. Eines muß dir vor allem teuer sein: Das Leben des Duce.«

Londons Note an UdSSR kritisiert

3. März. Beide Häuser des britischen Parlaments in London debattieren über die Protestnote, die Außenminister Joseph Austen Chamberlain am 23. Februar an die Sowjetregierung gesandt hat. Die Labour-Opposition kritisiert insbesondere den scharfen Ton des Memorandums.

Chamberlain hatte der sowjetischen Regierung fortwährende antibritische Propaganda vorgeworfen. Für die Vorwürfe, die Sowjetunion unterstütze gegen die Londoner Regierung gerichtete Umsturzversuche, hatte er jedoch keine Belege gebracht. In der Note wurde der Abbruch der diplomatischen Beziehungen in Erwägung gezogen.

Der moderate Ton der sowjetischen Antwortnote vom 27. Februar auf Chamberlains Vorstoß machte deutlich, daß Moskau an einem Bruch mit London nicht interessiert ist (→ 27. 5./S. 86).

Kein Redeverbot mehr für Hitler

Karikatur aus dem »Simplicissimus« zum Auftritt Hitlers im Zirkus Krone in der bayerischen Metropole München, Unterzeile: »Adolf und August«

6./9. März. Erstmals seit der Freilassung aus der Festungshaft spricht der Vorsitzende der NSDAP, Adolf Hitler, wieder auf öffentlichen Versammlungen in Bayern.

Hitler war wegen des mißlungenen Putschversuchs gegen die Reichsregierung vom 9. November 1923 zu fünf Jahren Festungshaft verurteilt, seine Partei war verboten worden. Doch die bayerische Regierung, die ihn bereits vor dem Putsch gefördert hatte, ließ ihn Ende 1924 wieder frei. Im Februar 1925 folgte die Neugründung der NSDAP. Die Taktik der Partei zielt seitdem darauf, nicht durch gewaltsamen Aufstand, sondern mit legalen Mitteln zur Macht zu gelangen.

Nach der Freilassung Hitlers bestand in den meisten Ländern des Deutschen Reichs Redeverbot für den NSDAP-Führer. Es wird am 1. Februar 1927 in Sachsen und nun auch in Bayern aufgehoben. Die NSDAP hat sich gegenüber der bayerischen Regierung verpflichtet, daß Hitler seine erste öffentliche Rede nicht in München hält. So spricht er am 6. März zunächst in Vilsburg, am 9. März folgt ein Auftritt vor 5000 Menschen im Zirkus Krone in München. Hitler wiederholt – von der Presse kaum beachtet – seine in dem Buch »Mein Kampf« ausgebreiteten antisemitischen, antimarxistischen und antiliberalen Parolen (→ 1. 5./S. 87).

15 Verletzte bei einem NS-Überfall

20. März. Im Bahnhof von Berlin-Lichterfelde kommt es zu einer blutigen Straßenschlacht zwischen Nationalsozialisten und Kommunisten, bei der mindestens 15 Menschen z. T. schwer verletzt werden.

Die Gewalttätigkeiten gehen von einer Gruppe von etwa 650 Nationalsozialisten aus, die sich auf der Heimreise von einer SA-Veranstaltung in Trebbin befinden. Sie eröffnen das Revolverfeuer und gehen – wie es im Polizeibericht heißt – »mit lanzenähnlichen eisernen Fahnenstangen« gegen etwa 25 Angehörige einer Musikkapelle der KPD vor, die mit dem gleichen Zug gereist und bereits während der Bahnfahrt bedroht worden ist.

Insgesamt elf NS-Anhänger werden von der Polizei festgenommen. Sie geben zu, daß der erste Schritt zu der Schlägerei von ihrer Partei ausgegangen ist. Unabhängige Zeugenaussagen bestätigen dies.

Joseph Goebbels, der seit November 1926 NSDAP-Gauleiter in Berlin-Brandenburg ist, versucht, durch gezielte Provokationen auf sich aufmerksam zu machen. So hat er im Februar zu einer NSDAP-Versammlung im Berliner Arbeiterviertel Wedding aufgerufen, bei der Kommunisten von Nationalsozialisten brutal zusammengeschlagen worden sind. Ein Verbot der NSDAP steht in Aussicht (→ 5. 5./S. 87).

Aufgeladene Atmosphäre bei NS-Veranstaltung im Zirkus Krone in München

Ein Bericht der Polizeidirektion München schildert die Atmosphäre im Zirkus Krone in München vor und während der Rede Adolf Hitlers am 9. April:

»Die Leute in den Bänken sind aufgeregt und mit Erwartungen angefüllt. Man spricht von Hitler, von seinen einstigen rednerischen Triumphen im Zirkus Krone. ... Man erkennt deutlich, daß die Mehrzahl der Leute Hitler-Anhänger sind. In der heißen, süßlichen Luft liegt Sensationsgier. Die Musik spielt einige klangreiche Militärmärsche, während immer neue Scharen hereinströmen. Der ›Völkische Beobachter‹ wird herumgetragen und angepriesen ...

Man kann die Leute beobachten. Die meisten gehören den unteren Erwerbsschichten an, sind Arbeiter, Kleingewerbler, Kleinhändler. Viele Jugendliche in Windjacken und Wadenstrümpfen. Vertreter der radikalen Arbeiterschaft sieht man wenig, fast keine. Die Leute sind gut angezogen, einige zeigen sich sogar im Frack. ...

Da brausen vom Eingang her Heilrufe, Braunhemden marschieren herein, die Musik spielt, der Zirkus spendet lärmenden Jubel, Hitler erscheint im braunen Regenmantel, geht rasch in Begleitung seiner Getreuen den ganzen Zirkus hinauf zur Bühne. ...

Hitler tritt rasch in den Vordergrund der Bühne. Er spricht frei, zuerst mit langsamer Betonung, später überstürzen sich die Worte, bei mit übertriebenem Pathos vorgetragenen Stellen kommt die Stimme gepreßt und nicht mehr verständlich zu Gehör. Er gestikuliert mit den Armen und Händen, springt erregt hin und her und sucht das aufmerksam ihm lauschende Publikum stets zu faszinieren. Wenn der Beifall ihn unterbricht, streckt er theatralisch die Hände aus. Das Nein, das im späteren Fluß der Rede oft vorkommt, mutet schauspielerisch an, ist auch gewollt betont ...

Die rednerische Leistung an und für sich war, von den unruhigen Begleitbewegungen abgesehen, dem Berichterstatter nichts Hervorragendes. Es ist nur zu verwundern, daß man sie, wenn sie 1923 ebenso war, so hoch gepriesen hat.«

Hitler im typischen Regenmantel

Adenauer gegen Berlin-Präferenz

4. März. Bei der Beratung des Haushalts der Stadt Köln, der durch staatliche Wohlfahrtsausgaben stark belastet ist, klagt der Kölner Oberbürgermeister Konrad Adenauer (Zentrum) über den Konzentrationsprozeß in Preußen und im ganzen Deutschen Reich zugunsten der Reichshauptstadt Berlin.
Durch diese Bevorzugung Berlins im wirtschaftlichen Leben werde, so führt Adenauer aus, die Wirtschaftskraft der Provinzstädte wie Köln stark belastet.
Der Berliner Oberbürgermeister Gustav Böß (Deutsche Demokratische Partei) bestreitet in seiner Erwiderung am 7. März zwar nicht, daß es einen starken Zuzug – auch an Wirtschaftsunternehmen – nach Berlin gebe, er leugnet jedoch, daß dies zu finanziellen Vorteilen für die Stadt führe. So könne die Berliner Stadtregierung weniger für die Wohlfahrtspflege ausgeben als andere Städte und müsse jährlich fast 100 Millionen Reichsmark seiner Steuereinnahmen zugunsten fremder Gemeinden abgeben.
In Pressekommentaren zu Adenauers Vorstoß wird ferner darauf hingewiesen, daß Köln sich selbst zum Mittelpunkt der rheinischen Wirtschaft entwickelt habe, so daß andere Städte wie Düsseldorf oder Essen Anlaß zur Klage hätten: »In den letzten Jahren ist Köln viel um seinen Oberbürgermeister [Adenauer] beneidet worden, der es mit beispiellosem Geschick verstanden hat, jede Gelegenheit wahrzunehmen, um der rheinischen Metropole äußeres Wachstum und hohen Glanz zu verschaffen ...«

Der preußische Städtebauausschuß bei Oberbürgermeister Adenauer (x)

Urteile in zwei Femeprozessen

26./31. März. In zwei sog. Femeprozessen werden in Berlin und Gießen die Urteile gesprochen.
Nach teilweise geheim geführter Verhandlung fällt das Berliner Schwurgericht am 26. März das Urteil gegen vier Angehörige der Schwarzen Reichswehr. Es erkennt Feldwebel Erich Klapproth, Oberleutnant Fritz Fuhrmann und Feldwebel Peter Umhofer des gemeinschaftlichen Mordes und Oberleutnant Paul Schulz der Anstiftung zum Mord für schuldig und verurteilt sie zum Tode.
Auf Schulz' Befehl hatten die drei anderen Angeklagten am 18. Juli 1923 den Feldwebel Walter Wilms, der über die Deutschvölkische Freiheitspartei zur Schwarzen Reichswehr gekommen war, im Morgengrauen im Auto erschossen. Wilms war innerhalb seines Kommandos des »Verrats« verdächtigt worden.
Am 31. März wird in Gießen das Urteil gegen drei wegen Mordversuchs Angeklagte gesprochen. Leutnant Ernst von Salomon erhält – unter Einbeziehung einer Zuchthausstrafe von fünf Jahren wegen seiner Beteiligung an der Ermordung von Außenminister Walther Rathenau (1922) – eine Gesamtstrafe von sechs Jahren und drei Monaten wegen Körperverletzung; ein weiterer Angeklagter, Ernst Schwing, wird wegen versuchten Totschlags zu eineinhalb Jahren Gefängnis verurteilt, der dritte wird freigesprochen. Salomon und Schwing hatten als Angehörige des rechtsgerichteten Kampfbundes »Organisation Consul« am 6. März 1922 ein abtrünniges Mitglied ihres Verbandes, Oberleutnant a. D. Erwin Wagner, bei Nauheim zu ertränken versucht.
Die Schwarze Reichswehr ist 1919 bzw. 1921 zur Ausbildung von Wehrwilligen – von der Reichswehr selbst bzw. mit deren Duldung – gegründet worden, um u. a. illegale Waffenlager zu bewachen. Ihre Einrichtung verstößt gegen die Bestimmungen des Versailler Friedensvertrags. Die Schwarze Reichswehr stand in engen Verbindungen zu rechtsradikalen Kampfverbänden. In diesen Verbänden waren Fememorde gegen sogenannte Verräter, d. h. gegen Mitglieder, die aus der Organisation aussteigen wollten, an der Tagesordnung.

Ernst von Salomon, am Mord an Walther Rathenau 1922 beteiligt

Volkstrauertag 1939 in Frieden?

Zum Volkstrauertag, der im Deutschen Reich am 13. März zum Gedenken an die Kriegsopfer begangen wird, veröffentlicht die »Vossische Zeitung« in Berlin eine Zukunftsvision von der Gedenkfeier des Jahres 1939 – 25 Jahre nach Ausbruch des (Ersten) Weltkriegs:

»Die Leipziger Straße war vom Potsdamer Platz bis zur Friedrichstraße abgesperrt. Jeglicher Verkehr ruhte. Die Laternen brannten am hellichten Tage, mit Trauerflor umhüllt. Schweigend standen die Massen auf den Bürgersteigen, um das Ankommen der Gäste vor dem langgestreckten, grauen Gebäude zu beobachten, das früher einmal, vor vielen Jahren, das Kriegsministerium beherbergt hatte. [Der Reichspräsident] hielt ... eine Ansprache:
›Meine Damen und Herren! Es ist jetzt 25 Jahre her, seit den Völkern befohlen wurde, innerhalb von vier Jahren zwölf Millionen blühender Menschenleben zu vernichten. Um zu verhindern, daß ein solches Unglück erneut über die Welt kommt, haben wir das ›Haus des Friedens‹ errichtet ..., das wir als Symbol der Abschrekkung vor künftigen Kriegen gerade in den Räumen des ehemaligen Kriegsministeriums geschaffen haben.
... Mein besonderer Dank gilt dem Reichswehrministerium für sein unermüdliches Arbeiten an dem zustandegekommenen, nennen wir es ruhig einmal ›Anti-Kriegsmuseum‹, und ich darf dabei auf eine Kleinigkeit hinweisen, die mir auch Symbol zu sein scheint, daß der Herr Wehrminister seine Vertreter heute in Zivil zu der Einweihung entsandt hat. Auch danke ich den Frontkämpfer-Vereinigungen, die, mögen sie noch so getrennt auf politischem Boden stehen, den gemeinsamen Beschluß gefaßt haben, ohne Kriegsorden ... zu der heutigen Feier zu kommen. In diesem Zusammenhang lassen Sie mich eine Entschließung der Offiziersverbände mitteilen, daß ihre Angehörigen von nun an auf ein Zehntel ihrer Pensionen verzichten, zugunsten der Kriegsbeschädigten ...«

Bildungswesen 1927:

Aufstiegsmöglichkeiten nur für wenige

Die Bildungssituation im Deutschen Reich ist durch eine starke föderative und konfessionelle Zersplitterung im Schulsystem gekennzeichnet.
Nach dem Zusammenbruch des Kaiserreichs 1918 hatten sich insbesondere die Arbeiterparteien KPD, USPD und SPD dafür eingesetzt, die im alten Deutschland selbstverständlich gegebene Verflechtung von Staat und Kirche im Schulwesen zu beseitigen und die weltliche, nicht konfessionsgebundene Schule ohne Verpflichtung zur Teilnahme am Religionsunterricht als Regelschule einzuführen. Die Sozialdemokraten hatten jedoch noch vor Inkrafttreten der Weimarer Verfassung (11. 8. 1919) in einer geheimen Absprache mit ihrem damaligen Koalitionspartner, dem katholischen Zentrum, auf diese Forderung verzichtet und damit die Zustimmung des Zentrums zum Versailler Friedensvertrag von 1919 erreicht.
Durch diesen Kompromiß kam die Formulierung des § 146 der Verfassung der Weimarer Republik zustande, in dem zwar betont wird, daß für die Aufnahme eines Kindes in eine bestimmte Schule nicht die wirtschaftliche und gesellschaftliche Stellung der Eltern und auch nicht ihr Religionsbekenntnis maßgebend sei, zugleich jedoch den Eltern die Möglichkeit eingeräumt wird, in den Gemeinden Volksschulen ihres Bekenntnisses einzurichten, wobei es wörtlich heißt: »Der Wille der Erziehungsberechtigten ist möglichst zu berücksichtigen.« Damit ist die Forderung nach der weltlichen Schule als Regelschule aufgegeben, alle Schulformen stehen formal gleichberechtigt nebeneinander, wobei sich faktisch jedoch die Bekenntnisschulen durchsetzten. 1927 gibt es im Deutschen Reich 28570 evangelische, 15216 katholische und 121 jüdische Bekenntnisschulen, aber nur 8413 Gemeinschaftsschulen für Schüler verschiedener Konfessionen; die Zahl der weltlichen Schulen ohne Religionsunterricht ist verschwindend gering. Die neue rechtsbürgerliche Reichsregierung strebt eine weitere Stärkung der Position der Konfessionsschulen an (→ 14. 7./S. 121).

Pappwerkstatt in einer Volksschule; auf die handwerkliche Ausbildung wird viel Wert gelegt

Gemütlich eingerichtetes Wohnzimmer für Schüler in der Heimvolksschule Dreißigacker bei Meinungen

Die Volksschule, in der im Schuljahr 1926/27 85,8% aller Schüler ausgebildet werden (wobei nur etwa 60% den Abschluß erreichen) ist in manchen Ländern des Reiches achtklassig, in anderen sogar nur siebenklassig. Die Schulausbildung erfolgt für Jungen und Mädchen getrennt. Die Prügelstrafe ist wie die sog. Rangordnung – der Leistungsstand der einzelnen Schüler spiegelt sich in der Sitzordnung der Klasse wider – weit verbreitet.

Auch die Lehrerausbildung unterscheidet sich von Land zu Land. Während in Thüringen, Sachsen und Hamburg die Volksschullehrer an den Universitäten und Technischen Hochschulen ausgebildet werden, ist in Bayern und Württemberg das Seminarsystem aus der Kaiserzeit (Kurzausbildung auf meist konfessionell gebundenen Anstalten direkt nach der Volksschule) erhalten geblieben. Die in Preußen – in Kiel, Elbing und Bonn – für die Ausbildung der Volksschullehrer eingerichteten Pädagogischen Akademien (Voraussetzung für die Aufnahme ist das Abitur) sind nach Geschlechtern und nach Konfessionen getrennt; ein Novum ist die 1927 in Frankfurt am Main eingerichtete Pädagogische Simultanakademie, in der die Lehrerausbildung für die beiden christlichen Konfessionen unter einem Dach erfolgt. Die späteren Gymnasiallehrer studieren in allen Ländern des Deutschen Reiches an den Hochschulen.
Die soziale Not der Junglehrer ist ein vieldiskutiertes Thema. Es gibt z. B. in Preußen etwa 30000 Volksschullehrer und -lehrerinnen, die nach Beendigung der Ausbildung noch keine Anstellung gefunden haben. Auf eine ausgeschriebene Stelle kommen etwa 30 Bewerber.
Die Einführung der vierklassigen gemeinsamen Grundschule im Jahre 1920 sollte die vertikale Trennung nach Gesellschaftsschichten zumindest in den ersten Schuljahren aufheben. Es besteht aber weiterhin die Möglichkeit, seine Kinder durch Privatschulen oder Privatlehrer auf den Besuch höherer Schulen vorbereiten zu lassen. Nach dem Durchlaufen der Grundschule zementiert die Dreigliederung des Schulsystems – Volksschule, Mittelschule, Höhere Schule – die gesellschaftliche Schichtung. So stammen nur 4% der Schüler auf höheren Schulen aus Arbeiterfamilien.

Heuss für eine einheitliche Schule

18. März. Theodor Heuss, Abgeordneter der (links)liberalen Deutschen Demokratischen Partei (DDP) im Reichstag, fordert die Besinnung auf ein gemeinsames Bildungsideal und eine Vereinheitlichung des Schulsystems:

»Der ungesicherte Hintergrund der ganzen Kulturdebatte ist das Fehlen eines einheitlichen und verbindlichen Bildungsideals; das ist in allen Lagen und in allen Ebenen des öffentlichen Unterrichtswesens ziemlich völlig zersetzt, und zwar nicht erst seit der Revolution ...
Deutschland, das Land der großen Binnenwanderungen, darf nicht die Masse von verschiedenen Schularten, die nicht aufeinander eingestimmt sind, nebeneinander haben. Die Gelenke müssen passen, wenn einer von Preußen nach Bayern und von Schwaben nach Sachsen kommt.«

Theodor Heuss fordert ein allgemeinverbindliches Bildungsideal

Gerüchte um Kaiser-Rückkehr

23. März. In einem Schreiben an Reichskanzler Wilhelm Marx (Zentrum) weist der preußische Ministerpräsident Otto Braun (SPD) darauf hin, daß am 21. Juli 1927 das Gesetz zum Schutz der Republik ausläuft. Braun befürwortet eine Verlängerung des Gesetzes insbesondere im Hinblick auf Gerüchte über eine mögliche Rückkehr des im niederländischen Exil lebenden Ex-Kaisers Wilhelm II.
Das Republikschutzgesetz, das 1922 nach dem Mord an Außenminister Walther Rathenau erlassen worden ist, gibt dem Deutschen Reich u. a. die Möglichkeit, dem Ex-Monarchen die Rückkehr ganz zu untersagen bzw. seiner Freizügigkeit Beschränkungen aufzuerlegen.
Braun verweist in seinem Brief darauf, daß bei den Verhandlungen im Rahmen der Fürstenabfindung (→ 30. 6./S. 104) das Haus Hohenzollern besonderen Wert auf die Zuerkennung von Schloß Homburg als Wohnsitz des früheren Kaisers gelegt habe.
In Zeitungsnachrichten ist ferner davon die Rede, daß die zweite Frau von Ex-Kaiser Wilhelm II., Hermine, beabsichtige, das Palais von Kaiser Wilhelm I. Unter den Linden in Berlin, das den Hohenzollern ebenfalls im Zuge der Fürstenabfindung zuerkannt worden ist, wohnlich herrichten zu lassen, um dort gelegentlich ihren Aufenthalt zu nehmen.
Preußen kündigt an, es werde – falls nötig – eigenständig die erforderlichen Maßnahmen ergreifen, um eine Rückkehr des ehemaligen Kaisers Wilhelm II. zu verhindern (→ 17. 5./S. 87).

V. l.: August von Mackensen, Wilhelm II., Hermine

Leipziger Messe ist im Aufschwung

12. März. Zum Abschluß der Internationalen Frühjahrsmesse in Leipzig, die am 7. März eröffnet worden ist, zeigen sich die Aussteller insbesondere der Technischen Messe mit den Abschlüssen zufrieden. Auf 170 500 m² Ausstellungsfläche haben 9200 Unternehmen in Leipzig ihre Produkte präsentiert, das ist gegenüber der Frühjahrsmesse 1926 zwar ein Rückgang um 1800, gegenüber der Herbstmesse 1926 jedoch eine Steigerung um 1200. Der Anteil der Aussteller aus dem Ausland – neben dem Deutschen Reich sind weitere 22 Staaten in Leipzig vertreten – beläuft sich auf 7%.

Julius Curtius

Die wirtschaftliche Entwicklung im Deutschen Reich ist von einer Aufschwungbewegung gekennzeichnet, die in der zweiten Jahreshälfte 1926 eingesetzt hat. Zu der positiven Konjunkturentwicklung haben der Bergarbeiterstreik in Großbritannien (Mai bis November 1926), von dem nicht nur der deutsche Bergbau, sondern in der Folge auch die eisenschaffende und eisenverarbeitende Industrie profitierten, die Stärkung des Exports durch Stabilisierung der französischen und italienischen Währung, die im Zuge des Dawes-Plans gewährten Auslandskredite (→ 20. 10./S. 167) und die Rationalisierungsmaßnahmen der deutschen Großunternehmen beigetragen.
Vor dem Hintergrund dieser Entwicklung kommt es anläßlich der Beratungen über den Etat des Reichswirtschaftsministeriums, das von Julius Curtius (Deutsche Volkspartei) geleitet wird, am 14. März zu einer wirtschaftspolitischen Debatte im Reichstag. Während Sprecher der Sozialdemokraten Preissenkungen und Lohnerhöhungen befürworten, um von der Nachfrageseite her – durch Stärkung der inländischen Kaufkraft – die konjunkturelle Entwicklung zu beschleunigen, sprechen sich die Abgeordneten der Regierungsparteien für eine Verbesserung der wirtschaftlichen Rahmenbedingungen der Unternehmen aus.

Amerika-Kabelverbindung ist endlich wiederhergestellt

4. März. *Nach einem mehrwöchigen Probebetrieb wird das Kabel Emden–Horta (Azoren)–New York feierlich der Deutschen Reichspost übergeben. Damit ist 13 Jahre nach dem Zusammenbruch des ersten Kabels wieder eine direkte Kabelverbindung zwischen dem Deutschen Reich und den Vereinigten Staaten geschaffen. Das deutsche Teilstück von Emden bis zu den Azoren ist 1900 Seemeilen (rd. 3500 km) lang.*
Das erste Kabel von Emden zu den Azoren (mit Weiterverbindung nach New York) war am 5. August 1914 – kurz nach Ausbruch des Weltkriegs – von britischen Kriegsschiffen zerstört worden. Der Versailler Friedensvertrag erkannte dem Deutschen Reich nach dem Weltkrieg sogar den gesamten Kabelbesitz ab. In dem Glückwunschkabel von US-Präsident Calvin Coolidge zur Eröffnung der neuen Verbindung heißt es u. a.: »Es gereicht mir zum Vergnügen . . ., die Hoffnung auszudrücken, daß diese neu hinzugekommene Telegraphenverbindung die gegenseitige Verständigung und das gute Einvernehmen zwischen unseren beiden Ländern fördern wird.« (Abb.: Eröffnungsfeier mit Reichskanzler Wilhelm Marx, 3. v. l.)

Positive Bilanz für Seeschiffahrt

14. März. Auf dem Deutschen Schiffahrtstag in Berlin zieht der Aufsichtsratsvorsitzende der Hamburger Reederei Hapag, der frühere Reichskanzler Wilhelm Cuno, eine positive Bilanz zur Entwicklung der deutschen Seeschiffahrt, obwohl die Tonnage der Handelsflotte die Vorkriegsstärke bei weitem noch nicht wieder erreicht hat.
1914, im ersten Jahr des Weltkriegs, verfügte das Deutsche Reich mit rund 5 Millionen Bruttoregistertonnen (BRT) über 11,1% der Welthandelstonnage und stand damit im internationalen Vergleich hinter Großbritannien (39,3%) auf Platz zwei. Durch Kriegseinwirkung, aber auch durch die im Versailler Vertrag festgelegten Ablieferungsverpflichtungen gegenüber den Siegermächten verlor das Deutsche Reich weit mehr als 4 Millionen BRT, so daß sich der Bestand 1920 auf 675 000 BRT belief. Bis 1927 ist er wieder auf 3,2 Millionen BRT gestiegen, der deutsche Anteil an der Welttonnage beträgt wieder 5,2%, in der internationalen Rangliste steht das Deutsche Reich auf Platz sechs. Dies entspricht zwar nicht ganz der Bedeutung des Deutschen Reichs im Welthandel, Cuno weist jedoch darauf hin, daß die deutsche Handelsflotte die modernste der Welt ist.

Verwandte und Freunde der verschütteten Bergleute warten auf Nachrichten der Rettungsmannschaften vor der Mine in Cwm, Ebbw Vale

51 Waliser Kumpel tot

1. März. Bei einem Bergwerksunglück in einer Mine in Cwm, Ebbw Vale, Monmouthshire in Südwales, sterben 51 Menschen.
Beim Ausbruch einer Explosion in den frühen Morgenstunden befinden sich 62 Bergleute in der Gefahrenzone, von ihnen können elf mit schweren Gasvergiftungen gerettet werden. Die Rettungsmannschaften müssen wegen der Vergiftungsgefahr nach kurzer Zeit ihre Bergungsversuche vorübergehend einstellen. Erst nachdem das Gas aus dem betroffenen Schacht gepumpt ist, können die Leichen der 51 getöteten Bergleute geborgen werden.
Als Premierminister Stanley Baldwin am Unglücksort eintrifft, wird er mit drohenden Zurufen empfangen. Der Zorn über das Lohndiktat, das von der Regierung nach dem Scheitern des monatelangen Streiks in der Kohleindustrie im November 1926 verhängt worden ist, macht sich so noch einmal Luft.

Schweres Erdbeben erschüttert Japan

7. März. Bei einem Erdbeben auf der japanischen Insel Tango sterben rund 3500 Menschen, etwa die gleiche Anzahl wird verletzt. Die kleinen Städte Minoyama, Kayamachi und Animo werden durch das Beben völlig zerstört. Insgesamt sind 11 339 Gebäude von der Katastrophe betroffen; davon werden 4621 durch Einsturz oder Feuer vollständig, 748 teilweise vernichtet.
Die Rettungsarbeiten gestalten sich äußerst schwierig, da das Beben von Überschwemmungen, schweren Schneefällen und einer Kältewelle begleitet ist. Ferner ist die größte Eisenbahnbrücke Japans, die in das betroffene Gebiet führt, durch die Katastrophe unpassierbar geworden, so daß der Transport von Hilfsgütern fast nur mit Hilfe von Flugzeugen möglich ist.

Die letzten 10 Erdbeben in Japan

Datum	Gegend	Tote
06.02.1872	Hamada	537
28.10.1891	Mino und Owari	7 273
22.10.1894	Shonai	726
15.06.1896	Sanriku	27 122
31.08.1896	Rikuu	209
06.11.1904	Kagi	145
17.03.1906	Kagi	1 258
01.09.1923	Kwanto	156 673
23.05.1925	Tajima	381
07.03.1927	Tango	rd. 3 500

Keine langfristigen Veränderungen des Klimas in Europa

1. März. Willi König, der Leiter des Deutschen Wetterdienstes, setzt sich in einem Presseartikel mit der Frage auseinander, ob die milden Winter der letzten Jahre auf eine langfristige Klimaveränderung hindeuten:

»Zur richtigen Beurteilung dieses Winters [1926/27], dessen milder Charakter durch Schneearmut im ganzen Lande verstärkt wurde, mögen die folgenden Angaben dienen: Ungewöhnlich warm war schon der Vormonat des eigentlichen Winters, der November 1926, der Temperaturen von bisher zu dieser Jahreszeit kaum bekannter Höhe (Höchsttemperaturen bis zu 20°) brachte. Im Dezember wurde, trotz zeitweiliger großer Wärme, durch eine Woche kalten Winters um die Weihnachtstage der Gesamtmittelwert der Temperatur so gedrückt, daß der Temperaturüberschuß sich in mäßigen Grenzen hielt. Auch der zu Ende gehende Februar wird nach vorläufiger Schätzung in seiner Gesamtheit keine außergewöhnliche Temperaturabweichung zustande bringen, wogegen der Januar sich durch fast beständig milde Witterung besonders auszeichnete. Im ganzen genommen aber kann dem Winter, nach strengem Maßstab beurteilt, doch nur das Prädikat ›mäßig mild‹ erteilt werden.
Infolge der Häufung milder Winter in der jüngeren Vergangenheit ist die Meinung von einer Änderung unseres Klimas weitverbreitet, so daß eine kritische Prüfung dieser Anschauung auf ihre Richtigkeit wohl am Platze scheint. ... Zunächst ergibt die Zusammenstellung der Beobachtungen, daß milde Winter fast doppelt so häufig sind wie strenge. Wenn also in neuerer Zeit die Zahl der milden Winter die der strengen überhaupt überwiegt, so ist das ein Verhältnis, welches auch für frühere Jahrhunderte durchaus zutrifft. ... [Es] ist klargestellt worden, daß etwa um das Jahr 1845 herum ein Wechsel im Verhalten der Winter eingesetzt hat; gab es vor dieser Zeit verhältnismäßig sehr strenge *und* sehr milde Winter, so haben sich diese Gegensätze in der neueren Zeit merklich verringert.
Man darf annehmen, daß es sich hierbei um säkulare Klimaschwankungen handelt, also nur um das Pendeln der klimatischen Eigentümlichkeiten um eine mittlere Lage herum, und nicht um Änderungen, die stetig im gleichen Sinne fortschreiten ...«

100 000 Dollar für amputiertes Bein

28. März. Vor dem Wiener Schöffengericht wird der Prozeß gegen den 23jährigen Erfinder Emil Marek eröffnet. Er wird beschuldigt, sich am 12. Juni 1925 mit einem Beil selbst ein Bein abgeschlagen zu haben, um eine Versicherungssumme von 100 000 US-Dollar (rund 420 000 RM) zu erschwindeln. Zwei Tage vor dem Unfall hatte er eine Unfallversicherung abgeschlossen. Marek behauptet, er sei beim Schnitzen mit dem Beil von einem Holzblock abgeglitten und habe sich so die Verletzung zugefügt. Am 9. April wird das Urteil gefällt: Marek wird vom Verdacht des Versicherungsbetrugs freigesprochen, jedoch wegen Verleumdung und Verleitung zur Falschaussage zu einer mehrmonatigen Haftstrafe verurteilt.

Szene von der täglichen Vormittagsprobe der Tillergirls, die mit ihren exakten und schwungvollen Tanznummern die Berliner begeistern

Unterhaltung 1927:

Die Revue ist beliebter als die Operette

Szene aus der Berliner Revue »20 Jahre Nelson« zum Bühnenjubiläum

Tanzszene aus dem ersten Bild von Eric Charells Revue »Wie einst im Mai«, die im Großen Schauspielhaus in Berlin Premiere hat

Wer sich 1927 in seiner Freizeit unterhalten will, bevorzugt neben Sportveranstaltungen oder Kinobesuchen die Revuen, die vor allem in den Großstädten mit einem vielseitigen Programm aufwarten.

Im Großen Schauspielhaus in Berlin hat am 3. März die Revue »Wie einst im Mai« von Eric Charell (Musik: Walter Kollo und Willy Bredschneider, Text: Rudolf Bernauer und Rudolph Schanzer) Premiere. Charell gehört zu den erfolgreichsten Revueproduzenten in Berlin – neben Hermann Haller, der seine großen Ausstattungsshows im Theater im Admiralspalast (größter Erfolg 1927: »Wann und wo«) inszeniert, und James Klein von der Komischen Oper.

Tanzszene »Schmetterlinge« aus der Haller-Revue »Wann und wo«

Die Revue, die auf eine durchgängige Handlung verzichtet und durch eine lose Aufeinanderfolge von Tanz- und Gesangsnummern, Sketchen und Szenen dem Bedürfnis nach Zerstreuung entgegenkommt, hat die Operette in der Gunst des Publikums übertroffen. Diese moderne Form der Musikshow gilt als der Hektik in der modernen Großstadt angemessene, ein breites Publikum ansprechende Kunstform.

Rudolf Nelson, der 1927 sein 20jähriges Bühnenjubiläum begeht, verbindet in seinen im Theater am Kurfürstendamm laufenden Revuen mondäne Showelemente mit aktuellen satirischen Anspielungen. Der Komponist und Texter Friedrich Hollaender feiert 1927 mit seiner zeitkritischen Kabarettrevue »Bei uns um die Gedächtniskirche rum« im Renaissance-Theater Triumphe.

Hugenberg übernimmt die Ufa

26. März. Im Zuge der Sanierung der angeschlagenen Universum-Film-Aktiengesellschaft (Ufa) übernimmt der Hugenberg-Konzern die Aktienmehrheit in der Filmgesellschaft. Alfred Hugenberg (DNVP), der rechtsgerichtete Politiker und Pressezar, wird Aufsichtsratsvorsitzender.

Die Ufa ist 1917 durch den Zusammenschluß dreier Filmkonzerne gegründet worden, die Aktienmehrheit lag in der Hand der Deutschen Bank. Die Filmgesellschaft verfolgte bereits in der Kaiserzeit die Absicht, die Einflußmöglichkeiten des neuen Mediums auf die Zuschauer im Sinne nationalistischer deutscher Interessen einzusetzen.

Nach dem Ende der Inflation 1923, die der Filmindustrie durch günstige Wechselkurse Wettbewerbsvorteile gegenüber ausländischen Konkurrenten verschafft hatte, geriet die Ufa in eine schwere Krise. Ende 1925 mußte der Konzern einen Kredit in Höhe von 16,8 Millionen Reichsmark (RM) bei den US-amerikanischen Filmgesellschaften Paramount und Metro-Goldwyn-Pictures aufnehmen und diesen zugleich

Geheimrat Alfred Hugenberg wird Aufsichtsratsvorsitzender bei der Filmgesellschaft Ufa in Berlin

Einfluß auf die Programmgestaltung in den Ufa-Filmtheatern einräumen. Dennoch beliefen sich die Verluste im Geschäftsjahr 1925/26 auf 50 Millionen RM.

Zu den Sanierungsmaßnahmen, die nun zum Abschluß gekommen sind, gehört die Zusammenlegung der Aktien im Verhältnis von 3 : 1, wodurch sich das Aktienkapital auf 15 Millionen RM reduziert. Durch die Zugabe von 30 Millionen RM an neuen Mitteln wird die Kapitalsumme anschließend wieder auf 45 Millionen RM angehoben.

Der Hugenberg-Konzern übernimmt 13,5 Millionen RM des Grundkapitals und sichert sich durch die Übernahme sämtlicher Aktien mit zwölffachem Stimmrecht die Aufsichtsratsmehrheit. Hugenberg stellt die Filmproduktion – eingestandenermaßen – in den Dienst seiner antidemokratischen, antisozialistischen und nationalistischen Gesinnung. So wird die Ufa – insbesondere durch ihre Wochenschauen – zu Hugenbergs Waffe in seinem bedingungslosen Kampf gegen die Weimarer Republik.

Hugenberg hat mit dem Aufbau seines Medienkonzerns 1914 begonnen, 1916 übernahm er den Scherl-Verlag, 1919 die Aktienmehrheit bei der Nachrichtenagentur »Telegraphen-Union«. Außerdem hat er entscheidenden Einfluß auf die Provinzpresse gewonnen.

Bruch Piscators mit der Volksbühne

23. März. An der Berliner Volksbühne inszeniert Regisseur Erwin Piscator die Uraufführung des Dramas »Gewitter über Gotland« von Ehm Welk.

Das Stück schildert den Kampf der Vitalienbrüder (mittelalterliche Freibeuter), die eine Aufhebung des Privateigentums anstreben, gegen den Städtebund der Hanse. Piscator führt die Handlung bis in die Gegenwart hinein. Durch Filmeinblendungen werden die auf der Bühne dargestellten Szenen in den sozialhistorischen Zusammenhang gestellt.

Die linksliberale und linke Presse

Der kommunistisch orientierte Theaterregisseur Erwin Piscator

nimmt Piscators Inszenierung positiv auf, während der Regisseur heftigen Anfeindungen von rechtsgerichteten Blättern ausgesetzt ist.

Mit dieser Aufführung verschärft sich ein seit längerem schwelender Konflikt zwischen der Leitung der Volksbühne und ihrem Regisseur über die Frage, ob die Institution ihren Mitgliedern vorrangig traditionelles Bildungsgut vermitteln oder agitatorisch für eine Neuordnung der Gesellschaft im marxistischen Sinne wirken solle.

Als die Direktion der Volksbühne einige Szenen der Filmeinblendungen zu »Gewitter über Gotland« gegen Piscators Willen streicht, kommt es zu einer Solidarisierung von Schriftstellern, Theaterleuten und Kritikern mit dem Regisseur. Piscators Bruch mit der Volksbühne ist unvermeidlich (→ 3. 9./S. 158).

Musikalischer Völkerbund zu Beethovens 100. Todestag

26. März. Als musikalischen Völkerbund bezeichnet die Presse die offizielle Feier zum 100. Todestag des deutschen Komponisten Ludwig van Beethoven in Wien. Nuntius Eugenio Pacelli für den Vatikan sowie Delegierte aus 13 weiteren Staaten sind beim Wiener Bürgermeister Karl Seitz zu Gast. Aus dem Deutschen Reich nehmen Minister Walter von Keudell und Heinrich Franz Köhler an der Veranstaltung teil. Die französische Delegation wird von Unterrichtsminister Édouard Herriot, die belgische von Außenminister Emile Vandervelde geleitet.

Während der Deutschnationale Keudell Wien als »die unvergleichliche Führerin unter den deutschen Städten auf dem Gebiete der Musik« bezeichnet, weist Vandervelde auf die flämische Herkunft des Komponisten hin. Herriot hebt hervor, daß in Beethovens Musik nie der Haß zu hören sei, und spricht im Namen von ganz Frankreich seine Hoffnung auf Frieden und Freude für die zukünftige Menschheit im Geiste Ludwig van Beethovens aus.

Der 1770 in Bonn geborene Beethoven kam 1787 erstmals nach Wien, 1795 führte er dort seine ersten Werke auf. Er gilt – mit Joseph Haydn und Wolfgang Amadeus Mozart – als bedeutendster Vertreter der Wiener Klassik.

Der französische Unterrichtsminister Édouard Herriot (r.) hält am Grab des Komponisten Ludwig van Beethoven eine Rede zum 100. Todestag

Henry O'Neal de Hane Segrave in dem Rekordrennwagen »Sunbeam«, von Louis Coatalen konstruiert

Weit schneller als 300 km/h

29. März. Der britische Automobilrennfahrer Major Henry O'Neal de Hane Segrave erreicht mit seinem 1000-PS-Rennwagen »Sunbeam« eine Geschwindigkeit von 327,959 km/h und stellt damit einen Tempo-Weltrekord auf. Segrave übertrifft mit dieser Leistung den alten Rekord, den Malcolm Campbell am 4. Februar 1927 mit seinem Napier Campbell erreicht hat, um mehr als 40 km/h.

Der Rekordversuch findet auf dem Daytona Beach, einem feinkörnigen, äußerst festen Sandstrand, der bei Ebbe bis zu 150 m breit ist, statt. Die Geschwindigkeit wird als Durchschnitt über 5 km berechnet, wobei die Strecke, um Einflüsse des Windes auszuschalten, in beide Richtungen zu befahren ist. Als absolute Spitzengeschwindigkeit erreicht Segrave 333,077 km/h.

Der »Sunbeam« ist speziell für den Rekordversuch konstruiert worden. Der Wagen wird mit zwei Zwölfzylinder-Motoren angetrieben, die jeweils über eine Leistung von 500 PS verfügen.

Segrave wird nach dem Geschwindigkeitsweltrekord am Strand von Daytona Beach (Florida) von Automobilsportanhängern begeistert gefeiert

Chronik der Automobil-Geschwindigkeitsrekorde (Auswahl)

Datum	Wagen	km/h
18.12.1898	Jeantaud-Elektro	63,149
17.01.1899	Jenatzky-Elektro	66,657
17.01.1899	Jeantaud-Elektro	70,310
27.01.1899	Jenatzky-Elektro	80,336
04.03.1899	Jeantaud-Elektro	92,696
29.04.1899	Jenatzky-Elektro	105,882
09.04.1902	Mors 60 PS	101,547
12.04.1902	Mercedes-Simplex	105,876
21.04.1902	Mercedes-Simplex	109,078
21.04.1902	Mercedes-Simplex	111,106
10.07.1902	Mors 60 PS	120,794
05.08.1902	Mors 60 PS	122,436
05.11.1902	Mors 60 PS	123,272
17.11.1902	Mors 60 PS	124,125
07.03.1903	Mors 60 PS	133,333
17.07.1903	Gobron-Brillie 100 PS	134,328
20.07.1903	Mors 60 PS	135,326
01.10.1903	Mors 60 PS	136,356
12.01.1904	Ford	147,042
27.01.1904	Mercedes	148,538
31.03.1904	Gobron-Brillie 100 PS	152,529
25.05.1904	Mercedes	156,504
21.07.1904	Gobron-Brillie 100 PS	166,667
13.11.1904	Darracq	168,222
25.01.1905	Napier	168,413
25.01.1905	Mercedes	176,621
30.12.1905	Darracq 200 PS	176,640
26.01.1906	Stanley-Dampf	195,640
08.11.1909	Benz 200 PS	202,691
16.03.1910	Benz 200 PS	211,977
23.04.1911	Benz	227,510*
27.04.1920	Duesenberg	251,099*
17.05.1922	Sunbeam	215,244
06.07.1924	Delage	230,629
12.07.1924	Fiat	234,974
25.09.1924	Sunbeam	235,215
21.07.1924	Sunbeam	242,795
16.03.1926	Sunbeam	245,145
27.04.1926	Thomas-Special	272,454
28.04.1926	Thomas-Special	275,222
04.02.1927	Napier-Campbell	281,434
29.03.1927	Sunbeam	327,959

* Kein offizieller Rekord, da der Wagen nur in einer Richtung die Versuchsstrecke abgefahren ist, für einen offiziellen Rekordversuch aber Hin- und Rückfahrt gewertet werden

Ein erstes Opfer beim Ballonhüpfen

11. März. Ein neuer, aus den USA nach Europa gebrachter Sport, das Ballonhüpfen, fordert ein erstes Opfer. Der britische Fallschirmkünstler Arthur Dobbs berührt bei einem Springversuch mit einem kleinen Gasballon in der Nähe der englischen Stadt Hendon eine Hochspannungsleitung in 18 m Höhe und wird durch den elektrischen Schlag sofort getötet.

Beim Ballonhüpfen wird dem Springer ein Gasballon von etwa 5 m Durchmesser mit einem Geschirr unter den Achseln befestigt. Der Auftrieb ist nur einige Pfund geringer als das Gewicht des Springers. Er vergrößert die Sprungkraft des Sportlers enorm: Statt 60 cm hoch und 1,80 m weit springt der Ballonhüpfer bis zu 12 m hoch und – bei günstigem Wind – bis zu 100 m weit; dieser Effekt erinnert an die Siebenmeilenstiefel aus dem Märchen.

Durch Bleigewichte, die der Springer in Taschen mit sich führt, und durch das Herauslassen von Gas mit einem besonderen Ventil ist ein gewisses Ausweichen vor Hindernissen und damit in der Regel eine sichere Landung möglich.

Dobbs berührt, nachdem er bereits einige Sprünge auf dem Stag-Lane-Flughafen bei Hendon erfolgreich durchgeführt hat, mit dem Fuß eine Überlandleitung, die er offensichtlich nicht rechtzeitig bemerkt hat, und ist auf der Stelle tot.

Arthur Dobbs mit dem Ballon der Zeitschrift »Daily Express« kurz vor dem tödlichen Unglück bei Hendon

April 1927

Mo	Di	Mi	Do	Fr	Sa	So
				1	2	3
4	5	6	7	8	9	10
11	12	13	14	15	16	17
18	19	20	21	22	23	24
25	26	27	28	29	30	

1. April, Freitag

General Ernst von Wrisberg stirbt bei der Festnahme durch die Polizei an einem Schlaganfall. →S. 69

200 000 US-amerikanische Bergleute befinden sich wegen eines Lohnkonflikts im Streik.

Der britische Schatzkanzler Winston Churchill teilt mit, daß Großbritannien vom Deutschen Reich 57 Millionen Pfund Sterling (1,169 Milliarden Reichsmark) an Besatzungskosten und 33 Millionen Pfund (676,5 Millionen Reichsmark) an Reparationsleistungen erhalten hat.

Das neue Passagierschiff »New York« startet von Cuxhaven zur Jungfernfahrt nach New York.

Im Stadttheater Essen wird das Stück »Der Mann im Dunkel« von Friedrich Wolf uraufgeführt. →S. 75

2. April, Sonnabend

Der Reichstag nimmt das vorläufige Finanzausgleichsgesetz an, das die Verteilung der Steuereinnahmen auf das Reich, die Länder und die Gemeinden neu festlegt.

Die französische Regierung lehnt die – zweite – Einladung von US-Präsident Calvin Coolidge zur Teilnahme an einer Seeabrüstungskonferenz ab (→10. 2./S. 36).

3. April, Sonntag

In der chinesischen Stadt Hankau kommt es zu Zusammenstößen zwischen chinesischen Demonstranten und Japanern. Japan entsendet daraufhin 600 Marinesoldaten nach China, die US-Handelskammer in Schanghai fordert ein bewaffnetes Eingreifen der Großmächte in China (→12. 4./S. 66).

Die Gesellschaft für Theatergeschichte feiert in Berlin ihr 25jähriges Bestehen.

4. April, Montag

Die konservative britische Regierung veröffentlicht den Entwurf zu einem neuen Gewerkschaftsgesetz, das Sympathie- und Generalstreiks verbietet (→23. 6./S. 106).

Der Film »Der General« von und mit dem US-Komiker Buster Keaton wird in Berlin in deutscher Erstaufführung gezeigt. →S. 75

5. April, Dienstag

In Rom wird der italienisch-ungarische Freundschaftsvertrag unterzeichnet. Die italienische Regierung erklärt ausdrücklich, daß der Vertrag nicht gegen das Königreich der Serben, Kroaten und Slowenen (heute Jugoslawien) und gegen keinen anderen Staat gerichtet sei. →S. 67

Adolphe Menjou ist der Hauptdarsteller in dem Film »Der Spielerkönig«, der in Berlin in deutscher Erstaufführung gezeigt wird. →S. 73

6. April, Mittwoch

Der Reichstag billigt mit 238 gegen 166 Stimmen bei sechs Enthaltungen den Reichsetat für 1927. Erstmals seit 1918 lehnt die SPD den Etat – mit dem Hinweis auf die Höhe der Rüstungsausgaben (700 Millionen Reichsmark) – ab. →S. 69

Der Verband deutscher Reeder spricht sich gegen den Transport von Waffen nach China durch deutsche Schiffe aus.

Aus Anlaß des zehnten Jahrestags des Kriegseintritts der USA schlägt der französische Außenminister Aristide Briand in einer Botschaft an das US-amerikanische Volk der US-Regierung den Abschluß eines Kriegsächtungspakts zwischen beiden Staaten vor. →S. 67

In der deutschen Presse wird ein Artikel von Jules Sauerwein, dem außenpolitischen Redakteur der Pariser Zeitung »Matin«, veröffentlicht. Sauerwein vertritt darin die These, daß durch den Verzicht des Deutschen Reiches auf exterritoriale Rechte in China, der den Deutschen mit dem Versailler Friedensvertrag aufgezwungen worden ist, das Ende der europäischen Sonderstellung in China eingeleitet worden sei. →S. 66

7. April, Donnerstag

Bei einem Überfall auf den Postzug St. Louis–Chicago erbeuten zwei Räuber 20 000 US-Dollar (84 000 Reichsmark).

Aus Kapstadt (Südafrika) werden neue sensationelle Diamantenfunde gemeldet. Der größte, kürzlich entdeckte Edelstein hat ein Gewicht von 81 Karat und einen Wert von 7000 Pfund Sterling (143 500 Reichsmark).

8. April, Freitag

Mit knapper Mehrheit nimmt der Reichstag das neue Arbeitszeitnotgesetz an. →S. 71

Durch Zusammenschluß des Deutschen Bauernbundes, des Bayerischen Bauernbundes und des Reichsverbands landwirtschaftlicher Klein- und Mittelbetriebe wird die Deutsche Bauernschaft als liberale Spitzenorganisation der Landwirte und als Gegengewicht zum deutschnational ausgerichteten Reichslandbund gegründet (→5. 2./S. 41).

Gustav Zemgals, der Kandidat der linksbürgerlichen Fraktion, wird vom lettischen Parlament zum Staatspräsidenten gewählt. Zemgals hatte am 18. November 1918 die Unabhängigkeit Lettlands proklamiert.

Stefanie Kern aus Offenbach gewinnt in New York die internationalen amerikanischen Meisterschaften im Florettfechten der Damen.

9. April, Sonnabend

Die italo-amerikanischen Anarchisten Nicola Sacco und Bartolomeo Vanzetti werden wegen schweren Raubmordes zum Tod durch den elektrischen Stuhl verurteilt. Die Vollstreckung des Urteils wird aufgeschoben (→23. 8./S. 138).

Oberst Carlos Ibáñez del Campo kommt in Chile durch einen Putsch an die Macht und errichtet eine Militärdiktatur. Der bisherige Präsident Emilio Figueroa-Larrain wird zum Rücktritt gezwungen.

Emil Marek wird in Wien von der Anklage des Versicherungsbetrugs freigesprochen (→28. 3./S. 58).

10. April, Sonntag

Die sowjetische Regierung protestiert gegen die Besetzung der Sowjetbotschaft in Peking am 6. April durch Truppen des chinesischen Kriegsherrn Chang Tso-lin (→18. 4./S. 66).

Die erste Nummer der Sonntagszeitung »Die Grüne Post«, die von Ullstein in Berlin verlegt wird, erscheint.

11. April, Montag

Der Rechtsanwalt Arthur Müller wird in Plauen wegen Beleidigung von Reichsaußenminister Gustav Stresemann zu einer Geldstrafe von 10 000 Reichsmark verurteilt. Müller hatte Stresemann der Korruption bezichtigt.

Der britische Schatzkanzler Winston Churchill legt vor dem Unterhaus in London das neue Budget vor. Es hat eine Rekordhöhe von 834,8 Millionen Pfund Sterling (17,1134 Milliarden Reichsmark) und wird von der Labour-Opposition scharf angegriffen (»das Budget eines liederlichen Bankrotteurs«). →S. 67

Das Schatzamt in Washington zieht eine erste Bilanz der Prohibition. Seit der Einführung des Alkoholverbots am 29. Januar 1920 sind mehr als 300 000 Personen wegen Verstoßes gegen das Gesetz verhaftet worden, 49 Beamte sind bei Auseinandersetzungen mit Verdächtigen getötet worden.

Die fünf Mächte Großbritannien, Frankreich, Italien, Japan und die Vereinigten Staaten von Amerika legen in einer Note Protest gegen die fremdenfeindlichen Ausschreitungen in der chinesischen Stadt Nanking im März ein (→24. 3./S. 53).

12. April, Dienstag

Die britische Regierung beschließt, den Frauen das gleiche Wahlrecht einzuräumen. Das Frauenwahlrecht ist 1917 in Großbritannien eingeführt worden. →S. 72

Nach einem Mißtrauensvotum gegen seine Regierung löst der litauische Ministerpräsident Antanas Smetona das Parlament auf.

Chiang Kai-shek, der Oberbefehlshaber der Kuomintang-Truppen, läßt die kommunistische Gewerkschaftszentrale in Schanghai stürmen und richtet unter den Gewerkschaftsmitgliedern ein Blutbad an. Eine Trennung der Kommunistischen Partei Chinas von der Kuomintang kündigt sich an. →S. 66

Die Schweizer Mustermesse, die größte Industrieschau der Eidgenossenschaft, die am 2. April eröffnet worden ist, geht in Basel zu Ende.

Der – noch nicht vollendete – Wolkenkratzer des »New Netherland-Hotels« in New York gerät in Brand. Es ist der größte Brand in der Geschichte der Stadt; Menschen kommen nicht zu Schaden. →S. 73

13. April, Mittwoch

Beim hinduistischen Badefest am Ganges kommen 35 Menschen im Gedränge am Ufer des heiligen Flusses ums Leben. →S. 72

Die dreimotorige Rohrbach Ro VIII Roland überfliegt als erstes deutsches Großraumverkehrsflugzeug den Alpenraum.

14. April, Donnerstag

In einer Eingabe an den Magistrat fordern alle politischen Parteien in Kassel, Schloß Wilhelmshöhe zur Sommerresidenz für den Reichspräsidenten auszubauen.

Asta Nielsen spielt die Hauptrolle in dem Film »Dirnentragödie« (Regie: Bruno Rahn), der in Berlin uraufgeführt wird. Kritiker loben die realistische Darstellung.

15. April, Karfreitag

Ein Turner-Städtekampf Berlin – Hamburg – Leipzig, der im Großen Schauspielhaus Berlin stattfinden sollte, wird wegen »Heilighaltung des Karfreitags« von den Berliner Behörden verboten.

16. April, Sonnabend

Die Regierung des Königreichs der Serben, Kroaten und Slowenen (heute Jugoslawien) unter Ministerpräsident Nikola Uzunović tritt zurück. Neuer Regierungschef wird Welja Vukičević.

Regierungsvertreter der Sowjetunion und der Schweiz unterzeichnen in Berlin ein Protokoll, mit dem die Spannungen zwischen beiden Staaten, die seit der Ermordung eines sowjetischen Diplomaten in Lausanne 1923 bestehen, offiziell beigelegt werden. →S. 68

Der stellvertretende sowjetische Volkskommissar des Äußeren, Maxim M. Litwinow, und Reichsaußenminister Gustav Stresemann bezeichnen anläßlich des fünften Jahrestags des Rapallo-Vertrags die deutsch-sowjetischen Beziehungen als gut.

Trotz der angespannten Lage in China gemeinsame Interessen: Briten und Chinesen als Zuschauer eines Pferderennens in Schanghai, wie die »Berliner Illustrirte Zeitung« vom 24. April dokumentiert

24. April 1927
Nummer 17
36. Jahrgang

Preis des Heftes 20 Pfennig

Berliner
Illustrirte Zeitung

Verlag Ullstein Berlin SW 68

Am Rande des Bürgerkrieges.
Zuschauer auf der Rennbahn in Schanghai, wo trotz der gespannten Lage Mitte März vom englischen Militär Rennen veranstaltet wurden.

April 1927

In Berlin wird die Ausstellung »Das Wochenende« eröffnet, die einen Überblick über Angebote aus den Bereichen Freizeit, Sport und Urlaub gibt. Eine besondere Attraktion der Ausstellung sind Wochenendhäuser, die von den bekannten Architekten Bruno Taut und Hans Poelzig entworfen worden sind. Die Ausstellung dauert bis zum 2. Oktober. →S. 74

Im Künstlertheater Berlin wird die Komödie »Skandal in Amerika« von Hans José Rehfisch uraufgeführt.

17. April, Ostersonntag

In den Osterausgaben der Zeitungen erscheinen Sonderbeilagen. In der »Kölnischen Zeitung« fordert Reichsaußenminister Gustav Stresemann in einem Artikel die Franzosen zur freiwilligen Räumung des Rheinlands auf. →S. 69

Zum Osterfest wird ein Bericht des Völkerbundes diskutiert, in dem Möglichkeiten zur Reform des Ostertermins erörtert werden. Ein Vereinfachungsvorschlag geht dahin, Ostern jeweils am zweiten Sonntag im April zu feiern. →S. 72

Spanien schlägt die Schweiz in einem Fußball-Länderspiel in Santander 1:0.

18. April, Ostermontag

Chiang Kai-shek, der Oberbefehlshaber der Kuomintang-Truppen, verkündet die Bildung einer neuen nationalchinesischen Zentralregierung in Nanking. →S. 66

Der ägyptische Ministerpräsident Adli Jegen Pascha tritt wegen der anhaltenden Kritik der oppositionellen Wafd-Partei an seiner Wirtschaftspolitik zurück. Der ägyptische König Fuad I. ernennt am 23. April Abd Al Chalik Tharwat Pascha, den bisherigen Außenminister, zum neuen Ministerpräsidenten.

Der Österreichische Arbeitersportverband veranstaltet auf der Hohen Warte eine Kundgebung für den Anschluß Österreichs ans Deutsche Reich (25 000 Teilnehmer). Beim anschließenden Fußballspiel schlagen die deutschen die österreichischen Arbeitersportler 3:1. →S. 75

Dem Schriftsteller Hermann Bahr wird in Wien der Burgtheaterring verliehen.

19. April, Dienstag

Bei Guadalajara (Mexiko) wird ein Eisenbahnzug von einer Gruppe von Banditen überfallen. Zahlreiche Passagiere werden niedergestochen, anschließend wird der vollbesetzte Zug in Brand gesteckt. 150 Personen, darunter viele Kinder, kommen bei dem Überfall ums Leben.

In Prag findet ein Kongreß über den Beitrag der Schulen zur Friedenserziehung statt, der vom Internationalen Erziehungsbüro in Genf einberufen worden ist. Konferenzsprache zwischen den 400 Delegierten aus 18 Ländern ist Esperanto. →S. 72

Infolge einer Finanzkrise in Japan übernimmt General Gi-ichi Tanaka das Amt des Regierungschefs. Reijiro Wakatsuki ist mit seinem Kabinett zurückgetreten. →S. 67

In der rechtsgerichteten »Deutschen Zeitung« in Berlin erscheint ein Artikel von Alfred Mühr, in dem der Intendant Leopold Jessner heftig angegriffen wird, weil er die Rolle des Florian Geyer in dem Stück von Gerhart Hauptmann mit dem (angeblich) jüdischen Schauspieler Walter Franck besetzt hat. →S. 75

20. April, Mittwoch

In Moskau wird der Abschluß eines sowjetisch-afghanischen Freundschaftsvertrags bekanntgegeben.

21. April, Donnerstag

Der Große Rat der Faschistischen Partei Italiens nimmt die von Ministerpräsident und Duce Benito Mussolini vorgeschlagene Carta del lavoro an, die eine berufsständische Arbeitsorganisation einführt und die Rechte der Tarifparteien rigoros beschneidet. →S. 68

Die »Vossische Zeitung« in Berlin veröffentlicht den monatlichen Haushaltsplan eines preußischen Regierungsrats. Aus der minuziösen Aufstellung geht hervor, daß der Sold eines mittleren preußischen Beamten bei einer mehrköpfigen Familie gerade zur Deckung des Lebensunterhalts ausreicht. →S. 71

In Leipzig wird die Komödie »Revue zu Vieren« uraufgeführt. Es spielen Pamela Wedekind, Gustaf Gründgens, der Autor Klaus Mann und seine Schwester Erika Mann.

Im Mozartsaal in Berlin wird der Expeditionsfilm »Auf den Spuren der Azteken« uraufgeführt, der unter wissenschaftlicher Beratung von Alfons Goldschmidt von Adolf Trotz an Originalschauplätzen in Mexiko gedreht worden ist.

22. April, Freitag

Das Land Baden hebt das Redeverbot für Adolf Hitler, den Führer der NSDAP, auf (→6./9. 3./S. 54).

In Genf wird bekannt, daß die Sowjetunion an der ersten Weltwirtschaftskonferenz des Völkerbunds (4.–23. 5.) teilnehmen wird, obwohl die Sowjetunion nicht Mitglied des Völkerbunds ist. Die Sachverständigendelegation der Sowjetunion soll vom stellvertretenden Volkskommissar des Äußeren Maxim M. Litwinow, geleitet werden (→23. 5./S. 89).

Nach Kurseinbrüchen auf dem japanischen Aktienmarkt werden die Banken von der neuen Regierung in Tokio bis zum 25. April geschlossen (→19. 4./S. 67).

Nach der Kündigung des österreichisch-tschechischen Handelsvertrags durch die österreichische Regierung wird der Handel zwischen beiden Staaten ohne besondere Zollvereinbarungen allein nach dem Prinzip der Meistbegünstigung vollzogen.

Im Beisein politischer Prominenz wird in Berlin der erste Teil des Ufa-Films »Der Weltkrieg« (Regie: Leo Lasko) mit Originaldokumenten vom Kriegsgeschehen uraufgeführt.

23. April, Sonnabend

In Hamburg geht der Parteitag der Deutschen Demokratischen Partei (DDP) zu Ende (seit 21. 3.). Der Parteivorsitzende Erich Koch spricht sich in einer programmatischen Rede für die Schaffung eines »großdeutschen Einheitsstaats« aus (→24. 2./S. 39).

Reichsinnenminister Walter von Keudell (DNVP) tritt bei seinem Antrittsbesuch in Bayern für eine Stärkung der föderativen Struktur im Deutschen Reich durch Förderung der Autonomie der Länder ein.

24. April, Sonntag

Bei den Nationalratswahlen in Österreich verliert die Regierungskoalition aus Christlichsozialen und Großdeutschen unter Leitung von Bundeskanzler Ignaz Seipel an Stimmen, die Sozialdemokraten verzeichnen einen Zuwachs. Dennoch kann die Regierung ihre Mehrheit im Parlament knapp behaupten. →S. 68

Auf einer »republikanischen Morgenfeier« in Hamburg hält der Schriftsteller Heinrich Mann die Rede »Über den tieferen Sinn der Republik«. →S. 69

25. April, Montag

Die französische Regierung spricht ein Verbot politischer Propaganda in der Kolonie Algerien aus.

Im Städel in Frankfurt am Main wird eine Gemäldesammlung eröffnet, die der im Jahr 1922 ermordete deutsche Außenminister Walther Rathenau aus seinem Privatbesitz der Stadt gestiftet hatte.

26. April, Dienstag

Der in Moskau tagende IV. Sowjetkongreß (eröffnet am 18. 4.) beschließt die Ausarbeitung eines Fünfjahresplans, mit dem die Industrialisierung in der Sowjetunion gefördert werden soll. →S. 67

27. April, Mittwoch

Bei Ahlen (Westfalen) rast ein D-Zug in eine auf den Schienen tätige Arbeiterkolonne. Vier Personen werden getötet, zwei schwer verletzt. Die Arbeiter hatten wegen des Lärms ihrer Schlagbohrer den herannahenden Zug nicht kommen hören, der Zugführer konnte nicht rechtzeitig den Zug zum Halten bringen.

Die Volksoper »Schwanda, der Dudelsackpfeifer«, komponiert von dem Tschechen Jaromir Weinberger, wird in Prag uraufgeführt (→S. 46).

In der Presse werden Angaben über die Entwicklung des Heiratsmarkts im Deutschen Reich veröffentlicht. Danach hat die Mitgift im allgemeinen noch nicht wieder die Höhe, die vor dem Weltkrieg üblich war, erreicht. Die Zahl der Eheschließungen in »vorgerücktem Alter« hat erheblich zugenommen (→S. 24).

28. April, Donnerstag

Li Ta-tschao, einer der Führer der Kommunistischen Partei Chinas, wird mit 17 weiteren Kommunisten von den Truppen des chinesischen Kriegsherrn Chang Tso-lin ermordet. Die Anhänger Chang Tso-lins hatten am 6. April die sowjetische Botschaft in Peking gestürmt, in der sich die Kommunisten verschanzt hatten (→18. 4./S. 66).

In Kowno (Litauen) werden drei sozialistische Politiker wegen angeblichen Aufstandsversuchs zum Tode verurteilt.

Aus dem Moskauer Museum für die Schönen Künste werden fünf äußerst wertvolle Gemälde von Rembrandt, Tizian, Correggio, Carlo Dolci und Giovanni Pisano gestohlen.

29. April, Freitag

In London findet am 28. und 29. April die Internationale Konferenz für Zivilluftfahrt statt. Neben Großbritannien, Frankreich, Belgien, den Niederlanden und der Schweiz nimmt erstmals auch das Deutsche Reich teil.

30. April, Sonnabend

Der Staatsgerichtshof in Leipzig bestätigt das 1926 ausgesprochene Verbot des rechtsgerichteten Kampfbundes »Wiking«, hebt das Verbot der rechten Kampforganisation »Olympia« jedoch auf.

In Thüringen wird eine Koalitionsregierung aus Deutscher Volkspartei (DVP), Deutscher Demokratischer Partei (DDP) und Landbund gegründet. Ministerpräsident wird Richard Leutheusser (DVP).

Mit Vollendung des 18. Lebensjahrs wird Prinzession Juliana Kronprinzessin der Niederlande. →S. 73

In Bremerhaven finden die Gründungsfeierlichkeiten zum 100jährigen Bestehen des Ortes statt. Die Festansprache hält Reichsaußenminister Gustav Stresemann. →S. 73

Der Reichsverband der deutschen Volkshochschulen wird als Dachorganisation der Institute für Erwachsenenbildung im Deutschen Reich gegründet.

In Leipzig wird die Oper »Das Zauberwort« von Maurice Ravel in deutscher Erstaufführung gezeigt.

Geboren:

15. Freiburg im Breisgau: Wolf Häfele, deutscher Physiker.

16. Marktl am Inn: Joseph Ratzinger, deutscher katholischer Theologe.

Das Verhältnis des Menschen zur Technik illustriert das Titelblatt der satirischen Zeitschrift »Simplicissimus« aus München vom 25. April

Gewerkschaftsmilizen entwaffnet

12. April. Chiang Kai-shek läßt die kommunistisch orientierten Gewerkschaftsmilizen in Schanghai gewaltsam entwaffnen; 100 Menschen werden getötet, 600 verletzt.
Der kommunistische Gewerkschaftsbund hatte am 21. März mit Unterstützung der nationalrevolutionären Kuomintang-Truppen Chiang Kai-sheks Schanghai in seine Gewalt gebracht. Die dort lebenden Ausländer stellten aus Furcht vor fremdenfeindlichen Ausschreitungen nach einem Aufruf der US-amerikanischen Handelskammer in Schanghai vom 2. April eine zusammengewürfelte Truppe aus 16 000 Soldaten und 100 Kriegsschiffen der in China engagierten Großmächte – Großbritannien, Japan, USA – zusammen; nach Zusammenstößen zwischen chinesischen Demonstranten und Japanern in Hankau landen am 3. April weitere 600 japanische Marinesoldaten in China. Stimmen aus den USA und aus Japan fordern wiederholt ein gemeinsames militärisches Eingreifen der Großmächte in China.

Der Schlag gegen die Gewerkschafter und ihre Kommune in Schanghai kommt jedoch nicht von Ausländern, sondern von Chiang Kai-shek; er läßt nach der Zuspitzung der Konfrontation mit den ausländischen Interessenvertretern am 5. April in Schanghai das Kriegsrecht verhängen, woraufhin der Gewerkschaftsbund am 7. April in Sreik tritt. Am 12. April folgt die Entwaffnung der Gewerkschaftsmilizen. Angeblich will Chiang damit zum Abbau der Konfrontation zwischen Chinesen und Ausländern beitragen, tatsächlich dient die Aktion jedoch der Zerschlagung der Kommunistischen Partei (→ 15. 7./S. 122).

Eine typische Szene aus der Zeit nach der Besetzung von Schanghai durch die von Chiang Kai-shek angeführten Kuomintang-Truppen: Britische Soldaten verriegeln die Schranken, um das Eindringen von Chinesen in das von Ausländern bewohnte Viertel zu verhindern

Die imperialistische Politik der Großmächte in China

Die westlichen Großmächte haben ihre Politik der militärischen und ökonomischen Intervention in China, dessen Märkte sie für sich zu erschließen beabsichtigen, bereits in den 30er Jahren des 19. Jahrhunderts begonnen. 1842 schloß China in Nanking den ersten der sog. »ungleichen Verträge« ab; es mußte Hongkong an Großbritannien abtreten, fünf Vertragshäfen für britische Händler öffnen und eine Kriegsentschädigung zahlen. Die französisch-britische Flotte drang weiter nach Norden vor, und die Verträge von Tientsin aus dem Jahr 1858 führten zu weiteren Zugeständnissen der Chinesen: Es wurden ausländische Gesandtschaften in Peking errichtet, weitere Häfen und auch Teile der Binnenschiffahrt für ausländische Schiffe geöffnet und Missionare zugelassen. Britische Kaufleute erhielten Handelsfreiheit; auch Rußland, Frankreich und den USA wurden derartige Konzessionen eingeräumt, so daß China noch vor der Jahrhundertwende ganz in Interessensphären unter den imperialistischen Mächten aufgeteilt war.
Nach der Niederschlagung des Aufstands der »Boxer«, einer antidynastischen und fremdenfeindlichen Bewegung, wurde Peking 1900 von der Vereinigten Armee der acht Staaten (darunter auch das Deutsche Reich) besetzt. Zu neuerlichen, gegen die ausländische Intervention gerichteten Demonstrationen kam es 1919, als im Versailler Friedensvertrag die deutschen Privilegien in China an Japan übertragen wurden.

Truppenverbände der britischen Marine auf einem Marsch durch das Fremdenviertel der chinesischen Handelsmetropole Schanghai

Drei Regierungen beherrschen China

18. April. In Nanking läßt Chiang Kai-shek eine neue, allein von der Kuomintang geleitete Regierung ausrufen. Innerhalb der nächsten Jahre wird die Stadt zur Hauptstadt von China.
In China gibt es neben Chiangs Kabinett zwei weitere Regierungen, die beanspruchen, für das gesamte Land zu sprechen:

Chang Tso-lin

- ▷ Die Regierung in Peking steht unter dem Militärmachthaber Chang Tso-Lin, der eine fremdenfreundliche Politik verfolgt. Chang Tso-Lin hat am 6. April die sowjetische Botschaft in Peking erstürmen und einige führende chinesische Kommunisten hinrichten lassen
- ▷ Die Regierung in Wuhan wird von einer Koalition aus dem linken Flügel der Kuomintang und den Kommunisten getragen. Nach Chiang Kai-sheks Staatsstreich in Schanghai (→ 12. 4./S. 66) schließt die Wuhan-Regierung Chiang aus ihrer Organisation wegen allzugroßer Kompromißbereitschaft mit den nördlichen Kriegsherren und den ausländischen Mächten aus.

Chiang Kai-shek läßt nach der Eroberung von Nanking eine reine Kuomintang-Regierung ausrufen

Erster Fünfjahresplan in Auftrag

26. April. Der IV. Sowjetkongreß der UdSSR beschließt zum Abschluß seiner Tagung in Moskau, die Ausarbeitung eines Fünfjahresplans – des ersten in der Geschichte der Sowjetunion – in Auftrag zu geben. Durch dieses wirtschaftspolitische Instrument sollen die Entwicklung in allen Bereichen der Ökonomie aufeinander abgestimmt, die Industrialisierung forciert und der Marktmechanismus durch zentrale staatliche Lenkung ersetzt werden.
Bereits 1920 erfolgte die Ausarbeitung des ersten sowjetischen Plans, des GOELRO, der – gemäß der Devise von Parteiführer Wladimir I. Lenin: »Kommunismus ist Sowjetmacht plus Elektrifizierung« – dem beschleunigten Bau von Kraftwerken galt.
Im Februar 1921 folgte die Gründung der staatlichen Planungskommission GOSPLAN, deren Aufgabe die Koordinierung der verschiedenen Wirtschaftsbereiche war.
Einen Monat darauf vollzog die Partei mit der Verkündung der Neuen ökonomischen Politik einen Kurswechsel: Die nach der Oktoberrevolution während des Bürgerkriegs und der ausländischen Intervention verfolgte Politik des Kriegskommunismus – Verstaatlichung auch kleinerer und mittlerer Industrieunternehmen, Verbot des Privathandels, Zwangsabgaben an Nahrungsmitteln für Bauern – wurde weitgehend rückgängig gemacht. An die Stelle der eher willkürlich gehandhabten Zwangseintreibung von Agrarprodukten trat eine feste Naturalsteuer, der Binnenhandel wurde liberalisiert und das private Kleinunternehmertum wieder zugelassen. Der Anteil der Privatunternehmen liegt 1927 bei 24%.

Lenin-Haus in Nowosibirsk; Sibirien ist ein Schwerpunkt des Plans

Regierungswechsel nach Bankenkrach

19. April. General Gi-ichi Tanaka von der Seiyukai-Partei, die bisher in der Opposition war, übernimmt das Amt des Regierungschefs von Japan. Der Rücktritt seines Vorgängers, Reijiro Wakatsuki, ist am 17. April vor dem Hintergrund einer schweren Bankenkrise erfolgt.
Die alte Regierung hatte, um den Goldstandard der japanischen Währung, des Yen, wiederherzustellen, von den Banken die Rückzahlung der Kredite gefordert, die sie nach dem schweren Erdbeben von 1923 (→ 7. 3./S. 58) gewährt hatte. Dies führte zu einer schweren Krise bei 40 Banken, bei denen Unregelmäßigkeiten in ihren Geschäften ans Licht traten, und vor allem zum vollständigen Zusammenbruch der Formosa-Bank.
Der neue Regierungschef Tanaka verkündet ein Zahlungsmoratorium von 21 Tagen, das vom 22. April bis zum 12. Mai läuft, und kann damit die Bankenkrise beilegen. Bereits am 25. April werden die Geldinstitute wieder geöffnet.

Ächtung des Krieges

6. April. Am zehnten Jahrestag des US-amerikanischen Eintritts in den Weltkrieg wendet sich der französische Außenminister Aristide Briand in einer Botschaft direkt an die Bevölkerung der Vereinigten Staaten. Er schlägt einen zweiseitigen Pakt zwischen Frankreich und den USA vor, in dem der Krieg als Mittel der Politik geächtet wird.
Briand ist zuvor mit dem Hochschullehrer James T. Shotwell zusammengetroffen, der zusammen mit dem Chicagoer Rechtsanwalt Salmon O. Levinson die Ansicht vertritt, der Krieg müsse durch einen internationalen Vertrag als legales völkerrechtliches Mittel geächtet werden. Shotwell und Levinson haben Schlüsselpositionen in der pazifistischen Bewegung in den USA inne.
Der US-amerikanische Außenminister Frank B. Kellogg steht einem Sonderabkommen mit Frankreich, das die USA in das Sicherheitssystem der europäischen Kontinentalmacht einbezieht, ablehnend gegenüber. Durch Briands Appell an die Öffentlichkeit in Zugzwang gesetzt, schlägt er im Dezember 1927 statt dessen einen Vertrag vor, in dem sich alle Großmächte feierlich darauf verpflichten, auf den Krieg als politisches Mittel zu verzichten.

Der US-Außenminister Frank B. Kellogg, dem Briand einen Kriegsächtungspakt vorschlägt

Ungarns Ministerpräsident Bethlen bei der Vertragsunterzeichnung, r. Italiens Duce Mussolini

Italien verbündet sich mit Ungarn

5. April. Der italienische Ministerpräsident und Duce Benito Mussolini und der ungarische Ministerpräsident István Graf Bethlen von Bethlen unterzeichnen in Rom den italienisch-ungarischen Freundschafts-, Versöhnungs- und Schiedsvertrag.
Die imperialistischen Bestrebungen Italiens, die mit Mussolinis Äußerung, er werde das Mittelmeer wieder zum römischen Meer machen, unverhüllt deutlich werden, richten sich u. a. auf den Balkan. Durch Unterstützung der Verliererstaaten des Weltkriegs – wie Ungarn und Bulgarien –, die mit der Grenzziehung auf dem Balkan, wie sie in den Pariser Vorortverträgen 1919 von den Siegermächten festgesetzt wurde, nicht einverstanden sind, hofft Mussolini, den italienischen Einflußbereich bis zum Schwarzen Meer ausdehnen zu können. Diese imperialistische Politik verschärft die seit 1923 zunehmenden Spannungen mit Frankreich, dem Verbündeten der in der Kleinen Entente zusammengeschlossenen Staaten Tschechoslowakei, Rumänien und Königreich der Serben, Kroaten und Slowenen (heute Jugoslawien).
Dem Expansionsstreben Italiens steht vor allem das nach dem Zusammenbruch der Donaumonarchie 1918 gegründete Königreich der Serben, Kroaten und Slowenen im Wege (→ 22. 11./S. 185).

Sozialdemokraten stark wie nie

24. April. Bei den Wahlen zum Nationalrat, dem österreichischen Parlament, müssen die auf einer Einheitsliste kandidierenden bürgerlichen Regierungsparteien schwere Verluste hinnehmen, während die Sozialdemokraten ihren Anteil erheblich vergrößern können.

Die Parteien der Koalition, die Christlichsoziale Partei von Bundeskanzler Ignaz Seipel und die Großdeutsche Volkspartei, erreichen zusammen 49% der Stimmen, die Sozialdemokratische Arbeiterpartei Österreichs 42%, der nationalliberale Landbund 6%, die Splitterparteien insgesamt 3%. 71 Mandaten (bisher 68) für die Sozialdemokraten stehen 73 (bisher 82) für die Christlichsozialen, 12 (bisher 10) für die Großdeutschen und 9 (bisher 5) für den Landbund gegenüber.

Die Ursachen für die Wahlniederlage der Regierungskoalition liegen u. a. in Finanzskandalen, in die auch Regierungsmitglieder verwickelt waren, in der umstrittenen Novellierung des Mieterschutzgesetzes zu Lasten der Armen und in der hohen Arbeitslosigkeit.

Bundeskanzler Ignaz Seipel (u. M.) nimmt den rechtsgerichteten Landbund in die Regierung auf

Wahlplakat der Sozialdemokraten: Finanzfachmann Hugo Breitner setzt sich für Luxussteuern ein

Die Sozialdemokraten hatten sich – gemäß ihrem Parteiprogramm von 1926, das auf die Idee eines revolutionären Umsturzes verzichtet – erhofft, durch Erlangung der parlamentarischen Mehrheit das sozialistische System einzuführen. Um so enttäuschter sind ihre Anhänger, als Seipel das Wahlergebnis dazu nutzt, die Regierungskoalition nach rechts – durch Aufnahme des Landbundes – zu erweitern (→ 15./16. 7./S. 118).

Churchills Budget im Kreuzfeuer

12. April. Im britischen Unterhaus wird das Budget, das Schatzkanzler Winston Churchill am Vortag vorgelegt hat, von der Opposition heftig attackiert.

Philip Viscount Snowden, der vom 22. Januar bis zum 4. November 1924 selbst – in der bisher einzigen Labour-Regierung der britischen Geschichte unter James Ramsay MacDonald – das Amt des Schatzkanzlers innehatte, nennt den Etatentwurf »das Budget eines liederlichen Bankrotteurs«, er spricht von »einer Mischung von Gaukelei und Täuschung« und davon, daß Churchill mit »Taschenspielertricks« gearbeitet habe, um eine einigermaßen ausgeglichene Bilanz zu erreichen. Der profilierte liberale Abgeordnete David Lloyd George (Premierminister 1916–1922) meint nach Churchills Etatrede beißend, daß die Parlamentarier, die sich seine Ausführungen angehört hätten, Vergnügungssteuer dafür zahlen sollten.

Churchills Budget erreicht die enorme Höhe von 834,8 Millionen Pfund Sterling (umgerechnet 17,1134 Milliarden Reichsmark) bei den Ausgaben; dieser Summe stehen 833,4 Millionen Pfund (17,0847 Milliarden RM) an Einnahmen gegenüber, so daß sich formal nur ein Defizit von 1,4 Millionen Pfund (28,7 Millionen RM) ergibt. Das Labour-Budget unter Snowden hatte nur 790 Millionen Pfund (16,20 Milliarden RM) betragen.

Churchill beziffert die aus bisher bestehenden Steuern und Zöllen zu erwartenden Einnahmen mit 796,8 Millionen Pfund (16,334 Milliarden RM), so daß er 38 Millionen Pfund (779 Millionen RM) durch neue Mittel aufbringen muß. Dazu kündigt er folgende Maßnahmen an:

- ▷ Erhöhung des Weinzolls, der Tabak- und Streichholzsteuer
- ▷ Einführung von Schutzzöllen auf Tonwaren
- ▷ Kürzung der bereits bewilligten Mittel für den Straßenbau
- ▷ Beschleunigte Einziehung der Brauereisteuer

Das Finanzjahr 1926/27 hatte am 1. April mit einem Defizit von 36,7 Millionen Pfund (752 Millionen RM) abgeschlossen, obwohl Churchill den Etat mit einem Überschuß von 4 Millionen Pfund (82 Millionen RM) aufgestellt hatte.

Berufsständisches System in Italien

21. April. Der Große Rat der Faschistischen Partei billigt in Rom die vom italienischen Ministerpräsidenten und Duce Benito Mussolini ausgearbeitete Carta del lavoro, die einen Zusammenschluß von Arbeitnehmer- und Arbeitgeberverbänden nach Berufszweigen zu gemeinsamen Korporationen vorsieht.

Benito Mussolini

Basis der Carta del lavoro ist das Gesetz über die kollektiven Arbeitsbeziehungen vom 3. April 1926. Es beseitigt die Tarifautonomie, hebt das Streikrecht auf und ersetzt die freien Gewerkschaften durch faschistische Arbeitgeber- und Arbeitnehmerorganisationen. Nun werden die beiden Tarifparteien zu Korporationen zusammengeschlossen.

Versöhnung in Berlin

16. April. In Berlin unterzeichnen Vertreter der Sowjetunion und der Schweiz ein Protokoll, mit dem sie den Konflikt, der durch die Ermordung eines sowjetischen Politikers in der Schweiz entstanden ist, ausräumen.

Botschafter Nikolai Krestinski, Vertreter der Sowjetunion

Vaclav V. Worowski, ein Mitglied der sowjetischen Delegation bei der Friedenskonferenz in Lausanne, war am 10. Mai 1923 von einem Schweizer erschossen worden. Nach dem Freispruch des Täters durch ein Schweizer Gericht hatte die Sowjetunion am 14. Dezember 1923 die diplomatischen und Handelsbeziehungen zur Eidgenossenschaft abgebrochen und sowjetischen Firmen und Staatsbürgern jeden Verkehr mit der Schweiz untersagt.

Zur Beilegung des Konflikts erklärt die schweizerische Regierung, daß es das Attentat von Lausanne »als verbrecherische Handlung durchaus verurteile« und zur Zahlung einer Entschädigung an die Tochter des Ermordeten bereit sei.

Die Großmächte hatten auf die Regierung der Schweiz Druck ausgeübt, die Auseinandersetzung mit der Sowjetregierung zu beenden, da sie eine Teilnahme der UdSSR an den Konferenzen des Völkerbundes wünschen. Nun ist der Weg für Moskau frei (→ 23. 5./S. 89).

Die Sozialdemokraten lehnen den Haushalt wegen der Höhe des Wehretats (Abb.: Reichswehrsoldaten) ab

Der Reichshaushalt wird gebilligt

6. April. Der Reichstag billigt in dritter Lesung den von Reichsfinanzminister Heinrich Franz Köhler (Zentrum) vorgelegten Etat für das Haushaltsjahr 1927. Er umfaßt nach einer Reihe von Änderungen am Regierungsentwurf schließlich eine Summe von 9,3 Milliarden Reichsmark unter Einschluß der außerordentlichen Ausgaben.

Der Etat wird in namentlicher Abstimmung mit 238 gegen 166 Stimmen bei 6 Enthaltungen angenommen. Dafür stimmen neben den Regierungsparteien – Deutschnationale Volkspartei (DNVP), Zentrum, Bayerische Volkspartei (BVP) und Deutsche Volkspartei (DVP) auch die Deutsche Demokratische Partei (DDP) sowie Teile der Wirtschaftlichen Vereinigung und der Völkischen. Der Etat wird von der sozialdemokratischen und der kommunistischen Fraktion abgelehnt.

Erstmals seit 1918, seit dem Zusammenbruch des Kaiserreichs, hat damit die SPD dem Etat die Zustimmung verweigert. In den vergangenen Jahren hatten die Sozialdemokraten immer, auch wenn sie selbst nicht an der Regierung beteiligt waren, durch ihre Zustimmung zum Etat zum Ausdruck gebracht, daß sie die Arbeit einer demokratisch legitimierten Regierung anerkennen. Zur Zusammenarbeit mit der Rechtsregierung ist sie grundsätzlich nicht mehr bereit (→ 29. 1./S. 14).

Die SPD begründet ihre Ablehnung mit der Höhe des Reichswehretats, der mit 700 Millionen RM etwa 1,5% des Volkseinkommens ausmacht. Reichswehrminister Otto Geßler (parteilos) hält dieser Kritik in der Etatdebatte entgegen, daß der Anteil der Wehrausgaben in Großbritannien und Frankreich mit 3,5% erheblich höher liege.

Tragischer Tod in der Bannmeile

1. April. Bei den Gedenkfeiern zur Wiederkehr des Geburtstages des früheren Reichskanzlers Otto Fürst von Bismarck kommt es zu einem Zwischenfall: General Ernst von Wrisberg, der am Platz der Republik in Berlin einen Kranz niederlegt, stirbt an einem Schlaganfall, als Polizeiposten ihn festnehmen.

Zum 112. Bismarck-Geburtstag hält Wrisberg bei der Kranzniederlegung eine Rede, der etwa 50 Personen zuhören. Da Sprechen unter freiem Himmel innerhalb der Bannmeile verboten ist, fordern Polizisten ihn auf, seine Rede abzubrechen. Als er dem nicht nachkommt, nehmen sie den General zur Aufnahme der Personalien fest.

Rede Heinrich Manns

Der Schriftsteller Heinrich Mann nimmt zur Republik Stellung

24. April. Zum Ausklang des Parteitags der linksliberalen Deutschen Demokratischen Partei (DDP) hält der Schriftsteller Heinrich Mann, der wegen seines Einsatzes für republikanische Ideale als Symbolfigur des politisch engagierten bürgerlichen Intellektuellen gilt, im Deutschen Schauspielhaus in Hamburg eine Rede zur Verteidigung der Republik. Heinrich Mann führt u. a. aus: »Demokratie und Republik brauchen Güte so sehr wie Erkenntnis. Ihr Beruf wäre, beide in der Welt zu vermehren. Das Gegenteil von Demokratie ist Ideenhaß, die Verfolgung von Gesinnungen. Dem republikanischen Geiste am fremdesten ist die Verweigerung des Rechts zum Schaden Schwacher . . .«

Aufforderung an die Alliierten

17. April. In der Osterausgabe der »Kölnischen Zeitung« erscheint ein Artikel des deutschen Außenministers Gustav Stresemann, in dem er die Alliierten zur Räumung der noch besetzten Gebiete des Rheinlands auffordert. In dem Beitrag heißt es u. a.:

»Auch in der Politik wechselt die Sonne mit unfreundlichen Regenschauern und Stürmen . . . Es wäre das Beste für die Entwicklung der Verhältnisse in der Welt, wenn in den Rheinlandfragen die Initiative freiwillig von der anderen Seite ergriffen und durchgeführt würde. Es ist nicht nur Deutschland, das ein Interesse am europäischen Frieden hat. Jeder seiner Verantwortung bewußte Staatsmann, jedes Volk muß wissen, was neue Verwirrungen in Europa bedeuten. Man hat Deutschland aufgerufen, an der Friedenssicherung mitzuarbeiten, damit läßt sich die Aufrechterhaltung der fremden Besatzung auf deutschem Boden nicht vereinbaren.

Die letzten Monate haben uns vor Zwischenfällen bewahrt, aber niemand ist sicher davor, daß sie nicht eines Tages wiederkommen und Entwicklungen beeinflussen und hemmen, die von uns allen als segensreich empfunden werden . . .«

Entsprechend dem Versailler Vertrag war das Rheinland 1920 von britischen, belgischen und französischen Truppen besetzt worden. Am 1. Februar 1926 erfolgte die Räumung der ersten Rheinlandzone.

Außenminister Stresemann

Arbeitswelt 1927:

Ein langer Arbeitstag mit hohem Tempo

Die Situation der in der industriellen Produktion Beschäftigten des Jahres 1927 ist durch ein ansteigendes Lohnniveau, einen Rückgang der Arbeitslosigkeit, eine Verbesserung der Arbeitslosenversicherung (→7. 7./S. 120), auf der anderen Seite jedoch durch eine hohe Arbeitsintensität und einen langen Arbeitstag, ferner eine starke Benachteiligung der arbeitenden Frauen gekennzeichnet.

Der Bruttotariflohn einer ungelernten Arbeiterin beträgt z. B. im Durchschnitt nur rund drei Viertel des Lohns eines ungelernten männlichen Kollegen.

Seit 1924, nach der Beilegung der Inflation, sind die Nettoreallöhne (bei denen die Preissteigerungen und die Abzüge für Steuern und Sozialversicherungen mitberücksichtigt sind) – mit einer Unterbrechung 1926 – kontinuierlich gestiegen und haben den Vorkriegsstand fast wieder erreicht. Legt man das Reallohnniveau von 1913/14 als Index 100 zugrunde, so ergibt sich folgende Entwicklung:

- ▷ 1924: 74
- ▷ 1925: 91
- ▷ 1926: 85
- ▷ 1927: 98

Die Arbeitlosigkeit liegt im Jahresdurchschnitt bei 1,327 Millionen; das sind 34,5% weniger als 1926. Die Januar-Arbeitslosenzahl von 2,091 Millionen ist die höchste des Jahres, im April sinkt die Zahl mit 986 152 zum ersten Mal seit November 1925 wieder unter die Millionengrenze. Eine genaue Berechnung der Arbeitslosenquoten ist erst nach Einführung der Pflichtversicherung gegen Arbeitslosigkeit im Juli möglich. Legt man die Prozentzahlen der in der Gewerkschaft organisierten Beschäftigten zugrunde, so ergibt sich für 1927 ein Prozentsatz von 8,8 gegenüber 17,9% 1926 und 8,3% 1925.

Das Arbeitstempo ist durch die Anwendung des Taylorismus und durch die damit einhergehende Fließbandarbeit gewaltig erhöht worden. Dieses System der wissenschaftlichen Betriebsführung ist von dem US-amerikanischen Ingenieur Frederick Winslow Taylor in den Jahren 1903 bis 1911 entwikkelt worden und dient der Steigerung der Arbeitsproduktivität, u. a. durch Analyse des Arbeitsablaufs und durch Optimierung der Geräte, aber auch der Arbeitsbewegungen (kontrolliert durch Zeit- und Bewegungsstudien).

Der »Reichsausschuß für Arbeitszeitermittlung« (REFA), der sich an den Taylorschen Prinzipien orientiert, ist 1924 gegründet worden. Das REFA-System zerlegt den Arbeitsprozeß in kleinste Arbeitsschritte, deren Dauer jeweils genau festgelegt wird. So werden die Zeiten für bestimmte Arbeitsvorgänge normiert; die Akkorde können auf diese Weise überbetrieblich vorkalkuliert werden.

Während sich die Gewerkschaft vor dem Weltkrieg wegen der größeren Arbeitshetze und der drohenden Dequalifizierung gegen den Taylorismus ausgesprochen hatte, gibt es Mitte der 20er Jahre – im Zuge der Integration der Arbeitnehmerorganisationen – eine ganze Reihe von Gewerkschaftern, die den Taylorismus für notwendig halten, um die Konkurrenzfähigkeit deutscher Produkte auf dem Weltmarkt zu sichern. Diese Gewerkschafter stehen dem Fließarbeitssystem, das auf den US-amerikanischen Automobilindustriellen Henry Ford (→26. 5./S. 90) zurückgeht, aufgeschlossen gegenüber. Auch der sog. »weiße Sozialismus« Fords, der auf die Propagierung einer »Betriebsgemeinschaft« unter Ausschaltung einer Interessenorganisation für die Arbeitnehmer hinausläuft und durch hohe Löhne die Arbeiter an das Unternehmen zu binden versucht, findet Anhänger in den Gewerkschaften.

Die Arbeitsproduktivität ist durch Taylorismus und Fordismus, durch verstärkten Einsatz von Elektromotoren, Preßluftantrieben, Automaten, Förderbändern und Elektrokarren – aber auch durch größere Auslastung der Maschinen – seit 1924 kontinuierlich angestiegen und liegt wieder über dem Vorkriegsniveau.

Die durchschnittliche Wochenarbeitszeit in der Industrie liegt am Stichtag 1. September 1927 immer noch über 50 Stunden und ist sogar gegenüber 1926 noch einmal um 4% gestiegen. Das neue Arbeitszeitnotgesetz (→8. 4./S. 71) bringt keine durchgreifende Verkürzung der Arbeitszeit.

Wissenschaftliche Berufseignungsprüfung im Kaiser-Wilhelm-Institut für Arbeitsphysiologie in Berlin

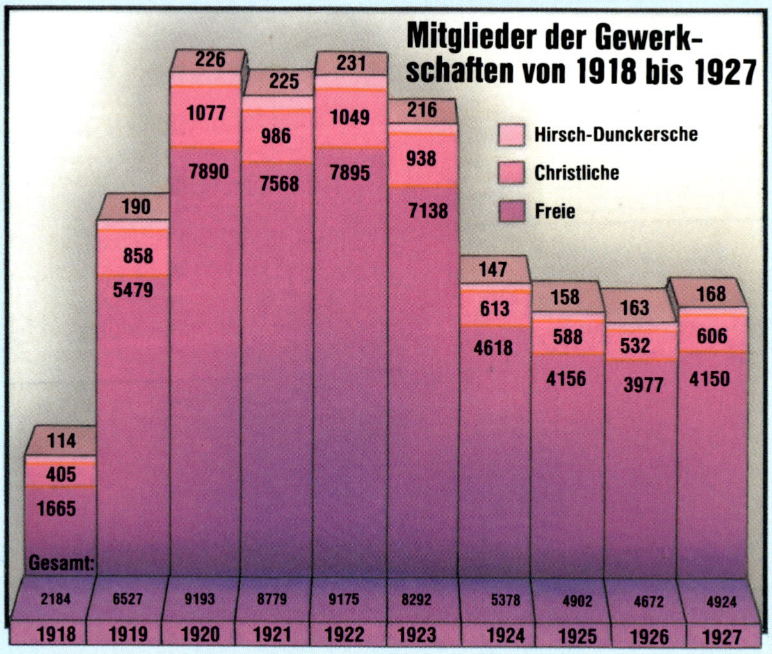

Schlecht bezahlt werden die kleinen Beamten der Reichspost, hier beim Einlagern von verbuchten Zahlkarten

Viel Geld für die repräsentativen Bauten der Reichspost: Moderner Neubau des Hauptpostamtes in Magdeburg

Die Not des mittleren Beamten

21. April. Die »Vossische Zeitung« in Berlin veröffentlicht den Haushaltsplan, den ein mittlerer preußischer Beamter, ein Regierungsrat, aufgestellt hat, um zu belegen, daß ein Diensteinkommen in Höhe von 737,25 Reichsmark monatlich nicht ausreicht, um eine siebenköpfige Familie ausreichend zu versorgen.

Verglichen mit den Durchschnittslöhnen für Arbeiter und Angestellte erscheint das Einkommen des Beamten hoch: So hat ein männlicher ungelernter Arbeiter bei einem Stundenlohn von 70,5 Reichspfennig und einer 50,5-Stunden-Woche am Ende des Monats 160 Reichsmark in der Lohntüte; das durchschnittliche Gehalt eines männlichen Angestellten liegt bei 33,98 Reichsmark pro Woche. Die Hilfe einer Haustochter, einer Wasch- und einer Stundenfrau, kommt bei einem solchen Einkommen nicht in Frage. Dennoch zeigt der Kommentator der »Vossischen Zeitung« Verständnis für die Nöte der Beamten. Er hält eine Besoldungserhöhung um 35% für angemessen (→ 15. 12./S. 200).

Reichsernährungsminister Martin Schiele von der Deutschnationalen Volkspartei (DNVP)

Der Haushaltsplan eines preußischen Regierungsrats für acht Personen

1.	Wohnungsmiete (sechs Zimmer für acht Personen, Mann, Frau, zwei Töchter und drei Söhne zwischen neun und 17 Jahren sowie Haustochter)	187,00 RM
2.	Koks und Holz für Zentralheizung,	35,00 RM
	Waschkohlen	10,00 RM
	Gas zum Kochen	8,00 RM
	Strom für Licht	53,00 RM
3.	U-Bahn zum Dienst für den Mann	10,00 RM
4.	Haustochter 12 RM bar, 9 RM Kassen Stundenfrau 26 RM bar, 5 RM Kassen (Beide zusammen billiger und rationeller als Dienstmädchen und bei der kranken Frau – Folge des sorgenvollen, geistig und körperlich aufreibenden Lebens als Hausfrau und Mutter – notwendig)	52,00 RM
5.	Taschengeld für Mann und Frau, mit dem sie alle Vereinsbeiträge, Schuhe, kleine Kleidungsstücke, persönliche Ausgaben einschließlich Geschenke zahlen, je 25 RM	50,00 RM
6.	Zeitungen	5,00 RM
7.	Wäsche (Waschfrau zwei Tage 8,80 RM bar, Seife, Rolle, Bügelwäsche für drei männliche Personen)	19,00 RM
8.	Kleine Haushaltsausgaben (Porti, Beförderungsmittel, Putzzeug aller Art, zerbrochenes Geschirr, kleine Ausbesserungen, Birnen für Licht usw.)	20,00 RM
9.	Schulgeld (Gymnasium, Studienanstalt, Klavierstunde)	75,00 RM
10.	Taschengeld für die Kinder (zusammen 4,00 RM), Schuhsohlen, Kleidung, Haarschneiden, Schulbedarf, Schulausflüge für fünf Kinder)	10,00 RM
11.	Sonntagsausflüge, Schultheater, Vorträge, Vergnügungen für fünf Kinder)	25,00 RM
12.	Arzt, Apotheker, Brillengläser, Drogerie	20,00 RM
13.	Kirchensteuer, Einbruchs- und Feuerversicherung	5,00 RM
14.	Geschenke für fünf Geburtstage der Kinder (je 15,00 RM, also 75,00 RM, verteilt auf zwölf Monate)	6,25 RM
15.	Verpflegung für acht Personen, dazu Stundenfrau tägliches Frühstück, zwei Tage im Monat die Waschfrau, ferner Besuch	200,00 RM
		737,25 RM
	Das Diensteinkommen für einen preußischen Regierungsrat (Besoldungsgruppe XI) in Berlin beträgt nach Abzug der Lohnsteuer	734,80 RM
	Der Fehlbetrag beträgt also monatlich	2,45 RM

Nicht berücksichtigt sind
- Zweimal jährlich etwa 40,00 RM Zahnarzt
- Ersatzanschaffungen für Betten, Möbel, Wäsche, Gardinen usw. (der Hausstand besteht 18 Jahre)
- Neuanschaffung von Schuhwerk und größeren Kleidungsstücken (Anzüge, Kleider, Mäntel) für sieben Personen ...

Keine Rückkehr zu Achtstundentag

8. April. Mit 196 zu 184 Stimmen nimmt der Reichstag das neue Arbeitszeitnotgesetz an. Es hat nicht, wie von den Gewerkschaften erhofft, eine Rückkehr zum Achtstundentag gebracht, sondern lediglich die Mehrarbeit für den Unternehmer durch Zuschläge verteuert.

Nach der Novemberrevolution 1918 hatten die Gewerkschaften die Regelung der Arbeitszeit per Verordnung und die prinzipielle Beschränkung auf acht Stunden täglich als eine ihrer wichtigsten sozialpolitischen Forderungen durchgesetzt. Allerdings hatte diese Verordnung nur bis 1923 Bestand. Die inflationäre Entwicklung im Deutschen Reich führte dazu, daß am 21. Dezember 1923 – mehr als ein Monat nach der Währungsreform – eine neue Arbeitszeitverordnung erlassen wurde, die zwar formell eine Bestätigung des Achtstundentages enthielt, tatsächlich jedoch eine Fülle von Ausnahmeregelungen erlaubte.

Kurt Dalchow, Box-Europameister im Bantamgewicht, an seiner Arbeitsstätte in einer Berliner Gießerei

Die nun beschlossene Neufassung bringt keine Rückkehr zum Achtstundentag und erklärt Zuschläge für Mehrarbeit in Höhe von 25% für angemessen, jedoch nicht unbedingt verpflichtend. Eine Überschreitung der Arbeitszeit von zehn Stunden täglich wird unter Strafe gestellt, allerdings gibt es hier mehr Ausnahmeregelungen als zuvor.

Reformvorschläge zum Osterdatum

17. April. Zum Osterfest werden Vorschläge der Völkerbundskommission zur Kalenderreform diskutiert, die darauf hinauslaufen, das bisher bewegliche Osterfest regelmäßig am zweiten Sonntag im April stattfinden zu lassen.
Weitergehende Anregungen der Kommission gehen dahin, zu gewährleisten, daß ein Datum immer auf den gleichen Wochentag fällt. Dazu ist die Einführung eines Sondertages nötig, der des Wochentagscharakters entkleidet wird. Dieser Sondertag könnte zwischen dem 30. Juni und dem 1. Juli als sog. »Mittjahrsfest« begangen werden. Ein bei Schaltjahren notwendiger zweiter Sondertag wäre an das Ende des Jahres zu setzen.
Um die Normierung des Kalenders perfekt zu machen, ist eine Teilung des Jahres in genau gleich lange Quartale, die jeweils 13 Wochen umfassen, im Gespräch. Den Monaten könnte man in jedem Quartal je 31, 30 und 30 Tage geben, durch geschickte Legung des Sonntags an den Beginn des Quartals ist es möglich, die Zahl der Werktage pro Monat auf jeweils 26 festzusetzen.

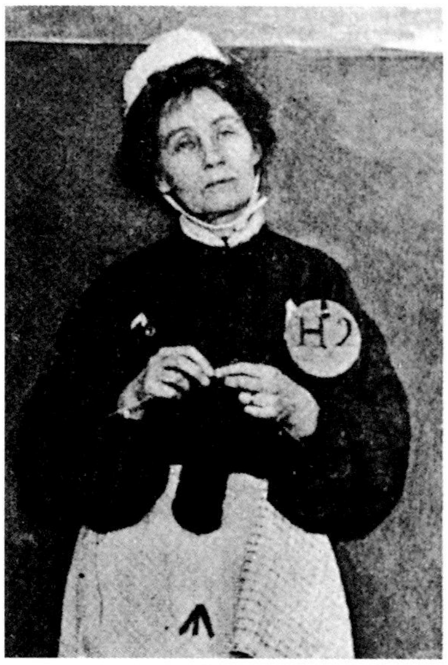

Emmeline Pankhurst, Vorkämpferin der britischen Frauenbewegung

Großbritanniens Premierminister Stanley Baldwin mit seiner Frau

Frauen dürfen wählen

12. April. Die konservative britische Regierung unter Premierminister Stanley Baldwin faßt den Beschluß, den Frauen das gleiche Wahlrecht einzuräumen wie den Männern.
Die Einführung des aktiven Frauenwahlrechts in Großbritannien erfolgte 1917, allerdings mit einer Altersbegrenzung von 30 Jahren; 1918 wurde auch das passive Frauenwahlrecht eingeführt. Nun sollen die britischen Frauen – wie die Männer – bereits mit Vollendung des 21. Lebensjahres wählen dürfen. Da die Labour-Partei seit langem für eine solche Regelung eintritt, ist damit zu rechnen, daß der Gesetzesentwurf im Parlament eine Mehrheit erhält.

Friedenserziehung durch Esperanto

19. April. In Prag wird ein Kongreß eröffnet, der sich mit der Frage beschäftigt, wie die Schule zu einer Erziehung im Sinne des Friedens beitragen könne. Die Konferenz, an der rd. 400 Delegierte aus 18 Staaten teilnehmen, ist vom Internationalen Erziehungsbüro in Genf einberufen worden.
Der tschechoslowakische Außenminister Eduard Beneš und Unterrichtsminister Milán Hodža eröffnen den Kongreß mit Ansprachen in französischer Sprache. Die offizielle Kongreßsprache ist jedoch Esperanto, die von dem Warschauer Arzt Ludwig Zamenhof vor genau 40 Jahren erfundene Kunstsprache. Indem sich die Delegierten dieser Welthilfssprache bedienen, machen sie praktisch deutlich, daß sie ein friedliches Zusammenleben der Völker durch eine Überwindung nationaler Rivalitäten erwarten.
Die Referenten verlangen eine stärkere Berücksichtigung von Menschlichkeit und Friedensliebe in den Geschichtsbüchern, die bisher noch in nahezu allen Staaten der Welt von einem kriegerischem Geist erfüllt seien.

Ein Badefest im Ganges fordert 35 Opfer

13. April. Am letzten Tag des großen »Kubh-Mela«-Festes, einer hinduistischen Reinigungszeremonie im Ganges, kommen 35 Menschen, 20 Männer und 15 Frauen (nach anderen Angaben: 21 Frauen und 15 Männer) ums Leben. Zu dem Badefest sind Hindus aus allen Teilen Indiens in die Stadt Hardwar, die am Ganges liegt, gekommen. Die Bevölkerungszahl ist während der Feierlichkeiten auf nahezu eine halbe Million Menschen angewachsen – in normalen Zeiten leben 25 000 Menschen in dem Provinzstädtchen.
Der Ansturm auf den heiligen Fluß, den jeder als erster erreichen möchte, führt dazu, daß eine von den britischen Sicherheitsbehörden aufgebaute Sperre zusammenbricht; dabei werden 35 Pilger erdrückt. Beim »Kubh-Mela«-Fest, das alle zwölf Jahre veranstaltet wird, sind in der Vergangenheit immer wieder Menschen zu Tode gekommen. 1915, bei der letzten Feier, waren 27 Menschenleben zu beklagen. 1819 sollen sogar 430 Pilger umgekommen sein.
Die britischen Kolonialbehörden hatten daher diesmal 30 000 Pfund Sterling (umgerechnet 615 000 Reichsmark) für Sicherheitsmaßnahmen aufgewandt, um größere Unfälle zu verhindern. 2000 Polizisten, 26 Sanitäter und 23 Ärzte sind im Einsatz. Die Sicherheitsmaßnahmen der britischen Kolonialverwaltung sind von den hinduistischen Gläubigen nicht widerspruchslos hingenommen worden.

Badefest im Ganges; die Hindus klagen darüber, daß durch die Anwesenheit von Nicht-Hindus (britischen Polizeikräften) das Schamgefühl der weiblichen Hindus während der Badezeremonie verletzt werde

Wolkenkratzer steht in Flammen

12. April. *Im Dachstuhl des New Netherland-Hotels in New York bricht ein Feuer aus. Es breitet sich in dem 38stöckigen Gebäude in Windeseile bis zum 20. Stockwerk nach unten aus (Abb.). Alle Löschversuche der Feuerwehr sind vergeblich, da sich ein genügend starker Wasserstrahl in der ungeheuren Höhe nicht erzeugen läßt. So brennt die obere Hälfte des Wolkenkratzers vollständig aus. Menschenleben kommen bei der Brandkatastrophe nicht zu Schaden, da das Hotel noch nicht in Betrieb genommen ist. Arbeiter, die mit der Innenausstattung des Nobelhotels beschäftigt sind, können sich rechtzeitig in Sicherheit bringen. Die Riesenfackel des brennenden Hotels ist in einem Umkreis von 50 km sichtbar. Der Wolkenkratzerbrand verursacht einen Schaden von über einer Million US-Dollar (umgerechnet über 4,2 Millionen Reichsmark).*

Hundertjahrfeier in Bremerhaven

30. April. Im Beisein von weit über 500 geladenen Gästen wird in Bremerhaven das 100jährige Bestehen der Stadt bei strahlendem Wetter gefeiert. In Sonderzügen reisen Prominente aus Politik, Wirtschaft und Kultur an.

Zu den Festrednern gehört Reichsaußenminister Gustav Stresemann, ein gebürtiger Bremer. Stresemann legt ein Bekenntnis zur Friedens- und Verständigungspolitik ab, die besonders der Hafenstadt Bremerhaven zugute komme: »Aller Schiffsverkehr trägt dazu bei, die Welthandelsbeziehungen zwischen Deutschland und den überseeischen Ländern, besonders zu den Vereinigten Staaten von Nordamerika, wieder zu beleben. Das deutsche Volk hat das größte Interesse daran, daß die ersten Anfänge dieser friedlichen Wiederaufbauarbeit nicht durch kriegerische Verwicklungen in Europa gestört werden. Die Politik des Deutschen Reiches gilt dem Frieden. Diese Arbeit ... muß gepflegt werden, damit gedeihen kann, was durch Hanseatengeist vor dem Untergang gerettet wurde: Der Welthandel Bremens und seiner Tochterstadt Bremerhaven.«

Mr. Schnurrbart

5. April. *Der US-amerikanische Filmstar Adolphe Menjou (Abb.), wegen seines Schnurrbärtchens unverwechselbar, spielt die männliche Hauptrolle in dem Film »Der Spielerkönig«, der in Berlin in deutscher Erstaufführung Premiere hat. Menjou ist auf die Rolle des aalglatten, eleganten Lebemanns festgelegt; nicht nur die weiblichen Zuschauer bewundern seine lässigen Körperbewegungen und sein Mienenspiel.*

Juliana Kronprinzessin

30. April. Prinzessin Juliana, die einzige Tochter der niederländischen Königin Wilhelmina, wird 18 Jahre alt. Ihr Geburtstag wird überall in den Niederlanden mit großem Prunk gefeiert.

Die Prinzessin erhält, obwohl nach niederländischem Recht noch nicht volljährig, mit Vollendung des 18. Lebensjahrs den Titel Kronprinzessin. Ihr stehen Sitz und Stimme im Staatsrat sowie das Recht auf ein staatliches Jahresgehalt und eine eigene Hofhaltung zu.

Zum Abschluß der dreitägigen Geburtstagsfeiern, die ohne jede Störung verlaufen, wird die Kronprinzessin am 2. Mai festlich in den Staatsrat aufgenommen.

Die Staatsoberhäupter des 1815 entstandenen Königreichs der Vereinigten Niederlande entstammen sämtlich dem Hause Oranien-Nassau. Juliana ist eine Ururenkelin des ersten niederländischen Königs, Wilhelm I. Ihre Mutter, Wilhelmina, ist seit 1890 Königin, sie übt das Amt seit 1898 selbständig aus. Sie ist im Volk außerordentlich beliebt und hat zu einer Stärkung der Monarchie in den Niederlanden beigetragen.

Geburtstagsfoto von Juliana, die mit Vollendung des 18. Lebensjahrs den Titel Kronprinzessin trägt

Stadtflucht an Wochenenden

Trotz der Sechstagewoche, die das Wochenende für die arbeitende Bevölkerung auf den Samstagabend und den Sonntag einengt, nimmt der Hang, während der Sommermonate die kostbare Freizeit im eigenen Wochenendhaus auf dem Lande zu verbringen, unter den bürgerlichen Schichten der Großstädter weiter zu. Durch das gut ausgebaute Nahverkehrsnetz der Reichsbahn sind die in den Naherholungsgebieten gelegenen Wochenendkolonien bequem erreichbar; immer mehr Familien verfügen zudem über ein Automobil.
Die Ausstellung »Das Wochenende«, die vom 16. April bis zum 2. Oktober 1927 in Berlin gezeigt wird, greift diesen Trend auf. Rund um den Funkturm ist eine ganze Kolonie von Wochenendhäuschen aufgestellt. Zu den bekanntesten Architekten, deren Modelle auf der Ausstellung vertreten sind, gehören Bruno Taut und Hans Poelzig. Poelzigs Wochenendhäuschen entwickelt sich zum Renner.
In der Presse werden die gezeigten Häuser vielfach kritisch kommentiert. So wird bemängelt, daß Etagenbetten nur jungen Leuten eine erholsame Nachtruhe bieten, daß aufwendige Tüllgardinen nur zusätzliche Arbeit bereiten und daß die Küchen, auch wenn die Hausfrau für das Wochenende schnell zubereitete Gerichte vorsieht, vielfach zu klein geraten sind.
Ein Vorschlag zur Erleichterung der Hausarbeit am Wochenende, der in der Presse diskutiert wird, geht dahin, sog. Ein-Küchen-Häuser für drei bis vier Familien zu bauen – analog zu den Arbeitersiedlungen mit Kollektivküchen in den Großstädten. Dies würde die Baukosten für die einzelne Familie beträchtlich senken und dazu führen, daß jede Hausfrau nur alle drei bis vier Wochenenden eine Mahlzeit zubereiten müßte. Die Rollenverteilung zwischen Mann und Frau ist im Bewußtsein so fraglos festgelegt, daß die Idee, die Hausarbeit an den Wochenenden unter den Geschlechtern aufzuteilen, trotz aller Beteuerungen, auch die Hausfrau brauche das Wochenende zur Erholung, überhaupt nicht ins Blickfeld gerät.

Schlicht und zweckmäßig präsentiert sich das von Bruno Taut entworfene Haus auf der Ausstellung

Das Innere des Poelzigschen Hauses, bei dem Türen Veranda und Wohnraum trennen

Abseits der Reisestraßen: Das württembergische Besigheim

Szene aus einer Wochenendhaus-Kolonie in der Nähe von Wien

Picknick für Kinder in der Nähe eines Rennplatzes in Schottland

Ausflugsort für Berliner »Wochenender«: Einer der zahlreichen Seen in der unmittelbaren Umgebung

Ein neues Drama von Friedrich Wolf

1. April. Am Stadttheater Essen wird das neueste Stück des Dramatikers Friedrich Wolf, »Der Mann im Dunkel«, uraufgeführt. Die Regie führt Otto Baumgard.

Wolfs Stück steht in der Tradition des Expressionismus und ist von einem gegen die moderne Technik und Zivilisation gerichteten Natürlichkeitskult bestimmt. Drei junge, naturbegeisterte »Gymnastinnen« ziehen sich auf eine einsame Insel zurück, um dort in einem gesellschaftsfreien Urzustand ein neues Leben zu beginnen. Sie führen einen Kampf gegen drei Männer, die es gleichfalls auf die Insel verschlagen hat. Am Ende steht der Wunsch der Mädchen nach einem Kind.

Die Aufführung wird vom Publikum in manchen Passagen mit Gelächter quittiert und erntet meist abfällige Kritiken. So schreibt Erik Reger: »Auf diesem Gebiet gibt es kraft dem von Wolf neuentdeckten Naturgesetz keine Emanzipation vom Manne, im Gegenteil, hier rückt der Mann scharf ins Helle. Die zwiespältige Empfindung des Übergangsmenschen zwischen Romantik und Maschinenzeitalter wird von Wolf zu einer Harmlosigkeit verniedlicht. Ein Zeitthema, das auf älteste Schwanksituationen gebracht ist. Eine Kontrastformung, die schon in den Voraussetzungen falsch ist: Technik und Gymnastik sind keine Gegensätze wie Zivilisation und Kultur. Eine dramatische Idee, die sich selbst umbringt.«

Walter Franck (r.) und Albert Florath in der Leopold-Jessner-Inszenierung von Gerhart Hauptmanns Drama »Florian Geyer« in Berlin

Antisemitische Töne

19. April. Ein Beispiel für den wachsenden Antisemitismus in rechtsgerichteten Kreisen der Weimarer Republik liefert die in Berlin erscheinende »Deutsche Zeitung« mit einem Artikel von Alfred Mühr, in dem der Intendant des Preußischen Staatstheaters in Berlin, Leopold Jessner, heftig attackiert wird.

Mühr kritisiert, daß Jessner die Titelrolle in dem Drama »Florian Geyer« von Gerhart Hauptmann mit dem – angeblich – jüdischen Schauspieler Walter Franck besetzt hat: »Die deutsche Dichtung wird vom Intendanten des Preußischen Staatstheaters unnachsichtlich verwüstet. Zur Besänftigung der Gemüter soll eine Neueinstudierung von Hauptmanns Bauernkriegs-Tragödie ›Florian Geyer‹ dienen. Das Drama ist deutsch im Motiv, deutsch in seiner Gestalt, deutsch in der Melodie ... Als Hauptdarsteller wurde Walter Franck, eine ausgesprochen jüdische Erscheinung, verpflichtet. In Berliner Theaterkreisen nennt man Franck den Judenspieler ... Unmöglich ist es, daß ein Jude eine so markante Heldengestalt wie Florian Geyer dem Wesen nach erfaßt und darstellt ...«

Mühr zieht anschließend einen Vergleich zu Fritz Kortner, der häufig Zielscheibe heftigster antisemitischer Angriffe ist.

Arbeitersportler für den Anschluß

18. April. Auf der Hohen Warte treffen eine deutsche und eine österreichische Auswahl von Arbeitersportlern zu einem Fußballmatch zusammen. Die deutschen Arbeitersportler schlagen die Österreicher vor 25 000 Zuschauern 3:1.

Das deutsch-österreichische sportliche Zusammentreffen entwickelt sich zu einer politischen Kundgebung. Mit schwarz-rot-goldenen und roten Fahnen demonstrieren Aktive und Zuschauer für ihre Forderung nach einem Zusammenschluß des Deutschen Reiches und Österreichs unter republikanisch-demokratischem Vorzeichen.

Propagandazug der österreichischen Arbeitersportler durch Wien

Fotografien aus dem Automaten

Die US-amerikanische Zeitung »New York Herald« meldet, daß es einem in New York lebenden jungen russischen Emigranten namens Anatoli Josefow gelungen sei, einen sog. »Photomaten« zu konstruieren. Nach Einwurf eines 25-Cent-Geldstückes liefert der Automat in wenigen Minuten eine Serie von acht Fotografien der aufgenommenen Person in verschiedenen Posen.

Josefow soll für seine Erfindung eine Million US-Dollar (umgerechnet 4,2 Millionen Reichsmark) kassiert haben und damit die Rechte an ein Syndikat abgetreten haben.

Anatoli Josefow demonstriert seine Erfindung, den »Photomaten«

Buster Keaton als Lokomotivführer

4. April. Die deutsche Erstaufführung des Films »Der General« von und mit dem US-amerikanischen Filmkomiker Buster Keaton findet in Berlin statt.

Keaton spielt in dem Film einen Lokomotivführer in der Zeit des amerikanischen Bürgerkriegs. Als ein gegnerisches Kommando seine Lokomotive und mit ihr seine Braut entführt, nimmt er die Verfolgung auf, gerät dabei ins feindliche Hauptquartier und kann die Schlacht für seine Partei, die Südstaaten, entscheiden. Keaton läßt sich durch die Ereignisse nicht beeindrucken.

Buster Keaton, der Mann mit dem unbeweglichen Gesicht (Filmszene)

Mai 1927

Mo	Di	Mi	Do	Fr	Sa	So
						1
2	3	4	5	6	7	8
9	10	11	12	13	14	15
16	17	18	19	20	21	22
23	24	25	26	27	28	29
30	31					

1. Mai, Sonntag

Da für Adolf Hitler in Preußen Redeverbot besteht, spricht der Parteivorsitzende der NSDAP im Berliner Vergnügungslokal »Clou« in einer geschlossenen Veranstaltung vor etwa 5000 Zuschauern zum 1. Mai. → S. 87

Unter dem Motto »Für Weltfrieden, Völkerverständigung und Arbeiterschutzgesetzgebung« führen die Gewerkschaften im Deutschen Reich Maidemonstrationen und -kundgebungen durch.

In Westvirginia (USA) werden 90 Bergleute bei einer Grubenexplosion verschüttet.

Die vierwöchige deutsche Opernsaison an der Covent Garden Opera in London wird mit einer Aufführung des »Rosenkavaliers« von Richard Strauss eröffnet.

Der Schutzverband Deutscher Schriftsteller gibt das Ergebnis des Lyrikwettbewerbs 1927 bekannt: Erster Preisträger ist Kurt Wesse; Gedichte von Yvan Goll, Hermann Kasack, Theodor Kramer, Paula Ludwig, Walter Petry u. a. sind in die engere Wahl gezogen worden.

Rudi Wagner wird durch K. o. in der zweiten Runde über Hans Breitensträter in der Dortmunder Westfalenhalle Deutscher Meister im Schwergewichtsboxen. → S. 97

2. Mai, Montag

Die britische Regierung veröffentlicht eine Note, in der sie die US-amerikanische Auffassung, London zahle weniger für seine Kriegsschulden an die USA, als es vom Deutschen Reich als Reparationsleistung erhalte, entschieden zurückweist.

In Norwegen ist Alkohol wieder frei verkäuflich. 1919 war der Verkauf von alkoholischen Getränken in dem skandinavischen Land verboten worden, 1926 hatte sich die Mehrheit der Norweger in einer Volksabstimmung für die Aufhebung des Verbots entschieden.

Der Volksschullehrer Ferdinand Schulz stellt in Rossitten (Ostpreußen) mit 14:08 h einen Weltrekord im Dauer-Segelflug auf. → S. 85

3. Mai, Dienstag

In Brest läuft ein französischer 10 000-Tonnen-Kreuzer vom Stapel. Damit ist das französische Marinebauprogramm, in dessen Rahmen auch drei 8000-Tonnen-Kreuzer gebaut worden sind, abgeschlossen.

In einer Rede vor dem Verein Berliner Kaufleute und Industrieller spricht sich Reichsfinanzminister Heinrich Köhler (Zentrum) für eine Steuersenkung und eine Vereinfachung des Steuersystems aus.

4. Mai, Mittwoch

Nach mehrjähriger Unterbrechung erscheint die Monatszeitschrift »Nord und Süd« in neuer Folge (Herausgeber: Ludwig Stein). In der ersten Nummer schreiben u. a. der tschechoslowakische Staatspräsident Tomáš Garrigue Masaryk, der britische Völkerbundsvertreter Robert Cecil und Albert Einstein.

Das republikanische Witzblatt »Lachen links« stellt das Erscheinen ein. Die erste Nummer ist am 1. November 1924 erschienen.

Das Architektenkomitee des Völkerbundes gibt das Ergebnis des Architekturwettbewerbs über den Bau eines Völkerbundspalastes in Genf bekannt: Keiner der rund 400 eingesandten Entwürfe kann für die Ausführung des Baus empfohlen werden (→ 22. 12./S. 203).

5. Mai, Donnerstag

Der österreichische Politiker Richard Nicolas Graf Coudenhove-Kalergi, der Begründer und Leiter der Paneuropa-Bewegung, veröffentlicht Vorschläge zu einem europäischen Sicherheitspakt und einer Reduzierung der Truppen.

Die Überschwemmung im Mississippigebiet hat eine Ausdehnung von 41 000 Quadratmeilen erreicht. Der Strom ist nach schweren Regenfällen am 22. April über die Ufer getreten (→ 15. 5./S. 91).

6. Mai, Freitag

Die NSDAP und alle ihre Unterorganisationen werden nach Ausschreitungen in Berlin im gesamten Gau Berlin-Brandenburg aufgelöst. → S. 87

Im Berliner Schauspielhaus wird das Stück »Florian Geyer« von Gerhart Hauptmann in der Inszenierung von Leopold Jessner aufgeführt (→ 19. 4./S. 75).

Der Tennisländerkampf zwischen dem Deutschen Reich und den USA, der vom 6. bis 8. Mai in Berlin ausgetragen wird, endet 4:1 für die USA.

7. Mai, Sonnabend

Der Bürgerkrieg in Nicaragua zwischen den Anhängern des konservativen Präsidenten Adolfo Díaz und dem liberalen Gegenpräsidenten Juan Bautista Sacasa wird offiziell für beendet erklärt. Díaz, der von den Vereinigten Staaten militärische Unterstützung erhalten hat, bleibt an der Macht. → S. 86

Der Musikkritiker Hans Heinz Stukkenschmidt veröffentlicht in der »Vossischen Zeitung« einen Aufsatz »Neue Sachlichkeit in der Musik«; er nennt als Vertreter Paul Hindemith, Kurt Weill, Ernst Toch und Ernst Křenek. → S. 96

Bei Abschluß der Saison steht Newcastle United an erster Stelle der englischen ersten Fußball-Liga vor Vorjahresmeister Huddersfield.

8. Mai, Sonntag

Zum Reichsfrontsoldatentag des »Stahlhelm«, der nationalkonservativen Organisation ehemaliger Soldaten des Weltkriegs, kommen über 100 000 Teilnehmer nach Berlin. → S. 87

Die deutschen und die tschechischen Sozialdemokraten in der Tschechoslowakei beschließen auf dem Parteitag der deutschen Sozialdemokraten in Teplitz die Vertiefung der Zusammenarbeit.

9. Mai, Montag

In Canberra wird von Herzog Albert von York, dem Sohn des britischen Königs Georg V., das neue australische Parlamentsgebäude eröffnet und zugleich Canberra als neue Hauptstadt von Australien eingeweiht. → S. 94

Der schwedische Forscher Sven Hedin startet zu einer großen Expedition nach Innerasien.

In Frankfurt am Main wird die Pädagogische Akademie eingeweiht, an der katholische und evangelische Volksschullehrer-Studenten simultan ausgebildet werden (→ S. 56).

In dem griechischen Ort Delphi werden erstmals seit 2000 Jahren wieder Festspiele veranstaltet. Es wird »Der gefesselte Prometheus« von dem antiken Dramatiker Aischylos aufgeführt. → S. 95

10. Mai, Dienstag

In London wird die britische Kolonialkonferenz eröffnet (bis 31. 5.). Auf dieser ersten »kleinen Empirekonferenz« werden die Beziehungen zwischen dem Mutterland und den britischen Kolonien erörtert.

Die Nanking-Regierung von Chiang Kai-shek gibt eine außenpolitische Erklärung ab, in der ein gewaltloser Weg zur Abänderung der »ungleichen Verträge« mit ausländischen Mächten in China angekündigt wird (15. 7./S. 122).

11. Mai, Mittwoch

In Los Angeles findet das Gründungsbankett der Academy of Motion Picture Arts and Sciences statt. Die ersten »Oscar« genannten Filmpreise verleiht diese Filmakademie 1929 rückwirkend für filmkünstlerische Leistungen der Jahre 1927/28. → S. 95

12. Mai, Donnerstag

Wegen Spionageverdachts läßt die britische Regierung das Arcos-Haus in London, den Sitz der sowjetischen Handelsvertretung in Großbritannien, von der Polizei durchsuchen (→ 27. 5./S. 86).

Der Film »Sein größter Bluff« mit Harry Piel, Lotte Lorring und Marlene Dietrich hat im Emelka-Palast in Berlin Premiere. → S. 96

13. Mai, Freitag

Schwarzer Freitag an der Berliner Börse: Innerhalb weniger Stunden kommt es zu Kursstürzen von 20 bis zu 80%.

Bei einem Bahnhofsbrand in Warschau werden 27 Luxuswaggons, darunter die Salonwagen des polnischen Ministerpräsidenten Jósef Klemens Pilsudski, vernichtet.

14. Mai, Sonnabend

Bei der Hamburger Werft Blohm und Voss läuft die »Cap Arcona«, der erste deutsche Schnelldampfer, der auf der Südamerika-Linie eingesetzt wird, vom Stapel. → S. 92

Im Landesausstellungsgebäude am Lehrter Bahnhof wird die »Große Berliner Kunstausstellung« eröffnet. Bis zum 30. September werden Werke aller modernen Kunstrichtungen, u. a. von Max Liebermann, Otto H. Engel, Käthe Kollwitz, Willi Baumeister und Heinrich Vogeler, gezeigt. Sonderausstellungen sind der sowjetischen Plakatkunst und der Architektenvereinigung »Der Ring« gewidmet. → S. 97

In Berlin wird der Film »Die Weber« nach dem gleichnamigen Theaterstück von Gerhart Hauptmann uraufgeführt. Regie führt Friedrich Zelnik, das Manuskript hat Willy Haas geschrieben, die Masken und Ausstattungen stammen von George Grosz. → S. 96

15. Mai, Sonntag

Die Deutsche Reichsbahn führt die 24-Stunden-Zeit ein: Statt 1 Uhr nachmittags heißt es nun in den Fahrplänen 13 Uhr usw. Zur Erleichterung für die Fahrgäste werden die Zifferblätter an den Bahnhofsuhren mit den zusätzlichen Ziffern versehen. → S. 91

In Joachimsthal (Tschechoslowakei) geht die Konferenz der Kleinen Entente – Tschechoslowakei, Rumänien, Königreich der Serben, Kroaten und Slowenen (heute Jugoslawien) –, die am 13. Mai eröffnet worden ist, zu Ende. Es wird beschlossen, daß Rumänien die Interessen der Entente beim Völkerbund gegen einen möglichen Anschluß Österreichs ans Deutsche Reich wahrnehmen soll.

Als letzte Premiere auf der Jungen Bühne Moriz Seelers in Berlin wird Emil Burris »Tim O'Hara« gezeigt. Die Regie führt Lothar Müthel.

Die deutsche Nationalmannschaft gewinnt ein Rugby-Länderspiel gegen Frankreich in Frankfurt am Main 17:16.

Die deutsche Tennismannschaft gewinnt in Lissabon gegen Portugal 5:0 und qualifiziert sich damit für das Achtelfinale im Davis-Pokal-Turnier (seit 13. 5.; → 10. 9./S. 161).

Mit einem ausführlichen Bildbericht würdigt »The Illustrated London News« am 28. Mai den ersten Flug über den Atlantik von Charles Lindbergh

THE ILLUSTRATED LONDON NEWS

REGISTERED AS A NEWSPAPER FOR TRANSMISSION IN THE UNITED KINGDOM AND TO CANADA AND NEWFOUNDLAND BY MAGAZINE POST.

SATURDAY, MAY 28, 1927.

The Copyright of all the Editorial Matter, both Engravings and Letterpress, is Strictly Reserved in Great Britain, the Colonies, Europe, and the United States of America.

THE FIRST MAN TO FLY NON-STOP FROM NEW YORK TO PARIS AND CROSS THE NORTH ATLANTIC ALONE: CAPTAIN CHARLES LINDBERGH (LEFT), WITH THE U.S. AMBASSADOR TO FRANCE, AT THE EMBASSY IN PARIS.

Captain Charles Lindbergh, the young American airman who achieved the wonderful feat of a non-stop flight, alone, across the Atlantic from New York to Paris, is here seen on the balcony of the United States Embassy there, after his arrival, with the American Ambassador to France, Mr. Myron T. Herrick. There was a cheering crowd below, in the Avenue d'Iena. While the enthusiasm was at its height, a French flag was brought out, at Captain Lindbergh's request, and, as he and Mr. Herrick stood together holding it, he saluted it as a tribute to Captain Nungesser and his companion. Captain Lindbergh, who is twenty-five, is an American air-mail pilot. His mother, Mrs. Evangeline Lindbergh, lives at Detroit, Michigan, and from Paris he talked with her by wireless telephone. He also visited Mme. Nungesser, and expressed his hope that her son would be found. Further photographs appear on pages 938 and 939.

Mai 1927

16. Mai, Montag

Der französische Staatspräsident Gaston Doumergue trifft in Begleitung von Außenminister Aristide Briand zu einem Staatsbesuch in London ein (bis 18. 5.).

Das britische Kolonialministerium bestätigt bei einer Unterhaussitzung in London, daß im Irak und im Mosulgebiet nahezu kein Erdöl gefunden worden sei. Das britische Interesse an der Erdölförderung in dem Gebiet hatte 1922 zu einer schweren Krise in den Beziehungen zur Türkei geführt.

17. Mai, Dienstag

Mit großer Mehrheit verlängert der Reichstag das Gesetz zum Schutz der Republik um zwei Jahre. Der Staatsgerichtshof zur Untersuchung republikfeindlicher Aktivitäten wird abgeschafft. → S. 87

Der Reichstag in Berlin verabschiedet das Gesetz zum Schutz der Jugend bei Lustbarkeiten. → S. 91

In Madrid wird das 25. Regierungsjubiläum des spanischen Königs Alfons XIII. feierlich begangen. Der deutsche Reichskanzler Wilhelm Marx weist in seinem Glückwunschschreiben auf die spanische Gefangenenhilfe im Weltkrieg hin.

18. Mai, Mittwoch

Johannes Bell (Zentrum) legt dem Reichstag den Bericht des Untersuchungsausschusses über Völkerrechtsverletzungen im Weltkrieg vor. Das fünfbändige Werk wird von SPD und KPD kritisiert, weil es das Kaiserreich von Völkerrechtsverletzungen im Zusammenhang mit der Deportation belgischer Arbeiter und im Gas-, Luft- und U-Boot-Krieg freispricht.

Der christlichsoziale Abgeordnete Wilhelm Miklas wird als Präsident des Nationalrats, des österreichischen Parlaments, bestätigt.

Bei einem Straßenbahnunglück in Kassel kommen neun Menschen ums Leben, 19 werden verletzt.

19. Mai, Donnerstag

In Wien wird das neue österreichische Kabinett vereidigt. Bundeskanzler bleibt der Christlichsoziale Ignaz Seipel. Zusätzlich zu den Christlichsozialen und den Großdeutschen wird der Landbund in die Regierungskoalition aufgenommen. Der Landbund-Politiker Karl Hartleb wird Vizekanzler (→ 24. 4./S. 68).

Nach tumultartigen Szenen ratifiziert das ungarische Abgeordnetenhaus in Budapest mit den Stimmen der Regierungsparteien und der bürgerlichen Linken den italienisch-ungarischen Freundschafts- und Schiedsvertrag (→ 5. 4./S. 67).

20. Mai, Freitag

Großbritannien und das Königreich des Hedschas und Nedschd (Saudi-Arabien) schließen in Dschidda einen Freundschaftsvertrag, in dem Großbritannien die territoriale Unabhängigkeit des von König Abd Al Asis Ibn Saud beherrschten Gebiets anerkennt.

In Köln wird die Internationale Automobilausstellung für Lastwagen und Spezialfahrzeuge, die erste ihrer Art, eröffnet (bis 31. 5.).

Italien und das Deutsche Reich schließen ein Luftverkehrsabkommen.

Bei den Box-Europameisterschaften der Amateure in Berlin gewinnen deutsche Boxer vier der acht Titel (seit 16. 5.). Das Deutsche Reich ist damit die erfolgreichste Nation.

21. Mai, Sonnabend

Der US-amerikanische Postflieger Charles Lindbergh landet auf dem Flughafen Le Bourget bei Paris. Er hat als erster den Atlantik im Nonstop-Alleinflug überquert. → S. 80

22. Mai, Sonntag

Bei den Landtagswahlen in Schwerin bleibt die SPD stärkste Partei. Sie erhält 21 der 53 Mandate.

Der ehemalige bayerische Kronprinz Ruprecht aus dem Hause der Wittelsbacher bekennt sich in einer Rede in Hausham (Bayern) zum Gedanken des Föderalismus.

In Gera wird der Einakter »Saul« von Alexander Lernet-Holenia uraufgeführt.

Die deutsche Erstaufführung des tragischen Melodrams »Scaramouche«, komponiert von dem Finnen Jean Sibelius, findet in Dessau statt.

Die österreichische Fußball-Nationalmannschaft schlägt in einem Länderspiel in Wien Belgien 4:1.

23. Mai, Montag

In Genf geht die erste, vom Völkerbundssekretariat organisierte Weltwirtschaftskonferenz zu Ende, an der 47 Nationen teilnehmen (seit 4. 5.). → S. 89

Oberst Carlos Ibáñez del Campo, der am 9. April durch einen Militärputsch in Chile an die Macht gekommen ist, wird zum Präsidenten des südamerikanischen Landes gewählt.

Bei einem Erdbeben in der chinesischen Provinz Kausu und einer damit einhergehenden Hochwasserkatastrophe in der Provinz Fukien sterben rund 20 000 Menschen.

24. Mai, Dienstag

Die österreichische Regierung bringt eine Zolltarifnovelle in den Nationalrat ein, die z. T. erhebliche Zollerhöhungen für landwirtschaftliche Produkte vorsieht. Bundeskanzler Ignaz Seipel bestreitet jedoch, daß Österreich eine Rückkehr zur Hochzollpolitik beabsichtige.

Der sowjetische Volkskommissar des Äußeren, Georgi W. Tschitscherin, trifft in Paris mit dem französischen Außenminister Aristide Briand zusammen.

25. Mai, Mittwoch

In Genf wird die Internationale Arbeitskonferenz mit 323 Delegierten aus 42 Ländern eröffnet. Hauptthemen sind die Koalitionsfreiheit und die Festsetzung von Mindestlöhnen. → S. 89

Der deutsche Regisseur Ernst Lubitsch, der 1922 nach Hollywood gegangen ist, hält sich in Berlin auf. Ihm zu Ehren zeigt der Ufa-Palast am Zoo in Berlin in einer Sondervorstellung den Film »Madame Dubarry« (1919) von Lubitsch mit Emil Jannings und Pola Negri (→ S. 110).

26. Mai, Christi Himmelfahrt

Der deutsche Reichsrat, die Vertretung der Länderregierung, erhebt Einspruch gegen das am 17. Mai vom Reichstag verabschiedete Gesetz zum Schutz der Jugend bei Lustbarkeiten (→ 17. 4./S. 91).

In einer Rede vor der Abgeordnetenkammer des italienischen Parlaments zieht Ministerpräsident und Duce Benito Mussolini die Einführung einer Steuer für unfruchtbare Ehen in Erwägung. → S. 91

In Detroit läuft das 15millionste Ford-Automobil vom Fließband. Der Automobilkonzern kündigt die Entwicklung eines neuen Modells anstelle des erfolgreichen Ford-T an. → S. 90

Erstmals seit Kriegsende wird in der wiederaufgebauten Kathedrale in Reims wieder eine Messe gelesen. → S. 95

27. Mai, Freitag

In Kiel geht der Parteitag der SPD zu Ende. Hauptthemen der am 22. Mai eröffneten Veranstaltung waren das Agrarprogramm der Partei, die Stellung zur Reichsregierung und die Konfessionsschule. → S. 89

Das Reichstreffen des Rotfrontkämpferbundes, der KPD-nahen Kampforganisation, findet seit dem 22. Mai in Berlin statt. Die Delegierten bekunden ihre Solidarität mit der Sowjetunion und der chinesischen Revolution.

Großbritannien bricht die diplomatischen Beziehungen zur Sowjetunion ab. London wirft Moskau Spionagetätigkeit und die Unterstützung antibritischer kommunistischer Propaganda vor. → S. 86

Der tschechoslowakische Staatspräsident Tomáš Garrigue Masaryk wird – u. a. mit den Stimmen der Parteien der deutschen Minderheit (mit Ausnahme der Deutschnationalen und der Nationalsozialisten) – in seinem Amt bestätigt.

In Berlin wird das Kriminalstück »Der Hexer« von Edgar Wallace in deutscher Erstaufführung gezeigt. → S. 96

28. Mai, Sonnabend

Die 380 km lange Bahnlinie Ankara–Kaissari wird eröffnet. Es ist die erste Bahnlinie, die von der Türkei in eigener Kraft und mit eigenem Geld gebaut worden ist.

29. Mai, Sonntag

Die am 27. Mai eröffnete Reichsfrauenkonferenz der SPD in Kiel geht zu Ende. 127 weibliche Delegierte sprechen sich für ein großzügiges Wohnungsbauprogramm für junge Familien aus.

Bei den Wahlen in Bulgarien wird die Regierung von Ministerpräsident Alexander Ljaptschew bestätigt.

Die Fußball-Auswahl der Schweiz unterliegt Österreich bei einem Länderspiel in Zürich 1:4.

30. Mai, Montag

Gegen die Entscheidung des ägyptischen Parlaments, das Gehalt des (britischen) Oberkommandierenden der Armee drastisch zu senken, erhebt London Protest. Drei Kriegsschiffe werden nach Alexandria entsandt. → S. 86

In Paris wird die oratorische Oper »Oedipus Rex« des russischen Komponisten Igor Strawinski (Libretto: Jean Cocteau) uraufgeführt. → S. 97

31. Mai, Dienstag

In Berlin geht der Jahreskongreß des Weltverbandes der Völkerbundsligen zu Ende. Seit dem 26. Mai beraten die in der Dachorganisation zusammengeschlossenen nationalen Völkerbundsligen u. a. über Abrüstungsfragen und Minderheitenprobleme. Die Völkerbundsligen sind dem Prinzip der Überparteilichkeit verpflichtet.

Die nach Ende des Weltkriegs eingesetzte Interalliierte Militärkommission zieht sich aus Bulgarien zurück.

Gestorben:

11. Paris: Juan Gris (eigentl. José Victoriano Gonzáles; *23. 3. 1887, Madrid), spanischer Maler und Graphiker.

29. Schaerbeek: Georges Eekhoud (*27. 5. 1854, Antwerpen), belgischer Schriftsteller.

Geboren:

4. Berlin: Peter H. Boenisch, deutscher Journalist.

9. Mülheim an der Ruhr: Wim Thoelke, deutscher Fernseh-Showmaster.

9. Bochum: Manfred Eigen, deutscher Physikochemiker, Nobelpreisträger von 1967.

16. Wien: Paul Angerer, österreichischer Komponist.

16. Dresden: Matthias Walden (eigentl. Eugen Wilhelm Otto Freiherr von Sass; †17. 11. 1984, Berlin/West), deutscher Journalist.

23. Bunzlau: Dieter Hildebrandt, deutscher Kabarettist.

Die »Jugend« aus München mit einem Frühlingsbild

◁ *Charles Lindberghs »Spirit of St. Louis« beim Rundflug über der Seine-Stadt Paris*

Flug über den Atlantik

21. Mai. Von einer jubelnden Menschenmenge empfangen, landet der US-amerikanische Postflieger Charles A. Lindbergh mit seiner »Spirit of St. Louis« auf dem Flughafen Le Bourget bei Paris. Lindbergh hat als erster Mensch den Atlantik im Nonstop-Alleinflug überquert.

Am 20. Mai um 7.52 Uhr New Yorker Sommerzeit ist der Pilot, die gute Witterung und den günstigen Westwind ausnutzend, mit seinem Eindecker vom Flughafen Roosevelt Field, Long Island, gestartet, ausgestattet mit einigen Sandwiches und etwas Schokolade als Wegzehrung, bekleidet mit einem Straßenanzug, über den er einen leichten Overall gezogen hat. Auf die Mitnahme eines Funkgeräts hat Lindbergh aus Gewichtsgründen verzichtet, so daß er zur Navigation allein auf Kompasse, einige Seekarten und die Sterne angewiesen ist. Sein Flugzeug, die »Ryan NYP Spirit of St. Louis«, ist ein Eindecker mit nur einem Motor von 237 PS Leistung. Lindbergh hat die Maschine für eine möglichst große Treibstoffkapazität konstruieren lassen. Mehr als die Hälfte des Fluggewichts – 25 von 48 Zentnern – entfällt auf den Treibstoff, als das Flugzeug schwerfällig von der langen Startbahn in Roosevelt Field/Long Island abhebt.

Die ersten elf Stunden – bis St. Johns auf Neufundland – verlaufen bei günstigem Wetter planmäßig. Danach gerät Lindbergh über der offenen See in einen schweren Schneesturm, der ihn an Umkehr denken läßt. Wiederholt vereisen die Tragflächen. Weder durch Aufsteigen auf über 3000 m Höhe noch durch Heruntergehen auf etwa 3 m über die Wellen kann er dem Schneetreiben entgehen. Später kommen bei seinem einsamen Flug über dem nächtlichen Atlantik die Müdigkeit, aber auch die Kälte hinzu.

Nach 27 Stunden Flug entdeckt Lindbergh die ersten Fischerboote; die irische Küste kann nicht weit sein. Nur 5 km von seinem berechneten Kurs entfernt überfliegt er die grüne Insel Irland, über Südengland und die französische Kanalküste gelangt er bis nach Paris. Nach einem Rundflug landet Charles Lindbergh mit nur noch geringen Treibstoffreserven nach 33:29 h Flug sicher in Le Bourget. Er hat nahezu 5800 km Strecke mit einer Durchschnittsgeschwindigkeit von 173 km/h zurückgelegt.

Der Franzose Louis Blériot (l.), der 1909 als erster den Ärmelkanal überflog, begrüßt Charles Lindbergh

Zwar haben vor Lindbergh bereits 69 Menschen den Atlantik in der Luft überquert, er ist jedoch der erste, der dieses Abenteuer allein, im Nonstop-Flug und bis zum europäischen Festland zurückgelegt hat.

Die Alte und die Neue Welt rücken durch die Pionierleistung des 25jährigen US-amerikanischen Postfliegers ein Stück näher.

Die Welt feiert Charles Lindbergh

Eine Menschenmenge erwartet Lindbergh auf dem Flughafen

Charles A. Lindbergh wird nach seinem Atlantikflug auf dem Flughafen Le Bourget von Hunderttausenden von Menschen begeistert begrüßt. Aus den Extrablättern der Zeitungen haben die Pariser erfahren, daß der junge Postflieger am Vortag in New York gestartet ist.

In einem Jubelschrei macht sich die gespannte Erwartung Luft, als die Positionslichter der »Spirit of St. Louis« am Rande des Flugplatzes auftauchen. Die Menge durchbricht die Absperrung der Polizei und stürmt auf das Rollfeld. Lindbergh beschreibt seinen Empfang in einer Pressekonferenz: »Wie eine Meereswelle fiel die Menge über mich her, derartiges habe ich noch nie erlebt. Man hat mich auf die Schultern gehoben und mich so bedrängt, daß ich Gefahr lief, erdrückt zu werden, wenn nicht der französische Flieger Weiß durch einen geschickten Einfall, die Aufmerksamkeit der Menge auf einen anderen zu lenken, mich gerettet hätte ...« Die Polizei setzt Bajonette ein, um die Menschen von der »Spirit of St. Louis« fernzuhalten; Souvenirjäger versuchen, Stücke aus der Stoffbespannung des Flugzeuges herauszuschneiden; Karten und das Sitzkissen werden aus der Maschine gestohlen.

Der Jubel der Franzosen über Lindberghs Erfolg ist deshalb so groß, weil drei Wochen zuvor zwei französische Piloten, Charles Nungesser und François Coli, bei einem Versuch, den Atlantik zu überqueren, verschollen sind. Die beiden waren am 8. Mai gestartet, und am 9. Mai meldeten die Extrablätter in Paris, daß sie in New York gelandet seien – eine Falschmeldung, wie sich bald herausstellte. Auch die beiden französischen Flieger hatten kein Funkgerät an Bord, um Hilfe zu rufen.

Der zwar erschöpft, aber lächelnd in Le Bourget gelandete Lindbergh beweist den Parisern durch seine leibhaftige Anwesenheit, daß der Atlantik doch bezwungen werden kann.

Der 25jährige, wie ein großer, schlaksiger und verlegener Junge wirkende Lindbergh ist in den ersten Tagen nach der Landung Gast der US-amerikanischen Botschaft in Paris. Das Gebäude in der Avenue de Jena ist ständig von einer Menschenmenge umlagert, an der Pforte werden Briefe, Glückwunschtelegramme, Heiratsangebote, Blumensträuße, aber auch Geschenke, die Warenhäuser aus Reklamezwecken für Lindbergh zur Verfügung gestellt haben, abgegeben.

Lindbergh wird vom französischen Staatspräsidenten Gaston Doumergue empfangen und mit dem Kreuz der Ehrenlegion ausgezeichnet. Alle offiziellen Gebäude in Paris sind beflaggt. Eine Gedenkmünze zur Erinnerung an seine Pioniertat wird von der französischen Regierung in Auftrag gegeben.

Der US-amerikanische Flieger erhält für seine Leistung einen Betrag von 25 000 US-Dollar (105 000 RM), den der französische Amerika-Auswanderer Raymond Osteig, der sich vom Tellerwäscher zum Hotelbesitzer in New York emporgearbeitet hat, bereits am 22. Mai 1919 als Preis für denjenigen ausgesetzt hat, der als erster die Strecke New York–Paris im Nonstop-Flug zurücklegt.

Der Pariser Aeroclub will dem Piloten einen Ehrenpokal im Wert von 150 000 Dollar (630 000 RM) stiften; Lindbergh verzichtet jedoch zugunsten der Angehörigen der ums Leben gekommenen französischen Flieger Nungesser und Coli. Der Aeroclub Stockholm verleiht dem schwedischstämmigen Lindbergh die goldene Ehrenmedaille. Außerdem wird der Pilot mit Angeboten in Millionenhöhe von Theatern und großen Hollywood-Filmkonzernen überhäuft. Lindbergh beauftragt eine US-amerikanische Bankgesellschaft mit der Wahrnehmung seiner geschäftlichen Interessen in Europa und erklärt, er werde vor seiner Rückkehr in die USA keinerlei Verpflichtungen eingehen.

Von Paris aus fliegt Lindbergh – nach einigen Rundflügen über der Stadt – nach Brüssel, wo er von dem belgischen Ministerpräsidenten Henri Jaspar begrüßt wird, und weiter nach London.

In der britischen Hauptstadt ist die Begeisterung wiederum grenzenlos: Die Menge ist auf das Rollfeld des Flughafens Croydon gestürmt, bevor Lindbergh mit der »Spirit of St. Louis« zur Landung ansetzen kann. Erst als die Polizei das Flughafengebäude geräumt hat, kann er aufsetzen (→ 13. 6./S. 107).

Lindberghs Flugzeug im Hangar des Pariser Flughafens Le Bourget, bewacht von französischen Soldaten

Eine begeisterte Menschenmenge läuft bei der Landung Charles Lindberghs in Großbritannien auf das Rollfeld des Londoner Flughafens Croydon

Ein Hoch des US-Botschafters in Paris, Myron Timothy Herrick (r.), auf Lindbergh nach der Landung in Paris

Lindbergh (r.) mit Frankreichs Staatspräsidenten Gaston Doumergue

Lindbergh vor seinem Flugzeug

Polizisten müssen Lindbergh (M.) vor der begeisterten Londoner Bevölkerung schützen

Lindbergh erklettert den Kontrollturm in Croydon, um eine Begrüßungsansprache zu halten

Szene auf dem Flughafen Croydon; neben dem Flugzeug das Auto, das Lindbergh fortbringt

»9:1 standen die Chancen gegen Charles A.

Hunderte von Journalisten bemühen sich nach der Landung Charles Lindberghs um ein Interview mit dem Atlantikflieger. Einem Mitarbeiter der Berliner »Vossischen Zeitung« gelingt es am 23. April, einen Termin für ein Zusammentreffen mit Lindbergh in der US-amerikanischen Botschaft in Paris zu bekommen:

»Bereits um 9.30 Uhr ist das Palais des amerikanischen Botschafters [Myron Timothy] Herrick in der Avenue de Jena, dessen Gast Lindbergh ist, von einer großen Menschenmenge umlagert... Die Geheimpolizei geht aus und ein und überprüft die Ausweise der Eingang verlangenden Personen. Die Kontrolle ist sehr streng, und nur wenigen gelingt es hineinzukommen.

Ein kleiner, intimer Empfangssalon mit grünseidenen, tiefen, bequemen Sesseln, über dem Kamin das Bild des Botschafters Herrick und daneben Gemälde alter holländischer Meister, auf einem kleinen Schreibtisch ein Lichtbild des Präsidenten [Calvin] Coolidge.

Es vergehen einige Sekunden, dann öffnet sich die Tür, der amerikanischer Botschafter Herrick und hinter ihm Lindbergh, eine hochaufgeschossene Gestalt, erscheinen, er macht im ersten Augenblick den Eindruck eines Jünglings, aber beim näheren Zusehen erkennt man den durchtrainierten Sportsmann. Sein Gesicht verrät den in Sturm und Wind ausgeübten Beruf. Er trägt seinen alten grauen Anzug, mit dem er hier landete, von dem die funkelnagelneuen hellgelben Halbschuhe abstechen. Er unterhält sich äußerst zwanglos, nur das unruhige Spiel seiner Hände verrät die innere Erregung, in der er sich seit zwei Tagen befindet. Auf jede Bemerkung geht er sofort ein und wird nicht müde, lächelnd und höflich auf alle Fragen zu antworten...

Auf meine Frage, welche Pläne er habe, antwortete Lindbergh, daß er am Sonnabend in Brüssel und am Montag in London sein werde. Er habe Anweisung gegeben, sein Flugzeug instand zu setzen. Die durch die enthusiastische Menge bei der Landung verursachten Beschädigungen habe er bei seiner gestrigen Besichtigung als leicht reparabel festgestellt.

...›Übrigens‹, erklärt er, ›habe ich den Flug nicht unternommen, um Geld zu verdienen. Die Angebote reizten mich nicht. Nur meine Begeisterung für den Flugsport hat mich veranlaßt, der Welt zu beweisen, was ein Flugzeug heute schon zu leisten vermag. Ich bin überzeugt, daß alle Möglichkeiten offenstehen. Die einzige Frage, die sich aufwirft, ist die, ob ein- oder mehrmotorige Fahrzeuge für den regelmäßigen Ozeanverkehr vorzusehen sind.‹...

›Wie haben Sie die Richtung bei Ihrem Fluge einhalten können? Sie wissen, daß alle Fachleute das am meisten bei Ihrem Flug bewundern.‹

›Ich bin darüber überrascht. Meine Instrumente, zwei Kompasse, darunter ein Induktionskompaß, genügten vollkommen. Ich folgte einer Route, die ich mir genau vorgezeichnet hatte. Ich habe sie noch nicht einmal drei Meilen verfehlt. Ich überflog Irland drei Meilen von dem Punkte entfernt, den ich mir vorgezeichnet hatte. Alle 100 Meilen korrigierte ich mit Hilfe meines Kompasses die Route.‹

›Wie stellten Sie fest, daß Sie 100 Meilen zurückgelegt hatten?‹

›Mit Hilfe meiner Uhr. Ich rechnete eine Stunde pro 100 Meilen. Die ersten 100 Meilen war das Wetter äußerst schlecht. Es ist unrecht zu sagen, das schöne Wetter allein hätte das Gelingen meines Fluges ermöglicht. Das einzig Entscheidende war und bleibt mein Apparat, der trotz der ungeheuren Belastung durch Schnee und Eis, die mir minutenlang eine ungeheure Angst einjagte und den Gedanken einer Umkehr in mir aufkommen ließ, ruhig und gleichmäßig blieb.‹...«

Lindbergh wird in der Presse mit dem Beinamen »Narr der Lüfte« belegt, weil er seinen Atlantikflug leichtsinnig und schlecht vorbereitet unternommen haben soll. Der bekannte Sportjournalist Willy Meisl meint:

»Er ist kein ›fool‹, kein Narr und kein Hanswurst, wie die Sprachkundigen übersetzen, er ist der typische schwedische Lausbub..., amerikanisiert meinetwegen, aber unverdorben, rein und edel im Kern. Er ist ein Junge, der sich und das Leben liebt, mehr noch seine Mutter und über alles das Erleben, das Abenteuer. Er ist aus demselben Stoff geformt wie [der schwedische Schwimmer] Arne Borg...

›Fool‹ nennen sie ihn, weil er um sein Leben spielt, weil er es lachend auf eine Karte setzt, statt es ernst auf Raten anzulegen und von den Zinsen zu zehren oder das Kapital für den nächsten Weltkrieg aufzusparen. Aber das Lausbubengefühl dieses Lindbergh ist im Wesen ebenso viel wie Sokrates' Sophismus. Der ›fool‹ fühlte, daß ein ganzer Kerl, der es kann, noch immer seine Chance haben muß gegen menschliche Stückweisheit. Und er wußte, daß er konnte.

Von der 1. Ärmelkanalüberquerung zum Atlantikflug

Die ersten größeren Wasserstrecken wurden bereits vor dem Weltkrieg mit dem Flugzeug überwunden. Der Franzose Louis Blériot überquerte im Juli 1909 in einer Flugzeit von 27:20 min erstmals den Ärmelkanal, im September 1913 flog sein Landsmann Roland Garros von Südfrankreich aus etwa 500 km über das Mittelmeer bis zur Nordküste Afrikas.

Die erste Überquerung des Atlantiks gelang 1919, allerdings waren mit dem Flugzeug mehrere Zwischenlandungen erforderlich, bzw. es wurde die kürzeste Strecke – von Neufundland bis nach Irland – geflogen. Die folgende Chronologie gibt einen Überblick über erfolgreiche Nordatlantikflüge:

16. 5. 1919: Vier Flugboote der US Navy starten von Neufundland aus zu einem Atlantikflug. Einem der Flugzeuge, der »NC-4 Curtiss« mit fünf Mann Besatzung, gelingt es nach mehreren Zwischenstops, am 27. Mai in Lissabon zu landen. Die anderen drei Flugzeuge müssen unterwegs aufgeben.

14. 6. 1919: Die britischen Piloten John Alcock und Arthur Whitten Brown starten von St. Johns (Neufundland) mit dem Zweidecker »Vickers FB 27 A Vimy« nach Irland. Nach einem abenteuerlichen Flug – sie müssen, so erzählen sie später, mehrmals in der Luft über die Tragflächen zur Motorgondel klettern, um dort Eis abzuschaben – landen sie nach 15:57 h auf einer Wiese nahe Clifden (Irland).

2. 7. 1919: Die britische »William Beardmore & Co. H. M. A. R.« mit 32 Mann Besatzung überquert als erstes Luftschiff im Nonstop-Flug den Atlantik. Es startet von Midlothian in Schottland und erreicht nach eineinhalb Tagen die Küste von Neufundland, dreht dann nach Südwesten Richtung New York ab. Nach 108 Stunden Fahrzeit landet das Luftschiff dort am 6. Juli.

Flugpionier Wilbur Wright bei einem der ersten Motorflüge

9. 7. 1919: Das Luftschiff »William Beardmore & Co. H. M. A. R.« startet von New York zur Rückfahrt nach Europa, die wegen des Rükkenwindes nur 75 Stunden dauert.

2. 8. 1924: Das US-amerikanische Schwimmer- und Landflugzeug »Douglas DWC/DOS/0-5 World Cruiser« überquert im Rahmen eines Weltflugs mit zwei Mann Besatzung den Nordatlantik mit Zwischenlandungen in London, Island, Grönland, Kanada.

12. 10. 1924: Die LZ 126 startet als zweites Luftschiff von Wilhelmshaven zur Überquerung des Atlantiks. Der von Hugo Eckener gesteuerte Zeppelin landet nach drei Tagen, 2:56 h Fahrzeit in Lakehurst (USA). Das Luftschiff, das als Reparationsleistung des Deutschen Reiches für die USA in den Zeppelinwerken Friedrichshafen am Bodensee erbaut worden ist, hat in dieser Zeit eine Strecke von 9056 km zurückgelegt. Es wird später bei der US Navy eingesetzt.

indbergh, und er flog«

O gewiß, was er getan hat, war foolish, dumm, töricht ... Man denke nur, dieser Mann überfliegt den Ozean im Zeitalter des Radios und der übersteigerten Technik
a) allein,
b) mit einem Aero- und keinem Hydroplan,
c) ohne Radio,
d) mit einem einfachen Kompaß als Wegweiser,
e) im Straßenanzug ...
... 9 : 1 standen die Chancen gegen ihn, und er flog. Wären sie 9 : 1 für ihn gestanden, er wäre nicht geflogen. Was er wollte – ohne es zu wissen –, war die Lust an der eigenen Leistung, die Freude am Abenteuer, Bezwingung des Unmöglichen, Überwindung des Ungewissen, Ausprobieren wollte er, ob der Mensch allein, er allein die Materie zu besiegen vermag. Ohne Rüstung, sozusagen nackt, ging der fool in dieses Match, und gerade das war seine Freude, das gab ihm Kraft, brachte ihm den Sieg.
Der Lausbub – mit Nachsicht des Alters bzw. der Jugend – macht ja auch gern Erstersteigungen, klettert unter Müh und Gefahr hinauf, wo doch ein bequemer Weg oder gar eine Bahn hinführt. Aber wäre er nicht erst geklettert, es führte heute weder Weg noch Bahn. Diese Leute bahnen der Menschheit den Pfad hinauf. Sie sind die Schrittmacher des technischen Fortschritts, sie legen der Zeit das Tempo vor, und sie werden daher, wie Heilige oder Geister, dem stumpfen Sinn immer nichts anderes sein als – fools.
Lindberghs Leistung ist fabelhaft, ist übermenschlich. Er hat 33 Stunden Flug vor sich, 33 Stunden, 1 200 000 Zehntelsekunden Wachsein, in Gefahr sein, Arbeiten, Auslugen, Hinaushorchen, Kurshalten, Flugzeugführen – die Nacht vor dem Start schlief er zwei Stunden, denn er mußte ins Kino. Er hat 33 Stunden Fasten vor sich, nur Kraftnahrung aus Flaschen oder Pillen, er ißt ein Sandwich, steigt ein und startet. Foolish? Gut – aber typisch. Nach 33 Stunden Flug steigt er aus – im Straßenanzug –, setzt sich einen Strohhut auf und grüßt, ein Lausbub, dem ein Spaß gelungen ist.
Heute steht die Welt kopf wegen Lindberghs Leistung. In drei Jahren fliegt Hinz und Kunz New York–Paris und landet bei Nacht ... Die Zeit fliegt, was wird sie uns morgen zufliegen? Was immer es sein wird, Lindbergh hat seinen Lohn weg. Was er erlebte, nimmt ihm niemand mehr, auch kein Tod. Er hat gesiegt. Und überdies ist er der erste Mensch, der zwei Tage in der Zeit von eineinhalb durchlebte, ein schönes Symbol. Lindbergh startete in Amerika mit Sonnenaufgang, dann sah er die Sonne sinken, er sah sie wieder aufgehen und ein zweites Mal ins Meer fallen, und doch war er nur 33 Stunden unterwegs ... Wer recht in Freuden wandern will, der *flieg* der Sonn' entgegen ...«

Postflieger Charles A. Lindbergh

Charles Augustus Lindbergh jr. wurde am 4. Februar 1902 als Sohn eines Kongreßabgeordneten in Detroit geboren.
Er nahm 1918 ein Ingenieurstudium an der Universität von Wisconsin auf, 1922 meldete er sich bei einer Flugschule an. Er konnte seine Ausbildung jedoch nicht beenden, da die Schule vor seiner Abschlußprüfung in Konkurs ging. Lindbergh zog daraufhin mit einem »Flugzirkus« durch die Staaten; bald konnte er sich ein eigenes Flugzeug, eine gebrauchte »Jenny« Curtiss JN 40, leisten, mit der er 1923 an den Nationalen Luftrennen in St. Louis teilnahm. Anschließend absolvierte er einen Fluglehrgang bei der US Air Corps. Danach arbeitete Lindbergh als Luftpostpilot für verschiedene Gesellschaften. Gleichzeitig bemühte er sich um Geldgeber für den Erwerb eines Flugzeugs, mit dem er den Atlantikflug wagen könnte.
Verschiedene Stellen der Stadt St. Louis erklärten sich zur finanziellen Unterstützung bereit, so daß er am 23. Oktober 1923 den Bau einer Maschine, der späteren »Spirit of St. Louis«, bei einer kleinen Konstruktionsfirma in San Diego (Kalifornien) in Auftrag geben konnte.

Ferdinand Schulz mit dem bekränzten Segelflugzeug »Westpreußen« nach seinem Dauerflug-Weltrekord im ostpreußischen Rossitten

Rekord im Segelflug

2. Mai. Der ostpreußische Volksschullehrer Ferdinand Schulz stellt in Rossitten auf der Kurischen Nehrung (Ostpreußen) einen neuen Weltrekord im Segelflug auf. Er bleibt mit seinem Flugzeug 14:08 h in der Luft und verbessert damit den bisher bestehenden Rekord des Franzosen Charles Massaux vom 26. Juli 1925 (10:29 h) um fast viereinhalb Stunden.
Als Vorläufer des modernen Segelflugsports ist Otto Lilienthal, der 1891 erste, mit dem Körper gesteuerte Gleitflüge unternahm, anzusehen. Im Deutschen Reich unternahmen Darmstädter Schüler 1911 Gleitflüge von der Wasserkuppe in der Rhön, die bis zu zwei Minuten dauerten. Nach dem Weltkrieg nahm der Segelflugsport besonders im Deutschen Reich, da der Motorflug nach den Bestimmungen des Versailler Vertrags verboten war, einen gewaltigen Aufschwung. Den ersten amtlich registrierten Weltrekord stellte Wolfgang Klemperer am 4. September 1920 auf, als er bei einem Flugversuch in der Rhön 2:22 min in der Luft blieb und die Distanz von 1830 m zurücklegte. 1922 gelang in der Rhön der erste Flug über eine Stunde.
Der Ostpreuße Ferdinand Schulz hat seinen ersten Dauer-Weltrekord am 11. Mai 1924 im Dünengelände von Rossitten aufgestellt, als er 8:42 h in der Luft blieb.

Im Gegensatz zum mondänen Starkult um den US-amerikanischen Motorflieger Charles A. Lindbergh gibt sich der deutsche Rekordhalter im Dauer-Segelflug, der Volksschullehrer Ferdinand Schulz aus Ostpreußen, volkstümlich: Er läßt sich am liebsten mit seiner Frau und seinen drei Kindern fotografieren

London bricht mit Sowjetunion

27. Mai. Großbritannien bricht die diplomatischen Beziehungen zur Sowjetunion ab und kündigt das britisch-sowjetische Handelsabkommen von 1921. Die Regierung begründet diesen Schritt damit, daß die Sowjetunion umstürzlerische Propaganda betrieben habe.

Der Bruch zwischen London und Moskau hatte sich schon seit Monaten angekündigt (→ 3. 3./S. 53). Am 12./13. Mai ließ die britische Regierung das Arcos-Haus, den Sitz einer sowjetischen Handelsfirma sowie der offiziellen sowjetischen Handelsdelegation, von einem riesigen Polizeiaufgebot durchsuchen. Dabei wurde Material über agitatorische Tätigkeit sowjetischer Stellen in Großbritannien und China, nicht aber ein dort vermutetes Dokument, das militärische Spionagetätigkeit belegen sollte, sichergestellt.

In der deutschen Presse wird die Arcos-Affäre meist als Vorwand gewertet und darauf verwiesen, daß die konservative Regierung mit den Anschuldigungen ihre innenpolitische Situation gegenüber der Labour-Party, der Verbindungen mit Moskau nachgesagt werden, stärken wolle. Ferner wird die Befürchtung laut, es könne nun eine Spaltung in Westeuropa in ein pro- und ein antibolschewistisches Lager eintreten.

Die britische Regierung läßt das Arcos-Haus, den Sitz einer sowjetischen Handelsfirma in London, wegen Spionageverdachts durchsuchen

Kriegsschiffe im Mittelmeerraum

30. Mai. Die Beziehungen zwischen Kairo und London sind einer schweren Belastung ausgesetzt, weil die ägyptische Regierung das Gehalt des britischen Oberkommandierenden der ägyptischen Armee, demonstrativ gestrichen hat. Großbritannien entsendet daraufhin drei Kriegsschiffe von Malta aus in Richtung auf Alexandria.

Ägypten war bis 1922 britisches Protektorat und erhielt danach die Unabhängigkeit, allerdings blieb die Landesverteidigung unter Oberhoheit der Briten, und ausländische Interessen in Ägypten blieben ausdrücklich geschützt. Das arabische Land wurde eine parlamentarische Monarchie mit Fuad I. als Monarchen. Die antibritische, für die vollständige staatliche Selbständigkeit kämpfende Wafd-Partei unter Sad Saghlul Pascha hat sich bei Wahlen immer wieder als stärkste politische Kraft erwiesen. Der Regierungswechsel in Kairo am 23. April 1927 – an die Stelle von Adli Jegen Pascha trat Abd al Chalik Tharwat Pascha als Premierminister – hatte keinerlei Einfluß auf Saghluls Position als starker Mann im Hintergrund.

Die britische Regierung in London fürchtet nun, daß Ägypten seine Armee zu einer Streitmacht gegen die verbliebenen britischen Besatzer ausbauen könnte.

Als Tharwat Pascha am 14. Juni jedoch die Forderungen nach Verstärkung der britischen Präsenz in Ägypten akzeptiert, gilt der Konflikt als beigelegt (→ 4. 7./S. 123).

Das britische Kriegsschiff »Malaya« auf dem Weg nach Ägypten

Einigung unter Druck der USA

7. Mai. Unter massivem US-amerikanischem Druck einigen sich die Bürgerkriegsparteien in Nicaragua um den konservativen Präsidenten Adolfo Díaz und den liberalen Gegenpräsidenten Juan Bautista Sacasa auf ein Waffenstillstandsabkommen. Die seit Dezember 1926 anhaltenden Auseinandersetzungen in dem Staat, den die USA als zu ihrer Einflußsphäre gehörend betrachten, sind damit vorerst beendet. Díaz bleibt im Amt (→ 17. 7./S. 122).

Die Verhandlungen sind unter Vorsitz von US-Sonderbotschafter Henry L. Stimson, einem einflußreichen Mann in der US-amerikanischen Geschäftswelt, geführt worden. Er gilt, wie der Vertreter der USA in Mexiko, Dwight W. Morrow (→ 28. 12./S. 198), als Gegner einer gewaltsamen Intervention der USA, da er diese Politik langfristig mit den US-Geschäftsinteressen kollidieren sieht.

In dem Waffenstillstandsabkommen sichern sich die USA jedoch ihre Einflußmöglichkeiten in Nicaragua. Es enthält folgende Punkte:

▷ Vollständige Entwaffnung beider Bürgerkriegsparteien
▷ Sofortiger allgemeiner Frieden
▷ Allgemeine Amnestie für alle Aufständischen
▷ Aufnahme liberaler Politiker in das Díaz-Kabinett
▷ Organisation einer nicaraguanischen unparteiischen Polizeitruppe, die US-amerikanischen Offizieren unterstellt wird
▷ Beibehaltung der US-amerikanischen Streitkräfte im Land, bis diese Polizeitruppe gebildet ist
▷ Überwachung der Parlamentswahlen in Nicaragua im Jahre 1928 durch die USA.

Karikatur aus dem satirischen Magazin »Lachen links« zur Intervention der USA in Mittelamerika

Republikschutz: Gesetz verlängert

17. Mai. Mit 323 gegen 41 Stimmen billigt der Reichstag die Verlängerung des Gesetzes zum Schutz der Republik, das am 21. Juli 1922 als Reaktion auf die Ermordung von Außenminister Walther Rathenau durch Rechtsextremisten erlassen worden ist.

W. Rathenau

Das Gesetz enthält Strafandrohungen gegen das Verächtlichmachen der Weimarer Verfassung sowie Bestimmungen zum Schutz des Lebens und der Ehre von Mitgliedern der Regierung; es ermöglicht das Verbot extremistischer Vereinigungen. Entgegen den Intentionen wurde es weniger gegen die militanten Gegner der Republik auf der extremen Rechten, sondern vor allem gegen Linke angewandt.
Die nun verabschiedete Neufassung des Gesetzes hebt den Strafgerichtshof zum Schutz der Republik auf. Der »Kaiserparagraph«, der es der Regierung ermöglicht, dem Kaiser die Rückkehr zu verweigern, bleibt jedoch erhalten (→ 23. 3./S. 57).

Treffen des Stahlhelm

8. Mai. Der größte Wehrverband im Deutschen Reich, der nationalistisch-konservative Stahlhelm, ruft seine Mitglieder und Anhänger zum »Reichsfrontsoldatentag« nach Berlin zusammen. Die 100 000 Stahlhelmer, die uniformiert durch die Reichshauptstadt marschieren, rufen, obwohl es nicht zu Zwischenfällen kommt, im Ausland starke Besorgnis hervor.
Der Stahlhelm ist am 13. November 1918 als Zusammenschluß von Soldaten des Weltkriegs zur Abwehr der Novemberrevolution ins Leben gerufen worden. Seit 1924 steht der Verband auch Nicht-Kriegsteilnehmern offen.
Der Kampf der rechtsgerichteten, der DNVP nahestehenden paramilitärischen Organisation gilt dem parlamentarischen System der Weimarer Republik, den Reichsfarben Schwarz-Rot-Gold, den Sozialdemokraten und Kommunisten, aber auch der katholischen Kirche. Der Antisemitismus zeigt sich am 1924 eingeführten »Arierparagraphen«, der Juden von der Mitgliedschaft ausschließt.

Abordnungen des Stahlhelms aus allen Teilen des Reiches treffen zum Reichsfrontsoldatentag in der Reichshauptstadt Berlin ein

NSDAP-Verbot im Gau Brandenburg

6. Mai. Nach Zwischenfällen bei einer geschlossenen Versammlung der NSDAP wird die Partei im Gau Berlin-Brandenburg mit sämtlichen Unterorganisationen wie Sturmabteilung (SA), Schutzstaffel (SS) und Hitlerjugend für aufgelöst erklärt.
Bei einer Versammlung der NSDAP im Haus des Kriegervereins in Berlin, an der etwa 2000 Menschen teilnahmen, wurden am 4. Mai ein Pfarrer und ein Journalist von nationalsozialistischen Rollkommandos niedergeschlagen und schwer verletzt.

Begründung der Auflösung

»Seit Mitte Oktober 1926 haben in Groß-Berlin Mitglieder der aufgelösten Organisation in etwa 30 Fällen zum Teil plan- und bandenmäßig Angehörige der gegnerischen Organisationen und auch sonstige politisch Andersdenkende überfallen, Gewalttätigkeiten gegen Personen und Sachen begangen, sich der Körperverletzung schuldig gemacht, den Polizeibeamten Widerstand geleistet, fremdes Eigentum gewaltsam beschädigt und geraubt, Eisenbahn- und Straßenbahnzüge sowie Leben und Gesundheit unbeteiligter Straßenpassanten gefährdet, unbefugt Schuß- und andere gefährliche Waffen mit sich geführt und gebraucht ... Es handelt sich dabei nicht um das Verhalten einzelner Mitglieder, sondern um das im Zusammenhang mit dem Vereinsleben geübte Verhalten ...«

Der Gauleiter der Partei für Berlin-Brandenburg, Joseph Goebbels, hatte zuvor die anwesenden NSDAP-Mitglieder ausdrücklich dazu aufgefordert, die Wohnungen linksgerichteter Redakteure zu verwüsten (→ 20. 3./S. 54).

Joseph Goebbels

Adolf Hitler

Hitler sagt Aufstieg voraus

1. Mai. Da für Adolf Hitler in Preußen immer noch Redeverbot besteht, spricht der Führer der NSDAP in einer geschlossenen Versammlung vor rund 5000 Parteimitgliedern im Berliner Vergnügungslokal »Clou«. Wie gering in der Öffentlichkeit die Gefahr, die von den Nationalsozialisten für die Demokratie im Deutschen Reich ausgehen könnte, eingeschätzt wird, verdeutlicht der Bericht von der Veranstaltung, der unter der Überschrift »Hitler und die zwölf Ehrenwerten« in einem liberalen Berliner Blatt erscheint. Die Prognose Hitlers, daß die Nationalsozialisten in kurzer Zeit ganz Deutschland hinter sich vereinen werden, nimmt die Öffentlichkeit nicht ernst. Der Gauleiter der Partei für Berlin-Brandenburg, Joseph Goebbels, wird in dem Zeitungsbericht ins Lächerliche gezogen. Der Artikel hat folgenden Wortlaut:
»Die ›geschlossene Mitgliederversammlung‹ der Nationalsozialistischen Deutschen Arbeiter-Partei, an der zum ersten Male Hitler zu seiner Berliner Gefolgschaft sprach, eröffnete der Gauleiter Dr. Goebbels mit den Worten: ›Meine Damen und Herren! Hier sehen Sie unseren Adolf Hitler, der berufen ist, Deutschland zum Lichte zu führen. Hinter ihm sitzen sechs ehrenwerte Männer, die seine Reden mitstenographieren. Hinter diesen stehen weitere sechs ehrenwerte Männer, die aufpassen, daß auch richtig stenographiert wird. An dem Ring der Eide dieses Dutzends von ehrenwerten Männern werden die Verdrehungskünste der preußischen Regierung, die sicherlich nach der Rede unseres Adolf einsetzen werden, zerschellen!‹ Dann sprach, zwei Stunden lang, Hitler. Er vermied die drohenden Klippen der inneren Politik und erging sich in mißbilligenden Ausführungen zu der augenblicklichen deutschen Außenpolitik, wobei er voraussagte, daß in wenigen Jahren Deutschland geeint in der Nationalsozialistischen Deutschen Arbeiter-Partei stehen würde. An diesem Ziel werde man nur gehindert durch das Verbot der preußischen Regierung, die ihm versage, in öffentlicher Versammlung zu sprechen.«

Wirtschaft 1927:

Probleme bleiben trotz Hochkonjunktur

Seit der Beendigung der Inflation Ende 1923 ist die wirtschaftliche Lage im Deutschen Reich relativ stabil. Der 1924 einsetzende Aufschwung, der 1925/26 durch eine Zwischenkrise unterbrochen worden ist, geht 1927 in eine Phase der Hochkonjunktur über.

Bei stabilen Preisen (Preissteigerung gegenüber 1926: 4,1%) und rückläufigen Arbeitslosenzahlen (im April 1927 erstmals seit November 1925 unter einer Million) hat sich die Zahl der Konkurse gegenüber dem Vorjahr mehr als halbiert (7870 gegenüber 15829 im Jahre 1926) und liegt unter der Zahl von 1924 (8034). Die Vergleichsverfahren sind drastisch zurückgegangen (1083 gegenüber 7454 im Jahre 1926).

Die Industrieproduktion ist angestiegen und hat erstmals wieder das Vorkriegsniveau erreicht: Legt man für das letzte Vorkriegsjahr 1913 den Index 100 zugrunde, so ergibt sich seit der Inflation folgendes Bild:

- ▷ 1923: 47
- ▷ 1924: 70
- ▷ 1925: 83
- ▷ 1926: 80
- ▷ 1927: 100

In der Eisenindustrie werden 90%, in der Stahlindustrie 97% der Vorkriegskapazität wieder erreicht; dies ist u. a. eine Folge davon, daß wegen des Bergarbeiterstreiks in Großbritannien, der 1926 die Exportmöglichkeiten verbessert hat, die Steinkohleförderung im Deutschen Reich gestiegen ist. Besonders stark sind jedoch – seit etwa 1925 – die chemische und die elektrotechnische Industrie gewachsen. In diesen Bereichen hat das Deutsche Reich die internationale Spitzenposition, die es vor dem Krieg innehatte, wieder zurückerobern können. Der Anteil der IG Farben an der Weltstickstoffproduktion liegt 1926/27 z. B. bei 73%.

Das Volkseinkommen hält mit der Steigerung der industriellen Produktion nicht ganz Schritt: es liegt pro Kopf der Bevölkerung nur bei 92% des Standes von 1913, 1925 waren es 84%, 1926 86% (unter Berücksichtigung des veränderten Altersaufbaus). Die Löhne sind zwar 1924 beträchtlich, danach jedoch nur noch in geringerem Ausmaß gestiegen (→ S. 70).

Die Gewerkschaften, die durch die inflationsbedingte Krise 1923 nicht nur einen Teil ihrer Mitglieder, sondern auch ihr Vermögen verloren haben, können lang andauernde Streiks nicht mehr finanzieren. Die Arbeitgeberverbände nutzen diese finanzielle Schwäche ihres Gegners aus, indem sie verstärkt das Kampfmittel der Aussperrung einsetzen. So gehen in den Jahren 1924 und 1927 mehr Arbeitstage durch Aussperrungen verloren als durch Streiks. Der Staat greift immer häufiger zum Mittel der Zwangsschlichtung (→ 25. 2./S. 40).

Stabilisierung nach 1923

	1923	1924	1925	1926	1927
Gütererzeugung					
Steinkohlenförderung in Mio t	62	119	132	145	153
Braunkohlenförderung in Mio t	118	124	139	139	150
Roheisen in Mio t	4,9	7,8	10	9,6	13
Rohstahl in Mio t	6,2	9,7	12	12,2	16,1
Kali (Reinkali) in Mio t	3,9	3,4	5	4,1	4,7
Außenhandel					
Einfuhr (Warenverkehr) in Mrd RM	6,15	9,08	12,36	10	14,23
Ausfuhr (Warenverkehr) in Mrd RM	6,1	6,55	9,29	10,42	10,8
Geld- und Finanzwesen					
Geldumlauf 2)	1)	3085	4468	4910	5451
Gold- und Deckungsdevisen 2)	1)	636	1474	2011	2130
Notenbankkredite 2)	1)	–	1596	1319	2148
Sparkasseneinlagen 3)	1)	595	1694	3182	4839

1) wegen der Inflation keine genauen Angaben möglich
2) Jahresdurchschnitt in Mio RM (Reichsmark)
3) Stand Ende Dezember in Mio RM (Reichsmark)

Das Vertrauen der Bürger in die positive wirtschaftliche Entwicklung zeigt sich daran, daß – obwohl die Währungsreform 1923 zum Verlust der Spareinlagen geführt hat – die Summe der Rücklagen seit 1924 wieder kontinuierlich gestiegen ist. Sie hat allerdings mit 4,839 Milliarden Reichsmark (RM) nur einen Bruchteil der Spareinlagen der Vorkriegszeit (19,698 Milliarden RM 1913) erreicht und ist im internationalen Vergleich gering. Zur Finanzierung der notwendigen Investitionen sind deutsche Unternehmen auf Kredite aus dem Ausland angewiesen, die deshalb gern gewährt werden, weil das Zinsniveau bei deutschen Banken außerordentlich hoch ist.

Mit der Neuordnung der Reparationszahlungen des Deutschen Reiches durch den Dawes-Plan 1924 (→ 29. 1./S. 17; 20. 10./S. 167) wurde die Gewährung großzügiger Auslandsanleihen, vor allem aus den USA, ferner aus Großbritannien, der Schweiz und den Niederlanden, eingeleitet. Nur auf diese Weise ist es dem Deutschen Reich möglich, den Transfer der Reparationen in Devisen durchzuführen, denn aus Exportüberschüssen können die in ausländischen Währungen geforderten Zahlungen nicht aufgebracht werden: Seit Beginn der Weimarer Republik ist die Handelsbilanz – mit Ausnahme des Jahres 1926 – immer negativ.

1924 betrug die Summe der ausländischen Kredite rund 2,5 Milliarden RM, bis 1927 ist sie kontinuierlich auf etwa 10 Milliarden RM angestiegen. Die Kredite, die von ausländischen Kapitalgebern zu mehr als der Hälfte kurzfristig (Kündigungsfrist weniger als drei Monate) gewährt werden, geben die deutschen Banken, die die Transaktionen vermitteln, als langfristige Kredite an deutsche Unternehmen weiter, ohne selbst über eine ausreichende Kapitaldecke zu verfügen.

Ein Zusammentreffen deutscher und britischer Wirtschaftsführer bei der IG Farben AG in Leverkusen

Erste Weltwirtschaftskonferenz

23. Mai. In Genf geht die erste Weltwirtschaftskonferenz der Geschichte nach 20tägiger Dauer zu Ende. An der Tagung haben Delegationen aus 47 Staaten teilgenommen, als Nicht-Völkerbundsmitglieder sind die USA, die Sowjetunion (→16. 4./S. 68), die Türkei und Ägypten vertreten.

Zum Abschluß der Tagung wird eine Reihe von Resolutionen verabschiedet, in denen die Teilnehmerstaaten die Bereitschaft zur Senkung der Zölle und zum Abbau der Handelsschranken als Maßnahmen zur Belebung des internationalen Handels befürworten; konkretere Beschlüsse werden nicht gefaßt.

Das internationale Währungs- und Wirtschaftssystem hat sich von den Folgen des Weltkriegs immer noch nicht erholt. Obwohl die konjunkturelle Lage in den meisten europäischen Staaten positive Tendenzen zeigt und der Vorkriegsstand in der industriellen Produktion meist bereits übertroffen wird, leidet der Welthandel zum einen unter der Zersplitterung der Großwirtschaftsräume infolge der Entstehung neuer kleinerer Staaten in Südost- und Osteuropa (→2./3. 1./S. 19), zum anderen unter den protektionistischen Maßnahmen, die nahezu alle Industrienationen unter Einschluß der USA – die seit 1922 mit hohen Schutzzöllen das Eindringen auf ihren Markt verhindern – praktizieren. Ein einheitliches Weltwährungssystem auf der Basis des Goldstandards ist nach der Stabilisierung der durch die Kriegsfolgen zerrütteten Währungen (USA 1921, Deutsches Reich 1923, Großbritannien 1925, Frankreich 1926/27) nicht wiederhergestellt worden.

Die Abhängigkeit der wirtschaftlichen Entwicklung in den europäischen Staaten von den USA wächst.

Blick in den Sitzungssaal in Genf, wo Vertreter aus 47 Staaten über Möglichkeiten zum Abbau von Handels- und Zollschranken beraten

Drei Stimmen zur Konferenz

Henry Robinson: Hohe Löhne haben uns Amerikaner reicher gemacht.

Carl F. von Siemens: Nicht der Konzern – das Genie ist der Träger jeden Aufstiegs.

Gregor Sokolnikow: Sowjetrußland braucht Kredite, Kredite, Kredite.

Die Tarifparteien an einem Tisch

25. Mai. In Genf wird die zehnte Internationale Arbeitskonferenz eröffnet. Bis zum 10. Juni beraten 323 Delegierte aus 42 Staaten über die Krankenversicherung, die Festsetzung der Mindestlöhne und die Koalitionsfreiheit.

Die Internationale Arbeitsorganisation ist vom Völkerbund ins Leben gerufen worden, ihr gehören aber auch Nichtmitglieder an, darunter die USA.

Auf der Konferenz sind Sachverständige der Arbeitgeber und Arbeitnehmer sowie Regierungsvertreter anwesend. Eine Einigung zwischen diesen Lagern erweist sich als schwierig. Für die Krankenversicherung kommt ein Abkommen zustande, die anderen beiden Konferenzthemen werden nicht abschließend beraten.

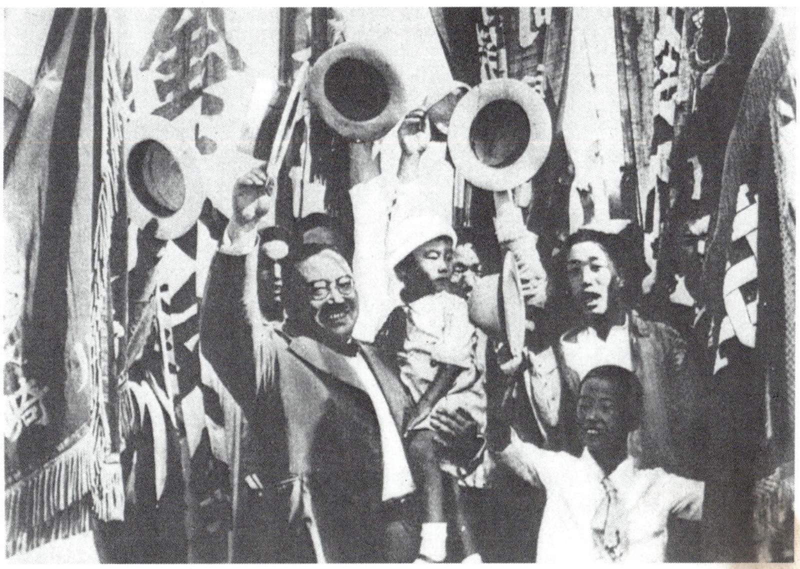

Der japanische Delegierte Suzuki (M.) wird bei der Rückkunft von der Genfer Arbeitskonferenz in Tokio von Anhängern der Arbeiterpartei begrüßt

SPD setzt auf Weg durchs Parlament

27. Mai. Auf dem SPD-Parteitag, der vom 22. bis 27. Mai in Kiel stattfindet, erläutert der Parteivorsitzende Rudolf Hilferding seine Theorie des »organisierten Kapitalismus«.

Hilferding geht davon aus, daß der Kapitalismus auf Dauer seinen krisenhaften Charakter verloren habe. Die Monopolbildung, die durch die Gründung des Chemiekonzerns IG Farben (1925) und der Vereinigten Stahlwerke AG (1926) ihren Höhepunkt im Deutschen Reich erreicht hatte, führe, so die Auffassung Hilferdings, zu einem Element der »planmäßigen Produktion« und überwinde so die negativen, auf Wirtschaftsanarchie und Konkurrenzdruck beruhenden Seiten des kapitalistischen Systems.

R. Hilferding

Die SPD verfolge das Ziel, durch die Erlangung einer parlamentarischen Mehrheit die Regierung zu übernehmen und durch die staatliche Gewalt – die als klassenneutrales Instrument anzusehen sei – das ökonomische Privileg des Kapitals zu beseitigen.

Die wichtigsten Passagen aus Hilferdings Rede in Kiel lauten: »Das ist das Entscheidende, daß wir augenblicklich ... zu einer kapitalistischen Organisation der Wirtschaft kommen, also von der Wirtschaft des freien Spiels der Kräfte zur organisierten Wirtschaft ... Organisierter Kapitalismus bedeutet also in Wirklichkeit den prinzipiellen Ersatz des kapitalistischen Prinzips der freien Konkurrenz durch das sozialistische Prinzip planmäßiger Produktion. Diese planmäßige, mit Bewußtsein geleitete Wirtschaft unterliegt in viel höherem Maße der Möglichkeit der bewußten Einwirkung der Gesellschaft, das heißt nichts anderes, als der Einwirkung durch die einzige bewußte und mit Zwangsgewalt ausgestattete Organisation der Gesellschaft, der Einwirkung durch den Staat.«

Eine Resolution des linken Flügels der SPD gegen Hilferdings Position wird in Kiel mit 255 zu 83 Stimmen abgelehnt.

Fließband-Fertigungsstraße für die Produktion der »Tin Lizzy« im Detroiter Werk der Ford Motor Co.

15 Millionen Ford-Automobile

26. Mai. Bei der Ford Motor Co. in Detroit läuft das 15millionste Auto, Modell T (»Tin Lizzy«) vom Fließband. Dieser Typ, der seit 19 Jahren hergestellt wird, ist unangefochten das meistverkaufte Automobil der ganzen Welt.

Im Oktober 1908 kam die erste Version der »Tin Lizzy« auf den Markt, ausgestattet mit einem Vierzylinder 20-PS-Motor, Querfederung, zwei Vorwärts- und einem Rückwärtsgang. Sie erreichte Spitzengeschwindigkeiten von 60 km/h. Mit der Einführung der Fließbandmontage 1913 konnten größere Stückzahlen hergestellt und die Produktionskosten so gesenkt werden, daß dieses Automobil – zumindest in den USA – für bereitere Schichten erschwinglich wurde. Auch bei den späteren Versionen des Modell T von 1915, 1923 und 1926 hält Ford an den Prinzipien der Massenfertigung, der Normung und der Austauschbarkeit der Einzelteile fest.

Das neue Ford-Modell »Tudor Saloon« wird im Jahr 1927 den Europäern bei einer Automobilausstellung in London erstmals präsentiert

99,2% aller im April 1927 in den Ford-Werken produzierten Automobile sind solche des Typs T, der teurere Lincolnwagen hat dagegen nur marginale Bedeutung.

Dennoch hat die »Tin Lizzy« den Höhepunkt ihrer Erfolgskurve bereits überschritten. Die täglichen Stückzahlen sind von 8000 im Jahre 1925 innerhalb eines Jahres auf 6000 zurückgegangen. Die Hoffnung, sie durch Exporte nach Europa noch einmal zu steigern, haben sich nicht erfüllt.

Bei den Neuzulassungen in den USA hat der mächtige Konkurrent General Motors den Ford-Werken inzwischen den Rang abgelaufen: Während im April 1926 34,87% aller Neuzulassungen auf das Ford-Modell T und nur 14,06% auf das vergleichbare Modell von General Motors, den Chevrolet, entfielen, sind es im April 1927 24,16% beim Modell T und 25,53% beim Chevrolet von General Motors.

Firmengründer Henry Ford und sein Sohn Edsel kündigen daher bei der Triumphfahrt des Jubiläumsautos an, daß die Produktion des Modells T demnächst gestoppt werde. Der neue Typ A, der Nachfolger der »Tin Lizzy« werden soll, ist mit einem Vierzylinder-Reihenmotor ausgestattet und 40 PS leistungsstärker und schneller.

Die Erfolgsstory des Henry Ford

Henry Ford, am 30. Juli 1863 als Sohn eines irischen Einwanderers im US-Bundesstaat Michigan auf einer Farm geboren, war zunächst leitender Ingenieur der Illuminating Co. in Detroit. 1892 entwickelte er den ersten Motorwagen, vier Jahre später konstruierte er einen zweiten Typ, und 1903 machte er sich mit einem Startkapital von 100 000 US-Dollar selbständig und gründete die Ford Motor Co. in Detroit (Michigan). Die Motoren für seine Automobile lieferten zunächst noch die Brüder Horace und Johann Dodge. Der Aufstieg des Ford-Unternehmens zum größten Automobilkonzern der Welt begann 1908, als Henry Ford das Modell T, die »Tin Lizzy«, auf den Markt brachte.

In einer 1925 veröffentlichten Autobiographie und in dem 1926 erschienenen Buch »Today and Tomorrow« (»Heute und morgen«) erläutert Ford das Geheimnis seines Erfolges: Günstige Arbeitsbedingungen – hohe Löhne und kurze Arbeitszeiten (die Fünftagewoche wird in den Fordwerken im Herbst 1926 eingeführt) – sollen dazu beitragen, daß sich die Beschäftigten mit dem Unternehmen identifizieren und deshalb auf klassenkämpferische Forderungen Verzicht leisten.

Firmengründer Henry Ford

24-Stunden-Zeit bei Reichsbahn

15. Mai. Mit der Veröffentlichung des neuen Kursbuches führt die Reichsbahn offiziell die 24-Stunden-Zeit ein.
Auf den Zifferblättern der Bahnhofsuhren werden neben den Ziffern eins bis zwölf die Ziffern 13 bis 24 angebracht, um den Reisenden, denen die Benennung der Uhrzeiten im 24-Stunden-Rhythmus nicht geläufig ist, die Orientierung zu erleichtern. Im Kursbuch sind die Zeiten ebenfalls in 24-Stunden-Zeit ausgedruckt. Dadurch kann sich der Reisende bei internationalen Anschlüssen (in nahezu allen europäischen Staaten gilt bereits der 24-Stunden-Takt) besser zurechtfinden; Verwechslungen sollen ausgeschlossen werden. Bisher waren im Kursbuch z. B. 7 Uhr früh und 7 Uhr abends lediglich an der Unterstreichung der Minutenangaben voneinander unterscheidbar.
Als erste hatten im Deutschen Reich die Luftverkehrsgesellschaften die 24-Stunden-Zeit eingeführt; es folgten die Untergrundbahngesellschaften. Mit der Umstellung bei der Reichsbahn wird sich, so die Meinung von Experten, die 24-Stunden-Zeit endgültig durchsetzen. Die Presse empfiehlt, die neuen Uhrzeiten für nachmittags und abends regelrecht auswendig zu lernen.
Über die Neuerung kursieren zahlreiche Witze, z. B.: »Ein Bauer kommt nach Berlin und will von hier nach Thüringen weiterfahren. ›Wann geht der nächste Zug nach Erfurt?‹ fragte er den Stationsvorsteher. ›19.28.‹ – Darauf das Bäuerlein bestürzt: ›Was? ein Jahr lang geht kein Zug mehr nach Erfurt?‹«

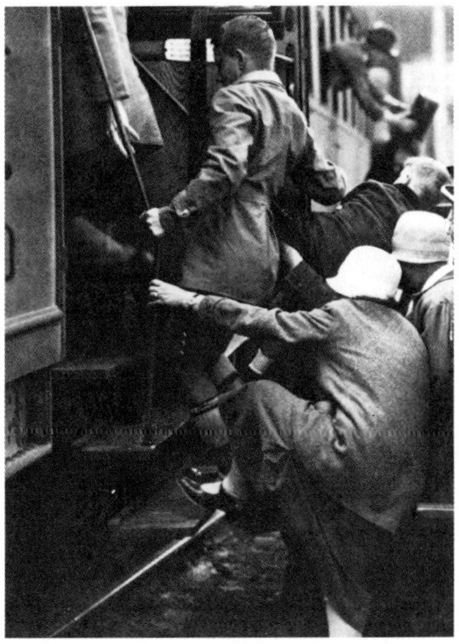

Die Eisenbahn entwickelt sich in der Mitte der 20er Jahre zum preisgünstigen Massenverkehrsmittel

Sondersteuer für kinderlose Ehen

26. Mai. Vor dem Parlament in Rom hält der italienische Ministerpräsident und Duce Benito Mussolini in seiner Eigenschaft als Innenminister eine Rede, in der er sich u. a. mit der zukünftigen Bevölkerungsentwicklung in Italien befaßt.
Mussolini zieht die Einführung einer Sondersteuer für Ehen, die kinderlos bleiben, in Erwägung. Die Einnahmen aus dieser Steuer sollen, wie der Ertrag aus der Junggesellensteuer, die bereits in Kraft getreten ist, für die Kinderfürsorge verwendet werden.
Wenn Italien eine gewichtige Rolle in der Weltpolitik spielen wolle, dann müsse die Bevölkerung (derzeit rund 40 Millionen Menschen) in der zweiten Hälfte des Jahrhunderts auf 60 Millionen ansteigen.

Lustbarkeiten für Jugendliche tabu

17. Mai. Gegen die Stimmen der linksliberalen Deutschen Demokratischen Partei, der Sozialdemokraten und der Kommunisten verabschiedet der Reichstag in dritter Lesung das Gesetz zum Schutz der Jugend bei Lustbarkeiten. Der Reichsrat erhebt am 26. Mai jedoch Einspruch und bringt damit das Gesetz, das von Bühnenorganisationen und Schriftstellerverbänden als Zensur- und Polizeimaßnahme auf Widerstand gestoßen war, zu Fall.
Der Gesetzentwurf, der in letzter Minute von der rechtsbürgerlichen Regierungskoalition noch verändert worden ist, sieht vor, daß Minderjährigen unter 18 Jahren die Beschäftigung und der Besuch von öffentlichen und nichtöffentlichen »Lustbarkeiten« – Schaustellungen, bestimmte Theaterveranstaltungen usw. – untersagt wird. Das ursprünglich vorgesehene Verbot der Teilnahme von Kindern und Jugendlichen an Filmaufnahmen wird von der Regierung aufgegeben.
Hermann Haller, der Direktor des auf Revuen spezialisierten Berliner Theaters im Admiralspalast, erklärt zu dem Jugendschutzgesetz: »Meines Erachtens stellt der Gesetzentwurf ... den stärksten Eingriff auf dem Gebiete der Kunst dar, den ich mir vorstellen kann.«

Überschwemmungskatastrophe im Mississippigebiet

15. Mai. *Das Mississippigebiet im Südosten der USA ist von der schwersten Überschwemmungskatastrophe in der Geschichte der Vereinigten Staaten betroffen. Mehr als 75 000 km² Land sind überflutet, mehr als 300 000 Personen haben ihre Häuser im Unwettergebiet verlassen müssen und werden vom US-amerikanischen Roten Kreuz betreut.*
Der Mississippi und einige größere Nebenflüsse sind nach schweren Regenfällen, die in 30 Staaten der USA niedergegangen sind, am 22. April über die Ufer getreten, die Mississippideiche, die eine Höhe von etwa 60 cm über dem bisherigen höchsten Flutpegel haben, werden überflutet. Der US-amerikanische Handelsminister Herbert C. Hoover hat am 30. April die Sprengung eines Deiches 20 km oberhalb von New Orleans angeordnet, um die Stadt vor einer Überschwemmung zu schützen. Das niedrig gelegene Industrieviertel von New Orleans hatte bereits unter Hochwasser gelitten. Die Durchführung des Sprengungsbefehls konnte nur mit starkem militärischen Beistand erreicht werden, da die Pflanzer, deren Land den Fluten preisgegeben werden sollte, sich mit Gewalt zu widersetzen drohten (Abb.: Von den Überschwemmungen betroffene Ortschaft im Mississippigebiet).

Tennisplatz an Bord

14. Mai. Die »Cap Arcona«, der erste deutsche Schnelldampfer, der nach Südamerika fahren wird, läuft in Hamburg bei der Werft Blohm und Voss vom Stapel. Das Schiff ist 27 000 Bruttoregistertonnen groß

Schwimmbad der »Cap Arcona«

und erreicht durch eine Turbinenanlage von 24 000 PS eine Geschwindigkeit von 20 Seemeilen pro Stunde (rund 37 km/h), so daß die Reise nach Rio de Janeiro zwölf, nach Buenos Aires 15 Tage dauern wird.

Die »Cap Arcona« verfügt über ein Sportdeck mit einem Tennisplatz in Originalgröße, Zuschauerrängen und elektrischer Beleuchtung. Im Innern des Schiffes sind eine Schwimmhalle von 10 m Länge und 6 m Breite und eine Turnhalle untergebracht, die auch Passagieren der zweiten Klasse offenstehen.

Der luxuriös eingerichtete Speisesaal der ersten Klasse ist 35 × 18 m groß und vollständig freitragend konstruiert.

Die »Cap Arcona« läuft am 19. November zu ihrer Jungfernfahrt nach Buenos Aires aus.

Stapellauf der »Cap Arcona«, die als »schönstes Schiff der Welt« bezeichnet wird, bei der Werft Blohm und Voss im Hamburger Hafen

Vikarinnen zugelassen

9. Mai. Die Generalsynode der Evangelischen Kirche, die in Berlin tagt, billigt ein Gesetz über die Anstellung von Vikarinnen. Damit ist es Frauen erstmals möglich, als Gemeindebeamtinnen im kirchlichen Dienst tätig zu werden.

Die Vorbildung der Vikarinnen entspricht der ihrer männlichen Pfarrerskollegen. Dennoch bleiben den Frauen weiterhin die pfarramtliche Betätigung und die Verwaltung der Sakramente verwehrt. Die Frauen können künftig lediglich bei der kirchlichen Verkündigung im Kindergottesdienst, bei Bibelstunden für Frauen und Mädchen, im Religionsunterricht an den Schulen und in der Seelsorge für Frauen und Mädchen in Heimen, Krankenhäusern und Haftanstalten eingesetzt werden. Bei einer Heirat muß die Vikarin aus dem Kirchendienst ausscheiden; Ausnahmen sind auf Wunsch der Gemeinde möglich.

Obwohl den männlichen Pfarrern von der Ausbildung vollkommen gleichgestellt, erhalten die Vikarinnen nur 75% der Bezüge, die ein Pastor in der nichtgehobenen Grundgehaltsstaffel bekommt.

Trotz dieser zahlreichen diskriminierenden Vorschriften wird das Gesetz als erster Schritt zu mehr Gleichberechtigung in der Kirche positiv aufgenommen.

Mode-Abbildung aus der französischen »L'Illustration«

Jumperkleid mit asymmetrischer Verzierung und tiefer Kellerfalte

Die französische Zeitschrift »Illustration« stellt in einer Sondernummer Bademoden vor; über den Badeanzügen werden Umhänge getragen

Die neuen Frisuren mit Kurzhaarschnitt und leichten Wellen

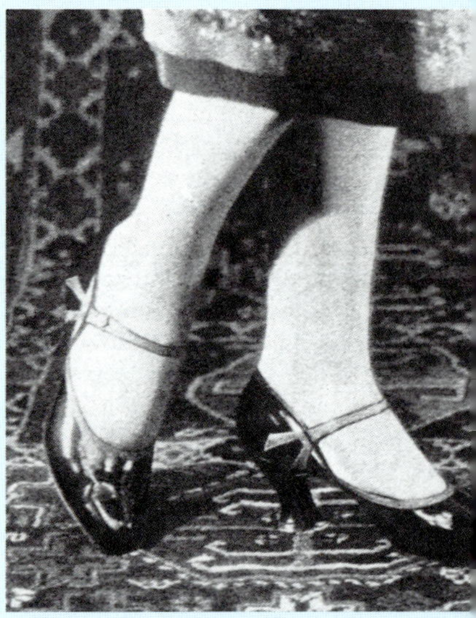

Bequeme halbhohe Schuhe aus Lackleder mit Krokodilleder-Besatz

Schwarzer Mantel aus Crêpe de Chine mit Futter in derselben Farbe wie das Imprimé-Kleid

Der kleine Topfhut und das Jumperkleid mit tiefangesetztem Rock bestimmen das Bild

Marineblauer gesteppter Seidenhut mit kleiner Krempe zu Tages- und Nachmittagskleidern

Mode 1927:

Kleiner Topfhut, Bubikopf und Jumperkleid

Der Trend zur Berufstätigkeit und die Sportbegeisterung der Frauen haben dazu geführt, daß auch in der Mode Wert auf Bequemlichkeit und Bewegungsfreiheit gelegt wird. Die Zeit der einschnürenden Korseletts und der unpraktischen langen Kleider ist endgültig vorbei.

In der Kleidermode herrscht die gerade Linie vor, beim Gürtelkleid ebenso wie beim Jumperkleid. Das Jumperkleid besteht aus einem blusigen Oberteil (den Sportblusen der amerikanischen Turner auch im Namen nachempfunden) und einem weiten, rundum plissierten oder mit einer tiefen Kellerfalte versehenen kniekurzen Rock, der der Trägerin nicht nur das Laufen, sondern sogar das Springen ermöglicht. Beim einteiligen Kleid umspielt der Gürtel, ohne die Taille zu betonen oder einzuengen, lose die Hüften. Querstreifen, Biesen, ein schmaler kindlicher Kragen mit Schleifchen oder Krawatte beleben die schlichte und anspruchslose, aber jugendliche und kleidsame Silhouette bei den Tageskleidern.

Bei den Jackenkleidern herrschen das englische, streng herrenmäßig geschnittene doppelreihige Schneiderkostüm mit Revers, aus Shetland oder genoppten Wollstoffen, und das französische Phantasiekostüm mit kurzer Jacke, aus weicher Seide oder aus Alpaka, vor. Die Mäntel sind meist zweireihig, schmal, gerade geschnitten und gelegentlich mit Pelzbesatz geschmückt.

Die Abendkleider weisen eine aufwendigere Verarbeitung auf. In der Saison 1927 bestimmen asymmetrische Formen, die durch einseitige Raffungen und wechselnde Saumlängen erreicht werden, das Bild.

Bei den Farben sind Blau in allen Schattierungen, im Herbst und Winter auch warme Brauntöne gefragt. Die vorherrschende Farbe der Abendmode ist Weiß.

In der Hutmode steht der kleine Topf aus Filz mit weich umgeschlagener kleiner Krempe in der Gunst der Frauen unangefochten an der Spitze. Hüte mit breiter Krempe und aufwendigem Feder- oder Blumenschmuck entsprechen nicht mehr den Lebensgewohnheiten der modernen Frau: Mit einem großen Hut kann sie weder in das Auto noch in den Autobus einsteigen, im Kino und in den neuen Theaterbauten wird sie damit den Protest der hinter ihr Sitzenden hervorrufen.

Der Bubikopf hat sich in der Frisurenmode endgültig durchgesetzt. Er bietet zahlreiche Variationen mit langen glatten Ponyfransen oder Seitenscheitel.

»Ausgezogen und doch angezogen« ist die Devise in der Bademode. Bei Badeanzügen ist das aus einem Stück gewebte, mit Streifenbordüren versehene oder mit Emblemen wie Seepferdchen, Drachen, exotischen Fischen, Sträuchern, Bildern oder Phantasievögeln bestickte Trikot en vogue.

Nach dem Bad trägt die modebewußte Frau im Urlaub einen ärmellosen, am Ausschnitt mit Blenden, Falten oder Kragen geschmückten Kasack über einem ganz kurzen Höschen, ergänzt durch ein dreieckiges Cape aus gleichem Stoff.

Wechselnde Saumlängen und Raffungen ergeben bei den Abendkleidern einen asymmetrischen Effekt

Aus der Schmuckkollektion französischer Goldschmiede; das Art-Deco-Design hat sich durchgesetzt

Herzog Albert von York (r. stehend, mit Herzogin Elisabeth) weiht Canberra als Hauptstadt Australiens ein

Canberra wird zur Hauptstadt

9. Mai. Um 12 Uhr mittags eröffnet Herzog Albert von York, der zweitälteste Sohn des britischen Königs Georg V., das neue Parlamentsgebäude von Australien in Canberra und weiht damit zugleich den Ort als Hauptstadt Australiens ein.

Als 1901 der australische Staatenbund gegründet wurde, beanspruchten sowohl Sydney im Bundesstaat Neu-Südwales als auch Melbourne im Bundesstaat Victoria den Titel der Hauptstadt für sich. Schließlich wurde die Übereinkunft getroffen, einen dritten Ort zur Hauptstadt zu wählen; die Regierungs- und Parlamentsgebäude wurden vorläufig in Melbourne untergebracht.

Inmitten von Wildnis und Einöde fand man – etwa 160 km von Sydney entfernt – einen kleinen, bereits vor der britischen Kolonisation von australischen Ureinwohnern bewohnten Ort, Canberra, der geeignet schien, zur »schönsten Stadt der Welt« und zur australischen Hauptstadt ausgebaut zu werden. 1913 wurde mit dem Bau dieser Stadt aus der Retorte begonnen; der Grundstein für das Parlamentsgebäude wurde 1923 gelegt.

Inzwischen wohnen 10 000 Menschen in Canberra; der Ort hat immer noch eher ländlichen Charakter, beeindruckt jedoch durch seine Lage auf einem Hochplateau.

Das Gebäude des australischen Bundesparlaments in der neuen Hauptstadt Canberra, das unter großen Feierlichkeiten am 9. Mai eingeweiht wird

Am Rande des neuerbauten und nunmehr als Hauptstadt eingeweihten Canberra liegt eine völlig symmetrisch angelegte großzügige Hotelanlage

Australien wurde 1901 gegründet

Der australische Kontinent ist bereits im 16. Jahrhundert von portugiesischen Seefahrern entdeckt worden; über den Zeitraum der Ansiedlung der australischen Ureinwohner gibt es keine gesicherten Erkenntnisse. 1770 begann der britische Einfluß auf dem Kontinent.

23. 8. 1770: Der britische Kapitän James Cook erreicht die Südostküste des Kontinents und nimmt das Land, dem er den Namen Neu-Südwales gibt, für Großbritannien in Besitz.

1788: Die erste Strafkolonie mit Häflingen aus Großbritannien wird gegründet; aus dieser Kolonie entwickelt sich die Stadt Sydney.

1825: Tasmanien konstituiert sich – unabhängig von der Stammkolonie Neu-Südwales – als eigene Kolonie.

1829: Westaustralien erhält den Status einer eigenständigen Kolonie.

1834: Südaustralien wird eigene Kolonie.

1851: Der Port Philip District mit Melbourne als größtem Ort löst sich von Neu-Südwales und nennt sich fortan Victoria.

1859: Auch Queensland spaltet sich von Neu-Südwales ab und wird eigenständig.

Ab 1851: Größere Goldvorkommen werden entdeckt.

Ab 1891: Die Entdeckung großer Zinn- und Silbervorkommen (ab 1883) leiten den wirtschaftlichen Aufschwung ein.

1885: Die australischen Staaten – mit Ausnahme von Neu-Südwales – richten einen Bundesrat ein, der allerdings keine Regierungsgewalt erhält.

1. 1. 1901: Der »Commonwealth of Australia« (Staatenbund von Australien) konstituiert sich. Staatsoberhaupt ist der König/die Königin von Großbritannien. Die zuvor von den einzelnen Staaten betriebene Politik, die farbigen Ureinwohner von der politischen und wirtschaftlichen Entwicklung auszuschließen und die Einwanderung nur Angehörigen der weißen Rasse zu gestatten, wird fortgesetzt.

Erste Messe in wiederaufgebauter Kathedrale in Reims

26. Mai. *Am Himmelfahrtstag wird erstmals seit dem Beginn des Weltkriegs in der Kathedrale der französischen Stadt Reims wieder eine Messe gelesen. Die Wiederaufbauarbeiten des von schweren Kriegsschäden betroffenen Gotteshauses sind zu diesem Zeitpunkt allerdings noch nicht zum Abschluß gebracht. Der letzte Gottesdienst hat am 19. September 1914 stattgefunden, als das Bombardement des Bauwerks durch deutsche Flugzeuge bereits eingesetzt hatte; ein Besucher soll an der Messe teilgenommen haben. In der Nacht darauf fing der Dachstuhl der Kathedrale Feuer und brannte vollständig aus. Während des Krieges war die Kathedrale ständig unter Beschuß; sie soll insgesamt 287mal getroffen worden sein.*
Mit den Arbeiten zur Wiederherstellung der Kathedrale wurde sofort nach Kriegsende 1919 begonnen. Nun ist der erste Bauabschnitt fertiggestellt. Das Kirchenschiff hat ein neues Dach erhalten. Die Kathedrale ist vom 13. bis zum 15. Jahrhundert erbaut worden (Abb.: Gläubige vor dem Portal der Kathedrale).

Theater in Delphi wieder eröffnet

9. Mai. In der antiken griechischen Stadt Delphi werden die ersten Festspiele der Neuzeit mit einer Aufführung der Tragödie »Der gefesselte Prometheus« des antiken Dramatikers Aischylos in neugriechischer Sprache eröffnet. Damit findet erstmals seit 20 Jahrhunderten in dem wegen seiner Akustik berühmten Amphitheater wieder eine Theateraufführung statt.
Die Idee zur Wiederbelebung der delphischen Festspiele geht auf den griechischen Dichter Anghelos Sykerianos und dessen aus New York stammender Frau Evée zurück. Künftig sollen alljährlich Theaterfestspiele vor der antiken Kulisse veranstaltet werden. Sykerianos hofft, daß bis zu 10 000 Touristen jedes Jahr zu dem Ereignis anreisen werden. Der Bau großzügiger Hotelanlagen ist in Angriff genommen.

Geburt des »Oscars«

11. Mai. Die US-amerikanische Filmindustrie feiert in Los Angeles mit einem glanzvollen Bankett die Gründung der Academy of Motion Picture Arts and Sciences (Akademie der Filmkünste und -wissenschaften).

Gründungsmitglied Louis B. Mayer (r.) mit Schauspieler Konrad Nagel

Dieser Verband ist auf Anregung von Louis B. Mayer, dem Vizepräsidenten der Metro-Goldwyn-Mayer-Filmgesellschaft, am 11. Januar 1927 ins Leben gerufen worden. Zu den 36 Gründungsmitgliedern gehören u. a. der Stummfilmkomiker Harold Lloyd, der Drehbuchautor Bess Meredith, der Regisseur Fred Niblo, die Schauspielerin Mary Pickford, vor allem aber führende Vertreter der großen Film-Konzerne von Hollywood. Zum Präsidenten wurde der Schauspieler Douglas Fairbanks gewählt.
Die Akademie verfolgt nach eigenen Aussagen die Absicht, das kulturelle, didaktische und technische Niveau des Films zu steigern; zu diesem Zweck ist u. a. die Verleihung eines Filmpreises (später Oscar genannt) vorgesehen.

»Die Weber« von Hauptmann im Film

14. Mai. Die Uraufführung des Films »Die Weber« nach dem naturalistischen Drama von Gerhart Hauptmann findet in Berlin statt.
Der Film schildert – in Anlehnung an das historische Geschehen – den Aufstand der verarmten und ausgebeuteten schlesischen Weber gegen ihre Fabrikanten im Jahre 1844.
Durch die filmische Gegenüberstellung des Fabrikanten Dreißiger (Paul Wegener), der als Sinnbild des – vom Niedergang bedrohten – Kapitalismus erscheint, und des »Rädelsführers« der aufständischen Weber, Jaeger (Wilhelm Dieterle), der die heraufziehende neue Zeit repräsentiert, erreicht der Film eine beachtliche agitatorische Wirkung. Die Regieleistung Friedrich Zelniks wird in der Kritik sogar mit dem sowjetischen Regisseur Sergei M. Eisenstein und dessen Meisterwerk »Panzerkreuzer Potemkin« in Verbindung gebracht.

G. Hauptmann

George Grosz

Zu der Wirkung des Films tragen das Drehbuch (Willy Haas und Fanny Carlsen) und die Ausstattung und Zwischentitel von George Grosz bei.

Szene aus dem Zelnik-Film »Die Weber« nach G. Hauptmann

Hannah Ralph und Oskar Homolka im »Hexer«

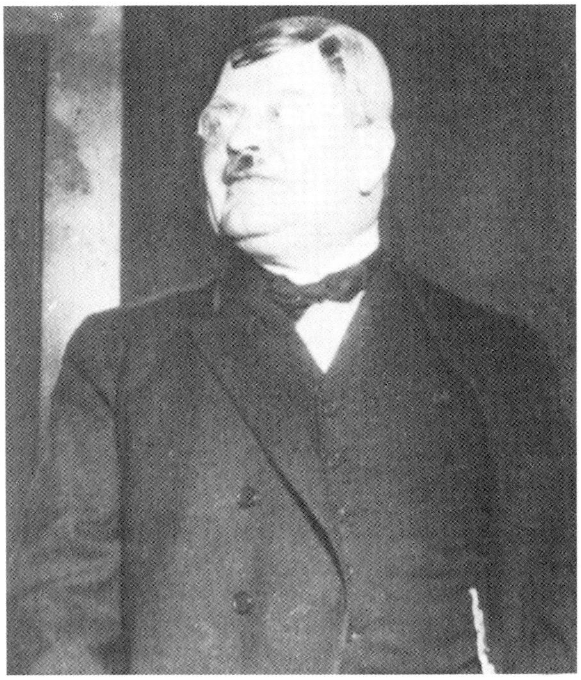

Albert Steinrück spielt die Rolle des Maurice Messer

Berlin ist im »Hexer«-Fieber

27. Mai. »Der Hexer«, ein Theaterstück des britischen Kriminalautors Edgar Wallace, wird vom Premierenpublikum im Deutschen Theater in Berlin bei der deutschen Erstaufführung begeistert aufgenommen.

Das Kriminalstück entwickelt sich, wie im Jahr zuvor in Großbritannien, auch in der Reichshauptstadt zu einem Publikumserfolg und erntet viel Lob bei der Kritik.

Die Handlung des Stücks: Gerüchten zufolge ist der »Hexer« aus Australien nach Großbritannien zurückgekehrt, um den Mord an seiner Schwester zu rächen. Diese Tat geschieht erst im letzten Akt, danach folgt die Aufklärung über die Identität des Hexers. Eindeutig auf der Seite des Guten stehen der junge Bezirksinspektor Alan Wembury von Scotland Yard und ein schuldlos verarmtes schönes Mädchen, Mary Lenley von Lenly Court, die sich unweigerlich ineinander verlieben. Zwielichtig erscheinen dagegen der Bruder Marys, Johnny Lenley, der von Anfang an verdächtig scheint, der Anwalt und Hehler Maurice Messer, der eine geheimnisvolle Macht über andere Menschen ausübt, ein Polizeiarzt, Dr. London, der durch sein seltsames, täppisches Benehmen auffällt; ferner spielen Cora Ann Milton, die Frau des Hexers, und Hauptinspektor Bliss, dessen Verhalten in mehreren Situationen darauf hindeutet, daß er der »Hexer« sein könnte, wichtige Rollen.

Der Kritiker Hanns G. Lustig beschreibt die Spannung, die im Deutschen Theater bei der Aufführung herrscht: »In der Pause stürzen vornehm reservierte Herren aufeinander zu, stille, sanfte Damen erheben ihre Stimmen zu erregter Rede; auf der Galerie braust am lautesten die Schlacht der Meinungen, es ballen sich die Gruppen der Wettenden, im Foyer, auf der Treppe, vor dem Fenster, wo die polare Mailuft kaum die Hitze des Kampfes kühlt ... Hier wird nicht verraten, wer recht behält. Nur: Daß der Schwarze Freitag der Wettverlierer zahllose Opfer fordert. Ganz wenige haben richtig geraten.«

Edgar Wallace, geboren am 1. April 1875 in London, schrieb zunächst Erzählungen und Romane über das Leben der Weißen in Südafrika, bevor er sich der Detektivstory zuwandte. »Der Hexer« erschien 1925 unter dem Titel »The Gaunt Stranger« (»Der finstere Fremde«) als Roman; die Bühnenfassung erhielt den englischen Titel »The Ringer« (»Der Betrüger«), die deutschen Übersetzer entschieden sich bei der deutschen Erstaufführung des Kriminalstückes von Edgar Wallace für den griffigeren Titel »Der Hexer«

Neue Sachlichkeit auch in der Musik

7. Mai. Der Musikkritiker Hans Heinz Stuckenschmidt veröffentlicht einen Aufsatz unter dem Titel »Neue Sachlichkeit in der Musik«, in dem er diesen bisher lediglich in der bildenden Kunst gebräuchlichen Terminus auf die Kompositionstechnik ausdehnt. »Wie in der Malerei steht auch in der modernen Musik der neue Klassizismus in engem Zusammenhang mit diesen Bestrebungen [der Neusachlichen]. Wie hier etwa im Porträt der Hauptwert auf die materielle Ähnlichkeit gelegt und der geistige Ausdruck, wie ihn die Expressionisten favorisierten, dieser Ähnlichkeit eingeordnet wird, so bemüht sich die modernste Musik um strenge Zeichnung und klare Fixierung des Konturs«, so charakterisiert Stuckenschmidt die Parallelen in der Malerei und der Musik.

Stuckenschmidt nennt als bedeutende Vertreter der Neuen Sachlichkeit in der Musik u. a. Ernst Křenek, Paul Hindemith, Ernst Toch und Kurt Weill. Er charakterisiert die neusachliche Musik durch die Rückkehr zu den streng tonalen Grundlagen früherer Zeiten (wobei atonale Elemente nur als Kontrastfolie eingesetzt werden), durch »melodisch abgeschlossene Phrasen in symmetrischen Formen« und – angeregt durch die moderne Tanzmusik – durch »eine Vorliebe für rhythmische Wiederholungen, symmetrische Zeitmaße und straffe Bewegungsformen«.

Filmkomödie mit Esprit und Tempo

12. Mai. Im Emelka-Palast in Berlin wird die Filmkomödie »Sein größter Bluff« mit Harry Piel in der Hauptrolle sowie Lotte Lorring und Marlene Dietrich uraufgeführt. Das Drehbuch stammt von Henrik Galeen, der bisher in einem anderen Genre, als Drehbuchautor für Horrorfilme, hervorgetreten ist (»Nosferatu«, 1922).

In der schwungvollen, temporeichen und spannenden Geschichte um einen indischen Schmuck, der zunächst gestohlen und dann mit Ausdauer und Witz wieder zurückbeschafft wird, spielt Harry Piel eine Doppelrolle.

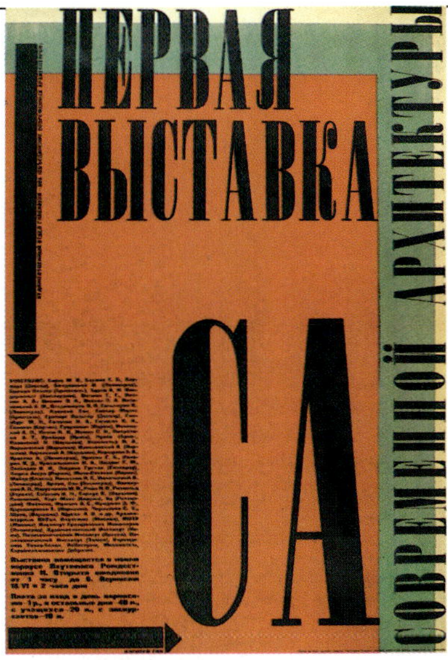

Beispiele sowjetischer Plakatkunst in Berlin ausgestellt

14. Mai. *Im Ausstellungsgebäude am Lehrter Bahnhof wird die Große Berliner Kunstausstellung eröffnet, die bis zum 30. September einen repräsentativen Überblick über das internationale Kunstschaffen gibt. Eine Sonderausstellung ist der sowjetischen nachrevolutionären Plakatkunst gewidmet. Innerhalb der sowjetischen Kulturpolitik spielt das Plakat als Mittel zur Agitation und Mobilisierung der Bevölkerung für die Ziele des Sozialismus eine bedeutende Rolle, wobei die Gestaltung außerordentlich vielfältig ist; eine einheitliche Kunstdoktrin der Parteileitung gibt es noch nicht. Die klaren Formen des Konstruktivismus (Abb. M.: Alexei M. Gan, »Die erste Ausstellung sowjetischer Architektur«, Ausstellungsplakat, 1927) finden sich ebenso wie die Fotomontage (Abb. r.: »Die Mutter«, Plakat zu dem Film von Wsewolod I. Pudowkin, unbekannter Künstler, 1926) und der Stil des heroischen Realismus (Abb. l.: Adolf J. Strachow-Braslawski, »Von der Leibeigenschaft befreite Frau, bau den Sozialismus auf!«, Propagandaplakat, 1926).*

Rudi Wagner siegt im Schwergewicht

1. Mai. Vor 10 000 Zuschauern in der Dortmunder Westfalenhalle gewinnt der Duisburger Rudi Wagner durch k. o. in der zweiten Runde über den Berliner Hans Breitensträter die Deutsche Meisterschaft im Schwergewichtsboxen.

Erstmals in der Geschichte der Schwergewichtsmeisterschaft geht der Titel damit nicht an einen Berliner, sondern an einen Westdeutschen. Der 16 Pfund leichtere Breitensträter ist übernervös, deckt schlecht und muß schon in der ersten Runde einen schweren Kinnhaken hinnehmen. Dennoch kommt das Ende mit einem Rechtshaken Wagners an das Kinn des Berliners in der zweiten Runde überraschend schnell.

Die besondere Stärke Wagners liegt in seiner Schlagkraft, weniger in der Vielfältigkeit seiner Schlagkunst; auch Breitensträter gilt eher als tapferer Fighter denn als gewiefter Taktiker oder feiner Techniker.

Schon am 11. Oktober 1927 verliert Wagner seinen Meistertitel wieder. Sein Herausforderer Franz Diener wird durch einen Punktsieg nach 15 Runden in Berlin neuer Deutscher Schwergewichtsmeister.

Überreichung des Pokals an Box-Schwergewichtsmeister Wagner

Igor Strawinskis Oper in Paris

30. Mai. Unter Leitung des Komponisten wird in Paris das Opern-Oratorium »Oedipus Rex« von Igor Strawinski uraufgeführt.

Der französische Dichter Jean Cocteau hat den antiken Stoff für das Libretto vereinfacht, das Grundgerüst der Szenenfolge jedoch beibehalten: Oedipus, König von Theben, erfährt durch den Spruch eines Sehers, daß er – ohne dessen Identität zu kennen – seinen Vater erschlagen und die eigene Mutter geheiratet hat. Als ihm der Frevel bewußt wird, blendet er sich selbst.

Der Stoff ist bei Cocteau – absichtsvoll – jeder dramatischen Spannung entkleidet. Ein Sprecher im modernen Anzug nimmt vor jeder Szene den Handlungsverlauf berichtend vorweg. Der Text ist außerdem – einem Wunsch Strawinskis, dem es auf ein Verständnis der einzelnen Worte gerade nicht ankommt, entsprechend – ins Lateinische übertragen worden. Dementsprechend dient die Musik nicht, wie etwa in den Opern des 19. Jahrhunderts, der Untermalung des dramatischen Handlungsverlaufs, sondern sie arbeitet den Grundgedanken des griechischen Dramas von der Schicksalhaftigkeit allen Geschehens mit kompositorischen Mitteln heraus. Die Chöre tragen das monumentale Geschehen, die einzelnen Personen sind musikalisch nur sparsam stilisiert. Strawinski bedient sich der neoklassischen Musiksprache und verzichtet ganz auf vordergründige Effekte.

Der russische Komponist Igor Strawinski lebt seit 1910 in Frankreich

Der Schriftsteller Jean Cocteau verfaßte das Libretto zum »Oedipus«

Juni 1927

Mo	Di	Mi	Do	Fr	Sa	So
		1	2	3	4	5
6	7	8	9	10	11	12
13	14	15	16	17	18	19
20	21	22	23	24	25	26
27	28	29	30			

1. Juni, Mittwoch

Der Hindenburgdamm, der die nordfriesische Insel Sylt mit dem Festland verbindet, wird von Reichspräsident Paul von Hindenburg feierlich eingeweiht. →S. 105

Die niederländische Königin Wilhelmina wendet sich in einem drahtlosen Telefongespräch an die Bevölkerung in Niederländisch-Indien (Indonesien). Die Verbindung ist die zweite im Fernsprechverkehr über große Entfernungen nach der drahtlosen Fernsprechverbindung Großbritannien–USA (→4. 6./S. 103).

Im Glaspalast in München wird die Große Münchner Kunstausstellung eröffnet (bis 3. 10.).

In der Presse wird gemeldet, daß der Bildhauer Ernst Barlach das Ehrenmal im Güstrower Dom, eine schwebende Bronzefigur, vollendet hat. →S. 112

Sieger des traditionellen englischen Derbys in Epsom ist Call Boy aus dem Stall von Frank Curzon.

Der 33jährige deutsche Radfahrer Franz Krupkat stirbt an den Folgen eines Sturzes bei einem Dauerrennen in Leipzig.

2. Juni, Donnerstag

Die Sowjetunion und Lettland schließen einen Handelsvertrag.

Das niederländische Gelderland und das Emsland werden von einer schweren Wirbelsturmkatastrophe heimgesucht. 26 Menschen sterben, Hunderte werden verletzt. →S. 106

Das Paula-Becker-Modersohn-Haus in der Boettcherstraße in Bremen, ein Werk des Architekten Bernhard Hoetger, wird eröffnet. Es ist dem Andenken an die expressionistische Malerin gewidmet. →S. 112

3. Juni, Freitag

Der ehemalige Reichskanzler Joseph Wirth (Zentrum) wird vom Vorstand seiner Partei gerügt. Wirth hatte in einer Rede am 15. Mai in Königsberg der Deutschnationalen Volkspartei, einem Koalitionspartner des Zentrums in der deutschen Reichsregierung, »Gesinnungslumperei« vorgeworfen. →S. 104

Sechs Tage nach Großbritannien bricht auch Kanada die diplomatischen Beziehungen zur Sowjetunion ab (→27. 5./S. 86).

In Berlin wird der Film »Primanerliebe« des Regisseurs Robert Land uraufgeführt. Es spielen Fritz Kortner, Agnes Straub und Hans Albers.

4. Juni, Sonnabend

Das Königreich der Serben, Kroaten und Slowenen (heute Jugoslawien) bricht die diplomatischen Beziehungen zum Nachbarland Albanien ab. Unmittelbare Ursache ist die Verhaftung eines jugoslawischen Diplomaten in Albanien wegen Spionage (→22. 11./S. 185).

In Indonesien wird die Partai Nasional Indonesia (Indonesische Nationalpartei) gegründet. Sie entwickelt sich unter der Führung von Achmed Sukarno zur führenden Kraft in der Unabhängigkeitsbewegung gegen die niederländische Kolonialherrschaft in Indonesien. →S. 103

5. Juni, Pfingstsonntag

Anläßlich des 1000jährigen Bestehens der Stadt Nordhausen wird im Stadtpark ein Gedenkstein für den ersten Reichspräsidenten, Friedrich Ebert, feierlich enthüllt.

6. Juni, Pfingstmontag

Der US-amerikanische Flieger Clarence Chamberlin landet in Begleitung von Charles Levine in Eisleben in Sachsen und wird von der Menge begeistert begrüßt. Chamberlin/Levine haben als zweite – nach Charles Lindbergh – den Atlantik im Nonstop-Flug überquert. →S. 107

Der Italiener Alfredo Binda gewinnt die Radrundfahrt Giro d'Italia (Start am 15. 5.)

7. Juni, Dienstag

Der rumänische Ministerpräsident Alexandru Avarescu tritt zurück; sein Nachfolger wird Barbu Stirbei. Hintergrund für den Regierungswechsel ist die Absicht Avarescus, in Rumänien eine Regierung mit diktatorischen Vollmachten zu errichten.

Peter L. Wojkow, der sowjetische Gesandte in Polen, wird in Warschau von einem russischen Emigranten ermordet. Die Beziehungen zwischen Polen und der Sowjetunion werden durch das Attentat schwer belastet. →S. 103

Der sowjetische Volkskommissar des Äußeren, Georgi W. Tschitscherin, und der deutsche Außenminister Gustav Stresemann sprechen in Baden-Baden über die internationale Lage nach dem Abbruch der diplomatischen Beziehungen zwischen der Sowjetunion und Großbritannien.

8. Juni, Mittwoch

Ernest Wilton (Großbritannien) wird vom Völkerbundssekretariat zum neuen Präsidenten des Saargebiets ernannt. Das Saargebiet steht unter der Verwaltung des Völkerbundes (→12. 3./S. 52).

Der Dachverband der britischen Gewerkschaften TUC spricht sich für die Beibehaltung des politischen und finanziellen Bündnisses mit der Labour Party aus. Der TUC protestiert gegen den Abbruch der diplomatischen Beziehungen zur Sowjetunion (→27. 5./S. 86).

9. Juni, Donnerstag

Die Reichsregierung billigt offiziell die Beschlüsse, die auf der Weltwirtschaftskonferenz des Völkerbundes in Genf gefaßt worden sind (→23. 5./S. 89).

In Halle an der Saale geht der Kongreß für Ästhetik zu Ende. Seit dem 7. Juni diskutieren Wissenschaftler aus den Bereichen Philosophie, Psychologie, Kunstgeschichte, Germanistik, Musikwissenschaft, Archäologie, Geschichte und Ethnologie über kunsttheoretische Fragen. Zu den Hauptthemen gehört der Symbolbegriff.

10. Juni, Freitag

Parker Gilbert, der US-amerikanische Reparationsagent, der die Zahlungen des Deutschen Reichs im Rahmen des Dawes-Plans überwacht, legt seinen Halbjahresbericht vor. Der Reparationsplan sei von der deutschen Seite voll eingehalten worden und habe die Stabilität der deutschen Währung nicht gefährdet (→20. 10./S. 167).

Der schweizerische Ständerat, die erste Kammer des eidgenössischen Parlaments, fordert den Bundesrat (die Regierung) in einer Entschließung dazu auf, energische Maßnahmen gegen das Eindringen bolschewistischer Organisationen in die Schweiz zu ergreifen. Eine Anerkennung der Sowjetunion wird strikt abgelehnt.

11. Juni, Sonnabend

Die sowjetische Regierung gibt die Hinrichtung von 20 zaristischen Weißgardisten bekannt.

US-Außenminister Frank B. Kellogg äußert sich positiv zum Vorschlag des französischen Außenministers Aristide Briand, einen Kriegsächtungspakt abzuschließen (→6. 4./S. 67).

Der Diskontsatz im Deutschen Reich wird von 5 auf 6% erhöht, der Lombardsatz bleibt unverändert bei 7%.

In Weimar findet die Generalversammlung der Goethe-Gesellschaft statt. Der Jeaner Hochschullehrer Max Wundt hält den Festvortrag zum Thema »Goethe und seine Zeit«.

Im Rahmen des »Sommers der Musik« wird in Frankfurt am Main die Ausstellung »Musik im Leben der Völker« eröffnet. An der Eröffnungsveranstaltung nehmen u. a. Reichsaußenminister Gustav Stresemann, der französische Bildungsminister Edouard Herriot, der belgische Außenminister Emile Vandervelde und der österreichische Bundeskanzler Ignaz Seipel teil.

12. Juni, Sonntag

In Hildesheim findet die erste deutsche Erdöltagung statt. Die anwesenden Industriellen beschließen einen Propagandafeldzug, um auf die Vorteile dieser modernen Energiequelle aufmerksam zu machen.

Durch 2:0 über Hertha BSC Berlin wird der 1. FC Nürnberg in Berlin Deutscher Fußballmeister. →S. 113

Die Tennismannschaft aus Südafrika gewinnt in Berlin im Viertelfinale um den Daviscup gegen Deutschland 4:1 (seit 10. 6.). Die Deutschen sind damit aus dem Wettbewerb ausgeschieden (→10. 9./S. 161).

13. Juni, Montag

Das deutsche Außenministerium gibt bekannt, daß die Schleifung der 34 deutschen Ostfestungen gemäß den Beschlüssen der Interalliierten Militärkommission (→31. 1./S. 17) vollzogen worden ist.

Léon Daudet, einer der Führer der in der »Action française« zusammengeschlossenen Monarchisten, wird in Paris verhaftet (→25. 6./S. 106).

Die Regierung des Königreichs der Serben, Kroaten und Slowenen (heute Jugoslawien) unterbreitet beim Völkerbundsrat in Genf ihren Protest gegen die Verhaftung eines ihrer Diplomaten in Albanien. Zugleich erklärt sie, daß der Streit ohne den Völkerbund gelöst werden solle.

14. Juni, Dienstag

Reichspräsident Paul von Hindenburg stattet Dessau einen Besuch ab.

In Bremen läuft das Schulschiff »Deutschland« vom Stapel. Die Taufrede hält Reichsverkehrsminister Wilhelm Koch (DNVP).

15. Juni, Mittwoch

Die Reichstagsfraktionen der Deutschen Demokratischen Partei (DDP) und der SPD bringen einen Gesetzentwurf in den Reichstag ein, der die Anerkennung des 11. August, des Verfassungstags, als gesetzlichen Feiertag fordert. Eine Entscheidung wird – trotz Zustimmung im Reichsrat zu diesem Vorschlag – 1927 nicht mehr getroffen.

Boris Kowerda, der Mörder des sowjetischen Gesandten in Polen, Peter L. Wojkow, wird in Warschau im Schnellverfahren zu lebenslänglicher Haft verurteilt (→7. 6./S. 103).

16. Juni, Donnerstag

Der Film »Frühere Verhältnisse« mit Adele Sandrock und Ossi Oswalda (Regie: Arthur Bergen) wird in Berlin uraufgeführt.

17. Juni, Freitag

Die deutsche Reichsregierung kündigt – unter dem Vorbehalt einer weiterhin günstigen Konjunkturentwicklung – eine Erhöhung der Beamtenbesoldung zum 1. Oktober 1927 und eine Reform der Besoldungsstruktur an (→15. 12./S. 200).

In Genf geht die am 13. Juni eröffnete ordentliche Sitzung des Völkerbundsrats zu Ende. Im Mittelpunkt des Interesses standen Gespräche der Großmächte über die internationale Lage nach dem Bruch zwischen London und Moskau. →S. 102

Titelblatt der Berliner Familienzeitschrift »Daheim« vom 4. Juni 1927

Daheim

63. Jahrgang. Nr. 36 — 4. Juni 1927

Pfingsten

Von Arnt Hochberg

Goldenströmende Pfingstgesänge; —
Festliche Menge; — Blumengedränge
Auf den Wiesen, am Bachesbett,
Rosa, himmelblau, violett! —
Blühende Hecken; Schattenalleen;
Pfingsten! Das Wort schon ein seliges
Wehen! — —
Weiße Wolken, schimmernd geballt;
Fächernde Farne im lichtgrünen Wald!

Hallendes Singen wandernder Scharen;
Hand-in-Hand-gehn von sinnenden Paaren;
Rasten am Bachrand; Schmausen im
Freien;
Fröhliche Tänze; rhythmische Reihen;
Wagen und Schiffe, freudebeladen;
Stilles Alleingehn auf Hochalpenpfaden.
Ausflug von feststillem Älplernest, — — —
Pfingsten! Das Wort schon ein hohes Fest!

Pfingsten! Leben in tieferen Zügen. — —
Rote Päonien in irdenen Krügen.
In beseligend reicher Fülle
Brachen Heckenrosen die Hülle.
Aus dem Halmfeld flammendes Glühen, —
Pfingsten, — ein einziges Grünen und Blühen,
Sonnendurchleuchtet, glockendurchhallt! —
Höheren Lebens Geistesgewalt!

Juni 1927

Der Internationale Frauenbund, ein Zusammenschluß von Frauenorganisationen aus 40 Ländern, beendet seine Jahrestagung in Genf (Beginn am 7. 6.). Zu den deutschen Delegierten gehören u. a. die Vorsitzende des Allgemeinen Deutschen Lehrerinnenvereins, Emmy Beckmann, und die DDP-Reichstagsabgeordneten Gertrud Bäumer und Marie-Elisabeth Lüders.

Im Rahmen der Großen Theaterausstellung in Magdeburg wird das Tanztheater »Titan« von Rudolf von Laban und seiner Truppe uraufgeführt. Am 18. und 19. Juni folgen Aufführungen der Tanzwerke »Nacht« und »Ritterballett«. →S. 111.

18. Juni, Sonnabend

Reichsaußenminister Gustav Stresemann und sein britischer Amtskollege Joseph Austen Chamberlain konferieren in Genf – ergebnislos – über eine vorzeitige Räumung des besetzten Rheinlands (→17. 4./S. 69).

Die Nationalversammlung in der Türkei nimmt die neue, nach schweizerischem Vorbild gestaltete Zivilprozeßordnung an. →S. 103

Elisabeth Kolomak wird in Bremen wegen Kuppelei zu einer Gefängnisstrafe von acht Monaten verurteilt. →S. 109

Gewinner des 24-Stunden-Rennens von Le Mans sind die britischen Automobilrennfahrer James Dudley Benjafield und John Davis auf Bentley. Sie erreichen eine Durchschnittsgeschwindigkeit von 98,740 km/h. Bei einer Kollision von vier Wagen auf der Rennstrecke wird – wie durch ein Wunder – niemand verletzt.

Der Nürburgring in der Eifel wird eröffnet. Gewinner des ersten Automobilrennens ist Rudolf Caracciola, der mit seinem Mercedes-Benz eine Durchschnittsgeschwindigkeit von 96,5 km/h erreicht. →S. 113

19. Juni, Sonntag

Anläßlich der Einweihung eines Kriegerdenkmals in der Stadt Lunéville hält der französische Ministerpräsident Raymond Poincaré eine hochpolitische Rede, in der er den Friedenswillen des Deutschen Reiches bezweifelt und einen ausdrücklichen Verzicht der Deutschen auf das Elsaß fordert. →S. 102

Der deutsche Boxer Max Schmeling wird durch Aufgabe in der 14. Runde gegen den Belgier Fernand Delarge in der Dortmunder Westfalenhalle Europameister im Halbschwergewicht. →S. 113

Der finnische Läufer Paavo Nurmi stellt bei einem Sportfest in Kupio (Finnland) mit einer Zeit von 5:24,6 min einen neuen Weltrekord über die 2000-m-Distanz auf. →S. 113

20. Juni, Montag

In Genf wird die Drei-Mächte-Seeabrüstungskonferenz, an der die USA, Japan und Großbritannien teilnehmen, eröffnet (→4. 8./S. 139).

Am ersten Tag der Abiturprüfungen in Frankreich befinden sich ca. zwei Drittel der Lehrer an den höheren Schulen im Streik, um gegen die Verzögerung einer Neuordnung ihrer Gehälter zu protestieren. Vertreter der Hochschulen übernehmen die Aufsicht bei den schriftlichen Abiturprüfungen.

21. Juni, Dienstag

Reichs- und Länderregierungen rufen die Bevölkerung zu einer Hindenburg-Spende zugunsten der Kriegsopfer auf. Sie soll am → 2. Oktober (S. 167), dem 80. Geburtstag Paul von Hindenburgs, dem Reichspräsidenten überreicht werden.

In Königsberg geht der Evangelische Kirchentag zu Ende. Im Mittelpunkt der Beratungen seit dem 18. Juni stehen das Konkordat und das Reichsschulgesetz. →S. 106

22. Juni, Mittwoch

Auf dem Deutschen Industrie- und Handelstag in Hamburg, der vom Vorsitzenden Franz von Mendelssohn einberufen worden ist, kündigt Reichswirtschaftsminister Julius Curtius (DVP) eine Senkung der Industriezölle an.

Der Liberale Ion Brătianu wird anstelle von Prinz Barbu Stirbei Ministerpräsident von Rumänien. Er wird durch Parlamentswahlen Anfang Juli in seinem Amt bestätigt.

23. Juni, Donnerstag

In einer außenpolitischen Erklärung vor dem Reichstag in Berlin bestätigt Außenminister Gustav Stresemann, daß die Beziehungen des Deutschen Reichs zur Sowjetunion durch den Abbruch der diplomatischen Beziehungen zwischen London und Moskau (→27. 5./S. 86) nicht berührt seien.

Mit 354 gegen 139 Stimmen billigt das britische Unterhaus in London das von der konservativen Regierung eingebrachte Gewerkschaftsgesetz, das – als Konsequenz des Generalstreiks 1926 – Sympathie- und Generalstreiks verbietet. →S. 106

Im Nationalrat der Schweiz kommt es zu einer heftigen Debatte über die Person des deutschen Reichspräsidenten Paul von Hindenburg. Der schweizerische Bundespräsident Giuseppe Motta hatte in einer Rede in der deutschen Gesandtschaft in Bern Hindenburg als »Heros der antiken Legende« bezeichnet und wird deshalb von den Sozialdemokraten im Nationalrat heftig attakkiert.

24. Juni, Freitag

Zum Gedenken an Außenminister Walther Rathenau, der am 24. Juni 1922 einem Attentat zum Opfer gefallen ist, versammelt sich eine Abordnung des Reichsbanners, der republikanischen Kampforganisation, an der Familiengruft der Rathenaus in Oberschönweide bei Berlin. Die Gedenkrede hält der DDP-Reichstagsabgeordnete Theodor Heuss.

In Barcelona wird das Stück »Mariana Pineda« von Federico García Lorca uraufgeführt, eines der ersten Werke des spanischen Dramatikers. →S. 111

Im Rialto-Filmtheater in New York wird der Film »The Way of All Flesh« (»Der Weg allen Fleisches«) uraufgeführt. Es ist der erste in den USA gedrehte Film mit dem deutschen Schauspieler Emil Jannings. →S. 110

25. Juni, Sonnabend

Bei einem Überfall der rechtsradikalen »Werwolf«-Organisation auf Angehörige des Reichsbanners Schwarz-Rot-Gold in Arensdorf wird ein Mitglied des Reichsbanners getötet, ein zweites stirbt einige Wochen darauf an den Folgen seiner Verletzungen. →S. 104

Dem französischen Monarchistenführer Léon Daudet, der am 13. Juni verhaftet worden ist, gelingt die Flucht aus dem Gefängnis. Der Direktor der Haftanstalt hat sich durch ein gefälschtes Begnadigungsschreiben täuschen lassen. →S. 106

In Wien wird die 31jährige Nelly Grosavescu, die wegen der Ermordung ihres Ehemanns, des Tenors Trajan Grosavescu, angeklagt ist, freigesprochen. (→15. 2./S. 43).

Die Universität Innsbruck begeht mit einem Festakt den 250. Geburtstag.

26. Juni, Sonntag

Der Ständerat und der Nationalrat, die beiden Kammern des schweizerischen Parlaments, verabschieden mit eindeutiger Mehrheit ein neues Beamtengesetz. Es stellt einen wesentlichen Fortschritt in der sozialen Sicherung der eidgenössischen Beamtenschaft dar.

Die »Berliner Illustrirte« veröffentlicht einen Aufsatz, »Die Magie der männlichen Schönheit«, in dem – anhand von Fotos internationaler Filmstars – der gegenwärtig moderne männliche Schönheitstyp vorgestellt wird. →S. 109

Alex Fricke wird vor Paul Oszmella im Radsport Deutscher Meister der Berufsflieger in Frankfurt am Main. Die Deutsche Stehermeisterschaft gewinnt am 27. Juni – ebenfalls in Frankfurt am Main – Walter Sawall.

27. Juni, Montag

Der Reichstag billigt den im Dezember 1926 abgeschlossenen Schiedsvertrag mit Italien.

Bei Beratungen über die Verwaltungsreform in der Tschechoslowakei kommt es im Abgeordnetenhaus in Prag zu Prügeleien. Die Abgeordneten der Opposition hindern Vertreter der Regierungsparteien am Reden (→2. 7./S. 123).

In Stockholm wird der Kongreß der Internationalen Handelskammer eröffnet. Bis zum 2. Juli beraten die Delegierten über Möglichkeiten zur Senkung der Zolltarife.

28. Juni, Dienstag

80 Schüler aus dem Deutschen Reich starten zu einem fünfwöchigen Ferienaufenthalt in die französische Hauptstadt Paris. Dieser Schüleraustausch mit Frankreich ist durch die Deutsche Liga für Menschenrechte organisiert worden. →S. 109

29. Juni, Mittwoch

Der deutsche Außenminister Gustav Stresemann hält in Oslo eine Rede zur Verleihung des Friedensnobelpreises 1926 an ihn und seinen französischen Amtskollegen Aristide Briand. →S. 102

In der Zeitschrift »Die Menschheit« veröffentlicht Friedrich Wilhelm Förster Enthüllungen über Verbindungen der Reichswehr zur rechtsgerichteten Kampforganisation »Stahlhelm« und über geheime Aufrüstungspläne der Reichswehr.

In Mittel- und Nordengland ist eine totale Sonnenfinsternis zu beobachten. →S. 108

30. Juni, Donnerstag

In der Abstimmung über eine Verlängerung des Sperrgesetzes zur Fürstenabfindung wird die erforderliche Zweidrittelmehrheit nicht erreicht. Die ehemaligen Fürstenhäuser können nunmehr wieder den Rechtsweg beschreiten, um ihre Entschädigung durchzusetzen. →S. 104

Das provisorische deutsch-französische Handelsabkommen läuft aus, ohne daß eine weitere Verlängerung des Provisoriums bzw. ein definitiver Handelsvertrag erreicht worden ist. (→17. 8./S. 140).

Mickey Walker (USA) verteidigt durch ein K. o. in der 10. Runde seinen Titel als Boxweltmeister im Mittelgewicht gegen den Schotten Tommy Milligan. Der Kampf findet in der Olympiahalle in London statt.

Gestorben:

2. Zürich: Friedrich Hegar (*11. 10. 1841, Basel), schweizerischer Dirigent und Komponist.

14. Northampton: Jerome K. Jerome (*2. 5. 1859, Walsall), britischer Journalist und Schriftsteller.

Geboren:

5. Wien: Waltraud Haas, österreichische Schauspielerin.

9. Wien: Helmut Zilk, österreichischer Publizist und Politiker.

27. Kaltenbach (Tschechoslowakei): Otto Herbert Hajek, deutscher Bildhauer.

29. Achim bei Bremen: Karl Ravens, deutscher sozialdemokratischer Politiker.

Die »Berliner Illustrirte Zeitung« mit einem Bericht über die Eröffnung des Nürburgrings in der Ausgabe vom 19. Juni 1927

19. Juni 1927
Nummer 25
36. Jahrgang

Berliner
Illustrirte Zeitung

Preis des Heftes 20 Pfennig

Verlag Ullstein Berlin SW 68

Zur Eröffnung der neuen großen Autorennstraße „Nürburgring" in der Eifel am 17. Juni: Paul Köppen, der erfolgreichste deutsche Motorrad-Rennfahrer, einer der aussichtsreichsten Teilnehmer am Eröffnungsrennen und am „Großen Preis von Europa", der 14 Tage später ebenfalls auf dem „Nürburgring" ausgetragen wird.

Irritationen und Spekulationen

17. Juni. Die 45. Tagung des Völkerbundsrats in Genf, die am 13. Juni eröffnet worden ist, geht zu Ende. Da im Völkerbundsrat selbst die unwichtigen, auf der Tagesordnung stehenden Probleme vertagt worden sind, gilt die Aufmerksamkeit vor allem den Zusammenkünften von Vertretern der Großmächte am Rande der Tagung.

Das größte Interesse richtet sich dabei auf das Zusammentreffen von Vertretern der Mächte, die 1925 den Locarnopakt (mit dem die Westgrenzen des Deutschen Reiches verbindlich festgeschrieben worden sind) unterzeichnet haben – das Deutsche Reich, Frankreich, Großbritannien, Belgien und Italien. Zu der Beratung wird ferner ein Vertreter aus Japan hinzugezogen.

Vor dem Hintergrund des Abbruchs der diplomatischen Beziehungen Großbritanniens zur Sowjetunion (→ 27. 5./S. 86) wird damit gerechnet, daß der britische Außenminister Joseph Austen Chamberlain den Versuch unternimmt, die anderen Mächte in einen antisowjetischen Block einzubinden und vom Deutschen Reich, das in seiner Außenpolitik der UdSSR von allen europäischen Großmächten am nächsten steht, fordert, eine Entscheidung zugunsten des Westens zu treffen. In den offiziellen Verlautbarungen wird die Sowjetunion jedoch mit keinem Wort erwähnt.

Begegnung zwischen Reichsaußenminister Gustav Stresemann (r.) und dem sowjetischen Volkskommissar des Äußeren, Georgi W. Tschitscherin

Poincaré schlägt scharfe Töne an

19. Juni. Als Zeichen dafür, daß die deutsch-französischen Beziehungen belastet sind, wird die Rede, die der französische Ministerpräsident Raymond Poincaré anläßlich der Einweihung eines Kriegerdenkmals in Lunéville hält, bewertet. Poincaré wirft der deutschen Seite vor, sowohl die Vereinbarungen von Locarno, die u. a. einen ausdrücklichen Verzicht auf das Elsaß beinhalten, wie auch die Reparationszahlungen in Frage zu stellen. In der Rede heißt es u. a.: »Wer, seitdem der Friede proklamiert wurde, ihn gestört hat, das ist gewiß nicht der schlechte Wille Frankreichs ... Aber warum hat Deutschland vor zwei Wochen ostentativ nach Lissabon ein Kriegsschiff entsandt, das noch dazu den Namen ›Elsaß‹ trägt? Warum hat ... nach Locarno ein deutscher Minister ... erklärt, daß der Verzicht Deutschlands auf die bewaffnete Gewalt lediglich durch die Tatsache diktiert wurde, daß es keine bewaffnete Gewalt mehr besitzt? ...«

Stresemann bekräftigt vor dem Nobelkomitee den deutschen Friedenswillen

29. Juni. Reichsaußenminister Gustav Stresemann, dem 1926 zusammen mit seinem französischen Amtskollegen Aristide Briand der Friedensnobelpreis verliehen worden ist, wird vom Nobelkomitee in Oslo empfangen. In einer programmatischen Dankesrede bekräftigt Stresemann den Friedenswillen der deutschen Bevölkerung und wirbt zugleich um Verständnis für die schwierige psychologische Situation insbesondere des deutschen Mittelstands, der durch den Weltkrieg in seinen Existenzbedingungen erschüttert worden ist:

»... Die Idee der Nobelstiftung ist die Förderung des Friedens. Entspricht die Friedenspolitik, die hier belohnt werden sollte, der heutigen Entwicklung im deutschen Volke? Man könnte wohl sagen, daß die Antwort dadurch gegeben ist, daß die Grundideen der deutschen Verständigungs- und Friedenspolitik nicht möglich wären, wenn sie nicht dem tiefsten Sehnen der deutschen Volksseele, dem Sehnen nach friedlicher internationaler Zusammenarbeit in Recht und Freiheit entsprochen hätten ...

Hier aber steht das große Fragezeichen von der einen Nation zu der anderen: Meinst du es ehrlich mit dem Zusammenwirken? Wie denkst du in deinem Geist? Kann ich tief in deine Seele schauen, um zu wissen, daß du neben und mit mir wirken und schaffen willst? Es ist die Frage, die besonders so oft an Deutschland gestellt worden ist.

Wenn man die Empfindungen der ersten Kriegszeit analysieren will, dann darf man wohl sagen, daß das Aussprechen des Friedensgedankens dem Sieger leichter ist als dem, der die Niederlage erlitten hat ...

In einer halbhundertjährigen Entwicklung glauben, auf der Höhe angekommen zu sein und von der Höhe herabzustürzen, ist weit schwerer und schmerzlicher für die menschliche Seele. Die Psychologie eines Volkes, die das erlebt, ist nicht so einfach zu begreifen und nicht so einfach umzugestalten, wie viele glauben. Das neue Deutschland stand vor diesem Problem. Der Weg nach Locarno [Aussöhnung mit den westlichen Nachbarn, 1925] und Genf [Beitritt zum Völkerbund, 1926] wurde ihm nicht leicht gemacht. Die Höflichkeit wurde ihm gegenüber lange vernachlässigt. Die Leistungen, die es übernehmen mußte, waren übermenschlich und wären niemals von dem Volke ertragen worden, wenn nicht der Gedanke der Staatsräson in ihm jahrhundertealtes Erbteil gewesen wäre.

Der Geschichtsforscher sieht heute noch den Ausgang des Krieges für Deutschland vielfach nur in verlorenen Gebietsteilen, verlorener praktischer Kolonialbetätigung, verlorenem Staats- und Volksvermögen. Er übersieht vielfach den schwersten Verlust, den Deutschland miterlitten hat. Dieser schwerste Verlust bestand meiner Auffassung nach darin, daß jene geistige und gewerbliche Mittelschicht, die traditionsgemäß Trägerin des Staatsgedankens war, ihre völlige Hingabe an den Staat im Kriege mit der völligen Aufgabe ihres Vermögens bezahlte und proletarisiert wurde. Wie weit die Staatsräson dazu befugt war, dieses Opfer von einer ganzen Generation zu fordern, darüber ist der Streit der Geister und vielleicht auch die Praxis der Gesetzgebung bis heute nicht zum Abschluß gekommen. Aber alles, was in Deutschland nach dem Kriege vorgegangen ist, muß auch nach dem Gesichtspunkte dieser Stimmung einer völlig entwurzelten Schicht angesehen werden. Zu dieser Schicht gehörte nach den Bestimmungen des Versailler Vertrages das Offizierskorps der alten Armee. Zu denen aber, die geistig und politisch plötzlich in ihrem Denken und Empfinden ohne feste Basis dastanden, gehörten alle diejenigen, in deren Tradition das halbtausendjährige Bestehen einer Monarchie fest in Herz und Hirn geschmiedet war. Sie wollten nicht mit dem Alten brechen.

Dazu kam ... der Übereifer der Neuerer. Getreten und gedemütigt, Bettler, die einst die Führenden waren, wandte sich diese Schicht Deutschlands in der schärfsten Kritik, die aus ihrem Lebenspessimismus zu verstehen ist, gegen ungerechtfertigte Angriffe von außen, gegen eine Verachtung des Traditionellen im Inneren. Weiter hatte die Entwicklung nach diesem Sturz der bis dahin führenden Schicht – damit meine ... den Mittelstand – die starke Erschütterung der ganzen Gesellschaftsform des alten Deutschlands zur Folge ...«

Türkei kommt dem Abendland näher

18. Juni. Die türkische Nationalversammlung in Ankara nimmt die neue, nach schweizerischem Vorbild gestaltete Zivilprozeßordnung an. Damit ist ein weiterer Schritt in der Politik der Annäherung an das Abendland, die der türkische Staatspräsident Kemal Pascha (später: Kemal Atatürk) forciert, vollzogen.

Kemal Pascha

Kemal Pascha hat seit der Ausrufung der türkischen Republik am 29. Oktober 1923 die Herauslösung der neugeschaffenen türkischen Nation aus der islamischen Welt, eine Säkularisierung und Europäisierung des Landes propagiert. Wichtige Schritte auf diesem Weg waren die Aufhebung der geistlichen (Koran-)Schulen und der islamischen Gerichte im Jahre 1924, der Kampf für die Einführung europäischer Kleidung und Kopfbedeckung – wobei die Regierung gegenüber dem Schleier, der traditionellen weiblichen Kopfbedeckung, größere Nachsicht zeigt als gegenüber dem Fes, den die Männer tragen –, die Einführung der christlichen Zeitrechnung zum Jahresbeginn 1926 und die Schaffung eines neuen Zivil- und Obligationenrechts am 4. Oktober 1926. Nun wird auch die Prozeßordnung diesem Recht angepaßt.

Attentat in Warschau

7. Juni. Der sowjetische Gesandte in Warschau, Peter L. Wojkow, wird das Opfer eines Attentats. Der Diplomat wird auf dem Warschauer Bahnhof, wo er den aus London anreisenden bisherigen sowjetischen Gesandten in Großbritannien, Alexander P. Rosengolz (→ 27. 5./S. 86), erwartet, durch einen Schuß ins Herz lebensgefährlich verwundet und stirbt an den Verletzungen.

Als Attentäter wird ein 19jähriger weißrussischer Emigrant namens Boris Kowerda festgenommen. Er erklärt beim Prozeß vor einem Standgericht in Warschau, daß er die Tat aus politischen Motiven begangen habe (»für alles, was die Bolschewisten in Rußland getan haben«), aber kein Monarchist sei. Kowerda wird nach nur eintägiger Verhandlung zu lebenslänglichem Zuchthaus verurteilt; eine spätere Begnadigung auf 15 Monate Haft wird in Aussicht gestellt.

Die ohnehin gespannten Beziehungen zwischen der Sowjetunion und Polen werden durch den Gesandtenmord schwer belastet. Die sowjetische Regierung stellt den Mord in einem scharfen Notenwechsel mit der polnischen Amtsführung in einen politischen Zusammenhang mit dem Abbruch der diplomatischen Beziehungen seitens Londons, der Durchsuchung der Sowjetbotschaft in Peking (→ 18. 4./S. 66) und anderen antisowjetischen Vorfällen im Ausland und wirft Polen vor, die russischen Emigrantenkreise in Warschau nicht genügend beobachtet zu haben.

Polen bestreitet dagegen jede Verwicklung in das Attentat.

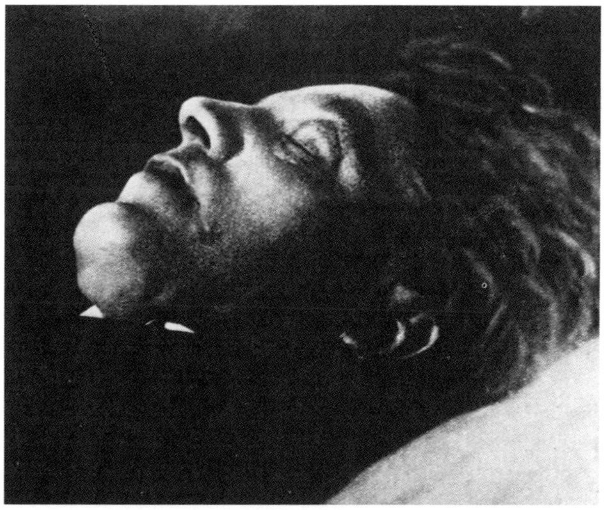

Der ermordete sowjetische Gesandte Peter L. Wojkow; die polnische Regierung weist darauf hin, daß der Diplomat den Schutz, den die polnischen Behörden angeboten hatten, nicht habe in Anspruch nehmen wollen; die Tat sei von einem einzelnen begangen worden

Die Aufbahrung der Leiche des in Warschau erschossenen Peter L. Wojkow auf dem Roten Platz in Moskau

Sonnenuntergang in der niederländischen Kolonie Indonesien

Sukarno tritt auf politische Bühne

4. Juni. Achmed Sukarno gründet in Niederländisch-Indien (Indonesien) die Partai Nasional Indonesia, die sich zur führenden Kraft im Unabhängigkeitsstreben des Landes gegen die niederländischen Kolonialherren entwickelt.

Bereits 1602 wurde mit der Gründung der niederländischen Vereinigten Ostindischen Kompanie der Grundstein für die Kolonie Niederländisch-Indien gelegt; 1800 übernahm die niederländische Regierung die Besitzungen der Kompanie. Der antikolonialistische Freiheitskampf in Indonesien begann zu Beginn des 20. Jahrhunderts. 1920 wurde die Kommunistische Partei Indonesiens gegründet. Ein kommunistischer Aufstandsversuch am 12. November 1926 wurde von den niederländischen Behörden brutal niedergeschlagen. Sukarnos Partei bemüht sich im Kampf um die Kolonialmacht um ein breiteres Bündnis als die Kommunisten.

Wilhelmina

Unterdessen wendet sich die niederländische Königin Wilhelmina am 1. Juni in einem drahtlosen Telefongespräch an die Bevölkerung Indonesiens. Sie dankt darin für die »Zeichen der Anhänglichkeit«.

Streitpunkt Fürstenvermögen

30. Juni. Der von den Oppositionsparteien SPD und DDP eingebrachte Gesetzentwurf, die gerichtliche Auseinandersetzung über die Vermögen der ehemaligen, nach der Novemberrevolution 1918 abgedankten Fürstenhäuser bis zum 1. Dezember 1925 weiter auszusetzen, findet in dritter Lesung im Reichstag zwar mit 231 gegen 167 Stimmen eine einfache, nicht jedoch die erforderliche Zweidrittelmehrheit. Für den Entwurf stimmt auch eine Regierungspartei, das Zentrum.

Die Vorgeschichte: Nach der Ausrufung der Republik 1918 waren die deutschen Fürsten nicht enteignet, ihr Vermögen war lediglich beschlagnahmt worden. Ein Reichsgesetz über eine allgemein verbindliche Entschädigungsregelung für die ehemaligen Fürstenhäuser kam nicht zustande. Statt dessen bemühten sich die Länder darum, auf dem Wege eines Vergleichs eine Regelung zu finden.

In einigen kleineren Ländern, vor allem jedoch in Preußen, dem Land des ehemaligen deutschen Kaiserhauses Hohenzollern, war es bis 1925 noch nicht zu einer Einigung gekommen. Die nach der Inflation 1924 von einigen ehemaligen Fürstenhäusern unternommenen Versuche, die bereits vertraglich festgesetzten Abfindungssummen nachträglich im Sinne eines Inflationsausgleichs heraufzusetzen, hatte das Interesse der Öffentlichkeit auf dieses Thema gelenkt. KPD und SPD initiierten 1926 einen Volksentscheid, der die Enteignung aller ehemals regierenden Landesherrn ohne eine Entschädigung vorsah. Sie erreichten jedoch nicht die dafür erforderliche Stimmenzahl.

Der Reichstag hatte sich 1926 dazu durchgerungen, den Rechtsweg in der Frage des Fürstenvermögens zunächst zu sperren, in der Hoffnung, daß es doch noch zu einer reichseinheitlichen Regelung komme, bzw. daß es in den Ländern zu einer raschen gütlichen Einigung komme. In Preußen kommt eine solche Vergleichsregelung im Oktober 1926 tatsächlich zustande. Die Sperre wird mit dem Reichstagsbeschluß aufgehoben.

Die Familie des ehemaligen deutschen Kronprinzen Wilhelm (3. v. r.)

Vergleichsregelung in den Ländern

Die folgende Liste gibt im allgemeinen nur einen Überblick über die Geldentschädigungen für die Fürstenhäuser. Kleinere Staaten sind nicht berücksichtigt:

Baden
Vertrag vom 25. März 1919: Großherzog Friedrich II. erhält eine Abfindung von 8 Millionen RM.

Bayern
Vergleich vom 24. Januar 1923: Eine Stiftung »Wittelsbacher Ausgleichsfonds«, in den Schlösser, Haus- und Grundbesitz und 60 Millionen RM eingebracht werden, steht den Wittelsbachern voll zur Nutzung zur Verfügung.

Braunschweig
Vertrag vom 23. Oktober 1923: Der ehemalige Landesherr erhält Grundbesitz in Höhe von 12 Millionen RM zugesprochen.

Hessen
Eine endgültige Regelung zwischen Hessen und dem ehemaligen Landesherrn, Großherzog Ernst Ludwig, steht noch aus.

Sachsen
Vertrag vom 23. August 1922: Einmalige Abfindung für das ehemalige Königshaus mit 14 Millionen RM. Rentenzahlung von 6,5 Millionen RM.

Preußen
Vergleich vom 29. Oktober 1926: Das Haus Hohenzollern erhält mit den Nebenlinien 383 000 Morgen Land und 15 Millionen RM als Entschädigung. Der preußische Staat erhält 250 000 Morgen Grundbesitz, Schlösser, Kunstwerke in den Berliner Museen u. a.

Thüringen
Das Land Thüringen muß sich mit nicht weniger als acht ehemaligen Landesfürsten einigen. Die Landesfürsten von Sachsen-Altenburg, Schwarzburg-Rudolstadt, Schwarzburg-Sonderhausen und Sachsen-Gotha haben die bereits getroffenen Vereinbarungen gerichtlich angefochten, ohne daß bisher eine Einigung erfolgt ist.

Württemberg
Abkommen vom 30. Juni 1919: Der abgedankte König Wilhelm II. erhält eine jährliche Rente von 200 000 RM.

Joseph Wirth von der Partei gerügt

3. Juni. Joseph Wirth, Mitglied der Zentrumsfraktion im Reichstag, wird vom Vorstand der Partei offiziell gerügt. Der prominente Politiker, der 1921/22 das Amt des Reichskanzlers in einer Koalition des Zentrums mit der linksliberalen Deutschen Demokratischen Partei (DDP) und den Sozialdemokraten (SPD) innehatte, gilt als scharfer Gegner der gegenwärtigen Regierung, in der das Zentrum unter Wilhelm Marx, mit der rechtsliberalen DVP und der rechtsgerichteten DNVP zusammenarbeitet.

In einer Rede vor dem Reichsbanner in Königsberg hatte Wirth am 15. Mai der DNVP wörtlich »Gesinnungslumperei« für den Fall vorgeworfen, daß sie – entgegen ihren monarchistischen Überzeugungen – der Verlängerung des Republikschutzgesetzes (→ 17. 5./S. 87) zustimmen würde. Ferner forderte Wirth die Versammlung auf, die Regierung Preußens zu erhalten und – bei Wahlen – dafür zu sorgen, daß die »nichtrepublikanische Reichsregierung« verschwindet.

Reichskanzler Marx, der in der Rede nicht nur den Koalitionspartner DNVP, sondern die gesamte Reichsregierung angegriffen sah, forderte Wirth zur Stellungnahme auf. Den Brief, den Marx am 20. Mai an seinen Parteikollegen schrieb, machte Wirth der Öffentlichkeit zugänglich. Als Reaktion erfolgt die Rüge.

Überfall auf die Reichsbannerleute

25. Juni. Ein mit Angehörigen des Reichsbanners besetzter Bus wird in Arensdorf in der Nähe von Frankfurt an der Oder überfallen.

Der Bus befindet sich auf dem Weg zum Treffen des Reichsbannergaus Berlin-Brandenburg, das in Frankfurt an der Oder stattfinden soll. Ein hinter dem Bus herfahrender Radfahrer wird von zwei Männern, die der paramilitärischen Organisation »Werwolf« angehören, überfallen; als etwa 20 Personen aussteigen, um dem Radfahrer zu helfen, wird das Feuer eröffnet. Ein Reichsbannermann ist sofort tot, ein zweiter erliegt später seinen Verletzungen (→ 19. 12./S. 197).

Der Eröffnungszug rollt über den Hindenburgdamm, der die nordfriesische Insel Sylt mit dem schleswig-holsteinischen Festland verbindet

Eine Bahnverbindung nach Sylt

1. Juni. Im Beisein von Reichspräsident Paul von Hindenburg wird der nach ihm benannte Damm, der die nordfriesische Insel Sylt mit dem schleswig-holsteinischen Festland verbindet, feierlich eingeweiht. Mit einem großen Festzug »Bilder aus der Geschichte der Insel« huldigen die Bewohner Sylts dem Staatsoberhaupt. Offizielle Vertreter aus Sylt erinnern daran, daß sich die Inselbewohner bei der Volksabstimmung 1920 für den Verbleib beim Deutschen Reich ausgesprochen haben.

Der Hindenburgdamm ermöglicht die direkte Eisenbahnverbindung von Hamburg über Niebüll und Klanxbüll bis nach Westerland, dem Hauptort der Insel Sylt. Das Bauwerk ist 12 km lang, 10 m hoch und am Fundament 50 m, an der Krone 11 m breit. In mehrjähriger Bauzeit mußten 3,5 Millionen m^3 Bodenmaterial und 300 000 t Steine zur Errichtung des Damms bewegt werden. Mit der Fertigstellung wird die Attraktivität der nordfriesischen Insel als Urlaubs-, aber auch als Wochenendziel erhöht, da umständliche, durch Ebbe und Flut festgelegte Fährverbindungen entfallen.

Künftig fährt – bis zum 15. September, dem Ende der Sommersaison – täglich ein D-Zug von Hamburg nach Westerland. Die Fahrzeit beträgt knapp fünf Stunden.

Stürmische Begrüßung des Eröffnungszuges in Klanxbüll, der letzten Station auf dem Festland

Reichspräsident Paul von Hindenburg (l.) nach der Ankunft auf dem Bahnhof von Westerland auf Sylt

Die ganze Insel im Festschmuck

Die »Vossische Zeitung« beschreibt in einer Reportage die Einweihung des Hindenburgdamms:

»Der 1. Juni 1927 wird einen Markstein in der Geschichte des deutschen Verkehrs bilden. Denn heute wird der große Eisenbahndamm, der das Festland mit der Insel Sylt verbindet, offiziell dem Verkehr übergeben. Die Reichsbahn-Gesellschaft und die Insel Sylt hatten deshalb den Reichspräsidenten eingeladen, die Einweihung des Eisenbahndamms vorzunehmen. Ganz Sylt hat sich festlich geschmückt, um das Reichsoberhaupt würdig zu empfangen . . . Der Reichspräsident . . . wurde zunächst in Klanxbüll, der letzten Station des Festlandes, von der Bevölkerung stürmisch begrüßt. Von dort ging es durch das Wattenmeer über den neuen Eisenbahndamm. In Morsum, dem ersten Orte der Insel, war nur kurzer Aufenthalt. Das zweijährige Töchterchen des Pastors Kohler, ein Patenkind des Reichspräsidenten, überreichte ihm hier einen Blumenstrauß.

Der eigentliche Empfang fand dann auf dem neu eröffneten Bahnhof in Westerland statt.«

Generalstreiks werden verboten

23. Juni. Das britische Unterhaus in London nimmt mit 354 gegen 139 Stimmen das von der konservativen Regierung unter Premierminister Stanley Baldwin eingebrachte Gewerkschaftsgesetz in dritter Lesung an. Das Gesetz enthält u. a. folgende Bestimmungen:

- Alle Streiks, die ein anderes Ziel als die Durchsetzung wirtschaftlicher Forderungen innerhalb eines einzelnen Wirtschaftszweiges haben, werden unter Strafandrohung verboten; damit stehen sowohl Sympathiestreiks in Branchen, die nicht direkt in einer Tarifauseinandersetzung stehen, wie auch Generalstreiks unter Strafe
- Die »politische Abgabe« der Gewerkschaft an die Labour Party darf künftig nur noch bei denjenigen Gewerkschaftsmitgliedern vorgenommen werden, die sich ausdrücklich schriftlich zur Zahlung dieser Abgabe verpflichtet haben; bisher wurde von allen Gewerkschaftsangehörigen neben den Mitgliedsbeiträgen die »politische Abgabe« automatisch eingezogen; mit dieser Bestimmung sind die finanziellen Grundlagen der Labour Party bedroht

Die Labour-Opposition, angeführt von Clynes (vorn r.) verläßt unter Protest das Unterhaus (Zeichnung)

Mit dem Gewerkschaftsgesetz zieht die Regierung die Konsequenz aus dem Generalstreik vom 3. bis 10. Mai 1926, an dem sich – zur Unterstützung der Bergarbeiter, die sich wegen vorgesehener Lohnkürzungen und der geplanten Verlängerung der Arbeitszeit im Arbeitskampf befanden – Arbeiter aus anderen Branchen aus Sympathie beteiligt hatten; die britischen Kohlenarbeiter hatten nach Beendigung des Generalstreiks noch nahezu acht Monate allein weitergestreikt, ihre tarifpolitischen Forderungen jedoch nicht durchsetzen können. Nach dieser Niederlage der Gewerkschaften ist es der konservativen Regierung ein leichtes – auch gegen den erbitterten Widerstand der Labour Party –, das Gewerkschaftsgesetz durchzusetzen.

Die Pariser Polizei verhaftet den Royalistenführer Léon Daudet

Gefängnisdirektor wird überlistet

25. Juni. Durch eine List wird der führende Mann der rechtsextremistischen royalistischen »Action française«, Léon Daudet, aus einem Gefängnis in Paris befreit.

Ein Anhänger Daudets benachrichtigt in einem fingierten Telefonanruf den Gefängnisdirektor von dem – angeblichen – Beschluß des Ministerrats, Daudet sowie zwei weitere Gefangene zu begnadigen. Die drei Personen seien sofort freizulassen, bevor die Begnadigung offiziell bekannt werde, denn nur so könnten Kundgebungen der »Action française« vermieden werden. Dem Direktor erscheint der Anruf glaubhaft, und die Entlassungen werden prompt vollzogen.

Léon Daudet

Daudet war erst am 13. Juni von der Polizei verhaftet worden, um eine fünfmonatige Gefängnisstrafe wegen Unruhestiftung anzutreten. Die »Action française«, deren Leiter er ist, steht in scharfer Opposition zum Versailler Friedensvertrag (der ihrer Meinung nach die französischen Interessen nicht genügend berücksichtigt) und bekämpft die Verständigungspolitik des französischen Außenministers Aristide Briand mit dem Deutschen Reich.

Kirchentag zum Staat

21. Juni. Mit einer »vaterländischen Kundgebung« geht der deutsch-evangelische Kirchentag in Königsberg zu Ende. Die Kirchenleitung stellt fest, daß es zwar eine Gemeinschaft des Glaubens gebe, die über Volksgrenzen und Rassenunterschiede hinweggehe, dennoch müsse das deutsche Volkstum hochgehalten werden.

Die evangelische Kirche im Deutschen Reich sympathisiert in ihrer Leitung im allgemeinen mit der rechtsgerichteten DNVP. Obwohl in der Weimarer Verfassung die vom Klerus befürchtete Trennung von Kirche und Staat im Schulwesen nicht vollzogen ist (→ 14. 7./S. 121), steht die Kirchenleitung der republikanischen Staatsform ablehnend gegenüber.

»Die evangelische Kirche will nicht Parteikirche der Deutschnationalen sein, sondern Volkskirche – dieses klare, einfache und eindeutige Bekenntnis vermissen die aufrichtigen Kirchenfreunde, soweit sie Republikaner sind. Wann wird es kommen?« – heißt es in einem Kommentar zum Kirchentag in einem liberalen Berliner Blatt.

Der Hauptausschuß des Kirchentages bei einer Sitzung in Königsberg

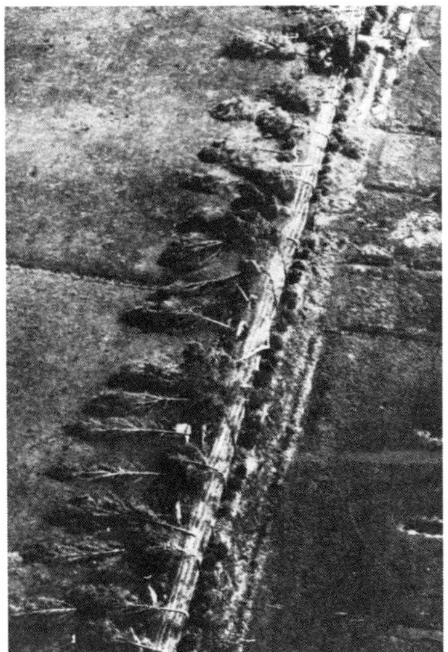

26 Sturmopfer

2. Juni. *Einem Wirbelsturm, der über das Emsland, über den Osten der Niederlande und Teile Belgiens hinwegfegt, fallen insgesamt 26 Menschen zum Opfer, Hunderte werden verletzt. Der Wirbelwind entwurzelt Bäume (Abb.).*

Der zweite Flug über den Atlantik

6. Juni. Nach 42:45 h landet die »Whirlwind«, von New York kommend, in Eisleben in Sachsen. An Bord befinden sich der US-amerikanische Pilot Clarence Chamberlin, der das Flugzeug gesteuert hat, und – als Passagier und Financier des Unternehmens – der US-amerikanische Multimillionär Charles Levine.
Chamberlin/Levine ist damit – nach Charles Lindberghs Erfolg am → 21. Mai (S. 80 ff.) – der zweite Nonstop-Atlantikflug gelungen. Mit der zurückgelegten Strecke haben sie sogar Lindberghs Leistung übertroffen: Die »Whirlwind« hat 6283 km zurückgelegt, Lindberghs »Spirit of St. Louis« von New York nach Paris nur 5808 km.

C. Chamberlin (l.) und C. Levine nach der Landung in Cottbus

Allerdings ist der Flug von Chamberlin/Levine nicht problemlos verlaufen. Die beiden Flieger hatten die Absicht, in Berlin zu landen (wo eine Menge sie bereits erwartet), müssen dann jedoch wegen Treibstoffmangels in Eisleben niedergehen. Der Versuch, nach einem kurzen Auftanken das Endziel zu erreichen, scheitert an Nebel und an einem Motordefekt. Die »Whirlwind« muß in Cottbus notlanden, wobei ein Propeller zu Bruch geht.
Als die Flieger schließlich doch in Berlin ankommen, ist der Jubel gewaltig. Alte Rivalitäten mit Frankreich, dem Zielort Lindberghs, hatten die Begeisterung unter den Deutschen über dessen Flug gedämpft.

Eine Konfettiparade für Charles Lindbergh in New York

13. Juni. *Mit einer gewaltigen Konfettiparade empfangen die Bürger von New York den Piloten Charles Lindbergh, der als erster Mensch den Atlantik im Nonstop-Alleinflug überquert hatte und am → 21. Mai in Paris gelandet war (S. 81). Stunden vor der Ankunft Lindberghs sind die Straßen bereits von Menschenmassen bevölkert; die Häuser und Wolkenkratzer sind mit dem Sternenbanner, der US-amerikanischen Nationalflagge, und mit bunten Bändern und Tüchern geschmückt. Bei der Durchfahrt Lindberghs, der – eskortiert von berittener Polizei – im offenen Automobil durch die Straßen New Yorks zieht, sind die Straßenschluchten mit Papierschnipseln, Konfetti und farbigen Bändern gefüllt, die aus den Fenstern auf die Straße geworfen werden (Abb.). Nach seinem Siegeszug durch New York nimmt Lindbergh in der Stadthalle die Ehrenmedaille der Stadt entgegen.*
Lindbergh ist am 11. Juni an Bord des US-amerikanischen Kreuzers »Memphis« in der Heimat gelandet. Am Fuße des Washington Monuments hat ihm Präsident Calvin Coolidge ein Ehrenkreuz der Luftwaffe an die Brust geheftet und ihn zum Reserveoffizier ernannt. Amerika sieht sich in seinem Glauben an den technischen Fortschritt eindrucksvoll bestätigt.

Wenige Minuten vor der totalen Sonnenfinsternis; in Giggleswick ist genau zu beobachten, wie sich die Mondscheibe vor die Sonne schiebt

Sonnenfinsternis über England

29. Juni. Über Nord- und Mittelengland ist in den frühen Morgenstunden eine totale Sonnenfinsternis sichtbar. Erstmals seit über 200 Jahren wird den Bewohnern der Britischen Inseln wieder dieses Naturschauspiel geboten. Tausende beobachten durch eingefärbte Glasscherben, wie sich der Mond vor die Sonne schiebt und diese – bis auf die Korona – vollständig verdunkelt.
Eine Gruppe von Astronomen des Königlichen Observatoriums Greenwich beobachtet und fotografiert mit einer Spezialkamera, deren Objektiv 13,5 m lang ist, die Sonnenfinsternis von Giggleswick in Yorkshire. Der Astronom Frank Dyson beschreibt das Ereignis: »Ich dachte, daß die Wolken niemals aufreißen würden. Dann plötzlich, drei Minuten vor der wundervollen totalen Sonnenfinsternis, geschah es, und die Sonne war als klare Sichel zu erkennen. Die totale Verfinsterung erfolgte drei Sekunden später, als wir berechnet hatten ... Die tatsächliche Dauer der totalen Sonnenfinsternis – 23 Sekunden – entsprach genau unseren Berechnungen.«
Die Beobachtung der partiellen Sonnenfinsternis in Südengland, aber auch in Norddeutschland, ist durch eine dichte Wolkendecke erschwert oder ganz unmöglich geworden.
Die nächste Sonnenfinsternis wird in Großbritannien erst wieder im Jahr 1999 sichtbar sein.

Henry H. Turner vom astronomischen Institut der Universität Oxford führt seine Beobachtungen der Sonnenfinsternis in Southport durch

Sonne wird vom Mond verdeckt

Bei einer Sonnenfinsternis schiebt sich der Mond in seiner Umlaufbahn um die Erde vor die Sonne und erzeugt einen Schatten. Im Kernschatten des Mondes ist eine totale Sonnenfinsternis, d. h. eine vollständige Verdeckung der Sonne durch die Mondscheibe, im Halbschatten des Mondes eine partielle (teilweise) Sonnenfinsternis zu beobachten.
Sonnenfinsternisse treten ein, wenn die Erde in ihrer elliptischen Bahn um die Sonne relativ weit von der Sonne entfernt und zugleich der Mond in seiner – ebenfalls elliptischen – Bahn der Erde relativ nahe kommt. Nur bei einem solchen Zusammentreffen ist der Schatten des Mondes groß genug, um die Sonne ganz zu verdunkeln.
Bei einer totalen Sonnenfinsternis sind Protuberanzen deutlich zu erkennen.

»Die Magie der männlichen Schönheit« – der ideale Mann

26. Juni. In der »Berliner Illustrirten« erscheint der Aufsatz »Die Magie der männlichen Schönheit«, der sich mit dem gegenwärtig bestehenden, durch das Vorbild der Leinwandidole geprägten männlichen Schönheitsideal in Europa auseinandersetzt.
Durch die Konkurrenz mit den Filmstars, die den Frauen als wirkliche Personen erscheinen, sei der Mann dazu herausgefordert, sich nicht mehr darauf zu verlassen, durch seine Charaktereigenschaften allein Eindruck beim anderen Geschlecht zu machen. Er müsse sich auch in seiner äußeren Erscheinung an den Helden der Leinwand messen können.
Im folgenden sind die Illustrationen zu dem Aufsatz mit den Original-Bildunterschriften wiedergegeben.

Willy Fritsch: »Grenze zwischen Jüngling und Mann, Glanz eines Jungen und beginnende Männlichkeit, naiv und schalkhaft, mit einem Stich ins Besinnliche, Anlage zum Schwerenöter, kokett«

Rod la Roque: »Flammende Männlichkeit, unerschrockene Kühnheit, zielbewußt, wild, elegantes Rauhbein, zivilisierter Seeräuber, Schultern des Fechters, Arme voll Nerv und Wucht, in denen es sich weich liegt«

Wladimir Gaidarow: »30% Slawe, das übrige: Paris; diskret, Backenknochen unter tiefliegenden, schwermütigen Augen, schon somnambul, Tscherkesse im sorgsam zugeschnittenen Schwalbenschwanz-Rock, lange schmale Figur, Spezialist für Leinwand-Melancholie plus Heroismus«

Ernst Hofmann: »Von sanfter Schönheit, markanter Mund, sinnende Augen, gewinnendes Lächeln, Fechtertyp, knabenhaft geschmeidige Figur, ein Schwarm im Frack, täglich 30 Liebesbriefe«

Paul Richter: »Siegfriedsgestalt, hohe Stirn, helle Adleraugen, verträumter Mund, leichte Melancholie, die zum mütterlichen Trösten auffordert, kraftstrotzend und ein wenig täppisch«

Harry Liedtke: »Dichter und Bowlenbrauer, Schalk im Auge, Charme im Grübchen, Draufgänger, rätselhaft wechselnd zwischen Leichtsinn und Melancholie, goldiger Kerl, ewig jung und doch nicht mehr Junge«

André Mattoni: »Ein allerliebster Junge, ›goldig‹, unbekümmert, mit einem Fuß noch bei Mama, mit dem anderen bei der jungen Liebe am Neckar, unter Blütenzweigen, Liedtke der Jüngere«

Raymond Griffith: »Ewig gut gelaunter Schwerenöter, allen Situationen gewachsen, im steten Glanz des Zylinders, kein Schönling, aber gewinnend, herzlich und voll lachender Männlichkeit«

Verständigung mit Schüleraustausch

28. Juni. Als ein Zeichen für die Normalisierung der Beziehungen zwischen dem Deutschen Reich und dem »Erbfeind« Frankreich und als ein wirksames Mittel zur weiteren Verbesserung der Beziehungen zwischen den Nachbarstaaten ist der deutsch-französische Schüleraustausch zu bewerten, der von der Deutschen Liga für Menschenrechte organisiert wid.
80 Schülerinnen und Schüler aus den Städten Berlin, Aachen und Köln starten zunächst zu fünfwöchigen Gastaufenthalten in verschiedene französische Städte, die vielfach – wie Maubeuge, Chalon, Toul – im Kampfgebiet des Weltkriegs liegen. Die Schüler werden in Familien untergebracht, aus denen anschließend französische Kinder einen Gegenbesuch in Köln, Aachen und Berlin unternehmen.
Die Aktion wird durch Ermäßigungen bei der Reichsbahn und der französischen Eisenbahn finanziell unterstützt. Außerdem erhalten die Schüler die für die Reise erforderlichen Visen kostenlos.

Falsches Tagebuch führt zum Prozeß

18. Juni. Die Büglerin Elisabeth Kolomak wird vom Landgericht Bremen wegen Kuppelei zu einer Haftstrafe von acht Monaten verurteilt.
Der »Fall Kolomak« hatte zu Beginn des Jahres Aufsehen erregt. Elisabeth Kolomak legte der Öffentlichkeit ein Tagebuch vor, das von ihrer Tochter Lisbeth stammen sollte. Es enthielt schwere Anschuldigungen gegen Bremer Krankenhäuser. Lisbeth Kolomak, die – noch minderjährig – an Syphilis erkrankt war, sollte dort keine sachgemäße Behandlung erhalten haben. Sie war schließlich an den Folgen der Krankheit gestorben. Selbst seriöse Zeitungen nahmen die Anschuldigungen so ernst, daß sie auf der ersten Seite über die Zustände in den Krankenhäusern berichteten.
Später stellte sich heraus, daß Elisabeth Kolomak, die Mutter, das Tagebuch selbst verfaßt hatte. Sie wurde wegen Kuppelei angeklagt, weil sie unzüchtige Handlungen ihrer Tochter in ihrem Haus geduldet hatte.

Die Schauspielerin Dolores del Rio in der Rolle der Carmen

Friedrich Wilhelm Murnau bei der Dreharbeit zu »Sonnenaufgang«

Szene aus dem Spielfilm »Der Weg allen Fleisches« mit dem deutschen, 1926 nach Hollywood gewechselten Schauspieler Emil Jannings (r.)

Film 1927:

Berlin und Hollywood

Die Situation auf dem deutschen Filmmarkt ist zwar immer noch durch ein Übergewicht an ausländischen Spielfilmproduktionen – vor allem aus Hollywood – gekennzeichnet, dennoch hat die deutsche Filmindustrie ihre Position gegenüber dem Vorjahr deutlich verbessert. Während 1926 185 deutsche, aber 302 ausländische lange Spielfilme in die Lichtspieltheater des Deutschen Reichs kamen, sind es 1927 immerhin 242 deutsche gegenüber 283 ausländischen.

Zudem sind die Streifen, die aus Hollywood kommen, z. T. – besonders bei künstlerisch anspruchsvollen Filmen – von deutschen Regisseuren gedreht oder mit deutschen Schauspielern besetzt.

Zu den bekanntesten Regisseuren aus dem deutschsprachigen Raum, die für US-amerikanische Filmkonzerne drehen, gehören der Berliner Ernst Lubitsch, der seit 1922 seine spritzigen Filmkomödien in Hollywood produziert, und der Wiener Erich von Stroheim, der seit 1918 in der US-amerikanischen Filmmetropole arbeitet, mit seinen beißenden Gesellschaftssatiren bei den US-amerikanischen Produzenten und beim Publikum jedoch nicht immer auf Gegenliebe stößt.

Der erste in Hollywood gedrehte Film von Regisseur Friedrich Wilhelm Murnau und der erste in den USA produzierte Streifen mit Schauspieler Emil Jannings – beide haben 1926 erstmals Verträge in den USA abgeschlossen – kommen 1927 in die Kinos und erweisen sich zumindest beim Publikum als erfolgreich. Jannings' Film »The Way of all Flesh« (»Der Weg allen Fleisches«), bei dem Victor Fleming Regie führt, bringt dem Schauspieler zwar – nachträglich – einen Oscar ein, wird in der deutschen Kritik jedoch meist verrissen. So schreibt der bekannte Kritiker Herbert Ihering über den Film, der das Leben eines deutsch-amerikanischen Kleinstadtbeamten schildert: »Öde, ranzig, abgestanden. Anstelle der Schauspielkunst Mitleidsbettelei. Anstelle der Erschütterung durch Gestaltetes Tränenattacke durch Weihnachten, knittrige Hosen, eisgrauen Bart, gebückten Rücken.«

Murnaus »Sunrise« (»Sonnenaufgang«) nach dem Roman von Hermann Sudermann wird in der deutschen Presse dagegen – vor allem wegen der angewandten technischen Mittel, der Beleuchtungseffekte, der Ausstattung und der eindrucksvollen Bildsprache – positiv aufgenommen. Der Regisseur verwendet u. a. Rückprojektionen, Einstellungen aus der Untersicht und eine äußerst bewegliche Kamera.

Deutsche Filmstars in den USA: Lia Putti in ihrem ersten Hollywood-Film »Satans Sorgen«

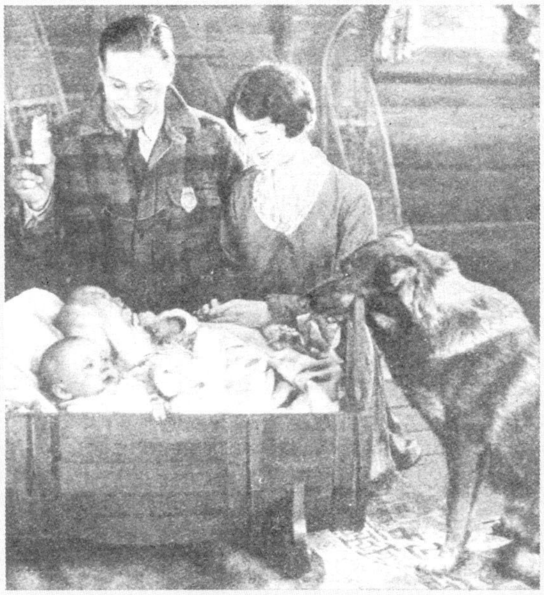

Szene aus dem US-amerikanischen Spielfilm »Rin Tin Tin« um einen Schäferhund

Szene aus dem deutschen Film »Unser Emden« über die deutsche Flotte im Weltkrieg

Janet Gaynor und George O'Brien in dem Film »Sonnenaufgang«, den Regisseur Friedrich Wilhelm Murnau in Hollywood gedreht hat

Bei Emil Jannings in Hollywood, v. l. Oppersdorf, August Thyssen, Frau v. Mendelssohn, Jannings, Franz von Mendelssohn, Prinz Rupoli

Labans Ausdruckstanz

17. bis 19. Juni. Im Rahmen der Großen Theaterausstellung in Magdeburg werden drei neue Tanzwerke von Rudolf Laban von Varalya uraufgeführt.

Laban gilt als Vater des modernen Ausdruckstanzes, der auf jede konventionelle Handlungsführung ebenso verzichtet wie auf die Schrittfolgen des klassischen Balletts und sich um die unmittelbare Expression von Stimmungen in freien Tanzbewegungen bemüht. Zu Labans berühmtesten Schülerinnen gehören Mary Wigman und Gret Palucca.

Am 17. Juni wird in Magdeburg »Titan« gezeigt, dem Laban den Untertitel »Tanzchorwerk für Tanztheaterchöre« gegeben hat. Diese sog. Gruppenkomposition soll die organische Vervielfältigung von Bewegungen zum Ausdruck bringen; der Einzeltanz ist darin nur ein Teilelement. Der Tanz für ein größeres Ensemble, einem Chorwerk nachempfunden, mündet in einen sog. Kammertanz nach Musik von Ludwig van Beethoven. Das am 18 Juni aufgeführte Werk »Nacht« soll die Kompositionstechnik der Sinfonie in Bewegung umsetzen. Am 19. Juni schließt das »Ritterballett« den Zyklus ab.

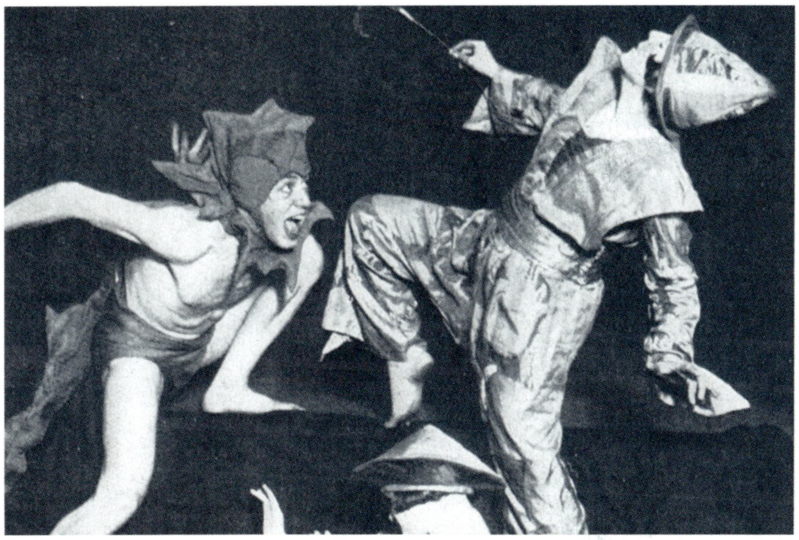

Szene aus dem Tanzmärchen »Drachentöter«, das Rudolf Laban von Valarya, der Schöpfer des modernen Ausdruckstanzes, auf die Bühne brachte

Kühnes Bühnenwerk

24. Juni. In Barcelona wird das Stück »Mariana Pineda«, ein Frühwerk des spanischen Dramatikers und Lyrikers Federico García Lorca, uraufgeführt.

Das Stück, das einen historischen Stoff – das Leben der grenadinischen Freiheitskämpferin Mariana Pineda zu Beginn des 19. Jahrhunderts – zum Inhalt hat, beeindruckt vor allem durch die äußerst kunstvolle Sprache: Dialoge, die in Alexandrinern und Elfsilblern gestaltet sind, wechseln mit eingeschobenen Gedichtformen – Romanzen und Redondillas – ab.

Die Sprache mit ihren kühnen Bildern dient weniger dazu, die Handlung voranzutreiben, sie verdeutlicht dem Zuschauer vielmehr die innere Wandlung der Heldin des Stücks, Mariana Pineda.

García Lorca deutet die historische Gestalt der Mariana Pineda neu. Ihr Einsatz für »Gesetz, Freiheit und Gleichheit« rührt zunächst nicht aus dem Widerstand gegen das absolutistische Herrschaftssystem her, sondern ergibt sich aus der unglücklichen Liebe zu einem Offizier, den sie aus dem Gefängnis befreit hat.

Die von Mariana Pineda initiierte politische Erhebung bricht zusammen und die Freiheitsheldin wird verhaftet. Sie muß erkennen, daß der geliebte Offizier sich von ihr abgewandt hat, und entschließt sich – nachdem sie alle Avancen eines terroristischen Richters zurückgewiesen hat – zum Märtyrertod.

Blick durch die Boettcherstraße auf das Paula-Becker-Modersohn-Haus (linke Front) von Bernhard Hoetger

Ein Kaffee-Kaufmann als Mäzen

2. Juni. In der Boettcherstraße in Bremen wird das Paula-Becker-Modersohn-Haus, das von dem deutschen Architekten Bernhard Hoetger erbaut worden ist, mit einem Weihefest eröffnet.

Das Gebäude ist dem Gedächtnis an die expressionistische Malerin Paula Becker-Modersohn gewidmet, deren Werk – zusammen mit Bildern anderer Worpsweder Künstler – im Hauptraum des Gebäudes in einer ständigen Ausstellung gezeigt wird. Im Haus sind ferner Ausstellungsräume für Werkkunst und Kunstwerkstätten untergebracht.

Das wiederhergestellte Roseliushaus in der Bremer Boettcherstraße

Eingang zur Boettcherstraße vom Markt aus mit dem vorderen Teil des Paula Becker-Modersohn-Hauses, das die Boettcherstraße überbrückt

Hoetger hat einen skurrilen, eher bildhauerisch als architektonisch entworfenen Bau geschaffen. Vielfältige plastische Ornamente, kleine Vorsprünge und Vorbauten überziehen die Backsteinfassaden des Gebäudes, das in phantastischen, eigenwilligen Formen unter Verzicht auf jede Symmetrie und Regelmäßigkeit gestaltet und mit zwei Rundtürmen geschmückt ist. Besonders hervorzuheben sind der Eingangsraum, in dem das Licht durch buntes Gletscherglas fällt, so daß der Eindruck einer märchenhaften Höhle entsteht, und der »Sieben-Faulen-Brunnen« im Werkstättenhof mit in den Backstein eingelassenen Reliefs.

Das Paula-Becker-Modersohn-Haus ist wie die gesamte Neugestaltung der im Herzen Bremens gelegenen Boettcherstraße von dem Kaffee-Kaufmann Ludwig Roselius angeregt und finanziert worden. Roselius hat bis zum Weltkrieg die baulich verfallene Straße aufgekauft. Sein Plan, die Häuser restaurieren zu lassen, erwies sich als undurchführbar, so daß er einen Neubau im niederdeutschen Backsteinstil in Angriff nahm. Die dem Paula-Becker-Modersohn-Haus gegenüberliegende Straßenseite ist von den Architekten Eduard Scotland und Edward Runge in den Jahren 1924 bis 1926 gebaut worden.

Barlachs Ehrenmal im Dom zu Güstrow

1. Juni. In der Presse wird gemeldet, daß der deutsche Bildhauer Ernst Barlach, der auch als Dramatiker bekannt geworden ist, das Ehrenmal für die Gefallenen im Güstrower Dom vollendet hat.

Es handelt sich um eine über 2 m lange, in strenger Waagerechten schwebende Bronzefigur, die an einer doppelten Kette vom Scheitel des Domgewölbes herabhängt, eine Gestalt in einem großflächig anliegenden Gewand, das hinten geschlossen ist und nur die nackten Füße freigibt. Die Arme sind vor der Brust verschränkt, der Kopf mit in der Mitte gescheitelten Haaren ist bei geschlossenen Augen in den Nacken gebogen. Die Rükkenlinie ist, anders als in den Vorentwürfen, vollkommen gerade und nicht gebrochen.

Ernst Barlach

Trotz der einfachen monumentalen Gestaltung ist das Ehrenmal – im Gegensatz zu den traditionellen kriegsverherrlichenden Denkmälern für die Gefallenen des Weltkriegs – vollkommen frei von jeder Heldenverehrung; die Figur strahlt Trauer und Demut aus. Das Werk des expressionistischen Bildhauers wird daher von rechtsgerichteten Kreisen, vor allem innerhalb der Deutschnationalen Volkspartei, als unpatriotisch diffamiert.

Ehrenmal im Dom zu Güstrow von Bildhauer Ernst Barlach

Blick auf eine Schleife der Nürburgring-Rennstrecke bei Adenau in der Eifel während des Eröffnungsrennens

Der Nürburgring wird eröffnet

18. Juni. Der Nürburgring, ein Rundkurs für Motorrad- und Automobilrennen bei Adenau in der Eifel, wird eröffnet. Die Rennstrecke besteht aus einer Nordschleife mit 22,8 km Länge und einer 7,7 km langen Südschleife, die vorwiegend für Motorradrennen vorgesehen ist.

Am 19. Juni werden die ersten Automobilwettbewerbe gestartet. Das Rennen der Sportwagen in der Klasse über 5000 cm³ gewinnt der deutsche Rennfahrer Rudolf Caracciola auf Mercedes-Benz.

In unmittelbarer Nähe des Eifelstädtchens Adenau, rund um die alte Nürburgruine, wurde der Nürburgring erbaut; er gilt als die schwierigste und schönste Gebirgsrennstrecke in ganz Europa

1. FC Nürnberg zum fünftenmal Meister

12. Juni. Mit einem 2:0-Erfolg über Hertha BSC wird der 1. FC Nürnberg vor 50 000 Zuschauern in Berlin Deutscher Fußballmeister 1927. Die Franken gewinnen – nach 1920, 1921, 1924, 1925 – damit zum fünftenmal den Meistertitel.

Der »Club« geht bereits in der 5. Minute durch einen Freistoß von Nationalspieler Hans Kalb aus 20 m Entfernung in Führung. Das zweite Tor fällt durch Heinrich Träg nach der Halbzeitpause.

In den Kommentaren zum Spielergebnis heißt es, daß der Sieg der Nürnberger auch in der Höhe verdient sei. Die Gäste haben durchweg das Spiel beherrscht, sie sind den Berlinern in Körperbeherrschung, Technik, Taktik und Zusammenspiel überlegen. Die Mannschaft von Hertha zeigt empfindliche Schwächen in der Abwehr und phantasieloses Sturmspiel. Außerdem fehlen den Berlinern die großen Spielerpersönlichkeiten.

Zu den herausragenden Spielern der Nürnberger gehört neben dem elffachen Nationalspieler Kalb, der wie gewohnt in der Position des Mittelläufers zu sehen ist, der erfahrene Torwart Heinrich (Heiner) Stuhlfauth, der bereits bei 13 Länderspielen und bei allen Meisterschaftsspielen der Nürnberger dabeigewesen ist. Allerdings kritisiert die Sportpresse das rüpelhafte Verhalten Stuhlfauths. Er soll eine Minute vor Schluß der Begegnung einen Herthaspieler niedergeschlagen haben.

2000-m-Rekord von Paavo Nurmi

19. Juni. Der finnische Langstreckenläufer Paavo Nurmi stellt bei einem Sportfest im finnischen Kupio einen Weltrekord auf: Er läuft die 2000-m-Distanz in 5:24,6 min und übertrifft damit den bisherigen Rekord des Schweden Edwin Wide (5:26,0) um über eine Sekunde.

Nurmi, der bei den Olympischen Spielen 1924 drei Goldmedaillen in Einzel- (über 1500 m und 5000 m sowie im Querfeldeinlauf) und zwei in Mannschaftswettbewerben gewonnen hat, ist außerdem Weltrekordhalter über 5000 m (14:35,4 min) und über 10 000 m (30:06,2 min).

Aufgabe in Runde 14

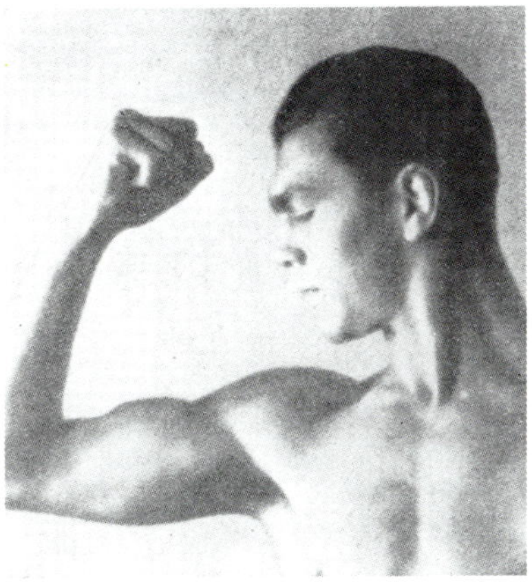

Max Schmeling, Europameister im Halbschwergewicht, zeigt Muskeln

19. Juni. Der erste Deutsche, der den Titel eines Europameisters im Berufsboxen trägt, heißt Max Schmeling: Er schlägt den Belgier Fernand Delarge in der Dortmunder Westfalenhalle vor 7000 Zuschauern im Titelkampf um die Europameisterschaft im Halbschwergewicht.

Der Titelverteidiger Delarge kann sich zunächst besonders im Nahkampf gut behaupten, doch von der 10. Runde an hat Schmeling mit seinen schweren Distanzschlägen das Heft in der Hand. In der 11. Runde wird der Belgier am Auge verletzt, und in der 14. Runde gibt Europameister Delarge auf.

Hertha-Torwart Götze wehrt einen Flachschuß der Nürnberger ab

Juli 1927

Mo	Di	Mi	Do	Fr	Sa	So
				1	2	3
4	5	6	7	8	9	10
11	12	13	14	15	16	17
18	19	20	21	22	23	24
25	26	27	28	29	30	31

1. Juli, Freitag

Das Arbeitsgerichtsgesetz tritt in Kraft. Künftig werden Rechtsstreitigkeiten, die aus einem Arbeitsverhältnis resultieren, vor besonderen Gerichten ausgetragen.

Zwischen Berlin und Hamburg verkehrt der erste Zug mit einem Salonwagen. Der Wagen enthält sieben Abteile mit je zwei Plätzen, in den Abteilen sind kleine Schreibtische und ein Waschtisch untergebracht.

Der US-amerikanische Flieger Richard Evelyn Byrd muß nach einem Alleinflug über den Atlantik bei Bayeux vor der französischen Küste auf dem Meer notlanden. →S. 126

Der Flugzeugkonstrukteur Edmund Rumpler stellt in einem Artikel in der Zeitschrift »Nord und Süd« sein Modell eines Transozeanflugzeugs vor. →S. 126

2. Juli, Sonnabend

Der Reichstag lehnt einen Antrag der KPD auf eine umfassende Amnestie für politische Gefangene, die nach den Bestimmungen des Republikschutzgesetzes (→17. 5./S. 87) verurteilt worden sind, ab. Statt dessen wird eine Entschließung des Rechtsausschusses angenommen, die eine Milderung dieser Strafen auf dem Gnadenweg vorschlägt.

Das tschechoslowakische Parlament billigt nach langer heftiger Debatte in den frühen Morgenstunden eine Verwaltungsreform: Die Tschechoslowakei wird in die vier Verwaltungseinheiten Böhmen, Mährisch-Schlesien, Slowakei und Karpatho-Rußland eingeteilt. →S. 123

3. Juli, Sonntag

Bei den Landtagswahlen in Mecklenburg-Strelitz verzeichnen die linken Parteien Gewinne.

Vor 100 000 Zuschauern wird in Prag im Beisein des tschechoslowakischen Staatspräsidenten Tomáš Garrigue Masaryk die Arbeiter-Olympiade eröffnet. Die reichsdeutsche Mannschaft stellt mit 3000 Teilnehmern die stärkste ausländische Delegation (bis 6. 7.). →S. 133

4. Juli, Montag

Der NSDAP-Vorsitzende Adolf Hitler trifft in München mit dem Ruhrindustriellen Emil Kirdorf zusammen und erörtert eine finanzielle Unterstützung durch die Schwerindustrie (→19.–21. 8./S. 140).

König Fuad I. von Ägypten trifft zu einem Staatsbesuch in London ein. Die Visite wird als Zeichen für die Beilegung des britisch-ägyptischen Konflikts in der Frage der britischen Kontrolle über die ägyptische Armee gedeutet. →S. 123

In Genf wird eine Internationale Katastrophenkonferenz eröffnet. Vertreter aus 40 Staaten beschließen eine engere Zusammenarbeit bei Hilfsaktionen nach Naturkatastrophen.

In Wimbledon gehen die All-England-Tennismeisterschaften (seit 20. 6.) zu Ende. Die französischen und US-amerikanischen Tennisspieler bestätigen ihre Führungsposition. →S. 133

Bei den Internationalen Englischen Leichtathletik-Meisterschaften, die am 1., 2. und 4. Juli in Stamford Bridge ausgetragen werden, gewinnen deutsche Sportler fünf Wettbewerbe.

5. Juli, Dienstag

Zwischen der Reichsregierung und der belgischen Regierung kommt es zu einem scharfen Notenwechsel, als der belgische Kriegsminister Charles Graf Broqueville Zweifel an der Entwaffnung des Deutschen Reiches nach den Bestimmungen des Versailler Friedensvertrags äußert.

Vor dem Schwurgericht des Wiener Landgerichts beginnt der Prozeß gegen drei Angehörige des rechtsgerichteten Frontkämpferbundes, die beschuldigt werden, zwei Mitglieder des Republikanischen Schutzbundes am 30. Januar getötet zu haben. Die Angeklagten werden am 14. Juli freigesprochen (→15./16. 7./S. 118).

6. Juli, Mittwoch

Die japanische Regierung beschließt die Entsendung von weiteren 2000 Soldaten nach China. Sie sollen den Schutz der japanischen Bürger in der vom Bürgerkrieg erschütterten Provinz Tsinanfu gewährleisten.

7. Juli, Donnerstag

Der Reichstag verabschiedet mit großer Mehrheit das Gesetz über die Arbeitslosenversicherung und die Arbeitsvermittlung, das die Versicherungspflicht gegen Arbeitslosigkeit und einen Rechtsanspruch auf Arbeitslosengeld unabhängig vom Bedürftigkeitsnachweis einführt. →S.120

Mit 349 gegen 44 Stimmen nimmt der Reichstag das Kriegsgerätegesetz an. Damit ist die letzte Abrüstungsbedingung des Versailler Vertrags erfüllt.

Der Reichstag nimmt in zweiter und dritter Lesung das Gesetz zum Schutz werdender und stillender Mütter an. →S. 120

Der Echo-Saal des Bremer Ratskellers, der von Max Slevogt mit Fresken geschmückt worden ist, wird der Öffentlichkeit übergeben. →S. 130

8. Juli, Freitag

Von der italienisch-französischen Grenze wird ein Zwischenfall gemeldet: Nahe dem Dorf Isola überschreiten rd. 30 italienische Soldaten die Grenze; sie werden von der französischen Grenzwache angehalten und kehren, da sie versichern, der Grenzübertritt sei unbeabsichtigt erfolgt, unbehelligt auf italienisches Staatsgebiet zurück.

Der US-amerikanische Automobil-Industrielle Henry Ford veröffentlicht in den Blättern des Zeitungsmagnaten William Randolph Hearst eine persönliche Erklärung, in der er sich vom Antisemitismus distanziert. In der zum Ford-Imperium gehörenden Wochenschrift »Dearborne Independent« waren wiederholt antijüdische Hetzartikel erschienen.

Bei einer Unwetterkatastrophe im sächsischen Erzgebirge kommen 145 Menschen ums Leben. →S. 127

Die »Literarische Welt« veröffentlicht eine Umfrage unter Künstlern aller Sparten zum Thema »Die Einwirkung der Kritik auf die Schaffenden«, an der sich u. a. der Lyriker Gottfried Benn, der Komponist Kurt Weill, der Filmautor Béla Bálasz und der Schauspieler Rudolf Forster beteiligt haben. →S. 131

Die Malerin und Graphikerin Käthe Kollwitz wird an ihrem 60. Geburtstag mit Ehrungen überhäuft. →S. 130

Sieger des Baden-Badener Autoturniers wird bei den Fünf-Liter-Sportwagen Rudolf Caracciola vor Wilhelm Walb (beide Mercedes-Benz). Caracciola erreicht eine Durchschnittsgeschwindigkeit von 165,2 km/h, auf der Zielgeraden eine Höchstgeschwindigkeit von mehr als 200 km/h.

9. Juli, Sonnabend

Die Gothaer Lebensversicherungsbank, die älteste deutsche Lebensversicherungsanstalt, blickt auf ihr 100jähriges Bestehen zurück. →S. 121

10. Juli, Sonntag

Kevin O'Higgins, der Vizepräsident der Republik Irland, wird in Dublin von politischen Gegnern auf offener Straße erschossen. →S. 122

Zur Eröffnung der »Woche der internationalen Verteidigung« in Moskau weisen die militärischen Befehlshaber der Sowjetunion auf die Notwendigkeit verstärkter Rüstungsanstrengungen hin. Sie fordern u. a. die Verdoppelung der Luftflotte.

Die finnische sozialistische Regierung von Ministerpräsident Väinö Tanner wird durch das Ergebnis der Wahlen zum finnischen Reichstag bestätigt.

11. Juli, Montag

Im Prozeß gegen Harry Domela, der sich als Hohenzollernprinz ausgegeben und auf diese Weise Geld erschwindelt hatte, wird in Köln das Urteil gefällt. →S. 125

Der Reichskohlenverband lehnt den Antrag auf Erhöhung der Kohlenpreise ab, der vom Rheinisch-Westfälischen, Aachener und Niedersächsischen Steinkohlensyndikat eingebracht worden ist. Er folgt damit einer Empfehlung von Reichswirtschaftsminister Julius Curtius, der eine Erhöhung des Kohlenpreises wegen der inflationsfördernden Wirkung für gefährlich hält.

Einem Erdbeben in Palästina fallen mehrere Hundert Menschen zum Opfer. →S. 126

12. Juli, Dienstag

Die Abgeordnetenkammer des französischen Parlaments billigt die Wahlreformvorlage der Regierung, die eine Einführung von Kreiswahlen anstelle von Listenwahlen vorsieht. Am 13. Juli erteilt auch der Senat die Zustimmung zu dem Gesetz.

In New York geht die internationale Konferenz der Bankpräsidenten, an der u. a. Reichsbankpräsident Hjalmar Schacht teilgenommen hat, zu Ende (seit 5. 7.). Schacht erklärt, über Reparationsfragen sei auf der Konferenz nicht gesprochen worden.

In Lichtenfeld bei Baden-Baden findet bis zum 17. Juli die Reichsführerwoche der Musikantengilde, die sich um die Förderung der Laienmusik bemüht, statt. Auf dem Programm steht u. a. eine Spielmusik von Paul Hindemith (→17. 7./S. 131).

13. Juli, Mittwoch

Der Berliner Industrielle Iwan Kutisker, gegen den in Berlin wegen betrügerischen Konkurses verhandelt wird, stirbt einen Tag vor der Urteilsverkündigung an Herzschwäche. →S. 125

Sieger des Marathonschwimmens durch den Lake George (24 Meilen) wird der US-Amerikaner Edward Keating. Ärmelkanal-Bezwinger Ernst Vierkötter gibt kurz vor dem Ziel auf. Das Rennen ist mit 10 000 US-Dollar (rund 42 000 Reichsmark) dotiert (→31. 8./S. 145).

14. Juli, Donnerstag

Die Reichsregierung legt den Entwurf eines neuen Schulgesetzes vor. Es wird wegen der Bevorzugung der Konfessionsschulen gegenüber den Gemeinschaftsschulen (mit getrenntem Religionsunterricht nach Konfessionen) vor allem von der SPD scharf kritisiert. →S. 121

Der polnische Ministerpräsident Jósef Klemens Pilsudski läßt beide Häuser des Parlaments ohne Angabe von Gründen vorübergehend schließen, nachdem eine Reihe von Gesetzen verabschiedet worden war, die sich direkt gegen seine Person richteten (→3. 11./S. 184).

Zum französischen Nationalfeiertag werden 491 Häftlinge, in der Mehrheit von Kriegsgerichten Verurteilte, freigelassen.

Der Ullstein-Verlag in Berlin wird 50 Jahre alt. →S. 129

Ferien und Reisen behandelt die erste Julinummer der »Berliner Illustrirten Zeitung«

Juli 1927

15. Juli, Freitag

Wegen des Freispruchs dreier Angehöriger des Frontkämpferbundes legt die Mehrheit der Wiener Arbeiter die Arbeit nieder, es kommt zu Massendemonstrationen, der Justizpalast wird in Brand gesteckt. Bei Auseinandersetzungen zwischen Demonstranten und der Polizei, die von der Schußwaffe Gebrauch macht, kommen am 15. und 16. Juli 89 Menschen ums Leben, etwa 1000 werden verletzt. →S. 118

Das Bündnis zwischen der Nationalchinesischen Volkspartei (Kuomintang) und der Kommunistischen Partei Chinas wird offiziell aufgekündigt. Die innenpolitische Situation in China verschärft sich. →S. 122

Sieger der offenen englischen Golfmeisterschaften wird – wie 1926 – der US-Amerikaner Bobby Jones. Er benötigt 285 Schläge.

16. Juli, Sonnabend

In Berlin werden die Deutschen Leichtathletik-Meisterschaften eröffnet. Bei den Wettbewerben, die bis zum 17. Juli ausgetragen werden, werden sieben neue deutsche Rekorde aufgestellt. →S. 133

17. Juli, Sonntag

In Nicaragua kommt es zu schweren Zusammenstößen zwischen Freischärlern, die von General Augusto César Sandino geleitet werden, und US-amerikanischen Marinesoldaten, die in der Nähe der nicaraguanischen Stadt Ocotal stationiert sind. 300 Sandino-Anhänger werden getötet. →S. 122

Im Rahmen des Deutschen Musikfestes in Baden-Baden (seit 15.7.) wird das Songspiel »Mahagonny« von Kurt Weill (Text: Bertolt Brecht) uraufgeführt. →S. 131

Den Großen Preis von Deutschland auf dem Nürburgring gewinnt Otto Merz auf Mercedes-Benz mit einer Durchschnittsgeschwindigkeit von 101,891 km/h.

Sieger der am 19. Juni gestarteten Tour de France 1927, die mit der Etappe Dünkirchen–Paris zu Ende geht, ist der Luxemburger Nicolas Frantz.

18. Juli, Montag

Der französische Ministerpräsident Raymond Poincaré spricht sich bei der Einweihung eines Grabmals für die auf belgischem Boden gefallenen unbekannten Soldaten für eine Fortsetzung der Entspannungspolitik gegenüber dem Deutschen Reich aus.

Der Internationale Städtetag in Bern (seit 16.7.) geht zu Ende; finanzpolitische Beschlüsse werden auf die nächste Zusammenkunft 1928 vertagt.

19. Juli, Dienstag

Das Deutsche Reich und Japan schließen einen Handels- und Schiffahrtsvertrag, der auf dem Prinzip der Meistbegünstigung beruht.

Die Sozialistische Arbeiterpartei Österreichs bricht den Verkehrsstreik ab (→15./16.7./S. 118).

In Bayreuth werden die Richard-Wagner-Festspiele eröffnet (sie dauern bis 20.8.).

20. Juli, Mittwoch

Nachfolger des verstorbenen Königs Ferdinand I. von Rumänien wird sein Enkel, der erst fünfjährige Michael. König Ferdinand hatte seinen Sohn Carol wegen einer unstandesgemäßen Heirat zum Thronverzicht veranlaßt. →S. 123

Der Maler Max Liebermann wird 80 Jahre alt. Ihm zu Ehren veranstaltet die Akademie der Künste in Berlin eine große Jubiläumsausstellung mit 100 Werken aus allen Schaffensperioden des Künstlers (seit 23.6.). →S. 130

21. Juli, Donnerstag

In Österreich wird der Diskontsatz von 6 auf 7% erhöht und damit dem im Deutschen Reich geltenden Satz angepaßt.

Sieger der ersten Radweltmeisterschaft der Straßenfahrer auf dem Nürburgring ist der Italiener Alfredo Binda. →S. 133

22. Juli, Freitag

Der französische Außenminister Aristide Briand teilt dem Generalsekretär des Völkerbundes, Eric Drummond, offiziell mit, daß die Tätigkeit der Interalliierten Militärkommission im Deutschen Reich am →31. Januar (S. 17) beendet worden ist. Sie hat 33 381 Kontrollen durchgeführt und dabei u.a. rund sechs Millionen beschlagnahmte Gewehre und Karabiner zerstören lassen.

Das deutsch-türkische Handelsabkommen tritt in Kraft.

23. Juli, Sonnabend

Reichskanzler Wilhelm Marx (Zentrum) erklärt seinen Austritt aus dem Reichsbanner, der republikanischen Kampforganisation. Er ist mit einem Solidaritätstelegramm des Vorstands an den Republikanischen Schutzbund in Österreich während der Unruhen am →15./16. Juli (S. 118) nicht einverstanden.

In den Münchener Kammerspielen hat der Schwank »Der Mustergatte« von dem US-amerikanischen Dramatiker Avery Hopwood Premiere. Der 25jährige Heinz Rühmann wird als Komikertalent von Publikum und Kritik gefeiert. →S. 130

In Stuttgart-Weißenhof wird die Werkbundausstellung »Die Wohnung« eröffnet. Sie stellt Pläne und Modelle der Weißenhofsiedlung vor, an der sich 16 international renommierte Architekten beteiligen (bis 9.10.). →S. 124

24. Juli, Sonntag

Erstmals seit dem Weltkrieg werden im Deutschen Reich seit dem 17. Juli wieder Rad-Weltmeisterschaften ausgetragen. Die Wettbewerbe in Köln und Elberfeld gewinnen der Deutsche Matthias Engel (Amateurflieger), der Franzose Lucien Michard (Berufsflieger) und der Belgier Victor Linart (Steher; →21.7./S. 133).

Der Deutsche Fußballbund (DFB) spricht sich auf einer außerordentlichen Bundestagung in München für die strikte Einhaltung der Amateurbestimmungen aus. Die Vereine werden dazu verpflichtet, dem DFB Einsicht in ihre Bücher und ihren Schriftwechsel für Kontrollen zur Verfügung zu stellen.

25. Juli, Montag

Die Freie Stadt Danzig, die unter dem Kommissariat des Völkerbundes steht, beantragt Entscheidungen der Organisation in den mit Polen strittigen Punkten – Errichtung eines polnischen Munitionsdepots auf der Westerplatte, Gewährung eines Winterquartiers für polnische Kriegsschiffe im Hafen von Danzig.

Im Gloria-Palast in Berlin wird der Film »Der Himmel auf Erden« uraufgeführt. Unter der Regie von Alfred Schirokauer spielen Adele Sandrock und Charlotte Ander.

26. Juli, Dienstag

Die britische Bergarbeiterföderation erörtert auf ihrer Jahreskonferenz (seit 25.7.) eine neue Kampagne zur Verstaatlichung der Bergwerke und Mineralschätze.

27. Juli, Mittwoch

Der Nationalrat, das österreichische Parlament, lehnt einen Mißtrauensantrag der sozialistischen Fraktion gegen den christlichsozialen Bundeskanzler Ignaz Seipel ab. Auch der Antrag auf Einsetzung eines parlamentarischen Ausschusses zur Untersuchung der Unruhen in Wien am →15./16. Juli (S. 118) findet im Nationalrat keine Mehrheit.

Die französische Regierung protestiert in Moskau gegen »fortgesetzte, von der Sowjetunion unterstützte kommunistische Propaganda« in Frankreich (→13.10./S. 168).

Johnny Weissmüller (USA) stellt in Honolulu mit 10:22,2 min einen Weltrekord über 800 m Freistil auf.

28. Juli, Donnerstag

Die Himmelsbach AG Freiburg, die größte deutsche Holzfirma, muß Konkurs anmelden. Himmelsbach hatte während der Ruhrbesetzung 1923 an französische Besatzungsinstitutionen Holz geliefert und war deshalb von Deutschen boykottiert worden. →S. 125

»Die Kniende«, eine Plastik von Wilhelm Lehmbruck, wird in Duisburg in der Nacht zum 28. Juli von fünf Männern vom Sockel gestürzt und dabei leicht beschädigt. Die Männer werden am 10. August zu je einem Monat Gefängnis verurteilt.

Im Verlag Ernest Benn in London erscheint der neueste Roman von Herbert George Wells, »Meanwhile« (deutsch »Währenddessen«), der eine literarische Verarbeitung des Bergarbeiter- und Generalstreiks in Großbritannien 1926 darstellt. Wells ist Mitglied der Labour Party.

29. Juli, Freitag

Sergius, der Metropolit der russisch-orthodoxen Kirche, fordert die Gläubigen in der Sowjetunion dazu auf, die Sowjetregierung als legitime Obrigkeit zu akzeptieren.

Im Ufa-Palast am Zoo in Berlin hat der Film »Regine – die Tragödie einer Frau« nach Motiven von Gottfried Keller (Regie: Erich Waschneck) Premiere. Es spielen Harry Liedtke und Lee Parry.

30. Juli, Sonnabend

Der Nationalsozialistische Deutsche Arbeiterverein, die Trägerorganisation der NSDAP, veranstaltet in München ihre Generalversammlung. Adolf Hitler wird als Vorsitzender bestätigt.

Der Wiener Gemeinderat beschließt mit der sozialistischen Mehrheit, neben der Bundespolizei eine eigene städtische Polizei einzurichten. Bei den Unruhen am →15./16. Juli (S. 118) ist eine solche »Gemeindeschutzwache« erstmals eingesetzt worden.

In Aumühle im Sachsenwald bei Hamburg wird auf dem Altersruhesitz des 1898 verstorbenen Reichskanzlers Otto Fürst von Bismarck ein Gedenkmuseum der Familie Bismarck eingeweiht.

31. Juli, Sonntag

In Hamburg wird die Ausstellung »Europäische Kunst der Gegenwart« eröffnet. Die Schau gibt bis zum 30. September einen repräsentativen Überblick über das nachimpressionistische europäische Kunstschaffen bis zum Konstruktivismus und zur Neuen Sachlichkeit.

Gestorben:

18. Borok: Wassili D. Polenow (*1.6.1844, Petersburg, heute Leningrad), russischer Maler.

20. Bukarest: Ferdinand I. (*24.8.1865, Sigmaringen), König von Rumänien.

24. Tokio: Riunosuke Akutagawa (*1.3.1892, Tokio), japanischer Schriftsteller.

25. Neapel: Matilde Serao (*7.3.1856, Patras/Griechenland), italienische Journalistin und Schriftstellerin.

Geboren:

14. Düsseldorf: Helge Pross (†2.10.1984, Düsseldorf), deutsche Soziologin.

18. Sulzbach: Ludwig Harig, deutscher Schriftsteller.

Otto Peltzers Rekordlauf bei den Deutschen Leichtathletikmeisterschaften in Berlin auf dem Titelblatt der »Zeitbilder«, der wöchentlichen Beilage zur »Vossischen Zeitung«

Nummer 30 24. Juli 1927

Zeitbilder

Beilage zur Vossischen Zeitung

Sonntag im Berliner Stadion: Der deutsche Weltrekordläufer Dr. Peltzer, der mit 54,8 Sekunden einen neuen deutschen Rekord im 400-m-Hürdenlaufen aufstellte.
Riebecke.

Aufgebrachte Arbeiter haben den Justizpalast in Wien gestürmt und in Brand gesteckt; Tausende von Demonstranten umlagern das Gebäude

Wiener Polizei schießt auf Demonstranten

15./16. Juli. Bei Auseinandersetzungen zwischen demonstrierenden Arbeitern und der Polizei kommen in Wien 84 Demonstranten und Unbeteiligte sowie fünf Polizisten ums Leben, ungefähr 1000 Menschen werden z. T. schwer verletzt.

Auslöser der Demonstration ist der Freispruch, den ein Wiener Geschworenengericht am 14. Juli gegen drei Angeklagte ausgesprochen hat: Die Mitglieder der rechtsgerichteten Frontkämpfervereinigung waren wegen des Überfalls ihrer Organisation auf Angehörige des Republikanischen Schutzbundes (der sozialdemokratisch orientierten Kampforganisation zur Verteidigung der Demokratie) angeklagt worden. Bei diesem Angriff waren am → 30. Januar (S. 20) in Schattendorf zwei Menschen getötet worden. Die Geschworenen sprachen die Angeklagten jedoch sogar vom Verdacht der Notwehrüberschreitung frei.

Die Wiener Arbeiter, die in ihrer Mehrheit in der Sozialdemokratischen Arbeiterpartei Österreichs (SDAP) organisiert sind, reagieren empört auf dieses Fehlurteil. Die Führung der SDAP kann sich jedoch nicht dazu entschließen, die Wiener Arbeiter zu einer Demonstration aufzurufen. Sie fürchtet offensichtlich, daß sie die Kontrolle über die Aktionen verlieren könnte. Die Spitze der Partei bemüht sich statt dessen, beschwichtigend auf die empörten Massen einzuwirken.

Trotz dieser offiziellen Parteilinie macht sich in einer spontanen, von der SDAP-Leitung nicht gesteuerten Massenbewegung der Zorn der Arbeiter Luft. Große Teile der Arbeiterschaft Wiens bleiben am 15. Juli den Betrieben fern und ziehen in Massendemonstrationen in die innere Stadt. Einige Demonstranten dringen in den Justizpalast ein, zünden Akten an und werfen Möbelstücke aus dem Fenster. Die Menge hindert die Feuerwehr am Löschen. Als es den herbeigeeilten Führern der SDAP und den Truppen des Republikanischen Schutzbundes bereits gelungen ist, beschwichtigend auf die aufgebrachten Demonstranten einzuwirken, erteilt der Wiener Polizeipräsident Johannes Schober den Schießbefehl für die Polizisten. Diese zielen blindwütig in die Menge und setzen selbst fliehenden und wehrlosen Demonstranten nach. Sogar gefährliche Dum-Dum-Geschosse kommen zum Einsatz.

Das Vorgehen der Polizei ist zwischen Schober und der Bundesregierung, der Bürgerblock-Koalition unter dem christlichsozialen Bundeskanzler Ignaz Seipel, abgesprochen worden.

Die Parteileitung der SDAP, die vom Verlauf der Ereignisse offensichtlich überrascht ist, ruft – um die Wut der Massen zu kanalisieren – in Wien für den 16. Juli den Generalstreik und in ganz Österreich einen unbefristeten Verkehrsstreik aus, der allerdings bald abbröckelt. In einigen Bundesländern gehen rechtsgerichtete Heimwehren gegen Streikende vor. Während die SDAP-Leitung in der Rückschau auf die Juli-Unruhen nicht ihr eigenes Verhalten, sondern das unbesonnene Vorgehen der »Massen« kritisiert – allenfalls wird Selbstkritik daran laut, daß die SDAP nicht durch einen Aufruf zur Demonstration auf die Erregung über das Fehlurteil reagiert habe –, lautet die Kritik von links, aus den Kreisen der Kommunisten, daß die SDAP die Situation hätte nutzen und an die Demonstranten Waffen verteilen sollen.

Eine andere Form der Kritik meint dagegen, die SDAP habe durch ihre Theorie des Austromarxismus dazu beigetragen, daß die Wiener Arbeiterschaft in illusionärer Verkennung ihrer tatsächlichen Macht den Kampf mit der Staatsgewalt aufgenommen habe.

Der Austromarxismus zeichnet sich auf der einen Seite durch ein marxistisches, den Klassenkampf beschwörendes Vokabular, auf der anderen Seite jedoch durch die Vorstellung aus, daß die grundlegende Veränderung der gesellschaftlichen Verhältnisse in eine sozialistische Ordnung nicht durch einen revolutionären Umsturz, sondern durch die Erlangung der Regierungsgewalt auf parlamentarischem Weg zu erreichen sei (→ 29. 10./S. 168).

Mit Maschinengewehren bewaffnete Polizeikräfte stehen vor dem Parlamentsgebäude in Wien Wache und führen Kontrollen durch

Straßenschlachten zwischen der Polizei und Demonstranten in Wien; die Auseinandersetzungen dauern den ganzen Tag und die folgende Nacht an

Wertvolle Bestände aus der Bibliothek des in Flammen stehenden Wiener Justizpalastes, die von der Feuersbrunst gerettet werden konnten

Karl Kraus' Anklage in der »Fackel«

Der Wiener Publizist Karl Kraus widmet eine ganze Nummer seiner Zeitschrift »Die Fackel« den Ereignissen in Wien am 15. und 16. Juli. Durch die Gegenüberstellung von Augenzeugenberichten über das Vorgehen der Polizei gegen Wehrlose und Unbeteiligte und den beschwichtigenden und ablenkenden Erklärungen der staatlichen Behörden sowie der Darstellung in der bürgerlichen Presse verdeutlicht Kraus die Brutalität, die nicht nur das Verhalten der Sicherheitskräfte, sondern auch die Verarbeitung des Geschehens in der öffentlichen Meinung in Österreich kennzeichnet. An diese zusammenmontierten Dokumente schließt sich ein Kommentar von Kraus an:

»... Keiner hat sich berufen gefühlt, aufzustehen und zu bekennen: Die Brandröte des Himmels über dem Wien des 15. Juli müsse verblassen vor der Scham über die Taten und das kannibalische Wohlsein einer staatlichen Autorität und einer bürgerlichen Publizität, deren einzige Sorge damals die Beeinträchtigung des Fremdenverkehrs war, dessen Hebung doch eine Sisyphusarbeit bleibt, solange das Stückchen Seife immer wieder von den Einheimischen gestohlen wird, dessen Problem aber kein Weltuntergang von der Seele des Österreichers nehmen wird. Keiner von jenen, die den Mut haben, das Ausland über unsere moralische Verkommenheit durch Hinweis auf unsere landschaftlichen Vorzüge täuschen zu wollen, ist aufgestanden, um zu erklären: Daß das Wiener Blut erst wieder präsentabel, fibelreif und operettenfähig sein wird, wenn der Einfall, es auf der Ringstraße fließen zu lassen, gesühnt ist; daß angesichts des Ausbruchs unserer eigentlichsten Spezialität dieses ewige Fremdenführertum doch eine Vorspiegelung falscher Tatsachen bleibt und nebst seiner Zudringlichkeit die schamloseste Anmaßung; und daß man Wien samt Umgebung auch für den Inländer erst dann als menschenmöglichen Aufenthalt erkennen wird, wenn das große Verbrechen des 15. Juli durch ... Bestrafung ... sämtlicher Schuldtragenden ... gebüßt sein wird ...«

Das folgende Zitat ist einem in der »Fackel« abgedruckten Augenzeugenbericht entnommen:

»Ich war Freitag vormittag durch einen Zufall in der Nähe des Justizpalastes und habe dort manche herzzerreißende Szene miterlebt. Für zwei Uhr nachmittags hatte ich mit meiner Frau eine Verabredung bei der Bellaria. Ich traf sie vor dem Stadtschulratgebäude, wo sich eine Sanitätsstation befand. Eben trug man einen Schwerverletzten auf einer Tragbahre herbei. Meine Frau, die während des Krieges Pflegedienst versehen hatte, sprang hilfsbereit hinzu, um ihre Kenntnisse zur Verfügung zu stellen. In demselben Moment aber kamen vom Schwarzenbergplatz her im schnellsten Laufschritt Polizisten mit Gewehren, und obwohl hier gar kein Auflauf war, ja nicht einmal Rufe gegen die Polizeimannschaft ausgestoßen wurden, begann diese eine wilde Schießerei. Vergeblich suchten die Leute der Sanitätsstation, die durch ein Rotes Kreuz kenntlich gemacht war, mit Zurufen und Händehochhe-

Der Wiener Publizist und Gesellschaftskritiker Karl Kraus

ben die Polizisten zu besänftigen, diese aber schossen wie toll just in die Station hinein. Eine wilde Panik entstand ... Das letzte, was ich von meiner Frau sah, war, daß sie sich über einen Verwundeten beugte. ... Am nächsten Vormittag ging ich ins Allgemeine Krankenhaus. Es waren 48 Tote dort, unter ihnen eine einzige Frau. Diese Frau war die meine ... Später erzählte mir der Genosse, den ich am Abend vorher nach meiner Frau gefragt hatte, daß er mir aus Mitleid die schreckliche Nachricht verschwiegen hatte. Gerade als sie sich über den Verwundeten geneigt habe, sei die tödliche Kugel gekommen ...«

Der Vorfall ist auch von anderen Personen so bezeugt.

Marksteine der deutschen Sozialgesetzgebung

Die deutsche Sozialgesetzgebung, die bereits im Kaiserreich durch die Einführung der Kranken-, Unfall- und Rentenversicherung unter Reichskanzler Otto Fürst von Bismarck international als vorbildlich galt, wird in der Weimarer Republik weiter ausgebaut. Gemäß den Bestimmungen der Reichsverfassung, daß zusätzlich zur bestehenden Sozialversicherung eine Arbeitslosenversicherung einzurichten ist, beschließt der Reichstag die Einführung einer Pflichtversicherung für Arbeitslose. Ein weiterer wichtiger Schritt in der Vervollkommnung der Sozialgesetzgebung ist der Ausbau des Mutterschutzes, der es der Frau für die letzte Zeit der Schwangerschaft freistellt, ob sie ihre Berufstätigkeit noch ausüben will.

Arbeitslose und Bedürftige stehen in Paris vor einer öffentlichen Speiseanstalt an, um eine warme Mittagsmahlzeit in Empfang zu nehmen

Auf sog. »Mutterabenden« werden Schwangere auf die Säuglingspflege vorbereitet; die gesunde Ernährung des Babys steht dabei im Vordergrund

Die Arbeitslosenpflichtversicherung

7. Juli. Mit 356 gegen 47 Stimmen bei 16 Enthaltungen nimmt der Reichstag in einer namentlichen Abstimmung das Gesetz zur Einführung einer Arbeitslosenpflichtversicherung an. Für den Gesetzentwurf stimmen außer den Parteien der Bürgerblockregierung – Zentrum, DVP, DNVP, BVP – auch die linksliberale DDP und die Sozialdemokraten.

Mit dem Gesetz wird die bisher geltende Erwerbslosenfürsorge, die allein bei Bedürftigkeit ausgezahlt wurde, in eine Arbeitslosenversicherung umgewandelt und die Einführung der Reichsanstalt für Arbeitsvermittlung und Arbeitslosenversicherung als Trägerin des neuen Versicherungszweiges beschlossen. Von nun an besitzen die bei der Reichsanstalt Pflichtversicherten einen Rechtsanspruch auf Arbeitslosenunterstützung für den Fall der Arbeitsfähigkeit, Arbeitswilligkeit und der unfreiwilligen Arbeitslosigkeit. Die Beiträge zur Versicherung dürfen nicht höher als 3% des Arbeitslohns liegen und sind je zur Hälfte vom Arbeitnehmer und vom Arbeitgeber aufzubringen. Die Arbeitslosenunterstützung beträgt von 35% bis 75% des zuletzt gezahlten Grundlohns; sie wird 26 Wochen gezahlt. Eine Ausdehnung der Zahlungsdauer auf 39 Wochen ist möglich.

Die Eigenmittel der Reichsanstalt sind so hoch veranschlagt, daß mit den Einnahmen aus den Versicherungsbeiträgen durchschnittlich 800 000 Arbeitslose Unterstützung erhalten können; in Krisenzeiten sind Zahlungen an weitere 600 000 Arbeitslose möglich. Diese Dekkungsgrenzen scheinen in der Phase der Hochkonjunktur und den derzeit niedrigen Arbeitslosenzahlen – rd. 850 000 in den Sommermonaten 1927 – durchaus angemessen; es zeichnet sich jedoch ab, daß bei einer wirtschaftlichen Depression Zuschüsse des Reiches erforderlich werden. Die Arbeitslosenversicherung wird damit zum Zankapfel des Parteienstreits.

Die Verabschiedung des Gesetzes, das Reichsarbeitsminister Heinrich Brauns (Zentrum) ausgearbeitet hat, wird nicht nur von den christlichen Gewerkschaften, die der Bürgerblock-Regierung nahestehen, sondern auch vom SPD-nahen Allgemeinen Deutschen Gewerkschaftsbund begrüßt.

Schutzgesetz für werdende Mütter

7. Juli. Der Reichstag berät in zweiter und dritter Lesung das Gesetz über die Beschäftigung der Frauen vor und nach der Niederkunft. Der von der Regierung vorgelegte Gesetzentwurf wird mit großer Mehrheit angenommen, Anträge der Sozialdemokraten und Kommunisten, in das Mutterschutzgesetz auch Land- und Forstarbeiterinnen sowie Hausangestellte einzubeziehen, werden abgelehnt. Dagegen billigt der Reichstag eine von den Parteien der Bürgerblockregierung eingebrachte Entschließung, die ein entsprechendes Mutterschutzgesetz auf dem Lande für die Zukunft – unverbindlich – in Aussicht stellt.

Zusätzlich zum bisher bestehenden Arbeitsverbot für Frauen in den ersten sechs Wochen nach der Niederkunft ist es der Schwangeren nach dem nun verabschiedeten Gesetz zusätzlich freigestellt, ob sie in den letzten sechs Wochen vor dem voraussichtlichen Geburtstermin ihrer Arbeit weiter nachgehen will. Ein ausdrückliches Arbeitsverbot für die letzten Wochen der Schwangerschaft ist nicht ausgesprochen, weil – so die Befürworter des Gesetzes – der Frau die Möglichkeit belassen werden soll, eine geeignete, körperlich nicht zu schwere Arbeit weiter auszuführen. Für die letzten sechs Wochen vor und die ersten sechs Wochen nach der Geburt besteht ein allgemeiner Kündigungsschutz, der nur durch einen gewichtigen, nicht mit der Schwangerschaft zusammenhängenden Grund aufgehoben werden kann.

Eine Verlängerung der Schonfrist nach der Geburt ist durch den ärztlichen Nachweis, daß durch die Schwangerschaft eine neue Krankheit eingetreten ist oder eine vor der Schwangerschaft bestehende sich verschlimmert hat, möglich.

Das Mutterschutzgesetz gilt – außer für gewerbliche Arbeiterinnen – auch für Angestellte und für Beschäftigte in Kleinbetrieben. Der Ausschluß von Landarbeiterinnen und in landwirtschaftlichen Nebenbetrieben beschäftigten Frauen aus dem Mutterschutz stößt auf den Widerstand nicht nur der Linksparteien, sondern auch der Frauenrechtlerinnen. Die DDP-Reichstagsabgeordnete Gertrud Bäumer weist darauf hin, daß die Säuglingssterblichkeit auf dem Lande mit 16,2% über dem Reichsdurchschnitt liege.

»Fünf nach zwölf« heißt diese Studie von Flora C. Twort über das Schulkinderleben, das neu geregelt werden soll; selbst die staatlichen Schulaufsichtsbeamten sollen nach konfessionellen Gesichtspunkten ausgewählt werden

Konfessionsschule aufgewertet

14. Juli. Nach mehrtägigen Kabinettsberatungen legt die Reichsregierung den Gesetzentwurf für ein neues Schulgesetz vor, das die Gemeinschaftsschule, die Konfessionsschule und die weltliche Schule explizit als gleichberechtigt nebeneinanderstellt. Lediglich die der rechtsliberalen DVP angehörenden Minister Gustav Stresemann (Außen) und Julius Curtius (Wirtschaft) melden Bedenken gegen einige Passagen des Entwurfs an. Die beiden Regierungsparteien, die den großen Konfessionen nahestehen, das katholische Zentrum und die evangelische DNVP, haben den Gesetzesentwurf ausgearbeitet.

Mit dem neuen Schulgesetz sollen die Bestimmungen von § 146 der Weimarer Reichsverfassung (→ S. 54) ausgefüllt werden, in dem die bekenntnisungebundene Simultanschule zur Regelschule erklärt, die Einrichtung von Konfessionsschulen auf Antrag der Eltern jedoch ermöglicht wird.

Der nunmehr vorgelegte Entwurf hebt diesen Vorzug der Gemeinschaftsschule als Regelschule auf. Ferner werden Geistlichen Sitz und Stimme in den Schulverwaltungskörperschaften eingeräumt.

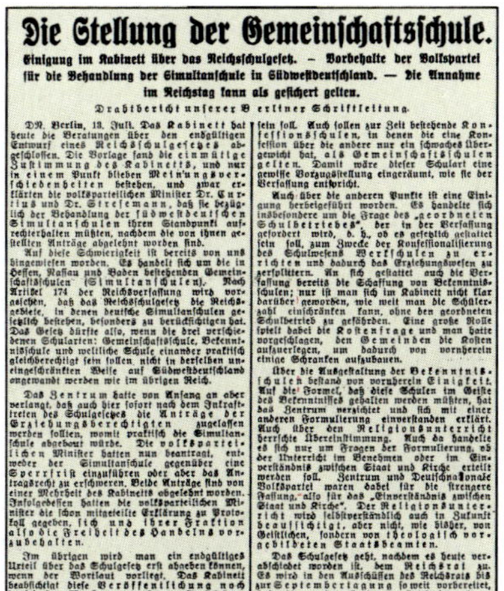

Die Stellung der Gemeinschaftsschule.

Einigung im Kabinett über das Reichsschulgesetz. – Vorbehalte der Volkspartei für die Behandlung der Simultanschule in Südwestdeutschland. – Die Annahme im Reichstag kann als gesichert gelten.

Drahtbericht unserer Berliner Schriftleitung.

DN. Berlin, 13. Juli. Das Kabinett hat heute die Beratungen über den endgültigen Entwurf eines Reichsschulgesetzes abgeschlossen. Die Vorlage fand die einmütige Zustimmung des Kabinetts, und nur in einem Punkt blieben Meinungsverschiedenheiten bestehen, und zwar erklärten die volksparteilichen Minister Dr. Curtius und Dr. Stresemann, daß sie bezüglich der Behandlung der südwestdeutschen Simultanschulen ihren Standpunkt aufrechterhalten müßten, nachdem die von ihnen gestellten Anträge abgelehnt worden sind.

Auf diese Schwierigkeit ist bereits von uns hingewiesen worden. Es handelt sich um die in Hessen, Nassau und Baden bestehenden Gemeinschaftsschulen (Simultanschulen). Nach Artikel 174 der Reichsverfassung wird vorgesehen, daß das Reichsschulgesetz die Reichsgebiete, in denen deutsche Simultanschulen gesetzlich bestehen, besonders zu berücksichtigen hat. Das Gesetz dürfte also, wenn die drei verschiedenen Schularten: Gemeinschaftsschule, Bekenntnisschule und weltliche Schule einander praktisch gleichberechtigt sein sollen, nicht in derselben uneingeschränkten Weise auf Südwestdeutschland angewandt werden wie im übrigen Reich.

Das Zentrum hatte von Anfang an aber verlangt, daß auch hier sofort nach dem Inkrafttreten des Schulgesetzes die Anträge der Erziehungsberechtigten zugelassen werden sollten, womit praktisch die Simultanschule abgebaut würde. Die volksparteilichen Minister hatten nun beantragt, entweder der Simultanschule gegenüber eine Sperrfrist einzuführen oder aber das Antragsrecht zu erschweren. Beide Anträge sind von einer Mehrheit des Kabinetts abgelehnt worden. Infolgedessen hatten die volksparteilichen Minister die schon mitgeteilte Erklärung zu Protokoll gegeben, sich und ihrer Fraktion also die Freiheit des Handelns vorzubehalten.

Im übrigen wird man ein endgültiges Urteil über das Schulgesetz erst abgeben können, wenn der Wortlaut vorliegt. Das Kabinett beabsichtigt diese Veröffentlichung noch in dieser Woche vorzunehmen. Soviel kann aber bereits heute gesagt werden, daß nach dem Entwurf alle drei Schularten durch Antrag der Erziehungsberechtigten ins Leben gerufen werden können, also tatsächlich gleichberechtigt sind, wenn auch entsprechend der Verfassung der Gemeinschaftsschule insofern ein Vorrang eingeräumt wird, als in allen Fällen, in denen Anträge von Eltern nicht vorliegen, die Gemeinschaftsschule die gegebene sein soll. Auch sollen zur Zeit bestehende Konfessionsschulen, in denen die eine Konfession über die andere nur ein schwaches Übergewicht hat, als Gemeinschaftsschulen gelten. Damit wäre dieser Schulart eine gewisse Vorzugsstellung eingeräumt, wie sie der Verfassung entspricht.

Auch über die anderen Punkte ist eine Einigung herbeigeführt worden. Es handelte sich insbesondere um die Frage des „geordneten Schulbetriebes“, der in der Verfassung gefordert wird, d. h., ob es gesetzlich gestattet sein soll, zum Zwecke der Konfessionalisierung des Schulwesens Werkschulen zu errichten und dadurch das Erziehungswesen zu zersplittern. An sich gestattet auch die Verfassung bereits die Schaffung von Bekenntnisschulen; nur ist man sich im Kabinett nicht klar darüber geworden, wie weit man die Schülerzahl einschränken kann, ohne den geordneten Schulbetrieb zu gefährden. Eine große Rolle spielt dabei die Kostenfrage und man hatte vorgeschlagen, den Gemeinden die Kosten aufzuerlegen, um dadurch von vornherein einige Schranken aufzubauen.

Über die Ausgestaltung der Bekenntnisschulen bestand von vornherein Einigkeit. Auf die Formel, daß diese Schulen im Geiste des Bekenntnisses gehalten werden müßten, hat das Zentrum verzichtet und sich mit einer anderen Formulierung einverstanden erklärt. Auch über den Religionsunterricht herrschte Übereinstimmung. Auch da handelte es sich nur um Fragen der Formulierung, ob der Unterricht im Benehmen oder im Einverständnis zwischen Staat und Kirche erteilt werden soll. Zentrum und Deutschnationale Volkspartei waren dabei für die strengere Fassung, also für das „Einverständnis zwischen Staat und Kirche“. Der Religionsunterricht wird selbstverständlich auch in Zukunft beaufsichtigt, aber nicht, wie bisher, von Geistlichen, sondern von theologisch vorgebildeten Staatsbeamten.

Das Schulgesetz geht, nachdem es heute verabschiedet worden ist, dem Reichsrat zu. Es wird in den Ausschüssen des Reichsrats bis zur Septembertagung soweit vorbereitet, daß die erste Lesung stattfinden kann. Dann werden sich die Ausschüsse des Reichstages damit beschäftigen, und in den politischen und parlamentarischen Kreisen glaubt man heute, mit Bestimmtheit auf Annahme des Gesetzes durch den Reichstag rechnen zu können. Der bisherige Gang der Verhandlungen hätte gezeigt, daß die Behauptung der Opposition, daß das Gesetz niemals zustande käme, falsch ist.

Berichterstattung der »Düsseldorfer Nachrichten« vom 14. Juli

150 000 Lehrer protestieren

„Der Entwurf des Reichsschulgesetzes darf nicht Gesetz werden!“

Die Führer des Deutschen Lehrervereins sind in Berlin zusammengetreten und haben folgende Erklärung beschlossen:

„Der Hauptausschuß des Deutschen Lehrervereins, in dem über 150 000 deutsche Volksschullehrer und -Lehrerinnen zusammengeschlossen sind, erhebt nach sorgfältiger Prüfung und eingehender Beratung hiermit schärfsten Einspruch gegen den neuen Entwurf eines Gesetzes zur Ausführung der Artikel 146 Abs. 2 und 149 RV. und erklärt:

Dieser Reichsschulgesetzentwurf darf nicht Gesetz werden; er steht in unversöhnlichem Gegensatz zur Reichsverfassung!

1. Der Entwurf nimmt der Gemeinschaftsschule die ihr verfassungsgemäß zugesicherte Stellung als Regelschule und macht sie zu einer Antragsschule. Er schafft eine neue Art der Bekenntnisschule und Weltanschauungsschule, die als Schule der Kirchen und Weltanschauungen ihren staatlichen Charakter fast vollständig verlieren müssen.

2. **Der Entwurf zerstört von Grund auf die Schulhoheit des Staates.** Er nimmt die Entscheidung über die Errichtung der Schulen dem Staate und der Gesamtheit der Staatsbürger aus der Hand und überträgt sie nicht den Erziehungsberechtigten, sondern den Bekenntnis- und Weltanschauungsgruppen.

3. Der neue Entwurf zerschlägt dadurch und durch Niederlegung der in der Verfassung vorgesehenen Schranke des geordneten Schulbetriebes die leistungsfähige, voll ausgebaute Volksschule in zahllose kleine und leistungsschwache Schulen. Er vermehrt die Kosten, legt

4. Der Entwurf gefährdet die berufliche Sicherheit und die staatsbürgerlichen Rechte der Lehrenden. Er schafft eine dreifache Ueberwachung der Lehrer im Religionsunterricht.

5. Der Entwurf nimmt der Schutzbestimmung des Artikels 174 für Länder, in denen eine nach Bekenntnissen nicht getrennte Schule gesetzlich besteht, ihre grundrechtlich-direktive Bedeutung und macht sie zu einer bloßen Uebergangsbestimmung.

Ein Reichsschulgesetz muß eine wort- und sinngemäße Ausführung der Reichsverfassung sein. Der vorliegende Reichsschulgesetzentwurf darf daher nicht Gesetz werden. Der Deutsche Lehrerverein ruft auf zum Schutz der deutschen Volksschule, der Schulhoheit des Staates und der Einheit deutscher Bildung.“

Der Montblanc wird fascistisch!

Nachrichtendienst der „Vossischen Zeitung“

mp Rom, 28. Juli

Die Blätter melden, daß am 12. August in Anwesenheit des Generalsekretärs der fascistischen Partei, Turati, die Cour Majeur, die höchste Spitze des Montblancs, auf den Namen „Benito Mussolini“ getauft werden wird.

*

In Triest ist wiederum ein Hauseigentümer zu zwei Jahren Verbannung verurteilt worden wegen „tyrannischer Spekulationen zum Schaden seiner Mieter“.

Protest der Volksschullehrer gegen das geplante Reichsschulgesetz

»Schärfster Einspruch« der Lehrer

Der Deutsche Lehrerverein, die Massenorganisation der Lehrer im Deutschen Reich, erhebt in einer Resolution am 28. Juli Protest gegen den Entwurf des Reichsschulgesetzes:

»Der Hauptausschuß des Deutschen Lehrervereins, in dem über 150 000 deutsche Volksschullehrer und -lehrerinnen zusammengeschlossen sind, erhebt ... schärfsten Einspruch gegen den neuen Entwurf ... und erklärt: Dieser Reichsschulgesetzentwurf darf nicht Gesetz werden; er steht im unversöhnlichen Gegensatz zur Reichsverfassung!

1. Der Entwurf nimmt der Gemeinschaftsschule die ihr verfassungsgemäß zugesicherte Stellung als Regelschule und macht sie zu einer Antragsschule. Er schafft eine neue Art von Bekenntnisschule ...

2. Der Entwurf zerstört von Grund auf die Schulhoheit des Staates. Er nimmt die Entscheidung über die Errichtung der Schulen dem Staate und der Gesamtheit der Staatsbürger aus der Hand und überträgt sie nicht den Erziehungsberechtigten, sondern den Bekenntnis- und Weltanschauungsgruppen.

3. Der neue Entwurf zerschlägt dadurch und durch Niederlegung der in der Verfassung vorgesehenen Schranke des geordneten Schulbetriebs die leistungsfähige, voll ausgebaute Volksschule in zahllose kleine und leistungsschwache Schulen ...

4. Der neue Entwurf gefährdet die staatsbürgerlichen Rechte der Lehrenden... «

Gothaer feiert 100. Geburtstag

9. Juli. Die »Gothaer Lebensversicherungsbank auf Gegenseitigkeit«, die älteste deutsche Lebensversicherung, wird 100 Jahre alt.

Am 9. Juli 1827 hatte der Gothaer Kaufmann Ernst Wilhelm Arnoldi, der 1817 die erste deutsche Handelsschule gegründet und 1820 die Gothaer Feuerversicherungsanstalt ins Leben gerufen hatte, die Zustimmung von Herzog Ernst zu Sachsen-Gotha zu einer Bankverfassung für eine Lebensversicherung, bei der jeder Versicherte als Aktionär anzusehen ist, erhalten. Am 1. Januar 1829 konnte die Gothaer Lebensversicherung ihre Arbeit aufnehmen; im Jahr zuvor hatte bereits die Lübecker Lebensversicherung eröffnet.

E. W. Arnoldi

Karl Samwer

Zu diesem Zeitpunkt war die »Equitable Society« in London, die erste auf einem wissenschaftlichen Prinzip beruhende Lebensversicherung der Welt, bereits mehr als 50 Jahre alt.

Mit der Entwicklung der »Gothaer« läßt sich ein Stück deutscher Wirtschafts- und Sozialgeschichte nachvollziehen. Gründer Arnoldi hatte von dem Versicherten neben einem unbescholtenen Ruf und guter Gesundheit gefordert, daß er »nicht zur unteren Volksklasse gehören solle, weil die Beschäftigungen derselben oft von der Art sind, daß sie eine größere Gefahr für das Leben mit sich bringen, als der Zweck der Anstalt zuläßt«. Diese Bestimmung ist inzwischen ebenso gefallen wie die zur Zeit der Gründung der »Gothaer« gültige Regelung, daß der Versicherungsschutz nicht bei Reisen außerhalb des »christlichen und kultivierten Teils von Europa« gelte. Noch 1840 waren Seereisen lediglich auf der Ostsee und der Nordsee versichert. Die Versicherungsanstalt wird derzeit von Karl Samwer geleitet.

Niederlage für die chinesische KP

15. Juli. Die Regierung der Linkskoalition im chinesischen Wuhan bricht auseinander. Die Kuomintang kündigt offiziell das bislang noch bestehende Bündnis mit den Kommunisten auf. Nach dem Staatsstreich Chiang Kai-sheks in Schanghai (→ 12. 4./S. 66) muß die Chinesische Kommunistische Partei und damit zugleich die Chinapolitik der Sowjetunion eine weitere schwere Niederlage hinnehmen.

Ein Dorf wird von Angehörigen der chinesischen Nordarmee gestürmt; im Vordergrund ein bei den Kämpfen ums Leben gekommener Dorfbewohner

Nach den Vorstellungen des sowjetischen Parteiführers Josef W. Stalin sollten die chinesischen Kommunisten im Bündnis mit der nationalrevolutionären Kuomintang-Partei allmählich die Führung übernehmen und eine echte proletarische Revolution – mit starker Unterstützung der Bauern – in China einleiten. Trotz zahlenmäßiger Unterlegenheit gelang es den chinesischen Kommunisten auch tatsächlich, dank ihres taktischen und organisatorischen Geschicks, ihre Position innerhalb des Bündnisses auszubauen, sie verfügten jedoch – anders als die Kuomintang – nicht über eine eigene militärische Macht.

Die Kuomintang stand der Unterstützung ihrer Politik durch die Sowjetunion als einer weiteren Einmischung von außen – nicht nur in ihrem rechten Flügel um Chiang Kaishek – zunehmend skeptisch gegenüber und vollzieht nun auch in Wuhan den Bruch.

Ein politisches Attentat in Dublin

10. Juli. Der Vizepräsident und Justizminister des Freistaates Irland, Kevin O'Higgins, wird in Dublin das Opfer eines politischen Attentats. Aus einem mit drei Männern besetzten Auto werden Schüsse auf den Politiker abgegeben, der sich auf dem Weg zur Messe befindet. Higgins erliegt am Abend in einem Dubliner Krankenhaus seinen Verletzungen. Noch vor dem Tod erklärt der Minister: »Ich sterbe in Frieden mit meinen Feinden«.

Das Attentat wird u. a. damit in Zusammenhang gebracht, daß Higgins kürzlich eine allgemeine Amnestie für politische Gefangene abgelehnt hatte. Er begründete diese Entscheidung damit, daß der Freistaat in seiner Ordnung noch nicht genügend gefestigt sei, um seinen politischen Gegnern die Freiheit zu schenken.

Die nationalistische, auf staatliche Unabhängigkeit von Großbritannien drängende Freiheitsbewegung der irischen Katholiken hatte sich im sog. Osteraufstand 1916, der bereits nach einer Woche zusammenbrach, Luft gemacht. Nach weiteren Gewalttätigkeiten bekundete die britische Regierung die Bereitschaft zu einer Verhandlungslösung. 1921 erhielt die nordirische, vorwiegend von Protestanten bewohnte Provinz Ulster ein eigenes Parlament. Im gleichen Jahr, am 6. Dezember 1921, wurde ein Vertrag zwischen der britischen Regierung und Vertretern der irischen Katholiken unterzeichnet, der dem restlichen Teil der Insel die staatliche Selbständigkeit gewährte. Dieser neu geschaffene Freistaat Irland gehört jedoch weiterhin zum Commonwealth und ist zum Treueid auf den britischen König verpflichtet; außerdem behalten die Briten Marinestützpunkte und andere militärische Einrichtungen auf irischem Boden.

Wegen dieser Zugeständnisse ist der Vertrag in Irland immer noch umstritten (→ 15. 9./S. 151).

Die Leiche von Kevin O'Higgins, der einem Attentat zum Opfer gefallen ist, wird in einem feierlichen Trauerzug durch Dublin zu Grabe getragen

Der Nationalpalast in Managua, der Hauptstadt von Nicaragua

Sandino gegen die Besatzungstruppen

17. Juli. Eine Gruppe von Freischärlern unter der Führung von General Augusto César Sandino unternimmt in der im Norden Nicaraguas gelegenen Stadt Ocotal einen Überfall auf die dort stationierten US-amerikanischen Besatzungstruppen.

Mit dem Angriff Sandinos flammt der Bürgerkrieg in dem mittelamerikanischen Staat wieder auf, der durch ein Waffenstillstandsabkommen vom → 7. Mai (S. 86) beendet worden war.

Bei den schweren, 17 Stunden andauernden Kämpfen zwischen Sandinos Freischärlern auf der einen und US-amerikanischen Marinesoldaten sowie der nicaraguanischen Polizei auf der anderen Seite werden 300 Sandino-Anhänger getötet; die übrigen fliehen ins nahegelegene Gebirge. Die US-Truppen erhalten Unterstützung durch fünf Militärflugzeuge, die Bomben auf die angreifenden Freischärler werfen.

US-Außenminister Frank B. Kellogg erklärt in einer Stellungnahme zu dem Vorfall, daß Sandino dem liberalen ehemaligen Gegenpräsidenten von Nicaragua, Juan Bautista Sacasa, fernstehe. Er bezeichnet den General als »Banditen«, seine Truppen als »Räuberbande« und spricht ihnen jegliches politische Motiv für ihr Handeln ab. Sandinos militärisches Vorgehen ist jedoch eindeutig gegen die Besetzung Nicaraguas durch US-amerikanische Soldaten und gegen die ökonomische Ausbeutung des Landes durch ausländische Konzerne gerichtet.

Nachtsitzung zur Verwaltungsreform

2. Juli. Nach einer mehrstündigen, heftigen Debatte beschließt das tschechoslowakische Parlament in Prag eine Verwaltungsreform, die den Vielvölkerstaat in die vier Verwaltungseinheiten Böhmen, Mährisch-Schlesien, die Slowakei und Karpatho-Rußland einteilt. Obwohl die Verwaltungsreform unter dem starken deutschen Bevölkerungsanteil – nahezu jeder vierte Bürger der Tschechoslowakei besitzt die deutsche Volkszugehörigkeit – umstritten ist, stimmen die deutschen Christlichsozialen und der deutsche Bund der Landwirte, die an der derzeitigen Regierung von Ministerpräsident Antonín Svehla beteiligt sind, für das Gesetz.

Nach dem Zusammenbruch der österreichisch-ungarischen Doppelmonarchie war am 28. Oktober 1918 die Tschechoslowakische Republik ausgerufen worden. Die am 29. Februar 1920 von der Provisorischen Nationalversammlung – ohne Beteiligung der nationalen Minderheiten – verabschiedete Verfassung sah die Einrichtung sog. »Gaue« als kleinerer Verwaltungseinheiten vor. Sie wurden allerdings in der Folge lediglich in der Slowakei tatsächlich eingerichtet, nicht jedoch in den ehemaligen Kronländern. In den dortigen Gauen Karlsbad und Böhmisch Leipa hätten die Deutschen nämlich eindeutig die Mehrheit der Bevölkerung gestellt.

Auch die Einrichtungen von – größeren – Ländern anstelle der Gaue hätte den Deutschen die Chance eingeräumt, in einem Land die Mehrheit zu erringen. Sofern nach den historisch gewachsenen Bezeichnungen neben Mähren auch das Land Schlesien als Selbstverwaltungsbezirk eingerichtet worden wäre, hätten die Deutschen die Möglichkeit gehabt, in diesem Bezirk Schlesien zusammen mit den Polen die Mehrheit zu bilden (nach der Volkszählung von 1921 sind 40,5% der Bevölkerung des Gebiets Deutsche und 11,3% Polen).

Die Vereinigung dieses Gebiets mit Mähren, in dem die Tschechen eine sichere Bevölkerungsmehrheit bilden, zu Mährisch-Schlesien, wie sie in der nun verabschiedeten Verwaltungsreform vorgesehen ist, war daher bei den Deutschen vielfach auf heftige Kritik gestoßen.

Die Königinwitwe Maria (l.)

Der fünfjährige Michael wird zum König von Rumänien

20. Juli. *Nach dem Tod des rumänischen Monarchen Ferdinand I. wird dessen Enkel, der noch nicht sechsjährige Michael, zum König des Balkanstaates proklamiert. Bis zu seiner Volljährigkeit wird die Regierung vom Regentschaftsrat geführt. Der verstorbene Ferdinand, ein geborener Prinz von Hohenzollern-Sigmaringen, war 1889 von seinem kinderlosen Onkel, König Carol I. von Rumänien, adoptiert worden und bestieg 1914 den Thron. 1926 nötigte er seinen Sohn, Kronprinz Carol, der sich in zweiter Ehe mit einer Ausländerin liiert hatte, zum Thronverzicht. Michael entstammt der ersten Ehe Carols (Abb. l.: König Michael verfolgt den Treueeid des dreiköpfigen Regentschaftsrates, der bereits im Januar 1926 eingesetzt worden ist und nunmehr für ihn die königlichen Rechte ausübt; Abb. r. u.: König Michael I.).*

König Fuad I. (mit Fez) und König Georg V. von Großbritannien in London

Selterswasser für ägyptischen König

4. Juli. Der ägyptische König Fuad I. trifft zu einem Staatsbesuch in Großbritannien ein. Die Visite des Monarchen wird allgemein als Zeichen dafür gewertet, daß die Krise in den ägyptisch-britischen Beziehungen beigelegt ist (→ 30. 5./S. 86).

Mit Rücksicht auf das moslemische Bekenntnis des Gastes verzichten die Gastgeber darauf, bei Empfängen Alkohol anzubieten. Statt Wein wird zum Essen für alle Selterswasser ausgeschenkt.

Einfamilienhaus mit großen Terrassen und Sonnenbädern, entworfen von Adolf Bading (Breslau) für die Weißenhof-Mustersiedlung des Werkbundes in Stuttgart; die freistehenden Häuser auf der Architektur-Ausstellung können der Forderung nach preiswertem Bauen nicht immer genügen

Modernes Hochhaus mit Stilelementen der späten italienischen Renaissance, »Eaton Tower«, Detroit

»Barclay Vesey Building« in New York, neues Hochhaus für die Verwaltung der Telefongesellschaft

»Pacific Telephone Building«, Hochhaus der Telefongesellschaft in San Francisco

Architektur 1927:

Wirtschaftlich und funktional

Einen repräsentativen Überblick über die moderne Architekturentwicklung in Europa gibt die Weißenhofsiedlung in Stuttgart, die in einer Ausstellung des Werkbundes vorgestellt wird.
Leitender Architekt des Unternehmens ist der Berliner Ludwig Mies van der Rohe. Aus dem Deutschen Reich sind ferner Peter Behrens, Richard Döcker, der Bauhausleiter Walter Gropius, Ludwig Hilberseimer, Hans Poelzig, Adolf Rading, Hans Scharoun, Adolf Schneck, Bruno und Max Taut mit Entwürfen für Einzel- oder Reihenhäuser bzw. Wohnblocks vertreten. Führende Architekten aus dem Ausland, die an dem Projekt teilnehmen, sind die beiden Niederländer Mart Stam und Jacobus Johann Pieter Oud von der »De-Stijl«-Gruppe, der Franzose Le Corbusier, der Belgier Victor Bourgeois und Josef Frank aus Wien.
Mit durchaus individuellen, die künstlerische Handschrift des Schöpfers verratenden Entwürfen sind die auf der Ausstellung vertretenen Architekten zugleich alle den Prinzipien des Neuen Bauens verpflichtet. Rationalität, Funktionalität und der Verzicht auf Schnörkel, Zierat und geschmückte Fassaden stehen ebenso im Vordergrund wie die Ideale von Licht, Luft, Sonne und Hygiene, wie sie in der Gartenstadt-Architektur als Alternative zu den städtischen Mietskasernen programmatisch formuliert worden sind. Durch genormte, maschinelle Herstellung der Bauteile und durch Fertigbauweise sollen die Wohnungen wirtschaftlich und daher für breite Bevölkerungsschichten erschwinglich sein.
Besondere Aufmerksamkeit bei der Stuttgarter Ausstellung erregen Mies van der Rohes Wohnblock mit zwölf Wohneinheiten, bei dem durch eine Stahlskelettkonstruktion eine vielfältige Abwandlung des Gebäudegrundrisses in einem einheitlichen Bauschema möglich ist.
Unbeeinflußt von der europäischen Entwicklung entwerfen die US-Architekten ihre Hochhäuser im historischen Stil.

Reumann-Hof in Wien, Gemeindebau gegen die Wohnungsnot

Die St.-Antonius-Kirche in Basel, erbaut im neuen, sachlichen Stil

Zeichnungen zum Fertighausbau, aus einer britischen Illustrierten

Holzfirma geht pleite

28. Juli. Die Gebrüder Himmelsbach AG in Freiburg, die größte deutsche Holzfirma, muß Konkurs anmelden. Der Zusammenbruch des Unternehmens ist eine Spätfolge des Boykotts, mit dem die Reichs- und einige Länderbehörden darauf reagiert hatten, daß sich die Gebrüder Himmelsbach 1923 zur Lieferung von Holz an die französischen Besatzungsmächte im Ruhrgebiet bereit gefunden hatten.
Mit der Begründung, das Deutsche Reich sei mit den Reparationszahlungen im Rückstand, waren am 9. Januar 1923 französische Truppen im Ruhrgebiet einmarschiert, worauf die Bevölkerung – unterstützt von der Reichsregierung – mit passivem Widerstand reagierte. Am 26. September 1923 rief der damalige Reichskanzler Gustav Stresemann (Deutsche Volkspartei) wegen der zerrütteten Staatsfinanzen zum Abbruch des Widerstands auf.
Erst danach entschloß sich die Himmelsbach AG, Holz an die französischen Besatzungsbehörden zu liefern. Gegen die Firma, die bis dahin einer der größten Lieferanten für Reichs- und Länderbehörden war und ihr Material z. T. aus Staatsforsten bezogen hatte, wurde daraufhin auf Veranlassung der bayerischen Staatsregierung ein Boykott verhängt, der sie ruinierte.

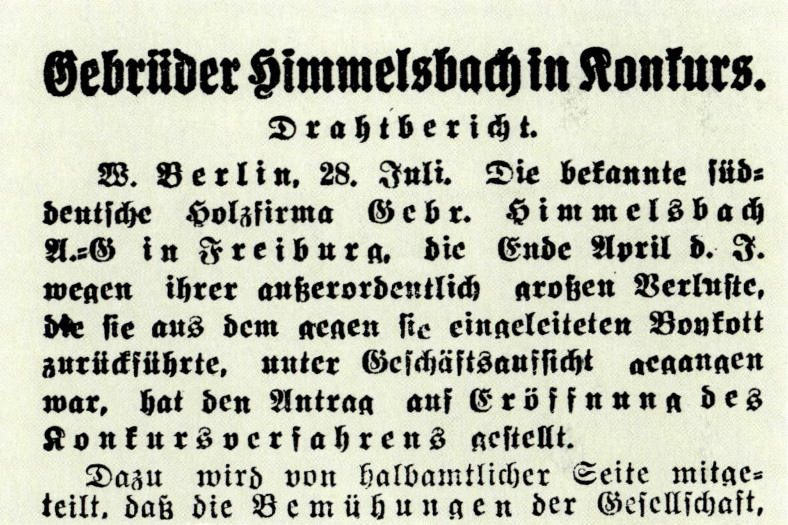

Gebrüder Himmelsbach in Konkurs.

Drahtbericht.

W. Berlin, 28. Juli. Die bekannte süddeutsche Holzfirma Gebr. Himmelsbach A.-G in Freiburg, die Ende April d. J. wegen ihrer außerordentlich großen Verluste, die sie aus dem gegen sie eingeleiteten Boykott zurückführte, unter Geschäftsaufsicht gegangen war, hat den Antrag auf Eröffnung des Konkursverfahrens gestellt.

Dazu wird von halbamtlicher Seite mitgeteilt, daß die Bemühungen der Gesellschaft,

Meldung der »Düsseldorfer Nachrichten« vom 29. Juli zum Konkurs des bedeutenden deutschen Holz-Unternehmers Himmelsbach aus Freiburg

Tod kurz vor der Urteilsverkündung

13. Juli. Einen Tag vor der vorgesehenen Verkündung des Urteils stirbt der Berliner Industrielle Iwan Kutisker, gegen den in zweiter Instanz wegen Betrugs und Bestechung verhandelt wird, an Herzschwäche.
Kutisker war im Dezember 1924 festgenommen worden. Wie auch Henri und Julius Barmat (→ 11. 1./S. 16) wurde ihm vorgeworfen, sich durch Beziehungen zu Mitgliedern der preußischen Regierung ungedeckte Wechselkredite verschafft zu haben. Am 30. Juni 1926 war er deshalb zu fünf Jahren Zuchthaus und 4,5 Millionen Reichsmark Geldstrafe verurteilt worden.

Mildes Urteil für falschen Prinzen

11. Juli. Harry Domela, der wegen seiner Hochstapeleien – er hatte sich u. a. als Kronprinzensohn Wilhelm ausgegeben – am → 6. Januar (S. 23) verhaftet worden ist, wird in Köln wegen Rückfallbetrugs zu sieben Monaten Gefängnis verurteilt.
Das Gericht begründet das milde Strafmaß u. a. damit, daß Domela die Betrügereien wegen der Gutgläubigkeit seiner »Opfer« sehr leicht gefallen seien. Es müsse ihm positiv angerechnet werden, daß er die Situation jeweils nicht noch mehr zu seinen Gunsten ausgenutzt habe.
Domela hat während der Untersuchungshaft ein Buch geschrieben.

Nach Atlantikflug auf dem Wasser gelandet

1. Juli. Der US-amerikanische Pilot Richard Evelyn Byrd, der am 29. Juni in New York zu einem Atlantikflug mit Ziel Paris gestartet ist, landet mit seiner dreimotorigen Fokker-Maschine auf dem Wasser nahe der französischen Kanalküste bei dem Ort Ver-sur-Mer (Calvados).

Byrd hatte mit zwei Begleitpersonen an Bord den Atlantik mit dem Flugzeug »America« bereits überquert, verlor jedoch über dem französischen Festland infolge eines Defekts am Kompaß und wegen schlechten Wetters die Orientierung. Er entschloß sich, auf dem Wasser – knapp 200 m von der Küste entfernt – aufzusetzen, weil ihm dies sicherer schien als eine Landung auf unbekanntem Boden.

Mit Rettungsbooten erreichen die drei Männer das Land, während sich die »America« mit Wasser füllt und teilweise sinkt.

Byrd erklärt später, er sei während des insgesamt 40stündigen Flugs fünf Stunden über französischem Gebiet mit dem Flugzeug herumgeirrt und habe mindestens zweimal Paris überflogen. Trotz des drahtlosen Funkverkehrs mit dem Pariser Flughafen gelang dort jedoch nicht die Landung.

Seine Pläne, mit der »America« den Atlantik in umgekehrter Richtung – von Paris nach New York – zu überqueren, muß Byrd, der 1926 mit Floyd Bennett als erster Mensch den Nordpol überflogen hat, aufgeben.

Der Pilot Richard Evelyn Byrd

Byrds Flugzeug »America« nach der Notlandung auf dem Wasser in der Nähe des an der französischen Kanalküste gelegenen Ortes Ver-sur-Mer

Visionen vom Großraumflugzeug

1. Juli. Der Flugzeugkonstrukteur Edmund Rumpler setzt sich in der Zeitschrift »Nord und Süd« mit der Frage auseinander, ob ein regelmäßiger Passagier- und Postverkehr über den Atlantik in absehbarer Zeit möglich sei. Rumpler geht davon aus, daß die nötige Wirtschaftlichkeit und Flugsicherheit nur dann zu erreichen sei, wenn die Flugzeuge gegenüber den bisher üblichen Typen beträchtlich vergrößert werden. Er stellt sein Modell eines Großraumflugzeugs vor, bei dem zehn Flugzeugmotoren zu je 1000 PS auf zehn Propeller einwirken.

Zeichnung der »Junkers 1000«, ein Zukunftsprojekt der Junkerswerke in Dessau, laut Planung soll das Großraumflugzeug 100 Passagiere befördern

Erdbeben an den Heiligen Stätten

11. Juli. Bei einem Erdbeben in Jerusalem und anderen Orten in Palästina sterben 200 Menschen, 356 werden schwer, 375 leicht verletzt. Die Toten und Verletzten in Transjordanien gibt das britische Hochkommissariat mit 68 und 102 an.

Von der Erderschütterung werden etwa 1000 Gebäude in dem unter britischer Verwaltung stehenden Gebiet schwer beschädigt oder vollständig zerstört; allerdings sind die Heiligen Stätten der Christenheit, des Judentums und des Islam kaum von der Katastrophe betroffen.

Air-Force-Schau

2. Juli. *Auf dem Stag-Lane-Flughafen nahe der englischen Stadt Hendon zeigt die britische Luftwaffe, die Royal Air Force, die verschiedenen Typen ihrer Flugzeuge; die Piloten geben in Schauflügen und Luftangriffsmanövern Proben ihres Könnens. Während der Schau wird u. a. ein feindlicher Luftangriff auf London simuliert, der von der britischen Air Force abgewehrt werden kann. Ferner wird das Ausfliegen einer kleinen europäischen Kolonie aus dem Fernen Osten (in der Realität: China) geprobt (Abb.: Zeichnung der Flugzeugtypen).*

Unwetter über London

11. Juli. Die britische Hauptstadt London ist von einem schweren Unwetter betroffen. Innerhalb von eineinhalb Stunden ergießt sich eine Niederschlagsmenge von mehr als 44 mm über der Stadt.
Die Straßen in der Londoner Innenstadt verwandeln sich in eine Schlammwüste; der Straßen-, Eisenbahn- und U-Bahn-Verkehr kommt teilweise zum Erliegen.
Es kommen zwei Menschen ums Leben: Ein 17 Monate altes Kind stirbt im überfluteten Kellergeschoß eines Hauses ein Säugling ertrinkt in seinem Kinderwagen.

Verwüstungen durch das Unwetter auf der Straße Kew-Richmond

Schweres Gewitter über Erzgebirge

8. Juli. Bei einer Unwetterkatastrophe im sächsischen Erzgebirge sterben nach amtlichen Angaben 145 Menschen, der Sachschaden wird auf 100 Millionen Reichsmark (RM) geschätzt. Besonders betroffen ist das Gottleuba-Müglitz-Tal mit den Orten Gottleuba und Berggießhübel sowie der bekannten Uhrmacherstadt Glashütte.
Durch ein schweres, stundenlang anhaltendes Gewitter schwellen die Flüsse an und treten über die Ufer; orkanartige Stürme kommen hinzu. Allein in Berggießhubel, wo das Wasser auf bis zu 4 m über normal ansteigt, werden 17 Wohnhäuser von den Wassermassen und dem Sturm vollständig zerstört. Unter den Todesopfern befinden sich auch zahlreiche Sommergäste.

Zerstörungen in Berggießhübel

Das Vieh ertrinkt auf den Weiden, Straßen- und Eisenbahnbrücken brechen zusammen, so daß der Verkehr ins Unglücksgebiet zeitweise unterbrochen ist.
Das Reichsfinanzministerium stellt eine Million RM als Soforthilfe zur Verfügung; in den Städten Sachsens werden Sammelstellen für Sachspenden eingerichtet, die Dresdner Banken spenden 100 000 RM.
In einer ersten Bilanz zur Katastrophe heißt es, daß die Überschwemmungen vor allem darauf zurückzuführen seien, daß in dem am stärksten betroffenen Tal des Erzgebirges keine Talsperren errichtet worden sind. Diese Sperren sollen nun in Angriff genommen werden.

Urlaub 1927:

Luxus für wenige

Regelmäßig in Urlaub zu fahren, ist nicht nur wegen der unerschwinglichen Hotelpreise auch im Deutschen Reich immer noch ein Privileg für wenige.
Diesem kleinen, auch im Alltag an Luxus gewöhnten Personenkreis entsprechend, wird bei der Fortbewegung wie bei der Unterbringung großer Wert auf Komfort und Bequemlichkeit gelegt. Die Abteile in der Luxusklasse der Reichsbahn sind großzügig, vielfach mit Sesseln und einem kleinen Schreibtisch, ausgestattet, gut ausgebildete Kellner servieren den Reisenden in den Speisewagen internationale Küchenspezialitäten.
Da die Züge der Reichsbahn in ihrer Reisegeschwindigkeit den Standard der Vorkriegszeit noch nicht wieder erreicht haben – auf der Strecke Berlin–München erreicht der schnellste Zug z. B. nur eine Reisegeschwindigkeit von knapp 60 km/h (1913: 76 km/h), auf der Strecke Hamburg–Köln ebenfalls nur knapp 60 km/h gegenüber 65 km/h im Jahr 1913 –, bevorzugen viele Reisende, besonders beim Kurzurlaub übers Wochenende, die weitaus schnellere Alternative, das Flugzeug. Die Deutsche Lufthansa erreicht 1927 in der Hochsaison in ihrem Bäderverkehr eine Tagesleistung von 6500 km. Es werden u. a. Flüge nach Baden-Baden, Bad Reichenhall, Goslar, Konstanz, Lübeck-Travemünde, Norderney, Innsbruck, Salzburg, Swinemünde, Wangerooge und Westerland angeboten. Die Preise halten sich bei den Wochenend-Sonderflügen noch im Rahmen: Berlin–Westerland kostet z. B. hin und zurück 150 Reichsmark (RM), Berlin–Innsbruck 270 RM. Auch in den Flugzeugen wird Wert auf Geräumigkeit und Bequemlichkeit gelegt. Die neue Junkers G 31, das größte deutsche Landflugzeug, wird z. B. als »Pullman-Wagen der Luft« vorgestellt. Es kann 15 Personen befördern, die allerdings nicht in einer »Massenkabine«, sondern in drei Einzelabteilen mit Liegebetten, Klubsesseln und Sofas untergebracht werden. Die Umrüstung aller Abteile in Schlafkabinen ist problemlos möglich.
Auf den Britischen Inseln setzt sich der Trend zum Urlaub in den – mobilen – eigenen vier Wänden allmählich durch. Die ersten Caravans und Wohnwagen, die äußerst luxuriös ausgestattet sind, finden schnell Käufer. Neben die kleinen Motorboote mit Außenbordmotor treten zunehmend Motorjachten, die mit Schlafkabinen und sanitären Einrichtungen versehen sind und sich für mehrtägige Reisen eignen. Ab 6000 RM werden Jachten mit Platz für zwei Personen angeboten, die preiswertesten Modelle für vier Personen gibt es ab etwa 9000 RM.
Die Camping-Bewegung, die eine billigere Ferienalternative bietet, greift von Großbritannien aus nur zögernd auf das europäische Festland über; die Deutschen bevorzugen demgegenüber das Wochenendhaus (→ S. 74).
Für Großstädter, die sich einen Urlaub nicht leisten können, bleibt der Besuch von Verwandten auf dem Lande. Für Arbeiterkinder organisieren die Linksparteien SPD und KPD vielfach Ferienlager. Im Juli 1927 experimentiert die sozialistische Kinderfreundebewegung in einem Lager in Seekamp bei Kiel erstmals mit einer sog. Kinderrepublik, in der die Kinder in den Ferien die Regeln der Demokratie im Spiel erlernen können.

Zeitungsreklame einer Hotelgruppe für den Lido von Venedig

Bequeme und geräumige Wohnwagen auf einem Feriencamp in Großbritannien; die britische Camper-Bewegung richtet sich an Individualisten

Künstler in der Sommerfrische: Der Schauspieler Emil Jannings und seine Frau Gussy Holl auf dem Balkon ihres Hotels in den Alpen

Ferienrepublik für Kinder in Seekamp bei Kiel; die Linksparteien SPD und KPD organisieren Zeltlager für Jugendliche aus Arbeiterfamilien

Schwimmbad eines Hotels in Banff (Kanada) mit Schwefelwasser

Reklameplakat für den Nord-Express von A. M. Cassandre (1927)

Salon des Pullman-Wagens der Internationalen Schlafwagen-Gesellschaft; die Bahn wirbt mit der Bequemlichkeit ihrer Fernreisezüge

Jubiläum bei Ullstein

14. Juli. Der Berliner Ullstein-Verlag wird 50 Jahre alt. Aus diesem Anlaß stiftet die Verlagsleitung eine Million Reichsmark zur Einrichtung einer Pensionskasse für langjährige Mitarbeiter – Redakteure, kaufmännische Angestellte und gewerbliche Arbeitnehmer – sowie deren Hinterbliebenen.

Am 14. Juli 1877 hatte der Berliner Druckereikaufmann Leopold Ullstein die Druckerei Stahl & Aßmann mit dem »Neuen Berliner Tageblatt« aufgekauft. Am 1. September 1887 erschien die erste von Ullstein selbst konzipierte Tageszeitung, die »Berliner Abendpost«. 1894 erwarb das Haus die »Berliner Illustrirte Zeitung«, die seit Dezember 1890 wöchentlich erscheint. 1903 erfolgte die Gründung des Ullstein Buchverlags, am 22. Oktober 1904 erschien erstmals die Boulevardzeitung »BZ am Mittag«. Am 1. Januar 1914 ging die renommierte liberale »Vossische Zeitung«, das älteste Berliner Blatt mit Vorläufern bis ins 17. Jahrhundert, in den Besitz von Ullstein über. 1913 folgte die Gründung des Propyläen Verlags, in dem 1923 der erste Band der »Propyläen Kunstgeschichte« erschien. Zu den wichtigsten Veröffentlichungen nach dem Inflationsjahr 1923 gehören die satirische Zeitung »Uhu«, deren erste Nummer am 1. Oktober 1924 auf den Markt kommt, die Übernahme der Kulturzeitschrift »Der Querschnitt« 1924 sowie der Start der Illustrierten »Grüne Post« am 1. April 1927.

Im Jahr des 50. Jubiläums ist der Ullstein Verlag mit rd. 8500 Mitarbeitern eines der größten Verlagshäuser Europas. Die Auflage der »Berliner Illustrirten« (1,75 Millionen) wird weltweit lediglich von der US-amerikanischen »Saturday Evening Post« (2,5 Millionen) übertroffen.

Verlagsgründer Leopold Ullstein (Gemälde von Oscar Begas, 1882)

BERLINER MORGENPOST
Neues Berliner Lokalblatt.
Wöchentlich 10 Pfennig
Nr. 1. Berlin, 20. September 1898. 1. Jahrgang.
Zur Nachricht.

Titelblatt der ersten Ausgabe der »Berliner Morgenpost«, die am 20. September 1898 bei Ullstein erschienen ist

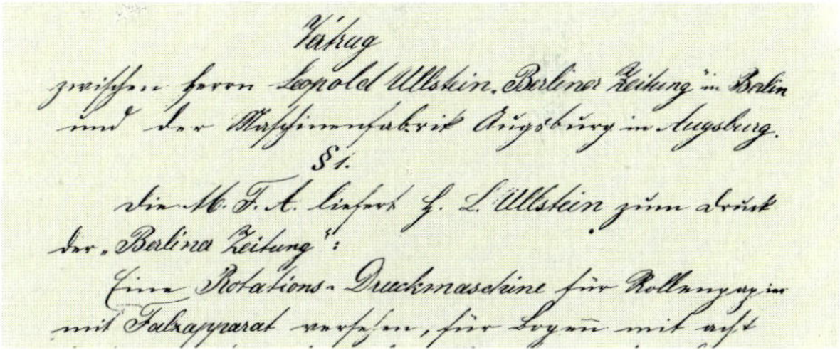

Auszug
zwischen Herrn Leopold Ullstein, Berliner Zeitung in Berlin und der Maschinenfabrik Augsburg in Augsburg.
§1.
Die M. F. A. liefert H. L. Ullstein zum Druck der Berliner Zeitung:
Eine Rotations-Druckmaschine für Rollenpapier mit Falzapparat ...

Vertrag zwischen L. Ullstein und der Maschinenfabrik Augsburg über Lieferung einer Druckmaschine (1877)

Der Turm des neuen Druckereigebäudes des Ullstein-Verlags in Berlin-Tempelhof ist 84 m hoch

Paraderolle für Komiker Rühmann

23. Juli. An den Münchener Kammerspielen hat der Schwank »Der Mustergatte« von Avery Hopwood Premiere. Star des Abends ist der 25jährige Heinz Rühmann, dessen komisches Talent von Kritik und Publikum gleichermaßen überschwenglich gefeiert wird.

»Der Mustergatte« ist ein zwar geistreicher, jedoch allein von Situationskomik lebender Schwank. Rühmann spielt den treuen Gatten, der gegen seinen Willen beschwipst wird und unversehens in eine verfängliche Situation gerät. Er zieht dabei alle Register seines schauspielerischen Könnens.

Hans Braun schreibt in der »Münchener Zeitung« über den jungen Künstler: »Schon immer, selbst in kleinsten Rollen, hatte er all die Jahre gezeigt, daß er eine Eigenart, ein jedenfalls überdurchschnittliches Talent auf die Bretter zu stellen hatte, und zwar von so offensichtlichen Qualitäten, daß es eigentlich nicht fehlen konnte: Er mußte beim Publikum beliebt, ja Liebling werden ... Rühmann ist jetzt da angelangt, wo der große Komiker beginnt. Ich sage nicht, daß er ein großer Komiker schon ist, aber an diesem Abend, wo er seine Originalität nicht einfach geradezu ausbieten und ans Gelächter versteigern, sondern sie in einen Charakter erst einsenken und daraus wieder hervortreiben mußte, an diesem Abend zeigte er zum erstenmal deutlich jene Fähigkeit, durch Komik zu erschüttern, im Lachen den Ernst, im Ernst das Gelächter aufzurühren und so im Paradox des Tragikomischen die Welt zu spiegeln – jene Fähigkeit, um derentwillen wir Komik groß nennen ...«

Schauspieler Heinz Rühmann in Georg Kaisers Stück »Papiermühle«

Rühmann hat nach Rollen als jugendlicher Liebhaber und Naturbursche in Breslau 1921/22 am Residenztheater Hannover den Wechsel ins komische Fach vollzogen und ist 1923 – nach einer Zwischenstation in Bremen – an die Münchener Kammerspiele gekommen. Seit 1925 tritt er in Gastrollen bei Max Reinhardt in Berlin und Wien auf.

80jähriger malt 80jährigen, Liebermann mit Hindenburg-Porträt

Geburtstagsehrung für zwei Künstler

8./20. Juli. Zwei große deutsche Künstler werden anläßlich ihrer Geburtstage mit zahlreichen öffentlichen Ehrungen bedacht. Am 8. Juli wird die sozialkritische Malerin und Graphikerin Käthe Kollwitz 60 Jahre alt, am 20. Juli feiert der impressionistische Maler Max Liebermann seinen 80. Geburtstag.

Liebermann, der einer wohlhabenden Berliner Kaufmannsfamilie entstammt, malte in seinem Frühwerk vor allem arbeitende Menschen (»Gänserupferinnen«, 1872; »Netzflickerinnen«, 1889), wandte sich dann der Genremalerei zu und gelangte unter dem Einfluß der französischen Malerei zu einem farbigeren Stil mit Freiluftgemälden und Porträts. Er war 1898 Mitbegründer der »Berliner Secession«, in der sich impressionistische Maler zusammenschlossen. Den moderneren Kunstrichtungen, insbesondere dem Expressionismus, steht er ablehnend gegenüber.

Käthe Kollwitz' Werke – realistische Zeichnungen, Graphikzyklen und Radierungen – haben das Leben der Unterdrückten und Ausgebeuteten in der Geschichte (z. B. »Der Weberaufstand«, 1895–1898) und der Gegenwart zum Inhalt. Das von Paul Westheim herausgegebene »Kunstblatt« charakterisiert ihr Schaffen: »Eine große Mütterlichkeit und Gütigkeit, ein wahrhaftes Mitleiden mit allem, was Menschenantlitz trägt, führt ihre Hand.«

Max Slevogts Fresken im Bremer Ratskeller vollendet

7. Juli. *Genau ein Jahrhundert nach der Veröffentlichung der romantischen Novelle »Phantasien im Bremer Ratskeller« von Wilhelm Hauff werden die Fresken, mit denen der impressionistische Maler Max Slevogt die Wände des Ratskellers ausgemalt hat, der Öffentlichkeit zugänglich gemacht. Vier der Fresken geben Episoden aus Hauffs Novelle wieder, das fünfte zeigt die Bremer Stadtmusikanten (Abb.). Die Novelle schildert ein lärmendes Gelage in unterirdischen Gewölben, zu dem sich neben den Geistern der zwölf Apostel auch der steinerne Roland einfinden. Während Hauffs Novelle bei aller Phantastik im Grundton heiter ist, beschwört Slevogt in seinen Fresken ein gespenstisches Grauen. Zerrbilder und böse Phantasien lassen in der Darstellung auf den Fresken den Dichter Hauff nicht los; seine Zechkumpane erscheinen bisweilen als boshafte Gestalten. Der Maler hatte im August 1926, als er den Auftrag für die Fresken erhalten hatte, notiert: »... Der Bremer Ratskeller will einen sog. oder so zu nennenden Hauffkeller offiziell von mir ausgemalt haben. Dazu müßte ich wohl den September opfern. Die Aufgabe interessiert mich, und doch: – eine Folge der gesamten Stimmung – ich zögere von Tag zu Tag, Definitives zu beschließen.«*

Erster Erfolg für Brecht/Weill

17. Juli. Im Rahmen des Deutschen Kammermusikfestes in Baden-Baden wird das Songspiel »Mahagonny« uraufgeführt. Dieses erste größere Werk, das aus der Zusammenarbeit des Komponisten Kurt Weill mit dem Schriftsteller Bertolt Brecht hervorgeht, wird vom Premierenpublikum wohlwollend aufgenommen.

Mit dem »Songspiel«, bei dem die exzentrische Musik die sozialkritischen Texte unterstreichen soll, vollziehen Brecht/Weill die Abkehr von der großen Oper. Sie wollen unterhalten und zugleich unmittelbar gesellschaftsverändernd wirken.

In einer Kritik zur Uraufführung heißt es: »Die Verse von Brecht, ohne Zusammenhang, ohne ›Logik und Psychologie‹, ein Ganzes von abenteuerlicher Phantasterei, durch die Musik seltsam potenziert in ihrem Stimmungsgehalt ..., das närrische, grotesk-varietéhafte Gebaren der vier singenden Männer, der zwei singenden Frauen – man kann sich seiner erregenden Wirkung nicht entziehen; man ist gespannt und weiß nicht warum; und man weiß nicht worauf. Und man ist schließlich geneigt zu sagen: Ist es auch Wahnsinn, so hat es doch Methode.«

Szenenbild vom Alabama-Song aus dem Songspiel »Mahagonny«; links vorn der Komponist Kurt Weill, rechts der Librettist Bertolt Brecht

Hindemith fördert die Amateurmusik

17. Juli. Parallel zum Deutschen Kammermusikfest in Baden-Baden findet im nahegelegenen Lichtenfeld vom 12. bis zum 17. Juli die Reichsführerwoche der Musikantengilde statt, die sich die Förderung der Laien- und Jugendmusik zum Ziel gesetzt hat.

Die Leitung der Veranstaltung haben Fritz Reusch und Fritz Jöde, der durch das Arrangement von Volksliedern für Blockflöten, Geigen und Schlaginstrumente bekannt ist.

Ein wichtiger Förderer der Laienmusikgruppen, die vielfach aus der Jugendbewegung hervorgegangen sind, ist der Komponist Paul Hindemith. Von ihm wird bei der Tagung eine Spielmusik für einfache Instrumente uraufgeführt. Hindemith legt – auch in theoretischen Äußerungen – der musikalischen Breitenerziehung größeres Gewicht bei als der virtuosen Spitzenleistung einzelner.

Künstlerumfrage zur Wirkung der Kritik

8. Juli. In der Zeitschrift »Literarische Welt« wird das Ergebnis einer Rundfrage veröffentlicht, die Fritz Popper und Hans Tasiemka zum Thema »Die Einwirkung der Kritik auf den Schaffenden« unter Künstlern verschiedener Sparten durchgeführt haben.

Im folgenden ist aus den Antworten einiger prominenter Kunstschaffender zitiert:

Der Lyriker Gottfried Benn: »Die Berliner Tageszeitungen haben ausgezeichnete, fachlich ausgebildete Theaterreferenten. Auf die Theaterkritik kann man sich verlassen. Diese erfreuliche Sachlichkeit und Fachlichkeit der Theaterpresse findet man jedoch schon nicht mehr bei Besprechungen von Vorträgen. ... Noch schlimmer ist es bei der Besprechung von Gedichtbüchern. Die Feuilletonchefs werden ja bekanntlich von schreibwütigen Leuten bestürmt, und allzu häufig geschieht es, daß man dann, um sie loszuwerden, ihnen Gedichtbücher zur Besprechung anvertraut. Diese Kritiken sind dann von keinerlei Sachkenntnis getrübt ...«

Der Schauspieler Rudolf Forster: »Da ich mich über die Theaterkritik in keiner Weise zu beklagen habe, habe ich keine Ursache, an ihr Kritik zu üben. Wenn ich aber, abgesehen von allem persönlichen Momente, über etwaige Übelstände der Kritik nachdenke, so fällt mir auf den ersten Anhieb auch nichts ein.«

Der Komponist Kurt Weill: »Den meisten Musikern und Musikbeurteilern von heute ist es klar, daß sich im gegenwärtigen Musikleben eine deutliche Umschichtung vollzieht. Die Konzerte als Kunstäußerungen einer abgeschlossenen Schicht werden auf ein Minimum beschränkt sein und werden wohl allmählich wieder ihrem ursprünglichen privaten Charakter nähergebracht werden. Dafür tritt an den schaffenden Künstler immer deutlicher die Aufgabe heran, eine wirkliche Beziehung zur Masse zu gewinnen. Aufgabe der Kritik ist es, durch die Verfolgung eines festumrissenen kunstpolitischen Planes diesen kommenden Zustand vorzubereiten.«

Der Filmautor Béla Balázs: »Der Film braucht heute noch die Theorie, die ihn begleitet, die Theorie ist die Landkarte für den Wanderer der Kunst, die dieser mögliche Wege aufzeigt ... Die alten Künste haben alle ihre Theorien, und weil sie sie haben, brauchen sie sie nicht. Aber in der jungen Kunst des Films, wo jeder Tag neue Probleme bringt, kann die Praxis nicht vorbereiten helfen ... Zum Experimentieren ist der Film ein zu teures Ding, nur die Theorie kann das Neue berechnen. Eine theoretisch eingehende und prinzipielle Kritik würde also den Filmautor sehr fördern und auch das Publikum erziehen ...«

Gottfried Benn

Kurt Weill

Béla Balázs

Rudolf Forster

Malerei 1927:

Gemälde zwischen Realität und Traum

Zwei Stilrichtungen setzen sich in der Malerei der zweiten Hälfte der 20er Jahre nach einer Zeit der vielen miteinander konkurrierenden Ismen durch: Die Neue Sachlichkeit mit Zentrum im deutschsprachigen Raum und der Surrealismus in Frankreich.

Die Stilrichtung der Neuen Sachlichkeit trägt ihren Namen nach einer 1925 in Mannheim veranstalteten Ausstellung. 1927 werden erstmals in der Reichshauptstadt Berlin unter diesem Titel in der Galerie Nierendorf Gemälde präsentiert.

In einer bewußten Abkehr vom Expressionismus setzen die Vertreter der Neuen Sachlichkeit auf eine objektiv-nüchterne Abbildung der Realität, frei von Emotionen und Interpretationen. Während dabei das Werk der sog. Veristen wie Otto Dix und George Grosz durch die schonungslose, brutal-zynische Darstellung des Elends und Lasters im Großstadtleben von einem sozialkritischen Impetus getragen ist, sind die auch dem Magischen Realismus zugerechneten Maler wie Christian Schad, Georg Schrimpf, Carlo Mense und Alexander Kanoldt entweder durch eine Begeisterung für Technik, Funktionalität, Jazz und Sport gekennzeichnet, oder sie widmen sich der unheroischen, aber auch unkritisch-beschaulichen Darstellung des Alltagslebens des Kleinbürgers und Proletariers. Durch den statischen Bildaufbau, das Herauslösen des »Dinges« aus dem Zusammenhang, erfolgt eine Auseinandersetzung mit der Verdinglichung des durch Rationalität und Effizienz geprägten modernen Lebens.

Die Theorie des Surrealismus ist in den Jahren 1920 bis 1924 von dem französischen Schriftsteller André Breton und seinen Freunden ausgearbeitet worden. Dieser Bewegung geht es um die Erfassung des Surrealen (Überwirklichen), das sich in der Welt des Traums ausdrückt. Ab 1925 setzte sich diese Bewegung in der Malerei durch. Durch »automatisches Malen«, d. h. durch Ausschaltung jeder Zensur der Vernunft, sollen sich die Bilderwellen des Unbewußten direkt erschließen. Zu den wichtigsten Vertretern gehören u. a. die Künstler René Magritte, Yves Tanguy, Salvador Dali und Giorgio de Chirico.

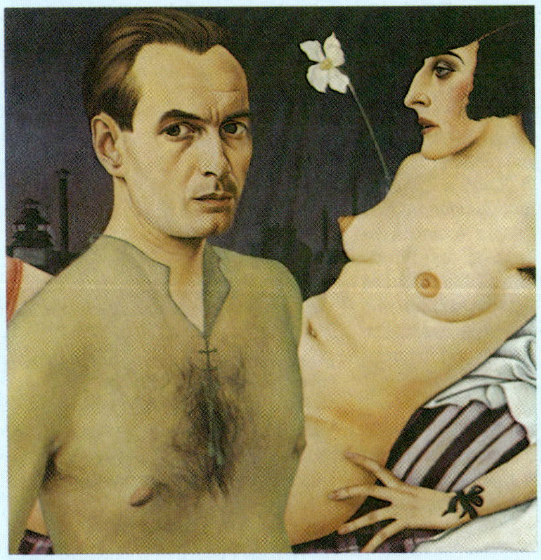

Selbstbildnis von Christian Schad, einem Künstler der Neuen Sachlichkeit (Gemälde, 1927)

Frau mit Vase (Ölgemälde von Fernand Léger, 1924/27; Kunstmuseum, Basel)

Bildnis von Egon Erwin Kisch (Ölgemälde von Rudolf Schlichter, um 1927; Mannheim)

»Der große Wald« (Gemälde von Max Ernst, 1927; Kunstmuseum Basel); Ernst gehört offiziell seit 1924 der surrealistischen Bewegung an

Bildnis von Max Hermann-Neiße (Ölgemälde des neusachlichen Künstlers George Grosz, 1927; Museum of Modern Art, New York)

Die Franzosen und US-Amerikaner bestimmen das Geschehen in Wimbledon

4. Juli. *Bei den All-England-Tennismeisterschaften, die nach zweiwöchiger Dauer in Wimbledon bei London zu Ende gehen, bestätigen die US amerikanischen und die französischen Sportler – wie bereits im vorjährigen Wettbewerb in Wimbledon – ihre dominierende Position im internationalen Tennissport (→ 10. 9./S. 161).*
Das Herreneinzel gewinnt der Franzose Henri Cochet 4 :6, 4 :6, 6 :3, 6 :4, 7 :5 gegen seinen Landsmann, den Vorjahressieger Jean Borotra. Im Herrendoppel schlagen Francis T. Hunter/William Tilden (USA) die Franzosen Jacques Brugnon/Henri Cochet 1:6, 4 :6, 8 :6, 6 :3, 6 :4. Im Dameneinzel treffen Helen Wills (USA) und Lili de Alvarez (Spanien) aufeinander, Wills gewinnt 6 :2, 6 :4; 1926 hatte die Spanierin das Endspiel gegen Kitty Godfree (Großbritannien) verloren. Helen Wills/Elisabeth Ryan (USA) entscheiden durch ein 6 :3, 6 :2 gegen E. L. Heine/G. Peacock das Damendoppel für sich. Im – inoffiziellen – Gemischten Doppel gewinnen Francis Hunter/Elisabeth Ryan (USA) 8 :6, 6 :0 gegen das britische Ehepaar Kitty und Leslie Allison Godfree (Abb. v. l.: Jean Borotra, der aus dem französischen Baskenland stammt und meist mit Baskenmütze spielt, Henri Cochet, Lili de Alvarez, Jacques Brugnon, William Tilden).

Sportsgeist und Klassenbewußtsein

3. bis 6. Juli. Die tschechoslowakische Hauptstadt Prag steht vier Tage ganz im Zeichen des Arbeitersports. 50 000 Teilnehmer aus 16 Nationen, davon allein 3000 aus dem Deutschen Reich (das damit die stärkste ausländische Delegation stellt) nehmen an der Arbeiterolympiade teil. Die sportlichen Wettkämpfe treten dabei gegenüber Aufmärschen, Massenturnen und Festzügen ein wenig in den Hintergrund.
Die deutsche Arbeitersportbewegung, die sportliche Betätigung und Pflege des proletarischen Klassenbewußtseins miteinander verbinden will, hat nach dem Weltkrieg einen gewaltigen Aufschwung erlebt. 1919 wurden erstmals mehr als 100 000 Mitglieder im Arbeiter-Turn- und Sportbund (ATSB), der Dachorganisation der Arbeitersportvereine, gezählt. 1923 erreichte der ATSB den höchsten Mitgliederstand (652 852), seitdem nimmt die Zahl der organisierten Arbeitersportler wieder ab (1927: 560 453 ATSB-Mitglieder in 6648 Vereinen). Die Funktionäre klagen darüber, daß insbesondere Spitzensportler von bürgerlichen Vereinen abgeworben werden, so daß der ATSB zur Organisation der älteren Sportler und Jugendlichen aus Arbeiterfamilien herabsinkt.

Großer Sieg für Binda

21. Juli. Schauplatz der ersten Straßenweltmeisterschaften der Radprofis ist der Nürburgring in der Eifel (→ 18. 6./S. 113).
Jede teilnehmende Nation kann sechs Berufsfahrer und sechs Amateure melden, von denen je vier starten, während die beiden anderen als Ersatzleute zur Verfügung stehen. Die rd. 23 km lange Rundstrecke ist achtmal zu fahren, wobei Profis und Amateure gemeinsam starten. Die Strecke erweist sich wegen einiger enger Kurven und Steigungen als schwierig, allerdings gibt es wegen der glatten Fahrbahndecke nur wenige Reifendefekte.

Alfredo Binda (l.), Radsportler aus Italien, wird Sieger der ersten Straßenweltmeisterschaften

Überlegener Sieger des Rennens wird der 24jährige italienische Berufsfahrer Alfredo Binda. Bei strömendem Regen erreicht er sieben Minuten vor seinem um zehn Jahre älteren Landsmann und großen Gegenspieler Costante Girardengo das Ziel.
1927 ist ein äußerst erfolgreiches Jahr für Binda, der seine Profikarriere 1921 in Frankreich gestartet hat und seit 1925 bei der italienischen Fahrradfirma »Legnano« unter Vertrag steht. Er gewinnt nicht nur zum dritten Mal die Lombardei-Rundfahrt, sondern auch zum zweiten Mal nach 1925 den Giro d'Italia.
Die Radweltmeisterschaften in den anderen Sparten werden 1927 in Köln und Elberfeld ausgetragen. Bei den Amateur-Sprintern gewinnt am 17. Juli in Köln der Deutsche Mathias Engel, beim Flieger-Wettbewerb der Berufsfahrer, der am 21. Juli ebenfalls in Köln stattfindet, sichert sich Lucien Michard (Frankreich) den Titel, und bei den Profi-Dauerfahrern siegt am 24. Juli über 100 km in Elberfeld der Belgier Victor Linart in 1:08:43 h.

Die Leichtathleten im Rekordfieber

16./17. Juli. Bei den Deutschen Leichtathletikmeisterschaften der Herren, die vor nur 10 000 Zuschauern in Berlin ausgetragen werden, gibt es sieben neue Rekorde in den Einzel- und den Mannschaftswettbewerben. Insbesondere wegen der Breite der Spitzenleistungen kann eine positive Bilanz im Hinblick auf die Olympischen Spiele 1928 in der Stadt Amsterdam gezogen werden.
Besondere Beachtung verdienen folgende Leistungen: Otto Peltzer, seit 1926 Weltrekordhalter über 800 und 1500 m, der in Berlin nur über 400 m Hürden startet, verbessert seinen im Vorjahr aufgestellten deutschen Rekord um eine Zehntelsekunde auf 54,8 Sekunden. Otto Petri aus Hamburg unterbietet mit 32:00,8 min die bisherige Bestzeit eines Deutschen über 10 000 m um annähernd 14 Sekunden. Der Frankfurter Georg Brechenmacher stellt im beidarmigen Kugelstoßen mit 26,15 m ebenfalls einen deutschen Rekord auf.

Brechenmacher

August 1927

Mo	Di	Mi	Do	Fr	Sa	So
1	2	3	4	5	6	7
8	9	10	11	12	13	14
15	16	17	18	19	20	21
22	23	24	25	26	27	28
29	30	31				

1. August, Montag

Im Deutschen Reich treten neue Postgebühren in Kraft. Das Porto für Ortsbriefe erhöht sich von 5 auf 8 Reichspfennig, für Fernbriefe von 10 auf 15 Reichspfennig, für Ortspostkarten von 3 auf 5 Reichspfennig und für Fernkarten von 5 auf 8 Reichspfennig. → S. 141

Ein kommunistischer Aufstandsversuch in der chinesischen Stadt Nanchang scheitert. Der Aufstand wird in der offiziellen Geschichtsschreibung der chinesischen Kommunisten als der »Geburtstag der Roten Armee« bezeichnet.

2. August, Dienstag

Der österreichische Nationalrat verabschiedet ein Schulreformgesetz. Die Gliederung des Schulsystems in Österreich wird dem Deutschen Reich angepaßt.

US-Präsident Calvin Coolidge erklärt, daß er bei den Präsidentschaftswahlen 1928 nicht erneut kandidieren werde.

Otto Myrbach, Observator an der Zentralanstalt für Meteorologie in Wien, schlägt in einer Presseveröffentlichung die Einrichtung einer Welt-Wetterversicherung für Landwirte, Schiffahrtsunternehmen und Privatpersonen vor, die unter der Verwaltung des Völkerbundes in Genf stehen sollte.

3. August, Mittwoch

Zwischen Berlin und Buenos Aires wird eine drahtlose Fernsprechverbindung eingerichtet.

In Lausanne wird die »Weltkirchenkonferenz für Glaube und Verfassung« eröffnet. Mit Ausnahme der katholischen Kirche nehmen alle großen christlichen Kirchen an der Versammlung teil.

4. August, Donnerstag

Die am 20. Juni eröffnete Seeabrüstungskonferenz in Genf wird ergebnislos abgebrochen. Die Teilnehmerstaaten Großbritannien, USA und Japan können sich nicht auf Modalitäten für eine Reduzierung ihrer Kriegsflotte einigen. → S. 139

Der Vorschlag des französischen Journalisten Jules Sauerwein, das Deutsche Reich solle die sofortige Räumung des Rheinlands durch einen offiziellen Verzicht auf den »Anschluß« Österreichs »erkaufen«, wird in der deutschen und französischen Presse kontrovers diskutiert.

14 000 ungarische Eisenbahnarbeiter sind im Streik, um Lohnerhöhungen ohne Verlängerung der Arbeitszeit durchzusetzen.

Cornelius Edzard und Hans Risticz stellen mit 52:23 h einen Dauerflug-Weltrekord auf. → S. 142

5. August, Freitag

Nach einem Protest der Interalliierten Militärkommission in Österreich läßt der Wiener Bürgermeister Karl Seitz die nach den Unruhen am 15./16. Juni geschaffene Gemeindeschutzwache (städtische Polizei) wieder auflösen.

6. August, Sonnabend

Die Interalliierte Rheinlandkommission genehmigt den Bau dreier Zivilflugplätze im besetzten Rheinlandgebiet. Sie sollen in Kaiserslautern, in der Nähe von Koblenz und in Erbenheim (für Wiesbaden und Mainz) gebaut werden.

Wegen Bombenanschlägen im Zusammenhang mit der bevorstehenden Hinrichtung der Anarchisten Bartolomeo Vanzetti und Nicola Sacco versetzt New York seine gesamten Polizeikräfte (rund 14 000 Mann) in Alarmbereitschaft (→ 23. 8./S. 138).

7. August, Sonntag

Auf dem internationalen Gewerkschaftskongreß, der vom 1. bis zum 7. August in Paris veranstaltet wird, hat sich der gemäßigte, sozialdemokratisch orientierte Flügel durchgesetzt. Die britischen Gewerkschaften werden wegen »bolschewistischer Tendenzen« kritisiert.

Die Friedensbrücke über den Niagara, die das US-amerikanische mit dem kanadischen Ufer verbindet, wird feierlich eingeweiht.

Lina Batschauer stellt bei den Deutschen Leichtathletik-Meisterschaften für Frauen in Breslau (6./7. 8.) mit 2:23,7 min einen neuen Weltrekord über 800 m auf. → S. 145

8. August, Montag

In der linksgerichteten Berliner Wochenzeitung »Montagmorgen« erscheinen Enthüllungen über eine finanzielle Zusammenarbeit des Reichswehrministeriums mit der Phoebus-Film-AG. Wie sich später herausstellt, werden durch fiktive Zahlungen an die Filmgesellschaft geheime Aufrüstungsprogramme der deutschen Reichswehr getarnt (→ 17. 12./S. 196).

Aus Enttäuschung über die Zurückhaltung des Völkerbundes bei internationalen Streitigkeiten, z. B. im Konflikt zwischen Albanien und dem Königreich der Serben, Kroaten und Slowenen (heute Jugoslawien), tritt der französische Vertreter beim Völkerbund, Henri de Jouvenel, zurück. → S. 139

50 000 Bergarbeiter des Saargebiets demonstrieren in Saarbrücken gegen Massenentlassungen in den Saarbergwerken, die von französischen Grubenverwaltungen verfügt worden sind.

Der Exekutivausschuß des Internationalen Olympischen Komitees und der Internationale Fußballverband FIFA beschließen, daß bei den Olympischen Spielen im Jahr 1928 in Amsterdam ein Fußballturnier ausgetragen wird.

9. August, Dienstag

Nach einer Unterwerfungserklärung der parteiinternen Opposition um Grigori J. Sinowjew und Leo D. Trotzki nimmt das Zentralkomitee (ZK) der KPdSU von einem Ausschluß aus dem ZK Abstand und spricht lediglich eine Verwarnung aus (→ 14. 11./S. 180).

10. August, Mittwoch

In London kommt es zu schweren Auseinandersetzungen zwischen Demonstranten und der Polizei, als etwa 10 000 Menschen versuchen, von einer Massenkundgebung im Hydepark gegen die bevorstehende Hinrichtung von Nicola Sacco und Bartolomeo Vanzetti zur US-Botschaft zu ziehen (→ 23. 8./S. 118).

11. August, Donnerstag

Bei der Verfassungsfeier im Reichstag, der Reichspräsident Paul von Hindenburg beiwohnt, spricht sich der Hauptredner, Siegfried von Kardorff von der DVP, für eine Stärkung der Stellung des Reichspräsidenten aus (→ 15. 8./S. 140).

Die für 0.00 Uhr angesetzte Hinrichtung der US-amerikanischen Anarchisten Nicola Sacco und Bartolomeo Vanzetti wird in buchstäblich letzter Minute verschoben. Als neuer Hinrichtungstermin wird der → 23. August (S. 138) angesetzt.

Erstmals seit Abschluß des anglo-irischen Vertrags von 1921, der die irische Teilung besiegelt, leisten Abgeordnete der Republikanischen Partei (Fianna Feil) in Irland den Treueeid auf die Krone. Nur so können sie nämlich ihre Parlamentssitze einnehmen (→ 15. 9./S. 151).

12. August, Freitag

Das thüringische Oberverwaltungsgericht in Weimar bestätigt die Entscheidung des thüringischen Innenministeriums, die am Rathaus des Luftkurortes Elgersburg angebrachten Embleme des Sowjetstaates – Hammer und Sichel – zu entfernen. Der Gemeinderat und der Gemeindevorstand von Elgersburg sind in der Mehrheit kommunistisch.

Der schweizerische Bundespräsident Giuseppe Motta gibt auf einer Sitzung des Bundesrats, der Regierung der Eidgenossenschaft, bekannt, daß sich die italienische faschistische Regierung für kürzliche Grenzübergriffe offiziell entschuldigt hat.

Die höchste Spitze des Montblanc, die Cour Majour, wird auf den Namen Benito Mussolini getauft.

Bei einem Erdbeben im sowjetischen Turkestan kommen 35 Menschen ums Leben. Das Beben hält bis zum 17. August an.

In Schloß Bellevue in Berlin wird die Ausstellung »Das Junge Deutschland« eröffnet, die Dokumente aus der Geschichte der Jugendbewegung zeigt (bis 24. 9.).

Der deutsche Mittelstreckenläufer Otto Peltzer äußert sich in der Zeitschrift »Literarische Welt« negativ zur Professionalisierung des Sports und spricht sich für eine Förderung der allgemeinen Volkssportbewegung aus.

13. August, Sonnabend

In Bolivien befinden sich rd. 200 000 Indianer im Aufstand. Farmen von Weißen werden geplündert und in Brand gesteckt. Zentrum der Erhebung ist die Provinz Cochabamba.

Die französische Nordbahngesellschaft läßt die Fabrikgebäude bei Sangatte am Ärmelkanal entfernen, die zum großen Teil schon vor dem Weltkrieg errichtet worden sind, als an dieser Stelle ein Tunnel unter dem Ärmelkanal nach Großbritannien geplant war.

14. August, Sonntag

Der Reichsbanner, die republikanische Kampforganisation, feiert unter Beteiligung von rd. 100 000 Menschen in Leipzig am 13. und 14. August in Erinnerung an das Inkrafttreten der Weimarer Reichsverfassung am 11. August 1919 den Verfassungstag. Der Vorsitzende der Organisation, Otto Hörsing, bekennt sich in einer Rede erneut zu der schwarz-rotgoldenen Fahne der Republik (→ 15. 8./S. 140).

Die in Dessau gestartete Junkers-»Europa«, die als erstes Flugzeug der Welt den Atlantischen Ozean in Ost-West-Richtung überqueren sollte, muß den Flug über der irischen Westküste aufgeben.

Die Kölnerin Cilly Aussem gewinnt die Internationalen Deutschen Tennismeisterschaften in Hamburg. Bei den Herren gewinnt am 17. August Hans Moldenhauer den Titel in vier Sätzen.

15. August, Montag

Reichswehrminister Otto Geßler (parteilos) gibt einen Flaggenerlaß heraus, in dem den Reichsfarben Schwarz-Rot-Gold im militärischen Bereich gleiches Gewicht beigemessen wird wie den Farben Schwarz-Weiß-Rot der Reichskriegsflagge. Die Entscheidung stößt auf Kritik sowohl von links als auch von rechts. → S. 140

In Locarno geht die Tagung des »Internationalen Arbeitskreises für Erneuerung der Erziehung« zu Ende (seit 3. 8.). Zu den bekanntesten Teilnehmern gehört der Wiener Psychologe Alfred Adler.

Über die Hinrichtung von Nicola Sacco und Bartolomeo Vanzetti in den USA, die in weiten Teilen Europas zu Demonstrationen führt, berichten die »Düsseldorfer Nachrichten« vom 24. August 1927 in mehreren Artikeln

Ausgabe: B 1× täglich

Düsseldorfer Nachrichten

Düsseldorfer General-Anzeiger
Die Wochenschau, aktuelle Zeitschrift in Kupfertiefdruck

Anzeigenpreis
1 mm hoch und 26 mm breit im Anzeigenteil (letzte Seite 10% Zuschlag) . . . 20 Pfennig
Familienanzeigen und Stellengesuche 10
1 mm im Reklameteil (72 mm breit) 120
Für die Aufnahme von Anzeigen an bestimmten Tagen und bestimmter Stelle wird keine Gewähr übernommen

Düsseldorfer Neueste Nachrichten
Technische Nachrichten – Rheinisches Land – Frauen-Rundschau

Bezugspreis
durch Boten halbmonatlich 90 Pf. einschließlich der in Tiefdruck hergestellten Zeitschrift „Die Wochenschau" bei freier Zustellung ins Haus – Die Düsseldorfer Nachrichten erscheinen wöchentlich siebenmal – Die Geschäftsräume sind wochentags durchgehend von 8–7 Uhr geöffnet – Bei Störungen durch höhere Gewalt oder Streik können Ersatzansprüche nicht berücksichtigt werden

Nummer 233 **Mittwoch, den 24. August 1927** **52. Jahrgang**

Hinrichtung Saccos und Vanzettis.

Drahtbericht.

W. Boston, 23. August. Sacco und Vanzetti sind kurz nach Mitternacht (amerikanische Zeit) hingerichtet worden. Auch Madeiros wurde hingerichtet.

Madeiros betrat die Todeszelle um 12,02 Uhr und wurde um 12,09 Uhr für tot erklärt. Sacco folgte Madeiros um 12,11 Uhr und wurde um 12,19 Uhr für tot erklärt. Vanzetti betrat die Todeskammer um 12,20 Uhr und wurde um 12,26 Uhr für tot erklärt.

Die Hinrichtung Saccos, Vanzettis und Madeiros dauerte knapp eine halbe Stunde. Sacco war bleich, aber standhaft und rief in italienischer Sprache: „Lang lebe die Anarchie". Unmittelbar vor der Hinrichtung rief er seiner Familie ein Lebewohl zu. Am ruhigsten und am meisten gefaßt von allen dreien beschritt Vanzetti die Totenkammer. Er gab den beiden Wächtern die Hand und schritt auf den elektrischen Stuhl. Er beteuerte seine Unschuld und erklärte zum Schluß: „Ich vergebe allen, die meine Hinrichtung herbeigeführt haben".

Die Gattin Saccos und die Schwester Vanzettis haben vor der Hinrichtung noch eine Stunde bei den Verurteilten verbracht. Der Hinrichtung wohnten der Gefängnisdirektor, fünf Wärter, vier Ärzte, ein Sheriff und als einziger Pressevertreter der Korrespondent der „Associated Preß" bei, während Hunderte von Journalisten vor dem Gefängnis warteten.

Fullers Entscheidung.

Eigener Drahtbericht.

DN. **London,** 23. August. Um 21,55 Uhr amerikanischer Zeit erklärte Gouverneur Fuller, daß er einen neuen Aufschub für die Hinrichtung Saccos und Vanzettis nicht genehmigen werde. Die Verteidigung hatte gefordert, daß das Justizministerium die Archive durchsehe, da sich darin Dokumente befinden, aus denen hervorgehe, daß Sacco und Vanzetti nur verfolgt wurden, weil sie Anarchisten seien. Das Justizministerium teilte mit, es sei dieser Aufforderung nachgekommen, habe aber in den Archiven nichts finden können, was die Verurteilung entlaste. Gestern wurden bei Demonstrationen vor dem Gefängnis von Charleston über hundert Personen verhaftet. Gouverneur Fuller, der als einziger die Hinrichtung noch verhindern konnte und dem noch Bittschriften von 800 000 New Yorker Arbeitern, von Frau Sacco und der Schwester Vanzettis zugingen, hatte bis gestern abend den Rat nicht einberufen, woraus man schließen konnte, daß er von der Begnadigung keinen Gebrauch machen wird.

In Pittsburg (Pennsylvanien) kam es zu einem Zusammenstoß, als die Polizei eine Demonstration zugunsten Saccos und Vanzettis auflösen wollte. Ein Polizist wurde dabei getötet, zahlreiche Versammlungsteilnehmer verletzt.

Die Sicherheitsmaßnahmen der Polizei.

Drahtbericht.

W. **Boston,** 23. August. Mehr als 200 berittene städtische und staatliche Polizeibeamte wurden in beherrschenden Stellungen an den Straßen, die von den Toren des Gefängnisses wegführen, aufgestellt. Die Polizei der Boston- und Maine-Bahn leistete Patrouillendienste in der Nähe des Gefängnisses. Scheinwerfer wurden an der Seite des Gefängnisses aufgestellt, die nach der Bahn zu gelegen ist. Auf dem kleinen Fluß, der parallel mit der Gefängnismauer liegt, wurden alle Schiffe entfernt, ein Polizeiboot mit starken Scheinwerfern patrouillierte. Die Straßen in dem Teil der Stadt, in dem das Gefängnis liegt, waren vollkommen menschenleer, aber an jeder Straßenecke standen Polizisten. Im Bezirk Charleston, der an das Gefängnis grenzt, und im Gebiet außerhalb der polizeilichen Absperrung drängten sich unzählige Fußgänger, als sich die Hinrichtungsstunde näherte. In den mehrstöckigen Gebäuden, die an das Gefängnis grenzen, sahen zahlreiche Einwohner mit ihren Kindern aus den Fenstern heraus.

Nach der Hinrichtung.

W. **New York,** 23. August. Sechs Kompagnien Infanterie und zwei Maschinengewehrabteilungen in der Gesamtstärke von etwa 900 Mann stehen auf der Gouverneursinsel in Bereitschaft, um nötigenfalls sofort zusammen mit der Polizei in Aktion treten zu können. In mehreren Städten sind direkte Telephonverbindungen zwischen der Garnison und dem Polizeipräsidium hergestellt worden. In San Franzisko wurden 127 Demonstranten festgenommen.

Die letzten Stunden der Verurteilten.

W. **Boston,** 23. August. Gestern abend um 8,40 Uhr teilte der Gefängnisgouverneur Sacco, Vanzetti und Madeiros mit, daß sie in der Nacht sterben müßten. Vanzetti antwortete, wir müssen uns dem Unvermeidlichen fügen. Sacco schrieb einen Brief an seinen Vater in Italien. Madeiros schlief. Als er aufgeweckt wurde, schien er gleichgültig.

Ein letzter Brief Saccos an seinen Sohn.

Eigener Drahtbericht.

DN. **New York,** 23. August. Aus den testamentarischen Briefen Saccos an seinen 14jährigen Sohn Dante werden noch die folgenden Worte mitgeteilt: „Ich habe nie an eine Trennung geglaubt, aber nach sieben Jahren ist der schmerzliche Augenblick gekommen. Wir haben auf unserem Kreuzwege viel gelitten, indem wir unsere Freiheit forderten. Weine nicht Dante, weil schon viele Tränen umsonst und ergebnislos vergossen wurden, namentlich von deiner Mutter, sondern sei stark, um die Mutter trösten zu können. Wenn du ihre trüben Gedanken verscheuchen willst, führe sie ins Freie, wie ich es tat, um Blumen zu pflücken, im Schatten der Bäume auszuruhen und im Schoße der Natur Erholung zu suchen. Erinnere dich, daß du nicht allein an dein Glück denken sollst, sondern hilf den Schwachen, die Hilfe suchen, und stehe den Verfolgten und Opfern bei.

Vanzetti wiederholte bis zum letzten Augenblick in seiner Zelle wie im Delirium die Worte: „Ich erwarte nichts von den Gerichten; sondern nur eine Million Menschen, eine Million protestierende Stimmen gegen diese Ungerechtigkeit kann uns noch retten. Unterstützt uns noch ein wenig, vereinigt alle Proteste zu einem machtvollen Mahnruf, damit meine Stimme überall gehört wird, sonst werden sie uns hinrichten."

Unruhen und Bombenattentate in Boston.

Eigener Drahtbericht.

DN. **Boston,** 23. Mai. Die Polizei zerstreute heute 300 Manifestanten, die sich vor dem Gefängnis angesammelt hatten. Sieben Personen wurden verhaftet. Darauf rückte die Polizeiverstärkung aus dem Gefängnis ab. Vor dem Postamt explodierte eine Bombe. Eine zweite Bombe, die mit vier Dynamitpatronen geladen war, wurde in einem Versammlungssaal der Quäker in Cushnet entdeckt. In Seattle wurde in der vergangenen Nacht ein Häuserblock des italienischen Viertels durch Bombenexplosion zerstört. Vier Personen wurden verletzt.

Zwei Mitglieder des Verteidigungskomitees haben die Auslieferung der Leichen Saccos und Vanzettis beantragt, wahrscheinlich im Auftrage von Frau Sacco und Luigia Vanzetti.

Bombenexplosion in Cleveland.

Drahtbericht.

W. **Cleveland** (Ohio), 23. August. In der katholischen St.-Josephs-Kirche explodierte heute eine Bombe. Einige Kirchenfenster und Fenster benachbarter Gebäude wurden zertrümmert. Verletzt wurde niemand. Die Polizei glaubt, daß die Bombe von Anhängern Saccos und Vanzettis herrührt.

Unruhen in Genf und Paris.

Die Fenster des Genfer Völkerbundpalastes eingeworfen.

Schwere Ausschreitungen bei den Demonstrationen des gestrigen Abends.

Drahtbericht.

WTB. **Genf,** 23. August. Gestern abend kam es vor dem amerikanischen Konsulat in Genf zu Demonstrationen gegen die Hinrichtung von Sacco und Vanzetti. Bei den Zusammenstößen mit der Polizei wurden verschiedene Polizeibeamte verletzt. Die Demonstrationen wurden bis in die Nacht fortgesetzt. Eine nach vielen Hunderten zählende Volksmenge durchzog die Straßen und bewarf mehrere Kinos und Hotels mit Steinen, so daß die Fensterscheiben zum Teil zertrümmert wurden. In der Nähe des Bahnhofs Cornavin wurde von einem Unbekannten ein Schuß abgegeben, dem ein Angestellter zum Opfer fiel. Hierauf zogen die Demonstranten nach einem benachbarten Polizeiposten, um dort die Fensterscheiben mit Steinen einzuwerfen. Die Polizei machte von der Schußwaffe Gebrauch, gab jedoch nur blinde Schüsse ab. Die städtische Feuerwache kam zur Hilfeleistung herbei und wehrte die Demonstranten mit der großen Motorspritze ab.

Das Schuhgeschäft Walk-Ower, welches sich neben dem von den Manifestanten angegriffenen amerikanischen Reisebureau Blenk, Fort & Cie. befindet, wurde ausgeplündert.

Eine Menge von etwa 400 Personen, meist jungen Leuten, begab sich in den späten Abendstunden vor das Völkerbundpalais. Die mächtigen Fensterscheiben des großen Versammlungssaales, in dem die Sitzungen des Völkerbundrats gewöhnlich stattfinden, und in welchem heute die dritte Internationale Verkehrs- und Transitkonferenz eröffnet werden sollte, wurden mit Steinen beworfen und vollständig zertrümmert. Auch die Fensterscheiben der Bibliothek, die wertvolle Werke aus allen Ländern enthält, sowie das Eingangsportal des Palais erlitten das gleiche Schicksal. Die Polizei wurde unverzüglich benachrichtigt, jedoch war es bereits zu spät. Der Sachschaden wird auf mehrere tausend Franken geschätzt. Die Vorhalle und der große Versammlungssaal sind mit Glasscherben und Steinen förmlich besät. Unter der Menge befanden sich viele, die die jugendlichen Demonstranten aufwiegelten. Junge Mädchen von 16 bis 18 Jahren schleppten große Steine herbei. Der Angriff auf das Völkerbundgebäude wird von der Genfer Bevölkerung auf das schwerste verurteilt. Man weist allgemein darauf hin, daß die Vereinigten Staaten jenem Bunde gar nicht angehören und man fragt sich, welches die eigentlichen Beweggründe der Demonstranten gewesen sind. Die Polizei hat 17 Personen verhaftet, darunter mehrere Italiener.

Einigung in der Rheinschiffahrt.

3 Mk. Lohnerhöhung für das Deckpersonal.

Drahtbericht.

W. Köln, 23. August. Nach zweitägigen Verhandlungen wurden vom Schlichter für Rheinland und Westfalen, Dr. Jötten, die Tarifverhandlungen in der Rheinschiffahrt zum Abschluß gebracht. Sie haben zu einem Tarifvertrag mit dem Deckpersonal geführt, der eine Lohnerhöhung von drei Mark für den Matrosen vorsieht und im übrigen bis 1. April 1929 gilt. Das Lohnabkommen kann erstmalig zum 30. April 1928 gekündigt werden.

Die Arbeitnehmer erklärten, daß sie die Kampfmaßnahmen im übrigen schon möglichst einstellen würden. Der Schiedsspruch ist von beiden Parteien sofort angenommen worden.

Feuerwehr gegen Demonstranten.

Eigener Drahtbericht.

DN. Genf, 23. August. Gegen 18 Uhr wurde die Situation vor dem amerikanischen Konsulat wieder bedrohlich. Die Menge, die sich in der Nähe des Konsulatsgebäudes ansammelte, wuchs immer mehr an und machte Versuche, den Polizeikordon, der in weiter Entfernung um das Gebäude gezogen ist, zu durchbrechen. Daraufhin wurde die Feuerwehr alarmiert, der es gelang, mit Hilfe ihrer Hydranten die Menge zu zerstreuen.

Schwere Ausschreitungen auf den Boulevards.

Eigener Drahtbericht der Düsseldorfer Nachrichten.

DN. **Paris,** 23. August. Die Kommunisten und Anarchisten hatten für heute abend 9 Uhr große Straßendemonstrationen gegen die Hinrichtung von Sacco und Vanzetti veranstaltet, und zwar hauptsächlich auf den großen Boulevards und vor dem Gebäude der amerikanischen Botschaft in der Nähe des Trocadero. Die Kundgebung war von der Regierung verboten worden. Die gesamte Polizei sowie die berittene republikanische Garde waren aufgeboten, um die Kundgebung im Keime zu ersticken.

Gegen 10 Uhr nahmen die Kundgebungen besonders auf den großen Boulevards einen immer bedrohlicheren Charakter an.

Eine Ehrengabe für Hindenburg.

Die Kriegervereine und die Stahlhelmgruppe des Kreises Rosenberg (Westpr.) beabsichtigen dem Reichspräsidenten v. Hindenburg an seinem bevorstehenden 80. Geburtstage das Stammgut der Familie v. Hindenburg, das im Kreise Rosenberg gelegene Rittergut Neudeck, als Ehrengabe zu schenken.

August 1927

16. August, Dienstag

Acht Flugzeuge starten von der Pazifikküste bei San Francisco zu einem Wettflug nach Hawaii, der mit 100 000 US-Dollar (umgerechnet 420 000 Reichsmark) dotiert ist. Lediglich zwei Maschinen erreichen das Ziel, bei dem Wettbewerb sterben insgesamt elf Menschen bei Abstürzen und bei mißlungenen Rettungsversuchen. →S. 142

17. August, Mittwoch

Das Mißtrauensvotum der oppositionellen irischen Labour Party gegen Ministerpräsident William Cosgrave wird im Unterhaus knapp abgelehnt: Infolge Stimmengleichheit entscheidet der Speaker, dessen Stimme doppelt zählt; er stimmt gegen das Mißtrauensvotum (→15. 9./S. 151).

Nach dreijährigen Verhandlungen wird in Paris der deutsch-französische Handelsvertrag unterzeichnet. →S. 140

18. August, Donnerstag

In der Presse wird von Versuchen des Biologischen Instituts auf Helgoland berichtet, die »deutsche Auster« und den »deutschen Hummer« wiederzubeleben. Aufgrund hoher Zolltarife liegt der Preis für zehn französische Austern in den Restaurants bei zehn Mark. Durch die Züchtung deutscher Austern soll er gesenkt werden.

Das Reichspatentamt teilt mit, daß es eine Million Mal ein Gebrauchsmuster geschützt hat. Der Jubilar ist Willy Fiedler aus Meißen, der einen Krawattenspanner erfunden hat. →S. 141

Die »Vossische Zeitung« beginnt mit dem Vorabdruck des neuesten Romans von Alfred Neumann, »Rebellen«, in Fortsetzungen.

19. August, Freitag

Der dritte Reichsparteitag der NSDAP, der vom 19. bis 21. August in Nürnberg stattfindet, wird von der Presse so kommentiert, daß die Bewegung offensichtlich ihren Höhepunkt überschritten habe. →S. 140

Die Pariser Zeitung »Matin« veröffentlicht Dokumente, aus denen hervorgeht, daß die Sowjetregierung und die Dritte Internationale eine Desorganisation des französischen Kolonialreichs beabsichtigen. Die sowjetische Regierung in Moskau bestreitet die Authentizität der Dokumente (→13. 10./S. 168).

In der Zeitschrift »Literarische Welt« wird ein aus Großbritannien stammender Vorschlag vorgestellt, die letzte Buchseite zur ersten zu machen: Durch diese umgekehrte Seitenzählung kann der Leser problemlos feststellen, wie viele Seiten er noch zu lesen hat.

20. August, Sonnabend

In Kiel läuft der Kreuzer »Karlsruhe« vom Stapel.

In Berlin wird der Film »Die Hose« nach dem gleichnamigen Drama von Carl Sternheim uraufgeführt. Es spielen Rudolf Forster, Veit Harlan und Werner Krauss. →S. 143

21. August, Sonntag

Die dänische Filmzensur verbietet die Aufführung des deutschen Films »Unser Emden«. Nach einem Einspruch der deutschen Regierung gegen die Aufführung des Films »Gewehr über« von Charlie Chaplin in Kopenhagen hatte das dänische Außenministerium ein Verbot aller Kriegsfilme erlassen (→S. 110).

Sechs der sieben Wettbewerbe bei den Rudereuropameisterschaften auf dem Comer See gehen an Italien.

22. August, Montag

Die Berliner Polizei nimmt 450 Nationalsozialisten, die vom Parteitag in Nürnberg zurückkehren, fest. Die Berliner Polizei geht vom Fortbestehen der NSDAP im Gau Berlin-Brandenburg trotz des am →6. Mai (S. 87) ausgesprochenen Verbots aus (→19.–21. 8./S. 140).

23. August, Dienstag

Trotz starker internationaler Proteste werden die italo-amerikanischen Anarchisten Nicola Sacco und Bartolomeo Vanzetti in Boston auf dem elektrischen Stuhl hingerichtet. Ihnen wird – aufgrund von Indizien – ein Raubmord zur Last gelegt. →S. 138

Der Schriftsteller Arnold Zweig veröffentlicht einen Aufsatz zur »Ästhetik des Rundfunks«, in dem er sich mit den künstlerischen Möglichkeiten des neuen Massenmediums auseinandersetzt. →S. 143

In Berlin gelangt der Film »Feme« nach dem gleichnamigen Roman von Vicki Baum zur Uraufführung (Regie: Richard Oswald).

24. August, Mittwoch

In New York geht der vierte panafrikanische Kongreß zu Ende (seit 21. 8.). Vertreter der farbigen Bevölkerung in den USA sowie einiger afrikanischer und karibischer Kolonien fordern gleiche Rechte für Menschen afrikanischen Ursprungs, »soweit sie zivilisiert sind und an der Kultur ihrer Umgebung teilnehmen«.

Der Oberbürgermeister von New York, James Walker, trifft zu einem Besuch in Berlin ein. Aus diesem Anlaß wird in der deutschen Presse ein Artikel Walkers veröffentlicht, der sich mit der Physiognomie New Yorks und der New Yorker befaßt.

25. August, Donnerstag

Der preußische Ministerpräsident Otto Braun (SPD) fordert die preußischen Behörden auf, die fünf angesehensten Berliner Hotels (Adlon, Bristol, Continental, Esplanade und Kaiserhof) zu boykottieren, weil diese am Verfassungstag, dem 11. August, nicht Schwarz-Rot-Gold geflaggt hatten (→15. 8./S. 140).

Reichstagspräsident Paul Löbe (SPD) schlägt bei der Eröffnung der Konferenz der Interparlamentarischen Union vor, Frankreich solle öffentlich erklären, daß vom 1. Januar 1928 an kein französischer Soldat mehr auf deutschem Boden stehen werde. Die Besetzung des Rheinlands stehe im Widerspruch zur deutsch-französischen Annäherung und der Aufnahme des Deutschen Reichs in den Völkerbund im Jahre 1926. Die Konferenz dauert bis zum 31. August (→31. 8./S. 142).

Bei Manövern der japanischen Flotte kommen durch zwei Unglücksfälle bei einer Nachtübung 129 Soldaten ums Leben.

Bei einem Eisenbahnunglück der Zahnradbahn Chamonix–Montanvers (Schweiz) sterben 20 Menschen, 28 werden z.T. schwer verletzt. →S. 142

Dem sowjetischen Opernsänger Fjodor I. Schaljapin wird der Titel »Volkskünstler« von der sowjetischen Regierung aberkannt. Schaljapin hatte sich geweigert, antisowjetische, in der ausländischen Presse veröffentlichte Äußerungen zurückzunehmen.

26. August, Freitag

Die Wiener Polizei wird mit Gummiknüppeln ausgestattet, die bereits im Deutschen Reich, in Großbritannien, Frankreich, den Niederlanden, der Tschechoslowakei und dem Königreich der Serben, Kroaten und Slowenen (heute Jugoslawien) gebräuchlich sind. Die Bewaffnung der Wiener Polizei mit Säbel und Pistole wird beibehalten (→15./16. 7./S. 118).

27. August, Sonnabend

Großbritannien und Frankreich einigen sich auf eine Reduzierung ihrer Besatzungstruppen im Rheinland um 10 000 Mann bis zum Jahresende 1927 (→31. 8./S. 142).

In Wiesbaden geht die Jahrestagung der deutschen Immobilienmakler zu Ende, die am 24. August eröffnet worden ist. Vertreter des Maklergewerbes begrüßen, daß die Notwendigkeit einer Vermittlung zwischen Angebot und Nachfrage auf dem Immobilienmarkt im Bewußtsein der Bevölkerung verankert ist.

28. August, Sonntag

Die Aussteller auf der Leipziger Herbstmesse, die vom 28. August bis zum 3. September den Besuchern offensteht, äußern sich zufrieden über den Verlauf des Messegeschäfts.

In Salzburg gehen die Festspiele zu Ende (seit 30. 7.).

Die Stadt Frankfurt am Main verleiht erstmals den Goethepreis. Die Jury kürt den Dichter Stefan George zum ersten Preisträger. →S. 143

29. August, Montag

Viscount Edgar Algernon Robert Cecil, der Vertreter Großbritanniens beim Völkerbund, tritt aus Enttäuschung über die Haltung der britischen Regierung in Abrüstungsfragen von diesem Amt zurück. →S. 139

Auf der Internationalen Konferenz von Pressesachverständigen, die vom 24. bis zum 29. August in Genf tagt, wird über die Problematik des Eigentumsrechts und des Urheberschutzes von Pressenachrichten diskutiert.

30. August, Dienstag

In Dresden und Leipzig findet vom 28. bis 30. August die Europa-Tagung der Auslandsdeutschen statt. Der DDP-Reichstagsabgeordnete Theodor Heuss würdigt die Rolle der Auslandsdeutschen für das deutsche Kultur- und Geistesleben. →S. 142

Die Landtagswahlen im – von Litauen verwalteten – Memelgebiet bringen nur geringfügige Verschiebungen. Die beiden deutschen Parteien, die Volkspartei und die Landwirtschaftspartei, werden als stärkste Landtagsfraktionen bestätigt.

Der Zionistische Weltkongreß tagt in Basel bis zum 13. September. Die zionistische Bewegung kann auf ihr 30jähriges Bestehen zurückblicken.

In Berlin haben die Revuen »Wann und wo« von Hermann Haller (Musik: Walter Kollo) und »Der Mikado« von Eric Charell Premiere (→S. 59).

31. August, Mittwoch

Die deutsche Reichsregierung erhält offiziell davon Kenntnis, daß die alliierten Besatzungstruppen im Rheinland von rd. 70 000 auf rd. 60 000 Mann gesenkt werden. →S. 142

Das japanische Kabinett beschließt, die Truppen aus der chinesischen Provinz Schantung, wo sich die Situation beruhigt hat, vorläufig zurückzuziehen (→14. 12./S. 198).

Das dritte Jahr des Dawes-Plans, der die Reparationszahlungen des Deutschen Reiches an die Siegermächte des Weltkriegs regelt, geht zu Ende. Die 1926/27 fälligen 1,22 Milliarden Goldmark sind vom Deutschen Reich in voller Höhe erbracht worden (→20. 10./S. 167).

Der Kölner Dauerschwimmer Ernst Vierkötter gewinnt das mit 30 000 US-Dollar (rund 120 000 Reichsmark) dotierte Toronto-Marathonschwimmen. →S. 145

Gestorben:

10. Markerville/Kanada: Stephan Gudmundsson Stephansson (*3. 10. 1853, Kirkjuboll/Island), isländisch-kanadischer Schriftsteller.

24. New York: Manuel Díaz Rodriguez (*Februar 1871, Caracas), venezolanischer Schriftsteller.

Geboren:

13. Mayari: Fidel Castro, kubanischer Politiker.

23. Guelma: Huari Boumedienne (†27. 12. 1978, Algier), algerischer Offizier und Politiker.

Die Erhöhung der Postgebühren karikiert der in München erscheinende »Simplicissimus« im ersten Augustheft

Hinrichtungen trotz weltweiten Protests

23. August. In der Nacht zum 23. August werden kurz nach Mitternacht die italienischstämmigen US-Bürger Nicola Sacco und Bartolomeo Vanzetti in Boston (Massachusetts) auf dem elektrischen Stuhl hingerichtet. Sie, die sich selbst als radikale Anarchisten bezeichnen, sind 1921 in einem zweifelhaften Indizienprozeß wegen Raubmordes zum Tode verurteilt worden.

Alle Versuche, eine Revision des Urteils oder nur eine Wiederaufnahme des Verfahrens zu erreichen, sind ebenso erfolglos geblieben wie zahlreiche Gnadengesuche, Demonstrationen und Protestaktionen.

Die Vorgeschichte: Am 15. April 1920 wurde in South Baintree (Massachusetts) ein Überfall auf das Lohnbüro einer Schuhfabrik unternommen. Die Täter, vermutlich fünf Personen, erbeuteten rd. 16 000 US-Dollar (67 200 Reichsmark) und schossen den Lohnbuchhalter sowie einen Wächter nieder.

Etwa drei Wochen später wurden die italienischen Einwanderer Sacco und Vanzetti eher zufällig von der Polizei festgenommen. Sie machten sich u. a. deshalb verdächtig, weil sie Waffen bei sich trugen, offensichtlich etwas zu verbergen hatten und sich bei Polizeiverhören in Widersprüche verwickelten.

Am 31. Mai 1921 wurde in Dedham (Massachusetts) der Prozeß gegen sie eröffnet. Die Anklage versuchte u. a. durch Kreuzverhöre, ballistische Untersuchungen, Anfechtung der Alibis und weitere Indizien zu erhärten, daß Sacco und Vanzetti an dem Überfall beteiligt waren.

Die Angeklagten hatten nach ihrer Einwanderung in die USA in Massachusetts in äußerster Armut – Sacco als Straßenhändler mit Fischen, Vanzetti u. a. als Schuhmacher – gelebt. In dem Prozeß bekannten sie sich – in schlechtem Englisch – offen zu ihrer anarchistischen Überzeugung, obwohl sie befürchten mußten, daß diese Aussagen gegen sie ausgelegt werden könnten. Sacco und Vanzetti erklärten ihr auffälliges Verhalten bei der Festnahme u. a. damit, daß sie verdächtige anarchistische Schriften in Sicherheit bringen und aus Massachusetts fliehen wollten.

Bei der Verhandlung standen die radikalen politischen Anschauungen der Angeklagten im Vordergrund.

Demonstration gegen die Hinrichtung von Bartolomeo Vanzetti (r. eingeblendet) und Nicola Sacco (l.) in den USA

Ein als Sträfling verkleideter Demonstrant in New York

Auch in Paris finden Demonstrationen für Sacco und Vanzetti statt

Nach der Hinrichtung auf dem elektrischen Stuhl: Leichenbegängnis für die italo-amerikanischen Anarchisten Nicola Sacco und Bartolomeo Vanzetti in Boston; hinter den Kranzträgern die motorisierten Leichenwagen

Am 14. Juli 1921 erklärte das Gericht Sacco und Vanzetti für schuldig und verurteilte sie zum Tode.

Die Bemühungen der Verteidiger, politischer Freunde und angesehener US-amerikanischer Juristen, das Urteil anzufechten und durch neues Beweismaterial sowie durch Nachweis der Befangenheit des Richters, der aus seinem Abscheu gegen die politischen Überzeugungen der Angeklagten keinen Hehl gemacht hatte, eine Wiederaufnahme des Verfahrens zu erreichen, ziehen sich über Jahre hin. Diese Versuche erschienen besonders erfolgversprechend, als am 18. November 1925 ein wegen eines anderen Mordes zum Tode Verurteilter, Celestino Medeiros, erklärte, er habe – zusammen mit einer Gruppe italienischstämmiger Gangster – den Sacco und Vanzetti angelasteten Raubmord begangen. Ein Mitglied dieser Bande weist eine auffällige Ähnlichkeit mit Sacco auf, so daß die Zeugenaussagen, die dessen Beteiligung bestätigt hatten, im nachhinein ein anderes Gewicht erhielten.

Dennoch ließ sich die Justiz von den vorgebrachten Argumenten nicht beeindrucken. Am 9. April 1927 wird die Hinrichtung auf die Woche nach dem 10. Juli festgesetzt.

Da alle Rechtsmittel ausgeschöpft waren, konzentrierten sich die Bemühungen danach auf den Gnadenweg. Wegen der Gnadengesuche wurde die Hinrichtung zunächst auf den 10. August, dann in letzter Minute noch einmal verschoben.

Empörung über Sacco-Vanzetti-Fall

Der Prozeß gegen die Anarchisten Nicola Sacco und Bartolomeo Vanzetti im Jahre 1921 fand vor dem Hintergrund der sog. »Roten Panik« (»Red Scare«) in den Vereinigten Staaten statt.
Ausgelöst durch die Oktoberrevolution in Rußland (1917) breitete sich nach dem Weltkrieg in den USA die irrationale Furcht aus, auch dort könnten durch einen gewaltsamen Umsturz sozialistische Gruppierungen an die Macht gelangen. Die ohnehin schwache Sozialistische Partei des Landes spaltete sich jedoch 1919, und die stärkste Fraktion, aus der die Kommunistische Partei Amerikas hervorging, hatte lediglich 60 000 Mitglieder. Allerdings kam es 1919 zu einer Reihe von Streiks. Als parallel dazu mehrere prominente Politiker Postpakete mit Bomben zugeschickt erhielten, wuchs in der US-Bevölkerung die »Rote Panik«, die von den Arbeitgeberverbänden und von dem damaligen US-Justizminister A. Mitchel Palmer geschürt wurde. Am 22. Dezember 1919 wurden 249 ausländische »Radikale« – Anarchisten, Kommunisten und »Arbeiteragitatoren« – in die Sowjetunion abgeschoben. Am Neujahrstag 1920 folgte eine landesweite Razzia gegen sogenannte Rote, bei der 2700 Personen festgenommen wurden.
Im Prozeß gegen Sacco und Vanzetti spielte das Bekenntnis der Angeklagten zu den Zielen und den Mitteln des Anarchismus, der eine herrschaftsfreie Gesellschaft notfalls mit Gewaltaktionen erreichen will, eine Hauptrolle. Die Voreingenommenheit des Gerichts und die öffentliche Vorverurteilung der Angeklagten erfolgte nicht nur wegen deren politischen Überzeugungen, sondern sie war außerdem von fremdenfeindlichen Ressentiments in der angelsächsischen US-Bevölkerung gespeist. Dieser Nativismus richtet sich besonders gegen arme und ungebildete Einwanderer aus Italien und Rußland.
Allerdings erhielten Sacco und Vanzetti Unterstützung nicht nur von politisch nahestehenden Organisationen, sondern auch von Menschenrechtskomitees und prominenten Intellektuellen aus den USA und aus Europa. Zu denjenigen, die sich für ihre Freilassung einsetzten, gehören u. a. die Schriftsteller Upton Sinclair, John Dos Passos, John Galsworthy, George Bernard Shaw, Herbert George Wells und Anatole France.
Im August 1927 finden Massendemonstrationen, aber auch vereinzelte Anschläge, in größeren US-Städten und in den europäischen Hauptstädten statt. Besondere Zentren der europäischen Proteste sind London, wo eine Gruppe von Demonstranten die US-Botschaft zu stürmen versucht, Paris und Genf. Im Deutschen Reich bleibt es relativ ruhig.

Bartolomeo Vanzetti (l.) und Nicola Sacco nach der Verhaftung im Mai 1920; die beiden Einwanderer stammen aus ärmsten Verhältnissen

Hugh Gibson, Verhandlungsführer der US-Delegation in Genf

W. C. Bridgeman von der britischen Admiralität verhandelt für London

Seemächte sind uneins

4. August. Mit einem Mißerfolg endet die Seeabrüstungskonferenz der drei Großmächte zur See, USA, Großbritannien und Japan, die auf Initiative von US-Präsident Calvin Coolidge seit dem 20. Juni in Genf tagt (→ 10. 2./S. 36).
Bereits zur Eröffnung der Konferenz deutet sich ein Scheitern an, da die Interessengegensätze einer Einigung über eine mögliche Erweiterung der im Washingtoner Flottenabkommen von 1922 beschlossenen Flottenbeschränkung auf leichtere Schiffsgattungen entgegenstehen. Während die USA darauf aus sind, den 1922 für schwere Schlachtschiffe beschlossenen Schlüssel – 5 (USA) : 3 (Großbritannien) : 3 (Japan) – auf leichtere Schiffstypen direkt zu übertragen, tritt Großbritannien für die Schwächung einzelner Schiffe nach Tonnengehalt und Geschützausrüstung ein. Nach Zahlenspielen der Experten wird die Konferenz ohne Ergebnis beendet.

Kritik am Völkerbund

8./29. August. Zwei Vertreter der Großmächte beim Völkerbund in Genf, der französische Delegierte Henri de Jouvenel und der Brite Lord Edgar Algernon Robert Cecil, treten von ihren Ämtern zurück.
Jouvenel begründet diesen Schritt mit seiner Enttäuschung über die Arbeit des Völkerbundes. Die Organisation habe sich bei internationalen Streitigkeiten, etwa in dem Konflikt zwischen Albanien und dem Königreich der Serben, Kroaten und Slowenen (heute Jugoslawien), der im Juni zum Abbruch der diplomatischen Beziehungen zwischen den Nachbarstaaten geführt hatte, als unfähig erwiesen. Ernsthafte Konflikte würden außerhalb des Völkerbundes, der seine Hauptaufgabe doch in der Schlichtung von Streitigkeiten zwischen Mitgliedsnationen sehen sollte, verhandelt.
Lord Cecils Kritik, die zu seinem Scheiden aus dem Amt führt, richtet sich nicht gegen den Genfer Völkerbund, sondern gegen die Politik der britischen Regierung. Bei der Vorbereitenden Abrüstungskonferenz im März (→ 12. 3./S. 52) habe er Positionen vertreten müssen, die er nicht teile, und auch am Scheitern der Seeabrüstungskonferenz (→ 4. 8./S. 139) sei die britische Regierung nicht unschuldig: »In jedem Fall ist die von mir befürwortete Politik mehr oder weniger vollständig abgelehnt worden.«

Robert Cecil

Flaggenstreit flammt wieder auf

15. August. Mit einem Flaggenerlaß versucht Reichswehrminister Otto Geßler (parteilos) den erneut aufgeflammten Streit um die deutsche Reichsflagge beizulegen.

Nach den Bestimmungen der Weimarer Verfassung trägt die Reichsflagge – in Erinnerung an die nationalstaatliche, demokratisch-republikanische Bewegung des 19. Jahrhunderts – die Farben Schwarz-Rot-Gold. Daneben gibt es die Handelsflagge in den Farben des Kaiserreichs, Schwarz-Weiß-Rot, die in der inneren oberen Ecke mit der Gösch die Reichsfarben enthält.

Seit Beginn der Weimarer Republik ist die Flaggenfrage wiederholt Gegenstand politischer Auseinandersetzungen gewesen. Die Farben Schwarz-Weiß-Rot hatten am 5. Mai 1926 durch einen Erlaß, wonach die deutschen diplomatischen Vertretungen im Ausland neben der Reichsflagge stets auch die Handelsflagge aufzuziehen haben, eine Aufwertung erfahren.

Bei der offiziellen Verfassungsfeier im Reichstag am 11. August 1927 stellte Siegfried von Kardorff die beiden Flaggen gleichberechtigt nebeneinander. Zur Begründung führt er aus: »Schwarz-Weiß-Rot ist das Sinnbild der deutschen Vergangenheit. Mit der Liebe zu dem Deutschland von heute müssen wir die Achtung für das Deutschland der Vergangenheit verbinden.«

Geßler reagiert auf Proteste mit einem neuen Flaggenerlaß: Auf militärischen Dienstgebäuden mit zwei Flaggenstöcken sind die Reichsflagge und die Reichskriegsflagge (Schwarz-Weiß-Rot *ohne* Gösch) zu hissen. Bei Privatwohnungen von Reichswehrangehörigen, bei nichtdienstlichen Veranstaltungen mit Soldaten stehen Schwarz-Rot-Gold und Schwarz-Weiß-Rot gleichberechtigt nebeneinander. Die Linke kritisiert, daß mit diesem Erlaß der in der Verfassung verankerte Vorrang der Reichsflagge aufgegeben worden sei (→ 18. 9./S. 150).

Die umstrittene schwarz-weiß-rote Kriegsflagge wird beim Stapellauf des Kreuzers »Königsberg« gehißt

Festbeleuchtung des Reichstagsgebäudes in Berlin nach dem Fackelumzug aus Anlaß der Verfassungsfeier

Der Vertrag mit Frankreich unterzeichnet.

D.N. Paris, 17. August. Das deutsch-französische Handelsabkommen ist heute Vormittag 9,30 Uhr im französischen Handelsministerium unterzeichnet worden.

Ein Vertrag auf fast zwei Jahre.
Drei Warenlisten.
Eigener Drahtbericht der Düsseldorfer Nachrichten.

Ein Ausgleich gewaltiger Gegensätze.
Der Erfolg dreijährigen zähen Verhandlungskampfes.
Drahtbericht unserer Berliner Schriftleitung.

die Dauer des Vertrages.

Ein deutsches Au
Der verfassungsändernde Entwurf dem Reichstag zugegangen.
Drahtbericht unserer Berliner Schriftleitung.

Die »Düsseldorfer Nachrichten« zur Vertragsunterzeichnung

Meistbegünstigung wird zugesichert

17. August. Mit der Unterzeichnung des deutsch-französischen Handelsvertrags in Paris ist das wichtigste und zugleich das komplizierteste wirtschaftspolitische Vertragswerk der Nachkriegszeit endgültig unter Dach und Fach. Mehr als drei Jahre wurde verhandelt. Der Vertrag mit einer Laufzeit von eineinhalb Jahren regelt den Handel nach dem Prinzip der gegenseitigen Meistbegünstigung, d. h. die vertragschließenden Staaten gewähren sich gegenseitig alle handelspolitischen Vergünstigungen, die sie auch anderen Staaten einräumen. Allerdings gelten für eine Reihe von Waren in einer Übergangszeit bis zum 15. September 1928 Sonderregelungen.

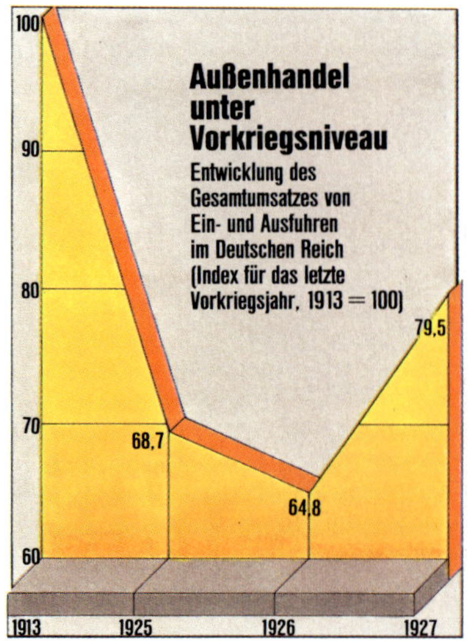

Hitlers Fühler zur Großindustrie

19. bis 21. August. In Nürnberg findet der dritte Reichsparteitag der NSDAP statt. Nach Angaben der Polizei nehmen etwa 15 000 bis 20 000 Personen, davon etwa 8500 uniformierte Mitglieder von SA und SS, an der Veranstaltung teil. Die Redner des Parteitags, Adolf Hitler, Alfred Rosenberg u. a., wiederholen ihre bekannten antisemitischen und antirepublikanischen Hetzparolen.

Im Monat des Parteitags erläutert Hitler, der am 4. Juli erstmals mit dem Ruhr-Großindustriellen Emil Kirdorf zusammengekommen ist, in einer geheimen Broschüre für Industrielle die Ziele der Partei. Hitler ist offensichtlich um Kontakte zur Schwerindustrie bemüht. Die wichtigsten wirtschaftspolitischen Aussagen lauten:

»Die neue Bewegung lehnt jede Standes- und Klasseneinteilung ab und proklamiert an deren Stelle eine zusammenfassende deutsche Einstellung …

Die nationalsozialistische Bewegung erkennt weiter als wesentlichste Voraussetzung zur Lösung dieser Aufgabe und für die Bildung eines einheitlichen Nationalkörpers die restlose Eingliederung des sogenannten vierten Standes in die Volksgemeinschaft. Sie sieht darin nicht ein theoretisches Problem, sondern die Lebensvoraussetzung für unser Volk. Sie wünscht, daß diese Millionenmasse unseres Volksgutes aus den Händen ihrer derzeitigen internationalen, meist undeutschen Verführer und Leiter genommen wird …«

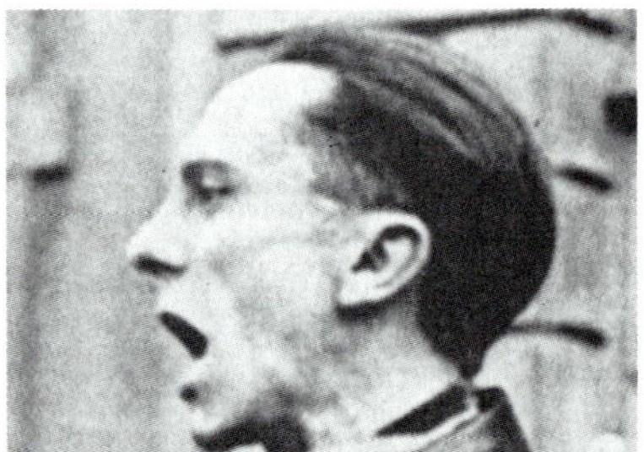

Joseph Goebbels, der Gauleiter der NSDAP in Berlin-Brandenburg

Eine Million Gebrauchsmuster

18. August. Das Reichspatentamt meldet einen neuen Markstein in seiner Tätigkeit: Es verleiht das millionste Gebrauchsmuster an Willy Fiedler aus Meißen für einen Krawattenspanner.

Das Reichspatentamt ist am 1. Juli 1877 gegründet worden. Aus Anlaß des 50jährigen Bestehens wird die Institution mit Glückwünschen überhäuft. Das deutsche Patentrecht schützt – in Anlehnung an die Lehre vom geistigen Eigentum, wie sie erstmals in der Verfassung der Vereinigten Staaten von 1788 und einem französischen Gesetz aus dem Jahre 1791 verankert worden ist – Erfinder vor der Verwertung der Neuerung durch andere.

Seit dem 1. Oktober 1891, als zum Patentgesetz das Gebrauchsmustergesetz hinzukam, hat das Patentamt einen gewaltigen Aufschwung erlebt. Das Gebrauchsmustergesetz gilt für »minder wichtige Gegenstände«, Arbeitsgerätschaften und Gebrauchsgegenstände. Es schützt den Erfinder vor einer Weiterverwertung, ohne daß die bei Patenten notwendige Prüfung auf Neuheit und Schutzfähigkeit erfolgt. Obwohl die Eintragung als Gebrauchsmuster keine Gewähr für Rechtsbeständigkeit bietet, genießt diese Einrichtung doch allgemeine Wertschätzung und wird vielfach in der Werbung benutzt.

50 Jahre Deutsches Reichspatentamt: Jubiläumsfeier im Langenbeck-Virchow-Haus in Berlin am 1. Juli mit Amtsdirektor Fritz von Specht (×)

N. 6, Hansastr. 20. Doppelbügel zur Aufbewahrung von Eiern. 8. 7. 27. E. 19756.
34l. 999949. Ewald Isenbügel, Essen, Semperstr. 11. Kaffeebehälter. 8. 7. 27. J. 28195.
34l. 1000000. Willy Fiedler, Meißen, Lutherstr. 8. Krawattenspanner. 15. 7. 27. F. 55252.
35b. 999831. Ardeltwerke G. m. b. H., Eberswalde i. d. M. Lasthebemagnet. 19. 7. 27. A. 45897.
36a. 999382. Wilhelm Tebel, Ratibor, O.-S. Aschenkasten. 13. 5. 27. T. 29884.

Eintrag eines Gebrauchsmusters mit der Rollennummer eine Million im Patentblatt Nr. 33 vom 18. August 1927

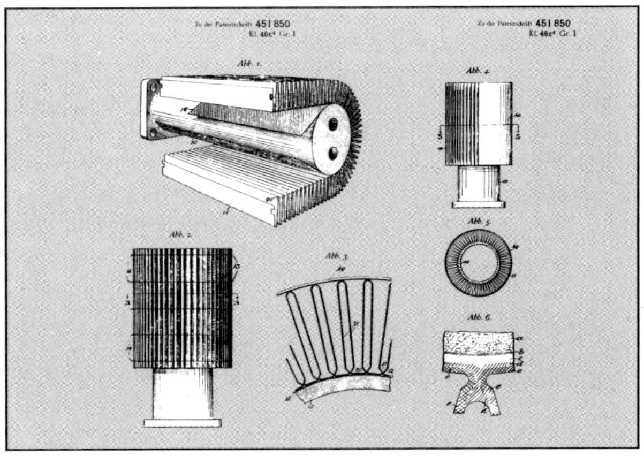

Zeichnungen zur Patentschrift Nr. 451 850 für einen luftgekühlten Motorzylinder der General Motors Research

Warenzeichen der Firma Schlichte in Steinhagen (»Steinhäger«)

Warenzeichen der Kaffeerösterei Anton Muders in Düsseldorf

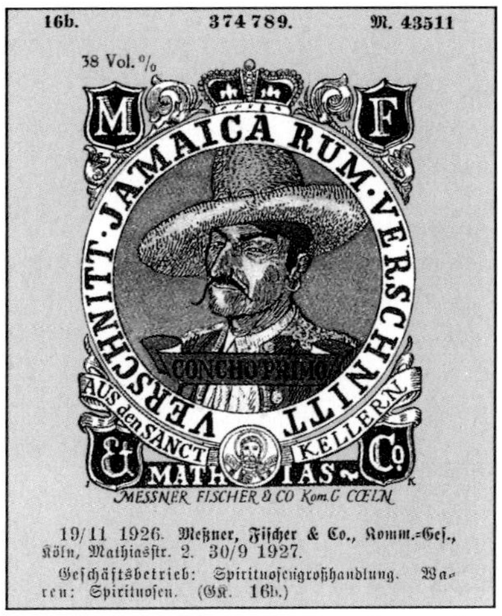

Warenzeichen für einen Rum-Verschnitt der Meßner, Fischer & Co.

Neue Postgebühren in Kraft getreten

1. August. Im Deutschen Reich treten die neuen Postgebühren, die z. T. erhebliche Verteuerungen für die Postkunden nach sich ziehen, in Kraft. Das Ortsbriefporto erhöht sich von 5 auf 8 Reichspfennig (Rpf), das Porto für Fernbriefe von 10 auf 15 Rpf; Ortspostkarten müssen nunmehr mit 5 Rpf (bisher 3 Rpf) und Fernpostkarten mit 8 Rpf (bisher 5 Rpf) frankiert werden.

Der Verwaltungsrat der Reichspost hatte die Portoerhöhungen, die von Postminister Georg Schätzel (Bayerische Volkspartei) ausgearbeitet worden waren, am 23. Juli – trotz heftiger Widerstände der Wirtschaftsverbände und, aus anderen Gründen, der Linksparteien – im wesentlichen bestätigt. Die Vertreter von SPD und DDP im Verwaltungsrat wurden von Mitgliedern der Regierungsparteien und von beamteten Vertretern überstimmt. Der in der linksliberalen Presse als »ungeheuerlich« bezeichnete Vorschlag, bei Städten mit über 100 000 Einwohnern das Ortsporto durch das Fernporto zu ersetzen, fand allerdings keine Mehrheit in dem Gremium. Der preußische Vorschlag, sog. Kartenbriefe mit ermäßigter Gebühr (als »Briefe des kleinen Mannes«) einzuführen, wurde ebenfalls abgelehnt.

Die neue Gebührenordnung

Briefe	
Ortsbriefe	8 Rpf
Fernbriefe bis 20 g	15 Rpf
Fernbriefe 20–250 g	30 Rpf
Fernbriefe 250–500 g	40 Rpf
Postkarten	
Ortsverkehr	5 Rpf
Fernverkehr	8 Rpf
Drucksachen	
Drucksachenkarten (auch mit beiliegender Antwortkarte)	3 Rpf
Drucksachen bis 50 g	5 Rpf
Drucksachen 50–100 g	8 Rpf
Drucksachen 100–250 g	15 Rpf
Drucksachen 250–500 g	30 Rpf
Drucksachen 500–1000 g	40 Rpf
Blindenschriftsendungen	3 Rpf
Postwurfsendungen	
Drucksachen	5 Rpf
Mischsendungen	6⅔ Rpf
Geschäftspapiere	
bis 250 g	15 Rpf
250–500 g	30 Rpf
500–1000 g	40 Rpf

Besatzungstruppen werden reduziert

31. August. Das Auswärtige Amt in Berlin erhält offiziell davon Kenntnis, daß die Besatzungsmächte im Rheinland (Frankreich, Großbritannien und Belgien) eine Reduzierung ihrer dort stationierten Truppen um 10 000 auf 70 000 bis zum Jahresende 1927 vornehmen werden.
1920 sind die linksrheinischen deutschen Gebiete und die rechtsrheinischen Brückenköpfe Köln, Kehl, Koblenz und Mainz besetzt worden. Nach dem Versailler Vertrag sollte die erste (Kölner) Zone am 10. Januar 1925 geräumt werden; die Alliierten verweigerten dies jedoch mit dem Hinweis darauf, daß die Entwaffnungsbestimmungen nicht »getreulich« erfüllt worden seien. Tatsächlich verließen die alliierten Truppen die Kölner Zone erst am 1. Februar 1926. Die endgültige Räumung ist für den 10. Januar 1935 vorgesehen (→ 17. 4./S. 69).

Europatagung der Auslandsdeutschen

30. August. Die Europatagung der Auslandsdeutschen, die seit dem 28. August in Leipzig und Dresden stattfindet, geht zu Ende.
Die im Bund der Auslandsdeutschen organisierten Delegierten fordern eine stärkere Beteiligung an wirtschaftspolitischen Entscheidungen des Reiches, lehnen jedoch das Wahlrecht unter Hinweis auf die Parteienzersplitterung ab. In der ganzen Welt leben rund 30 Millionen Deutschstämmige, die – soweit sie organisiert sind – in der Regel dem republikanischen Deutschland ablehnend gegenüberstehen.

Deutsche Minderheiten in Europa

Staat	*Anteil der Deutschen in %*
Memelgebiet	50,4
Tschechoslowakei	23,6
Ungarn	6,9
Rumänien	4,5
Königreich der Serben, Kroaten und Slowenen (heute Jugoslawien)	4,3
Frankreich (Elsaß-Lothringen)	4,2
Polen	3,9
Lettland	3,8
Estland	1,7
Litauen (Alt-Litauen)	1,4
Belgien (Eupen-Malmedy)	1,3
Dänemark (Nord-Schleswig)	1,2
Europäischer Teil der Sowjetunion	1,0
Italien (Südtirol)	0,5

Eine Zahnradbahn verunglückt in der Schweiz: 20 Tote

25. August. *Einem Eisenbahnunglück in den schweizerischen Alpen fallen 20 Menschen zum Opfer, weitere 28 werden z. T. schwer verletzt.*
Das Unglück ereignet sich auf der Strecke Chamonix–Montanvers. Bei einer Steigung gerät die Zahnradbahn außer Kontrolle, die Lokomotive entgleist bei voller Fahrt in einer Kurve und stürzt zusammen mit dem ersten Waggon ein Viadukt hinab (Abb.). Von den Insassen des Waggons bleiben nur sechs Personen unverletzt. Der zweite Waggon, der mit 60 Passagieren besetzt ist, kann vom Zugführer abgekoppelt und mit Bremsen auf den Schienen gehalten werden, so daß in diesem Waggon niemand verletzt wird.
Das Unglück ist auf menschliches Versagen zurückzuführen. Der Lokomotivführer wurde offensichtlich von der Geschwindigkeit des überfüllten Zuges überrascht, so daß es ihm nicht rechtzeitig gelang, das Zahnrad in die Zahnstange einzusetzen.

Wettlauf am Himmel geht weiter

Die deutschen Dauerflug-Weltrekordhalter Cornelius Edzard (l., mit Frau) und Hans Risticz (r.) stellen sich nach dem Flug den Fotografen

4./16. August. Angespornt durch die erfolgreichen Atlantikflüge (→ 21. 5./S. 80ff.; 6. 6./S. 107; 1. 7./S. 126), wird eine ganze Reihe von Flug-Rekordversuchen und Wettflügen unternommen.
Bei einem mit 100 000 US-Dollar (420 000 Reichsmark) dotierten Wettflug vom amerikanischen Festland nach Hawaii, der am 16. August in der Nähe von San Francisco gestartet wird, erreichen lediglich zwei Maschinen das Ziel, die anderen müssen wegen Motorschaden aufgeben oder sind verschollen. Insgesamt sterben elf Piloten, die am Wettbewerb bzw. an Rettungsaktionen teilgenommen haben.
Erfolgreich verläuft dagegen der Rekordversuch der Deutschen Hans Risticz und Cornelius Edzard. Sie stellen am 4. August mit 52:23 h einen Dauerflug-Weltrekord auf.

Rechtsstreit um Paneuropa-Film

10. August. Im Prozeß, den der Begründer und Leiter der Paneuropa-Bewegung, Richard Nicolas Graf Coudenhove-Kalergi, gegen die Schriftstellerin Rita Barre angestrengt hat, wird in Berlin das Urteil gefällt. Das Gericht erklärt, daß der Begriff »Paneuropa« nicht als geistiges Eigentum von Coudenhove-Kalergi anzusehen sei.
Als dem Grafen bekanntgeworden war, daß Frau Barre die Absicht hatte, einen Film herzustellen, der den Untertitel »Paneuropa-Film« tragen sollte, hatte er auf Unterlassung dieser Bezeichnung geklagt und auf das Gesetz gegen unlauteren Wettbewerb hingewiesen. Das Gericht stellt jedoch fest, daß der Name »Paneuropa« sich mit der Entstehung der Bewegung um eine europäische Einigung ganz von selbst – in Analogie zu den Begriffen Panslawismus u. a. – ergeben habe.

Der Dichter Stefan George, dem der erste Goethepreis der Stadt Frankfurt zugesprochen wird; seine Lyrik wendet sich an einen exklusiven Kreis

Stefan George ist Goethepreisträger

28. August. Die Stadt Frankfurt am Main verleiht den ersten Goethepreis an den Dichter Stefan George. Künftig soll der mit 10 000 Reichsmark dotierte Preis alljährlich am Geburtstag Johann Wolfgang von Goethes an »eine in ihrem Schaffen bereits zur Geltung gekommene Persönlichkeit« verliehen werden.
George hat durch seine auf Formstrenge bedachte Lyrik, die eine sakrale Bedeutung der Dichtkunst beschwört, in einem exklusiven Kreis bereits um die Jahrhundertwende (»Algabal«, 1892; »Der Teppich des Lebens«) Aufmerksamkeit erregt.
In der Stiftungsurkunde heißt es dazu u. a.: »Stefan George, dem Dichter, der zu Zeiten der Verwirrung den Sprachgeist Goethes, Novalis' und Hölderlins für uns bewahrte ... sei zum ersten Male der Goethepreis ... in Ehrfurcht und Bewunderung verliehen.«

Sternheims »Hose« nun auch im Kino

20. August. In Berlin wird der Film »Die Hose« nach dem gleichnamigen satirischen Stück von Carl Sternheim aus dem Jahre 1911 uraufgeführt.
Besonders die Darstellung des Kleinbürgers Maske durch Werner Krauss wird in der Filmkritik hoch gelobt. Maske, der mit einer hübschen Frau verheiratet ist, erlebt eine Reihe von Abenteuern und Zweideutigkeiten, da seine Frau gerade in dem Moment, als die kaiserliche Kutsche über den Marktplatz fährt, versehentlich ein Stück Unterwäsche verloren hat; er triumphiert am Ende jedoch als werdender Vater über alle Widersacher.
Der bekannte Kritiker Herbert Ihering schreibt über Krauss' schauspielerische Leistung: »Generationen von Untertanen werden durch diese geschwellte Brust, durch diesen Stechschritt erledigt. Generationen von sentimentalen Spießbürgern, wenn Krauss die Lorelei singt. In dieser Rolle ist alles Eitelkeit und Kriecherei ... Eine Vision des Spießbürgers, Karikatur und von vitaler Fülle ... ›Das Gesicht der herrschenden Klasse‹ – nach George Grosz zeichnet es Werner Krauss ...«

Arnold Zweig fordert das »große Erzählen« im Rundfunk

In einer Presseveröffentlichung setzt sich der Schriftsteller Arnold Zweig mit der »Ästhetik des Rundfunks« auseinander. Zweig sieht die große Chance des neuen Massenmediums darin, die Tradition der mündlichen Erzählung aufzugreifen; demgegenüber erscheinen ihm dramatische Kunstformen, wie das Hörspiel, zweitrangig. Zweig schreibt in der »Vossischen Zeitung« vom 23. August:

»Das Ohr des Menschen ist, allein von allen seinen Organen, der Außenwelt völlig pausenlos zugewendet. Das Auge kann geschlossen werden, das Ohr nicht. Noch im Schlaf hört der Mensch ganz scharf, wo doch Gefühl und Geruch nur sehr träge arbeiten, und von seiner Tiervergangenheit her dient ihm das Ohr zum Erkunden herannahender Gefahren oder Beutestücke, während das Auge des Nachts, im Nebel, in der Dämmerung untätig bleiben muß. Daher ist er vom Ohr her besonders empfindlich und besonders leicht zentral zu packen. Die Fülle optischer Eindrücke, die in jeder Sekunde durchs Auge aufgenommen und intellektuell verarbeitet wird, läßt ihn ziemlich gleichgültig. Man stelle sich nur einen Augenblick vor, daß man gezwungen wäre, in einer Welt zu leben, die auch dem Ohr ununterbrochen eine gleiche Fülle von Sensationen zuführte – also gleichsam vierundzwanzig Stunden Symphonieprobe oder Potsdamer Platz mittags um zwölf Uhr lebenslänglich –, um zu erkennen, daß der Homo sapiens einem solchen Ansturm ohrhafter Erlebnisse bestimmt nicht gewachsen wäre. Daher ist durchs Ohr der kurze, zeitlich ziemlich genau begrenzte Eindruck die Grundlage aller Rundfunk-Ästhetik ...

Schriftsteller Arnold Zweig liest aus seinen Werken im Rundfunk

Das ..., was der Märchenerzähler des Orients und der Antike oder die wunderbaren alten Weiblein, von denen die Brüder Grimm ihre Märchen abhorchten, so meisterhaft beherrschten, muß der Rundfunk wieder lernen, und nun allerdings in breitestem Maße: Wirkung von Mund zu Ohr. Damit gestattet er erstens die stark erzählte Novelle, zweitens den von innen her fesselnden, in geschlossenen Kapiteln aufgebauten Roman, drittens das gesprochene Gedicht, viertens die beseelte und lebendige Rede, fünftens den von innen her erfüllten, durch klare Disposition wirklich vorhandenen Wissensstoffes anziehenden Vortrag; und schließlich, aber schon als Experiment, jenen Typus des Dramas, der ganz und gar auf eine interessierende Fabel und das schön gestaltete, beseelt gesprochene Wort angewiesen ist. Von dem Verhältnis des Rundfunks zur Musik braucht nicht gesprochen zu werden. Der Rundfunk ist die Verlängerung der großen Musik überall hin ... Wie die Buchdruckerkunst muß auch der Rundfunk ... zensurfrei auf die Einsicht seiner Bezieher rechnen können.«

Literatur 1927:

Aktuelle und zeitlose Themen

Franz Werfel

Hermann Hesse

Egon Erwin Kisch

Heinrich Mann

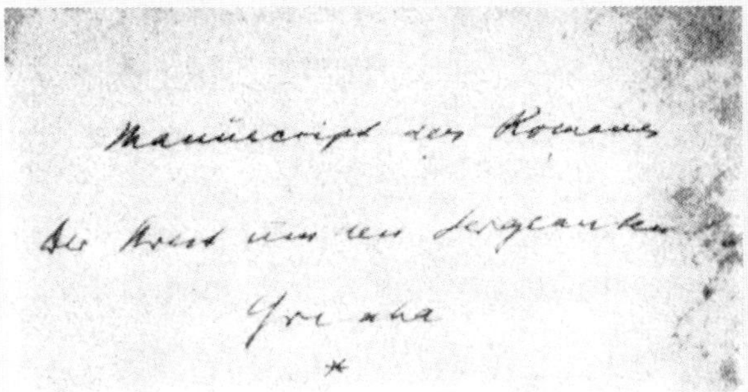

Erste Manuskriptseite des »Grischa« von Zweig

Joachim Ringelnatz

Max Brod

Die Neuerscheinungen auf dem deutschsprachigen Buchmarkt bemühen sich zum einen um die Aufarbeitung der jüngsten Geschichte und der Analyse der Gegenwart, zum anderen um eine allgemein-abstrakte Erfassung der Krise des modernen Menschen.

Ein Beispiel für die erste Richtung ist der Roman »Der Streit um den Sergeanten Grischa« von Arnold Zweig, der nach einem Vorabdruck in der »Frankfurter Zeitung« noch 1927 als Buch erscheint und zum Bestseller des Jahres wird. Der pazifistische Roman spielt im Jahre 1917 und beschreibt die Auseinandersetzungen innerhalb der deutschen Militärhierarchie an der Ostfront um das Todesurteil gegen einen russischen Sergeanten. Zweig gelingt es dabei, den Gegensatz zwischen den adligen preußischen Offizieren, die noch den alten Soldatentugenden verhaftet sind, und der allein an der modernen Waffentechnik orientierten und mit der Stahlindustrie zusammenarbeitenden neuen Generalität genau herauszuarbeiten.

Außerdem gibt der deutsch-jüdische Schriftsteller Zweig eine bunte Schilderung der verschiedenen Völkerschaften im Osten: Der Russen, Polen, Litauer und Juden. Zwei jüdische Militärs, ein Kriegsgerichtsrat und ein junger, als Schreiber beschäftigter Literat, setzen sich für die Rettung des Sergeanten Grischa ein und verkörpern so die von der Brutalität und dem Stumpfsinn des Krieges nicht gebrochene Humanität.

Der zweite große Roman des Jahres, »Steppenwolf« von Hermann Hesse, ist von allen konkreten Anspielungen frei, beansprucht aber dennoch, eine Darstellung der »Zeitkrankheit«, die nach Auffassung des Autors seit dem Weltkrieg herrscht, zu liefern. In der Figur des »Steppenwolfes« Harry Haller, der sich in eine geistig-menschliche und eine sinnlich-tierische Existenz gespalten sieht, gestaltet Hesse das Entfremdungsproblem des modernen Menschen, ohne daß allerdings die gesellschaftlichen Ursachen ins Blickfeld geraten. Als Lösung für den Steppenwolf bietet Hesse dementsprechend auch nicht eingreifendes Handeln, sondern Kontemplation und Bewußtseinsveränderung an.

In den 1927 zahlreich erscheinenden Reisebüchern spiegeln sich ebenfalls die – je nach politischem Standort und ästhetischer Auffassung des Verfassers unterschiedlichen – Reaktionen auf Zeitgeschichte und Gegenwart. Während die »Reisebriefe eines Artisten« von Joachim Ringelnatz spielerisch-zeitlos daherkommen, sind die Bücher von Egon Erwin Kisch und Franz Carl Weiskopf über Reiseerfahrungen in der Sowjetunion, »Zaren, Popen, Bolschewiken« und »Umsteigen ins 21. Jahrhundert«, im journalistischen Stil verfaßt und von deutlicher Sympathie für die sozialen Veränderungen seit der Oktoberrevolution 1917 getragen.

Eine gelungene Synthese aus sozialkritischer Reportage, pazifistisch-humanistischem Bekenntnis und Erforschung der eigenen Identität erreicht Kurt Tucholsky mit »Ein Pyrenäenbuch«. Herzstück des Buches ist eine Studie über den Wallfahrtsort Lourdes und seine auf Heilung hoffenden Besucher.

Die Neuerscheinungen anderer namhafter deutschsprachiger Schriftsteller sind im Rahmen des jeweiligen Gesamtwerks eher zweitrangig: Heinrich Manns Roman »Mutter Marie« ebenso wie Gerhart Hauptmanns Schelmenstück »Till Eulenspiegel«, Franz Werfels psychologisch-tiefgründige Novellensammlung »Geheimnis eines Menschen« ebenso wie Max Brods Roman »Die Frau, nach der man sich sehnt«, der allerdings hohe Verkaufsziffern erreicht.

Sitzung der preußischen Dichter-Akademie, v. l.: Wilhelm Schäfer, Josef Ponten, Thomas Mann, Hermann Stehr, Ludwig Fulda, Walter von Molo, Oskar Loerke, A. Amersdorffer, Heinrich Mann, Wilhelm von Scholz

Deutscher Sieg im Dauerschwimmen

31. August. Überlegener Sieger des Marathonschwimmens durch den Ontariosee bei Toronto (Kanada), bei dessen Start 100 000 Zuschauer die Ufer säumen, ist der mehrmalige Deutsche Meister und Ärmelkanal-Bezwinger Ernst Vierkötter.

Er legt die 33,48 km lange Strecke (Luftlinie) in einer Zeit von 11:42:12 h zurück.

Mehr als viereinhalb Stunden nach ihm überschwimmt der Franzose Georges Michel als zweiter die Ziellinie. Die meisten Teilnehmer in dem 220 Mann starken Feld geben auf, als sie erfahren, daß Vierkötter das Ziel erreicht hat. Der junge Kanadier George Young, der Sieger des 25 000-Dollar-Schwimmens von Catalina (→ 15. 1./S. 25), der zunächst mit Vierkötter in Führung lag, mußte schon im ersten Drittel der Strecke wegen eines Wadenkrampfes das nur 14° Celsius warme Wasser verlassen.

Vierkötter kassiert für seinen Sieg eine Summe von 30 000 US-Dollar (126 000 Reichsmark), Michel erhält 15 000 US-Dollar (63 000 RM). Insgesamt beläuft sich die Summe der Preise auf 50 000 US-Dollar (210 000 RM). Den Berufs-Dauerschwimmern wurden zudem großzügige Reisebeihilfen gewährt.

Ernst Vierkötter hat genau vor einem Jahr, am 31. August 1926, als erster Deutscher den Ärmelkanal durchschwommen.

Der schwedische Schwimmer Arne Borg, Weltrekordhalter über 1500 m Freistil; Sportkommentatoren rühmen seine mustergültige Körperlage

Star von Bologna: Borg aus Schweden

31. August. Unumstrittener Star der Schwimm-Europameisterschaften, die bis zum 4. September im italienischen Bologna ausgetragen werden, ist der Schwede Arne Borg, der alle Freistilwettbewerbe überlegen gewinnt und dabei einen Europa- und einen sensationellen Weltrekord aufstellt.

Borg schwimmt die 1500 m in der Zeit von 19:07,2 min und übertrifft damit seinen eigenen Weltrekord aus dem Jahre 1926 (20:04,4 min) um nahezu eine Minute. Die Leistung scheint den Sportberichterstattern unglaublich; so heißt es in einem Kommentar in der deutschen Presse: »Dagegen verblassen selbst die Fabelzeiten des [finnischen Langstreckenläufers Paavo] Nurmi, und man kann zum ersten Mal in der Sportgeschichte mit einigem Recht sagen: Das ist der Rekord der Rekorde!« Die 100-m-Freistilstrecke schwimmt der Schwede in der europäischen Rekordzeit von 1:00 min – hier liegt der Weltrekord, aufgestellt von dem US-Amerikaner Johnny Weissmüller, seit 1924 bei 57,4 Sekunden. Die 400 m Freistil gewinnt Borg mit 5:08 min.

Den Europapokal für die beste Mannschaftsleistung gewinnt das deutsche Team.

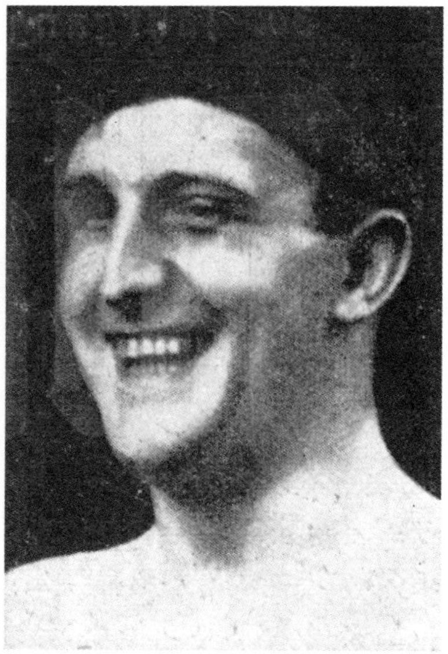

Der deutsche Berufs-Marathonschwimmer Ernst Vierkötter gewinnt das Dauerschwimmen

Frauensport weiter umstritten

6./7. August. Nur wenig Resonanz finden die Deutschen Leichtathletik-Meisterschaften der Frauen, die – zusammen mit einigen Herrenwettbewerben – in Breslau ausgetragen werden. Lediglich 2000 Zuschauer verfolgen die Wettbewerbe.

Die 24jährige Lina Batschauer aus Karlsruhe stellt über die für Frauen noch ungewöhnliche Mittelstreckendistanz von 800 m mit 2:23,7 min einen Weltrekord auf. Ihre Leistung wird in Breslau jedoch nicht nur mit Jubel, sondern auch mit Kopfschütteln quittiert. Der Anblick von erschöpften Frauen, die sich nach einem Wettbewerb einfach ins Gras werfen, erscheint vielen Zuschauern unzumutbar.

Der Frauensport ist nicht nur im Deutschen Reich noch immer umstritten. In weiten Kreisen gilt die sportliche Betätigung als nicht mit dem weiblichen Rollenbild vereinbar, Ärzte warnen davor, daß längere körperliche Betätigung mit der weiblichen Konstitution nicht vereinbar sei, zu Unfruchtbarkeit und zu Krankheiten führen könne.

Dennoch hat sich das Internationale Olympische Komitee (IOC) dazu durchgerungen, bei den IX. Olympischen Spielen 1928 in Amsterdam erstmals – probeweise – Frauenwettbewerbe in der Leichtathletik zu veranstalten.

Mit der Zulassung von Frauenwettbewerben in der Leichtathletik reagiert das IOC darauf, daß 1921 eine Frauen-Konkurrenzorganisation, die »Fédération Sportive Feminins Internationale« (Internationale Frauensportföderation) gegründet worden ist, die 1922 in Paris und 1926 in Göteborg Frauenweltspiele durchgeführt hat.

Hangübungen am Reck; das Geräteturnen gilt als mit der weiblichen Konstitution vereinbare Sportart

September 1927

Mo	Di	Mi	Do	Fr	Sa	So
			1	2	3	4
5	6	7	8	9	10	11
12	13	14	15	16	17	18
19	20	21	22	23	24	25
26	27	28	29	30		

1. September, Donnerstag

Im Deutschen Reich werden einheitliche Verkehrszeichen eingeführt. →S. 154

An den Hamburger Kammerspielen wird das Stück »Hoppla, wir leben!« von Ernst Toller uraufgeführt (→3. 9./S. 158).

2. September, Freitag

In Berlin wird die Internationale Funkausstellung eröffnet. Bis zum 11. September zeigen rund 300 Aussteller aus dem In- und Ausland ihre Produkte.

Carl Duisberg, der Vorsitzende des Reichsverbands der Industrie, äußert sich auf der Jahrestagung der Organisation, die vom 1. bis 3. September in Frankfurt am Main veranstaltet wird, zufrieden über die Konjunkturentwicklung im Deutschen Reich.

3. September, Sonnabend

13 Angehörige der innerparteilichen Opposition in der Kommunistischen Partei der Sowjetunion (KPdSU) wiederholen in einer »Plattform« ihre Vorwürfe gegen die Parteiführung wegen Bürokratismus und Machtmißbrauchs. Die Plattform ist u. a. von Leo D. Trotzki, Grigori J. Sinowjew und Lew B. Kamenew unterzeichnet (→14. 11./S. 180).

Die ungarische Polizei führt in Budapest eine große Razzia durch. Kommunistische Kreise sollen, so heißt es zur Begründung der Aktion, einen Aufruhr in Ungarn wie die Juli-Unruhen in Wien (→15./16. 7./S. 118) vorbereitet haben.

In Genf geht die erste Weltbevölkerungskonferenz zu Ende. Die wichtigsten Themen der internationalen Tagung, die am 31. August eröffnet worden ist, sind der Geburtenrückgang in den Industriestaaten und das Problem der Auswanderung.

Der Regisseur Erwin Piscator eröffnet mit dem Stück »Hoppla, wir leben!« von Ernst Toller seine neue Bühne am Nollendorfplatz in Berlin. →S. 158

4. September, Sonntag

Richard Nicolas Graf Coudenhove-Kalergi, der Begründer und Leiter der paneuropäischen Bewegung, die ein vereintes Europa anstrebt, veröffentlicht in der Presse einen »Aufruf an Europa« unter dem Titel »Für ein paneuropäisches Locarno«.

Den Großen Preis von Italien, ein Automobilrennen in Monza, gewinnt Robert Benoist (Frankreich) auf Delage in einer Durchschnittsgeschwindigkeit von 144,930 km/h.

5. September, Montag

Im Rahmen der Herbstmanöver der Reichswehr und der deutschen Marine werden vom 5. bis 7. September große Manöver in Preußisch-Eylau (Ostpreußen) durchgeführt (→14. 9./S. 153).

Der Ostausschuß des Reichstags, der sich auf einer Informationsfahrt durch Ostpreußen befindet, stattet Königsberg einen Besuch ab.

In Berlin wird der Film »Der Meister von Nürnberg« nach der Richard-Wagner-Oper »Die Meistersinger von Nürnberg« uraufgeführt (Regie: Ludwig Berger). Es spielen Gustav Fröhlich und Veit Harlan. Der Film wird vom Verein der Freunde Richard Wagners als dem Werk des Komponisten unangemessen attackiert. →S. 157

6. September, Dienstag

In Dortmund findet vom 4. bis 6. September der Katholikentag statt. Nuntius Eugenio Pacelli erklärt in einer Gastansprache, daß auch auf dem Gebiet der Wirtschaft unverrückbare sittliche Normen gelten müßten. →S. 152

7. September, Mittwoch

Der Soziologe Arthur Mayer erörtert in einer Presseveröffentlichung die »Sozialen Folgen der Wirtschaftsrationalisierung«: Wegen des gesteigerten Arbeitstempos müsse der soziale Schutz von Invalidität bedrohter Arbeitnehmer verbessert werden.

»Der Zauberberg wird Universität« – unter diesem Motto wird der Plan, im schweizerischen Luftkurort Davos eine Universität für lungenkranke und andere erholungsbedürftige Studenten einzurichten, diskutiert. Albert Einstein und Thomas Mann äußern sich positiv.

In Berlin wird der Film »Der Fürst von Pappenheim« (Regie: Richard Eichberg) uraufgeführt.

8. September, Donnerstag

Erstmals seit Ende des Weltkriegs veranstaltet die österreichische Armee am 8. und 9. September wieder Manöver in Tirol. Die hochalpinen Übungen werden auch im Brenner-Gebiet durchgeführt.

Die britischen Gewerkschaften brechen auf ihrem Hauptkongreß, der vom 5. bis 8. September in Edinburgh tagt, die Beziehungen zu den sowjetischen Gewerkschaften ab.

9. September, Freitag

Partei- und Fraktionsvorstand des Zentrums sprechen sich in Dortmund einstimmig für das Schulgesetz, das die Reichsregierung vorgelegt hat, aus: »Die Verteidigung und Förderung der Konfessionsschule hat seit je zu den vornehmsten Aufgaben und Grundsätzen des Zentrums gehört« (→14. 7./S. 121).

Ein Putschversuch in Tauroggen (Litauen) gegen das diktatorische Regime von Staatspräsident Antanas Smetona scheitert. Die Aufständischen stürmen die Staatsbank, werden dort jedoch von Polizeikräften überwältigt und festgenommen.

Auf der Vollversammlung des Völkerbundes in Genf, die vom 5. bis 27. September tagt, bringt die polnische Delegation erstmals den Vorschlag eines allgemeinen Nichtangriffspaktes ins Gespräch. Der Vorstoß wird in der deutschen Presse als Versuch, ein »Ost-Locarno« zu erreichen, gewertet. Eine Resolution, die den polnischen Vorschlag in stark abgeschwächter Form aufgreift, wird am 19. September von der Vollversammlung angenommen. →S. 151

Die Zeitschrift »Literarische Welt« veröffentlicht das Ergebnis einer Umfrage unter der Bevölkerung über den Bekanntheitsgrad führender Persönlichkeiten aus Politik, Wirtschaft und Kultur. Es wird u. a. nach Thomas Mann, Gustav Stresemann, Adolf Hitler, Josef W. Stalin, Henry Ford, Karl Marx, Max Liebermann und Sigmund Freud gefragt.

10. September, Sonnabend

Das Land Thüringen und Herzog Carl Eduard von Sachsen-Coburg-Gotha treffen eine Vereinbarung über eine Entschädigung des Herrscherhauses für die nach dem Weltkrieg vollzogene Enteignung. Das herzogliche Vermögen wird zum Großteil in eine Stiftung eingebracht (→30. 6./S. 104).

Die Freisinger katholische Bischofskonferenz mahnt die Gläubigen, nicht nach Konnersreuth zu fahren, um die stigmatisierte Therese Neumann aufzusuchen. Tausende erhoffen sich von einem Besuch in Konnersreuth eine Heilung von ihren Krankheiten. →S. 152

»Der Hexer«, ein Film nach dem Kriminalroman von Edgar Wallace, wird in München in deutscher Erstaufführung gezeigt (→27. 5./S. 96).

Das Finale um den Davis-Cup, das vom 8. bis zum 10. September in Philadelphia (USA) ausgetragen wird, gewinnt die französische Tennismannschaft gegen die USA 3:2. Frankreich gewinnt damit erstmals den Davis-Cup, zum ersten Mal seit 1912 kommt die begehrte Trophäe wieder nach Europa. →S. 161

Der Internationale Automobilclub beschließt, den Großen Preis von Deutschland, der 1928 am 15. Juli auf dem Nürburgring ausgetragen werden soll, in den Wettbewerb um die Automobil-Weltmeisterschaft (für Hersteller) aufzunehmen. Das Rennen auf dem Nürburgring erhält so eine internationale Aufwertung.

11. September, Sonntag

In Hannover geht der Parteitag der deutsch-völkischen Freiheitsbewegung zu Ende (seit 10. 9.).

Im Königreich der Serben, Kroaten und Slowenen (heute Jugoslawien) werden Parlamentswahlen abgehalten. Der in seinem Amt bestätigte Ministerpräsident Welja Vukičević kann sich auf eine Zweidrittelmehrheit im Parlament stützen.

In Berlin beginnt der Internationale Kongreß für Vererbungswissenschaft. Auf dem Programm der Tagung (Dauer bis 17. 9.) stehen u. a. Fragen der »Erbhygiene«.

12. September, Montag

In Paris wird der italienische Vizekonsul Carlo Nardini, ein enger Vertrauter des italienischen Ministerpräsidenten und Duce Benito Mussolini, durch ein Attentat schwer verletzt. Die Tat soll von einem Geisteskranken begangen worden sein.

Aus Rumänien wird eine Kinderlähmungsepidemie gemeldet.

13. September, Dienstag

In Wien wird die Operette »Die goldne Meisterin« von Edmund Eysler uraufgeführt.

14. September, Mittwoch

Die deutsche Reichsregierung legt vor dem Völkerbundsrat in Genf Beschwerde gegen die Verletzung der Schulrechte für die deutsche Minderheit im polnischen Oberschlesien ein (→10. 1./S. 19).

Reichspräsident Paul von Hindenburg nimmt in Swinemünde eine Flottenparade ab. →S. 153

15. September, Donnerstag

Der frühere Reichskanzler Hans Luther (bisher parteilos) wird Mitglied der Deutschen Volkspartei (DVP).

Die 46. Tagung des Völkerbundsrats in Genf, die am 1. September eröffnet worden ist, wird mit der Wahl der nichtständigen Ratsmitglieder beendet. Belgien, die Tschechoslowakei und El Salvador scheiden turnusgemäß aus. Der Antrag Belgiens auf Wiederwählbarkeit findet nicht die erforderliche Zweidrittelmehrheit. Als neue Ratsmitglieder werden Finnland, Kuba und Kanada gewählt.

Bei den Parlamentswahlen in Irland wird die Regierung von Ministerpräsident William Cosgrave bestätigt. →S. 151

Die US-amerikanischen Flieger William Brock und Edward Schlee brechen ihren Versuch, den Geschwindigkeitsrekord im Etappen-Weltumflug zu verbessern, in Tokio ab und kehren mit dem Schiff in die USA zurück. Die japanische Regierung hat den Fliegern wegen des Verdachts der Spionage die Zwischenlandung auf den Bonin-Inseln verweigert.

In der Riemergasse in Wien wird die Kleinkunstbühne »Faun« eröffnet.

16. September, Freitag

Das Deutsche Reich und Spanien schließen Luftverkehrsabkommen.

Titelseite der Septemberausgabe der Londoner Zeitschrift »The Enemy«

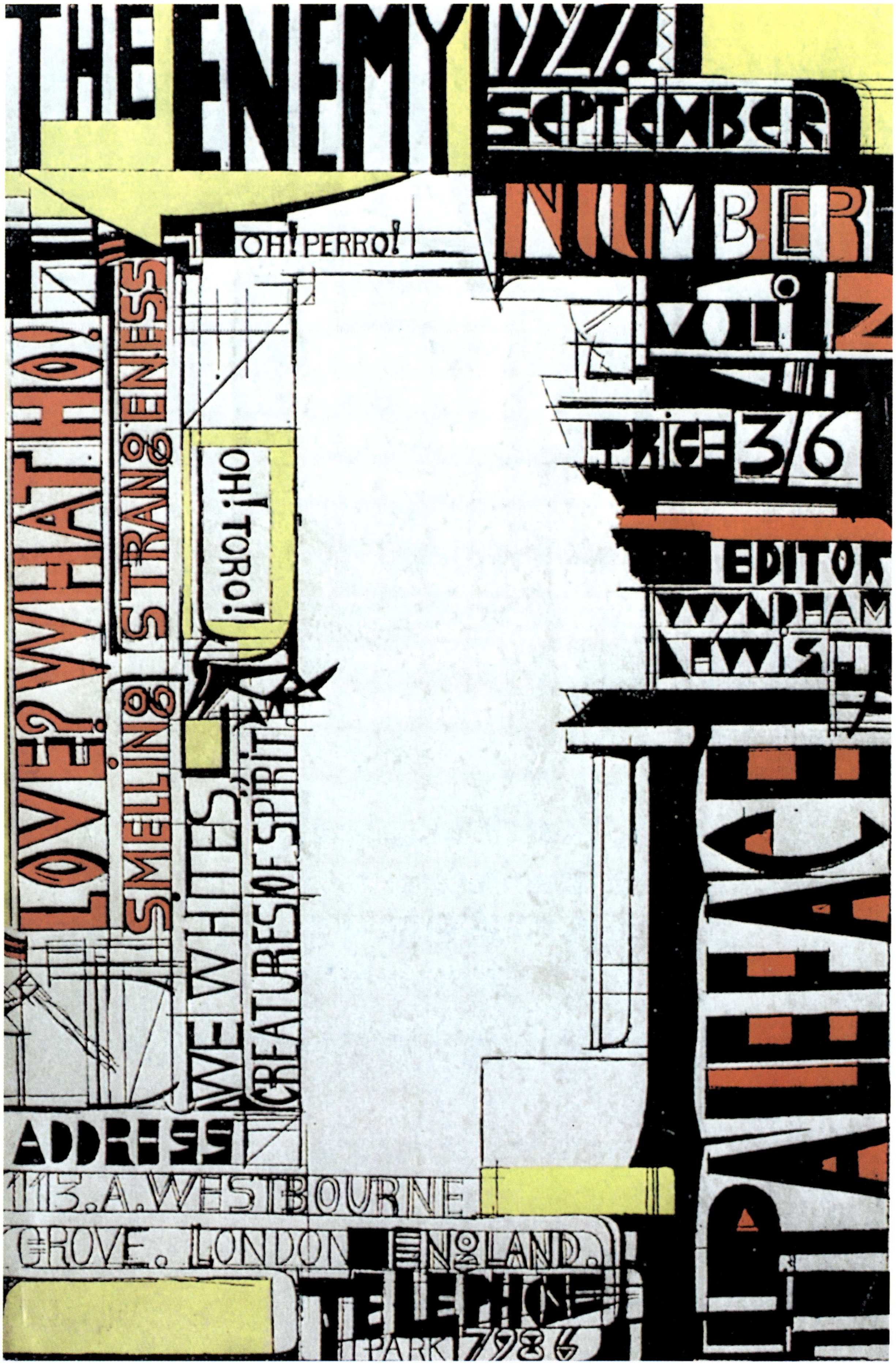

September 1927

Die polnischen Freien Gewerkschaften üben auf einer Versammlung in Warschau scharfe Kritik an der Wirtschafts- und Verfassungspolitik von Ministerpräsident Józef Klemens Pilsudski: Die positive Konjunkturentwicklung komme der Arbeiterklasse nicht zugute, die Aufhebung wichtiger Verfassungsbestimmungen führe Polen in eine faschistische Diktatur.

Im Ufa-Palast am Zoo in Berlin findet die Uraufführung des Films »Die selige Exzellenz« statt. Unter der Regie von Wilhelm Thiele spielen Olga Tschechowa und Willy Fritsch.

17. September, Sonnabend

Karl Kraus, der Herausgeber der »Fackel«, läßt in Wien Plakate anbringen, auf denen er den Wiener Polizeipräsidenten Johannes Schober für die Juli-Unruhen verantwortlich macht und seinen Rücktritt fordert. →S. 155

Das »Wiener Morgenblatt«, die einzige zionistische Tageszeitung in deutscher Sprache, muß das Erscheinen einstellen.

18. September, Sonntag

In Hohenstein in Ostpreußen wird das Tannenberg-Denkmal zur Erinnerung an die Schlacht bei Tannenberg 1914 eingeweiht. Die Feier wird zu einer Ehrung für Reichspräsident Paul von Hindenburg und zu einer Demonstration der Stärke für rechtsgerichtete militaristische Organisationen. Hindenburg spricht sich gegen die These von der Kriegsschuld Deutschlands aus. →S. 150

Der von dem kommunistischen Funktionär Mao Tse-tung geleitete Bauernaufstand (eingeleitet am 5. 9.) in der chinesischen Provinz Hunan bricht zusammen.

Bei einem Leichtathletik-Sportfest in Paris stellt der deutsche Mittelstreckenläufer Otto Peltzer einen neuen Weltrekord über die 1000-m-Distanz auf. Peltzer verbessert mit seiner Zeit von 2:25,8 min den 1926 aufgestellten Rekord des Franzosen Séraphine Martin um eine Sekunde. →S. 161

19. September, Montag

Das Exekutivkomitee der Dritten Internationale, des Zusammenschlusses aller kommunistischen Parteien unter der Führung der Sowjetunion, veröffentlicht eine Erklärung. Die Wiederaufnahme von Ruth Fischer, Arkadi Maslow und ihrer Anhänger, die 1926 aus der KPD wegen »Linksabweichung« ausgeschlossen worden sind, wird abgelehnt.

Der Anti-Kriegsfilm »Am Rande der Welt« von Karl Grune wird im Gloria-Palast in Berlin uraufgeführt. Es spielen Albert Steinrück, Wilhelm Dieterle und Brigitte Helm. →S. 155

20. September, Dienstag

Reichsjustizminister Oskar Hergt trifft zu einem Besuch seines österreichischen Amtskollegen Franz Dinghofer in Wien ein. Hauptthema der Besprechungen ist die Angleichung des deutschen und des österreichischen Strafrechts (→14. 11./S. 183).

Nach einer Abstimmungsniederlage über Pressezensurgesetze läßt der polnische Ministerpräsident Józef Klemens Pilsudski den Sejm, die Abgeordnetenkammer des Parlaments, auflösen; am 21. September wird auch die erste Parlamentskammer, der Senat, aufgelöst (→3. 11./S. 184).

Der österreichische Bundespräsident Michael Hainisch eröffnet feierlich das Achensee-Kraftwerk, das auch einige Gebiete Bayerns mit Strom versorgen soll.

Auf dem Berliner Messegelände wird die Ausstellung »Die Mode der Dame« eröffnet (bis 30. 10.).

In den Wiener Kammerspielen wird das Stück »Broadway« von den US-amerikanischen Dramatikern Philipp Abbott und George Dunning in deutschsprachiger Erstaufführung gezeigt. Regie führt Franz Wenzler.

21. September, Mittwoch

Die Deutschnationale Volkspartei (DNVP) eröffnet ihren Reichsparteitag in Königsberg (bis 22. 9.).

Die Völkerbundsversammlung in Genf billigt eine Resolution, die auf eine Initiative der Niederländer zurückgeht und in der ein Angriffskrieg verurteilt wird.

Reichsaußenminister Gustav Stresemann berichtet in einem Brief an Reichskanzler Wilhelm Marx aus Genf, daß die Position der deutschen Delegation beim Völkerbund »außerordentlich stark« sei. →S. 151

Fritzi Massary ist der Star der Operette »Eine Frau von Format« von Rudolph Schanzer und Michael Kraus, die im Berliner Theater des Westens zur Uraufführung gelangt. →S. 160

22. September, Donnerstag

Nach heftiger Kritik anderer europäischer Staaten kündigt die britische Regierung die Aufhebung der Sklaverei in ihrer Kolonie Sierra Leone zum 1. Januar 1928 an.

Die sozialdemokratische Fraktion im österreichischen Nationalrat beantragt eine Amnestie für alle Personen, die im Zusammenhang mit den Juli-Unruhen in Wien verhaftet worden sind. Der Antrag wird am 3. Oktober mit den Stimmen der Regierungsparteien im Nationalrat abgelehnt (→15./16. 7./S. 118).

Der Film »Orientexpreß« mit Lil Dagover, Heinrich George und Hilde Jennings wird in Berlin uraufgeführt.

Max Brods Roman »Eine Frau, nach der man sich sehnt« erscheint im S. Fischer-Verlag. Das Buch wird zu einem der größten Literaturerfolge des Jahres 1927 (→S. 144).

Gene Tunney verteidigt durch einen Punktsieg über zehn Runden in Chicago die Weltmeisterschaft im Schwergewichtsboxen gegen Herausforderer Jack Dempsey (beide USA). →S. 161

23. September, Freitag

Ago (eigentl. Adolf Georg Otto) von Maltzahn, der deutsche Botschafter in den USA, kommt bei einem Flugzeugunglück bei Schleiz (Thüringen) ums Leben. Bei dem Absturz sterben fünf weitere Personen. →S. 153

In Magdeburg tritt erstmals seit drei Jahren wieder die Hauptversammlung des Deutschen und Preußischen Städtetags zusammen. Die Vertreter der Kommunen weisen den Vorwurf der Verschwendungssucht bei kommunalen Bauvorhaben von sich (→20. 10./S. 167).

Das Deutsche Reich erklärt offiziell seinen Beitritt zum Ständigen Schiedsgerichtshof in Den Haag. →S. 151

Im Berliner Tauentzien-Palast wird der Film »Berlin. Die Symphonie einer Großstadt« von Walter Ruttmann uraufgeführt. →S. 160

24. September, Sonnabend

Das Reichswirtschaftsministerium lehnt eine Erhöhung der Kohlepreise wegen der inflationsfördernden Wirkung erneut ab.

Im Akademietheater in Wien wird das Schauspiel »XYZ« von Klabund (eigentlich Alfred Henschke) uraufgeführt.

25. September, Sonntag

In Elsaß-Lothringen wird eine Autonomistenpartei gegründet. Sie spricht sich für den Föderalismus aus und fordert ein selbständiges Elsaß-Lothringen, das eine Mittlerrolle zwischen dem Deutschen Reich und Frankreich übernehmen könnte.

26. September, Montag

Die Deutsche Reichspost beginnt mit dem Verkauf von Wohlfahrtsmarken für die deutsche Nothilfe. Die Freimarken zu 8, 15, 25 und 50 Reichspfennig, die zum doppelten Nennwert verkauft werden, zeigen das Bildnis von Reichspräsident Paul von Hindenburg, gestaltet nach Entwürfen des Malers Eddy Schmidt.

27. September, Dienstag

In Genf geht die Vollversammlung des Völkerbundes, die seit dem 5. September tagt, zu Ende; am 28. September beschließt auch der am 17. September erstmals zusammengekommene neue Völkerbundsrat seine Sitzungsperiode. Konkrete Beschlüsse werden nicht gefaßt, die Teilnehmerstaaten bekräftigen jedoch einmütig ihren Willen zur Abrüstung. →S. 151

28. September, Mittwoch

Der als gemäßigt geltende Ben Turner wird zum Generalrat der britischen Gewerkschaften gewählt. Damit bestätigt sich der Kurswechsel des Gewerkschafts-Dachverbandes TUC zu einer Position der linken Mitte.

29. September, Donnerstag

Anläßlich des 60. Geburtstags von Reichsaußenminister Walther Rathenau, der 1922 einem politischen Attentat zum Opfer fiel, finden Gedenkveranstaltungen statt. In Berlin würdigt der Dramatiker Gerhart Hauptmann in einer Rede das Werk des Politikers und Industriellen.

Einem Tornado über St. Louis, US-Bundesstaat Missouri, fallen 90 Menschen zum Opfer, 5500 Häuser werden beschädigt. →S. 153

Zur Einweihung des neuen Schauspielhauses in Königsberg in Ostpreußen wird »Der Sturm« von William Shakespeare in einer Festvorstellung aufgeführt.

Der Dirigent Otto Klemperer, der im November die musikalische Leitung der Krolloper in Berlin übernimmt, gibt sein erstes Sinfoniekonzert in diesem Haus. Er wird – ebenso wie der Pianist Arthur Schnabel, der den Solopart im Klavierkonzert KV 466 von Wolfgang Amadeus Mozart spielt – vom Publikum und von der Kritik enthusiastisch gefeiert. →S. 157

30. September, Freitag

Die Revisionsverhandlung im Femeprozeß gegen Ernst von Salomon u. a. in Leipzig, die von der Staatsanwaltschaft wegen des milden Urteils der ersten Instanz angestrengt worden ist, bestätigt das Urteil vom →31. März (S. 55).

In Alcudia auf der Insel Mallorca treffen der spanische Diktator Miguel Primo de Rivera und der britische Außenminister Joseph Austen Chamberlain zusammen. Die spanische Seite dementiert Gerüchte, wonach über die Tanger-Frage gesprochen worden sei.

Die Friedrich Krupp AG in Essen gibt bekannt, daß im abgelaufenen Geschäftsjahr ein Reingewinn von über 13 Millionen Reichsmark erzielt werden konnte.

Gestorben:

14. Gentilino bei Lugano: Hugo Ball (*22. 2. 1886, Pirmasens), deutscher Schriftsteller.

14. Nizza: Isadora Duncan (*27. 5. 1878, San Francisco), US-amerikanische Ausdruckstänzerin. →S. 157

19. Skagen: Michael Ancher (*9. 6. 1849, Rutsker auf Bornholm), dänischer Maler.

Geboren:

5. Cape May (New Jersey): Paul Adolph Volcker, US-amerikanischer Währungs- und Bankfachmann.

23. Stuttgart: Werner Breitschwerdt, deutscher Konstrukteur und Industriemanager.

In Paris erscheint die Nummer 1 der Kunstzeitschrift »Arts et Métiers Graphiques«

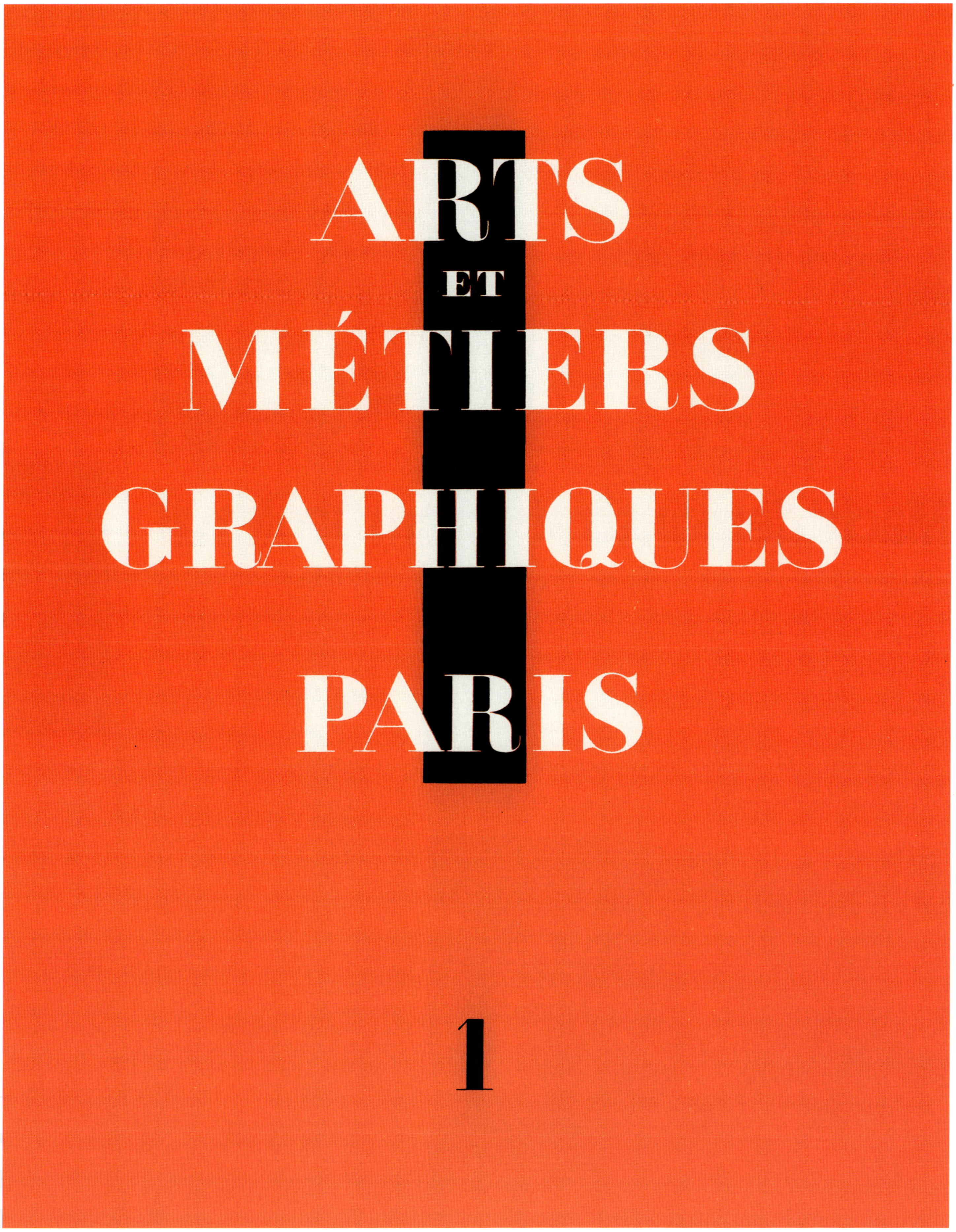

Die Weihe des Tannenberg-Denkmals; die Anlage besteht aus einem Ring von Bogenhallen mit acht Wehrtürmen

Machtdemonstration am Denkmal

18. September. Mit Empörung und Besorgnis reagiert das Ausland auf die Feier zur Einweihung des Tannenberg-Denkmals in Hohenstein (Ostpreußen), auf der Reichspräsident Paul von Hindenburg in einer Rede jede Mitverantwortung des deutschen Kaiserreichs am Ausbruch des Weltkriegs zurückweist. Diese Äußerungen Hindenburgs, die mit Reichskanzler Wilhelm Marx (Zentrum) und Außenminister Gustav Stresemann (Deutsche Volkspartei) abgesprochen sind, werden als unverhüllte Drohung, daß das Deutsche Reich eine Revision des Versailler Friedensvertrages anstrebe, gedeutet.

Im Ausland wird ferner der militaristische Charakter der Veranstaltung negativ registriert. An der Feier nehmen 70 000 Menschen, darunter Vertreter der Reichsregierung sowie der alten und neuen Generalität, teil. Paramilitärische rechtsgerichtete Organisationen wie der »Stahlhelm«, die »vaterländischen Verbände« und der »Jungdeutsche Orden«, nationalsozialistische und völkische Gruppierungen sind in großer Zahl vertreten. Auf Befremden stößt auch, daß – gemäß dem neuen Flaggenerlaß von Reichswehrminister Otto Geßler (→ 15. 8./S. 140) – am Eingang des Tannenberg-Denkmals neben der schwarz-rot-goldenen Reichsflagge die schwarz-weiß-rote Kriegsflagge gehißt ist. Die preußische Landesregierung unter Ministerpräsident Otto Braun, die republikanische Kampforganisation »Reichsbanner« und der »Reichsbund jüdischer Frontsoldaten« bleiben der Feier wegen dieses Szenariums, das eindeutig einen monarchistisch-revisionistischen Akzent trägt, und wegen der Teilnahme Erich Ludendorffs, der mit den Nationalsozialisten sympathisiert, ostentativ fern.

Das Denkmal erinnert an die Schlacht bei Tannenberg, in der die 8. deutsche Armee die nach Ostpreußen eingedrungenen russischen Truppen vom 23. bis 31. August 1914 unter der Leitung des damaligen Generalfeldmarschalls und nunmehrigen Reichspräsidenten Hindenburg sowie General Ludendorffs vernichtend geschlagen hatte. Die Denkmalsanlage ist ein festungsartiger Bau.

Die Einweihung des Tannenberg-Denkmals im Ehrenhof der Anlage mit Paul von Hindenburg (l. vorn) und Erich Ludendorff (r. vorn)

Deutsche Schuld wird geleugnet

Reichspräsident Paul von Hindenburgs Rede in Tannenberg, in der er die These von der deutschen Schuld am Weltkrieg zurückweist, hat folgenden Wortlaut:

»Das Tannenberg-Nationaldenkmal gilt in erster Linie dem Gedächtnis derer, die für die Befreiung der Heimat gefallen sind. Ihr Andenken, aber auch die Ehre meiner noch lebenden Kameraden verpflichten mich dazu, in dieser Stunde und an dieser Stätte feierlich zu erklären: Die Anklage, daß Deutschland schuld sei an diesem größten aller Kriege, weisen wir, weist das deutsche Volk in allen seinen Schichten einmütig zurück! Nicht Neid, Haß oder Eroberungslust gaben uns die

P. v. Hindenburg, Sieger der Tannenbergschlacht (1914)

Waffen in die Hand. Der Krieg war uns vielmehr das äußerste, mit den schwersten Opfern des ganzen Volkes verbundene Mittel der Selbstbehauptung einer Welt von Feinden gegenüber. Reinen Herzens sind wir zur Verteidigung des Vaterlandes ausgezogen und mit reinen Händen hat das deutsche Heer das Schwert geführt. Deutschland ist jederzeit bereit, dies vor unparteilichen Richtern nachzuweisen. In den zahllosen Gräbern, welche Zeichen deutschen Heldentums sind, ruhen ohne Unterschied Männer aller Parteifärbungen. Sie waren damals einig in der Liebe und Treue zum gemeinsamen Vaterland. Darum möge an diesem Erinnerungsmale stets innerer Hader zerschellen . . .«

Polen fordert ein Ost-Locarno

Die internationale Politik steht im Monat September, wie alljährlich, ganz im Zeichen des Völkerbundes in Genf: Vom 1. bis zum 15. September findet die 46. Tagung des Völkerbundsrats mit der Neuwahl der nichtständigen Mitglieder statt, am 17. September tritt das Gremium zu seiner 47. Tagung zusammen (bis 28. 9.). Die Vollversammlung des Völkerbundes tagt vom 5. bis zum 27. September.

Während bei den Ratssitzungen, wie bereits im Juni (→17. 6./S. 102), selbst zweitrangige Fragen vertagt werden, unternehmen in der Vollversammlung Vertreter Polens bedeutsame Vorstöße. Sie fordern zunächst mündlich die Verabschiedung einer Resolution, in der sich die

Staatssekretär Carl von Schubert (r.) bei einer Völkerbundssitzung

Mitgliedsstaaten zum Abschluß von gegenseitigen Nichtangriffspakten verpflichten. Hintergrund dieses Vorschlags ist das Bemühen um ein sog. Ost-Locarno. Während die Reichsregierung im Vertrag von Locarno 1925 den westlichen Nachbarn die aus der deutschen Niederlage im Weltkrieg resultierenden Grenzen garantiert hat, vertritt die deutsche Außenpolitik gegenüber dem Osten eindeutig einen revisionistischen Standpunkt und betont den vorläufigen Charakter der deutsch-polnischen Grenze. Polens Bemühen, in Genf eine Bewegung zu einem Ost-Locarno zu initiieren, ist jedoch erfolglos. Erst nach einer substantiellen Abschwächung wird die Resolution verabschiedet.

»Unsere Stellung ist eine außerordentlich starke«

21. September. In einem Brief an Reichskanzler Wilhelm Marx warnt Außenminister Gustav Stresemann davor, zu schnell eine Führungsrolle beim Völkerbund anzustreben, und äußert sich zufrieden darüber, daß es der deutschen Delegation in Zusammenarbeit mit der britischen und französischen gelungen ist, den Vorstoß Polens auf ein Ost-Locarno abzuwehren. Stresemann schreibt u. a.:

»... Jeder, der an diesen Verhandlungen teilnimmt, einschließlich auch des deutschnationalen Mitgliedes der Delegation, war davon überzeugt, wie wichtig die Mitgliedschaft Deutschlands im Völkerbund ist. Wenn der ›Observer‹ davon schreibt, daß Deutschland hier die Führung im Völkerbund an sich gerissen habe, so ist das eine Übertreibung. Es wäre auch sehr falsch, wenn wir solche Bestrebungen jetzt, ein Jahr nach unserem Eintritt in den Völkerbund, etwa erkennen ließen. Aber es ist kein Zweifel, daß unsere Stellung eine außerordentlich starke ist. Wir begegneten erst einem gewissen Mißtrauen wegen der Resolution innerhalb der kleineren Staaten, die auch eifersüchtig waren, daß sich in den ersten acht Tagen sofort wieder das Bestreben der Zusammenarbeit mit [dem französischen Außenminister Aristide] Briand und [dem britischen Außenminister Joseph Austen] Chamberlain zeigte. Das war aber dadurch gegeben, daß wir den polnischen Antrag, der auf ein Ost-Locarno hinauslief, nur mit Hilfe Englands und Frankreichs zurückweisen konnten... Dabei haben sich die persönlichen Beziehungen zu Briand und Chamberlain doch als sehr fest erwiesen... Briand hat sich trotz manchem Widerstand in der französischen Delegation ebenfalls auf den Standpunkt gestellt, unter keinen Umständen in eine Erweiterung der Locarno-Verträge... einzuwilligen...«

Ein Kopf-an-Kopf-Rennen in Irland

15. September. Bei den Parlamentswahlen in Irland erreicht die Partei von Premierminister William T. Cosgrave, Cumann na nGaedheal, 62 Sitze. Die 1926 von Eamon de Valera neugegründete Partei Fianna Fail erzielt 57 Mandate. Cosgrave verfügt damit nur über die relative Mehrheit in dem 153 Sitze umfassenden Parlament, kann jedoch an der Regierung bleiben.

Nach dem anglo-irischen Vertrag von 1921, mit dem der von Großbritannien unabhängige Freistaat Irland entstand, brach die irische Nationalbewegung Sinn Fein auseinander. Umstritten war der Verbleib des Freistaates im Commonwealth und der von den irischen Abgeordneten

William Cosgrave gewinnt die vorgezogenen Wahlen in Irland

zu leistende Treueeid auf die britische Krone. Nach Beendigung des Bürgerkriegs 1923 übernahm Cosgrave die Regierung und entschloß sich, unter den gegebenen Bedingungen für den Aufbau des Freistaates zu arbeiten. De Valera, die andere große Figur der irischen Freiheitsbewegung, boykottierte mit seiner Partei, die sich zunächst weiterhin Sinn Fein nannte, das Parlament. Erst 1926 gab er diese Obstruktionshaltung auf und gründete als neue Partei die Fianna Fail, die am 12. Juni 1927 nicht nur bei den Parlamentswahlen kandidierte, sondern erstmals die errungenen Sitze (44) am 11. August 1927 auch einnahm. Den damit erforderlichen Treueeid auf die Krone taten die Valera-Anhänger als bloße Formel ab.

Das Deutsche Reich als Vorreiter

23. September. Reichsaußenminister Gustav Stresemann vollzieht den offiziellen Beitritt des Deutschen Reiches zum Ständigen Internationalen Schiedsgerichtshof in Den Haag. Als erste Großmacht unterschreibt das Deutsche Reich auch die sog. »Fakultativklausel«, die den Unterzeichner – auch ohne daß im Einzelfall zwischen den betroffenen Staaten ein Schiedsvertrag besteht – an ein obligatorisches Schiedsgericht bindet. Damit wird der Internationale Gerichtshof im Falle des Deutschen Reiches für alle Rechtsstreitigkeiten bei Kollektiv- oder zweiseitigen Verträgen zuständig.

Reichsaußenminister Gustav Stresemann (Abb. l. in Genf), der durch seine Verständigungspolitik 1926 den deutschen Beitritt zum Völkerbund ermöglicht hat, vollzieht nun die Unterschrift zum Schiedsgerichtsverfahren des Internationalen Gerichtshofs

Blick in das Dortmunder Sportstadion, in dem sich die Teilnehmer des Katholikentags versammelt haben

Flügelkämpfe beim Katholikentag

6. September. In Dortmund geht nach dreitägiger Dauer der Katholikentag zu Ende, der die widersprüchlichen Tendenzen innerhalb des Klerus und des katholisch orientierten Zentrums verdeutlicht.
Während führende Vertreter der katholischen Kirche nach der Revolution vom November 1918 in scharfen Worten den neuen republikanischen Staat im Deutschen Reich als gottlos und atheistisch gebrandmarkt hatten, arbeitete das Zentrum in der Weimarer Regierungskoalition mit den Sozialdemokraten und den linksliberalen Deutschen Demokraten beim Aufbau der Weimarer Republik zusammen.

Nuntius Eugenio Pacelli (M.)

Die »Katholische Aktion« konzentriert sich darauf, die katholischen Arbeiter, die zur SPD oder KPD abgewandert sind, zurückzugewinnen. Eine am 6. September auf dem Kirchentag verabschiedete Resolution fordert, der Tätigkeit des einfachen Arbeiters und der Hausfrau mit Hochachtung zu begegnen.
Innerhalb des Zentrums vertritt diese Position Prälat Ludwig Kaas, der ebenfalls in Dortmund spricht. Auf der anderen Seite gibt es im Zentrum, trotz der derzeitigen Koalition mit den rechtsbürgerlichen Parteien, immer noch einen starken Flügel, der traditionell innerhalb der Arbeiterbewegung mit der SPD kooperiert. Repräsentanten dieser Richtung sind der Reichstagsabgeordnete und Vorsitzende der christlichen Gewerkschaften, Adam Stegerwald, der den diesjährigen Katholikentag als Präsident leitet, und der Zentrumsabgeordnete und ehemalige Reichskanzler Joseph Wirth, der zwar nicht persönlich anwesend ist, vor dessen nicht auf der offiziellen Parteilinie liegenden Ansichten in Dortmund jedoch mehrfach gewarnt wird (→ 3. 6./S. 104).

Pacellis Appell an die Gläubigen

Zur Eröffnung des Katholikentags in Dortmund hält der Päpstliche Nuntius im Deutschen Reich, Eugenio Pacelli (der spätere Papst Pius XII.), eine Rede, in der er sich zur sozialen Verantwortung des Christentums bekennt. Pacelli fordert die Gläubigen dazu auf, das Wirtschaftsleben nach den sittlichen Grundsätzen der christlichen Religion zu gestalten:

»Der soziale Appell der Kirche an die Gesellschaft von heute wird ungehört verhallen, wenn ihm nicht eine starke Gefolgschaft von katholisch denkenden Unternehmern, von katholisch denkenden Arbeitern, von Familien, in denen die heranwachsende Generation mit der ganzen Glut und Innigkeit katholischen Lebens durchwärmt wird, ersteht. Katholische Sozialpolitik ist nur möglich im Rahmen ziel- und wegbewußter katholischer Kulturpolitik. Ein verhängnisvoller Irrtum wäre es zu meinen, die Forderungen der religiösen Kultur in Schule und Kirche könnten heute zurücktreten hinter den drängenden Problemen des Sozial- und Wirtschaftslebens, und rein wirtschaftliche Maßnahmen könnten imstande sein, die drückende Not der Menschheit zu überwinden.«
Der Vatikan verfolgt mit seiner 1922 ins Leben gerufenen »Katholischen Aktion« das Ziel, die Lehren der Kirche massiv auf allen gesellschaftlichen Ebenen, insbesondere in der Arbeiterschaft, durchzusetzen.

Eine Warnung der Bischofskonferenz

10. September. Die Freisinger katholische Bischofskonferenz warnt vor dem Besuch der stigmatisierten Therese Neumann in Konnersreuth. Die Bischöfe erlassen folgende Mahnung: »Die Bischöfe Bayerns auf der Konferenz in Freising sprechen hiermit die dringlichste Mahnung aus, über die Vorgänge in Konnersreuth nicht abschließend zu urteilen, bis die kirchliche Autorität selbst entschieden hat, und deshalb alle Besuche dort zu unterlassen ...«
Nach Konnersreuth in der Oberpfalz reisen seit Monaten Schaulustige und Gläubige, um die 29jährige Schneiderstochter Therese Neumann zu sehen. Bis zu 2000 Menschen kommen täglich in das Dorf.
Seit dem Weihnachtsfest 1926 brechen an den Stellen, an denen Christus nach den Berichten der Evangelisten bei der Kreuzigung verletzt worden sein soll, bei Therese Neumann angeblich blutige Wunden auf (Stigmatisierung), sie erlebt ekstatische Visionen, nimmt keine Nahrung mehr zu sich und ist von Lähmungen und Blindheit, an denen sie jahrelang litt, befreit.
Die Wissenschaftler und Mediziner versuchen die Vorkommnisse unter Hinweis darauf zu erklären, daß es bei bestimmten hysterischen Erkrankungen möglich sei, solche körperlichen Erscheinungen an sich selbst hervorzurufen, wenn das zentrale Nervensystem entsprechend empfindlich ist.

Therese Neumann, die »Stigmatisierte von Konnersreuth«, zu der Tausende von Menschen pilgern

Die Reichswehr zeigt bei den Herbstmanövern von Heer und Flotte ihre Stärke

14. September. *Der deutsche Reichspräsident Paul von Hindenburg nimmt zum Abschluß der Herbstmanöver der deutschen Flotte im Ostseehafen Swinemünde eine Flottenparade ab (Abb. l.). An den Flottenmanövern nehmen 35 Kriegsschiffe mit rund 7000 Mann an Bord, das ist etwa die Hälfte des Bestandes der Reichsmarine, teil (Abb. r.: Torpedoboote auf der Ostsee). Im Rahmen der Herbstmanöver finden u. a. in Preußisch-Eylau (Ostpreußen) vom 5. bis 7. September großangelegte Heeresübungen statt, bei denen die Rückschlagung von Angriffen aus dem Osten geprobt wird. Dabei ist der Chef der Heeresleitung, General Wilhelm Heye, anwesend, der vor der Übernahme dieses Amtes im Jahr 1926 die an den Manövern beteiligte Division befehligt hat.*
Nach den Entwaffnungsbestimmungen des Versailler Friedensvertrags ist die deutsche Heeresstärke auf 100 000 Mann, die Stärke der Marine auf 15 000 Mann beschränkt. Die Wehrpflicht und der Generalstab sind abgeschafft, bei der Rüstungsproduktion bestehen ebenfalls Beschränkungen (→ 23. 2./S. 40). Die Interalliierte Militärkommission (IMKK), die für die Einhaltung der Bestimmungen Sorge tragen sollte, ist seit dem → 31. Januar (S. 17) aufgelöst. Während auf politischer Ebene von den westlichen Nachbarn des Deutschen Reiches Zweifel an der Entwaffnung kaum noch geäußert werden, bleibt bei der IMKK – berechtigte – Skepsis, die sich u. a. an der Ausbildung von Einwohnerwehren, der Einrichtung geheimer Waffenlager, der Zusammenarbeit der Reichswehr mit dem »Stahlhelm« und anderen »vaterländischen Verbänden« sowie an den geheimen Grenzschutzmaßnahmen in Ostpreußen entzündet.

Ago von Maltzahn verunglückt

23. September. Ago (eigentl. Adolf Georg Otto) Freiherr von Maltzahn, der Botschafter des Deutschen Reiches in Washington, stirbt bei einem Flugzeugabsturz in der Nähe von Schleiz (Thüringen).
Bei diesem schwersten Flugzeugunglück in der Geschichte der deutschen Zivilluftfahrt sind die vier Passagiere und der Flugzeugführer sofort tot, der Bordmonteur erliegt wenig später seinen Verletzungen. Das Flugzeug, eine Dornier 585 der Lufthansa, befand sich auf dem Weg von Berlin nach München. Über die Unglücksursache ist nichts Genaues bekannt; Augenzeugen berichten, daß sich während des Fluges der rechte Flügel vom Rumpf des Flugzeugs löste und herunterfiel.
Der am 31. Juli 1877 geborene Maltzahn begann seine Diplomatenlaufbahn nach Abschluß der juristischen Examina in Rio de Janeiro und Christiania (heute Oslo). 1912 wurde er als Legationsrat nach Peking versetzt, wo er auch bei Ausbruch des Weltkriegs noch tätig war. Einer größeren Öffentlichkeit wurde er bekannt, als er mit einem fingierten Telegramm, »Meine Verlobung mit Miss Butterfly wird täglich erwartet, bitte, informiert Eltern«, von dort aus den bevorstehenden Kriegseintritt Japans mitteilte.

Blick auf den Unglücksort bei Schleiz (Thüringen), wo der deutsche Botschafter in den USA, Ago von Maltzahn, und fünf weitere Personen beim Absturz einer Dornier 585 der Lufthansa ums Leben gekommen sind

Ein Wirbelsturm wütet in St. Louis

29. September. Bei einem Wirbelsturm, der mit einer Geschwindigkeit von etwa 140 km/h über die US-amerikanische Stadt St. Louis hinwegfegt, sterben 90 Menschen, 600 Personen werden schwer verletzt. Über 2000 Familien verlieren ihr Obdach; insgesamt werden 5000 Gebäude schwer beschädigt oder vollständig zerstört.
Obwohl der Tornado sich eine Stunde vor der Katastrophe durch ein dumpfes Grollen ankündigte, sind die Bewohner der Stadt, als die bedrohliche schwarze, trichterförmige Wolke des Tornados am Himmel sichtbar wird, vollkommen überrascht. Innerhalb von weniger als fünf Minuten verwandelt sich St. Louis in ein Trümmerfeld: Häuser werden abgedeckt oder stürzen ein, die Straßenbahnen werden aus den Schienen gehoben, Automobile und Busse stürzen um, die Fußgänger werden wie Laub durch die Straßen der Stadt getrieben.

Verkehrszeichen vereinheitlicht

1. September. Nachdem 1926 bereits die verkehrspolizeilichen Bestimmungen der Länder des Deutschen Reiches aneinander angeglichen worden sind, werden nunmehr auch die Verkehrszeichen reichsweit vereinheitlicht. Für die Zeichen sind die Farben Weiß und Rot gewählt worden. Es sind drei Signalgruppen voneinander zu unterscheiden:

▷ Die Gefahrentafeln mit Hinweisen auf abschüssige Stellen, Bauarbeiten usw. sind dreieckig
▷ Für Sperrschilder hat man die Pfeilform gewählt
▷ Eine neue Art von Verkehrszeichen sind die Geschwindigkeitstafeln in viereckiger Form. Diese Tafeln sollen künftig u. a. bei Schulen aufgestellt werden

Für Orientierungsschilder ist eine reichseinheitliche Lösung noch nicht gefunden worden. In Preußen hat man sich bei Ortstafeln und Richtungshinweisen für die Farben Gelb und Schwarz entschieden. Da Anpreisungen auf den Verkehrszeichen künftig verboten sind, werden die Automobilklubs die Tafeln nicht mehr unentgeltlich liefern.

Der Potsdamer Platz in Berlin; der dichte Großstadtverkehr erforderte dringend einheitliche Verkehrszeichen

Vision: Hinaus in den Weltraum

4. September. Der Flugzeugkonstrukteur Max Valier setzt sich, angeregt durch die jüngsten Transatlantikflüge, mit den Möglichkeiten zur Eroberung des Alls durch raketengetriebene Weltraumschiffe auseinander. Er schreibt:

»Die erfolgreichen Ozeanüberquerungen ... haben aufs neue bewiesen, daß alle Entfernungen auf unserer Erde immer schneller zusammenschrumpfen. Erinnert man sich daran, daß vom ersten Sprung des Motordrachens der Brüder Wright vom 7. Dezember 1903 bis zu Lindberghs Transozeanflug noch nicht 25 Jahre verflossen sind, so fragt man sich unwillkürlich, wo dieser Fortschritt der Verkehrstechnik hinführen soll. Die Antwort lautet: Hinaus in den Weltenraum! Für Wasser- und Landfahrzeuge ist die ökonomische Höchstgeschwindigkeitsgrenze bereits erreicht, auch für die heutigen Flugzeugtypen liegt sie dicht vor uns. In den großen Höhen über 20 km, wo die Luft dünn wird, versagen die heutigen Motoren und Propeller. Hier kann nur ein Motorenprinzip helfen, das von der umgebenden Luft vollkommen unabhängig ist: die Rakete!
Sie fängt dort an, wo die anderen aufhören, und wird erst ökonomisch dort, wo unsere bisherigen Bewegungsmittel überhaupt nicht mehr hinkönnen. Die Theorie der Rakete ... hat gezeigt, daß Raketenfahrzeuge erst von 50 000 m Höhe und 20 000 km/h aufwärts zur vollen Entfaltung ihres Nutzeffekts gebracht werden können. Freilich ist auch ihnen eine obere Grenze gesetzt ...
Dies bedeutet mit anderen Worten, daß die oberste Grenze der heute ... technisch möglichen Maschinenleistung von Raketen bei einem idealen Antrieb von 8800 m/sec liegt ... Das reicht zwar bei weitem nicht zu, um den Mond zu erreichen, ... aber es würde genügen, um rd. 6000 km senkrecht in den Weltenraum emporzusteigen oder aber an der Grenze des Luftkreises horizontal unseren Erdball wie ein Mond in weniger als zwei Stunden zu umkreisen ...«

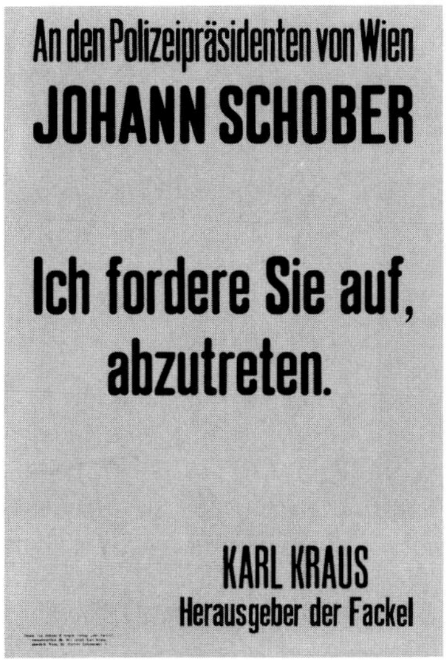

Karl-Kraus-Plakat mit der Rücktrittsaufforderung an Schober

Reklameplakat des »Goldfüllfederkönigs« Ernst Winkler

Parodie auf ein ernstes Plakat

Karl Kraus, der Herausgeber der Zeitschrift »Die Fackel«, läßt vom 17. bis 19. September in Wien ein Plakat an den Litfaßsäulen anbringen, auf dem er den Polizeipräsidenten der Stadt, Johannes Schober, den er für das brutale Vorgehen der Wiener Polizei bei den Juli-Unruhen (→ 15./16. 7./S. 118) verantwortlich macht, zum Rücktritt auffordert.
Ernst Winkler, ein Füllfeder-Fabrikant, veröffentlicht daraufhin am 22. September ein Plakat mit der gegenteiligen Aufforderung, um so auf sich und seine Firma aufmerksam zu machen.

Zensurvorwurf an neue Ufa-Leitung

19. September. Im Gloria-Palast in Berlin wird der pazifistische Film »Am Rande der Welt« von Karl Grune uraufgeführt.
Der Regisseur erhebt in einem offenen Brief schwere Vorwürfe gegen die neue Leitung der Ufa, bei der er den Film produziert hat. Nach der »Machtübernahme« durch den deutschnationalen Politiker und Pressezaren Alfred Hugenberg (→ 26. 3./S. 60) habe die Ufa ihm – aus politischen Gründen – einschneidende Änderungen vorgeschlagen. Obwohl er diese Änderungen nicht akzeptiert habe, sei der Film nun in verstümmelter Form in die Kinos gekommen.

Meister der Fotografie in London ausgestellt

12. September. Die Internationale Fotografie-Ausstellung in London, die bis zum 8. Oktober dauert, gibt einen repräsentativen Überblick über das fotografische Schaffen.
Die Werke japanischer Meister finden auf der Ausstellung besondere Beachtung. Die fotografischen Naturstudien – Seerosen im Teich, Abendwellen u. a. – beeindrucken durch ihre ruhige, schlichte Komposition und erinnern in der Motivwahl und in der Feinheit der Zeichnung an fernöstliche Malerei.
Bei den Exponaten europäischer Fotografen finden sich ebenfalls aus der – impressionistischen – Malerei übernommene Motive, wie z. B. eine Tänzerin vor dem Spiegel; ferner sind technisch perfekte Naturaufnahmen ausgestellt. Durch die Schattenfotografie werden surrealistische Effekte erzeugt.
Die US-Amerikaner sind auf der Ausstellung mit einer Reihe von Luftaufnahmen der Airmap-Corporation vertreten. Aufnahmen der Niagarafälle und des Stadtbildes von New York, die aus einer Höhe von bis zu 3500 m fotografiert sind, bestechen vor allem durch ihre technische Brillanz.
Die Erkenntnis, daß Fotografie eine Kunst ist, hat sich, wie die Londoner Ausstellung zeigt, durchgesetzt; eine Besinnung auf die Bildsprache des Mediums haben jedoch nur wenige Fotografen vollzogen. Fast alle Bilder wirken »gestellt«.

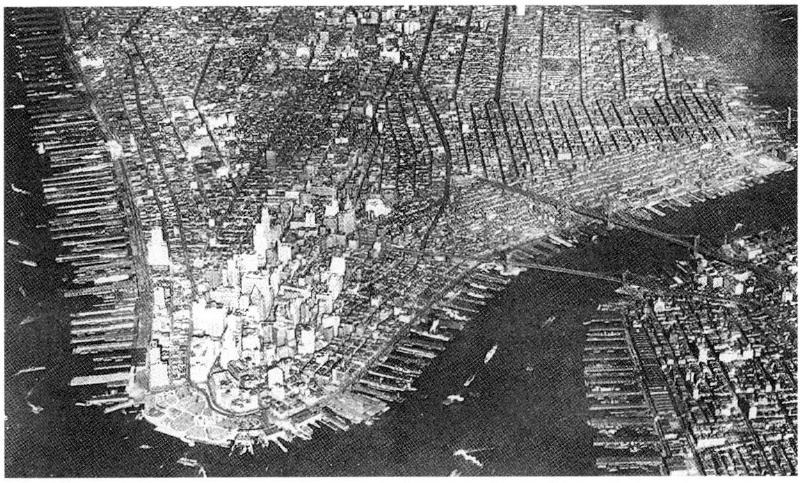

Manhattan Island (New York) mit dem Hudson (l.) und dem East River; eine technisch exzellente Aufnahme der Airmap-Corporation (USA)

Studie mit Goldfisch; eine Aufnahme des Japaners Kimura

»Bereit zum Tanz«, Erinnerung an impressionistische Gemälde

»Die Schwarze Hand«, Schattenfotografie von Cyril O. Laundry

»Marine-Dekoration«, experimentelle Fotografie von H. MacGregor

Musik 1927:

Die Vielfalt der musikalischen Formen

Die internationale Musikszene des Jahres 1927 ist durch eine ungeheure Vielfalt an musikalischen Formen und Stilen gekennzeichnet. Tonale und neoklassische Werke stehen neben Kompositionen in Zwölftontechnik, im Stil moderner Jazz- und Tanzrhythmen oder im Volkston.

Die Stücke des Italieners Ottorino Respighi – 1927 entstehen »Trittico Botticelliano« und »Gli Uccelli« für kleines Orchester sowie die Oper »Le campana sommersa« – sind völlig tonal. Paul Hindemiths neoklassisches Werk, das die Grenzen tonaler Harmonik überschreitet, ist demgegenüber avantgardistischer. Seine Kammermusik Nr. 5 (Bratschenkonzert op. 36/4) wird unter Otto Klemperer in Berlin uraufgeführt. Den Solopart spielt Hindemith selbst. Besonders publikumswirksam ist der vierte Satz im »Sound« einer Militärkapelle. Komponist Ernst Toch stellt in Baden-Baden eine »Studie für mechanische Orgel« vor.

Das 3. Streichquartett von Béla Bartók trägt Züge einer strengen und durch kaum hörbare Motivabwandlungen äußerst kunstvollen Klassizität; es ist andererseits aus der Volksmusik der ungarischen Heimat des Komponisten gespeist.

Alban Bergs »Kammerkonzert für Klavier und Geige mit 13 Bläsern«, das 1927 unter Hermann Scherchen in Berlin uraufgeführt wird, ist in freier Atonalität mit tonalen Anklängen und Passagen in Zwölftontechnik gestaltet. Es spielt mit den Notenwerten aus dem eigenen Namen und den Namen der anderen Exponenten der Neuen Wiener Schule, Anton von Webern und Arnold Schönberg. Das Werk trägt eine Widmung an Schönberg, der für sich die Erfindung der Zwölftontechnik, bei der durch gleichmäßige Behandlung aller Töne harmonische Zentren strikt vermieden werden, in Anspruch nimmt.

Die Musik des in New York lebenden französischen Komponisten Edgar Varèse wird vielfach als seelenlose »Maschinenmusik« diffamiert. Varèse experimentiert mit Schallaufnahmen und mit elektronischen Mitteln. Sein 1927 in Philadelphia uraufgeführtes Werk »Arcana« ist jedoch noch für ein, allerdings stark vergrößertes, Sinfonieorchester geschrieben.

Eine Gemeinschaftsproduktion ist das Ballett »L'eventail de Jeanne« (»Johannas Fächer«), das von Jacques Ibert, Georges Auric, Darius Milhaud, Francis Poulenc, Maurice Ravel und Florent Schmitt komponiert worden ist.

Paul Hindemith

Ernst Toch

Alban Berg

Béla Bartók

Der erst 11jährige Geiger Yehudi Menuhin wird bei seinem ersten Auftritt in den USA als Wunderkind gefeiert

Der Zwölftonkomponist Arnold Schönberg am Dirigentenpult bei einer Aufnahme für die »Funkstunde«

Das Singspiel »Die Prinzessin auf der Erbse« von Ernst Toch wird in Baden-Baden uraufgeführt

Hollywood Bowl, größte Freiluft-Konzertarena der Welt, Sitzplätze für 30 000 Besucher

Volksmusikschule in Berlin-Charlottenburg, Fritz Jöde dirigiert einen gemischten Jugendchor

Streit um Meistersinger-Film

5. September. In Berlin wird der Film »Der Meister von Nürnberg« nach Motiven der Oper »Die Meistersinger von Nürnberg« von Richard Wagner uraufgeführt. Unter der Regie von Ludwig Berger spielen Rudolf Rittner, Maria Solveig und Gustav Fröhlich.
Berger hat nach einem Drehbuch von Robert Liebmann und Rittner an die Stelle des Sängerwettstreits, der im Stummfilm nicht adäquat darstellbar ist, einen Lyrikwettbewerb gesetzt, bei dem Gedichte an den Magistrat der Stadt Nürnberg eingereicht werden. Die Mitglieder des Magistrats sind in ihren Intrigen über die Preisvergabe karikiert.
Der Film wird in der Reichshauptstadt – trotz einiger Kritik an der Konstruktion der Handlung – im allgemeinen positiv aufgenommen. Besonders die pointierte Darstellungskunst Rittners wird gelobt.
Ganz anders ist jedoch die Reaktion in Bayern. Vereine von Wagner-Anhängern und Kulturverbände der Stadt Nürnberg sehen in dem Film eine Verunglimpfung des Werks von Richard Wagner, der »Fränkische Kurier« spricht von einer »Schändung deutscher Kultur durch die Zerstörungswut skrupelloser Geschäftsleute«. Die Generalintendanz der Münchener Oper verbietet den Mitgliedern des Ensembles, an der Erstaufführung in der Isarstadt am 6. Oktober teilzunehmen.

Veit Harlan (l.) als David und Rudolf Rittner als Hans Sachs in »Der Meister von Nürnberg«, einem Film nach Motiven der Oper von Wagner

Otto Klemperer in Berlin gefeiert

29. September. Der Dirigent Otto Klemperer, der zum 1. November die musikalische Leitung der Staatsoper am Platz der Republik (Krolloper) in Berlin übernimmt, gibt sein erstes Sinfoniekonzert in diesem Haus. Er wird ebenso wie der Solist des Abends, der Pianist Arthur Schnabel, sowie der tschechische Komponist Leoš Janáček, dessen »Sinfonietta« – neben Johann Sebastian Bachs Suite Nr. 3 und Wolfgang Amadeus Mozarts Klavierkonzert KV 466 – auf dem Programm steht, vom Publikum begeistert gefeiert.
Klemperer gilt zu einer Zeit, da die gefühlsbetonten Dirigierstile eines Wilhelm Furtwängler oder Bruno Walter die Szene beherrschen, als Vertreter einer neuen, »sachlicheren Auffassung« vom Wesen der Musik. Im Vordergrund seines Bemühens steht die authentische, von subjektiven Vorstellungen möglichst wenig beeinflußte Werkwiedergabe.
Am 19. November folgt Klemperers Debüt an der Krolloper mit Ludwig van Beethovens »Fidelio«. Die Aufführung verzichtet ebenfalls auf große Gefühlsausbrüche und ist durch Nüchternheit und Sachlichkeit gekennzeichnet. Klemperer setzt in seiner Tätigkeit an der Krolloper den Akzent auf die Ensemblearbeit. Sowohl im Opernrepertoire wie in den Sinfoniekonzerten in der Oper bemüht er sich um die Förderung zeitgenössischer Musik.

Der Dirigent Otto Klemperer, einer sachlichen Auffassung verpflichtet

Tragischer Tod einer Tänzerin

14. September. Einen tragischen Tod stirbt die berühmte Tänzerin Isadora Duncan. Ihr langer flatternder Schal, ohne den sie nie auszugehen pflegt, verfängt sich bei einer Fahrt im offenen Auto, die sie in dem französischen Badeort Nizza unternimmt, in den Speichen der Räder und erdrosselt sie.
Die am 27. Mai 1878 in San Francisco geborene Duncan setzte sich seit der Jahrhundertwende für einen – ihrer Vorstellung von Natürlichkeit entsprechenden – Ausdruckstanz ein. Unter Bezug auf das Ideal der körperlichen Harmonie, das sie aus dem klassischen Griechenland übernahm, und auf die Idee des reinen Ausdrucks innerer Seelenvorgänge löste sie sich von den Formen des klassischen Balletts.
Zusammen mit ihrer Schwester Elisabeth gründete sie in verschiedenen europäischen Großstädten, darunter 1904 auch in Berlin, die sog. Duncan-Schulen zur tänzerischen Ausbildung von Kindern.
Während des Weltkriegs ging Isadora Duncan, die der kommunistischen Ideologie verbunden war, nach Rußland. Nach Kriegsende waren ihr daher – bis 1924 – die deutschen Bühnen verschlossen. Als sie danach wieder im Deutschen Reich auftrat, konnte sie ihre Erfolge der Vorkriegszeit nicht mehr wiederholen. Ihr Tanz erschien nun plötzlich nicht mehr natürlich, sondern auf eine andere Weise als das klassische Ballett gekünstelt.

Titelblatt der Zeitschrift »Jugend« aus dem Jahre 1904 mit einer Pastellzeichnung von Fritz von Kaulbach, die US-amerikanische Ausdruckstänzerin Isadora Duncan darstellend; die Duncan trat – ihrem Ideal vollendeter Natürlichkeit folgend – stets barfüßig und mit einer knielangen Tunika auf. Ihre Memoiren erscheinen 1927 unter dem Titel »My Life«

Piscators neue Agitationsbühne

3. September. Der Regisseur Erwin Piscator, der nach Zensureingriffen bei der Aufführung von »Gewitter über Gotland« (→23. 3./S. 60) im Unfrieden bei der Volksbühne ausgeschieden ist, eröffnet in Berlin ein eigenes Theater, die Piscator-Bühne am Nollendorfplatz.

Piscator, der nach eigenem Bekunden der KPD nahesteht, lehnt die Aufführung bürgerlicher Repertoirestücke ab und sieht die Bestimmung seiner Bühne allein in der direkten politischen Wirkung: »Wir sehen im Theater nichts als ein Mittel, um eine bestimmte Idee zu vertreten und zu propagieren ... Die Idee, die wir vertreten, ist eine politische. Wir kennen den Begriff der Kunst, so wie ihn die bürgerliche Epoche der letzten fünfzig Jahre formuliert hat, ... aber wir distanzieren uns bewußt von ihm ...«

Programmheft der Piscator-Bühne am Nollendorfplatz in Berlin

Zur Eröffnung der Piscator-Bühne wird »Hoppla, wir leben!« von Ernst Toller gegeben. In dem revuehaft aus einzelnen Bildern bestehenden Stück verarbeitet der radikalsozialistische Autor, der als Mitglied der Münchener Räterepublik 1919 zu fünf Jahren Festungshaft verurteilt worden war, eigene Erfahrungen: Karl Thomas, der Held des Stückes, wird wegen Teilnahme an der Revolution 1919 zum Tode verurteilt. Nach zehn Tagen Wartezeit auf die Hinrichtung wird er wahnsinnig und in eine Nervenheilanstalt eingeliefert. 1927 als geheilt entlassen, erfährt er, daß seine ehemaligen Freunde und Mithäftlinge ihre Ideale verraten haben. Am Ende landet er wieder im Gefängnis und begeht Selbstmord.

Piscator inszeniert das Drama auf einer Etagenbühne unter Einsatz fotografischer und filmischer Mittel. In einem siebenminütigen, aus Dokumentarmaterial montierten Film werden die Geschehnisse während der acht Jahre Haftzeit bis zu den Juliunruhen in Wien (→15./16. 7./S. 118) und zum Fall Sacco-Vanzetti (→23. 8./S. 138) eingeblendet.

Diese erste Aufführung in der neuen Piscator-Bühne wird in der sozialistischen, der linksbürgerlichen und liberalen Presse im allgemeinen begeistert aufgenommen.

Fotomontage von Sascha Stone mit der Piscatorbühne und dem Schattenriß des kommunistisch orientierten Regisseurs Erwin Piscator

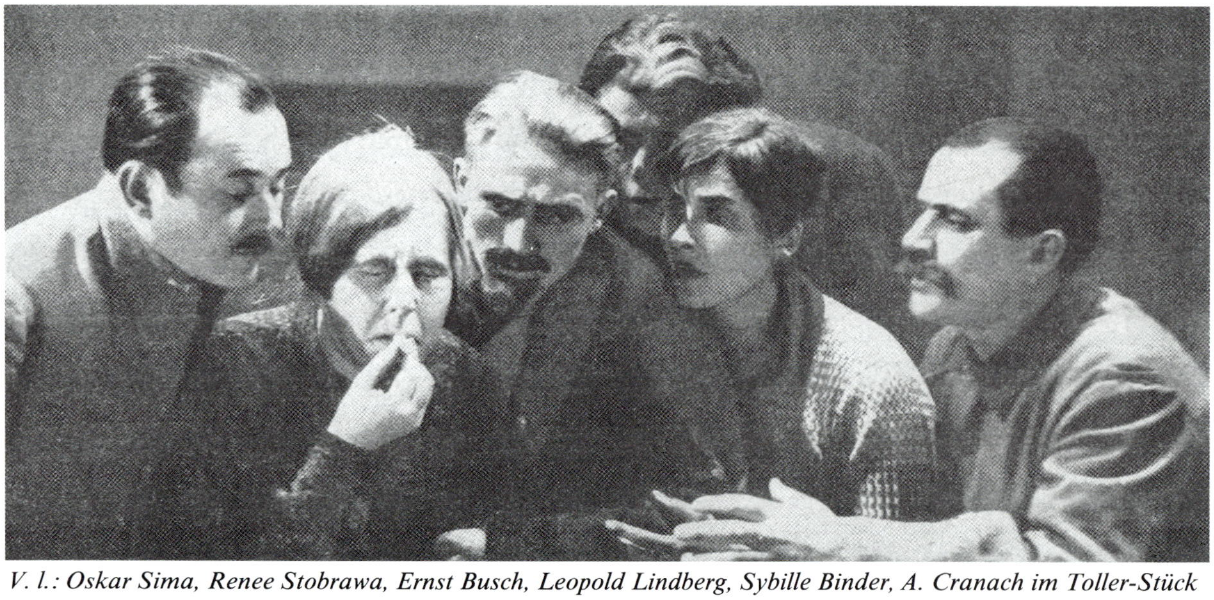

V. l.: Oskar Sima, Renee Stobrawa, Ernst Busch, Leopold Lindberg, Sybille Binder, A. Cranach im Toller-Stück

Clown aus der Bauhaus-Versuchsbühne Oskar Schlemmers

Titelblatt der »Berliner Illustrirten« mit Gerhart Hauptmann (l.)

Miss Bernon, der erste weibliche Theaterdirektor Londons

Szene aus dem Sternheim-Lustspiel »Die Schule von Uznach« mit Felix Bressart (Mitte)

Paul Wegener in der Rolle des Zarenberaters Grigori J. Rasputin auf der Piscator-Bühne

Der volkstümliche Dramatiker Carl Zuckmayer bei der Feldarbeit auf seinem Grundstück

Theater 1927:

Klassiker, Agitation und Unterhaltung

Neben großen Klassikerinszenierungen und Versuchen zur Politisierung des Theaters bestimmen leichte, gelegentlich auch anspruchsvollere Komödien die Spielpläne der deutschen Bühnen.

Zu den herausragenden Neuinszenierungen des Jahres 1927 gehört William Shakespeares »Kaufmann von Venedig« am Berliner Staatstheater unter der Regie von Jürgen Fehling, Fritz Kortner spielt den Juden Shylock. Kortners Darstellung erreicht nach dem einhelligen Urteil der Kritiker – verglichen mit seiner Interpretation dieser Rolle unter Berthold Viertel (1923) und Max Reinhardt (1924) – unter Fehling seine vollgültige Gestaltung. Der jüdische Schauspieler Kortner hat sich gegen den Regisseur, der aus Furcht vor wachsendem Antisemitismus die Figur menschenfreundlicher zeichnen wollte, durchgesetzt. Kortners Shylock trägt so einerseits tragisch-dämonische, andererseits jedoch eindeutig gemeine und haßerfüllte Züge.

Ein weiteres Shakespeare-Drama, »Hamlet«, wird am Leipziger Staatstheater unter der Regie des naturalistischen Dramatikers Gerhart Hauptmann aufgeführt. Hauptmann hat in das Stück einige eigene Szenen eingefügt. Der Dänenprinz erscheint hier nicht als Zaudernder, sondern als entschlossen Handelnder. Das Urteil der Kritik ist vernichtend: Hauptmann habe das Stück um einige überflüssige Haupt- und Staatsaktionen angereichert und die Poesie des Werks zerstört: »Ich sah – heraus damit –, ich sah niemals eine ›Hamlet‹-Veranstaltung, bei der man so gleichgültig blieb«, schreibt z. B. der Kritiker Alfred Kerr.

Erwin Piscator inszeniert nach »Gewitter über Gotland« (→ 23. 3./S. 60) und »Hoppla, wir leben!« (→ 3. 9./S. 158) 1927 noch ein drittes Werk, »Rasputin, die Romanows, der Krieg und das Volk, das gegen sie aufstand«. Der Regisseur hat die Vorlage von Alexei N. Tolstoi, die allein den dämonischen Charakter des Zarenberaters Grigori J. Rasputin zum Inhalt hat, wesentlich erweitert, um so zu einer Gesamtdarstellung der Entwicklung in Rußland von 1914 bis zur Oktoberrevolution 1917 zu liefern. Wiederum werden Dokumentar-Filmaufnahmen in das Bühnengeschehen integriert. Wegen der mangelnden Qualität der Vorlage ist die Reaktion auf die Aufführung geteilt. Ex-Kaiser Wilhelm II. erwirkt aus seinem Exil in Doorn ein Verbot der Szene, in der ein Schauspieler in seiner Maske auftritt.

Ein weiteres Stück mit politisch-agitatorischem Anspruch ist »Die Petroleumsinsel« von Lion Feuchtwanger. Das Drama um die Aufteilung der Welt unter den großen Ölgesellschaften krankt an der vordergründigen Handlung um eine starke, aber häßliche Frau.

Von den Erfolgskomödien des Jahres seien nur einige genannt: Das Gaunerstück »Ein besserer Herr« von Walter Hasenclever, »Spiel im Schloß« von dem populären österreichischen Dramatiker Ferenc Molnár, das satirische Stück »Ein gastliches Haus« von Heinrich Mann und »Die Schule von Uznach« von Carl Sternheim.

Szene aus der Uraufführung der Komödie »Der dreimal tote Peter« am Münchener Schauspielhaus – links der Erfolgskomiker Heinz Rühmann; der Autor Sling ist Gerichtskommentator bei der »Vossischen Zeitung«

Regisseur Walter Ruttmann gelingt es mit gekonnter Montagetechnik, die Atmosphäre Berlins einzufangen

»Die Symphonie einer Großstadt«

23. September. Im Tauentzien-Palast in Berlin wird der Film »Berlin – Die Symphonie einer Großstadt« (Regie: Walter Ruttmann) uraufgeführt, ein Musterbeispiel der Neuen Sachlichkeit im deutschen Film.
Unter Verzicht auf eine durchgängige Handlung zeichnet Ruttmann in dem Film einen Frühlingstag in Berlin nach. Durch die Montage von Bildszenen, die vorwiegend nach formalen Gesichtspunkten in Beziehung gesetzt sind, und durch rasche Kamerawechsel fängt der Film Tempo und Atmosphäre Berlins ein. Die Aufnahmen sind vielfach mit versteckter Kamera gefilmt.

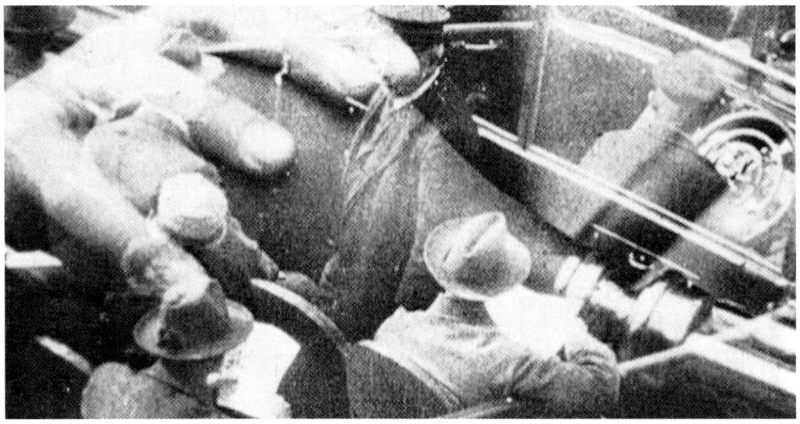

Montage: Kraftfahrer, der eine Hupe bedient, Fahrgäste im Bus; Szene aus Ruttmanns Dokumentarfilm »Die Symphonie einer Großstadt«

Fritzi Massary – Frau von Format

21. September. Im Berliner Theater des Westens wird die Operette »Eine Frau von Format« von Rudolph Schanzer (Text) und Michael Krauß (Musik) unter der Regie von Ernst Welisch uraufgeführt.
Umjubelter Star des Abends ist Fritzi Massary, die alle Unzulänglichkeiten des Werks, das sich durch eine ebenso unglaubwürdige wie unromantische Handlungskonstruktion sowie durch einige mißlungene politische Anspielungen auszeichnet, vergessen läßt und die Kritiker zu Lobeshymnen hinreißt.
So heißt es in einer großen Berliner Zeitung über die Massary: »Ihre Kunst macht das Unmögliche zum einzig Wahrscheinlichen. Sie tritt auf als erste große weibliche Diplomatin . . ., und man faßt sich an den Kopf und findet es unverzeihlich, daß das Auswärtige Amt sich diese Kraft bisher entgehen lassen konnte. . . . Da gibt es Dialogstellen, die, wenn man sie lesen würde – aber gerade davor bewahrt uns Massary. Sie geht in dem sprühenden Sprudel nicht unter. Sie meistert ihn, und spricht – gleichgültig, welche Worte – als die geistreichste Frau der deutschen Bühne. So meistert sie die Couplets – die ohne Ansehen des Textes von diesen Lippen die Offenbarungen der einzigen deutschen Sängerin sind, die Couplets zu einer adligen Kunstform machte. Wie unerhört ist das gesungen, und zugleich mit Auge und Hand gesprochen! Dann aber kommen Augenblicke, wo alle Bewunderung . . . sich auflöst in den Taumel eines Übermuts, einer genial tollen Freude.«

Tänzerinnen in der Revuestadt Berlin; Einstellung aus dem Film »Die Symphonie einer Großstadt«

Eine ganze Reihe von Szenen in Walter Ruttmanns Film ist mit versteckter Kamera gedreht worden

Fritzi Massary als »Frau von Format« in der gleichnamigen Operette

Frankreich gewinnt den Davis-Cup

William Tilden (l.) gratuliert Henri Cochet (r.) zum Gewinn des Davis-Cup

10. September. Die französische Mannschaft schlägt das Team aus den USA in Philadelphia (USA) im Finale um den Davis-Cup 3:2.
Damit geht zum ersten Mal der Pokal in ein Land, das nicht zum angelsächsischen Sprachraum gehört. Bisher haben fünfmal Großbritannien, sechsmal Australien und zehnmal die USA diese inoffizielle Tennis-Mannschaftsweltmeisterschaft gewonnen. Seit 1920 befindet sich der Pokal in den USA. Die Endrunde 1927 hat folgende Ergebnisse: Jean René Lacoste – Bill Johnston 6:3, 6:2, 6:2; William Tilden – Henri Cochet 6:4, 2:6, 6:2, 8:6; Tilden/Francis T. Hunter – Jean Borotra/Jacques Brugnon 3:6, 6:3, 6:3, 4:6, 6:0; Lacoste – Tilden 6:3, 4:6, 6:3, 6:2; Cochet – Johnston 6:4, 4:6, 6:2, 6:2.

Gene Tunney weiterhin Schwergewichts-Weltmeister

22. September. Der alte und der neue Boxweltmeister im Schwergewicht heißt Gene Tunney: Fast auf den Tag genau nach seinem ersten Erfolg über Jack Dempsey im Jahr 1926 schlägt er den ehemaligen Titelträger in Chicago in einem Zehnrundenkampf überlegen nach Punkten.
Der Fight ist äußerst hart. Beide Boxer gehen zu Boden, und der Kampf scheint in der siebten Runde bereits gegen Tunney entschieden zu sein. Dann gelingt es ihm jedoch, den Gegner durch einen Schlag ans Augenlid so schwer zu verletzen, daß Dempsey in seiner Sicht behindert und damit den weiteren Attacken fast hilflos ausgesetzt ist. 150 000 Zuschauer verfolgen den Kampf. Tunney erhält 1,25 Millionen US-Dollar (5,25 Millionen Reichsmark).
Dempsey war 1919 durch ein K. o. über Jess Willard Weltmeister geworden und hatte den Titel fünfmal erfolgreich verteidigt. Am 23. September 1926 unterlag er Tunney in Philadelphia über zehn Runden nach Punkten. Sein Versuch, den Titel zurückzuholen, ist mit der Niederlage in Chicago mißglückt. Das Publikum schätzt den Draufgänger Dempsey jedoch mehr als den kühlen Rechner und Boxästheten Tunney.

Tunney liegt am Boden, Dempsey steht bei ihm, anstatt nach Vorschrift in die entfernteste Ringecke zu gehen, umstrittene Szene aus dem Kampf

150 000 Zuschauer verfolgen in Chicago den Weltmeisterschaftskampf

Neuer Weltrekord für Otto Peltzer

19. September. Das deutsche Mittelstrecken-As Otto Peltzer läuft bei einem internationalen Sportfest in Paris die 1000 m in 2:25,8 min und stellt einen Weltrekord auf.
Peltzer hält damit die Weltrekorde über alle Mittelstreckendistanzen, nachdem er am 3. Juli 1926 in London die 800 m in der neuen Weltrekordzeit von 1:51,6 min gelaufen ist und am 11. September 1926 in Berlin über 1500 m das finnische Laufwunder Paavo Nurmi besiegt und dabei die neue Weltbestleistung von 3:51,0 min aufgestellt hat.
Mit seinem neuen Rekord übertrifft Peltzer die bisherige Rekordzeit des Franzosen Séraphine Martin um eine volle Sekunde. Die »Vossische Zeitung« beschreibt das Finish zwischen Martin und Herausforderer Peltzer: »Nach 500 m übernahm Martin die Führung. Auf der letzten Gegengeraden versuchte Peltzer den entscheidenden Vorstoß, aber er ... hatte damit keinen Erfolg und ließ – taktisch meisterhaft – Martin mit knapper Führung in die Kurve, in der ein Daneben- oder Vorlaufen ihn einige Meter mehr Lauf gekostet hätte. In der Zielgeraden rückte er wieder auf, und nun kommt ein Endkampf Brust an Brust. In den letzten 90 m setzt Peltzer alle Energie ein und löst sich zentimeterweise von dem Franzosen.«
Die Hoffnungen der Deutschen für die Olympischen Spiele 1928 in Amsterdam richten sich nun auf den Stettiner Juristen. Peltzer soll sich in der laufenden Saison schonen und erhält deshalb ein Startverbot für Auslandsveranstaltungen.

Otto Peltzer, deutscher Mittelstreckenläufer aus Stettin

Oktober 1927

Mo	Di	Mi	Do	Fr	Sa	So
					1	2
3	4	5	6	7	8	9
10	11	12	13	14	15	16
17	18	19	20	21	22	23
24	25	26	27	28	29	30
31						

1. Oktober, Sonnabend

Im italienischen Südtirol tritt eine Verordnung in Kraft, daß in sämtlichen Volksschulen allein in italienischer Sprache unterrichtet werden darf. Ferner sind deutschsprachige Aufschriften auf öffentlichen Dokumenten und Schildern zu entfernen.

In Madrid wird ein »revolutionäres Komplott« aufgedeckt, das sich gegen den spanischen Diktator Miguel Primo de Rivera richtete. Die Verschwörer werden verhaftet.

In Basel wird ein zweitägiger internationaler Kongreß der Freimaurer eröffnet. Die Freimaurer streben eine Wiederbelebung der Beziehungen zwischen den nationalen Logen, die während des Weltkriegs abgebrochen worden sind, an.

Die Sowjetunion und der Iran schließen einen Nichtangriffspakt.

Das Gesetz über Arbeitsvermittlung und Arbeitslosenversicherung, das der Reichstag am → 7. Juli (S. 120) verabschiedet hat, tritt in Kraft.

Meteorologen weisen in der Presse die Vorstellung, daß die bei Rundfunkübertragungen erzeugten elektromagnetischen Wellen Einfluß auf das Wetter hätten, zurück.

Der ADAC nimmt den ersten motorisierten Straßenhilfsdienst auf.

Werner Heisenberg wird zum Professor für Theoretische Physik an der Universität Leipzig ernannt. →S. 167

2. Oktober, Sonntag

Reichspräsident Paul von Hindenburg wird 80 Jahre alt. Aus diesem Anlaß erläßt er eine Amnestie in 75 Fällen wegen politisch motivierter Delikte. →S. 167

In Warschau wird die Bevölkerung durch ein Selbstschutz-Manöver mit den Gefahren eines Gaskriegs bekanntgemacht. Es wird ein Giftgasangriff aus der Luft simuliert. →S. 168

In Mexiko wird ein Putschversuch hoher Militärs von regierungstreuen Truppen niedergeschlagen. →S. 168

Die deutsche Fußball-Nationalmannschaft verliert in Kopenhagen ein Länderspiel gegen Dänemark 1:3.

3. Oktober, Montag

Dem Malik-Verlag wird verboten, auf dem Umschlag des Buchs »Harry Domela, der falsche Prinz« ein Foto des Hohenzollernprinzen Wilhelm abzubilden (→6. 1./S. 23; 11. 7./S. 125).

Die spinale Kinderlähmung in Sachsen greift trotz aller medizinischen Abwehrmaßnahmen weiter um sich. Bisher sind 221 Erkrankungen gemeldet worden. →S. 170

4. Oktober, Dienstag

Der finnische Reichstag beschließt die Schaffung einer Flotte zur Verteidigung der Küsten.

Der Diskontsatz im Deutschen Reich wird von 6 auf 7%, der Lombardsatz von 7 auf 8% erhöht.

5. Oktober, Mittwoch

Die Friedrich Krupp AG in Essen und die Sowjetunion schließen einen Konzessionsvertrag. Krupp verpflichtet sich, auf 32 000 ha Land in der Sowjetunion einen rationellen, mechanisierten Betrieb einzurichten.

Das sowjetische Agitproptheater »Blaue Blusen«, das auf Einladung der Internationalen Arbeiterhilfe nach Deutschland gekommen ist, startet eine Tournee. Die erste Vorstellung findet in Berlin auf der Piscator-Bühne statt. →S. 173

6. Oktober, Donnerstag

Im Auswärtigen Amt in Berlin wird ein Handels- und Schiffahrtsvertrag mit dem Königreich der Serben, Kroaten und Slowenen (heute Jugoslawien) unterzeichnet.

Nach der Ermordung des Generalmajors in Mazedonien, Michael Kovačović, schließt das Königreich der Serben, Kroaten und Slowenen (heute Jugoslawien) die Grenze zu Bulgarien. Das Attentat soll in Bulgarien vorbereitet worden sein.

Der Internationale Pariser Autosalon wird eröffnet. Erstmals seit 14 Jahren ist mit Mercedes-Benz wieder eine deutsche Automobilfirma auf der Ausstellung vertreten.

7. Oktober, Freitag

In Hamburg wird »Das Wunder der Heliane« von Erich Wolfgang Korngold uraufgeführt. →S. 173

In der Presse wird die Tennis-Weltrangliste, die der britische Sportjournalist Wallis Myers zusammengestellt hat, veröffentlicht. Bei den Herren steht René Lacoste (Frankreich), bei den Damen Helen Wills (USA) auf Platz eins. Unter den ersten zehn befinden sich weder bei den Damen noch bei den Herren deutsche Tennisspieler.

8. Oktober, Sonnabend

Der italienische General Umberto Nobile, der 1926 mit dem Norweger Roald Amundsen im Luftschiff »Norge« den Nordpol überflogen hat, äußert in einem Interview die Ansicht, daß die Einrichtung von Fluglinien über die Arktis nicht utopisch sei.

In Dresden wird der Grundstein zu einem Hygiene-Museum gelegt.

9. Oktober, Sonntag

Bei den Bürgerschaftswahlen in Hamburg erreichen SPD und KPD zusammen die absolute Mehrheit. Eine Koalition der beiden Linksparteien kommt jedoch nicht zustande.

In Erfurt geht der Kongreß der Deutschen Friedensgesellschaft zu Ende (seit 7. 10.). Der Konflikt zwischen den völkerbundorientierten und den sowjetfreundlichen Mitgliedern kann beigelegt werden. Ludwig Quidde wird als Vorsitzender bestätigt.

Bei einem Besuch des britischen Außenministers Joseph Austen Chamberlain in Paris wird eine vollständige Übereinstimmung zwischen Großbritannien und Frankreich in allen großen internationalen Fragen festgestellt. Chamberlain ist am 7. Oktober in Paris eingetroffen.

10. Oktober, Montag

Das diktatorisch regierte Spanien erhält wieder ein Parlament, das allerdings lediglich beratende, nicht jedoch gesetzgeberische Funktion hat. Die Mitglieder werden von der Regierung bestellt.

11. Oktober, Dienstag

Im Wallner-Theater in Berlin, das der völkischen Ideologie nahesteht, wird das Stück »André Hofer« von Franz Kranewitter aufgeführt.

In Berlin gelangt der Monumentalfilm »Napoleon« des französischen Regisseurs Abel Gance zur deutschen Erstaufführung. Er wird auf eine 18 m breite Bildwand projiziert. →S. 174

Franz Diener wird durch einen Punktsieg über Rudi Wagner in Berlin Deutscher Meister im Schwergewichtsboxen (→1. 5./S. 97).

12. Oktober, Mittwoch

Der preußische Landtag berät über Hilfen für Landwirte, die von schweren Ernteschäden in Pommern betroffen sind.

In Leipzig wird ein Hochverratsprozeß gegen den Schriftsteller Johannes R. Becher eröffnet. →S. 174

13. Oktober, Donnerstag

Ein drohender Bruch zwischen Frankreich und der Sowjetunion wird durch die Abberufung des Sowjetbotschafters in Paris, Christian G. Rakowski, verhindert. Rakowski hatte sich in einer Resolution für die Stärkung der sowjetischen Propaganda im Ausland ausgesprochen. →S. 168

Polen und ein US-amerikanisches Finanzkonsortium unterzeichnen einen Anleihevertrag in Höhe von 60 Millionen US-Dollar (252 Millionen Reichsmark). Der polnischen Regierung wird ein »Berater« aus den USA zugeordnet, der die Verwendung der Gelder kontrolliert. →S. 170

Die Pilotin Ruth Elders, die am 11. Oktober von den USA zu einem Transatlantikflug gestartet ist, muß auf dem Ozean notlanden und kann von einem niederländischen Dampfer an Bord genommen werden.

Im Lessingtheater in Berlin wird das Stück »Schinderhannes« von Carl Zuckmayer uraufgeführt. →S. 174

14. Oktober, Freitag

Der Reichsrat, die Vertretung der Länder des Deutschen Reichs, lehnt die Vorlage zur Neuordnung der Beamtenbesoldung aus finanziellen Gründen ab (→15. 12./S. 200).

Nach der Ablehnung des Reichsschulgesetzes mit den Änderungswünschen der Länder, insbesondere Preußens, im Reichsrat beschließt die Reichsregierung, den Gesetzentwurf in der ursprünglichen Form wieder in den Reichstag einzubringen. Die Stellung der Konfessionsschule wird in dem Gesetzentwurf gestärkt (→14. 7./S. 121).

Die kommunistischen Redakteure Peter Stahl und Heinrich Meyer, die im Oktober 1926 einen Artikel des KPD-Vorsitzenden Ernst Thälmann veröffentlicht hatten, werden wegen Hochverrats in Leipzig zu Festungshaft verurteilt.

Die Handelsvertragsverhandlungen zwischen Frankreich und der Schweiz werden unterbrochen.

Der albanische Gesandte in Prag, Zena Beg, wird von einem albanischen Studenten in Prag erschossen. Der Ermordete ist ein Schwager des albanischen Staatspräsidenten Achmed Zogu.

15. Oktober, Sonnabend

Zur Eröffnung der Tagung »Nietzsche und das 20. Jahrhundert« in Weimar spricht Oswald Spengler. Er sieht in Friedrich Nietzsche einen »Propheten des Übermenschen Benito Mussolini«. →S. 174

»Der Streit um den Sergeanten Grischa«, ein Antikriegsroman von Arnold Zweig, erscheint. Innerhalb von zehn Tagen sind 10 000 Exemplare des Romans, der in der »Frankfurter Zeitung« als Vorabdruck erschienen ist, verkauft (→S. 144).

Am Staatlichen Schauspielhaus in Berlin hat das Stück »Die Wupper« von Else Lasker-Schüler (Uraufführung 1919) in einer Inszenierung von Jürgen Fehling Premiere. Es wird durch die Neuinszenierung von der Kritik in seiner Bedeutung erkannt.

16. Oktober, Sonntag

Grinzing, die Weinvorstadt von Wien, feiert unter großer Beteiligung der Heurigen-Wirte ihr 500jähriges Bestehen.

Zu Ehren des Berliner Theaterkritikers Alfred Kerr veranstaltet die Piscator-Bühne am Nollendorfplatz eine Matinee, an der sich die Schauspieler Ernst Deutsch, Fritz Kortner, Elisabeth Bergner und Tilla Durieux mit Beiträgen beteiligen.

»L'Illustration« aus Paris mit einem Sonderbericht zum Pariser Autosalon im Oktober

Ce numéro comprend 66 pages dont 20 en couleurs et 18 en héliogravure.

L'ILLUSTRATION

RENÉ BASCHET, directeur.

SAMEDI 1er OCTOBRE 1927

85e Année. — N° 4413.

Gaston SORBETS, rédacteur en chef.

L'Automobile et le Tourisme

L'ARRIVÉE A L'AUBERGE

(Composition de Pierre Brissaud.)

... Sur le seuil, le « traiteur » à la trogne enluminée, à la bedaine engageante, coiffé du bonnet blanc des maîtres queux, accueille les clients comme d'anciennes connaissances, et comme des connaisseurs. — (Page 4.)

Oktober 1927

Die »Berliner Funkstunde« unternimmt einen Versuch zur Gedankenübertragung per Rundfunk. Das Experiment, bei dem ein Bild, eine Zahl und eine Farbe den Rundfunkhörern telepathisch übermittelt werden sollen, zeigt jedoch keine überzeugenden Ergebnisse.

17. Oktober, Montag

Nach dem Scheitern der Tarifverhandlungen treten die Grubenarbeiter im mitteldeutschen Braunkohlenbergbau in Streik. Die Gewerkschaften melden eine rege Beteiligung (mindestens 75% der Arbeiter).

Bei den Wahlen zum Storthing, dem norwegischen Parlament, erleiden die bürgerlichen Regierungsparteien eine schwere Niederlage.

18. Oktober, Dienstag

Der Geburtstag des preußischen Dichters Heinrich von Kleist jährt sich zum 150. Mal. In einer Zeitungsumfrage äußern sich Schriftsteller der Gegenwart (Thomas Mann, Carl Zuckmayer, Alfred Neumann, Alexander Lernet-Holenia) über die Bedeutung des Dichters.

Im Berliner Reichstag werden Büsten der ersten deutschen Reichspräsidenten aufgestellt. Die Büste Friedrich Eberts ist von dem Münchener Bildhauer Bernhard Bleeker, die Paul von Hindenburgs von dem Berliner Bildhauer Edwin Scharff gestaltet worden. →S. 169

Carl von Ossietzky übernimmt anstelle von Kurt Tucholsky, der dem Blatt weiterhin als Autor verbunden bleibt, die Leitung der »Weltbühne«.

19. Oktober, Mittwoch

Nach einer Presseveröffentlichung liegt das Deutsche Reich im Pro-Kopf-Weinverbrauch an siebenter Stelle in Europa. Die größten Weintrinker in Europa sind die Franzosen mit durchschnittlich 144 l jährlich, gefolgt von den Italienern mit 128 l.

20. Oktober, Donnerstag

Der US-amerikanische Reparationsagent in Berlin, Parker Gilbert, der für die Überwachung der Zahlungen des Deutschen Reiches für Kriegsschulden zuständig ist, warnt in einem Memorandum die Reichsregierung vor einer weiteren Steigerung der öffentlichen Ausgaben. →S. 167

Der irakische König Faisal trifft in London ein, um Verhandlungen über ein neues Statut für den Irak, der als Völkerbundsmandat unter britischer Verwaltung steht, zu erreichen (→14. 12./S. 198).

Regisseur des Fußball-Films »Die elf Teufel«, der in Berlin zur Uraufführung gelangt, ist der Ungar Zoltan Korda.

21. Oktober, Freitag

Das Reichskabinett faßt den Beschluß, die Teilnahme von Regierungsmitgliedern an gesellschaftlichen Veranstaltungen in Berlin in den kommenden Wintermonaten auf ein Minimum zu beschränken und bei eigenen Veranstaltungen größtmögliche Einfachheit zu wahren. Damit soll ein Beitrag zur Eindämmung der Kostenflut geleistet werden (→20. 10./S. 167).

Die tschechoslowakische Polizei verbietet das Glücksspiel in den Eisenbahnzügen, nachdem bekanntgeworden ist, daß ein Konsortium von 27 Hasardspielern auf den Strecken Bodenbach–Prag und Bodenbach-Karlsbad die Ausbeutung von Reisenden durch das Glücksspiel gewerbsmäßig betrieben hat.

Der Schiedsspruch im mitteldeutschen Braunkohlenbergbau sieht Lohnerhöhungen von 11,5% vor. Er wird von den Gewerkschaften, nicht jedoch von den Arbeitgeberverbänden akzeptiert. Das Arbeitsministerium erklärt daraufhin den Schiedsspruch auf Antrag der Arbeitnehmerseite für verbindlich.

22. Oktober, Sonnabend

In den Ausstellungsräumen am Kaiserdamm in Berlin wird eine Werkstoffschau eröffnet (bis 13. 11.).

Im Kurt Wolff Verlag in München erscheint der Roman »Amerika« von Franz Kafka, den Max Brod aus dem Nachlaß des 1923 verstorbenen Freundes herausgibt.

23. Oktober, Sonntag

Leo D. Trotzki und Grigori J. Sinowjew werden auf einem gemeinsamen Plenum des Zentralkomitees und der Zentralen Kontrollkommission der Kommunistischen Partei der Sowjetunion (KPdSU) aus dem ZK ausgeschlossen. Ihnen wird fortgesetzte geheime Fraktionsarbeit vorgeworfen (→14. 11./S. 180).

Die Premiere des Films »The Jazz Singer« (»Der Jazzsänger«) gilt als Beginn des Tonfilmzeitalters. Regisseur des Musikfilms ist der US-Amerikaner Alan Crosland. →S. 166

In Altona bei Hamburg gewinnt die deutsche Fußball-Nationalmannschaft gegen Norwegen 6:2.

24. Oktober, Montag

Der ungarische Reichsverweser Miklós Horthy erklärt sich mit einer Abänderung des Numerus clausus an den ungarischen Hochschulen einverstanden. Die Zulassungsbeschränkungen für Juden sollen aufgehoben werden. Dieser Beschluß führt zu antisemitischen Ausschreitungen an den Budapester Hochschulen.

Mihail Manoilescu, ein Parteigänger des im Pariser Exil lebenden rumänischen Ex-Kronprinzen Carol, wird von den rumänischen Behörden auf der Heimreise von einem Besuch Carols im Zug verhaftet. Der Fall löst in Rumänien eine heftige Debatte über dynastische Probleme aus (→20. 7./S. 123).

Nach der Beilegung des Lohnstreits wird die Arbeit im mitteldeutschen Braunkohlenbergbau wiederaufgenommen.

25. Oktober, Dienstag

Fünf Nationalsozialisten, die am 22. März fünf Kommunisten bei Spandau mit Steinen beworfen und mißhandelt hatten, werden vom Spandauer Gericht zu mehrmonatigen Gefängnisstrafen verurteilt.

In Moskau werden drei Personen wegen Spionage für die britische Mission zum Tode verurteilt, gegen zwei weitere Angeklagte werden langjährige Zuchthausstrafen ausgesprochen.

26. Oktober, Mittwoch

Ein Geschwader italienischer Kriegsschiffe trifft im Hafen von Tanger ein. Die italienische Regierung erklärt, daß sie den internationalen Status der Stadt nie anerkannt habe und bekräftigt ihr Expansionsstreben im Mittelmeerraum. →S. 168

Samuel Schwarzbart, der im Mai 1926 den Führer der ukrainischen Unabhängigkeitsbewegung, Simon Petljura, erschossen hat, wird in Paris freigesprochen. Schwarzbart ist Mitglied der Liga für Menschenrechte und begründet seine Tat damit, daß Petljura für Judenpogrome in der Ukraine verantwortlich sei.

In Fürth wird das Versandhaus »Quelle« gegründet. →S. 170

Vor der brasilianischen Küste gerät der italienische Dampfer »Principessa Mafalda« mit Auswanderern an Bord in Seenot und sinkt nach einer Explosion. 314 Menschenleben sind zu beklagen. →S. 172

27. Oktober, Donnerstag

Im Frankfurter Vorort Bockenheim wird ein jüdischer Friedhof geschändet. Eine Reihe von Grabsteinen wird umgestürzt, andere werden mit Hakenkreuzen und antisemitischen Inschriften beschmiert. Zu der Tat bekennen sich Schüler.

28. Oktober, Freitag

In der Türkei wird die erste amtliche Volkszählung durchgeführt. Die Zählung wird von Beamten in Häusern und Hotels durchgeführt; am Zähltag ist eine Ausgangssperre verhängt. Es werden rd. 13 Millionen Bewohner in der Türkei gezählt. →S. 168

In Berlin wird der Christus-Film »König der Könige« von US-Regisseur Cecil B. De Mille in deutscher Erstaufführung gezeigt. →S. 173

29. Oktober, Sonnabend

In Wien wird der Parteitag der österreichischen Sozialdemokraten eröffnet. In einer einstimmigen Resolution, die zum Abschluß am 1. November gefaßt wird, spricht sich die Partei gegen einen Bürgerkrieg aus und bekräftigt, daß sie mit demokratischen Mitteln für die Durchsetzung ihrer Ziele kämpfen werde. →S. 169

An den Hamburger Kammerspielen wird das Spiel »Kirschblütenfest« von Klabund (eigentl. Alfred Henschke) uraufgeführt.

30. Oktober, Sonntag

Anläßlich der Feier zum fünften Jahrestag des faschistischen Marsches auf Rom (28. 10. 1922) wendet sich der italienische Ministerpräsident und Duce Benito Mussolini in einer Botschaft an die Mitglieder der faschistischen Partei. Er fordert sie erneut zu vollkommener Disziplin und zu unbedingter Hingabe an den Duce und den Faschismus auf.

Ein Attentat auf den griechischen Präsidenten Pavlos Konduriotis scheitert. Die griechische Regierung behauptet, das Attentat sei von kommunistischen Kreisen vorbereitet worden, und verschärft die Gewerkschaftsgesetzgebung.

31. Oktober, Montag

Auf dem traditionellen Jahresfestessen der Dresdner Kaufmannschaft zum Reformationsfest spricht Reichsaußenminister Gustav Stresemann. Er äußert sich besorgt über die Verschwendungssucht der Gemeinden (→30. 10./S. 167).

Der sowjetische Volkskommissar des Äußeren, Georgi V. Tschitscherin, erklärt in einer Note an das Völkerbundssekretariat in Genf die Bereitschaft der Sowjetunion zur Teilnahme an der Vorbereitenden Abrüstungskonferenz des Völkerbundes (→30. 11./S. 182).

Im Deutschen Schauspielhaus in Hamburg wird »Die Petroleumsinseln« von Lion Feuchtwanger uraufgeführt (→S. 159).

Gestorben:

2. Stockholm: Svante August Arrhenius (*19. 2. 1859, Gut Wyk bei Uppsala), schwedischer Physikochemiker.

8. Paris: Ricardo Güiraldes (*13. 2. 1886, Buenos Aires), argentinischer Schriftsteller.

20. Badenweiler: Georg von Below (*19. 1. 1858, Königsberg/Preußen), deutscher Historiker.

26. Berlin: Hermann Muthenius (*20. 4. 1861, Großneuhausen), deutscher Architekt und Schriftsteller.

30. Montana im Wallis: Maximilian Harden (eigentl. Felix Ernst Witkowski, *20. 10. 1861, Berlin), deutscher Publizist und Schriftseller. →S. 175

Geboren:

13. Malatya: Turgut Özal, türkischer Politiker.

16. Danzig: Günter Grass, deutscher Schriftsteller.

23. Radom: Leszek Kolakowski, polnischer Philosoph und Schriftsteller.

24. Toulon: Gilbert Bécaud, französischer Chansonsänger.

Im Stil der zeitgenössischen Porträtmalerei ein Titelbild der »Jugend« vom 8. Oktober 1927

Das Zeitalter des Tonfilms wird eingeläutet

23. Oktober. Die Uraufführung des US-amerikanischen Films »The Jazz Singer« (»Der Jazzsänger«) im New Yorker Winter Garden gilt als Beginn des Tonfilmzeitalters.

Der Film des Regisseurs Alan Crosland ist nicht in ganzer Länge vertont. Lediglich zwei Dialogzeilen – wobei der Satz »You ain't heard nothing yet« (»Sie haben bisher noch nichts gehört«) fällt – und die Gesangsnummern Al Jolsons, der in der Rolle des jüdischen, schwarzgeschminkten Jazzsängers zu sehen ist, sind mit Ton unterlegt.

Die Geschichte des Films ist ebenso einfach wie sentimental: Jackie Rabinowitz, der Sohn eines jüdischen Kantors, der unter dem Pseudonym Jack Robin als Negersänger in Bars auftritt, wird von seinem frommen Vater wegen dieses Lebenswandels aus dem Haus gewiesen. Jahre später, als eine Revuesängerin (gespielt von May McAvoy) dem Jazzsänger gerade ein erstes Engagement in New York verschafft hat, bittet ihn seine Mutter, anstelle des todkranken Vaters beim jüdischen Versöhnungsfest zu singen. Der Jazzsänger lehnt zunächst ab, weil er die Premiere nicht gefährden will, entscheidet sich am Sterbebett des Vaters jedoch anders. Die Revuegesellschaft verzeiht ihm und verschiebt die geplante Premiere.

Trotz dieser belanglosen Handlung und der nicht überzeugenden formalen Mittel wird der Film, u. a. wegen der Gesangskunst Jolsons, dessen Song »Sunny Boy« sich in den USA zum Schlager des Jahres entwickelt, zu einem großen Erfolg. Obwohl es bereits zuvor Tonfilmexperimente im Deutschen Reich und in den USA gegeben hat, beginnt das Tonfilmzeitalter erst mit diesem ersten kommerziell erfolgreichen Film. Die Filmgesellschaft Warner Brothers, die sich wegen finanzieller Schwierigkeiten zu dem Experiment entschlossen hat, kann sich mit dem Streifen sanieren. Das Unternehmen hatte bereits 1926 im Probelauf einen Stummfilm mit synchroner Musik sowie einige Kurzfilme mit Sängern und Geigern gezeigt, die auf Resonanz gestoßen waren.

Die Hollywood-Konzerne haben sich bisher gegen die Einführung des Tonfilms gesperrt, in der Annahme, daß sich Stummfilme mit leicht übersetzbaren Zwischentiteln international besser vermarkten lassen als Filme in der Landessprache.

May McAvoy als Revuesängerin Mary Dale und Al Jolson als schwarzgeschminkter Jazzsänger Jackie Rabinowitz

Konkurrierende Systeme – Lichtton und Schallplatte

Bei dem Film »The Jazz Singer« wird der Ton von großen Schallplatten erzeugt und mittels einer mechanischen Verbindung zum ablaufenden Film mit dem Bild synchronisiert. Dieses »Vitaphone«-System ist von den Bell Telephone Laboratories in den USA entwickelt worden.

Eine andere Methode, Bild und Ton synchron zu kombinieren, ist der Lichtton, der von den Deutschen Josef Engl, Hans Vogt und Joseph Massolle erfunden worden ist. Die drei Ingenieure haben 1922 den ersten Film mit Tonspur, »Der Brandstifter«, in Berlin vorgeführt. Das von ihnen benutzte Verfahren basiert auf der Möglichkeit, Schallwellen zu fotografieren. Neben die Bildspur kann so parallel eine Tonspur auf die gleiche Filmrolle kopiert werden. Engl, Vogt und Massolle waren im Inflationsjahr 1923, da ihr Film kommerziell nicht erfolgreich war, gezwungen, ihr Patent in die USA zu verkaufen. Der Lichtton wird sich später wegen der besseren Qualität und der leichteren Handhabbarkeit durchsetzen.

V. l.: Engl, Massolle und Vogt

Versuche zur Unterlegung von Filmen mit Ton hat es bereits in der Pionierzeit des neuen Mediums gegeben. Thomas Alva Edisons Kinetophone, mit dem er seit 1889 experimentierte, war ursprünglich als bloße Weiterentwicklung des Grammophons gedacht. Oskar Eduard Meßter experimentierte ab 1903 mit der Tonuntermalung von Filmen auf der Grundlage des Grammophons. Alle diese Versuche scheiterten jedoch an der zu geringen Lautstärke und daran, daß es nicht gelang, Ton und Bild synchron ablaufen zu lassen.

Die Anfänge der Filmgeschichte

Die Anfänge des Mediums Film reichen weit bis ins 19. Jahrhundert zurück. Bereits vor der Erfindung der Fotografie wurde auf Jahrmärkten mit sog. »Lebensrädern«, die aus zwei gegenläufig rotierenden Scheiben mit gezeichneten Phasenbildern bestehen, der Eindruck beweglicher Bilder erzeugt. Die wichtigsten Stationen der weiteren Entwicklung hält die folgende Chronik fest:

1877: Der Franzose Emile Reynauds führt einen Praxinoskop-Streifen, einen einfachen Zeichentrickfilm, vor.

1895: Etwa zeitgleich führen der US-amerikanische Erfinder Thomas Alva Edison in New York, die Brüder Louis und Auguste Lumière in Paris sowie Emil und Max Skladanowski in Berlin mit selbstkonstruierten Projektoren, den Kinematographen, laufende Bilder vor.

1896: Der deutsche Ingenieur Oskar Eduard Meßter baut die ersten für die Mengenfertigung geeigneten Filmprojektoren.

1902: In den USA wird der Dokumentarfilm »The life of an american fireman« (»Das Leben eines amerikanischen Feuerwehrmanns«) von Edwin S. Porter als erster US-amerikanischer Spielfilm gedreht; im gleichen Jahr produziert der Franzose Georges Meliès »Le voyage dans la lune« (»Die Reise zum Mond«) nach Jules Verne.

Verschwendungssucht der Städte

20. Oktober. Parker Gilbert, der für die Überwachung der Transferzahlungen des Deutschen Reiches an die Siegermächte verantwortliche US-amerikanische Reparationsagent, warnt in einer Denkschrift an die Reichsregierung vor einer allzu großzügigen Ausgabenpolitik der öffentlichen Hand und der damit einhergehenden Inanspruchnahme von Auslandskrediten.

Nach dem 1924 vereinbarten Dawes-Plan muß das Deutsche Reich im jährlichen Durchschnitt 2,4 Milliarden Reichsmark (RM) an die Alliierten in ausländischer Währung zahlen. Da es die erforderlichen Devisen wegen der negativen Handelsbilanz (→ S. 88) nicht aus eigener Kraft aufbringen kann, erhält es seit Abschluß der Vereinbarung Kredite aus dem Ausland. Nach Angaben von Reichsbankpräsident Hjalmar Schacht beläuft sich die Gesamtsumme der bisher in Anspruch genommenen Kredite auf rd. 5,5 Milliarden RM, wovon 2,5 Millionen auf die Privatwirtschaft, 2,5 Millionen auf die öffentlichen Hände (Reich, Länder und Kommunen) und 0,5 Millionen auf halböffentliche Einrichtungen entfallen.

Gilberts Warnungen richten sich in erster Linie an die Adresse der Behörden. So kritisiert er den Plan der Reichsregierung, den Beamtensold um bis zu 25% zu erhöhen: Die dafür erforderlichen Ausgaben in einer Gesamthöhe von 1,2 bis 1,5 Milliarden RM seien nicht verantwortbar (→ 15. 12./S. 200). Ferner weist er auf die unproduktiven Luxusausgaben der Städte hin.

Obwohl die Reichsregierung in einer Erwiderung am 5. November die Vorwürfe offiziell zurückweist, teilen einige deutsche Politiker und Wirtschaftsfachleute insgeheim die Bedenken Gilberts. Schacht meint z. B., daß die Konjunktur im Reich durch die ausländischen Gelder künstlich angeheizt wurde, und auch Reichsaußenminister Gustav Stresemann kritisiert öffentlich die Verschwendungssucht der Städte.

Parker Gilbert, Generalagent für deutsche Reparationszahlungen

Karikatur zum föderativen System des Deutschen Reiches, das nach Ansicht vieler für die immensen öffentlichen Ausgaben mitverantwortlich ist

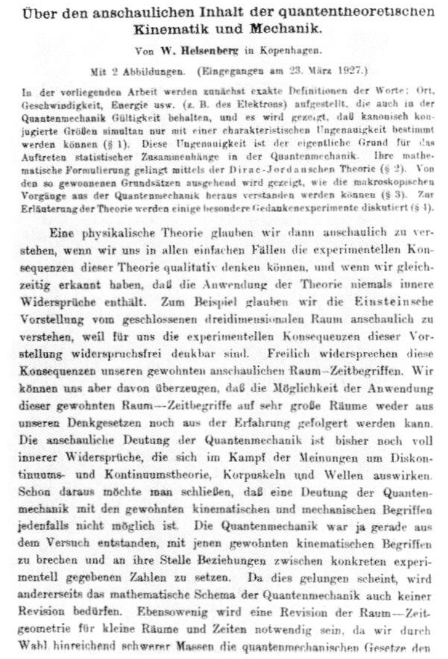

Über den anschaulichen Inhalt der quantentheoretischen Kinematik und Mechanik.

Von W. Heisenberg in Kopenhagen.

Mit 2 Abbildungen. (Eingegangen am 23. März 1927.)

In der vorliegenden Arbeit werden zunächst exakte Definitionen der Worte: Ort, Geschwindigkeit, Energie usw. (z. B. des Elektrons) aufgestellt, die auch in der Quantenmechanik Gültigkeit behalten, und es wird gezeigt, daß kanonisch konjugierte Größen simultan nur mit einer charakteristischen Ungenauigkeit bestimmt werden können (§ 1). Diese Ungenauigkeit ist der eigentliche Grund für das Auftreten statistischer Zusammenhänge in der Quantenmechanik. Ihre mathematische Formulierung gelingt mittels der Dirac-Jordanschen Theorie (§ 2). Von den so gewonnenen Grundsätzen ausgehend wird gezeigt, wie die makroskopischen Vorgänge aus der Quantenmechanik heraus verstanden werden können (§ 3). Zur Erläuterung der Theorie werden einige besondere Gedankenexperimente diskutiert (§ 4).

Eine physikalische Theorie glauben wir dann anschaulich zu verstehen, wenn wir uns in allen einfachen Fällen die experimentellen Konsequenzen dieser Theorie qualitativ denken können, und wenn wir gleichzeitig erkannt haben, daß die Anwendung der Theorie niemals innere Widersprüche enthält. Zum Beispiel glauben wir die Einsteinsche Vorstellung vom geschlossenen dreidimensionalen Raum anschaulich zu verstehen, weil für uns die experimentellen Konsequenzen dieser Vorstellung widerspruchsfrei denkbar sind. Freilich widersprechen diese Konsequenzen unseren gewohnten anschaulichen Raum-Zeitbegriffen. Wir können uns aber davon überzeugen, daß die Möglichkeit der Anwendung dieser gewohnten Raum—Zeitbegriffe auf sehr große Räume weder aus unseren Denkgesetzen noch aus der Erfahrung gefolgert werden kann. Die anschauliche Deutung der Quantenmechanik ist bisher noch voll innerer Widersprüche, die sich im Kampf der Meinungen um Diskontinuums- und Kontinuumstheorie, Korpuskeln und Wellen auswirken. Schon daraus möchte man schließen, daß eine Deutung der Quantenmechanik mit den gewohnten kinematischen und mechanischen Begriffen jedenfalls nicht möglich ist. Die Quantenmechanik war ja gerade aus dem Versuch entstanden, mit jenen gewohnten kinematischen Begriffen zu brechen und an ihre Stelle Beziehungen zwischen konkreten experimentell gegebenen Zahlen zu setzen. Da dies gelungen scheint, wird andererseits das mathematische Schema der Quantenmechanik auch keiner Revision bedürfen. Ebensowenig wird eine Revision der Raum—Zeitgeometrie für kleine Räume und Zeiten notwendig sein, da wir durch Wahl hinreichend schwerer Massen die quantenmechanischen Gesetze den

W. Heisenbergs Aufsatz zur Unschärferelation, veröffentlicht 1927

Werner Heisenberg geht nach Leipzig

1. Oktober. Der Physiker Werner Heisenberg wird an die Universität Leipzig berufen. Heisenberg veröffentlicht 1927 die für die Atomphysik grundlegende Unschärferelation, die davon ausgeht, daß Ort und Impuls bzw. Zeit und Energie eines Teilchens nicht genau bestimmt werden können. Aufgrund dieser unvermeidbaren Unbestimmtheit sind exakte Berechnungen der voraussichtlichen Bewegung eines Teilchens nicht möglich.

Hindenburg wird 80 Jahre alt

2. Oktober. Reichspräsident Paul von Hindenburg wird 80 Jahre alt. Das Staatsoberhaupt des Deutschen Reiches bittet darum, von Feiern zugunsten einer Hindenburg-Spende für die Kriegsopfer abzusehen.

Auf die offizielle Ansprache, in der Reichskanzler Wilhelm Marx die Verdienste Hindenburgs als Feldherr im Weltkrieg und als oberster Repräsentant des Deutschen Reiches (seit 1925) würdigt, antwortet der Jubilar: »... Ich habe ... stets nur meine Pflicht getan ... Mein höchster Wunsch an diesem Tage ist der, daß unserem Volk Einigkeit beschert werde.

Tief sind immer noch die Gegensätze zwischen den Anschauungen der einzelnen und den Interessen der Klassen und Berufsstände. Viele Deutsche vermögen die Verbindung zwischen Vergangenheit, Gegenwart und Zukunft nicht zu finden und stehen verbittert und mißtrauend im Leben des Tages dem Nächsten gegenüber.

Ich meine, daß es trotz aller Verschiedenheit in unserem staatlichen, gesellschaftlichen und wirtschaftlichen Leben doch nicht so schwer sein sollte, über das, was uns an Weltanschauung und Interessen trennt, hinaus uns zusammenzufinden in dem Gedanken an das, was uns eint und uns gemeinsam ist: Das Vaterland, das Band, das uns mit unserer Väter Erde in Stammes- und Volksgemeinschaft verbindet, und das gemeinsame Schicksal, das uns alle im Glück und Unglück zu Gedeih und Verderb, umfaßt.«

Kinder gratulieren dem Reichspräsidenten zum 80. Geburtstag

Eine Amnestie des Reichspräsidenten

2. Oktober. Aus Anlaß seines 80. Geburtstags erläßt Reichspräsident Paul von Hindenburg eine Amnestie für Straftaten mit politischem Hintergrund.

Es werden u. a. 75 Personen begnadigt, die wegen Beleidigung oder Beschimpfung der Person des Staatsoberhauptes verurteilt worden sind. Nach Anweisung des Reichspräsidenten erlassen auch die Regierungen der Länder Amnestien für politische Straftaten. Sie beziehen sich vor allem auf Personen, die wegen Beleidigung von Politikern bzw. im Zusammenhang mit dem Gesetz zum Schutz der Republik verurteilt worden sind (→ 17. 5./S. 87); sie sind zu einem großen Teil dem linken Spektrum zuzuordnen.

General Alfred Rueda Quijano, einer der aufständischen Offiziere, wird von Regierungstruppen erschossen

Putschversuch ist gescheitert

2. Oktober. Ein Aufstandsversuch in Mexiko gegen den sozialistischen Präsidenten Plutarco Elias Calles wird von regierungstreuen Truppen niedergeschlagen.
Zwei Bataillone Infanterie, ein Regiment Kavallerie und Artillerie in der Hauptstadt Mexiko-Stadt erheben sich unter der Leitung von General Hector Almada und versuchen, die Regierungsgewalt an sich zu reißen. Die aufständischen Truppenteile stehen in Verbindung mit Oppositionspolitikern. Auch in anderen Provinzen des Landes versuchen einige Garnisonen zu putschen.
Die regierungstreuen Truppen gehen mit äußerster Härte gegen die Putschisten vor und können den Aufstand schon im Keim ersticken. 18 beteiligte Offiziere, darunter General Alfredo Rueda Quijano, werden umgehend standrechtlich erschossen bzw. hingerichtet.

Expansionsstreben im Mittelmeerraum

26. Oktober. Ein Geschwader italienischer Kriegsschiffe landet im Hafen der nordafrikanischen Küstenstadt Tanger. Gleichzeitig läßt die faschistische italienische Regierung unter Ministerpräsident und Duce Benito Mussolini verlauten, daß sie den internationalen Status der an der marokkanischen Küste gelegenen Tangerzone nie anerkannt habe. Zwischen den Mittelmeer-Großmächten Frankreich und Italien, die seit Jahren in einem Spannungsverhältnis zueinander stehen, sowie zwischen den kleineren Mächten Spanien und Griechenland sind die Interessensphären an der nordafrikanischen und vorderasiatischen Mittelmeerküste noch nicht endgültig abgesteckt.
Auch Großbritannien meldet eigene Interessen an.

B. Mussolini

Zum Zählen in die Häuser verbannt

28. Oktober. In der Türkei wird die erste Volkszählung in der Geschichte des Landes durchgeführt. Um ein korrektes Ergebnis zu erreichen, besteht für den ganzen Tag ein strenges Ausgehverbot. Weder Privathäuser noch Hotels dürfen verlassen werden, Straßenbahnen, Lokaldampfer und Eisenbahnzüge verkehren nicht, Kinos und Restaurants bleiben geschlossen.
Diese Sondermaßnahmen sind nach Ansicht der türkischen Behörden notwendig, weil andernfalls die Gefahr besteht, daß sich viele der Maßnahme aus Scheu vor der Meldepflicht entziehen.
Nach Bekanntwerden des Ergebnisses zeigt sich die Regierung unter Staatspräsident Mustafa Kemal Pascha (später: Kemal Atatürk) erleichtert: Die Zahl der Türkinnen und Türken beläuft sich auf 13,749 Millionen; Befürchtungen, daß sich infolge des Krieges die Bevölkerung auf rd. zehn Millionen reduziert habe, bewahrheiten sich nicht.

Gaskriegs-Zivilschutzübung in der polnischen Hauptstadt Warschau

Schutzübung in Polen

2. Oktober. In Warschau findet ein von der Regierung Józef Klemens Pilsudski angeordneter Propagandatag statt, auf dem die Bevölkerung auf die Gefahren eines Gaskrieges aufmerksam gemacht wird.
Bei der Propagandaübung wird auf dem Warschauer Flugplatz mit Militärflugzeugen ein Gasangriff aus der Luft dargestellt, bei dem echtes Tränengas in das Publikum geschossen wird; es verläßt fluchtartig den Platz. Die Bevölkerung wird mit Flugblättern und Plakaten aufgefordert, sich Gasschutzmittel zuzulegen und die Abwehrmaßnahmen der Regierung zu unterstützen.
Die polnischen Linksparteien unterstreichen demgegenüber, daß allein die Erreichung des Weltfriedens einen wirksamen Schutz vor den Gefahren des Giftgases bieten könnte.

Moskau vermeidet Bruch mit Paris

13. Oktober. Die sowjetische Regierung beruft ihren Botschafter in Paris, Christian G. Rakowski, gegen den seit Monaten eine Kampagne der rechtsgerichteten französischen Presse läuft, ab und kann auf diese Weise den diplomatischen Bruch mit Frankreich vermeiden.
Dem bulgarisch-stämmigen Rakowski, der seit zwei Jahren die Sowjetunion in Paris vertritt, war u. a. vorgeworfen worden, daß er am 9. August in Moskau eine Erklärung unterzeichnet hatte, in der eine Verstärkung der sowjetischen Propaganda im Ausland gefordert wird. Moskau entschließt sich – nach dem ungewollten Bruch mit London (→ 27. 5./S. 86) – zur Abberufung des Diplomaten (→ 14. 11./S. 180).

Ch. Rakowski

Sozialdemokraten zu Juli-Unruhen

29. Oktober. Die Sozialdemokraten Österreichs kommen in Wien zu einem Parteitag zusammen, um über die Folgen der Juli-Unruhen, bei denen es in einer spontanen, von der Parteileitung nicht kontrollierten Massenaktion zu einer blutigen Konfrontation zwischen Arbeitern und Staatsgewalt gekommen war, zu beraten (→ 15./16. 7./S. 118).

Die Parteileitung der Sozialdemokratischen Arbeiterpartei Österreichs (SDAP) sieht ihre Position durch die Juli-Ereignisse entscheidend geschwächt. Der bisher verfolgte Weg, durch sog. »friedliche Bekundungen« die eigene Stärke zu demonstrieren, scheint nun nicht länger gangbar. Die Bürgerblock-Regierung unter dem christlichsozialen Bundeskanzler Ignaz Seipel zieht aus dem Verlauf der Ereignisse, bei denen die SDAP-Leitung beschwichtigend auf die demonstrierenden Arbeiter einzuwirken versucht hatte, die Konsequenz, daß den Drohungen der Sozialdemokratie ein tatsächlicher Aufstand nicht folgen werde.

Dennoch richtet sich die Kritik auf dem Parteitag weiterhin nur vereinzelt an die Adresse der Parteiführung, vor allem jedoch an die unbeherrschten »Massen«; die Partei vollzieht unter dem Eindruck der Juli-Unruhen einen Ruck nach rechts, der sich u. a. in der wachsenden Bereitschaft zum Eingehen einer Koalition mit den bürgerlichen Parteien äußert. In einer Kompromißresolution, die der Parteitag zum Abschluß am 1. November in einem einstimmigen Votum verabschiedet, wird die Notwendigkeit zur klassenübergreifenden Zusammenarbeit mit dem bürgerlichen Lager in einer Koalitionsregierung unter bestimmten geschichtlichen Bedingungen anerkannt, es wird jedoch der Koalition so lange eine Absage erteilt, wie das Bürgertum der Sozialdemokratie keinen »realen, den Interessen und der Würde der Arbeiterklasse entsprechenden Anteil an der Staatsmacht« einräumt.

Dieser Kompromißformel können sowohl der relativ kleine linke Parteiflügel unter Max Adler wie auch die breite Mitte unter dem Parteivorsitzenden Otto Bauer und der von Karl Renner geleitete rechte Flügel der SDAP zustimmen.

Prinzessin Viktoria von Schaumburg-Lippe (61) wird nach orthodoxem Ritus mit dem russischen Emigranten Alexander Zoubkow (28) vermählt

Der Bräutigam ist 33 Jahre jünger

16. Oktober. Die 61jährige Prinzessin Viktoria zu Schaumburg-Lippe, eine Schwester des ehemaligen Deutschen Kaisers Wilhelm II., vermählt sich mit dem 28jährigen russischen Emigranten Alexander Zoubkow. Die Trauung wird nach orthodoxem Ritus von russischen Geistlichen im Palais Schaumburg in Bonn vollzogen.

Prinzessin Viktoria war in erster Ehe mit dem 1916 verstorbenen Prinzen Adolf zu Schaumburg-Lippe, dem ehemaligen Regenten von Lippe-Detmold, verheiratet.

Ihrer Ehe mit Prinz Adolf war ein romantisches Verhältnis mit Fürst Alexander von Battenberg, dem späteren Fürsten von Bulgarien, vorausgegangen, das jedoch nicht in eine Ehe mündete. Der damalige Reichskanzler Otto Fürst von Bismarck hatte 1888 die Hochzeit der Preußenprinzessin mit dem im Zarenreich ungeliebten Battenberg hintertrieben, um das deutsch-russische Verhältnis nicht zu gefährden (Battenbergaffäre).

Ebert- und Hindenburgbüste

18. Oktober. In der Wandelhalle des Reichstagsgebäudes in Berlin werden Büsten der ersten Reichspräsidenten der deutschen Geschichte, Friedrich Ebert und Paul von Hindenburg, aufgestellt. Schöpfer sind der Münchener Bildhauer Bernhard Bleeker (Ebert) und der Berliner Künstler Edwin Scharff (Hindenburg).

In einem Pressekommentar werden die Kunstwerke so charakterisiert: »Bleekers Ebert-Porträt ist außerordentlich gelungen ... Die eigentümliche charaktervolle Formung des Ebert-Kopfes, bei dem es ist, als drängten geistige Elemente mit Gewalt nach außen, wurde in unmittelbarer Wahrheit getroffen und zugleich zu monumentaler Ruhe emporgehoben. Im Gegensatz dazu hat Edwin Scharff seine Hindenburg-Büste in starker Spannung der Züge gehalten, in einer sichtbar gemachten äußersten Konzentration inneren Lebens. Dadurch kommt wohl für manche beim ersten Anblick etwas Befremdliches in das Werk ...; aber weit über die landläufigen Hindenburg-Bildnisse hinaus wird hier der Kopf des Reichspräsidenten zu einer überwirklichen Bildhaftigkeit gesteigert ...«

Reichspräsident Paul von Hindenburg (Büste von Edwin Scharff)

Reichspräsident Friedrich Ebert (Büste von Bernhard Bleeker)

Handelsverbote fallen

17. Oktober. In Genf wird eine Diplomatenkonferenz des Völkerbundes eröffnet, die sich mit der Frage der – noch in nahezu allen Staaten bestehenden – Ein- und Ausfuhrverbote befaßt. Der Völkerbund hat am 25. September 1924 die Einberufung einer Konferenz zu diesem Thema beschlossen.
Nachdem die Weltwirtschaftskonferenz (→23. 5./S. 89) über Absichtserklärungen zur Senkung der Zölle und zum Abbau von Handelshemmnissen nicht hinausgekommen ist, erhofft sich die Öffentlichkeit von der Tagung konkrete Beschlüsse zur Öffnung des internationalen Handels.
Tatsächlich unterzeichnen 18 Staaten, darunter das Deutsche Reich, Österreich und die Schweiz, zum Abschluß der Konferenz am 8. November eine Konvention, in der sie sich verpflichten, auf Import- und Exportverbote zu verzichten.
Allerdings gibt es für die beteiligten Staaten eine Reihe von Ausnahmen in verschiedenen Produktbereichen. Dennoch wird das Konferenzergebnis als das erste Wirtschaftsübereinkommen, an dem sich eine größere Staatengruppe beteiligt, gewürdigt.

Der Humber-Sechszylinder, ein bequemes und komfortables Reise-Automobil, das eine Höchstgeschwindigkeit von knapp 100 km/h erreicht

Dawes-Plan für Polen

13. Oktober. Polen erhält von dem US-amerikanischen Finanzkonsortium Fisher & Monnet eine Anleihe in Höhe von 60 Millionen US-Dollar (252 Millionen Reichsmark) und unterstellt sich zugleich der Kontrolle eines Vertrauensmannes der US-Banken in währungs- und finanzpolitischen Fragen.
Diese Regelung, die zur Sanierung der angeschlagenen polnischen Wirtschaft führen soll, erinnert an den 1924 zwischen dem Deutschen Reich und den Alliierten vereinbarten Dawes-Plan, mit dem sich die Reichsregierung der Überwachung durch einen sog. Reparationsagenten für die Einhaltung der Zahlungsverpflichtungen unterstellen mußte (→20. 10./S. 167). So ist z. B. eine Reorganisation der Staatsbahnen und die Umwandlung in ein Selbstverwaltungsorgan vorgesehen.
Charles Dewey, bisher stellvertretender Staatssekretär im US-amerikanischen Schatzamt, übernimmt die Rolle des Beraters und wird zugleich Mitglied im Aufsichtsrat der Bank Polski; er hat künftig über die Verwendung der Anleihe zu wachen. Für drei Jahre verpflichtet sich die polnische Regierung, weder eine äußere noch eine innere Anleihe zu Budgetzwecken aufzunehmen. Danach müssen alle Anleihen, die grundsätzlich nur zu produktiven Zwecken verwendet werden dürfen, von Dewey genehmigt werden.

Anzeige von »Brennabor« in der Zeitschrift »Sport im Bild«

Als »Wunder der Technik« werden die Mercedes-Modelle angepriesen

Gründung von »Quelle«

Katalog des Fürther Versandhauses Schickedanz, das unter dem Namen »Quelle« bekannt wird

26. Oktober. In Fürth wird das Versandhaus »Quelle« ins Vereinsregister eingetragen.
Gustav Schickedanz, der vor dem Weltkrieg eine Lehre als Exportkaufmann erfolgreich absolviert hat und seit 1923 eine Großhandelsfirma für Kurz-, Weiß- und Wollwaren in Fürth betreibt, ist der Gründer des Versandgeschäftes, das sich in Anzeigen an die ländliche und kleinstädtische Bevölkerung in Ost- und Westpreußen, Schlesien und Pommern wendet. Das erste Angebot ist eine Ware mit Handelsmarke: »Dukatenwolle«, eine strapazierfähige, für Socken, Handschuhe, Schals und Strickjacken geeignete Qualität.

US-amerikanischer Autobus, der 28 Passagieren Platz bietet und auf der rd. 500 km langen Strecke San Francisco–Los Angeles verkehrt

Auto/Verkehrsmittel 1927:

Teure Luxuskarossen deutscher Bauart

In der Statistik der Kraftwagen stehen die USA unangefochten an der Spitze, 80% der 27,6 Millionen bestehenden Kraftfahrzeuge fahren in den Vereinigten Staaten, dort kommt auf jeden sechsten Einwohner ein Auto. Dagegen besitzt nur jeder 57. Brite, jeder 70. Franzose und jeder 289. Deutsche ein Kraftfahrzeug. Das Deutsche Reich rangiert mit einem Bestand von insgesamt 218 000 Automobilen in der Weltrangliste auf Platz sechs hinter den USA, Großbritannien, Frankreich, Kanada und Australien.

Der Automobilboom in den USA ist nicht nur auf einen allgemein höheren Lebensstandard und eine breite Mittelschicht zurückzuführen, sondern auch darauf, daß die US-amerikanische Automobilindustrie – infolge des großen heimischen Marktes – dazu in der Lage ist, Wagen in Großserie (und am Fließband) relativ billig zu produzieren und mit ihrem Kleinwagenprogramm das Massenpublikum anspricht.

Seitdem 1925 im Deutschen Reich die Importzölle für Kraftwagen drastisch gesenkt worden sind, drängen die preiswerteren US-amerikanischen Kleinwagen auch auf den deutschen Markt. Die deutschen Unternehmen reagieren auf diesen Trend zunächst mit Zurückhaltung. Neben dem Opel »Laubfrosch«, der seit 1924 angeboten wird, tritt zwar 1927 als weiterer erfolgreicher Kleinwagen der »Dixi«, die deutsche Version des britischen »Austin Seven«; die renommierten und traditionsreichen deutschen Automobilfirmen wie Mercedes-Benz, Horch und Maybach halten jedoch an der Produktion von äußerst kostspieligen Luxuskarossen fest, die in einer großen Typenvielfalt angeboten und daher jeweils nur in geringer Stückzahl gebaut werden. Dabei wäre z. B. die Nationale Automobil Gesellschaft (NAG), die 1926 die Presto-Werke und 1927 die Automobilabteilung der Siemens-Schuckert Werke, die den bekannten »Protos«-Vierzylinder produzieren, aufgekauft haben, von den Produktionskapazitäten her durchaus in der Lage, ihr Programm auf die preiswertere Großserienproduktion umzustellen. Die Hansa Lloyd in Bremen führt zwar 1927 die Fließbandherstellung ein, allerdings nur auf dem Sektor der Lastkraftwagen.

Zu den teuersten deutschen Automobilen gehört der Audi-Sechszylinder, der seit 1925 in einer 80-PS-Version angeboten wird und eine Höchstgeschwindigkeit von 120 km/h erreicht. Trotz der 1927 vollzogenen Preissenkung für das Fahrgestell (Chassis) von 24 000 auf 15 000 Reichsmark (RM) findet der Wagen nur wenige Abnehmer; hinzu kommen noch 5000 bis 20 000 RM für die Karosserie.

Luxuriös und repräsentativ, sicher und bequem, aber noch weitaus teurer – in der Preisklasse um 25 000 RM für das Chassis – sind der 1926 erstmals vorgestellte Horch Achtzylinder mit 60 PS (der erste deutsche Achtzylinder, der in Serie hergestellt wird), der große 6,3 l Mercedes Sechszylinder Typ 630 mit 140 PS und der Maybach W 5, ein 7-l-Sechszylinder mit 120 PS.

Das Streben nach Sicherheit und fahrtechnischer Zuverlässigkeit führt dazu, daß sich der serienmäßige Einbau von Vierradbremsen allmählich durchsetzt.

Zeitschriftenwerbung für den britischen Automobilkonzern Rover

Ein 12 CV Delahaye mit einer eleganten, besonders für Sommerausflüge geeigneten Karosserie in der Kabriolett-Version

Zu einem günstigen Preis wird der Cyklon der Gothaer Waggonfabrik angeboten

ADKA – die Motorrad-Limousine, gebaut von der Karosseriewerk München Aktiengesellschaft

Ein ebenso kostspieliges wie prestigeträchtiges Automobil ist der Opel-Sechszylinder

Auf der »Principessa Mafalda« werden die – völlig überfüllten – Rettungsboote heruntergelassen

Sachsen: Häufung von Kinderlähmung

3. Oktober. Trotz aller medizinischen Hilfs- und Abwehrmaßnahmen greift die spinale Kinderlähmung in Sachsen weiter um sich. Nach einer behördlichen Statistik sind 1927 bisher 221 Neuerkrankungen gemeldet worden.

Das Gesundheitsamt in Berlin hält die Situation dennoch nicht für besorgniserregend; mit einer Epidemie sei nicht zu rechnen. Innerhalb des gesamten Deutschen Reiches habe es in den Monaten Juli bis September 758 Erkrankungen gegeben, eine Zahl, die nicht wesentlich über der vergleichbaren des Vorjahres liege. Nach den Statistiken des Völkerbundes gibt es 1927 drei weitere Zentren mit einer Häufung von Kinderlähmung: Kalifornien, Neumexiko sowie Rumänien.

Das italienische Auswandererschiff auf dem Weg nach Südamerika

»Principessa Mafalda«

26. Oktober. Bei einem schweren Schiffsunglück vor der brasilianischen Küste sterben 314 Menschen. Der Passagierdampfer »Principessa Mafalda« mit rd. 1200 Personen, in der Mehrzahl italienische Auswanderer, an Bord gerät in der Nähe der brasilianischen Küstenstadt Bahia in Seenot und sinkt nach einer Explosion.

Über die Unglücksursache gibt es verschiedene Versionen. Während die Reederei, die »Navigazione Generale Italiana«, behauptet, das Schiff sei auf ein Wrack aufgelaufen, berichten Augenzeugen, eine während der ganzen Überfahrt von Europa defekte Schiffsschraube habe sich vom Schiffsrumpf gelöst und ein Leck geschlagen. Das daraufhin in die Maschinenräume eindringende Wasser habe zur Kesselexplosion geführt.

Durch die SOS-Rufe der »Principessa Mafalda« eilen insgesamt zehn Dampfer, darunter das große französische Passagierschiff »Formosa«, herbei und nehmen Schiffbrüchige an Bord. Das einhellige Urteil geht dahin, daß die Zahl der Rettungsboote auf dem italienischen Schiff nicht ausgereicht habe.

Wandernder Berg im Kanton Ticino

Die Regierung des schweizerischen Kantons Ticino beginnt mit der Evakuierung eines Gebiets in der Nähe der Stadt Bellinzona, das durch den Berg Monte Arbino, der sich allein im Jahr 1926 um 28 cm in horizontaler Richtung bewegt hat, bedroht ist. Der 1700 m hohe Berg liegt etwa 5 km östlich von Bellinzona. Er steht seit 1888 unter Beobachtung von Geologen, die bis 1905 eine Wanderungsbewegung von 1,87 m festgestellt haben. Weil die Felsmassen ins Tal zu stürzen drohen, werden nun die Evakuierungen vorgenommen.

Vier Passagiere, die von der »Mosella« an Bord genommen wurden, können nicht wiederbelebt werden; ihre Leichen werden im Meer begraben

Spektakuläre Schiffskatastrophen

15. 6. 1904: Beim Brand des US-amerikanischen Vergnügungsdampfers »General Slocum« auf dem East River (New York) kommen fast 1000 Menschen um.

14. 4. 1912. Das britische Passagierschiff »Titanic« läuft im Atlantik auf einen Eisberg und sinkt; 1503 Passagiere sterben.

7. 5. 1915: Das britische Passagierschiff »Lusitania« wird während des Weltkriegs vor der irischen Küste von einem deutschen U-Boot versenkt; fast 1200 Menschen kommen ums Leben.

Der Monte Arbino (r.) und das Tal, das evakuiert wird

Das Leben Jesu nun auch im Kino

28. Oktober. In Berlin läuft der Film »König der Könige« des US-amerikanischen Regisseurs Cecil B. De Mille in reichsdeutscher Erstaufführung an. Der Film behandelt das Leben und Sterben Jesu.
Hollywood-Regisseur DeMille erreicht mit diesem ersten Christusfilm die Zuschauer weniger durch eine religiöse, dem Stoff angemessene Aussage als vielmehr durch optisch überzeugende Massenszenen, durch den Einsatz von Tricktechnik bei der Darstellung der Auferstehung und der Himmelfahrt und durch eine beeindruckende Schauspielerführung. Den Christus spielt Henry Byron Warner, Joseph Schildkraut ist in der Rolle des Judas zu sehen; der erst 18jährige James Mason spielt eine Nebenrolle.

Dorothy Cummings als Maria mit dem Knaben Jesu in »König der Könige«

Eigenen Stil noch nicht entwickelt

7. Oktober. An der Hamburger Staatsoper wird die Oper »Das Wunder der Heliane« von dem erst 30jährigen Komponisten Erich Wolfgang Korngold (Text: Hans Müller) uraufgeführt.
Die Kritik bemängelt, daß Korngold einen eigenen Stil nicht gefunden habe und sich in der Kompositionstechnik zu eng an sein musikalisches Vorbild Richard Strauss anlehne. So schreibt der bekannte Opernkritiker Max Marschalk: »In der Unfähigkeit Korngolds, sich ... seine eigenen Ausdrucksformen zu schaffen, erkennen wir die Grenzen seiner Begabung. Sie ist groß, seine Begabung, sehr groß, aber das Neuschöpferische ist ihr einstweilen noch versagt. Wir kommen niemals in die Lage zu sagen: Das ist echter Korngold.«

Die kommunistische »Arbeiter Illustrierte Zeitung« kündigt die Deutschland-Tournee der sowjetischen Agitproptruppe »Blaue Blusen« an

Titelblatt der Textausgabe der Revue »Hände weg von China« von der ersten Agitproptruppe des KJVD, die sich 1927 gebildet hat

Deutschlandtournee der Agitproptruppe »Blaue Blusen«

5. Oktober. Auf Einladung der Internationalen Arbeiterhilfe, einer von dem kommunistischen Reichstagsabgeordneten Willi Münzenberg ins Leben gerufenen Hilfsorganisation, starten die »Blauen Blusen«, die bekannteste sowjetische Agitproptheatergruppe, zu einer mehrmonatigen Deutschlandtournee. Der erste Auftritt der Truppe erfolgt an der Piscator-Bühne am Nollendorfplatz in Berlin.
Agitprop – der Begriff ist aus den Worten Agitation und Propaganda gebildet – ist eine von der kommunistischen Bewegung geförderte Form des Theaters, die sich mit einfachen, nicht an bürgerlichen ästhetischen Normen orientierten Mitteln – Chorgesang, Deklamation, kurze sketchartige Szenen – an die Arbeiterschaft wendet, um sie im Sinne ihrer politischen Vorstellungen für den Klassenkampf zu gewinnen und die Revolution zu propagieren. Die Kontrahenten in der Klassenauseinandersetzung, der Bürger und der Proletarier, sind dabei meist stark typisiert, der revolutionäre Arbeiter wird heroisiert.
Innerhalb des Deutschen Reiches hat die Agitpropbewegung nach der Revue »Roter Rummel« (1924) und der KPD-Wahlkampfrevue »Trotz alledem« (1925) von Erwin Piscator einen gewaltigen Aufschwung erlebt. Nach der Tournee der »Blauen Blusen«, die das proletarische Publikum durch ihren ebenso präzisen wie mitreißenden Vortrag beeindrucken, bilden sich in vielen deutschen Städten weitere Agitpropgruppen.
Das Theater der »Blauen Blusen« ist jedoch auch in der linksgerichteten Presse umstritten. Eine Kritik in der »Weltbühne« vergleicht die Truppe z. B. mit der Heilsarmee.

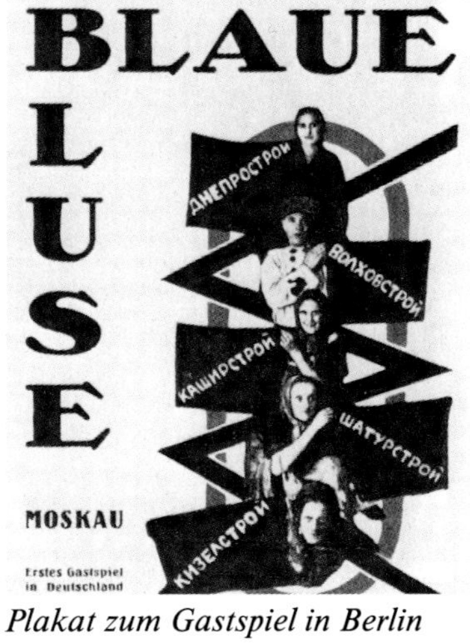

Plakat zum Gastspiel in Berlin

Johannes R. Becher steht vor Gericht

12. Oktober. In Leipzig wird gegen den kommunistischen Schriftsteller Johannes R. Becher der Prozeß wegen fortgesetzter hochverräterischer Tätigkeit eröffnet. Die Anklageschrift wirft Becher vor, in den folgenden Schriften zum revolutionären Umsturz aufgerufen zu haben: Das Gedicht »An Hindenburg« (1925), die Lyriksammlung »Der Leichnam auf dem Thron« (1925), der Roman »Levisite oder der einzig gerechte Krieg« (1926).

J. R. Becher

Der genannte Roman Bechers spielt mit wechselnden Schauplätzen – teils an der Front, teils in deutschen Fabriken, teils in den USA – im Weltkrieg und prangert die Auswirkungen des Giftgaskrieges an. Das Gericht sieht darin einen Aufruf zur Sabotage. Die Eröffnung dieses neuerlichen Literaturprozesses (→S. 39) führt zu scharfen Protesten der Schriftstellerorganisationen.

Ruth Albu und Eugen Klöpfer in dem Volksstück »Schinderhannes« von Carl Zuckmayer, das am Berliner Lessing-Theater uraufgeführt wird

Eine Räuberballade

13. Oktober. Carl Zuckmayers Volksstück »Schinderhannes«, eine Räuberballade aus der Zeit der napoleonischen Besetzung, wird im Lessing-Theater in Berlin uraufgeführt.
Die Regie führt, wie bei der Uraufführung von Zuckmayers »Fröhlichem Weinberg« 1925, wieder Reinhard Bruck; diesmal ist der Autor jedoch an der Inszenierung persönlich beteiligt. Die Bühnenbilder stammen von Max Liebermann.
Zuckmayer kann mit dem »Schinderhannes« den Erfolg seines ersten Volksstücks zwar beim Publikum, nicht so einhellig jedoch bei der Kritik wiederholen.

Monumentalfilm über Napoleon läuft im deutschen Kino

11. Oktober. *Ein halbes Jahr nach der Welturaufführung an der Pariser Oper läuft der Film »Napoléon« des französischen Regisseurs Abel Gance im deutschen Kino. Er wird bei der reichsdeutschen Erstaufführung in Berlin auf eine 18 m breite Leinwand projiziert. Der Regisseur hat den ursprünglich neun Stunden langen Film für die Uraufführung um fast die Hälfte und für die kommerzielle Auswertung auf ein Drittel gekürzt. Besonders beeindruckend sind die äußerst bewegliche Kameraführung und der Einsatz der sog. »Polyvision«, bei der die Leinwand geteilt ist und drei Szenenfolgen gleichzeitig gezeigt werden. (Abb.: Pierre Batcheff als General Hoche, Mitte l., mit Napoleon, dargestellt von Albert Dieudonné).*

Fragwürdiges auf Nietzsche-Tagung

15. Oktober. In Weimar wird die Tagung »Nietzsche und das 20. Jahrhundert« eröffnet. Zwei Tage lang beschäftigen sich Philosophen, Psychologen und Sprachwissenschaftler mit der Aktualität des Lebensphilosophen Friedrich Nietzsche, der am 25. August 1900 im Alter von 55 Jahren in Weimar gestorben ist.
Einen der Hauptvorträge hält der konservative Kulturkritiker und Geschichtsphilosoph Oswald Spengler, der vor allem durch das umfangreiche Werk »Der Untergang des Abendlandes« (1918–1922) bekannt geworden ist. Spengler sieht in Nietzsche einen Vorläufer seiner persönlichen fatalistischen Geschichtsvorstellung, die davon ausgeht, daß alle Kulturen schicksalhaft die Stadien Blüte, Reife und Verfall durchlaufen und die Knechtschaft und rassenmäßige Überlegenheit als unabänderlich hinzunehmen seien.

F. Nietzsche

Oswald Spengler

Besonders fragwürdig wird Spenglers Nietzsche-Interpretation, wenn er dessen Prophezeiung des »Übermenschen« bereits erfüllt sieht in der Figur des italienischen Ministerpräsidenten und Duce Benito Mussolini. Dazu heißt es in einem Pressekommentar: »Zugegeben selbst, der Übermensch sei kein abstraktes Ideal, sondern ein mögliches Wunschbild, so scheint das doch eine allzu glatte Erfüllung und Auflösung ...«
Nietzsches Theorie des Übermenschen kann einerseits als Prophezeiung einer Persönlichkeit, die alle ihre Kräfte und Fähigkeiten, insbesondere die ästhetischen und emotionalen, zur Entfaltung gebracht hat, gedeutet werden, andererseits jedoch als die Erwartung eines Menschentypus', der rücksichtslos über alles Schwache sich hinwegsetzend zur Macht drängt.

Ein Gegenspieler Kaiser Wilhelm II.

30. Oktober. Im Alter von 67 Jahren stirbt in Montana in der Schweiz der Journalist und Publizist Maximilian Harden, ein hartnäckiger Gegenspieler von Kaiser Wilhelm II.
Harden, der zunächst als Schauspieler auf Provinzbühnen auftrat, gründete 1892 die Zeitschrift »Zukunft«, die in kurzer Zeit zum auflagenstärksten politischen Periodikum im Kaiserreich wurde. Harden geriet selbst in die Schlagzeilen, als er 1906 einen publizistischen Angriff gegen einen Berater des Kaisers, Philipp Fürst zu Eulenburg und Hartefeld, startete. Harden plauderte aus, daß der Fürst und einige andere mit dem Kaiserhaus verbundene Mitglieder des preußischen Uradels homosexuell veranlagt seien. Obwohl der Publizist mit seiner Attacke den negativen politischen Einfluß der kaiserlichen Berater, die nach seiner Ansicht das unheilvolle »persönliche Regiment« des Monarchen förderten, treffen wollte, fand seine Vorgehensweise auch unter politisch Gleichgesinnten nicht nur Zustimmung. Seine Vorwürfe konnten nie eindeutig geklärt werden.
Während des Weltkriegs zum Pazifisten geworden, setzte Harden nach der Schaffung der Republik seine kritische publizistische Tätigkeit fort. Er fand jedoch in seinen Angriffen gegen die nunmehr Herrschenden keine Linie mehr. Nach einem Attentat von Rechtsradikalen 1922 übersiedelte er in die Schweiz.

M. Harden, seit dem Attentat nicht mehr im Vollbesitz der Kräfte

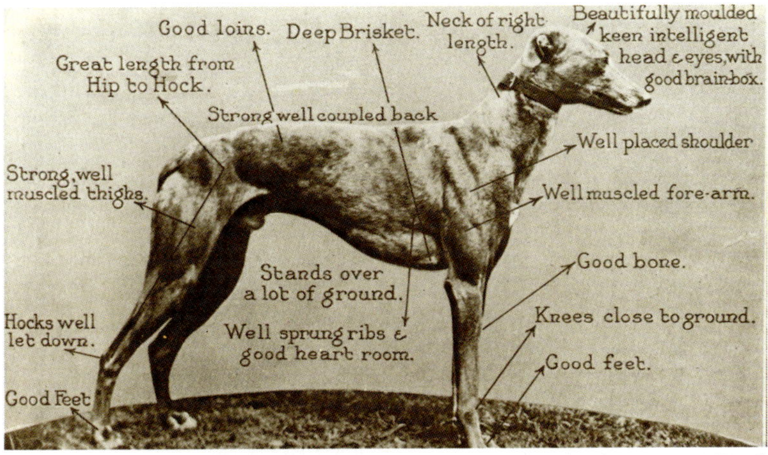

Eine britische Zeitschrift erklärt ihren Lesern, worauf es bei einem Windhund, der für Hunderennen geeignet sein soll, ankommt

Sieger-Goldpokal für das erste Windhundrennen in London

Die Preise für Windhunde sind durch die Wettbegeisterung in Großbritannien um 300% gestiegen

Sport- und Wettvergnügen

Das Hunderennen entwickelt sich – vor allem auf den britischen Inseln, der Hochburg allen Wettvergnügens – zu einer der populärsten Sportarten der Saison und breitet sich von dort aus zögernd auch in anderen europäischen Ländern aus. Während die Rennen in den britischen Stadien – sie sind in allen größeren Städten zu finden – abends und bei künstlicher Beleuchtung veranstaltet werden, tragen die französischen und deutschen Windhundbesitzer die Wettbewerbe am Tage aus.
Bei den Rennen laufen die Hunde mit einer Geschwindigkeit von über 100 km/h hinter einem künstlichen Hasen, der mit einem Motorwagen über die Bahn gezogen wird, her. Über Stadionlautsprecher werden die Zuschauer ständig über den Stand des Rennens und damit über ihre Wettchancen auf dem Laufenden gehalten.

Start zu einem Windhundrennen, rechts hinten der Hase (Zeichnung)

November 1927

Mo	Di	Mi	Do	Fr	Sa	So
	1	2	3	4	5	6
7	8	9	10	11	12	13
14	15	16	17	18	19	20
21	22	23	24	25	26	27
28	29	30				

1. November, Dienstag

Die auf vier Jahre gewählte türkische Nationalversammlung in Ankara bestätigt Mustafa Kemal Pascha (später: Kemal Atatürk) mit einem einstimmigen Votum in seinem Amt.

In Berlin gelangt der Film »Casanova« von Norbert Falk (Drehbuch) und Alexander Wolkoff (Regie) zur Uraufführung.

2. November, Mittwoch

Der Reichstagsausschuß für die Strafrechtsreform lehnt den sozialdemokratischen Antrag auf Abschaffung der Todesstrafe mit 17 gegen 11 Stimmen ab. → S. 186

Der thüringische Staatsrat unterzeichnet die Regelung mit Herzog Karl Eduard von Sachsen-Coburg-Gotha in der Frage der Entschädigung für die Enteignung des Fürstenhauses nach dem Weltkrieg (→ 30. 6./S. 104).

3. November, Donnerstag

Die polnische Regierung unter Ministerpräsident Józef Klemens Pilsudski vertagt erneut das Parlament und verhindert damit die Verabschiedung des Staatshaushalts für 1928. → S. 184

In Berlin wird die Kammermusik Nr. 5, op. 36 Nr. 4, ein Bratschenkonzert, von Paul Hindemith uraufgeführt. Der Komponist spielt selbst den Solopart (→ S. 156).

4. November, Freitag

Der Abzug von 10 000 Besatzungssoldaten der Alliierten aus dem Rheinland ist abgeschlossen (→ 31. 8./S. 142).

Die Reichsregierung beschließt, die Verhandlungen mit Polen über den Abschluß eines Handelsvertrags wiederaufzunehmen (→ 23. 11./S. 186).

Johanna Prigge aus Embsen bei Lüneburg, die älteste Deutsche, begeht im Kreise der Familie ihren 106. Geburtstag. → S. 186

Der neueste Roman von Annette Kolb, »Daphne Herbst«, erscheint im Vorabdruck in der »Vossischen Zeitung«.

In den Hamburger Kammerspielen wird das Volksstück »Revolte auf Höhe 3018« von Ödön von Horváth in der Inszenierung von Hannes Lotz uraufgeführt.

5. November, Sonnabend

Reichspräsident Paul von Hindenburg ernennt Friedrich Wilhelm von Prittwitz und Gaffron als Nachfolger des verunglückten Ago (eigentl. Adolf Georg Otto) Freiherr von Maltzahn zum deutschen Botschafter in Washington (→ 23. 9./S. 153).

Herzog Amadeus von Apulien, ein Vetter des italienischen Königs Viktor Emanuel III., heiratet in Neapel Prinzessin Anna von Orléans. An der Hochzeitsfeier nehmen u. a. der italienische Ministerpräsident und Duce Benito Mussolini und der spanische König Alfons XIII. teil.

In Breslau wird Ernst von Heydebrand und Lasa in einem Indizienprozeß vom Vorwurf des Mordes an seiner Ehefrau Erna freigesprochen.

Regisseur Max Reinhardt startet in Begleitung einer Schauspielertruppe mit dem Dampfer »Deutschland« von Cuxhaven aus zu einem dreimonatigen Gastspiel – dem ersten eines deutschsprachigen Theaterensembles nach Kriegsende – in die USA. → S. 190

6. November, Sonntag

Vor dem Budapester Parlamentsgebäude wird ein Denkmal des ungarischen Freiheitskämpfers Lajos Kossuth, der 1848 für die Unabhängigkeit des Magyarenstaates von Österreich gekämpft hatte, enthüllt.

Die Schweiz und Schweden trennen sich bei einem Fußball-Länderspiel in Zürich 2 : 2.

Im Leipziger »Achilleion« verteidigt Max Schmeling den Titel des Deutschen Meisters im Halbschwergewichtsboxen gegen Hein Domgörgen durch ein K. o. in der siebenten Runde.

Die österreichische Nationalmannschaft besiegt Italien in einem Fußball-Länderspiel in Bologna 1 : 0.

Den traditionellen Kunstturn-Städtekampf zwischen Leipzig, Berlin und Hamburg gewinnen die Leipziger Turner vor einheimischem Publikum.

7. November, Montag

In der Sowjetunion wird der zehnte Jahrestag der Oktoberrevolution feierlich begangen. Der innerparteilichen Opposition gelingt es bei den Festdemonstrationen in Moskau, Leningrad und anderen großen Städten nicht, zu Wort zu kommen. → S. 181

Im Künstlertheater von Konstantin S. Stanislawski in Moskau wird das Drama »Panzerzug Nr. 14–69« von Wsewolod V. Iwanow uraufgeführt. Es hat den Kampf zwischen der Roten Armee und den Weißgardisten im Jahre 1919 zum Thema. → S. 182

8. November, Dienstag

In Genf geht eine Diplomatenkonferenz des Völkerbundes zu Ende, die der Abschaffung von Ein- und Ausfuhrverboten dienen soll. 18 Staaten, darunter das Deutsche Reich, Österreich, die Schweiz, Frankreich, Großbritannien und Italien, unterzeichnen eine Konvention zur Abschaffung solcher Verbote (→ 17. 10./S. 170).

9. November, Mittwoch

Das Reichskabinett verabschiedet den Entwurf zu einem neuen Kraftfahrzeugsteuergesetz. Die neue Steuer wird – wie bisher – pauschal und nicht als Verbrauchssteuer (d. h. als Benzin- oder Kilometersteuer) berechnet. → S. 187

Der Film »Wochenendzauber« (Regie: Rudolf Walther-Fein) gelangt in Berlin zur Uraufführung.

10. November, Donnerstag

Zum zehnten Jahrestag der Oktoberrevolution (7. 11. 1917) wird in Moskau ein »Weltkongreß der Freunde der Sowjetunion« veranstaltet (bis 12. 11.), an dem 947 Delegierte aus 43 Staaten teilnehmen.

Die Deutsche Lufthansa AG gibt bekannt, daß sich die Zahl der Passagiere in der Flugsaison 1927 auf 100 000 verdoppelt hat.

Der Schillerpreis, der 1927 erstmals seit zwölf Jahren wieder verliehen wird, geht an die Schriftsteller Hermann Burte, Fritz von Unruh und Franz Werfel. → S. 190

11. November, Freitag

In Wiesdorf bei Köln sind zwei Kommunisten zu – unbesoldeten – Stadträten gewählt worden. Sie geben zum Amtsantritt eine Erklärung ab, in der sie sich zur Reichs- und Staatsverfassung bekennen und Instruktionen der Partei und der Kommunistischen Internationale als nicht maßgebend für ihre Entscheidungen erklären.

Am polnischen Staatsfeiertag wird Kriegsminister Józef Klemens Pilsudski mit Jubelveranstaltungen, an denen sich demonstrativ auch die katholische Kirche beteiligt, geehrt.

Durch den Abschluß eines Freundschaftsvertrags zwischen Frankreich und dem Königreich der Serben, Kroaten und Slowenen (heute Jugoslawien) wird die Stellung des Königreichs auf dem Balkan gestärkt (→ 22. 11./S. 185).

In Italien soll das parlamentarische System nach einem Parteibeschluß der regierenden Faschisten abgeschafft werden. An die Stelle des Parlaments tritt eine berufsständische Volksvertretung, das allgemeine Stimmrecht wird aufgehoben. → S. 184

»Soll die Frau am politischen Leben teilnehmen?« – In einer Diskussion zu diesem Thema äußern sich in der »Literarischen Welt« die französische Schriftstellerin Colette (dagegen) und die Reichstagsabgeordnete Katharina von Oheimb-Kardorff (dafür). → S. 186

Im Berliner Ufa-Palast wird der Film »Die Liebe der Jeanne Ney« von Georg Wilhelm Pabst nach dem gleichnamigen Roman des sowjetischen Revolutionsdichters Ilja Ehrenburg uraufgeführt. Es spielen Brigitte Helm und Fritz Rasp. → S. 191

12. November, Sonnabend

Das Zentralkomitee (ZK) und die Zentrale Kontrollkommission der KPdSU beschließen auf einem gemeinsamen Plenum in Moskau den Ausschluß von Leo D. Trotzki, Lew B. Kamenew und Grigori J. Sinowjew aus der Partei (→ 14. 11./S. 180).

Der Autotunnel unter dem Hudson River, der New York und New Jersey verbindet, wird feierlich eröffnet. US-Präsident Calvin Coolidge läßt zur Einweihung dieses längsten Autotunnels der Welt von Washington aus auf elektrischem Weg zwei Flaggen an den Tunneleingängen hissen.

Als zweites Stück an der Bühne am Nollendorfplatz inszeniert Erwin Piscator »Rasputin, die Romanows, der Krieg und das Volk, das gegen sie aufstand« nach Alexei N. Tolstoi. Am 24. November erwirkt Ex-Kaiser Wilhelm II. aus seinem Exil im niederländischen Doorn eine einstweilige Verfügung gegen eine Szene des Stücks, in der er sich bloßgestellt sieht (→ S. 159).

13. November, Sonntag

Bei den Landtagswahlen in Hessen wird die Regierungskoalition aus SPD, DDP und Zentrum bestätigt. Bei den Bürgerschaftswahlen in Bremen wird die SPD mit 50 von 120 Sitzen stärkste Partei. Bei den Wahlen zum Danziger Volkstag erreicht die SPD 42 Sitze und wird damit stärkste Fraktion vor der DNVP, die 24 Sitze erhält.

14. November, Montag

Reichsaußenminister Gustav Stresemann und Reichskanzler Wilhelm Marx treffen zu einem Besuch in Wien ein (bis 17. 11.). Die Zusammenkunft wird wegen der »Anschluß«-Gerüchte von der ausländischen Presse argwöhnisch beobachtet. → S. 183

Nach dreijährigen Verhandlungen wird in Berlin ein Abkommen zwischen der deutschen und der polnischen Regierung unterzeichnet, das die Bedingungen für die Beschäftigung polnischer Saisonarbeiter in deutschen landwirtschaftlichen Betrieben regelt.

Das Fernkabel zwischen Dresden und Prag, die erste Fernkabelverbindung zwischen dem Deutschen Reich und der Tschechoslowakei, wird in Betrieb genommen.

Bei einer Explosion von Gastanks in Pittsburgh (Pennsylvania/USA) werden 28 Menschen getötet und mehr als 400 verletzt. → S. 187

Die Vertreter der britischen Amateurverbände beschließen, den britischen Sportlern die Teilnahme an den Olympischen Spielen 1928 in den Wettbewerben freizustellen, in denen eine strenge Einhaltung der Amateurbestimmungen gewährleistet ist.

Stuttgart, 21. November 1927 Preis 60 Pfennig 32. Jahrgang Nr. 34

SIMPLICISSIMUS

Herausgabe in München
Postversand in Stuttgart

Begründet von Albert Langen und Th. Th. Heine

Bezugspreis vierteljährlich 7.— Reichsmark
Copyright 1927 by Simplicissimus-Verlag G. m. b. H. & Co., München

Trotzki

(Th. Th. Heine)

„Glücklicher Lenin! Du bist ihr Heiliger — und mich fressen sie auf!"

Leo D. Trotzki von den russischen Wölfen angegriffen – so karikiert das satirische Magazin »Simplicissimus« aus München am 21. November die Ereignisse in der Sowjetunion

November 1927

15. November, Dienstag

Mihail Manoilescu, der als Sendbote des rumänischen Ex-Kronprinzen Carol verhaftet worden ist, wird in Bukarest vom Verdacht des Hochverrats freigesprochen.

In Moskau findet die erste internationale Konferenz revolutionärer Schriftsteller statt (bis 16. 11.). Teilnehmer der deutschen Delegation sind Johannes R. Becher, Bertha Lask, Arthur Holitscher und Franz Carl Weiskopf. Die Internationale Vereinigung Revolutionärer Schriftsteller (IVRS) wird gegründet.

Im S. Fischer Verlag in Frankfurt am Main erscheint zum 65. Geburtstag des Dichters Gerhart Hauptmanns neuer Roman »Till Eulenspiegel« (→ S. 144).

16. November, Buß- und Bettag

Im britischen Unterhaus in London kommt es zu tumultartigen Szenen, als der konservative Premierminister Stanley Baldwin sich weigert, zu einem Mißtrauensantrag der Opposition persönlich Stellung zu nehmen.

Berlin verliert in Hamburg den Fußball-Städtekampf gegen die Hamburger Auswahl 3:4.

17. November, Donnerstag

Neuer Sultan von Marokko wird Sidi Muhammad V. Er folgt seinem verstorbenen Vater, Sultan Jusuf, nach. → S. 183

Asta Nielsen ist der Star in dem Film »Das gefährliche Alter« nach dem Roman von Karin Michaelis (Regie: Eugen Illès), der in Berlin uraufgeführt wird.

»Sonnenaufgang«, der erste Film von Friedrich Wilhelm Murnau, der in Hollywood gedreht worden ist, wird im Capitol-Theater in Berlin in deutscher Erstaufführung gezeigt (→ S. 110).

Am Staatlichen Schauspielhaus in Berlin hat »Der Kaufmann von Venedig« von William Shakespeare in einer Inszenierung von Jürgen Fehling Premiere. Den Shylock spielt Fritz Kortner (→ S. 159).

18. November, Freitag

In einer Rede in Bochum greift Reichsbankpräsident Hjalmar Schacht die Anleihepolitik der Städte scharf an (→ 20. 10./S. 167).

In Kolumbien werden die Erdölgebiete verstaatlicht. Von der Maßnahme sind vor allem ausländische Erdölgesellschaften betroffen.

19. November, Sonnabend

An der Berliner Oper am Platz der Republik (Kroll-Oper) hat die erste Operninszenierung des neuen musikalischen Leiters, Otto Klemperer, Premiere. Die Aufführung des »Fidelio« von Ludwig van Beethoven wird vom Berliner Publikum begeistert aufgenommen; der Philosoph Ernst Bloch veröffentlicht eine Kritik in der »Vossischen Zeitung« (→ S. 157).

In Hamburg wird die Oper »Die versunkene Glocke« von Ottorino Respighi nach einem Drama von Gerhart Hauptmann uraufgeführt.

20. November, Sonntag

Pierre Louis Bordes löst Maurice Viollette als Generalgouverneur in Algerien ab. Das nordafrikanische Land ist politisch und wirtschaftlich dem Mutterland Frankreich angegliedert.

Das Fußball-Länderspiel zwischen den Mannschaften des Deutschen Reiches und der Niederlande endet in Köln 2:2.

21. November, Montag

Die Sozialisten scheiden aus der belgischen Regierung wegen eines Streits über die Militärpolitik gegenüber dem Deutschen Reich aus.

Der vorübergehend entmachtete Chiang Kai-shek übernimmt wieder das Oberkommando über die Südarmee im chinesischen Bürgerkrieg (→ 14. 12./S. 198).

Die türkische Polizei nimmt etwa 60 Arbeiter und Intellektuelle fest; ihnen wird kommunistische Propaganda vorgeworfen.

»Der Weg allen Fleisches«, der erste in Hollywood gedrehte Film mit dem deutschen Schauspieler Emil Jannings, wird in Berlin in deutscher Erstaufführung gezeigt (→ S. 110).

22. November, Dienstag

In der albanischen Hauptstadt Tirana unterzeichnen Italien und Albanien einen Defensivvertrag. Albanien wird damit faktisch italienisches Protektorat. → S. 185

Die Aufführung des Films »Metropolis« von Fritz Lang (→ 10. 1./S. 26) wird in der Türkei wegen »kommunistischer Propaganda« verboten.

23. November, Mittwoch

Reichsaußenminister Gustav Stresemann vereinbart mit polnischen Regierungsvertretern die Wiederaufnahme der Handelsvertragsverhandlungen. → S. 186

Der österreichische Bundeskanzler Ignaz Seipel und der Wiener Bürgermeister Karl Seitz dementieren energisch eine Meldung der »New York Times«, daß sie einem Komitee angehörten, das sich die Verlegung des Völkerbundssitzes von Genf nach Wien zum Ziel gesetzt habe.

24. November, Donnerstag

In einem Brief an den Duisburger Oberbürgermeister Karl Jarres spricht sich Außenminister Gustav Stresemann – im Sinne des Reparationsagenten Parker Gilbert – gegen großzügige Kreditaufnahmen der deutschen Städte und Gemeinden aus (→ 20. 10./S. 167).

Nach dem Tod des rumänischen Ministerpräsidenten Ion I. C. Brătianu übernimmt der Bruder des Verstorbenen, Vintila Brătianu, die Regierungsgeschäfte. → S. 185

25. November, Freitag

Kapitän zur See Walter Lohmann, der wegen der Verwicklung des Reichswehrministeriums in die Geschäfte der Phoebus-Film AG in die Schlagzeilen geraten ist, wird seines Amtes enthoben (→ 17. 12./S. 196).

In Kowno (Litauen) werden Flugblätter verbreitet, die zum bewaffneten Aufstand gegen die Regierung auffordern. Der litauische Ministerpräsident Augustin Voldemaras beschuldigt die polnische Regierung der Urheberschaft. → S. 184

76 Staatsregierungen und 65 Rundfunkgesellschaften schließen in Washington einen Weltrundfunkvertrag.

In der New Yorker Carnegie Hall gibt der elfjährige Geiger Yehudi Menuhin ein Konzert. Er wird in der Presse als musikalisches Wunderkind gefeiert (→ S. 156).

26. November, Sonnabend

Ein Revolverattentat auf den Wiener Bürgermeister Karl Seitz im »Schneepalast« mißlingt. → S. 183

Das Stück »Broadway« von Philipp Abbott und George Dunning wird am Hamburger Thalia-Theater in reichsdeutscher Erstaufführung gezeigt.

Der deutsche Mittelstreckenläufer Otto Peltzer startet zu einer Reise in die USA und nach Australien. Peltzer erklärt vor der Abfahrt, er sei nicht bereit, das von der Deutschen Sportbehörde für Leichtathletik verhängte Startverbot für das Ausland einzuhalten (→ 19. 9./S. 161).

27. November, Sonntag

Bei den Landtagswahlen in Braunschweig erreicht die SPD die absolute Mehrheit der Mandate, die DNVP muß schwere Verluste hinnehmen.

Der sowjetische Volkskommissar des Äußeren, Georgi V. Tschitscherin, droht in einer Note das militärische Eingreifen der Sowjetunion für den Fall an, daß sich die Spannungen zwischen Polen und Litauen zu einer bewaffneten Auseinandersetzung ausweiten (→ 25. 11./S. 184).

Der Allgemeine Deutsche Automobilclub (ADAC) gibt auf seiner Hauptversammlung in Bremen bekannt, daß die Mitgliederzahl des Clubs von 50 000 Ende 1926 auf 70 000 gestiegen sei. 17 000 ADAC-Mitglieder sind Motorradfahrer.

Bei einem Schwimmfest in Stockholm stellt der Schwede Arne Borg zwei weitere Weltrekorde auf: Er schwimmt die 330 Yards Freistil in 3:10,2 min und die 300 m Freistil in 3:28,1 min (→ 31. 8./S. 145).

28. November, Montag

Das Zentrum und die Bayerische Volkspartei, die beiden katholischen Parteien im Deutschen Reich, die beide in der Regierungsverantwortung stehen, beschließen eine engere Zusammenarbeit im Reichstag und bei der Vorbereitung auf die Reichstagswahlen 1928.

Die Regierung des Königreichs der Serben, Kroaten und Slowenen (heute Jugoslawien) kündigt ihren Protest beim Völkerbund gegen den italienisch-albanischen Defensivvertrag an. Das Königreich sieht sich durch den Vertrag in seiner Existenz bedroht (→ 22. 11./S. 185).

29. November, Dienstag

Die spanische Tänzerin La Argentina (eigentl. Antonia Mercé) wird bei einem Gastspiel in Berlin mit ihrem Ensemble gefeiert.

Der Sowjetrusse Alexandr A. Aljochin wird durch einen 6:3-Erfolg bei 25 Remis in Buenos Aires über den Kubaner José Raúl Capablanca y Graupera neuer Schachweltmeister. Der Titelkampf ist am 16. September eröffnet worden. → S. 191

30. November, Mittwoch

Der sowjetische Delegierte Maxim M. Litwinow legt bei der Eröffnung der Vorbereitenden Abrüstungskonferenz des Völkerbundes in Genf einen Plan für eine allgemeine und vollständige Abrüstung vor. Die Sowjetunion beteiligt sich erstmals an der Genfer Abrüstungskonferenz, die bis zum 3. Dezember tagt. → S. 184

Bei der Feier des 150. Jahrestags der Landung von Friedrich Wilhelm Freiherr von Steuben in den USA, der entscheidenden Anteil am Sieg der amerikanischen Kolonisten im Unabhängigkeitskrieg gegen Großbritannien hatte, hält der US-amerikanische Botschafter in Berlin, Jacob Gould Schurmann, in New York eine programmatische Rede. Schurmann tritt Befürchtungen, das Deutsche Reich könne zur Monarchie zurückkehren, entgegen. → S. 187

Im Theater in der Josefstadt in Wien hat das Lustspiel »Die Schule von Uznach oder Neue Sachlichkeit« von Carl Sternheim Premiere. Die Leistung von Marlene Dietrich in der Rolle der Schülerin Thylla Vandenberg wird in der deutschsprachigen Presse positiv gewürdigt.

Gestorben:

23. Jaronty: Stanislaw Przybyszewski (* 7. 5. 1868, Lojewo), polnischer Schriftsteller.

23. Wien: Alfred Fürst zu Windischgrätz (* 31. 10. 1851, Prag), österreichischer konservativer Politiker.

24. Bukarest: Ion I. C. Brătianu (* 20. 8. 1864, Florica), rumänischer liberaler Politiker. → S. 185

28. Berlin: Paul Vincenz Busch (* 21. 1. 1850, Berlin), deutscher Zirkusdirektor. → S. 189

Impressionen einer Seereise vermittelt die humoristische Zeitschrift »Meggendorfer Blätter« aus München in ihrer Ausgabe vom 3. November

Stalin entmachtet seine politischen Gegner

Der sowjetische Parteichef Josef W. Stalin (Mitte, mit Pfeife) triumphiert im Kreise seiner Anhänger

14. November. Das gemeinsame Plenum des Zentralkomitees und der Zentralen Kontrollkommission der KPdSU beschließt auf einer Tagung, die nach dreitägiger Dauer in Moskau zu Ende geht, die gegen Parteichef Josef W. Stalin opponierenden Leo D. Trotzki, Lew B. Kamenew und Grigori J. Sinowjew sowie weitere führende Funktionäre aus der Partei auszuschließen.

Der Konflikt zwischen Stalin und Trotzki war während der schweren Krankheit von Revolutionsführer Wladimir I. Lenin 1922 ausgebrochen und wurde nach dessen Tod am 21. Januar 1924 in voller Schärfe geführt. Kamenew und Sinowjew arbeiteten zunächst in der »Troika«, der kollektiven Parteiführung, mit Stalin eng zusammen und machten gemeinsam Front gegen Trotzki, der am 8. Oktober 1923 erstmals in dem Artikel »Neuer Kurs« die nach Lenins Tod einsetzende Bürokratisierung in der Partei angegriffen hatte. Stalin leitete daraufhin, gemeinsam mit Kamenew und Sinowjew, eine Kampagne gegen den Trotzkismus ein, der als »kleinbürgerliche Abweichung« diffamiert wurde. Am 17. Januar 1925 trat Trotzki als Kriegskommissar zurück.

Nachdem Stalin so seinen wichtigsten Gegenspieler ausgeschaltet hatte, wandte er sich in einem geschickten Intrigenspiel gegen seine bisherigen Mitstreiter Kamenew und Sinowjew. Auf dem Parteikongreß im Dezember 1925 konnte er sich gegen die beiden in der Frage der forcierten Industrialisierungspolitik durchsetzen, danach wurden die beiden Politiker, die sich mit Trotzki zusammenschlossen, schrittweise entmachtet. Nach dem Verlust der Mitgliedschaft im ZK im Oktober 1927 folgt nun der Parteiausschluß, den der Parteikongreß der KPdSU, der vom 2. bis 19. Dezember in Moskau tagt, einstimmig billigt. Kamenew und Sinowjew werden nach Sibirien geschickt und Trotzki wird nach Alma Ata (Kasachstan) verbannt.

Dem Machtkampf innerhalb der KPdSU liegen neben persönlichen Rivalitäten politische Gegensätze zugrunde. Trotzki hält an der Theorie der permanenten Revolution fest. Danach ist ohne eine revolutionäre Veränderung im Westen, die mit allen Mitteln zu fördern sei, der Sozialismus auch in der Sowjetunion nicht zu verwirklichen.

Stalin dagegen geht mit seiner erstmals im Dezember 1924 in der Schrift »Die Oktoberrevolution und die Taktik der Kommunisten« entwickelten Doktrin vom »Aufbau des Sozialismus in einem Lande« davon aus, daß angesichts der weltpolitischen Lage die Weltrevolution zunächst in den Hintergrund zu treten habe und alle Kräfte der kommunistischen Partei auf den wirtschaftlichen Aufbau der Sowjetunion zu konzentrieren seien.

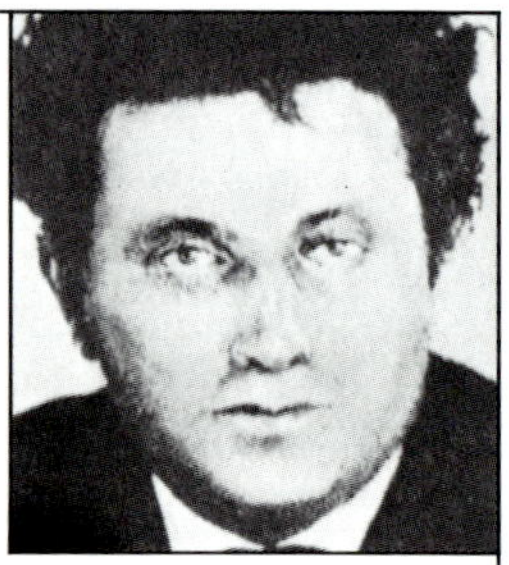

Trotzki – Sinowjew – Kamenew

Leo D. Trotzki *(l.) geboren am 28. Oktober 1879, organisierte 1905 in Petersburg (seit 1914 Petrograd, seit 1924 Leningrad) den ersten Sowjet. Nach einer Verhaftung ging er ins Ausland; er kehrte erst im Februar 1917 zurück und schloß sich den Bolschewisten an. Als Vorsitzender des Petrograder Sowjets organisierte er den Aufstand gegen die Kerenski-Regierung (→ 7. 11./S. 181). In der ersten Sowjetregierung war er Volkskommissar des Äußeren, danach (1918) wurde er Kriegskommissar und führte die Rote Armee im Bürgerkrieg (bis 1922).*

Grigori J. Sinowjew *(r.) geboren am 11. September 1883, schloß sich 1903 den Bolschewisten an und ging 1908 ins Exil, wo er mit Wladimir I. Lenin zusammenarbeitete. Im Oktober 1917, als beide nach Rußland zurückgekehrt waren, setzte sich Lenin mit der Forderung nach einem Aufstand gegen Sinowjew und Kamenew durch. Sinowjew wurde 1919 Komintern-Vorsitzender und 1921 Politbüromitglied.*

Lew B. Kamenew *(M.) geboren am 22. Juli 1883, gehört seit 1903 zu den Bolschewisten, er war im französischen Exil (seit 1908) enger Mitarbeiter Lenins, 1914 nach Rußland zurückgekehrt, wurde er 1915 verhaftet (Verbannung bis 1917). Nach der Oktoberrevolution wurde er Vorsitzender des Moskauer Sowjets (1918) und Politbüromitglied.*

Stalin hat seine innerparteilichen Gegner endgültig ausgeschaltet

Leo D. Trotzki, der Führer der Opposition, muß die Partei verlassen

Streit um die permanente Revolution

Auf der Parteikonferenz der KPdSU vom 18. bis 31. Dezember 1925 in Moskau hat Generalsekretär Josef W. Stalin sich mit seiner These vom Aufbau des Sozialismus in einem Lande durchgesetzt. Sie wird in einer Resolution zur Parteidoktrin erhoben:

»Im allgemeinen ist der Sieg des Sozialismus in einem Lande (nicht im Sinne eines endgültigen Sieges) unbedingt möglich. Das Bestehen zweier direkt entgegengesetzter gesellschaftlicher Systeme schafft die beständige Gefahr einer kapitalistischen Blockade und andere Formen eines wirtschaftlichen Druckes. Sie schafft die Gefahr einer militärischen Intervention, einer Restauration usw. Die einzige Gewähr für einen endgültigen Sieg des Sozialismus, d. h. die einzige Gewähr gegen die Restauration ist daher die siegreiche sozialistische Revolution in mehreren Ländern. Daraus ergibt sich durchaus nicht, daß der Aufbau einer vollständigen sozialistischen Gesellschaft in einem so rückständigen Lande wie Rußland ohne staatliche Hilfe der in technischer Hinsicht fortgeschritteneren Länder unmöglich ist. Ein wichtiger Bestandteil der trotzkistischen Theorie der permanenten Revolution ist die Behauptung, daß ein wirklicher Aufschwung der sozialistischen Wirtschaft erst nach dem Sieg des Proletariats in den wichtigsten Ländern Europas möglich wird. – Das ist eine Behauptung, die das Proletariat der Sowjetunion in der jetzigen Periode zu fatalistischer Passivität verurteilt.«

In seiner Rede vor der Parteikonferenz der KPdSU, die vom 26. Oktober bis zum 3. November 1926 in Moskau stattfindet, bekräftigt Leo Trotzki die Hoffnung, daß es in absehbarer Zeit in den westeuropäischen Staaten zu einer Revolution kommen werde. Die Vorstellung, das Wirtschaftssystem in den kapitalistischen Staaten könnte zu neuer Blüte gelangen, hält er für ebenso unrealistisch wie die Annahme, das Proletariat in Westeuropa sei zu einem Umsturz nicht fähig. Zu letzterem führt er aus:

»Ich frage Sie, warum sollte ich mich zu dieser Annahme verstehen, die ausschließlich von einem düsteren und grundlosen Pessimismus gegenüber dem europäischen Proletariat ausgeht; und warum sollten wir uns zur gleichen Zeit bezüglich des sozialistischen Aufbaus mit dem isolierten Kräften unseres Landes einem unkritischen Optimismus hingeben? ... Ich sehe keinen theoretischen oder praktischen Grund zu glauben, daß mit unserer Bauernschaft die Verwirklichung des Sozialismus leichter fallen wird als dem europäischen Proletariat die Machtergreifung ... Selbst heute noch glaube ich, daß der Sieg des Sozialismus in unserem Land nur zusammen mit einer siegreichen Revolution des europäischen Proletariats gewährleistet sein kann. Das heißt nicht, daß das, was wir bauen, nicht der Sozialismus ist, oder daß wir nicht mit Volldampf vorangehen können oder sollen .. Wenn wir nicht glaubten, daß unser Staat ein Arbeiterstaat ist, auch wenn er bürokratisch deformiert ist ..., wenn wir nicht glaubten, daß wir genügend Hilfsmittel in unserem Lande haben, um die sozialistische Wirtschaft zu entfalten; wenn wir nicht von unserem vollen und endgültigen Sieg überzeugt wären, dann natürlich wäre für uns kein Platz in den Reihen der Kommunistischen Partei.«

Stalin antwortet darauf mit einer längeren Rede, in der er unter Berufung auf Revolutionsführer Wladimir I. Lenin die Doktrin, daß der isolierte Aufbau des Sozialismus in der Sowjetunion möglich ist, zur Grundlinie der Partei erklärt:

»Was bedeutet der Sieg des Sozialismus in unserem Lande? Er bedeutet die Erkämpfung der Diktatur des Proletariats, den Aufbau des Sozialismus und die Überwindung der kapitalistischen Elemente in unserer Wirtschaft. Und was bedeutet der endgültige Sieg des Sozialismus in unserem Lande? Er bedeutet die Schaffung einer absoluten Gewähr gegen die Intervention und gegen Restaurationsversuche aufgrund des Sieges der sozialistischen Revolution wenigstens in einigen Ländern. Wenn die Möglichkeit des Sozialismus in einem einzelnen Lande gleichzeitig die Möglichkeit bedeutet, die inneren Widersprüche auch in einem Lande zu überwinden (wir denken natürlich hier an unser Land), so bedeutet die Möglichkeit des endgültigen Sieges des Sozialismus auch die Möglichkeit, die äußeren Widersprüche zu überwinden, die zwischen dem Lande des Sozialismus und den Ländern des Kapitalismus bestehen, und die nur durch die Kräfte der proletarischen Revolution in mehreren Ländern überwunden werden können.«

Die außenpolitischen Gegner der Sowjetunion werden bei der Jubelparade karikiert, r. eine Maske des britischen Außenministers Chamberlain

Jubelfeiern in Moskau

7. November. Mit Feierstunden, Massenaufmärschen und Demonstrationen wird in der Sowjetunion der zehnte Jahrestag der Oktoberrevolution begangen. Am 7. November 1917 (nach dem damals in Rußland gültigen julianischen Kalender am 25. Oktober) hatte die bolschewistische Machtübernahme in Petrograd (heute Leningrad) die politisch-soziale Umwälzung eingeleitet, die zur Errichtung des Sowjetstaates führte.

Bei den offiziellen Jubiläumsfeierlichkeiten tritt die Rückbesinnung auf die Zeit des revolutionären Kampfes zugunsten der Bilanzierung der seit der Oktoberrevolution geleisteten Aufbauarbeit weitgehend in den Hintergrund.

Ein neues Denkmal von Revolutionsführer Lenin in Leningrad

Stundenlang dauert es, bis die Demonstrationszüge aus den Moskauer Vorstädten das Zentrum der Hauptstadt der Sowjetunion erreicht haben

Lesesaal der Moskauer Bibliothek, die Förderung der Bildung vieler steht in der UdSSR im Vordergrund

Durch das Radio erhält auch die Landbevölkerung Kenntnis vom politischen Geschehen in der Welt

Kulturelle Vielfalt am 10. Jahrestag

Im Rahmenprogramm der Jubiläumsfeiern zum zehnten Jahrestag der Oktoberrevolution finden eine Reihe von Veranstaltungen statt, die einen Überblick über die Vielfalt des kulturellen Lebens in der Sowjetunion vermitteln.
Der futuristische Schriftsteller Sergei M. Tretjakow vertritt die These, daß bei der Gestaltung der Feiern der volksbildnerische und nützliche Aspekt, wie der Ausbau des Rundfunks und der Bibliotheken, gegenüber dem ästhetischen in den Vordergrund zu treten habe: »Abgeputzte Wände, durchlüftete Zimmer und zum Fest beigelegte Konflikte sind mehr wert als die schönsten Worte an den Häuserfassaden.«
Im Künstlertheater von Konstantin S. Stanislawski (eigentl. Konstanstin S. Alexei) in Moskau wird die dramatische Fassung der Erzählung »Panzerzug Nr. 14-69« von Wsewolod V. Iwanow uraufgeführt, die den Kampf der Partisanen gegen die Konterrevolution im Fernen Osten in der Zeit des Kriegskommunismus schildert. Gegenüber der Erzählung, die das Revolutionsgeschehen als einen übermächtigen Ausbruch elementarer Kräfte darstellt, wird in der Bühnenfassung die führende Rolle der Kommunisten betont.
Ein Auftragswerk zum Jubiläum ist der Film »Der Fall von St. Petersburg« von Wsewolod Pudowkin. Der Regisseur stellt die Oktoberrevolution aus der Perspektive eines Bauern, der in die Stadt kommt und in die historischen Ereignisse verwickelt wird, dar.
Eine zusammenhängende Fabel und ein individueller Held fehlen dagegen in dem Film »Oktober« von Sergei M. Eisenstein, der ebenfalls zum Jahrestag in Auftrag gegeben worden ist. Eisensteins mosaikartige Darstellung der Oktoberereignisse beeindruckt insbesondere in den Massenszenen. Der Film wird nicht rechtzeitig zum Jahrestag fertig, da Eisenstein alle Szenen, in denen Leo D. Trotzki (→14. 11./S. 180) zu sehen ist, nachträglich herausnehmen muß.

Szene aus dem Film »Oktober« von Regisseur S. M. Eisenstein

Gastspielreise eines antibritischen Propagandaballetts durch die Provinz

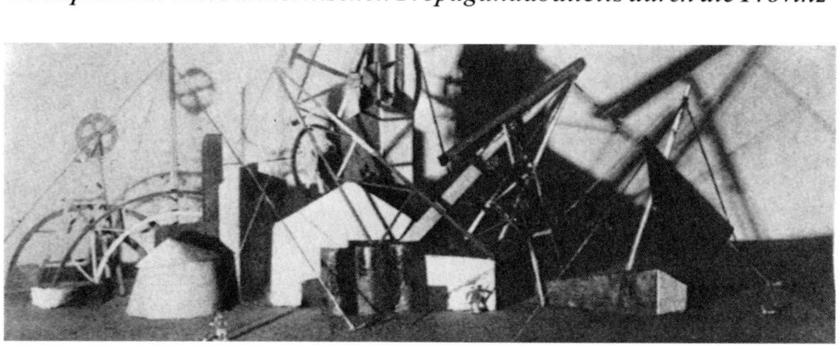

Modell für ein Massenschauspiel auf dem Khodinski-Feld

Abrüstungstagung mit Sowjetunion

30. November. In Genf wird die vierte Tagung der Vorbereitenden Abrüstungskommission des Völkerbundes eröffnet. An der Kommissionstagung, die sich bis zum 3. Dezember hinzieht, nimmt erstmals auch eine sowjetische Delegation teil, die vom stellvertretenden Volkskommissar des Äußeren, Maxim M. Litwinow, geleitet wird.
Die Sowjetunion präsentiert in Genf einen weitreichenden Vorschlag zur allgemeinen Abrüstung, der von den anderen Tagungsteilnehmern jedoch als bloße Propaganda abgetan und nicht ernsthaft diskutiert wird. Litwinow schlägt im Namen der Sowjetregierung die vollständige Abschaffung aller See-, Land- und Luftstreitkräfte vor, bekräftigt jedoch zugleich die sowjetische Position, daß mit einem Ende bewaffneter Auseinandersetzung in den kapitalistischen Staaten nicht zu rechnen sei: »Die Regierung der UdSSR ist nach wie vor der Meinung, daß es unter den Bedingungen der kapitalistischen Gesellschaftsordnung keinen Grund dafür gibt, mit einer Beseitigung der Ursachen zu rechnen, die bewaffnete Konflikte hervorbringen. Militarismus und Marinismus sind ihrem Wesen nach eine natürliche Folgeerscheinung des kapitalistischen Systems. Allein durch ihr Anwachsen verschärfen sie die vorhandenen Widersprüche, beschleunigen potentiell verborgene Konflikte enorm und verwandeln diese unausbleiblich in bewaffnete Zusammenstöße . . .«

Die Sowjets in Genf, M. vorn Delegationsleiter Maxim M. Litwinow

Der Chauffeur des sozialdemokratischen Wiener Bürgermeisters Karl Seitz bleibt ebenso wie Seitz selbst bei dem Revolverattentat unverletzt

Mißglücktes Attentat

26. November. Der sozialdemokratische Bürgermeister von Wien, Karl Seitz, entgeht im Wiener Nordwestbahnhof dem Revolverattentat eines Monarchisten.

Der Bürgermeister hatte an der Eröffnung des Schneepalastes teilgenommen. Diese für Skispringen geeignete künstliche Schneebahn war in dem Bau, der seit 1924 nicht mehr als Bahnhof genutzt wird, errichtet worden. Als Seitz das Gebäude verläßt und ins Auto steigen will, fallen sechs Revolverschüsse, die allerdings weder den Bürgermeister noch seine Begleiter verletzen.

Als Attentäter wird der Monarchist Richard Strebinger festgenommen. Die sozialdemokratische »Arbeiterzeitung« fordert in einem Aufruf die Wiener auf, sich nicht zu Demonstrationen hinreißen zu lassen. Tatsächlich bleibt die Situation ruhig (→ 15./16. 7./S. 118).

Gute Beziehungen zwischen Nachbarn

14. November. Der deutsche Reichskanzler Wilhelm Marx und Reichsaußenminister Gustav Stresemann kommen zu einem viertägigen Besuch nach Wien. Die beiden deutschen Politiker treffen u. a. mit dem österreichischen Bundeskanzler Ignaz Seipel und dem österreichischen Bundespräsidenten Michael Hainisch zusammen.

In den offiziellen Ansprachen zur Begegnung werden die guten Beziehungen zwischen den Nachbarstaaten gewürdigt. Seipel führt u. a. aus: »Zwischen unseren Herzen, unserer Freundschaft gibt es keinen Trennungsstrich. Wie könnte es auch anders sein? Gemeinsam ist unsere Sprache, gemeinsam ist unsere Kultur, gemeinsam auch der Lebensweg, den wir zu wandeln haben.«

In der ausländischen, besonders in der französischen Presse wird das deutsch-österreichische Zusammentreffen mit Argwohn beobachtet. Die rechtsgerichtete Pariser Zeitung »Le Temps« befürchtet vor dem Hintergrund, daß in Wien u. a. über eine Angleichung des deutschen und des österreichischen Strafrechts verhandelt wird, daß Österreich den Anschluß ans Deutsche Reich in kleinen Schritten vollziehen wolle.

Nach dem Zusammenbruch der österreichisch-ungarischen Doppelmonarchie im Weltkrieg hatte die Anschlußbewegung in den sozialistischen wie auch in den bürgerlichen Gruppierungen Deutschösterreichs neuen Auftrieb erhalten. Die österreichische Nationalversammlung erklärte am 12. November 1918 Deutschösterreich zum Bestandteil der deutschen Republik.

Der Anschluß scheiterte jedoch am Einspruch der Alliierten. In den Friedensverträgen von Versailles und Saint-Germain-en-Laye (1919/20) mußten beide Staaten auf eine staatliche Vereinigung verzichten.

Stehend v. r. Gustav Stresemann, Hainisch, Wilhelm Marx und Seipel

Touristen in Marokko gekidnappt

17. November. *Eine Gruppe von vier französischen Touristen, die sich seit dem 20. Oktober in der Gewalt eines marokkanischen Stammes befindet, wird gegen die Zahlung eines hohen Lösegeldes freigelassen (Abb.). Zwei französische Schulmädchen, die seit dem 8. Oktober von Entführern in Marokko gefangengehalten werden, gelangen ebenfalls am 17. November gegen ein Lösegeld wieder in Freiheit.*

Neuer Sultan in Marokko eingesetzt

17. November. *Nach dem Tod des marokkanischen Sultans Jusuf wird dessen Sohn, Sidi Muhammad V. (Abb.), sein Nachfolger. Jusuf war 1912, als Marokko zwischen Frankreich und Spanien aufgeteilt wurde, Sultan geworden. Er war in seiner Stellung von den Kolonialmächten abhängig und verfügte über wenig Spielraum für eigenständige Politik. Dies ändert sich auch unter Sidi Muhammad V. zunächst nicht.*

Truppenkonzentration in Wilna

25. November. Die Spannungen zwischen Polen und Litauen, die sich seit 1922 offiziell im Kriegszustand befinden, spitzen sich zu, als Polen Freiwilligenverbände in der Nähe der Demarkationslinie bei Wilna zusammenzieht und in Kowno Flugblätter verteilt werden, in denen die Litauer zum bewaffneten Aufstand aufgerufen werden.

Der polnische Kriegsminister Marschall Jósef Klemens Pilsudski (l.), der in Genf mit Frankreichs Außenminister Aristide Briand (2. v. l.) spricht

Der 1918 proklamierte litauische Staat hatte Anspruch auf das Gebiet des ehemaligen Fürstentums Groß-Litauen mit der früheren Hauptstadt Wilna angemeldet, war jedoch damit auf Widerstand sowohl beim Deutschen Reich, bei Sowjetrußland wie auch beim polnischen Nachbarn gestoßen. Auf Vermittlung des Völkerbundsrats in Genf kam es am 10. Oktober 1921 zu einem polnisch-litauischen Waffenstillstandsabkommen, in dem Wilna stillschweigend bei Litauen belassen wurde. Trotz litauischen Protests wurde das Gebiet jedoch am 20. April 1922 faktisch mit Polen vereinigt.
Auf neuerliche Vermittlung des Völkerbundes kommt es im Dezember 1927 in Genf zu einer Begegnung zwischen dem polnischen Kriegsminister und Ministerpräsidenten Jósef Klemens Pilsudski und dem litauischen Ministerpräsidenten Augustin Voldemaras. Der Kriegszustand zwischen den Ländern wird offiziell für beendet erklärt.

Autoritärer Kurs

29. November. *Eine Konferenz zwischen dem litauischen Diktator Antanas Smetona, Ministerpräsident Augustin Voldemaras (Abb.) und Vertretern von Oppositionsparteien über die Rückkehr zur Demokratie endet ergebnislos.*

Pilsudski greift ein

3. November. Auf Anordnung des polnischen Staatspräsidenten Ignacy Moscicki wird der Sejm, die Abgeordnetenkammer des polnischen Parlaments, bis zum Ende der Legislaturperiode (28. 11.) vertagt. Am 4. November folgt die Vertagung des Senats, der ersten Kammer des Parlaments. Damit wird eine Verabschiedung des Staatshaushalts für 1928 durch die gesetzgebenden Körperschaften unmöglich gemacht.
Hinter der Anordnung Moscickis steht der starke Mann Polens, Jósef Klemens Pilsudski, der im Mai 1926 durch einen Staatsstreich an die Macht gekommen ist, formal jedoch lediglich die Ämter des Ministerpräsidenten und des Kriegsministers innehat. Er strebt eine vollständige Ausschaltung der parlamentarischen Gremien an. Wegen seines autoritären Führungsstils hat er das Vertrauen, das ihm wegen seines militärischen Vorgehens im Krieg mit Sowjetrußland 1922 entgegengebracht worden war, verspielt.
Am 2. August 1926 war das Gesetz, das dem Staatspräsidenten die Handhabe zur Auflösung des Parlaments gibt, verabschiedet worden. Moscicki machte 1927 von diesem Gesetz reichlich Gebrauch: Am 14. Juli ließ er Sejm und Senat schließen, nachdem das Parlament die von Pilsudski vorgelegten Verordnungen zur Einschränkung der Pressefreiheit nicht gebilligt hatte.
Als der Sejm während der folgenden Sitzungsperiode die Pressedekrete der Regierung am 19. September noch einmal einstimmig ablehnt, wird der Parlamentsbeschluß für rechtsunwirksam erklärt.

Pilsudski setzt eine autoritäre Staatsform in Polen durch

Die Diktatur gefestigt

11. November. Der Große Rat der Faschistischen Partei Italiens legt den Entwurf für eine Parlamentsreform vor, womit das Mehrparteiensystem, das faktisch seit langem nicht mehr existiert, offiziell ausgelöscht wird. Der Abgeordnetenkammer, deren Sitze von 560 auf 400 reduziert werden, sollen nur Angehörige der Faschistischen Partei und des Regimes des italienischen Ministerpräsidenten und Duce Benito Mussolini angehören.

Benito Mussolini (r.) mit dem italienischen König Viktor Emanuel III.

Im Verlauf der Jahre 1925 und 1926 waren durch eine Reihe von Gesetzen u. a. die Presse- und Meinungsfreiheit eingeschränkt, dem Parlament das Initiativrecht aberkannt und der Regierung das Recht zur Erlassung von Gesetzen per Dekret (ohne parlamentarische Zustimmung) zuerkannt worden. Am 9. November 1926 folgte ein Staatsschutzgesetz, mit dem alle Parteien aufgelöst und alle Oppositionszeitungen verboten wurden. Die Führer der Opposition gingen daraufhin sämtlich in die Emigration.
Mit dem nun vorgelegten Gesetzentwurf wird eine Entwicklung, die sich tatsächlich also schon vollzogen hat, bestätigt. Die faschistische Idee, die parlamentarische Volksvertretung durch eine berufsständische Kammer zu ersetzen, ist in dem Entwurf jedoch noch nicht in die Tat umgesetzt. Das korporative System, so heißt es, habe sich noch nicht genügend gefestigt (→ 21. 4./S. 68).
Allerdings ist das Wahlrecht, d. h. das Recht, den faschistischen Kandidaten zuzustimmen, auf Personen beschränkt, die Mitgliedsbeiträge zu den Korporationen zahlen.

Albanien wird Protektorat Roms

Der albanische Präsident Achmed Zogu (vorn) bei einer Truppenschau

22. November. In der albanischen Hauptstadt Tirana wird ein Defensivbündnis zwischen Italien und Albanien unterzeichnet, mit dem der Balkanstaat faktisch zum italienischen Protektorat wird.

Der Vertrag soll zwischen den beteiligten Nationen »eine vollkommene und aufrichtige Freundschaft« sowie »eine gegenseitige Hilfsbereitschaft« begründen. Wenn einer der Vertragspartner von einem nicht provozierten Kricg bedroht ist, so verpflichtet sich der andere dazu, die wirksamsten verfügbaren Mittel anzuwenden, nicht nur um einen Ausbruch der Feindseligkeiten zu verhindern, sondern auch, um dem bedrohten Staat eine gerechte Genugtuung zu verschaffen und für den Fall, daß eine friedliche Lösung nicht zustande kommt, alle militärischen und finanziellen Hilfsmittel bereitzustellen.

Da der albanische Präsident Achmed Zogu die Armee seines Landes abgebaut und in eine wenig schlagkräftige Miliz umgewandelt hat, bedeutet der Vertrag tatsächlich, daß Italien einseitig Albanien den Schutz der Grenzen garantiert. Das Bündnis führt zur Einrichtung einer italienischen Militärmission in Tirana, zur Angleichung der albanischen Truppenausrüstung an die italienische, zum Ausbau von Straßen in Albanien zu Kriegszwecken.

Unterzeichnung des jugoslawisch-französischen Vertrags, r. Briand

Das faschistische Italien verfolgt im Balkanraum eine expansionistische Politik, die insbesondere das Königreich der Serben, Kroaten und Slowenen (heute Jugoslawien) bedroht. Die jugoslawische Regierung sieht sich nach dem Abschluß des italienisch-ungarischen Vertrags am → 5. April (S. 67) und dem nun geschlossenen italienisch-albanischen Bündnis regelrecht eingekreist. Der Staat hat sich deshalb mit einem am 11. November unterzeichneten Freundschafts- und Schiedsvertrag noch enger mit Frankreich verbunden.

Balkan weiter Krisenherd Nr. 1

8. 3.: Italien erklärt seine Bereitschaft zur Ratifizierung des Bessarabienvertrags und bestätigt damit die rumänische Annexion des zuvor zu Rußland gehörenden Gebiets Bessarabien im Jahre 1918 (→ 8. 3./S. 53).

10. 3.: Gerüchte über einen angeblich bevorstehenden Einfall jugoslawischer Banden nach Albanien veranlassen die albanische Regierung zu militärischen Vorbereitungen an den Grenzgebieten zum Königrcich der Serben, Kroaten und Slowenen (Jugoslawien).

18. 3.: Die italienische Regierung richtet die Aufmerksamkeit der europäischen Mächte auf die angeblichen Kriegsvorbereitungen im Königreich der Serben, Kroaten und Slowenen (heute Jugoslawien) und erklärt, sie könne dieser Entwicklung nicht weiter indifferent gegenüberstehen.

5. 4.: In Rom wird der italienisch-ungarische Freundschafts-, Versöhnungs- und Schiedsvertrag unterzeichnet (→ 5. 4./S. 67).

12. 4.: Die Spannungen zwischen der italienischen und der jugoslawischen Regierung verschärfen sich wegen der Albanienfrage.

26. 5.: Die albanische Regierung läßt den Gesandten des Königreichs der Serben, Kroaten und Slowenen in Tirana unter dem Vorwurf des Spionageverdachts verhaften.

4. 6.: Die Regierung des Königreichs der Serben, Kroaten und Slowenen bricht daraufhin die diplomatischen Beziehungen zu Albanien ab.

2. 7.: Durch Vermittlung Großbritanniens, Frankreichs, des Deutschen Reichs und Italiens wird der Konflikt zwischen dem Königreich der Serben, Kroaten und Slowenen und Albanien gütlich beigelegt.

11. 11.: In Paris wird der französisch-jugoslawische Freundschafts- und Schiedsvertrag unterzeichnet.

22. 11.: In Tirana wird das italienisch-albanische Defensivbündnis unterzeichnet.

Das Amt bleibt in der Familie

24. November. Ion I.C. Brătianu, seit dem 23. Juni – zum fünften Mal – wieder Ministerpräsident von Rumänien, stirbt im Alter von 63 Jahren an den Folgen einer Halsentzündung. Das Amt übernimmt der Bruder des Verstorbenen, Vintila Brătianu, der zuletzt das Finanzministerium verwaltet hat.

Ion Brătianu hatte 1909 erstmals das Amt des rumänischen Ministerpräsidenten übernommen und während des Weltkriegs 1916 den Kriegseintritt des Landes an der Seite der Entente durchgesetzt. Zu seinen großen Leistungen der Nachkriegszeit gehört die Verabschiedung der Verfassung im Jahre 1923. Sie ist streng zentralistisch aufgebaut und leugnet die Minderheitenprobleme, die mit der neuen Grenzziehung Rumäniens nach dem Weltkrieg entstanden sind (nur 67% der Bewohner sind der Volkszugehörigkeit nach Rumänen). In dieser Verfassung ist zugleich ein Wahlsystem verankert, das radikale politische Richtungswechsel nach den Wahlen begünstigt und damit zu einer instabilen innenpolitischen Situation führt. Diese Unsicherheit wird durch den Tod Ion Brătianus verstärkt: Sein Bruder ist ihm nicht ebenbürtig.

Der verstorbene rumänische Ministerpräsident Ion I. C. Brătianu

Neuer Ministerpräsident: Der Bruder des Verstorbenen, V. Brătianu

Mehrheit ist für die Todesstrafe

2. November. Mit 17 gegen 11 Stimmen lehnt der Reichstagsausschuß für die Strafrechtsreform den von der SPD eingebrachten Antrag auf Abschaffung der Todesstrafe ab. Für die Beseitigung der Todesstrafe stimmen die Sozialdemokraten, die Kommunisten und Theodor Heuss von der linksliberalen Deutschen Demokratischen Partei (DDP), für die Beibehaltung der Todesstrafe sprechen sich die Angehörigen der Regierungsparteien Zentrum, Deutschnationale Volkspartei und Deutsche Volkspartei sowie ein Vertreter der DDP aus.

Vor der Abstimmung hatten die Gegner der Todesstrafe noch einmal ihre Bedenken erläutert: Die Beibehaltung dieser Strafform erschwere die gewünschte Angleichung des deutschen Strafrechtssystems an das österreichische (dort ist die Todesstrafe abgeschafft; →14. 11./S. 183), die Behauptung, daß die Todesstrafe abschreckend wirke, sei statistisch widerlegt, die Begnadigungspraxis der Richter führe dazu, daß in dieser Frage die Entscheidung unzulässigerweise vom Gesetzgeber auf die Justiz verlagert werde. Nur ein Bruchteil der verhängten Todesstrafen wird seit der Gründung der Weimarer Republik vollstreckt: Die Quote der vollzogenen Hinrichtungen liegt in Preußen in den Jahren 1919 bis 1926 bei 8,3%; zur Amtszeit von Kaiser Wilhelm II. wurden noch 60,4% der Todesurteile vollstreckt.

Hinrichtung im US-Staat Illinois; nach dem dort geltenden Recht darf der Delinquent vor der Vollstreckung des Urteils eine Botschaft verlesen

Todesurteile in Preußen seit 1920

Jahr	Todesurteile		davon vollstreckt	
	Männer	Frauen	Männer	Frauen
1920	61	5	6	–
1921	94	13	7	1
1922	82	6	12	–
1923	49	8	1	–
1924	57	12	2	–
1925	63	20	10	1
1926	46	12	4	–

Älteste Deutsche feiert Geburtstag

4. November. Im Kreise der Familie feiert die älteste Deutsche, Johanna Prigge, in dem Dörfchen Embsen bei Lüneburg Geburtstag. Die noch rüstig wirkende Frau wird 106 Jahre alt, 1821, als sie das Licht der Welt erblickte, veröffentlichte Johann Wolfgang von Goethe seinen Roman »Wilhelm Meister«.

Deutschlands älteste Frau: Die 106jährige Johanna Prigge

Eine Kontroverse um die Rolle der Frau in der Politik

11. November. In der Zeitschrift »Literarische Welt« wird eine kontroverse Diskussion zur Frage »Soll die Frau am politischen Leben teilnehmen?« veröffentlicht, an der die französische Schriftstellerin Colette und die Reichstagsabgeordnete Katharina von Oheimb-Kardorff teilnehmen. Die DVP-Politikerin gehört neben Marie-Elisabeth Lüders und Gertrud Bäumer zu den profiliertesten deutschen Politikerinnen der Gegenwart. Colette äußert sich in einem Interview, das der Literaturkritiker Walter Benjamin mit ihr geführt hat.

Colette: »Wenn ihre Passionen einmal geweckt sind, so kennt die Frau nicht nur als Gattin und Mutter, sondern auch als Verschwörerin und Intrigantin keine Grenze mehr. Das ist ihre Größe. Aus dieser Größe aber macht sich die Gesellschaft ein Instrument der Vernichtung ... Die Frau eines Politikers [Colette war mit dem französischen Politiker Henri de Jouvenel verheiratet; →8./29. 8./S. 139] muß das genaue Gegenteil von einer Frau sein, die Politik macht ... Die Frauen sind – gottseidank – allem Bürokratischen gegenüber eine sprengende anarchistische Kraft. Es ist ein absurder Nonsens, die Frau, die einzige Energie, die der Bürokratie gewachsen ist, in diesen Organismus selber einzustellen.«

Katharina von Oheimb-Kardorff: »Erzogen muß ein Volk werden, um Politikerinnen zu züchten, und erzogen müssen die Frauen werden, um in dem neuen Staate ihre Stellung mit Recht einzunehmen. ... Das Bürokratische liegt der Frau nicht, und das gerade ist ihre Stärke; sie ist in der Lage, über ihre Partei hinweg Vaterlandspolitiker, Vaterlandsarbeiter und Vaterlandsbeamter zu werden ... Die Mütterlichkeit der Frau bringt ihr das starke Bewußtsein, daß Staat und Ethos eng verbunden sind.«

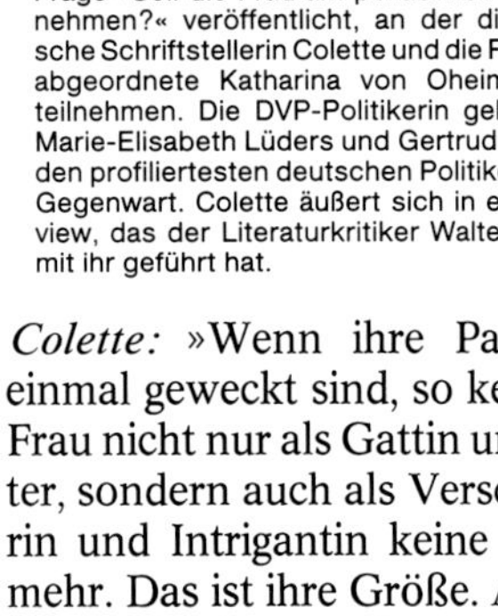

Colette

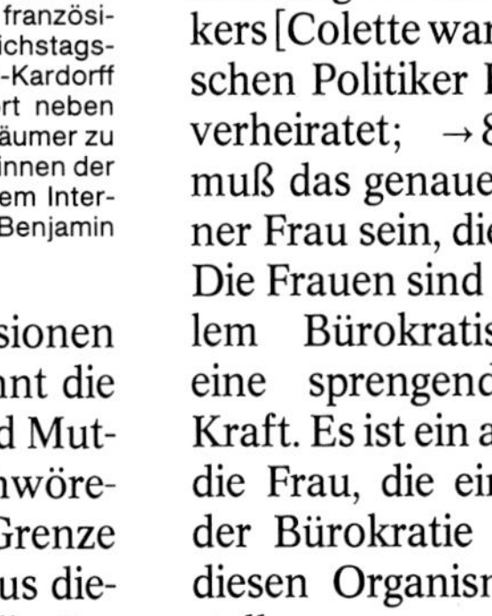

v. Oheimb-Kardorff

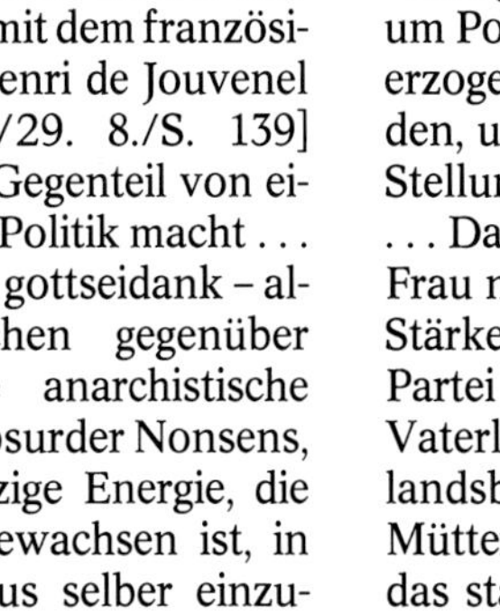

Marie-E. Lüders

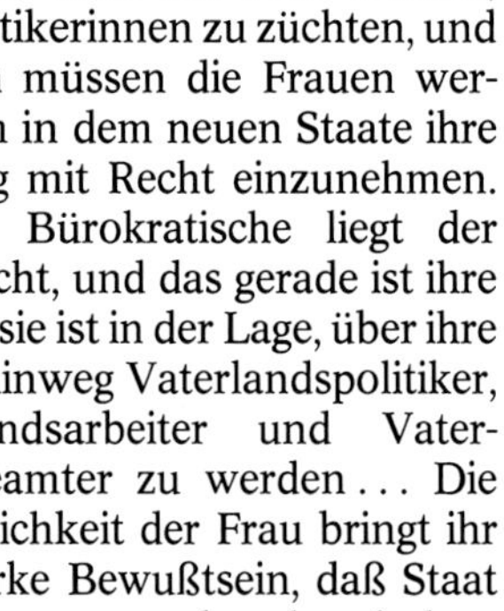

Gertrud Bäumer

Polen akzeptiert deutsche Wünsche

23. November. Reichsaußenminister Gustav Stresemann vereinbart mit Vertretern der polnischen Regierung die Wiederaufnahme der Handelsvertragsverhandlungen, die am →12. Februar (S. 40) unterbrochen worden sind. Die polnische Seite erklärt sich dazu bereit, während der Dauer der Verhandlungen keine Ausweisungen vorzunehmen. Deutsche Spekulationen gehen dahin, daß die US-amerikanischen Anleiheberater (→13. 10/S. 170) bei der Regierung in Warschau auf eine Verbesserung der Beziehungen zum Reich hingewirkt hätten.

»Es ist die Erfahrung, daß die erste polnische Anleihe für die Bedürfnisse des polnischen Wiederaufbaues noch nicht ausreicht und daß Polen vielleicht von den Kreisen, mit denen es über eine Fortsetzung verhandelt, der Rat gegeben worden ist, daß vielleicht von ihm gefordert worden ist, es solle sich in vernünftige Beziehungen mit Deutschland fügen«, meint Stresemann in seinen geheimen Aufzeichnungen.

Bekenntnis zur deutsch-amerikanischen Freundschaft

30. November. *In US-amerikanischen und deutschen Städten (Abb. l.: Feier in Berlin) finden Feierstunden statt, um des preußischen Generals Friedrich Wilhelm von Steuben (Abb. r.) zu gedenken, der vor 150 Jahren, am 30. November 1777, in die Armee von George Washington eintrat. Steuben hatte entscheidenden Anteil am Sieg der Amerikaner über die Briten im Unabhängigkeitskrieg. Bei der Steuben-Feier im Madison Square Garden in New York würdigt der US-Botschafter im Deutschen Reich, Jacob Gould Schurmann, die deutsch-amerikanische Freundschaft. Er führt u. a. aus: »So wie die politischen und internationalen Einrichtungen und die Politik unserer beiden Republiken [USA und Deutsches Reich] fast identisch sind, so marschieren auch die amerikanischen und deutschen Völker in wesentlicher Übereinstimmung in bezug auf soziale Ziele und Ideale . . . Trennende Kräfte sind nirgends sichtbar.« Schurmann erklärt, er halte Befürchtungen, das Deutsche Reich könne zur Monarchie zurückkehren, für unbegründet.*

Autobesteuerung nach dem Hubraum

9. November. Das Reichskabinett verabschiedet den Entwurf zu einem Kraftfahrzeugsteuergesetz, das zum 1. April 1928 in Kraft treten soll. Nach dem Gesetz wird die bisher gültige komplizierte Steuerformel durch eine einfache Berechnung nach dem Hubraum des Fahrzeugs ersetzt: Für je 100 cm³ Hubraum sind bei Motorrädern 8 Reichsmark, bei Autos 12 Reichsmark an Steuern im Jahr zu zahlen. Außerdem wird ein Zuschlag von 25% erhoben, der die Ausgaben der Länder für den Straßenbau decken soll und direkt in die Länderkassen fließt.

Alle Vorschläge, eine Verbrauchssteuer einzuführen, die auf das Benzin oder die Reifen aufgeschlagen bzw. nach der gefahrenen Kilometerleistung berechnet wird, haben in der Reichsregierung keinen Widerhall gefunden.

Die Regierung erhofft sich von dem neuen Steuersystem einen Anstieg der Einnahmen aus der Kraftfahrzeugsteuer von 150 (1927 geschätzt) auf 160 Millionen Reichsmark.

Gastanks explodiert

14. November. Infolge der Explosion von Gastanks der Equitable Gas Company in Pittsburgh (Pennsylvania) kommen 28 Menschen ums Leben, über 400 werden verletzt, 5000 Personen werden durch die Katastrophe obdachlos. Die Ursache für die Explosion, die vom Hauptbehälter auf zwei weitere Tanks übergreift, liegt im unvorsichtigen Hantieren mit einer Lötlampe in der Nähe der Gastanks.

Luftbild von den drei zerstörten Gastanks der Equitable Gas Company in Pittsburgh; 28 Menschen sind der Explosion zum Opfer gefallen

Streit mit der Studentenschaft

Der preußische Kultusminister Carl Heinrich Becker gerät in einen schweren Konflikt mit der Deutschen Studentenschaft. Er fordert von ihr eine Trennung von der österreichischen Studentenschaft, da diese aufgrund ihrer Satzung die Aufnahme jüdischer Studenten nicht erlaubt. Bei den in der Mehrheit nach rechts orientierten preußischen Studenten stößt diese Forderung auf Kritik. Reichsinnenminister Walter von Keudell (DNVP) erklärt in einem Telegramm vom 27. November seine Sympathie mit dem studentischen Protest. Preußens Ministerpräsident Otto Braun (SPD) beschwert sich daraufhin bei Reichskanzler Wilhelm Marx:

». . . Der Herr Reichsminister des Innern hat . . . an den Vorstand der Deutschen Studentenschaft . . . folgendes Telegramm gerichtet: ›Im Geiste unter Ihnen in innerer Verbundenheit bekennt sich erneut zu Ihnen mit herzlichen Grüßen und Wünschen von Keudell.‹ . . . Ich muß bei Ihnen . . . auf das entschiedenste dagegen Verwahrung einlegen, daß ein Mitglied der Reichsregierung in einer Frage, die die preußischen . . . Studentenschaften aufs tiefste erregt und die Hochschulen in heftige politische Kämpfe hineinzuziehen droht, gegen die verantwortliche preußische Regierungspolitik in einer Weise öffentlich Stellung nimmt, die sich mit dem gegen das preußische Ministerium für Wissenschaft, Kunst und Volksbildung gerichteten Angriffen identifiziert. Ich muß hierin wie jedermann eine starke Brüskierung der Politik der preußischen Regierung erblicken . . .«

Der Reichskanzler weist den preußischen Einspruch am 5. Dezember brieflich zurück. Die Studenten sämtlicher preußischer Hochschulen mit Ausnahme Braunsbergs lehnen am 15. Dezember die geforderte Trennung von ihren österreichischen Kommilitonen in einer Urabstimmung ab.

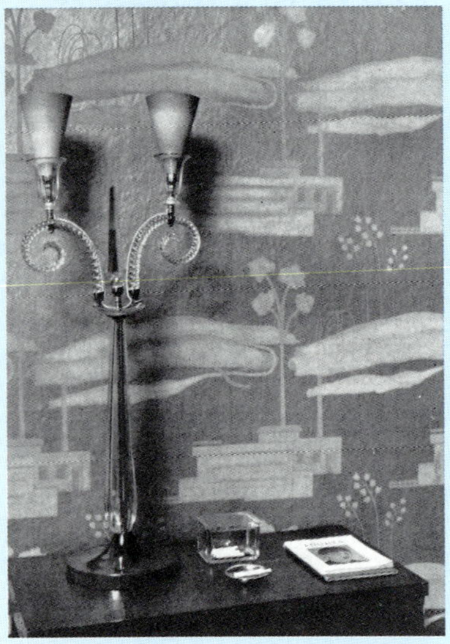

Künstlerische Tapete, entworfen von H. R. Geyer-Raack (Berlin)

Das Haus M in Ginnheim, entworfen von dem Frankfurter Ernst May; die Ära der Butzenscheibenromantik ist nun endgültig vorbei

Schlafzimmer mit Damen-Wäscheschrank von H. Gorge (Wien)

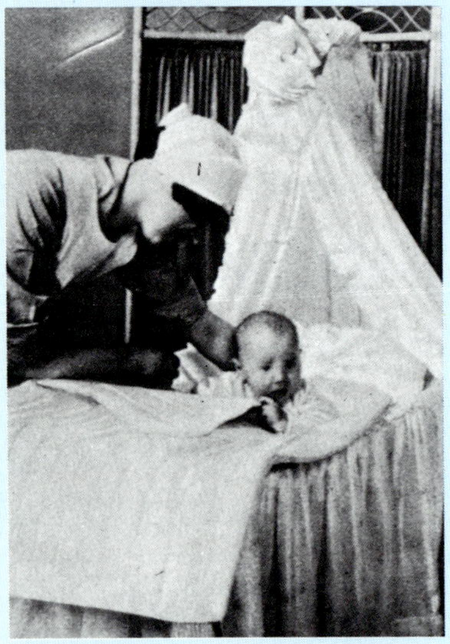

Praktischer Haushalt; Elektro-Wärmedecke für das Neugeborene

Junggesellenküche; auf einem Quadratmeter alles untergebracht

Wohnen 1927:

Wirtschaftlichkeit ist gefragt

Angesichts des bestehenden Wohnungsfehlbestandes von etwa einer Million Einheiten stehen Wirtschaftlichkeit und Rentabilität beim Bauen im Vordergrund. In Zusammenarbeit zwischen den Gemeindeverwaltungen, in denen besonders in den Großstädten vielfach die SPD regiert, den gemeinnützigen Wohnungsunternehmen und den Architekten des »Neuen Bauens« werden Großprojekte in einer neuen, effizienten und rentablen Bauweise realisiert.

Innerhalb dieses kommunalen Städtebaus sind zwei Typen zu unterscheiden:

▷ Die Trabantenstadt-Konzeption, nach der z. B. der Architekt Ernst May in der Gegend um Frankfurt am Main baut, geht davon aus, daß um eine Mutterstadt eine Reihe von kleineren Städten mit 50 000 bis 100 000 Einwohnern entstehen; diese Trabantenstädte sind mit der Mutterstadt eng verbunden, sie können sich jedoch lokal selbst versorgen; mit dieser Bauweise soll der Gegensatz zwischen Stadt und Land aufgehoben werden

▷ Die städtischen Großsiedlungen, wie z. B. Bruno Tauts Hufeisensiedlung in Berlin-Britz, entstehen innerhalb des Stadtgebiets; sie sind, obwohl als abgeschlossene Einheiten mit eigenem Sozialgefüge entworfen, im allgemeinen nicht selbstverwaltet, bieten jedoch gegenüber den Trabantenstädten den Vorzug kürzerer Wege zu den Arbeitsplätzen

Bei den Wohnungseinrichtungen des »Neuen Bauens« setzt sich dieser Hang zu Effizienz und Funktionalität fort. Die gegenüber der Vorkriegszeit kleiner geplanten Wohneinheiten erfordern Klappbetten, ineinanderstellbare Stühle, Anbaumöbel und Einbauschränke. Besondere Aufmerksamkeit richten die Architekten des »Neuen Bauens«

Zimmer mit Einbauschränken von Joseph Demetz (Wien)

dabei auf die Küche: Einerseits werden Kompaktküchen mit Spülbeckeneinheit speziell für Junggesellen entworfen, auf der anderen Seite werden auch die Hausfrauenküchen für die Kleinfamilie nach rationellen Gesichtspunkten geplant. Arbeitsplatzanalysen, Zeit- und Bewegungsstudien sollen dazu führen, die Hausarbeit durch die Gestaltung der Kücheneinrichtungen zu erleichtern.

Ein Prototyp ist die Frankfurter Küche, entworfen von der Architektin Grete Schütte-Lihotzky, die ihr Programm so formuliert: »Grundsätze arbeitssparender, wirtschaftlicher Betriebsführung, deren Verwirklichung in Fabriken und Büros zu ungeahnten Steigerungen der Leistungsfähigkeit geführt hat, werden auf die Hausarbeit übertragen. Wir müssen erkennen, daß es für jede Arbeit einen besten und einfachsten Weg geben muß.«

Die Prinzipien der modernen Wohnkultur werden in den Illustrierten, in Broschüren und Ausstellungen mit Musterwohnungen propagiert. Dennoch nehmen viele nur ungern von dem alten, liebgewordenen Plunder, von riesigen Buffets, gedrechselten Tischen, Plüschgardinen und Nippes Abschied; sie können sich auf das standardisierte, jede Individualität leugnende Wohnen, so praktisch es auch sein mag, nicht einstellen.

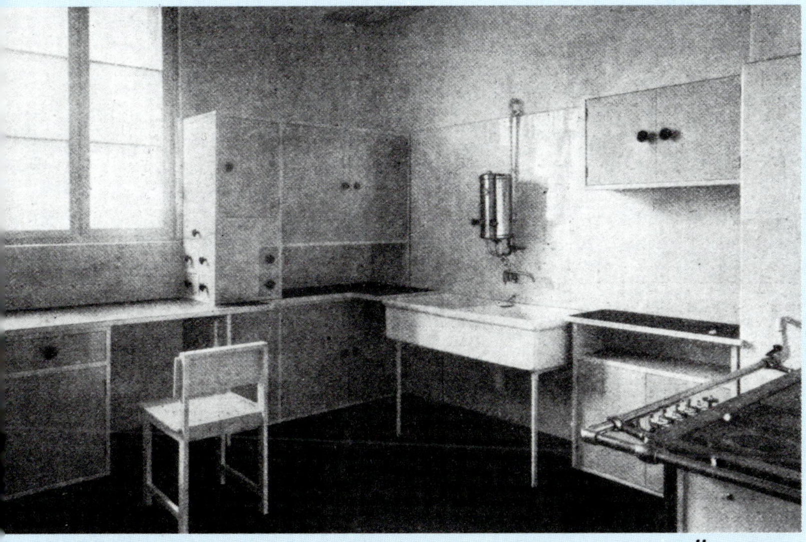

Der Berliner Architekt Fred Forbat hat diese funktionale, auf Überflüssiges verzichtende Küche in einem Haus in Berlin-Lichterfelde entworfen

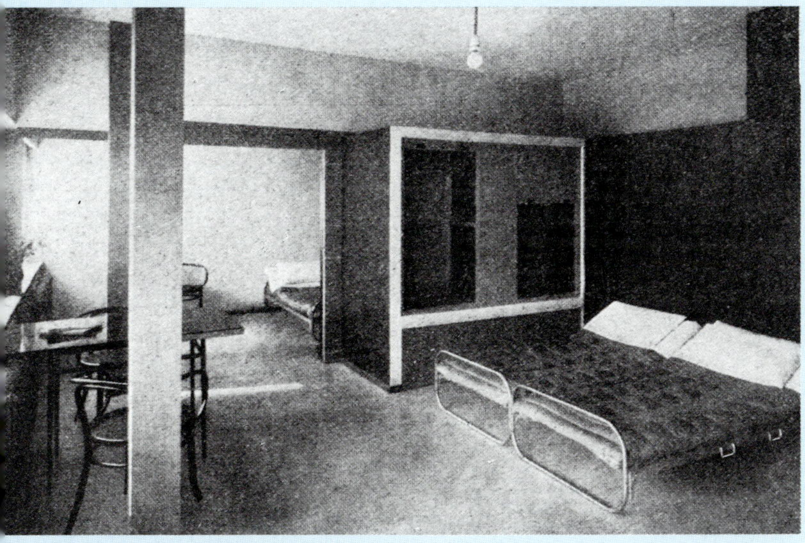

Inneneinrichtung von Le Corbusier für sein Haus auf der Werkbund-Ausstellung in Stuttgart; die Betten sind tagsüber im Schrank untergebracht

Sonnenterrasse im Obergeschoß des Bürgerhauses, das der Magdeburger Architekt Albinmüller als Musterbau entwickelt hat

Zirkusdirektor Busch

28. November. Im Alter von 77 Jahren stirbt in Berlin Zirkusdirektor Paul Vincenz Busch, dessen Unternehmen 1927 auf ein 43jähriges Bestehen zurückblicken kann.

Der einem bürgerlichen Hamburger Hause entstammende Busch hatte seine Zirkuslaufbahn nach der Reichsgründung 1871 als Reiter in Wanderzirkussen begonnen und sich wenig später in Dänemark mit einer kleinen, auf Zirkusnummern spezialisierten Truppe selbständig gemacht. 1884 folgte die Zirkusgründung in Berlin.

In der Folgezeit lieferte sich Busch heftige Konkurrenzkämpfe um die Gunst des Publikums mit dem traditionsreichen Zirkus Renz – der 1896 hochverschuldet schließen mußte – und mit dem Zirkus Schumann.

Obwohl Busch, der die in den 80er Jahren bei Renz auftretende Zirkusreiterin »Miss Constanze« geheiratet hatte, auf Pferdenummern – Parforcevorstellungen, Schulquadrillen, Kaskadenritte, Massentableaux mit bis zu 80 Pferden – großen Wert legte, lag seine Spezialität doch auf anderem Gebiet: Er brachte muskelbepackte »Kraftmenschen« zu spektakulären Ringkämpfen in die Arena und setzte auf halsbrecherische Kunststücke und effektvolle, technisch unterstützte Tricks; Trampolin springende Pferde, Rutschbahn fahrende Eisbären, Kutschfahrten über einstürzende Brücken.

Beim Tode des Gründers verfügt Circus Busch über vier feste Häuser in Berlin, Breslau, Altona bei Hamburg und Wien, in denen während der Wintersaison feste Programme gespielt werden. Im Sommer gastiert das Unternehmen mit riesigen Viermastzelten in den Großstädten des europäischen Kontinents.

Den Zirkus übernimmt nach dem Tode von Paul Vincenz Busch dessen Tochter Paula, die – trotz ihrer bürgerlichen Erziehung – seit einigen Jahren in der Manege als Darstellerin arbeitet und auch als Autorin ihrer Vielzahl von Ausstattungsstücken hervorgetreten ist. Die Grenzen zwischen den großen Revuen und den Zirkusvorstellungen beginnen zu verschwimmen.

Zirkusdirektor Paul Vincenz Busch stirbt 77jährig in Berlin

Massentableaux von 50 Hengsten im Zirkus Busch; bei diesen Massen-Pferdedressuren führt der Zirkusdirektor seine sämtlichen Pferde vor; die Qualität eines Zirkus' wird an der Zahl seiner Pferde gemessen

Reinhardt startet USA-Tournee

5. November. Regisseur Max Reinhardt startet mit einer Schauspielertruppe von Cuxhaven aus mit dem Dampfer »Deutschland« zu einer dreimonatigen Tournee in die Vereinigten Staaten (bis 4. 2. 1928). Dieses erste Gastspiel eines deutschsprachigen Ensembles in den USA seit dem Ende des Weltkriegs wird zu einem vollen Erfolg.

In Begleitung des Regisseurs befinden sich u. a. die Schauspieler Alexander Moissi, Hans und Hermann Thimig, Arnold Korff, Paul Hartmann und Rosamonde Pinchot sowie die Tänzer Harald Kreutzberg, Ernst Matray und Maria Solveig.

Der »Bühnenmagier« Reinhardt, der das Theater des 20. Jahrhunderts aus der naturalistischen Beschränkung herausgeführt und mit seinen ebenso opulent-sensualistischen wie feinsinnig-sensiblen Inszenierungen einem neuen magisch-impressionistischen Stil geöffnet hat, steht der sachlich-aufklärerischen und politisch-agitatorischen Theaterarbeit in der Reichshauptstadt Berlin, die mit dem Namen der Regisseure Leopold Jessner, Jürgen Fehling und Erwin Piscator verbunden ist, distanziert gegenüber.

Auf dem Programm in den USA stehen vor allem Werke der großen europäischen Klassiker in den berühmten Reinhardt-Inszenierungen für seine Berliner und Wiener Bühnen sowie für die Salzburger Festspiele: »Ein Sommernachtstraum« von William Shakespeare, »Kabale und Liebe« von Friedrich von Schiller, »Dantons Tod« von Georg Büchner und »Der Diener zweier Herren« von Carlo Goldoni. Das naturalistische Drama ist durch »Gespenster« von Henrik Ibsen und »Dorothea Angermann« von Gerhart Hauptmann repräsentiert.

Außerdem zeigt Reinhardt dem US-amerikanischen Publikum das Mysterienspiel »Jedermann« von Hugo von Hofmannsthal, das alljährlich im Rahmen der Salzburger Festspiele aufgeführt wird.

Auf dem Weg nach Amerika: Max Reinhardts Schauspieler, v. l. Wladimir Sokoloffs Frau, Paul Hartmann (3. v. l.) und Ernst Matray (4. v. l.)

Triumphaler Erfolg in New York

Die »Vossische Zeitung« beschreibt die Atmosphäre beim ersten Auftritt der Reinhardt-Truppe am 17. November mit William Shakespeares »Sommernachtstraum« in New York:

»Die Stimmungen von den Astors bis zum letzten Smith, von Vanderbilt bis zum kleinsten Brown waren vom ersten Augenblick an von dem Märchenreiz, den die deutschen Künstler hervorzauberten, gefangen. Schon nach dem Vorspiel kam es zu lebhaftem Applaus ... Es herrschte nach Schluß nur das einmütige Urteil, daß eine solche Shakespeare-Aufführung hier noch nicht erlebt wurde. Trotzdem die Zuhörer dem deutschen Text nicht folgen konnten, wollten 3000 Besucher nach Schluß nicht weichen ...«

Regisseur Max Reinhardt (Mitte, mit Hut in der Hand) und seine Schauspieltruppe an Bord der »Deutschland«

Schillerpreisträger Franz Werfel

Schillerpreis an drei Dramatiker

10. November. Erstmals seit zwölf Jahren wird wieder der Schillerpreis verliehen. Die mit 7000 Reichsmark dotierte Auszeichnung geht an die Dramatiker Franz Werfel (→ S. 144), Hermann Burte und Fritz von Unruh (→ 29. 1./S. 27).

Der Preis geht auf eine Spende zum 100. Geburtstag des Dichters Friedrich von Schiller am 10. November 1859 zurück. Verleiher ist das Preußische Staatsministerium, das einer siebenköpfigen Jury (der im Jahre 1927 u. a. die Schriftsteller Gerhart Hauptmann, Walter von Molo und Ludwig Fulda angehören) ein Vorschlagsrecht zubilligt, sich jedoch letztlich selbst die Entscheidung vorbehält. Der Preis soll künftig alle sechs Jahre verliehen werden.

Der Vergabemodus und die niedrige Preissumme stoßen in der Öffentlichkeit auf Kritik. Statt einer jeweils ad hoc zusammengestellten Jury sollte die 1926 eingerichtete Sektion Dichtkunst der Akademie der Künste die Auswahl der Preisträger vornehmen; ihr sollte nicht nur ein Vorschlags-, sondern das Entscheidungsrecht eingeräumt werden.

Auch die diesjährige Auswahl der Schillerpreisträger ist wegen ihres Kompromißcharakters umstritten: »Der Dreiklang der Namen Burte, Unruh und Werfel wirkt ein wenig wie ein Gruß nach allen Seiten, sieht fast so aus, als wolle man es mit keiner der herrschenden ... kulturpolitischen Richtungen verderben ...«

Autor distanziert sich von dem Film

11. November. Im Berliner Ufa-Palast wird der Film »Die Liebe der Jeanne Ney« von Georg Wilhelm Pabst nach dem gleichnamigen Roman des sowjetischen Schriftstellers Ilja Ehrenburg uraufgeführt. Es spielen u. a. Edith Jehanne, Brigitte Helm und Fritz Rasp.
Der bisher durch expressionistische Filme hervorgetretene Regisseur Pabst ist in seinem neuen Werk offensichtlich von den sowjetischen Revolutionsfilmern wie Sergei M. Eisenstein und Wsewolod Pudowkin beeinflußt. Der Film beeindruckt durch eine natürliche Beleuchtung, durch den Realismus der Darstellung und durch exzellente Außenaufnahmen; er ist weitgehend frei von Sentimentalität.
Dennoch distanziert sich Ehrenburg von der Verfilmung seines Buches. Der Roman schildert die Liebe zwischen einer jungen, in Rußland lebenden Französin und einem russischen Revolutionär und Rotarmisten vor dem Hintergrund der Oktoberrevolution und des anschließenden Bürgerkriegs. Während der Roman tragisch endet – der männliche Held wird aufgrund einer Denunziation hingerichtet –, entscheidet sich Pabst nach Hollywood-Manier für ein Happy-End. »In meinem Buch ist das Leben schlecht eingerichtet – folglich muß man es ändern. Im Film ist das Leben gut eingerichtet – folglich kann man schlafen gehen«, lautet Ehrenburgs Einwand in pointierter Kurzfassung.

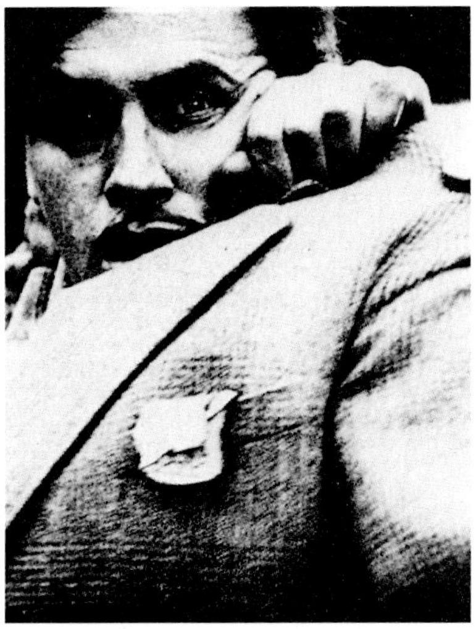

Fritz Rasp in einer Szene des Films »Die Liebe der Jeanne Ney« nach dem Roman von Ilja Ehrenburg

Verlierer: José R. Capablanca y Graupera aus Kuba

Gewinner: Alexandr A. Aljochin aus der Sowjetunion

Schachmarathon: Aljochin siegt

29. November. Der neue Schachweltmeister heißt Alexandr A. Aljochin. Der 35jährige Sowjetrusse entthront den bisherigen Titelträger, den 39jährigen Kubaner José Raúl Capablanca y Graupera in einem sich wochenlang hinziehenden Wettbewerb.
Der Titelkampf war am 16. September in Buenos Aires aufgenommen worden. Zuvor war festgelegt worden, daß derjenige Weltmeister wird, der als erster sechs Partien für sich entscheiden kann. Remis sollten nicht angerechnet werden.
Da beide Spieler keine Wagnisse eingehen und vorsichtig taktieren, entwickelt sich der Wettbewerb zu einem Schachmarathon. Am Ende steht das Spiel 6:3 für den Herausforderer Aljochin, wobei nicht weniger als 25 Partien remis ausgegangen sind.
Sportkommentatoren bezeichnen diese bislang längste Weltmeisterschaft als die langweiligste in der Geschichte des Schachsports. Die Schachschablone habe gesiegt, und über den Ausgang des Wettbewerbs hätten letztlich nicht das bessere Spiel und die bessere Taktik, sondern die größere Nervenstärke und die größere Ausdauer entschieden. Den Spielern habe es an schöpferischer Fantasie gemangelt.
Aljochin war als krasser Außenseiter in die Begegnung gegangen. Sein Gegner Capablanca hatte 1921 durch einen Sieg über den Deutschen Emanuel Lasker den Weltmeistertitel errungen. Er galt seitdem als unüberwindlich, weil er – unter Sicherung der eigenen Stellung – auf Schwächen des Gegners lauerte, Ungeschicklichkeiten rasch erkannte und beharrlich und systematisch zu nutzen verstand. Noch am 23. März 1927 hatte Capablanca das Sechs-Meister-Turnier in New York, an dem auch Aljochin teilnahm, für sich entschieden, ohne eine einzige Niederlage hinnehmen zu müssen. Den Weltmeistertitel hat er bislang noch nicht verteidigt. Aljochin, der vor Beginn der Weltmeisterschaften als Angriffsspieler den »Hypermodernen« im Schachsport zugerechnet worden war, machte sich in Buenos Aires Capablancas vorsichtige Spielweise zu eigen und konnte so nach dem Motto »Ahme stets den Stil deines Gegners nach« den Titelträger schlagen, zumal er sich als der feinere Taktiker, der größere Kämpfer und der beharrlichere Spieler erwies.

Alexandr Aljochins erste Gewinnpartie

Gleich die erste Partie am 16. September kann Herausforderer Alexandr Aljochin für sich entscheiden. Im folgenden ist der Verlauf der Partie mit einer Kommentierung von Willy Koslowski wiedergegeben:
Weiß: Capablanca; Schwarz: Aljochin
1. e4 e6 2. d4 d5 3. Sc3 Lb4 4. ed ed 5. Ld3 Sc6 6. Sge2 Sge7 7. 0–0 Lf5 8. Lf5: Sf5: 9. Dd3 Dd7 10. Sd1 0–0.
Diejenigen, die den Wert der Eröffnung nach Tempi zu berechnen pflegen, werden feststellen, daß augenblicklich Aljochin deren einige voraus hat, Capablanca gleicht aber sehr geschickt arithmetisch aus.
11. Se3 Se3: 12. Le3: Tfe8 13. Sf4 Ld6.
Aljochins Plan geht nun dahin, die weiße Dame von der Linie c2–h7 abzudrängen, um die eigene auf f5 aufzustellen, von wo aus sie c2 und f4 angreift. Diesem Zwecke dient der Zug Sc6–b4. Ihn hätte Weiß mit 14. c3 verhindern sollen.
14. Tfe1 Sb4 15. Db 3 Df5 16. Tac1 Sc2: !17. Tc2: Df4: Die Drohung Dh 2:† ermöglicht dem Schwarzen die Deckung des Bb7 und des Bd5.
18. g3 Df5 19. Tce2 b6 20. Db5 h5 21. h4 Te4 22. Ld2.
Weiß entschließt sich, einen Bauern zu opfern, um den gefährlichen Te4 von der e-Linie zu entfernen. 22. Td4: 23. Lc3 Td3 24. Le5 Td8 25. Ld6: Td6: 26. Te5 Df3 27. Th5: Dh5: 28. Te8† Kh7 29. Dd3:†, Dg6 30. Dd1 Te6 31. Ta8 Te5 32. Ta7: c5 33. Td7 De6 34. Dd3† g6 35. Td8 d4 36. a4 Te1† 37. Kg2 Dc6† 38. f3 Te3 39. Dd1 De6 40. g4 Te2† 41. Kh3 De3 42. Dh1 Df4 43. h5 Tf2, Weiß gab auf.

Dezember 1927

Mo	Di	Mi	Do	Fr	Sa	So
			1	2	3	4
5	6	7	8	9	10	11
12	13	14	15	16	17	18
19	20	21	22	23	24	25
26	27	28	29	30	31	

1. Dezember, Donnerstag

Der Ende Oktober ausgebrochene Tarifkonflikt in der Tabakindustrie wird durch die Vermittlung des Reichsarbeitsministeriums beigelegt. Die Löhne werden zum 1. März 1928 um 12%, in Bremen und Hamburg lediglich um 10% erhöht. Von Aussperrungen in der Tabakindustrie waren zeitweise 100 000 Arbeiter betroffen. →S. 200

Die erste regelmäßige telegrafische Bildübermittlung zwischen Berlin und Wien wird in Betrieb genommen. →S. 208

Heinrich Mann wirbt in einem Vortrag in der Pariser Sorbonne für ein »Locarno des Geistes«.

2. Dezember, Freitag

Die Türkei und Persien unterzeichnen einen Freundschaftsvertrag.

In Berlin wird der Film »Das Mädchen mit den fünf Nullen« mit Heinz Rühmann und Adele Sandrock uraufgeführt. Regie in diesem Filmlustspiel um einen Lotteriegewinn führt Kurt Bernhardt, das Drehbuch stammt von Béla Balázs.

3. Dezember, Sonnabend

Frankreich und Italien schließen ein Niederlassungsabkommen. Es erlaubt den Bürgern die Ansiedlung im jeweils anderen Staat nach dem Prinzip der Meistbegünstigung.

Ferdinand Sauerbruch nimmt seine Tätigkeit als ordentlicher Professor für Chirurgie an der Berliner Universität auf. →S. 205

4. Dezember, Sonntag

In Leipzig wird die Oper »Atuala« von Emil Nikolaus Freiherr von Rezniček (Libretto: Rolf Lauckner) uraufgeführt.

Das Hockey-Länderspiel Deutschland–England in Folkstone endet 2:2.

5. Dezember, Montag

Maxim M. Litwinow, der Leiter der sowjetischen Delegation bei der Völkerbundsratstagung in Genf (5.–12. 12.), trifft mit dem britischen Außenminister Joseph Austen Chamberlain zusammen. Es ist die erste Begegnung von Politikern der beiden Staaten auf hoher Ebene seit dem Abbruch der diplomatischen Beziehungen zwischen London und Moskau am 27. Mai. →S. 198

Der deutsche Schriftsteller Otto Flake, dessen in Südtirol spielender »Sommerroman« von der italienischen Regierung wegen antifaschistischer Anspielungen verboten worden ist, wird aus Südtirol ausgewiesen.

6. Dezember, Dienstag

Ein Mißtrauensantrag der kommunistischen und sozialdemokratischen Fraktion im Reichstag findet keine Mehrheit. →S. 196

7. Dezember, Mittwoch

Die Regierungen Sachsens und Thüringens unterzeichnen einen Staatsvertrag zum Grenzausgleich, mit dem Enklaven und die Doppelstaatlichkeit mehrerer Ortschaften beseitigt werden. →S. 197

Die Deutsche Liga für Menschenrechte veranstaltet in Leipzig einen Abend gegen die »Hochflut der Landesverratsprozesse«. Die Teilnehmer fordern die zuständigen Behörden auf, alle Gerichtsverhandlungen wegen Hochverrats unverzüglich einzustellen (→S. 39).

US-Präsident Calvin Coolidge bekräftigt vor dem Nationalkomitee der Republikanischen Partei in Washington seinen Entschluß, bei der Präsidentschaftswahl 1928 nicht erneut zu kandidieren.

Der in Paris lebende rumänische Ex-Kronprinz Carol läßt eine Presseerklärung veröffentlichen, in der er seinen Anspruch auf den rumänischen Thron als rechtmäßig bezeichnet.

In Dresden wird die Bearbeitung des Dramas »Hamlet« von Gerhart Hauptmann nach William Shakespeare uraufgeführt (→S. 159).

8. Dezember, Donnerstag

Dem britischen Premierminister Stanley Baldwin wird in London eine Unterschriftenliste mit 120 000 Unterschriften überreicht. Die Unterzeichner erklären, daß sie im Falle eines Krieges jegliche Dienstpflicht verweigern werden.

9. Dezember, Freitag

Der Antrag auf Wiedereinführung der Todesstrafe in Österreich wird im zuständigen Ausschuß des Nationalrats abgelehnt (→2. 11./S. 186).

Das sozialistische finnische Kabinett unter Ministerpräsident Väinö Tanner erhält im Parlament für seine Steuer- und Zollvorschläge keine Mehrheit und tritt zurück. Neuer Ministerpräsident in Finnland wird Juno Sunila, der eine bürgerliche Koalitionsregierung bildet.

Die Schriftstellerorganisationen Kartell Lyrischer Autoren, Schutzverband Deutscher Schriftsteller, Verband Deutscher Bühnenschriftsteller und Bühnenkomponisten, Verband deutscher Erzähler und Verband deutscher Filmautoren schließen sich zum Reichsverband des deutschen Schrifttums zusammen.

10. Dezember, Sonnabend

Die preußische Regierung fordert bei einer Beratung im Haushaltsausschuß des Reichsrats, der Vertretung der Länder, volle Aufklärung über die Verwicklung von Reichswehrminister Otto Geßler in die sog. »Phoebus«-Affäre (→17. 12./S. 196).

Gespräche zwischen Reichsaußenminister Gustav Stresemann und dem polnischen Ministerpräsidenten Józef Klemens Piłsudski am Rande der Völkerbundsratstagung in Genf verlaufen ergebnislos.

In Genf treffen der polnische Ministerpräsident Józef Klemens Piłsudski und der litauische Ministerpräsident Augustin Voldemaras zu einer Unterredung zusammen. Die Spannungen zwischen den Nachbarstaaten können durch die Vermittlung des Völkerbundes beigelegt werden (→30. 11./S. 184).

In Stockholm und Oslo werden die Nobelpreise verliehen. Unter den Preisträgern sind zwei Deutsche (Ludwig Quidde, Frieden und Heinrich Otto Wieland, Chemie) und ein Österreicher (Julius Wagner-Jauregg, Medizin). →S. 205

78 Jahre nach der Welturaufführung findet die deutsche Erstaufführung der Oper »Luise Millerin« von Giuseppe Verdi in Berlin statt.

Die norwegische Kongsberg-Sportvereinigung eröffnet eine künstliche Skisprunganlage, die erstmals das Skispringen bei elektrischer Beleuchtung ermöglicht. Allerdings läßt die Schanze nur Sprünge bis zu etwa 25 m zu. →S. 208

11. Dezember, Sonntag

In einem Wasserball-Länderspiel unterliegen die Niederlande dem deutschen Team in Magdeburg 4:6.

12. Dezember, Montag

Reichsarbeitsminister Heinrich Brauns (Zentrum) lehnt eine Eingabe der Eisenindustrie, das Inkrafttreten der neuen Arbeitszeitverordnung zum Jahreswechsel aufzuschieben, ab. Einigen Eisenwerken wird zum Umrüsten der Betriebe auf das Dreischichtensystem eine Übergangsfrist gewährt. →S. 200

US-Präsident Calvin Coolidge stimmt dem Flottenbauprogramm in Höhe von 0,75 Milliarden US-Dollar (rund 3,15 Milliarden RM) zu. Es soll innerhalb von fünf Jahren verwirklicht werden. →S. 199

In Paris findet die Uraufführung der Oper »Der arme Matrose« (Musik: Darius Milhaud, Text: Jean Cocteau) statt (→S. 46).

In London findet die europäische Erstaufführung des US-amerikanischen Films »Onkel Toms Hütte« nach dem gleichnamigen Roman von Harriet Beecher-Stowe statt. →S. 206

13. Dezember, Dienstag

Neuer Generalgouverneur der US-amerikanischen Kolonie Philippinen wird Henry L. Stimson.

14. Dezember, Mittwoch

Der Reichstag verabschiedet in namentlicher Abstimmung das Gesetz zur Reform der Beamtenbesoldung. Als Maßnahme zum Abbau des Beamtenapparats wird beschlossen, daß künftig jede dritte freiwerdende Stelle nicht wieder besetzt werden soll. →S. 200

Der Landtag von Mecklenburg-Schwerin nimmt einstimmig den Gesetzentwurf zur Fürstenabfindung an. Dem Fürstenhaus Mecklenburg-Schwerin wird eine Abfindungszahlung von vier Millionen Reichsmark zuerkannt; das Herrscherhaus hatte die doppelte Summe gefordert (→30. 6./S. 104).

Die nationalchinesische Kuomintang-Partei erobert die chinesische Stadt Kanton, in der Kommunisten eine Kommune nach Pariser Vorbild (1871) errichtet hatten, zurück. Unter den Kommunisten wird ein Blutbad angerichtet. →S. 198

Die in Paris erscheinende italienische Zeitung »Corriere degli Italiani« wird von den französischen Behörden verboten, weil sie das Gastrecht in Frankreich mißbraucht habe. Frankreich hatte eine Überschrift in der Zeitung als versteckte Aufforderung zu einem Attentat auf den italienischen Ministerpräsidenten und Duce Benito Mussolini gedeutet.

Großbritannien und der Irak schließen einen Vertrag, in dem festgelegt ist, daß sich Großbritannien bis 1932 aus dem Mandatsgebiet Irak zurückziehen wird. Zu diesem Zeitpunkt will London die Aufnahme des Irak als selbständiges Mitglied in den Völkerbund vorschlagen. →S. 198

15. Dezember, Donnerstag

Die schweizerische Bundesversammlung wählt turnusgemäß Bundesrat und Volkswirtschaftsminister Edmund Schultheß zum Bundespräsidenten der Schweiz im Jahre 1928. Schultheß löst Giuseppe Motta ab.

Das britische Unterhaus lehnt mit 238 gegen 205 Stimmen das neue anglikanische Gebetbuch ab. Mit der neuen Liturgie, die in dem Buch festgelegt ist, will die anglikanische Kirche eine Annäherung an den katholischen Ritus vollziehen. →S. 205

»Ordnung und Chaos«, das neueste Schauspiel von Walter von Molo, wird am Thalia-Theater in Hamburg uraufgeführt.

16. Dezember, Freitag

Reichsaußenminister Gustav Stresemann spricht sich bei einem Besuch in Königsberg erneut gegen eine Anerkennung der derzeitigen Ostgrenzen des Deutschen Reichs und gegen ein von Polen angestrebtes Ost-Locarno aus (→S. 151).

Der österreichische Nationalrat nimmt mit 82 gegen 65 Stimmen die Regierungsvorlage zur Erhöhung der Beamtenbezüge an.

Die Weihnachtsnummer 1927 der Münchner Zeitschrift »Jugend«

JUGEND

PREIS 60 PFENNIG

MÜNCHEN 1927 / NR. 52

Madonna

Wilhelm Heise

Dezember 1927

Der US-amerikanische Reparationsagent in Berlin, Parker Gilbert, stellt in seinem Bericht über das dritte Reparationsjahr nach dem Dawes-Plan (1. 9. 1926–31. 8. 1927) keinerlei Unregelmäßigkeiten bei den deutschen Zahlungen fest (→ 20. 10./S. 167).

In Berlin wird am Märkischen Museum eine Spielzeug-Ausstellung eröffnet. Bis zum 31. Januar 1928 ist historisches Spielzeug der vergangenen Jahrhunderte ausgestellt.

17. Dezember, Sonnabend

Da Reichswehrminister Otto Geßler eine vollständige Aufklärung der »Phoebus«-Affäre verweigert, bringt die preußische Regierung die erste Rate für den Bau des Panzerschiffes A zu Fall. Damit ist Geßler zum Rücktritt gezwungen (er erfolgt am 18. 1. 1928). → S. 196

Der Staatsgerichtshof erklärt die Wahlordnungen der Länder Hamburg, Mecklenburg-Strelitz und Hessen für verfassungswidrig. → S. 197

Das US-amerikanische U-Boot S 4 wird nach einer Kollision mit einem Kutter der Küstenwache bei Princeton schwer beschädigt. Alle Versuche zur Rettung der 40köpfigen Besatzung, die sich teils noch stundenlang durch Klopfzeichen verzweifelt mit den Rettungsmannschaften zu verständigen sucht, verlaufen erfolglos. → S. 199

18. Dezember, Sonntag

Arthur Marauhn, der Vorsitzende des nationalen Kampfbundes Jungdeutscher Orden, legt ein 200 Seiten starkes Manifest der Organisation vor. Der Jungdeutsche Orden strebt eine grundlegende Reform, nicht jedoch eine Vernichtung der Republik von Weimar an.

In München geht der Parteitag der Bayerischen Volkspartei (BVP) zu Ende. Die Delegierten, die am 17. Dezember zusammengekommen sind, sprechen sich für eine enge Zusammenarbeit mit dem Zentrum aus.

Ein Volksbegehren gegen das Staatsangehörigkeitsgesetz in Lettland, das die Aufnahme von Juden und anderen Minderheiten in den lettischen Staatsbürgerverband regelt, wird abgelehnt. Das Volksbegehren war von antisemitischen Nationalisten eingebracht worden.

19. Dezember, Montag

In Moskau geht der XV. Parteitag der KPdSU zu Ende (seit 2. 12.). Die Delegierten billigen den Ausschluß von Leo D. Trotzki, Lew B. Kamenew und Grigori J. Sinowjew aus der Partei (→ 14. 11./S. 180).

Die beiden Hauptverantwortlichen der Ausschreitungen von rechtsradikalen Stahlhelm-Mitgliedern gegen Reichsbanner-Mitglieder in Arensdorf, die zwei Todesopfer forderten, werden in Frankfurt an der Oder zu Zuchthausstrafen von fünf bzw. eineinhalb Jahren verurteilt. → S. 197

20. Dezember, Dienstag

Die Abgeordnetenkammer des französischen Parlaments genehmigt die Kredite für den zweiten Bauabschnitt des Flottenprogramms. Im Zeitraum vom 1. Juli 1927 bis zum 30. Juni 1928 sollen ein Kreuzer, sechs Torpedoboote, sechs U-Boote und zwei Avisos gebaut werden.

Europa wird von einer Kältewelle heimgesucht. Nürnberg meldet Minustemperaturen bis zu 25°, Südnorwegen −45° C.

Der Publizist Carl von Ossietzky wird wegen Beleidigung der Reichswehr zu einem Monat Gefängnis verurteilt, der Schriftsteller Berthold Jacob erhält zwei Monate Gefängnis. → S. 205

In Zeesen wird ein Großfunksender in Betrieb genommen.

Der Film »Der fröhliche Weinberg« nach dem Drama von Carl Zuckmayer wird in Berlin uraufgeführt.

21. Dezember, Mittwoch

Der Reichsrat billigt die vom Reichstag am 17. Dezember beschlossene Senkung der Lohnsteuer um bis zu zwei Reichsmark pro Monat. Die Reichsregierung hat sich mit Plänen zu einer stärkeren Senkung der Lohnsteuer nicht durchsetzen können.

Unter dem Vorsitz von Reichspräsident Paul von Hindenburg beschließen das Reichskabinett und das preußische Staatsministerium sofortige Hilfsmaßnahmen für Ostpreußen. Die Kreditaufnahme soll für ostpreußische Landwirte erleichtert werden, die öffentlichen Lasten sollen gesenkt werden. → S. 196

22. Dezember, Donnerstag

Das Architekturkomitee des Völkerbundes in Genf gibt seine Entscheidung über den Bau des Völkerbundpalastes bekannt: Den Auftrag erhalten der französische Architekt Henri Paul Nénot sowie der Schweizer Julien Felgenheimer; sie sollen mit fünf weiteren Architekten zusammenarbeiten, die beim Wettbewerb mit einem Preis ausgezeichnet worden sind. → S. 203

In einer Festvorstellung im Atrium-Palast in Berlin wird der Film »Die Jugend der Königin Luise« mit Mady Christians in der Titelrolle (Regie: Karl Grune) uraufgeführt. → S. 206

23. Dezember, Freitag

Georgi W. Tschitscherin, der sowjetische Volkskommissar des Äußeren, droht der chinesischen Kantonregierung wegen der Ermordung sowjetischer Beamter Sanktionen an (→ 14. 12./S. 198).

In Frankfurt am Main wird die Komödie »Erotik« von Alexander Lernet-Holenia uraufgeführt. → S. 212

Am Carl-Theater in Wien gelangt die Operette »Eine einzige Nacht« von dem 47jährigen Robert Stolz zur Uraufführung. → S. 212

24. Dezember, Sonnabend

Das Deutsche Reich und Lettland schließen einen Handelsvertrag, der auf dem Prinzip der Meistbegünstigung beruht.

Die Handelsvertragsverhandlungen zwischen der Schweiz und Frankreich gelangen zu einem vorläufigen Abschluß.

Bei einer Schlagwetterexplosion in der Zeche Neu-Iserlohn werden fünf Bergleute getötet und zwei schwer verletzt.

Papst Pius XI. äußert sich in seiner Weihnachtsansprache in Rom zufrieden über die weltpolitische Entwicklung. → S. 212

Im engsten Familienkreis begeht Cosima Wagner, die Witwe des Komponisten Richard Wagner, in Bayreuth ihren 90. Geburtstag. → S. 207

Die belgische Prinzessin Marie José verlobt sich in Rom mit dem italienischen Kronprinzen Umberto.

25. Dezember, 1. Weihnachtstag

Reichskanzler Wilhelm Marx ist genau 1000 Tage im Amt. Ein solches Jubiläum hat noch kein Regierungschef in der Weimarer Republik erreicht. → S. 197

Die »Berliner Illustrirte« stellt einen Entwurf des Bauhaus-Architekten Walter Gropius für ein »Totaltheater« mit drehbarem Zuschauerraum vor. Er ist für den Regisseur Erwin Piscator angefertigt worden. → S. 207

26. Dezember, 2. Weihnachtstag

Die Verhandlungen zwischen Rumänien und Frankreich über die Gewährung einer Anleihe für Rumänien sind nach einer Meldung aus Bukarest gescheitert.

27. Dezember, Dienstag

In Mailand findet die Uraufführung der tragischen Oper »Sly« des deutsch-italienischen Komponisten Ermanno Wolf-Ferrari statt (→ S. 46).

In New York gelangt das Musical »Show Boat« von Jerome Kern zur Uraufführung. Es ist in Reaktion auf den Tonfilm entstanden und wird zu einem großen Erfolg. → S. 207

28. Dezember, Mittwoch

Der US-amerikanische Außenminister Frank B. Kellogg schlägt Frankreich erneut einen Kriegsächtungspakt vor, der allerdings nicht zwischen den beiden Staaten allein, sondern unter Beteiligung anderer europäischer Staaten geschlossen werden sollte. → S. 199

Nach der Rücknahme der Verstaatlichung des mexikanischen Erdöls, das sich vorwiegend im Besitz US-amerikanischer Gesellschaften befunden hatte, gibt Washington die Ausfuhr von Militärgütern und Flugzeugen nach Mexiko frei. Der Konflikt zwischen beiden Staaten ist damit beigelegt. → S. 198

In Brüssel wird die Oper »Antigone« des schweizerischen Komponisten Arthur Honegger uraufgeführt.

29. Dezember, Donnerstag

Wegen eines schweren Sturms ist der Fährverkehr von den französischen Häfen Boulogne und Calais zu den Britischen Inseln unterbrochen.

Starke Südostwinde führen in Venedig zu einer Überschwemmung des Markusplatzes, des Hafendammes und anderer Stadtteile. → S. 202

30. Dezember, Freitag

In einer großangelegten Polizeiaktion verhaften französische Polizeikräfte Dutzende von Angehörigen der Autonomistenpartei im Elsaß.

Zwischen den Regierungen der Sowjetunion und Polens wird ein Vertrag über den Austausch politischer Gefangener ratifiziert.

Der bulgarische Ministerpräsident Alexander Ljäptschew erhält während einer Parlamentsdebatte über die Arbeitslosigkeit ein Vertrauensvotum.

Der justizkritische Film »Notschrei hinter Gittern« wird in der Oberprüfstelle des Reiches verboten.

In Berlin gelangt der Film »Maria Stuart« von Leopold Jessner zur Uraufführung. Es spielen Magda Sonja und Fritz Kortner. → S. 206

31. Dezember, Sonnabend

Der General der Infanterie, Walther Reinhardt, bisher Oberbefehlshaber der Gruppe zwei der Reichswehr, scheidet zum Jahreswechsel aus der Armee aus.

Herbert Weichmann veröffentlicht in der »Vossischen Zeitung« den Artikel »Das verfemte Preußen«, in dem er sich mit der Preußenfurcht anderer Länder des Deutschen Reiches kritisch auseinandersetzt.

Zum Jahreswechsel wird in Sofia ein Dekret des Königs Boris III. erlassen, in dem etwa 100 meist wegen politischer Vergehen Verurteilte amnestiert werden.

Der Sekretär des Reichsausschusses für Leibesübungen, Carl Diem, fordert die Durchsetzung der täglichen Turnstunde an den Schulen im Jahre 1928 und einen weiteren Ausbau der Sportanlagen. → S. 208

Gestorben:

5. Leningrad: Fjodor Sologub (eigentl. Fjodor K. Teternikow, *1. 3. 1863, Petersburg, heute Leningrad), russischer Schriftsteller.

20. München: Michael Georg Conrad (*5. 4. 1846, Gnodstadt bei Ochsenfurt), deutscher Kritiker und Erzähler.

Geboren:

4. Wien: Leopold Wagner, österreichischer Politiker.

Die Friedensverhandlungen in Genf auf dem Titel der Pariser Zeitschrift »L'Illustration« vom 17. Dezember 1927

Avec ce numéro, LA PETITE ILLUSTRATION contenant
CELUI QUI N'A PAS TUÉ, nouvelle, par M. Maurice Renard.

L'ILLUSTRATION

RENÉ BASCHET, directeur. — SAMEDI 17 DÉCEMBRE 1927 — 85e Année. — No 4424. — Gaston SORBETS, rédacteur en chef.

DIPLOMATIE NOUVELLE : LA MÉTHODE DES CONVERSATIONS DIRECTES

M. Briand, le maréchal Pilsudski et M. Chamberlain à l'hôtel des Bergues, à Genève, après l'issue pacifique du conflit polono-lithuanien.

Phot. Meurisse. — *Voir l'article page 707.*

Geßler-Rücktritt unvermeidlich

17. Dezember. Bei den Beratungen im Reichsrat, der Vertretung der Länder, über den von der Reichsregierung vorgelegten Haushaltsentwurf für 1928 verweigert das SPD-regierte Preußen die Zustimmung für die erste Rate zum Bau eines Panzerschiffes in Höhe von rund 9,3 Millionen Reichsmark (RM).

Otto Geßler

Die preußische Entscheidung wird offiziell damit begründet, daß angesichts der unübersichtlichen und gespannten Finanzlage des Reiches eine solche Investition nicht zu verantworten sei. Tatsächlich steht das Abstimmungsverhalten Preußens jedoch in Zusammenhang mit der »Phoebus«-Affäre, in die u. a. der parteilose Reichswehrminister Otto Geßler verwickelt ist.

G. Stresemann

Im August 1927 war durch eine Presseveröffentlichung bekanntgeworden, daß die in Konkurs gegangene »Phoebus«-Filmgesellschaft vom Reichswehrministerium nicht nur Bürgschaften für Kredite in Höhe von 7,5 Millionen RM, sondern auch Darlehen in einer Gesamtsumme von 1,3 Millionen RM erhalten hatte. Für die Abwicklung der »Phoebus«-Geschäfte war der Chef der Seeabteilung, Kapitän zur See Walter Lohmann, verantwortlich.

Nach der Presseveröffentlichung im August hatte sich die Reichsregierung bemüht, den Skandal so weit wie möglich zu vertuschen und zugleich Lohmann als Alleinverantwortlichen hinzustellen. Eine öffentliche Untersuchung der Affäre und eine Reichstagsdebatte zu dem Thema konnte Reichskanzler Wilhelm Marx (Zentrum) durch Stillhalteabsprachen mit den Fraktions- und Parteiführern der bürgerlichen Parteien und mit dem SPD-Fraktionsvorsitzenden Hermann Müller monatelang verhindern. Erst am 10. Dezember forderte die sozialdemokratische preußische Staatsregierung bei den Haushaltsberatungen im Reichstag erstmals zumindest eine interne Aufklärung über die gesamten Hintergründe der Affäre. Als Geßler dies unter Hinweis auf das »Reichsinteresse« verweigert, folgt die Ablehnung der Rate für den Panzerkreuzer. Da zu erwarten ist, daß die SPD nunmehr auch im Reichstag eine Diskussion über die »Phoebus«-Affäre durchsetzt, bleibt Reichswehrminister Geßler, um dies zu verhindern, nur der Rücktritt. Er erfolgt am 14. Januar 1928.

Die Gründe für das von der Reichsregierung praktizierte Stillschweigen über die Affäre liegen darin, daß im Zuge der Aufklärung über die »Phoebus«-Affäre geheime Aufrüstungsanstrengungen der Marine, die den Bestimmungen des Versailler Friedensvertrags widersprechen, ans Licht der Öffentlichkeit gelangt wären. Sie hätten nicht nur den Reichswehrminister, sondern auch Reichsaußenminister Gustav Stresemann und alle seit 1923 regierenden Reichskanzler kompromittiert.

Lohmann war für die Verwaltung der Gelder, die während des Ruhrkampfes 1923 ohne Abrechnung und illegal in die Kassen der Marine – wie auch des Heeres – geflossen waren, zuständig. Als diese Mittel nach Beendigung des Ruhrkampfes nicht mehr zur Verfügung standen, wurde ihm das Geld für die geheimen Aufrüstungsbemühungen über ein weitverzweigtes System privatwirtschaftlicher Geschäftsbeziehungen zur Verfügung gestellt – so auch durch die Reichsbeteiligung an der »Phoebus«-Filmgesellschaft.

Geheime Aktivitäten der Marine

Folgende Projekte werden u. a. mit dem Geheimfonds der deutschen Marine finanziert:

- ▷ Die Severa GmbH (Seeflugzeug-Versuchsabteilung), die der Deutschen Lufthansa angegliedert ist, hat jährliche Kosten in Höhe von 1,35 Millionen Reichsmark (RM). Die Gesellschaft führt Lehrgänge für Seeoffiziere und Beobachtungsoffiziere durch. Seit 1925 ist das Unternehmen damit beschäftigt, Marineflugzeuge serienreif zu entwerfen
- ▷ Bei der Travemünder Yachthafen AG belaufen sich die jährlichen Kosten auf 150 000 bis 200 000 RM. Das Unternehmen ist für die Entwicklung von Schnellbooten, die nicht mit den Abrüstungsbestimmungen von Versailles in Einklang stehen, verantwortlich
- ▷ Die Mentor Bilanz GmbH benötigt jährlich etwa 40 000 RM. Sie arbeitet mit einem niederländischen Ingenieurbüro zusammen und ist für die Ausbildung von U-Boot-Konstrukteuren und U-Boot-Personal zuständig.

J. Wirth, Reichstagsabgeordneter der regierenden Zentrumsfraktion

Mißtrauensanträge sind gescheitert

6. Dezember. Die Anträge der sozialdemokratischen und kommunistischen Fraktion im Reichstag, der rechtsbürgerlichen Reichsregierung das Mißtrauen auszusprechen, finden keine Mehrheit. Für die Anträge stimmen die SPD, die KPD, die linksliberale DDP und vom Zentrum der ehemalige Reichskanzler Joseph Wirth (→ 3. 6./S. 104).

SPD und KPD begründen den Antrag vor allem mit der – in ihren Augen verfehlten – Wirtschafts- und Sozialpolitik der Reichsregierung, die Kritik der DDP entzündet sich an der Schulpolitik (→ 14. 7./S. 121).

Schirmherr der Ostpreußenhilfe: Der Reichspräsident

21. Dezember. Bei einer Ministerbesprechung, an der neben dem gesamten Reichskabinett auch Vertreter der preußischen Staatsregierung teilnehmen, werden wirtschaftliche Hilfsmaßnahmen für Ostpreußen vereinbart.

Reichspräsident Paul von Hindenburg, der bei der Besprechung anwesend ist, tritt für eine großzügige Förderung der in Not geratenen ostpreußischen Grundbesitzer ein: »Aus meinen persönlichen Eindrücken in Ostpreußen, zahlreichen Zuschriften und zahlreichen Besprechungen habe ich den Eindruck gewonnen, daß die wirtschaftliche Lage Ostpreußens zu den größten Besorgnissen Anlaß gibt, und daß durchgreifende Hilfe nottut. Ich habe es daher als meine Pflicht erachtet, mich an die Spitze der Bewegung, Ostpreußen Hilfe zu bringen, zu setzen.«

Wegen der ungünstigen Lage Ostpreußens, das vom übrigen Reichsgebiet durch den »polnischen Korridor« getrennt ist, befinden sich die ostpreußischen Landwirte in einer schwierigen Situation. Nach Angaben des Reichslandwirtschaftsministeriums arbeiten 88% aller ostpreußischen landwirtschaftlichen Betriebe mit Verlust, die Kreditbelastung der ostpreußischen Landwirtschaft ist von 415 Millionen Reichsmark (15. 10. 1925) auf 542 Millionen Reichsmark (15. 10. 1927) gestiegen.

Die Reichsregierung und die preußische Staatsregierung vereinbaren, bei der Soforthilfe für Ostpreußen folgende Maßnahmen zu ergreifen:

- ▷ Gewährung weiterer Kredite zu günstigen Bedingungen
- ▷ Senkung der bestehenden Zinslasten
- ▷ Senkung der Steuern und Kommunalabgaben
- ▷ Weitere Frachtermäßigungen der Reichsbahn für die Beförderung von Waren durch den »polnischen Korridor«.

Parteienzersplitterung bleibt

17. Dezember. Der Staatsgerichtshof in Leipzig fällt in der Frage der Parteienzersplitterung eine Grundsatzentscheidung: Die von den Ländern Mecklenburg-Strelitz, Hamburg, Hessen u. a. verhängten Wahlbeschränkungen für Splitterparteien werden als verfassungswidrige Eingriffe verboten.
Die genannten Länder hatten, um der Parteienzersplitterung zu begegnen, die Wahlzulassung einer – bisher nicht im Landtag vertretenen – Partei davon abhängig gemacht, daß sie eine Liste mit mehr als 1000 Unterschriften für ihre Landtagskandidatur vorlegen und eine Kaution aufbringen konnte.
Gegen diese Beschränkungen hatten die rechtsgerichteten Gruppierungen der Wirtschaftspartei, der Aufwertungs- und Volksrechtspartei sowie der NSDAP in Leipzig Verfassungsklage erhoben.

Der Staatsgerichtshof stellt zur Begründung fest:

▷ Die Neuregelung der Länder verstoße gegen den Gleichheitsgrundsatz der Verfassung
▷ Die Allgemeinheit der Wahl sei nicht gewährleistet
▷ Das Vorlegen von Unterschriftenlisten sei mit dem Wahlgeheimnis nicht vereinbar.

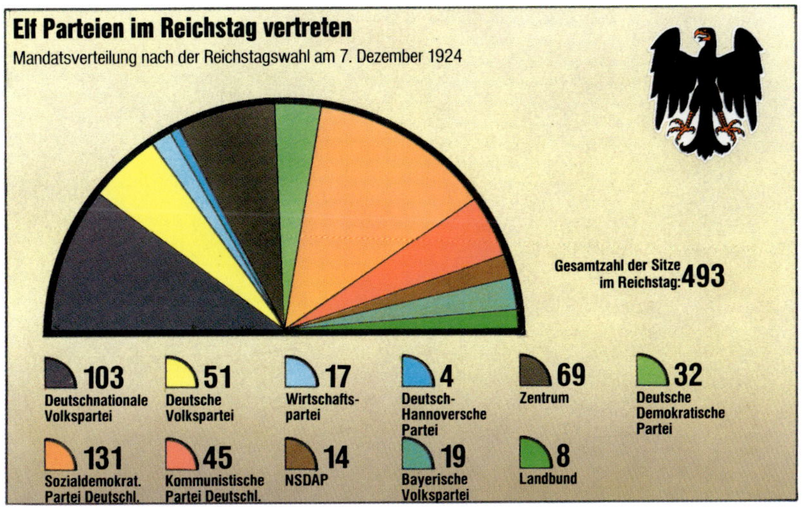

Sühne für Überfall auf Reichsbanner

17. Dezember. In Frankfurt an der Oder wird das Urteil wegen des Überfalls auf Angehörige der republikanischen Schutzorganisation Reichsbanner in Arensdorf (→ 25. 6./S. 104) gefällt. August Schmelzer, Mitglied der rechtsgerichteten Kampforganisation Stahlhelm, der durch vier Schüsse den Tod zweier Reichsbannermitglieder herbeigeführt und weitere sieben teils schwer verletzt hat, wird wegen Totschlags zu fünf Jahren Zuchthaus verurteilt. Sein Vater erhält 18 Monate Zuchthaus; er hätte die Bluttat seines Sohnes nicht verhindert und sei deshalb der Unterlassung schuldig; es lägen sogar gewisse Anzeichen für eine Anstiftung vor. Das Gericht stellt fest: »Es besteht zwischen den verschiedenen Lagern ein Zustand, der objektiv als Verhetzung bezeichnet werden muß.«

Marx bricht alle Regierungsrekorde

25. Dezember. Reichskanzler Wilhelm Marx (Zentrum) hat bislang 1000 Tage in diesem Amt verbracht; ein solches Jubiläum hat bisher noch kein Politiker in der Geschichte der Weimarer Republik erreicht.
Marx hatte vom 30. Dezember 1923 bis zum 15. Januar 1925 an der Spitze einer bürgerlichen Koalition aus Zentrum, DDP und DVP gestanden, danach war er durch den parteilosen Hans Luther abgelöst worden, der zunächst mit einer rechtsbürgerlichen Koalition (DVP, DNVP, Zentrum) regierte (später mit DDP, Zentrum und DVP). Seit dem 17. Mai 1926 ist Marx wieder im Amt. Bis zum → 29. Januar 1927 (S. 14) regierte er mit einer bürgerlichen Koalition, seitdem wird die Reichsregierung wieder vom rechtsbürgerlichen Block gestellt.
Mit 587 Tagen Amtszeit in direkter Folge übertrifft Marx zugleich alle bisherigen Reichskanzler seit Gründung der Weimarer Republik.

Wilhelm Marx

Sachsen und Thüringen begradigt

7. Dezember. Die Länder Sachsen und Thüringen unterzeichnen in Dresden einen Staatsvertrag, mit dem ein Gebietsaustausch herbeigeführt wird, um Enklaven zu beseitigen und die Doppelstaatlichkeit von Gemeinden, die zu Verwaltungsproblemen geführt hatte, aufzuheben.
In der Weimarer Verfassung von 1919 ist ein Kompromiß zwischen den Ansprüchen der Länder auf Selbstverwaltung und den Bestrebungen nach einem zentralistischen Einheitsstaat gefunden worden. Die ursprünglich vorgesehene Aufteilung Preußens ist unterblieben, die Länder haben sich andererseits mit ihrer Forderung nach einer streng föderativen Struktur nicht durchsetzen können. Die Kompetenzen des Reichs sind gegenüber dem Vorkriegssystem ausgebaut worden.

Deutsche Länder (Auswahl)

	Fläche in km²
Preußen	292 776
Bayern	75 996
Württemberg	19 507
Mecklenburg	16 056
Baden	15 070
Sachsen	14 986
Thüringen	11 763
Hessen	7 692
Oldenburg	6 426
Braunschweig	3 672
Lippe	1 215
Hamburg, Lübeck, Bremen zus.	970

Für die Bevölkerung in den betroffenen Grenzgebieten kaum Veränderungen (Dorfszene, kolorierte Zeichnung)

Hauptstraße der Millionenstadt Kanton nach den Auseinandersetzungen zwischen Kuomintang und Kommunisten

»Jahr des Verrats« an der KP China

14. Dezember. Der Versuch chinesischer Kommunisten, in der Millionenstadt Kanton ein Sowjetsystem einzurichten, wird nach drei Tagen vom linken Flügel der nationalrevolutionären Kuomintang-Partei niedergeschlagen.

Damit hat die chinesische KP nach der Zerschlagung der Schanghai-Kommune durch die Kuomintang-Rechte unter Chiang Kai-shek am → 12. April (S. 66) und dem Auseinanderbrechen der Koalition mit der Kuomintang-Linken am → 15. Juli (S. 122) eine weitere Niederlage hinnehmen müssen. 1927 geht als »Jahr des Verrats« in die Geschichtsschreibung der KP Chinas ein.

Der sowjetische Parteiführer Josef W. Stalin, der die KP Chinas in ihrem Bestreben, in Zusammenarbeit mit der Kuomintang selbst an die Macht zu gelangen, unterstützt hat, muß damit 1927 den schwersten außenpolitischen Rückschlag seiner bisherigen Amtszeit hinnehmen. Die Kuomintang verfügt die Schließung aller sowjetischen Konsulate im von ihr kontrollierten Gebiet. Im Rückblick gibt Stalin folgende Einschätzung: »Die Politik der Kommunisten gegenüber der Kuomintang bestand darin, sie nach links zu drängen und sie in den Kern der revolutionär-demokratischen Diktatur des Proletariats und der Bauernschaft umzuwandeln. Bestand damals die Möglichkeit einer solchen Umwandlung? Ja, sie bestand . . .«

Die Briten wollen Mandat aufgeben

14. Dezember. Vertreter Großbritanniens und des Irak unterzeichnen in London einen Friedens- und Freundschaftsvertrag, in dem die Aufgabe des britischen Völkerbundsmandats im Irak bis zum Jahre 1932 in Aussicht gestellt ist. Großbritannien erklärt, es werde dann die Aufnahme des Irak als selbständigen Staat in den Völkerbund beantragen.

Nach dem Zerfall des Osmanischen Reiches im Zuge des Weltkriegs gelang es dem arabischen Nationalismus nicht, im Vorderen Orient selbständige arabische Nationalstaaten entstehen zu lassen.

König Faisal I. des Irak (r.) zu Besuch in Großbritannien

Ölkrieg Mexiko – USA ist beigelegt

28. Dezember. Der Ölkrieg zwischen Mexiko und den USA (→ 5. 1./S. 18) wird beigelegt.

Die 1926 beschlossene Verstaatlichung der mexikanischen Ölfelder wird aufgehoben. Den US-Ölgesellschaften wird, sofern sie vor 1917 Land in Mexiko erworben und mit der Erschließung der Ölfelder noch nicht begonnen haben, die Konzession für die Ölförderung nicht – wie ursprünglich vorgesehen – entzogen; für den Zeitraum danach besteht ebenfalls die Möglichkeit zur Förderung. – Die US-Regierung gibt daraufhin Waffenlieferungen an das Nachbarland frei.

Spekulation über Wiederannäherung

5. Dezember. Am Rande der Völkerbundsratstagung in Genf treffen der britische Außenminister Joseph Austen Chamberlain und der sowjetische stellvertretende Volkskommissar des Äußeren, Maxim M. Litwinow, zusammen. Die überraschende Begegnung deutet darauf hin, daß sowohl London als auch Moskau an einer Wiederannäherung interessiert sind, nachdem die konservative britische Regierung unter Premierminister Stanley Baldwin am → 27. Mai (S. 86) die diplomatischen Beziehungen zur Sowjetunion abgebrochen hat.

Über das Ergebnis der Zusammenkunft bewahren beide Seiten Stillschweigen; es wird lediglich ein offizielles Kommuniqué mit folgendem Wortlaut veröffentlicht: » . . . die Unterredung gab zu einem freimütigen Meinungsaustausch Gelegenheit, in dem die Beziehungen zwischen den Regierungen Sowjetrußlands und Großbritanniens erörtert wurden. Gleichwohl war es aber nicht möglich, im Verlauf dieser Unterredung zu irgendeiner Grundlage für eine Vereinbarung zu gelangen.« Dieses auf den ersten Blick nichtssagend erscheinende Kommuniqué gibt den Journalisten in Genf Stoff für weitreichende Spekulationen. So weist ein britischer Berichterstatter darauf hin, daß der Inhalt der Mitteilung durchaus nicht negativ zu bewerten sei, denn es heißt darin lediglich, daß »im Verlauf dieser Unterredung« eine Vereinbarung nicht erzielt werden konnte. Eine Fortsetzung der Gespräche sei nicht ausdrücklich ausgeschlossen.

M. M. Litwinow

Die Spannungen zwischen der Sowjetunion und Frankreich, die zur Abberufung des Sowjetbotschafters Christian G. Rakowski aus Paris geführt hatten (→ 13. 10./S. 168), werden in einem Gespräch zwischen Litwinow und dem französischen Außenminister Aristide Briand am 4. Dezember in Genf beigelegt. Rakowski wird auf dem Parteikongreß der KPdSU (2.–19. 12.) aus der Partei ausgeschlossen.

Neue Runde in der Seeaufrüstung

12. Dezember. Nachdem die Marineabrüstungskonferenz der drei Seegroßmächte USA, Großbritannien und Japan am → 4. August (S. 139) ergebnislos abgebrochen worden ist, geht insbesondere zwischen den beiden angelsächsischen Staaten der Rüstungswettlauf zur See mit unverminderter Schnelligkeit weiter.

US-Präsident Calvin Coolidge billigt ein Marinebauprogramm, das innerhalb von fünf Jahren Ausgaben in Höhe von rd. 750 Millionen US-Dollar (3,15 Milliarden Reichsmark) vorsieht. Folgende Aufrüstungsmaßnahmen sollen in diesem Zeitraum durchgeführt werden:

▷ Neubau von 25 Kreuzern in der Größenklasse von 10 000 t
▷ Neubau von fünf Flugzeugmutterschiffen von 15 000 t
▷ Neubau von 32 U-Boot-Kreuzern von 2000 t
▷ Neubau von neun großen Torpedobootzerstörern von 2000 t

Coolidge begründet seine Zustimmung zu dem Aufrüstungsprogramm damit, daß die USA ihre Flotte ohne Rücksicht auf andere Mächte nach eigenen Bedürfnissen bauen müsse.

Die Reaktion in London ist durch scharfe Töne gekennzeichnet. Innenminister William Joynson Hicks erklärt: »Wie der Präsident [Coolidge] vollkommen in seinem Recht, beschlossen hat zu bauen, was er für das amerikanische Volk für notwendig erachtet, so ist es unsere Pflicht, ... das zu tun, was wir für richtig halten, ohne Rücksicht auf die Forderungen oder Wünsche oder Absichten irgendeiner anderen Nation in der Welt.«

Großbritannien hatte 1927 statt der vorgesehenen drei zunächst nur einen 80 000-t-Kreuzer auf Stapel gelegt und im November erklärt, es werde über den Nachbau im Jahre 1928 nach Bekanntwerden der US-amerikanischen Pläne entscheiden. Daran, daß London nun ebenfalls sein Marinebauprogramm ausweiten wird, besteht kaum Zweifel.

Das neue britischeKriegsschiff »Nelson« mit einem großen Kontrollturm

Der Flugzeugträger »Saragota« (USA), das größte Kriegsschiff der Welt, auf dem 83 Flugzeuge landen können

Beispiel für die übrigen Völker

28. Dezember. US-Außenminister Frank B. Kellogg nimmt in einem Brief an seinen französischen Amtskollegen Aristide Briand zu dessen Vorschlag Stellung, einen zweiseitigen Kriegsächtungspakt abzuschließen (→ 6. 4./S. 67). Er schlägt eine Ausweitung auf alle Großmächte vor:

»Angesichts der traditionellen Freundschaft zwischen Frankreich und den USA ... ist in mir der Gedanke aufgetaucht, daß die beiden Länder, statt sich mit einer zweiseitigen Erklärung ... zu begnügen, dem Weltfrieden größere Dienste leisten können, indem sie sich zu dem Bemühen vereinigen, den Anschluß aller Hauptmächte der Welt zu einer Erklärung durchzusetzen, in der die Unterzeichner auf den Krieg als ein Werkzeug ihrer Politik verzichten.«

Alle Rettungsversuche für die Besatzung des Untersee-Boots S 4 bleiben vergeblich

17. Dezember. Bei Princetown kollidiert der Kutter der US-amerikanischen Küstenwache, »Paulding«, mit dem U-Boot S 4, das schwer beschädigt wird und sinkt. Alle Versuche, das U-Boot zu bergen und die Mannschaft zu retten, verlaufen ergebnislos; bei dem Unglück kommen 40 Menschen ums Leben.

Die Bemühungen der Rettungsmannschaften konzentrieren sich darauf, mit Hilfe von Tauchern Sauerstoffflaschen durch die Torpedoröhren in das U-Boot hinunterzulassen. Im Torpedoraum haben sechs Besatzungsmitglieder das Unglück zunächst überlebt. Sie wenden sich noch am Morgen des 20. Dezember mit Klopfzeichen an die Rettungsmannschaften. Ihre Botschaften werden von einem neben dem Wrack niedergelassenen Schwester-U-Boot aufgefangen und entschlüsselt. Die Versorgung der Eingeschlossenen mit Sauerstoff ist jedoch wegen des schweren Wellengangs zeitweise unmöglich. Als es am 21. Dezember endlich gelingt, Sauerstoffflaschen hinunterzulassen, ist seit Stunden kein Lebenszeichen mehr hörbar. Die Hebung des havarierten U-Boots mit Hilfe von Schiffskränen ist wegen der schweren See nicht rechtzeitig möglich.

Ein Schwesterschiff des gesunkenen US-amerikanischen U-Boots S 4 ist die S 3; die Mannschaft des havarierten U-Boots kann nicht gerettet werden

Aufschub für die Schwerindustrie

12. Dezember. In Essen wird der Schiedsspruch für die nordwestdeutsche Eisenindustrie gefällt. Er sieht Lohnerhöhungen für Facharbeiter von 76 auf 78 Reichspfennig und für Hilfsarbeiter von 59 auf 60 Pfennig pro Stunde vor und legt die Arbeitszeit nach dem Arbeitszeitnotgesetz (→ 8. 4./S. 71) neu fest.

Vertreter der Großeisenindustrie hatten in einer Eingabe an das Reichsarbeitsministerium am 16. Juli gefordert, die in dem Gesetz vorgesehenen Beschränkungen der täglichen Arbeitszeit auf maximal zehn Stunden für ihre Branche aufzuschieben bzw. ganz aufzuheben. Sie begründeten ihr Ersuchen damit, daß mit der neuen Arbeitszeitordnung die Umstellung vom Zweischichten- auf das Dreischichtensystem notwendig sei. Innerhalb der vorgesehenen Frist – bis zum Jahresende 1927 – sei diese Umstellung technisch nicht zu leisten.

Reichsarbeitsminister Heinrich Brauns (Zentrum) antwortete auf dieses Ersuchen der Schwerindustrie am 12. Dezember. Er verkündete einen Aufschub des Inkrafttretens in der Eisenindustrie bis zum 1. Februar 1928 und erklärte, daß auf Antrag ein weiterer Aufschub bis zum Jahresende 1928 möglich sei. Zuvor hatten die Schwerindustriellen ultimativ die Stillegung aller Hütten zum 1. Januar 1928 angekündigt, falls bis dahin ihre Eingabe nicht entschieden werde.

Der profilierte Sozialpolitiker Heinrich Brauns (Zentrum) ist bereits seit 1920 Reichsarbeitsminister

Mittagspause in einer Hammerschmiede; die Großeisenindustrie setzt sich für Sonderregelungen in ihrer Branche in der Frage der Arbeitszeit ein

Arbeitsminister Brauns schlichtet

1. Dezember. Durch die Vermittlung von Reichsarbeitsminister Heinrich Brauns (Zentrum) wird der seit Anfang November schwelende Tarifkonflikt in der Tabakindustrie beigelegt. Die in der Zigarettenindustrie Beschäftigten erhalten ab 1. März 1928 12%, in den Bezirken Bremen und Hamburg 10% mehr Lohn. Ferner wird die Zahl der Urlaubstage von vier auf sechs angehoben.

Nachdem einige hundert Tabakarbeiter in Streik getreten waren, um vorzeitige Lohnerhöhungen unter Hinweis auf die sich verschlechternden wirtschaftlichen Verhältnisse durchzusetzen, wurden sämtliche Arbeiter der Branche, insgesamt rund 100 000 Personen, ausgesperrt. In der nun gefundenen Einigung wird festgelegt, daß Maßregelungen für die Streikenden bzw. Ausgesperrten unzulässig sind und Kündigungen zurückzunehmen sind.

Trotz Gilberts Warnungen – Erhöhung der Beamtenbezüge

15. Dezember. Der Reichstag billigt in dritter Lesung das Gesetz zur Reform der Beamtenbesoldung, das eine Erhöhung der Bezüge für Reichsbeamte um durchschnittlich 23% vorsieht und den Reichsetat 1928 voraussichtlich mit vier Millionen Reichsmark (RM) belasten wird. Mit diesem Beschluß hat sich das Deutsche Reich über die Bedenken des US-amerikanischen Reparationsagenten Parker Gilbert, der die Besoldungserhöhung als nicht produktive Staatsausgabe kritisiert und entschieden vor ihr gewarnt hatte, hinweggesetzt (→ 20. 10./S. 167).

Für die Besoldungsreform, die rückwirkend zum 1. Oktober in Kraft tritt, sprechen sich in namentlicher Abstimmung 333 Abgeordnete aus, 53 Mitglieder des Reichstags lehnen den Gesetzentwurf ab und 16 enthalten sich der Stimme. Am Tag zuvor hat der Regierungsantrag, künftig jede dritte freiwerdende Planstelle unbesetzt zu lassen, eine Mehrheit gefunden (218 gegen 171 Stimmen bei fünf Enthaltungen).

Mit der Besoldungsreform werden zugleich die Pensionen der Beamten um bis zu 25% angehoben.

Durch die vom Reichstag verabschiedete Besoldungsreform sind folgende Jahres-Grundgehälter festgesetzt worden:

Besoldungsordnung A (aufsteigende Gehälter)

Gruppe 1:	Ministerialräte, Botschaftsräte, Generalkonsuln I. Klasse, Direktor beim Reichstag, beim Reichsarchiv usw.:	8400–12 600 RM
Gruppe 2a:	Oberregierungsräte und Regierungsräte, Oberarchivräte und Archivräte, Reichswirtschaftsgerichtsräte:	5400–9700 RM
Gruppe 2b:	Oberregierungsräte, Legationsräte, Gesandtschaftsräte, Oberintendanturräte, Oberposträte, Oberpostdirektoren:	7000–9700 RM
Gruppe 2c:	Regierungsräte, Regierungsbauräte, Legationsräte, Konsuln 2. Klasse, Finanzräte	4800–8400 RM
Gruppe 2d:	Ministerialamtmänner	4800–7800 RM
Gruppe 3:	Verwaltungs-, Steuer- und Zollamtmänner	4800–7000 RM
Gruppe 4h:	Regierungsoberinspektoren, Oberregierungssekretäre	4100–5800 RM
Gruppe 4a:	Expedienten bei Reichsmittelbehörden	3000–5800 RM
Gruppe 4c:	Oberregierungssekretäre, Obersekretäre, Oberzoll- u. Oberpostsekretäre	2800–5000 RM
Gruppe 4d:	Sondergeprüfte Obersekretäre	2800–4200 RM
Gruppe 5a:	Photographen, Lithographen	2800–4200 RM
Gruppe 5b:	Ministerialkanzlei-Sekretäre	2300–4200 RM
Gruppe 6:	Maschinen- und Werkmeister	2400–3600 RM
Gruppe 7:	Sekretäre, Kanzleivorsteher	2350–3500 RM
Gruppe 8a:	Ministerialkanzlei-Assistenten, Finanz- und Postassistenten	2000–2700 RM
Gruppe 8b:	Weibl. Post- und Telegraphen-Assistenten	1700–2700 RM
Gruppe 9:	Kanzlei-Assistenten, Kraftwagenführer, Maschinenmeister	1700–2600 RM
Gruppe 10:	Maschinenbetriebsassistenten, Ministerialamtsgehilfen, Maschinisten, Drucker, Oberpostschaffner	1600–2400 RM
Gruppe 11:	Amtsgehilfen, Postschaffner	1500–2200 RM
Gruppe 12:	Heizer, Hauswarte, Postboten	1500–2100 RM

Besoldungsordnung B (feste Gehälter)

Gruppe 1:	Reichskanzler	45 000 RM
Gruppe 2:	Reichsminister	36 000 RM
Gruppe 3:	Staatssekretäre, Präsidenten des Reichsgerichts, des Reichsverwaltungsgerichts, des Rechnungshofes, des Reichsfinanzhofes	24 000 RM
Gruppe 4:	Botschafter, Reichskommissar für die besetzten Gebiete	19 000 RM
Gruppe 5:	Ministerialdirektoren, Oberreichsanwalt, Präsident der Reichsschuldenverwaltung	18 000 RM
Gruppe 6:	Senatspräsidenten beim Reichsgericht, beim Reichsverwaltungsgericht, Präsidenten des Reichsgesundheitsamtes, des Statistischen Reichsamts, des Reichswirtschaftsgerichts, des Reichspatentamts usw.	17 000 RM
Gruppe 7:	Ministerialdirigenten, Gesandte, Reichsgerichtsräte und Reichsanwälte, Präsident des Reichsarchivs, des Bundesamts für Heimatwesen, Präsidenten der Oberpostdirektionen	16 000 RM
Gruppe 8:	Reichsfinanzräte, Präsident der Deutschen Seewarte, Präsidenten der Oberpostdirektionen	14 000 RM

Die Spanne in der Besoldungsordnung C für Soldaten der Wehrmacht reicht von 24 000 RM für Admirale und Generale bis zu 2400–4200 RM für Oberleutnants und Leutnants.

»Ein modernes Wunder: Sommerfrüchte für den Winter aus Südafrika« (Originalzeile einer Zeitschrift)

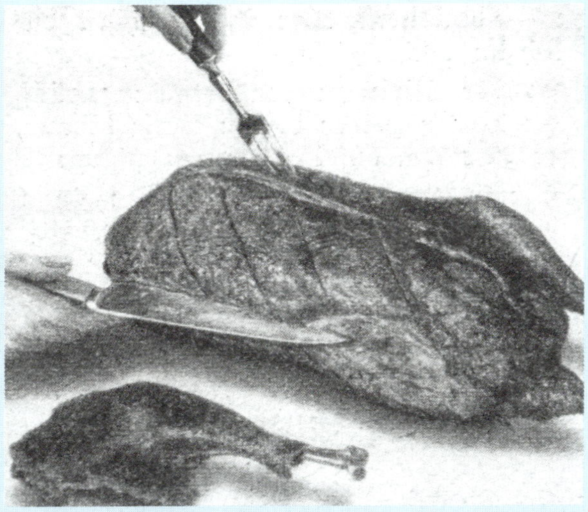

Tranchieren einer Gans; das Ullstein-Heft »Wild und Geflügel« zeigt alle Kunstgriffe der Zubereitung

Mittagessen im Garten eines Kinderheims in Groß-Bresten

Schweizer Erzeugnisse auf der Kolonialwarenausstellung Berlin

Frau beim Sortieren im Gurkenanbaugebiet bei Schweinfurt

Vorweihnachtliches London: Unzählige Truthähne dienen als Dekoration für ein Lebensmittelgeschäft; die Hausfrauen können sich hier den Truthahn für das traditionelle Festmahl in aller Ruhe auswählen

Ernährung 1927:

Die Verbraucher sind wählerisch

Eine ausreichende Ernährung der Bevölkerung im Deutschen Reich ist – ein Jahrzehnt nach Kriegsende und vier Jahre nach dem Inflationsjahr 1923 – im allgemeinen gewährleistet. Bis 1923 war die Nahrungsmittelversorgung im Deutschen Reich u. a. durch folgende Faktoren eingeschränkt:

- ▷ Das Deutsche Reich verfügte wegen des geringen Warenexports und wegen der Reparationszahlungen nicht über genügend Devisen zur Einfuhr von Nahrungsmitteln; durch den Dawes-Plan von 1924, der mit der Gewährung großzügiger Auslandskredite einherging, ist dieser Engpaß an ausländischer Währung behoben
- ▷ Die Landwirtschaft in den europäischen Nahrungsmittelexportländern wie Rumänien und Ungarn hatte die Kriegsschäden noch nicht überwunden; diese Staaten haben inzwischen ihre Nahrungsmittelproduktion wieder erheblich ausgeweitet; allerdings bleibt die Sowjetunion als Nahrungsmittelexporteur weiterhin ausgeschaltet
- ▷ Durch die Inflation war die Kaufkraft der inländischen Bevölkerung beträchtlich zurückgegangen; seit der Währungsreform von 1923 steigt der Nahrungsmittelkonsum im Deutschen Reich kontinuierlich an

Im Zuge des Konjunkturaufschwungs, des Rückgangs der Arbeitslosigkeit und des Anstiegs der Realeinkommen vollzieht sich bei den Grundnahrungsmitteln ein Rückgang beim Verzehr von Roggen und Kartoffeln und eine Hinwendung zu höherwertigen Produkten wie Weizenmehl, Eier, Zukker und Butter. Die Produktionsmenge an Kartoffeln aus der deutschen Landwirtschaft liegt zwar immer noch etwa drei Millionen t niedriger als im letzten Vorkriegsjahr 1913, stößt – nach einer Erhöhung der Preise um 38,8% im Laufe von 1927 auf 0,75 Reichsmark je kg – jedoch an die Grenze der Aufnahmefähigkeit des deutschen Marktes.

Der Markusplatz steht unter Wasser

29. Dezember. Der Markusplatz, der Hafendamm von Riva degli Sciavoni und andere Stadtteile Venedigs stehen unter Wasser. Starke südöstliche Winde haben zu der Überschwemmung geführt.
Auf dem Markusplatz, dem historischen Zentrum der Stadt, steht das Wasser zeitweise so hoch, daß er mit Gondeln befahren werden kann, und es werden Behelfsstege für die Fußgänger errichtet. Bereits im Juli war die Markuskirche beschädigt worden, als infolge eines Sturms eine Antenne auf die Basilika fiel. Bei den sommerlichen Unwettern wurden zwei Menschen getötet, bei den nunmehrigen Überschwemmungen kommen Menschen allerdings nicht zu Schaden.
Im Canale Grande steht das Wasser so hoch, daß die für den Personenverkehr eingesetzten Stadtdampfer nicht mehr unter einer eisernen Brücke in der Nähe der Akademie hindurchkommen. In den Lagunen geraten einige Segelboote infolge des Unwetters in Seenot.

Schiefer Turm droht zu stürzen

Eine von der italienischen Regierung eingesetzte Expertenkommission stellt fest, daß für den Schiefen Turm von Pisa zwar keine unmittelbare Gefahr besteht, daß längerfristig jedoch Maßnahmen zu treffen sind, um einen andernfalls erfolgenden Einsturz zu verhindern.
Eine Quelle, auf der der Glockenturm (Campanile) erbaut worden ist, ist wieder aktiv geworden und droht den Boden am Fundament des Turms wegzuspülen. Eine Tag und Nacht eingesetzte Motorpumpe soll nun so lange das Fundament trokken halten, bis eine Möglichkeit gefunden ist, den Sandboden unter dem Turm – eventuell durch Zusatz von Zement – zu festigen.
Die Neigung des Turms, dessen Gesamtgewicht auf über 200 000 t geschätzt wird, nimmt in den letzten Jahren um durchschnittlich 4 mm zu. Die brüchigen Innenwände im Sockel müssen ausgebessert, einige Säulen in den oberen Stockwerken mit Stahlringen verstärkt werden.

Der Schiefe Turm von Pisa ist wieder in die Schlagzeilen geraten

Einige brüchige Säulen im oberen Teil des Bauwerks müssen durch Stahlringe verstärkt werden; die Turmneigung wirkt sich auf die Statik aus

Eine Automobil-Teststrecke auf dem Dach der Fiat-Werke in Lignotto bei Turin

31. Dezember. Die britische Zeitung »London News« stellt ihren Lesern die Fahrbahn vor, die auf dem Dach der Fiat-Werke in Lignotto bei Turin errichtet worden ist. Dort werden Fiat-Automobile getestet, ohne daß die Prototypen der Öffentlichkeit vorzeitig bekannt werden. Gelegentlich finden im verborgenen auf dem Dach Rennen zwischen italienischen Automobilsportlern statt.
Die in 25 m Höhe gelegene Bahn hat eine Breite von 24 m und eine Länge von mehr als 1 km. Die beiden Kurven sind 6 m überhöht, so daß die getesteten Automobile eine Geschwindigkeit von 130 km/h erreichen können, ohne aus der Bahn geschleudert zu werden. Über eine spiralförmige Straße können die Automobile von ebener Erde direkt auf die Bahn gelangen. Daneben gibt es auch einen Aufgang für Fußgänger.
Das neue Fiat-Gebäude, ein sechsstöckiger Eisenbetonbau mit zwei parallelen Flügeln, die an beiden Schmalseiten miteinander verbunden sind, so daß auf dem Dach ein Rundkurs entsteht, ist 1916 von dem italienischen Architekten Giacomo Matte Trucco entworfen und 1919 bis 1926 erbaut worden.
Das Automobilwerk ist nach funktionellen Gesichtspunkten durchgestaltet und beeindruckt – trotz seiner beachtlichen Größe – durch die materialgerechte, klar gegliederte Konstruktion.

Blick auf die Teststrecke der Fiat-Werke bei Turin; unbeobachtet von der Konkurrenz kann das Unternehmen seine Automobile gründlich testen

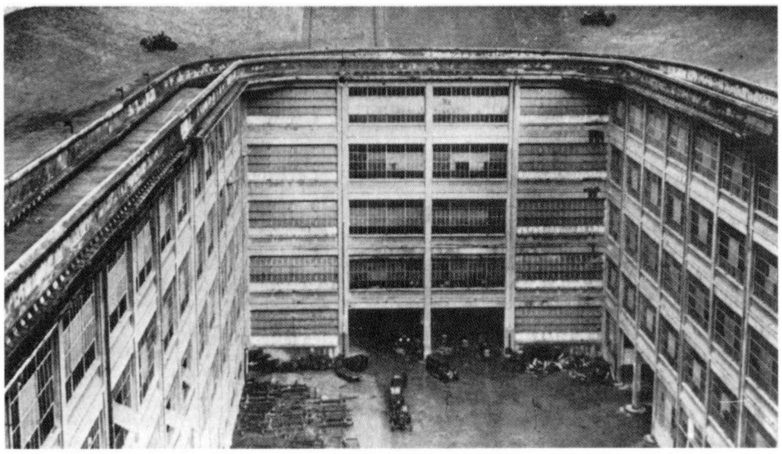

Die Automobil-Teststrecke auf dem Dach der Fiat-Werke erschließt nach dem Urteil von Experten vielfältige städtebauliche Möglichkeiten

Völkerbundspalast im Renaissancestil

22. Dezember. In Genf fällt die Entscheidung im Architektenwettbewerb um den Bau eines neuen Völkerbundspalasts: Das fünfköpfige Komitee beauftragt den französischen Architekten Henri Paul Nénot und seinen schweizerischen Kollegen Julien Flegenheimer mit dem Entwurf des Gebäudes, das Völkerbundsversammlung und -sekretariat beherbergen soll.

An dem Wettbewerb hatten sich 400 Architekten aus 55 Staaten beteiligt. Der Jury erschien keiner der eingereichten Entwürfe in der vorgelegten Form ausführbar. Sie vergab daher neun erste Preise, mit denen neben Nénot/Flegenheimer der Entwurf der Bauhaus-Architekten Hannes Meyer/Hans Wittwer und der Plan von Le Corbusier/Pierre Jeanneret aus Paris ausgezeichnet wurden. Der Wiener Architekt Clemens Holzmeister und der Berliner Hans Poelzig gingen leer aus.

Nénot/Flegenheimer erhalten nun den Auftrag, den ursprünglich eingereichten Entwurf in Zusammenarbeit mit fünf weiteren Preisträgern – sämtlich Italiener – neu zu gestalten. Das von ihnen vorgelegte Projekt ist im historischen Repräsentativstil gestaltet; es erinnert an einen Renaissancepalast und wirkt in seiner Monumentalität einschüchternd. Die nicht zur Ausführung bestimmten Entwürfe von Le Corbusier/Jeanneret und Meyer/Wittwer beeindrukken dagegen als Bekenntnis zum demokratischen, funktionellen Bauen und sind harmonisch in die Landschaft eingepaßt.

In einem Interview mit der französischen Zeitung »Intransigeant« grenzt sich Nénot ausdrücklich vom Stil des Bauhauses und der Neuen Sachlichkeit ab. Er erklärt zur Entscheidung des Völkerbundskomitees für seinen Entwurf: »Ich bin glücklich für die Kunst als solche; die französische Mannschaft … hatte es sich, als sie sich in den Kampf begab, zum Ziel gesetzt, der Barbarei Einhalt zu gebieten. Wir nennen Barbarei eine gewisse Architektur, die seit einigen Jahren in West- und Südeuropa Furore macht. Sie verleugnet alle großen Zeiten unserer Geschichte und beleidigt in jedem Fall den gesunden Menschenverstand und den guten Geschmack. Sie ist unterlegen. Alles ist gut.«

Nach diesem Entwurf des französischen Architekten Henri Paul Nénot und seines schweizerischen Kollegen Julien Flegenheimer soll der Völkerbundspalast im neoklassischen Stil gestaltet werden

Erich zu Putlitz, Rudolf Klophaus und August Schoch (Deutsches Reich) entwarfen ein Monumentalgebäude

Der Entwurf des Pariser Architekten Georges Labro in einer aufgelockerten, ansprechenden Bauweise

Carlo Broggi, Giuseppe Vaccaro und Luigi Franzi (Italien) sind die Schöpfer dieses symmetrischen Entwurfs

Der Entwurf für einen stark untergliederten Gebäudekomplex von Emil Fahrenkamp und A. Denecke

Der Entwurf von Le Corbusier (Charles Édouard Jeanneret-Gris) und Pierre Jeanneret (Frankreich) paßt sich in die Landschaft ein, ohne die Umgebung zu erdrücken

»Eine der originellsten Konzeptionen«, meint die Jury zu diesem Entwurf des Italieners Vago, der nun an der Ausarbeitung des endgültigen Plans beteiligt werden soll

Blick auf den 2,5 km langen Deich zwischen Nordholland und der Insel Wieringen, der im Laufe des Jahres 1927 fertiggestellt worden ist

An diesem Experimentierpolder in Andijk wird erprobt, wie das trockengelegte Land möglichst rasch für die Landwirtschaft genutzt werden kann

Luftbild des Verbindungsdamms zwischen dem nordholländischen Festland (im Vordergrund) und der Insel Wieringen; links vom Damm ist die offene See, rechts der Amsteldiep-Kanal

Blick auf den Bauabschnitt zwischen Wieringen und Medemblik; die Arbeiten werden noch fünf Jahre dauern

Zuidersee-Projekt ist gestartet

In den Niederlanden werden 1927 die Arbeiten zur Trockenlegung des Zuidersees, einer Nordseebucht an der niederländischen Küste, in Angriff genommen. Mit Hilfe dieses Projekts soll die Landfläche des Staates um 10% erhöht werden.

Zwischen Nordholland und Friesland soll durch einen 32 km langen Deich – unter Benutzung der Insel Wieringen – eine Verbindung geschaffen werden. Der Damm ist Ende 1927 auf der 2,5 km langen Strecke zwischen Nordholland und Wieringen fertiggestellt.

Der Deich, über den später eine Eisenbahnlinie und eine Straße führen sollen, wird nicht an der schmalsten, sondern an der flachsten Stelle des Zuidersees gebaut: Während die Bucht in der Mitte bis zu 4,50 m tief ist, reicht die Wassertiefe an der Stelle, wo der Damm errichtet werden soll, nicht über 3,50 m hinaus.

Das hinter diesem Deich liegende Ijsselmeer soll innerhalb eines Jahrzehnts zu einem reinen Süßwassersee geworden sein. In diesem See sollen dann die Trockenlegungsarbeiten durchgeführt werden: Insgesamt vier Polder sind geplant, die 220 000 ha Land liefern sollen. Mit dem Abschluß der Dammbauarbeiten ist 1932 zu rechnen, das gesamte Projekt wird voraussichtlich etwa 20 Jahre in Anspruch nehmen.

In einem 1927 in der Nähe von Andijk geschaffenen kleinen Experimentierpolder erproben Agrarexperten, auf welche Weise das trokkengelegte Land rasch kultiviert werden kann.

Pläne zur Trockenlegung des Zuidersees gehen bis in die Mitte des 19. Jahrhunderts zurück. 1891 veröffentlichte der Ingenieur Cornelis Lely detaillierte Pläne. Zufällig war er 1918, als das Parlament die Durchführung des Projekts beschloß, gerade Minister für öffentliche Angelegenheiten.

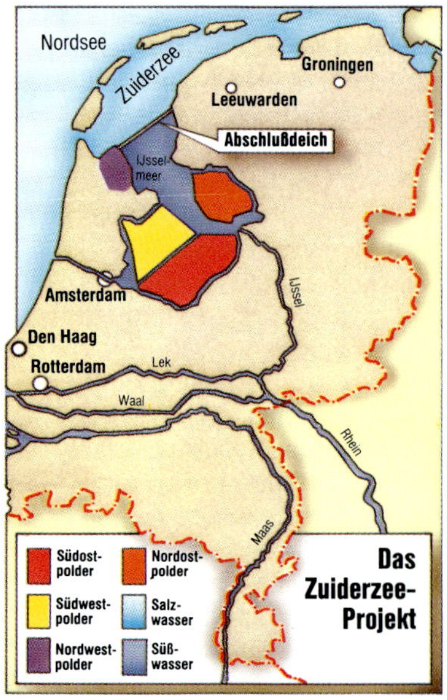

Friedensnobelpreis an Deutschen

10. Dezember. In Stockholm und Oslo werden die Nobelpreise verliehen. Zum zweiten Mal in Folge – nach der Auszeichnung von Reichsaußenminister Gustav Stresemann im Jahre 1926 (→29. 6./S. 102) – geht der Friedensnobelpreis an einen Deutschen: An Ludwig Quidde, den Präsidenten der Deutschen Friedensgesellschaft. Er muß sich den Preis mit dem dem Franzosen Ferdinand Buisson teilen.

Den Preis für Physik erhalten der US-Amerikaner Arthur Holly Compton und der Brite Charles Thomson Rees, den Chemiepreis spricht das Nobelkomitee dem Deutschen Heinrich Otto Wieland zu (1928 rückwirkend verliehen), der Preis für Medizin geht an den Österreicher Julius Wagner-Jauregg, der Nobelpreis für Literatur an den französischen Philosophen Henri Bergson. Ferner werden zwei Nobelpreise für 1926 nachträglich verliehen: Für Literatur an die Italienerin Grazia Deledda, für Medizin an den Dänen Johannes Fibiger.

Nobelpreis für Frieden an Ludwig Quidde, geboren 1858. Quidde schloß sich 1891 der Friedensbewegung an, gründete 1894 in München einen Friedensverein. Der Geschichtsprofessor, der Präsident der Deutschen Friedensgesellschaft und Vorsitzender des Deutschen Friedenskartells ist, war 1924 inhaftiert, weil er Material über die heimliche Aufrüstung der Reichswehr veröffentlicht hatte.

Nobelpreis für Medizin an Julius Wagner-Jauregg, geboren 1857. Der österreichische Mediziner erhält den Nobelpreis »für die Entdeckung der therapeutischen Bedeutung der Malaria-Impfung bei der Behandlung von progressiver Paralyse«. 1917 gelang es ihm, Patienten, die an Paralyse (einer Gehirnerkrankung, die als Spätfolge von Syphilis auftreten kann) litten, durch Malaria-Bazillen zu heilen.

Nobelpreis für Chemie an Heinrich Otto Wieland, geboren 1877. Wieland wird vom Nobelkomitee »für seine Forschungen über die Zusammensetzung der Gallensäure und verwandter Substanzen« ausgezeichnet. Diese Forschungen bilden die Basis für die Chemie der Sexualhormone und für die Entdekkung des Heilmittels Kortison. Die Gallensäuren sind mit dem antirachitischen Vitamin D verwandt.

Unterhaus lehnt das Gebetbuch ab

15. Dezember. Nachdem das britische Oberhaus bereits seine Zustimmung erteilt hat, lehnt das Unterhaus in London mit 238 zu 205 Stimmen überraschend das neue Gebetbuch der anglikanischen Kirche ab, das eine Reihe von neuen Sakramentformeln enthält und eine Annäherung an den katholischen Ritus vollzieht (→7. 2./S. 44). Bei der Unterhaussitzung sind zahlreiche anglikanische Bischöfe anwesend; der Erzbischof von Canterbury, Arthur Fox, Befürworter der Gebetbuchreform, verläßt nach der Abstimmung tränenüberströmt den Parlamentssaal.

Arthur Fox

In der Frage des Gebetbuchs geht die Front zwischen Gegnern und Befürwortern quer durch die Parteien und sogar durch die konservative Regierung Großbritanniens.

Sauerbruch in Berlin

3. Dezember. Der Arzt Ferdinand Sauerbruch tritt sein Lehramt als ordentlicher Professor für Chirurgie an der Universität Berlin an.

Der Chirurg hat auf zwei Gebieten für die Medizin bahnbrechende Leistungen erbracht:

- ▷ Die 1916 entwickelte Prothesentechnik ermöglicht es, durch die Muskeln des Gliedstumpfs eine Prothese zu bewegen
- ▷ In der Lungenchirurgie hat Sauerbruch das »Druckdifferenz-Verfahren« entwickelt, das ein Zusammenfallen der Lungenflügel während der Operation verhindert

Sauerbruch, der bisher in München gelehrt hat, bittet sich eine halbjährige Probezeit aus. Erst im Frühjahr 1928 entschließt er sich zum endgültigen Wechsel.

In seinen Memoiren beschreibt Sauerbruch den Zwiespalt, in dem er sich befand: »Das war eine schwere Entscheidung! August Bier, älter als ich, war in Berlin Chirurg, jedoch gab es zwei Ordinarien für Chirurgie an der Universität in Berlin ... In München hatte ich mich eingelebt. München lag nahe der Schweiz, nahe den Lungensanatorien, nahe [m]einem Aufgabengebiet ... Und es gab dort nur einen Ordinarius. Berlin aber war die Reichshauptstadt. Der Lehrstuhl in Berlin war in Deutschland die erste Stelle, an die man gelangen konnte.«

Ferdinand Sauerbruch (r.), der berühmte Chirurg, wird in die Reichshauptstadt Berlin berufen

Der Femeprozeß von Carl v. Ossietzky

Mein Freund und Kollege Berthold Jacob und ich sind von dem erweiterten Schöffengericht Charlottenburg zu einer Gefängnisstrafe von 2 Monaten respektive 1 Monat verurteilt worden. Das Delikt wird erblickt in einem Artikel Jacobs „Plaidoyer für Schulz", hier erschienen am 22. März dieses Jahres und von mir verantwortet. Strafantrag hatte gestellt der Herr Reichwehrminister für die Herren Oberst von Schleicher, Oberst von Bock und Hauptmann Keiner. Der Staatsanwalt, ein höflicher und zurückhaltender Herr, hatte nur die Verhängung finanzieller Sanktionen beantragt, jedoch die charlottenburger Emmingerkammer, aus einem Landgerichtsdirektor, einem gelehrten Richter und zwei ungelehrten Volksrichtern bestehend, entschied sich für Prison. Also Prison. Wir sind nicht pathetisch genug veranlagt, das zum Anlaß zu nehmen, die Hände zum Himmel zu recken, wo unveräußerlich die ewigen Rechte wohnen; wir haben Freunde und Sekundanten, wir sind nicht wehrlos, und, vor allem, wir sind illusionslos. Dennoch mußten wir einen kleinen Ärger überwinden, als wir das Urteil vernahmen, das uns für ein paar Wochen aus dem geselligen Treiben der Reichshauptstadt verbannt, wenn die Berufungsinstanz es bestätigen sollte. In der Urteilsbegründung wird nämlich als straferschwerend betrachtet, daß wir beide erst in diesem Jahre wegen Beleidigung durch die Presse zu Geldstrafen verdonnert worden wären. Was Jacob ausgefressen hat, weiß ich nicht, aber mein eigner Fall steigt noch leuchtend in der Erinnerung auf. Von meiner frühern Tätigkeit her, als verantwortlicher Redakteur des ‚Montag Morgen', schwebte gegen mich (und Erich Weinert) noch ein vom Reichsmarineamt beantragtes Verfahren; wir waren zu 500 Mark Geldstrafe verurteilt worden, und vor der Berufungskammer kam es zu einem erregten Auftritt zwischen dem Vorsitzenden und dem Verteidiger. Daraufhin zog Paul Levi die Berufung demonstrativ zurück, und so bin ich vorbestraft. Man soll, wenn man mit der Justiz zu tun hat, ein für allemal großartige Gesten vermeiden.

Dennoch war auch dieser Gang nach Moabit lohnend, weil er uns die Bekanntschaft mit der Richterpersönlichkeit des Herrn Doktor Crohne vermittelte. Es ist hier und anderswo im Lauf der Jahre manches Bittere über die Richter geschrieben worden, manches was von Galle durchtränkt war und bei einem spätern Nachlesen oft karikaturistisch verbogen schien. Es bleibt das Verdienst des Herrn Doktor Crohne, unsre gelegentlichen innern Zweifel an dem Richterbild der deutschen Linkspresse behoben zu haben. Sein Auftreten wirkt wie eine ungewollte und deshalb umso stichhaltigere Bestätigung für alles

Stellungnahme Ossietzkys in der »Weltbühne« vom 27. Dezember

Haftstrafen im Weltbühne-Prozeß

20. Dezember. Im Prozeß gegen den Schriftsteller Berthold Jacob (eigentl. Berthold Salomon) und den Herausgeber der Zeitschrift »Die Weltbühne«, Carl von Ossietzky, wird in Berlin das Urteil gefällt. Jacob wird zu zwei Monaten Gefängnis, Ossietzky als verantwortlicher Redakteur zu einem Monat Gefängnis verurteilt.

Der Prozeß war vom Reichswehrministerium angestrengt worden, als in der »Weltbühne« vom 22. März ein Jacob-Artikel erschien, der sich mit dem Fememordprozeß gegen Paul Schulz und andere Angehörige der Schwarzen Reichswehr beschäftigte (→26./31. 3./S. 55). Jacob hatte darin einen Zusammenhang zwischen den wegen Fememordes Angeklagten und der obersten Reichswehrführung hergestellt. Die beanstandete Passage in Jacobs Artikel lautete: »Genau so, wie wir Ausnahmegerichte gegen Linksoppositionelle ablehnen, erheben wir Einspruch gegen die Ausnahmejustiz gegenüber den Femeleuten. Schulz hat Anspruch auf den ordentlichen Richter. Aber der soll nicht außer acht lassen, daß der Oberleutnant nur erteilte Befehle ausgeführt hat und daß man neben ihn auf die Anklagebank mindestens den Hauptmann Keiner und den Oberst [Fedor] von Bock, wahrscheinlich aber auch den Oberst [Kurt] von Schleicher und den General [Hans] von Seeckt setzen müßte.«

Szene aus dem Spielfilm »Maria Stuart«, dessen künstlerischer Leiter Leopold Jessner war, v. l. Fritz Kortner, Franz Blei, Magda Sonja und Anton Kuh

Mady Christians als preußische Kronprinzessin Luise (l.) mit Anita Dorris als ihre Schwester Friederike in dem Streifen »Die Jugend der Königin Luise«

Zwei Herrscherinnen im Kino

22./30. Dezember. Zwei Filme, in deren Mittelpunkt Herrscherinnen aus der Geschichte stehen, werden im Dezember in Berlin uraufgeführt. »Die Jugend der Königin Luise« heißt der Film von Karl Grune (Drehbuch: Ludwig Berger), der am 22. Dezember im Atrium-Palast erstmals gezeigt wird. Der Film »Maria Stuart«, der am 30. Dezember im Tauentzien-Palast uraufgeführt wird, ist unter der künstlerischen Leitung von Theaterleiter Leopold Jessner von Regisseur Friedrich Feher gedreht worden.

Der Grune-Film schildert das Leben der schönen Prinzessin Luise Auguste Wilhelmine Amalie von Mecklenburg-Strelitz (geboren 1776), die 1793 durch eine Heirat an den preußischen Königshof kommt, bis zu dem Zeitpunkt, als ihr Mann als Friedrich Wilhelm III. 1797 König von Preußen wird. Wegen ihres warmherzigen Charakters, ihrer Bildung und häuslichen Lebensweise war Luise bereits zu Lebzeiten von der preußischen Geschichtsschreibung verklärt worden.

Der Film, der diese Tendenz zur Idealisierung fortsetzt, wird in der Kritik unterschiedlich aufgenommen. In der »Vossischen Zeitung« heißt es lobend: »Wären es nur die Äußerlichkeiten, ... der Prunk der Ausstattung, der altvertraute Klang der Militärmärsche, der Zauber der Uniformen ..., so wäre nicht viel mehr darüber zu sagen, als daß alles höchst wirksam zusammengestellt sei, was dem deutschen Publikum Laune macht. Aber es ist noch etwas anderes drin. Etwas, was auch den gefangennimmt, dem dieser Zauber wenig sagt. Eine kecke, fast geistvolle, oft witzige, ... höchst drastisch wirkende Kontrastierung höfischen Zwangs mit natürlichem Menschentum preußischen Wesens mit süddeutscher Art ...«

Sehr scharf fällt dagegen die Kritik in der »Weltbühne« aus: »Viel Rokoko und wenig Wahrheit! ... Die literarisch feinen Leute ... behaupten, der Film sei unpolitisch und tendenzlos ... In Wirklichkeit ist dieser Film eine einzige lange Lüge. Was war denn damals in Preußen los? – Rokoko? Jämmerliche Unfähigkeit und Untüchtigkeit! ... Eine direkte Wahlpropaganda für alles, was monarchistisch ist.«

Leopold Jessner, der künstlerische Leiter der Verfilmung des Dramas »Maria Stuart« von Friedrich von Schiller, ist seit 1919 Generalintendant der Staatlichen Schauspiele Berlin und gilt als Schiller-Spezialist. Seine Inszenierung des »Wilhelm Tell« am 12. Dezember 1919 wurde als beispielhaft gewürdigt.

Obwohl Jessners Theaterinszenierungen mehr durch die Anordnung der Bewegungsabläufe als durch das gesprochene Wort geprägt sind – und trotz der Starbesetzung mit Magda Sonja in der Titelrolle –, vermag seine Verfilmung des Dramas um den Machtkampf zweier englischer Königinnen die Kritiker nicht zu überzeugen. Die »Weltbühne« rät Jessner z. B., bei seinem Leisten als Theaterregisseur zu bleiben.

Fritz Kortner; er spielt im »Maria Stuart«-Film den Bothwell

L. Jessner, Spezialist für Schiller-Dramen in Film und Theater

»Onkel Toms Hütte« auf der Leinwand

12. Dezember. »Onkel Toms Hütte«, der weltberühmte Roman von Harriet Beecher-Stowe, wird in einer Spielfilmversion des US-amerikanischen Regisseurs Harry A. Pollard in London in europäischer Erstaufführung gezeigt.

Der Film lehnt sich eng an den Handlungsverlauf des Romans an: Ein Plantagenbesitzer muß aus Geldnot seinen besten schwarzen Sklaven und den Sohn seiner Haussklavin Eliza verkaufen. Während sich der schwarze Sklave, Uncle Tom, widerspruchslos fügt und in den US-amerikanischen Süden gebracht wird, gelingt es Eliza (gespielt von Margarita Fischer), mit ihrem Sohn nach Norden zu fliehen.

Der Film reichert die Handlung, die in der Mitte des 19. Jahrhunderts spielt, mit Szenen aus dem amerikanischen Bürgerkrieg an. »Onkel Toms Hütte« ist bereits zweimal – 1914 und 1918 – von US-Regisseuren verfilmt worden.

Szene aus dem Film »Onkel Toms Hütte« von Harry A. Pollard

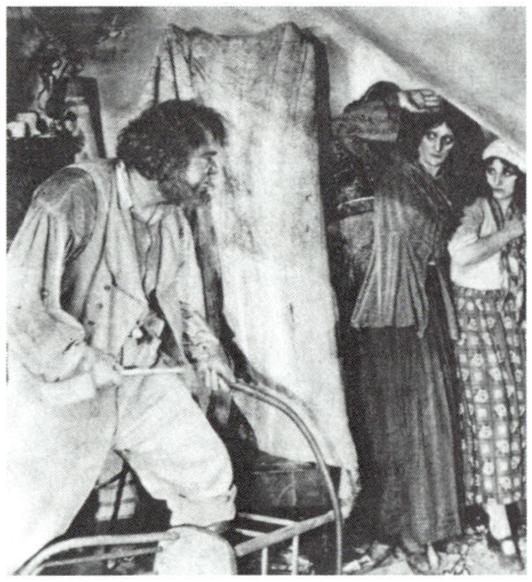

George Siegmann als Sklavenhalter Legree in »Onkel Toms Hütte«

Die Ahnherrin von Bayreuth wird 90

24. Dezember. Cosima Wagner, die Witwe des Komponisten Richard Wagner, begeht im Familienkreis in Bayreuth ihren 90. Geburtstag. Die Tochter des Komponisten Franz Liszt war in erster Ehe mit dem Komponisten und Dirigenten Hans Guido Freiherr von Bülow verheiratet und ging 1870 die Verbindung mit Richard Wagner ein. Nach dem Tode des Komponisten (1883) übernahm sie die künstlerische und organisatorische Leitung der Bayreuther Festspiele, die sie bis 1908 innehatte. Richard Wagners Befürchtung, die 1876 erstmals durchgeführten Festspiele könnten nach seinem Ableben nicht weitergeführt werden, erwies sich dank der Umsicht seiner Witwe als grundlos. Derzeit liegt die künstlerische Leitung in Bayreuth in den Händen von Siegfried Wagner, dem Sohn.

Cosima Wagner

Das Musical »Show Boat« uraufgeführt

27. Dezember. Im Ziegfeld Theatre in New York wird »Show Boat« von Jerome Kern (Text: Oscar Hammerstein II.), eines der ersten großen Musicals, uraufgeführt.

Das Stück schildert 50 Jahre (von 1877 bis 1927) aus der wechselvollen Geschichte einer Künstlertruppe, die auf einem Boot durch die USA tingelt und das Publikum mit Gesangsnummern unterhält.

Die Musik ist mit der volkstümlichen Oper durchaus vergleichbar. Blues- und Jazzrhythmen sind – ebenso wie Revueelemente – geschickt eingearbeitet.

Wie in der Opera buffa oder der klassischen Operette ist den beiden Hauptpersonen, Magnolia und Gaylord Ravenal, die eine tragische Liebesgeschichte erleben, das komische Schaustellerpaar Frank und Ellie kontrastiert. Der stimmungsvoll-sentimentale Musical-Song »Ol' Man River« geht quasi als Volkslied ins Bewußtsein der US-Bürger ein.

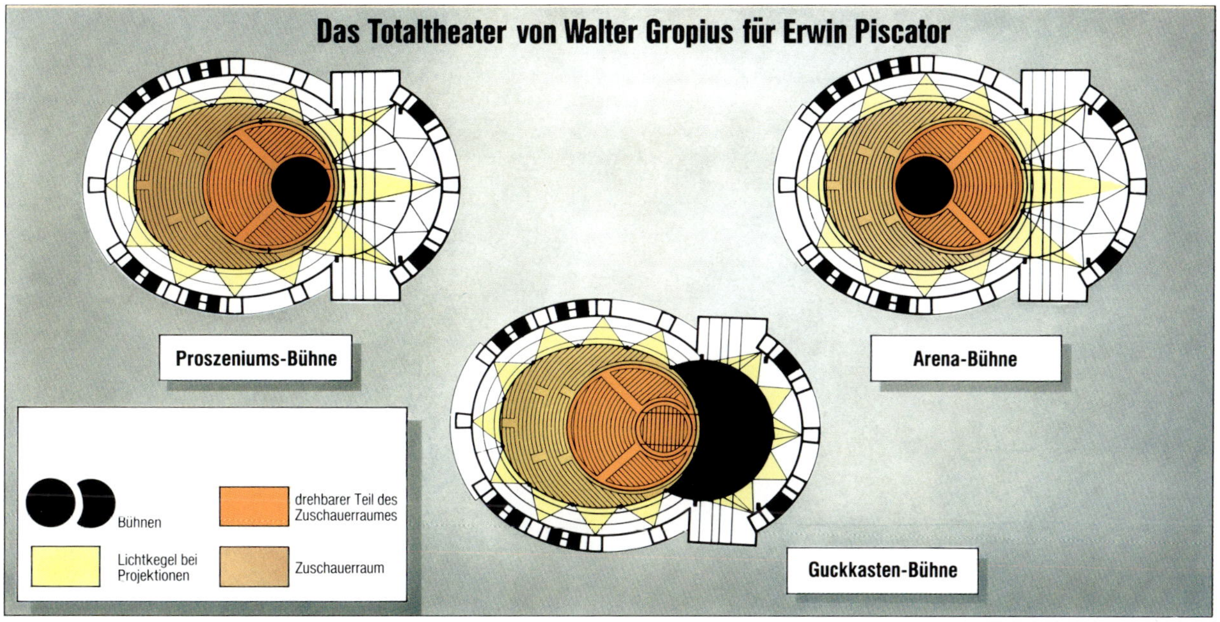

Gropius plant ein Totaltheater

25. Dezember. Die »Berliner Illustrirte« stellt ihren Lesern das »Totaltheater« vor, das der Leiter des Dessauer Bauhauses, Walter Gropius, für den Berliner Regisseur Erwin Piscator entworfen hat.

Piscators Agitationstheater ist durch einen raffinierten Einsatz technischer Hilfsmittel und theaterfremder Medien gekennzeichnet (→ 23. 3./S. 60; 3. 9./S. 158).

Dieses auch »Theater der Zukunft« genannte Projekt fügt die drei Grundtypen des Theaters – Guckkastenbühne, Proszeniumsbühne und Arena – mit dem Zuschauerraum zu einer äußerst wandelbaren Einheit zusammen. Ein kreisrunder Teil des Zuschauerraums kann so gedreht werden, daß die Bühne ihre Position wechselt.

Projektionsflächen an den Wänden und an der gewölbten Decke des Theaterraums ermöglichen die Einbeziehung von Dias und von Filmeinblendungen und ersetzen die Kulissen. Die 14 Projektoren sind in Kabinen an den Außenwänden und im Dach angebracht.

Gropius will mit seinem Theaterentwurf, den er in Zusammenarbeit mit Piscator konzipiert hat, die Illusion für den Zuschauer erhöhen. Dieser soll durch die perfekte, den ganzen Raum erfüllende Inszenierung von Wirklichkeit vom passiven Betrachter zum aktiven Mitspieler werden.

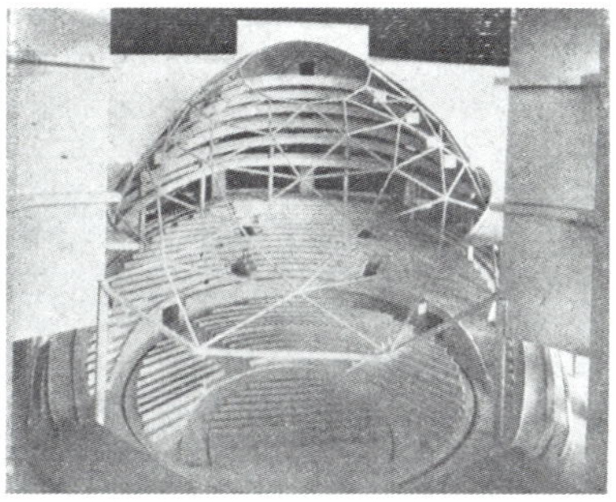

Blick von der Bühne in den drehbaren Teil des Zuschauerraums

Aus finanziellen Gründen gelangt das »Totaltheater« allerdings nie über das Planungsstadium hinaus.

Befürchtungen von Kritikern gehen dahin, daß durch die Überbetonung der Technik das Wort und das Spiel, die eigentlichen Mittel des Theaters, in den Hintergrund gedrängt werden könnten und die Aufmerksamkeit des Publikums durch die Beweglichkeit der Zuschauerplätze und durch die allgemeine Reizüberflutung nachlassen würde.

So schreibt die »Berliner Illustrirte«: »Jedenfalls darf man annehmen, daß sehr starke Nerven dazu gehören, eine stundenlang dauernde Vorstellung mitzumachen, in der der eigene Sitzplatz von Maschinisten gehoben und geschoben wird und von allen Seiten ein Trommelfeuer theatralischer und filmischer Effekte auf den Zuschauer niederprasselt.«

Am Bauhaus, dessen Leitung seit der Gründung 1919 in der Hand Gropius' liegt, sind Künstler verschiedener Sparten – Architekten, Maler, Designer u. a. – als Lehrer tätig. Der Bildhauer Oskar Schlemmer leitet seit 1923 die Bühne des Bauhauses. Piscator verfolgte vorübergehend den Plan, ihn als Bühnenbildner an sein Theater zu binden.

Außenansicht des »Theaters der Zukunft«, das Gropius für Piscator entworfen hat; es kann aus finanziellen Gründen nicht verwirklicht werden

Telegraphische Bildübertragung

Mit diesem Übertragungsgerät werden Lichtpunkte in elektrische Impulse umgewandelt, die dann telegraphisch übertragen werden können

Fotografien von Marx (l.) und Seipel, mit Bildtelegraphie übertragen

1. Dezember. Zwischen Berlin und Wien wird der regelmäßige telegraphische Bildübertragungsdienst aufgenommen. Er kann Bilder aller Art – Fotos, Zeichnungen, geschriebene oder gedruckte Urkunden, Stenogramme usw. – übermitteln. Die erste telegraphische Bildübermittlung zwischen den beiden Städten war am 2. April 1926 gelungen.

Zur Eröffnung des regelmäßigen Verkehrs wird ein Glückwunschtelegramm mit einem Foto von Reichskanzler Wilhelm Marx von Berlin nach Wien geschickt. Der österreichische Bundeskanzler Ignaz Seipel revanchiert sich mit einem Foto und einigen Zeilen.

Das Verfahren der Bildübermittlung beruht darauf, daß mittels einer Selenzelle das räumliche Nebeneinander der Bildpunkte in ein zeitliches Nacheinander von Stromstößen in der Telegraphenleitung umgewandelt wird. Die Übermittlung einer Bildfläche in der Größe von 10 × 19 cm, die in eine halbe Million Bildpunkte aufgelöst wird, nimmt etwa zwölf Minuten in Anspruch. Größere Dokumente müssen in entsprechende Rechtecke zerlegt und am Ankunftsort wieder zusammengesetzt werden.

Diem fordert das tägliche Turnen

31. Dezember. Carl Diem, der Generalsekretär des Deutschen Reichsausschusses für Leibesübungen, spricht sich in einer Botschaft zum Jahreswechsel dafür aus, die tägliche Turnstunde an den allgemeinbildenden Schulen einzuführen. Er verteidigt zugleich die Ausgaben der deutschen Kommunen für Stadion- und Sportplatzbauten.

Diems Forderungskatalog hat folgenden Wortlaut: »Endlich die tägliche Turnstunde! Ihr Inhalt: Leibesübung aller Art, möglichst im Freien. Kein Schulknabe oder Schulmädchen darf die Schule verlassen, ohne schwimmen zu können; in allen Fach- und Fortbildungsschulen ausreichender Turnunterricht; ... Vermehrung der Übungsstätten, Bau von Spielplätzen, sowohl als städtische, öffentliche Anlagen als auch als Vereins-Sportplätze. Entlastung der Vereine von den Sorgen des Platzbaues und der Platzunterhaltung. Spielplätze und Turnhallen sollen Geschmack und Kunstsinn unserer Zeit widerspiegeln ...«

Scheinwerfer für eine Skischanze

10. Dezember. Die norwegische Kongsberg-Sportvereinigung eröffnet in einer Abendveranstaltung ihre künstliche Skisprunganlage, bei der zum ersten Mal ein Skispringen im Freien bei elektrischer Beleuchtung durchgeführt wird. Bisher war das Skispringen mit künstlichem Licht nur in den sog. »Schneepalästen« möglich.

Die Kongsberg-Skischanze ist jedoch recht klein und läßt nur Sprünge bis zu 25 m zu. Bei größeren Weiten würden die Springer wegen der letztlich doch mangelhaften Sichtmöglichkeit zu großen Gefahren ausgesetzt.

Der Trend zur Verlegung von Veranstaltungen in die Abendstunden bei künstlicher Beleuchtung setzt sich auch in anderen Sportarten fort. So soll zum Jahresbeginn 1928 die Trabrennbahn Ruhleben in Berlin mit elektrischen Scheinwerfern ausgestattet werden.

Bereits 1926 war das erste Fußballspiel unter Lampenlicht im Deutschen Reich ausgetragen worden.

Ein langes, weichfallendes Lumberjack mit schmalen, in die Stiefel gesteckten Hosen – eine praktische Bekleidung für den Wintersport

Modeschöpfer zur Wintersportmode

Die Modeschöpfer nehmen sich zunehmend der Wintersportmode an. Die Sportkostüme sind allerdings weiterhin durch Unauffälligkeit und Zweckmäßigkeit und den Verzicht auf überflüssige Accessoires gekennzeichnet.

Beim Skianzug tritt neben die klassische Norwegerhose, die am Fußgelenk mit bunten »Norwegerbändern« umwickelt wird, die auf Figur geschnittene Hose, die weich und weit über das Fußgelenk fällt.

Beim Rodeln, Bobfahren und Eishockey kann die Sportlerin zwischen oberhalb des Knies eingezogenen Pumphosen und den enganliegenden Breeches wählen. An die Stelle der unpraktischen Wickelgamaschen treten bei den kurzen Hosen zunehmend Stutzen.

Für das Schlittschuhlaufen empfiehlt sich ein über dem Knie endendes Röckchen oder ein Hosenrock.

Als Ergänzung ist – neben dem klassischen Lumberjack – auch eine Wildlederweste mit einem daruntergezogenen Jumper beliebt.

Ein Skeletonfahrer in der Cresta-Bahn im schweizerischen Wintersportparadies Sankt Moritz

Zu den Festtagen gibt es Tauwetter

Trotz des zu den Weihnachtstagen einsetzenden Tauwetters sind die Quartiere in den Wintersportorten des Mittel- und Hochgebirges zu den Festtagen belegt. Nur wenige lassen sich wegen der schlechten Sportverhältnissen dazu bewegen, ihren bereits gebuchten Winterurlaub doch noch abzusagen.

Aus den bayerischen Alpen werden am 23. Dezember Temperaturen bis zu +4°C gemeldet, im Schwarzwald liegen die Temperaturen bei leichten Regenfällen bei +9°C, im Harz steigt das Thermometer – bei Regen und Nebel – ebenfalls über den Gefrierpunkt. Im Norden dagegen liegt eine bis zu 35 cm hohe Schneedecke; Pferderennen zum Fest müssen in Hamburg wegen der Witterung abgesagt werden.

Die Hoteliers in den traditionellen Skiorten reagieren auf den Wetterumschwung mit schnell arrangierten Ersatzprogrammen wie Bällen und Tanzturnieren, Schönheitskonkurrenzen, bunten Spieleabenden und Modenschauen.

Humor 1927:

Sparer an die Front

Die politischen Witze des Jahres 1927 beschäftigen sich – bald ein Jahrzehnt nach Kriegsende und nach dem Zusammenbruch des Kaiserreichs – noch immer mit den Auswüchsen von Monarchismus und Militarismus, die in Rechtskreisen noch weit verbreitet sind. Der Sparappell des US-amerikanischen Reparationsagenten Parker Gilbert (→ 20. 10./S. 107) ruft Erinnerungen an die Inflationszeit, bei der die Sparer ihr gesamtes Vermögen verloren haben, hervor und wird in zahlreichen Witzen persifliert.

Der Bankier Feilchenblatt war ein weißer Rabe unter seinen pechschwarzen Branchengenossen. Er pflegte sein Einkommen auf den Pfennig genau zu errechnen und die Endsumme ohne jeglichen Abstrich als steuerpflichtiges Einkommen zu fatieren. Die Steuerbeamten rechneten ihm nicht einmal mehr nach, so bekannt war Feilchenblatts geradezu blödsinnige Ehrlichkeit. Neulich saß der Bankier vier Stunden über seiner Einkommensberechnung für die ersten drei Quartale des Jahres 1927, kriegte mühselig 98 675 Mark heraus, die er in sein Steuerbekenntnis transportierte. Dann zündete er eine Erholungszigarre an und griff nach der Zeitung.

Und da las er wiederum eine Äußerung des Mr. Gilbert. Las wiederum siebzehnmal dasselbe: Sparen! Sparen! Sparen! – – – Feilchenblatt überlegte. »Eigentlich hat jener recht«, murmelte er sinnend, schmiß das mühselig verfaßte Steuerbekenntnis in den Kamin und fatierte mit 50 000 . . .

*

In das Direktionszimmer der Sparkasse ist ein verhutzeltes Männchen eingedrungen. Es verlangt hartnäckig und eigensinnig, den Direktor selbst zu sprechen. Endlich wird das Männchen vorgelassen, nähert sich dem hohen Herrn, legt einen Sechser auf den Tisch und flüstert geheimnisvoll: »Herr Direktor – es wird viel gemunkelt, und man hört so allerlei – und deshalb möchte ich Ihnen gerne gebeten haben, wenn wieder eine Inflation kömmt, schreiben Sie mir bitte eine Postkarte – – –.«

*

Kaum sind wa'n bißken obenuff
denn: nischt wie los und druff!
O Tanneberch! O Hindenburch!
Nu sind wa wieda untendurch –
Und – vadammte Schweinerei! –
der Ludendorff steht ooch dabei!
Und saacht: Der Marx, der kotzt mich an –: Det is een Mann!
Und sitzt der Willem ooch in Doorn,
das Sprachrohr hat a nich valoorn
und »Mir« schreib a noch imma jroß –: wie kommt det bloß?

*

Der Kommandierende General wetterte ganz fürchterlich. Die Adern auf seiner Feldherrnstirne drohten zu platzen, und die schneidige Stimme wurde schon bedenklich heiser. Die Attacke der 3. Schwadron der Gardekürassiere war aber auch das dümmste und ungeschickteste, was der hohe Herr seit dem Kriege '70 erlebt hatte. Der Chef der 3. Schwadron hielt artig die Hand am Helm, und kein Zug in seinem gutmütigen Gesicht verriet, daß seine militärische Karriere vor dem Abgrund stand. Da benutzte der Stabschef eine Atempause des Kommandierenden, um ihn darauf aufmerksam zu machen, daß nicht die 3. Schwadron der Gardekürassiere, sondern die Leibschwadron des Gardes-du-corps diese scheußliche Attacke geritten hatte. Ganz erschrocken ob des Kübels von Grobheiten, den er über das Haupt eines Unschuldigen ausgeleert hatte, fragte der General: »Aber lieber Herr von X, warum haben Sie denn nicht gesagt, daß Sie das Opfer eines Mißverständnisses sind?« – »Exzellenz«, entgegnete der Chef der 3. Schwadron, »das hätte doch nur aufgehalten.«

Aus Holz geschnitzte Weihnachtskrippe; besonders die Figurengestaltung ist beeindruckend

Weihnachtsbaum für jedermann

24.–26. Dezember. Im Kreise der Familie, mit Gänsebraten und Weihnachtsbaum, begehen die Deutschen das Christfest.
Angesichts der günstigen Konjunkturlage und der relativ niedrigen Arbeitslosenzahl (die allerdings im Dezember saisonbedingt wieder die Millionengrenze überschritten hat), können sich die meisten Familien einen Tannenbaum zum Fest leisten. Die billigsten Exemplare, einfache Fichten, sind schon für 0,75 Reichsmark (RM) zu haben. Eine gutgewachsene, etwa 2 m hohe Edeltanne kostet allerdings bis zu 18 RM.
Das Weihnachtsgeschäft läuft in der Provinz besser als in den Großstädten, was die Einzelhändler u. a. darauf zurückführen, daß wegen der zunehmenden Beliebtheit von Ratenkäufen bei den Städtern zum Fest nicht so viel Geld für Geschenke zur Verfügung steht.

Die moderne Zeit hält Einzug auch in die Kinderzimmer

Eine Glosse, die in der Berliner »Vossischen Zeitung« veröffentlicht wird, setzt sich damit auseinander, inwieweit der technische Fortschritt sich auch im Spielzeug niederschlägt. Es heißt darin u. a.:

»Der Weihnachtsmann ist ein konservativer Herr. Wenn er sich über Politik äußern wollte, so würde sich vielleicht sogar herausstellen, daß er im Herzen Militarist und Monarchist ist. Man soll das dem Alten nicht übelnehmen. Er trägt ja auch noch immer seinen großen weißen Umhängebart und seinen langen roten Schlafrock. Glatt rasiert und in Sweater und Breeches würde er uns ja auch gar nicht gefallen ...
Natürlich läßt sich nicht ganz verbergen, daß wir 1927 schreiben. Neben den Wagen und Karren, die wir vor 40 Jahren mit Gejohle entzweigeschlagen haben, gibt es Fahrzeuge nach dem Muster des Autos; solche, die man an der Strippe zieht, und solche, in die man sich hineinsetzt, um sie mit Pedalen zu bewegen ... Es gibt außer den Puppen mit Zopf Puppenmädchen mit Bubikopf. Grammophon und Kino konnten selbstverständlich nicht erfunden werden, ohne daß sie zum Spielzeug vereinfacht worden sind.
Auch die Elektrizität wird im Kinderzimmer ausgenutzt. Herrliche Eisenbahnen laufen auf Schienen und beziehen ihre Kraft mittels Steckkontaktes aus der Lichtleitung ... Ob freilich mit der technischen Vervollkommnung die Freude am Spiel Schritt gehalten hat, bleibt fraglich. Wir vor 40 Jahren wollten möglichst alles selber machen. Und das wird bei den Kindern von heute gewiß noch ebenso sein. Da entsprechen der bastelfrohen Jugend besser die schönen Konstruktionsbaukästen ..., mit denen sich die technische Welt von heute getreu nachahmen läßt, vom Berliner Funkturm bis zur Düsseldorfer Schwebebahn ...«

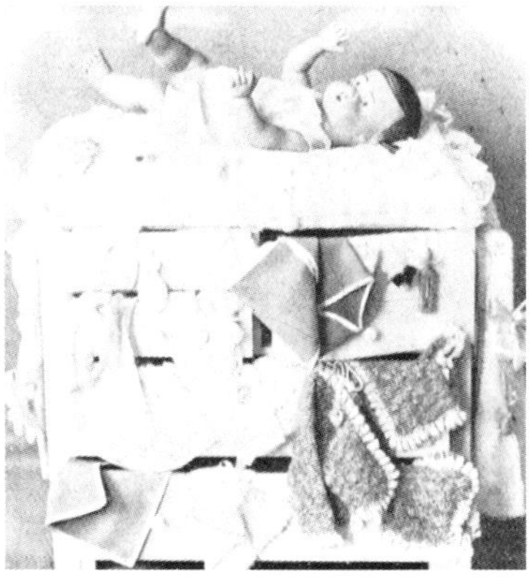

Traditionelles Spielzeug für Mädchen: Puppen-Wickelkommode

Das Weihnachtsfest im Hause Habsburg

24. Dezember. In der britischen Zeitschrift »London News« erscheint ein Bericht über die Familie Habsburg, die das Fest im Familienkreis mit Geschenken und einem geschmückten Tannenbaum begeht. Prinzessin Zita von Bourbon-Parma, die Witwe Karl I., des letzten Kaisers von Österreich, läßt sich im Kreise ihrer acht Kinder, darunter Erzherzog Otto, fotografieren.
Karl Franz Josef von Habsburg-Lothringen war nach der Ermordung von Erzherzog Franz Ferdinand 1914 überraschend zum Thronfolger aufgerückt. Nach dem Tode von Kaiser Franz Joseph I., dessen Großneffe er war, wurde er als Karl I. 1916 zum Kaiser ausgerufen und als Karl V. auch zum König von Ungarn gekrönt.
Nach dem Zerfall der Donaumonarchie verzichtete er am 11. November 1918 auf die Beteiligung an den Regierungsgeschäften und verließ am 23. März 1919 Österreich.
Im Schweizer Exil widerrief er alle zuvor gemachten Erklärungen; den Mitgliedern des Hauses Habsburg wurden daraufhin der Aufenthalt in Österreich untersagt. 1921 unternahm Karl zwei Versuche, den ungarischen Thron wiederzugewinnen, die jedoch fehlschlugen. Am 6. November 1921 erklärte daraufhin die ungarische Nationalversammlung die Thronrechte des Hauses Österreich in Ungarn für beendet.
Karl ging mit seiner Familie erneut ins Exil, diesmal nach Madeira, wo er am 1. April 1922, 34jährig, starb.
1911 hatte sich Karl mit Prinzessin Zita von Bourbon-Parma vermählt; 1912 wurde ihr erster Sohn, Erzherzog Otto, geboren. Von monarchistischen Kreisen wird er als zukünftiger König von Ungarn gehandelt. Immer wieder gibt es Gerüchte, daß seine Rückkehr in den Magyarenstaat unmittelbar bevorstehe.

Prinzessin Zita mit ihren Kindern, stehend v. l. Erzherzogin Adelaide (geboren 1914), Erzherzog Robert (1915), Erzherzog Felix (1916), Erzherzog Otto (1912), sitzend v. l. Erzherzogin Elisabeth (1922), Erzherzogin Charlotte (1921), Erzherzog Rudolph (1919), Erzherzog Karl Ludwig (1918) ▷

Internationale Lage ist unruhig

Bei der insgesamt günstigen Konjunktur in den Industrienationen stehen in den Weihnachtsansprachen der Politiker außenpolitische Fragen im Vordergrund. Das Hauptaugenmerk richtet sich dabei auf die internationalen Krisenherde und auf die Frage, inwieweit sich das Kräfteverhältnis in Europa verschoben habe.

Papst Pius XI. äußert sich in seiner Weihnachtsansprache positiv über die Missionstätigkeit der Kirche in Übersee, zeigt sich jedoch bestürzt von der Entwicklung in der Sowjetunion, in China und in Mittelamerika:

»Es wurden auch Schmerzensschreie gehört aus verschiedenen Teilen der Welt, so in den letzten Zeiten aus Mexiko, Rußland und China, von wo Nachrichten über sehr traurige Ereignisse ... eingetroffen sind, daß man kaum glauben kann, daß sich nicht alle Völker dagegen mit dem Ausdruck des Abscheus und der Verdammung erheben werden.«

Der französische Außenminister Aristide Briand erteilt dem – wegen seiner Ineffektivität 1927 vielfach angegriffenen – Völkerbund gute Noten.

Insbesondere bei der Beilegung des Konflikts zwischen Polen und Litauen (→30. 11./S. 184) habe sich die Institution indirekt bewährt. Briand hebt dabei die Rolle des deutschen Außenministers Gustav Stresemann und des sowjetischen stellvertretenden Volkskommissars des Äußeren, Maxim M. Litwinow, ausdrücklich hervor.

Briands Prognose für 1928 ist von vorsichtigem Optimismus getragen: »Was uns das kommende Jahr bringen wird? Ich weiß es nicht. Es ist wahrscheinlich, daß die Menschheit nur allmählich und in kleinen Etappen den Weg vom latenten Kriegszustand zu einem gesicherten und dauernden Frieden finden wird. Wenn wir auf die Klippen und Gefahren zurückblicken, denen wir im Laufe der letzten Jahre entgangen sind, so glaube ich, ... daß sich die Menschheit immer mehr daran gewöhnen wird, in allgemeinen Schiedsverfahren den Weg zu Frieden und Wohlstand zu sehen, dessen Vorteile allen in gleicher Weise zugute kommen. Die Einsicht, daß der Krieg sich nicht bezahlt macht, ist glücklicherweise Gemeingut geworden.«

Über die Entwicklung in China äußert sich der japanische Gesandte in Peking, Yoshizawa. Er sagt China eine unsichere Zukunft voraus, wobei er jedoch den Aufstand der verarmten Bauern, den Mao Tse-tung propagiert und im September 1927 in der Provinz Hunan vergeblich zu initiieren versucht hat, für unwahrscheinlich hält:

»Das Jahr 1928 wird wahrscheinlich das ereignisreichste Jahr in Chinas Geschichte sein. Der allgemeine Niedergang des von Japan mit starker Sympathie betrachteten Reiches nimmt derartige Formen an, daß unsere Regierung trotz allen guten Willens äußerst vorsichtig sein muß. Ich glaube nicht an die von vielen Seiten vorausgesagten riesigen Volksaufstände als Ergebnis der allgemeinen Verarmung und des ewigen Bürgerkrieges. Wer soll denn aufstehen? Die Bauernmassen? Oder die werktätige Jantsetal-Bevölkerung? Die haben ja alle keine modernen Waffen, sind einer einheitlichen Heeresorganisation unfähig und haben gar kein großes Ziel.«

In der parteiamtlichen Zeitung »Iswestija« wird eine Jahresbilanz der internationalen Entwicklung und der sowjetischen Außenpolitik von Parteichef Josef W. Stalin gezogen.

Das Blatt stellt eine Tendenz zur Isolierung Großbritanniens in Europa fest und fordert die übrigen europäischen Staaten – wobei das Deutsche Reich, Frankreich und Italien ausdrücklich genannt sind – dazu auf, die wirtschaftlichen Beziehungen zur Sowjetunion zu intensivieren: »Normale Beziehungen zur Sowjetunion und wirtschaftliche Verbindungen mit dem sowjetrussischen Markt sind ein wesentlicher Faktor bei der politischen Normalisierung Europas.«

Astrologen prophezeien Geheimpakt

Pilgrimms Prophetischer Kalender für das Jahr 1928 versucht mit astrologischen Mitteln der zukünftigen Entwicklung auf die Spur zu kommen, über Deutschlands Schicksal 1928 heißt es:

»Das Jahr verspricht ein vorwiegend günstiges und harmonisches zu werden, das Eintracht zwischen Volk und Regierung bringt, Fortschritt und allgemeines Gedeihen. Auch neue Freunde, mit aller Wahrscheinlichkeit sogar ein Geheimbündnis. Die Interessen der Landwirtschaft, der Industrie, des Handels, der Schiffahrt, der Kirche u. a. werden besonders stark hervortreten und teils gefördert, teils geschädigt werden. ... Einerseits gibt es revolutionäre Bewegungen, Streiks, Todesfälle in der Regierung und im Volk, Schädigung des Baugewerbes. Große Verkehrsunfälle in der Luft, bolschewistische Propaganda, Erkrankungen und Explosionen.

Andererseits treten die Kolonialangelegenheiten stark in den Vordergrund und sind in dieser Hinsicht Erfolge zu erwarten, jedoch reifen die Früchte noch nicht in diesem Jahre. Der Jupiter im 10. Haus stärkt die Position der Regierung, was auch notwendig ist, denn sie wird verschiedenen Angriffen ausgesetzt sein. Im Reichstag wird es Personenwechsel geben. Im Finanzwesen gibt es einige Störungen, weitere Konkurse, auch Bankkrach. Für Januar werden Veränderungen im Kabinett erwartet, entweder infolge von Demission oder eines Todesfalles.«

Die Kleinrentner erhalten Almosen

15. Dezember. Der Reichstag in Berlin billigt mit den Stimmen der Regierungsparteien DNVP, DVP, BVP und Zentrum eine Vorlage, in der die Auszahlung von insgesamt 25 Millionen Reichsmark als Weihnachtsbeihilfe für Kleinrentner und längerfristig erwerbslose deutsche Bürger vorgesehen ist.

- ▷ Je neun Reichsmark erhalten Empfänger von Invaliden- und Hinterbliebenenrenten sowie Hauptunterstützungsempfänger in der Kleinrentnerfürsorge und der Krisenvorsorge, ferner die ehemaligen Reichsarbeiter und -angestellten, die auf Fürsorgeunterstützung Anspruch haben
- ▷ Je drei Reichsmark erhalten die Empfänger von Kinderzuschuß und Waisenrentner sowie die von der Fürsorge mitunterstützten Familienangehörigen

Vor der Verabschiedung der Vorlage kommt es im Reichstag zwischen Abgeordneten der Regierungsparteien zu einer heftigen Debatte. Alle Redner sind sich einig, daß die vorgesehenen Summen für den einzelnen nicht mehr sind als ein kleines Almosen, sie schieben sich die Schuld dafür, daß sie nicht mehr Geld für die bedürftigen Bevölkerungsgruppen zur Verfügung stellen, jedoch gegenseitig zu.

Neue Operetten zu den Festtagen

Der Spielplan der Bühnen steht während der Festtage ganz im Zeichen der Unterhaltung. Eine Reihe von Komödien und Operetten wird uraufgeführt:

- ▷ Im Wiener Carl-Theater wird am 23. Dezember die Operette »Eine einzige Nacht« von Robert Stolz zum ersten Mal gezeigt; Publikum und Kritik reagieren mit viel Applaus
- ▷ Im Neuen Theater am Zoo wird die Uraufführung der Operette »Die blonde Liselotte« von Eduard Künneke am 25. Dezember wohlwollend aufgenommen
- ▷ Alexander Lernet-Holenias Stück »Erotik«, das am 23. Dezember im Frankfurter Schauspielhaus uraufgeführt wird, ist ein anspruchsloser Schwank.

Silvesterstimmung bei den Berliner Künstlern, in der Mitte Willi Fritsch, v. l. Jenny Jugo, Truus von Alten, Felicitas Malten und Ruth Weyher

Silvesterbälle sind ausverkauft

31. Dezember. In den Städten des Deutschen Reichs und zunehmend auch auf dem Lande wird der Jahreswechsel von denjenigen Bevölkerungsschichten, die es sich leisten können, mit aufwendigen Diners und Silvesterbällen gefeiert.

Aus Berlin wird bereits fünf Tage vor der Jahreswende gemeldet, daß sämtliche Theater und Varietébühnen, ebenso wie die großen Säle im Sportpalast, in der Philharmonie, im Clou, im Funkhaus und im Lehrervereinshaus ausverkauft sind.

Die über 1000 Tanzorchester in der Reichshauptstadt sind seit Wochen zu Silvester fest engagiert. Die Honorare für die Starkapellen liegen z. T. über 2000 Reichsmark (RM).

Die Silvesterdiners in den großen Berliner Hotels sind ebenfalls ausgebucht. Ein Festdiner in den Renommierhotels Adlon und Eden kostet ohne Getränke 40 RM, das Bristol nimmt 35 RM, das Excelsior lediglich 18 RM.

Bei den häuslichen Feiern mit Verwandten und Freunden setzt sich die noch junge Gewohnheit, durch Bleigießen die eigene Zukunft zu erahnen, immer mehr durch.

Neujahrswünsche in der in Berlin erscheinenden Wochenzeitschrift »Daheim«, die sich vor allem an einen weiblichen Leserkreis wendet

Silvestergruß in der Zeitschrift »The Illustrated London News«

Neue Postwertzeichen 1927 im Deutschen Reich

Ziffernzeichnung

Wohltätigkeitsausgabe für die Deutsche Nothilfe zum 80. Geburtstag von Reichspräsident Paul von Hindenburg

Sonder-Aushilfsausgabe zur Tagung des Internationalen Arbeitsamtes in Berlin

Anhang

Das Deutsche Reich, Österreich und die Schweiz 1927 in Zahlen

Die Statistiken für die drei deutschsprachigen Länder umfassen eine Auswahl von grundlegenden Daten. Es wurden vor allem Daten aufgenommmen, die innerhalb der einzelnen Länder vergleichbar sind. Maßgebend für alle Angaben waren die amtlichen Statistiken. Die Zahlen beziehen sich auf die jeweiligen Staatsgrenzen von 1927.
Nicht in allen gesellschaftlichen Bereichen finden jährlich Erhebungen statt, so daß mitunter die Daten aus früheren Jahren aufgenommen werden mußten. Das Erhebungsdatum ist jeweils angegeben (unter der Rubrik »Stand«). Die aktuellen Zahlen des Jahres 1927 werden – wo möglich – durch einen Vergleich zum Vorjahr relativiert.
Wichtige Zusatzinformationen zum Verständnis einzelner Daten sind in den Fußnoten enthalten.

Deutsches Reich

Erhebungsgegenstand	Wert	Vergleich Vorjahr (%)	Stand
Fläche			
Fläche/km²[2)]	468717,77	± 0,0	1927
Bevölkerung			
Wohnbevölkerung	64023000	–	1927
– männlich	30196823	–	16.6.1925[1)]
– weiblich	32213796	–	16.6.1925[1)]
Einwohner je km²[2)]	136,6	–	1927
Ausländer	921900	–	16.6.1925[1)]
Privathaushalte	15275000	–	16.6.1925[1)]
– Einpersonenhaushalte	1026000	–	16.6.1925[1)]
– Mehrpersonenhaushalte	14249000	–	16.6.1925[1)]
Lebendgeborene	1161719	– 5,4	1927
Gestorbene	757020	+ 3,0	1927
Eheschließungen	538463	+ 11,4	1927
Ehescheidungen	34105	–	1926[1)]
Familienstand der Bevölkerung[2)]			
– Ledige insgesamt	33009152	–	16.6.1925[1)]
männlich	16492437	–	16.6.1925[1)]
weiblich	16516715	–	16.6.1925[1)]
– Verheiratete	25437499	–	16.6.1925[1)]
– Verwitwete und Geschiedene	3963968	–	16.6.1925[1)]
männlich	976957	–	16.6.1925[1)]
weiblich	2987011	–	16.6.1925[1)]
Religionszugehörigkeit			
– Christen insgesamt	60295591	–	16.6.1925[1)]
katholisch	20193334	–	16.6.1925[1)]
evangelisch	40014677	–	16.6.1925[1)]
sonstige	87580	–	16.6.1925[1)]
– Juden	564379	–	16.6.1925[1)]
– andere	1550649	–	16.6.1925[1)]
Altersgruppen			
unter 5 Jahren	5871500	–	16.6.1925[1)]
5 bis unter 10 Jahren	3986500	–	16.6.1925[1)]
10 bis unter 15 Jahren	6213600	–	16.6.1925[1)]
15 bis unter 20 Jahren	6543100	–	16.6.1925[1)]
20 bis unter 30 Jahren	11457700	–	16.6.1925[1)]
30 bis unter 40 Jahren	8863000	–	16.6.1925[1)]
40 bis unter 50 Jahren	7754000	–	16.6.1925[1)]
50 bis unter 60 Jahren	5961000	–	16.6.1925[1)]
60 bis unter 70 Jahren	3781900	–	16.6.1925[1)]
70 bis unter 80 Jahren	1605900	–	16.6.1925[1)]
80 und darüber	335600	–	16.6.1925[1)]
Die zehn größten Städte (Wohnbevölkerung)			
– Berlin	4024165	–	16.6.1925[1)]
– Hamburg	1079126	–	16.6.1925[1)]
– Köln	700222	–	16.6.1925[1)]
– München	680704	–	16.6.1925[1)]
– Leipzig	679159	–	16.6.1925[1)]
– Dresden	619157	–	16.6.1925[1)]
– Breslau	557139	–	16.6.1925[1)]
– Essen	470524	–	16.6.1925[1)]
– Frankfurt am Main	467520	–	16.6.1925[1)]
– Düsseldorf	432633	–	16.6.1925[1)]
Erwerbstätigkeit			
Erwerbstätige	32009000	–	16.6.1925[1)]
– männlich	20531000	–	16.6.1925[1)]
– weiblich	11478000	–	16.6.1925[1)]
– nach Wirtschaftsbereichen			
Land- und Forstwirtschaft, Tierhaltung und Fischerei	9762000	–	16.6.1925[1)]
Produzierendes Gewerbe	13239000	–	16.6.1925[1)]
Handel und Verkehr	5274000	–	16.6.1925[1)]
Sonstige	3734000	–	16.6.1925[1)]
Arbeitslose	1327000	– 34,5	1927
Betriebe			
– Landwirtschaftliche Betriebe	5096534	–	16.6.1925[1)]
– Industrie und Handwerk	1618216	–	16.6.1925[1)]
– Baugewerbe	224697	–	16.6.1925[1)]
– Handel und Verkehr	1495266	–	16.6.1925[1)]
– Theater, Musik und Schaustellung	16506	–	16.6.1925[1)]
– Gesundheitswesen und Hygiene	82536	–	16.6.1925[1)]
Außenhandel			
– Einfuhr (Mio. Reichsmark = RM)	15578	+ 56,0	1927
– Ausfuhr (Mio. RM)	11733	+ 12,7	1927
– Einfuhrüberschuß (Mio. RM)	3560	–	1927
Verkehr			
– Eisenbahnnetz (km)	56001,7	–	31.12.1926[1)]
Beförderte Personen (in 1000)	1969500	+ 4,5	1927
Beförderte Güter (in 1000 t)	467300	+ 14,4	1927
– Bestand an Kraftfahrzeugen	707971	+ 26,5	1927
davon Pkw	267774	+ 27,7	1927
davon Lkw	100969	+ 12,2	1927
– Binnenschiffe (Tragfähigkeit in t)	6983500	+ 1,6	1.1.1927
Beförderte Güter (in 1000 t)	111800	+ 9,2	1927
– Handelsschiffe/Seeschiffahrt (BRT)	3363046	+ 3,3	1.7.1927
Beförderte Güter (in 1000 t)	47000	+ 6,2	1.7.1927
– Luftverkehr			
Beförderte Personen	151091	+ 78,6	1927
Beförderte Güter (in 1000 t)	2326,1	+ 120,0	1927

1) Letzte verfügbare Angabe; Volkszählung am 16. 6. 1925
2) Alle Angaben für das Deutsche Reich ohne Saargebiet

Statistische Zahlen 1927

Erhebungsgegenstand	Wert	Vergleich Vorjahr (%)	Stand
Bildung			
– Schüler an Volksschulen	6661794	–	1926/27
Mittelschulen	259300	–	1926/27
Höheren Schulen	843800	–	1926/27
– Studenten	101005	+ 6,0	1927
Rundfunk			
– Hörfunkteilnehmer	1377000	–	31.12.1926[1]
Gesundheitswesen			
– Ärzte	43717	–	1.5.1927
– Zahnärzte	23517	–	1.5.1927
– Krankenhäuser	4546	+ 1,3	1927
Sozialleistungen			
– Mitglieder der gesetzlichen Krankenversicherung	19958299	+ 4,2	1927
– Rentenbestand			
Rentenversicherung der Arbeiter	2972198	+ 4,3	1927
Rentenversicherung der Angestellten	127741	+20,0	1927
Knappschaftliche Rentenversicherung	349519	+ 5,9	1927
– Empfänger von Arbeitslosengeld und -hilfe	2040135	–	1927
Finanzen und Steuern (in 1000 Reichsmark/RM)			
– Gesamtausgaben des Staates	9840673,9	–43,8	1927
– Gesamteinnahmen des Staates	9678673,9	–40,0	1927
– Schuldenlast des Staates	88370,7	+11,7	1927
Löhne und Gehälter			
– Wochenarbeitszeit in der Industrie (Stunden)	50,55	+ 4,0	1.9.1927
– Tariflicher Bruttostundenverdienst ungelernter			
männlicher Arbeiter (Rpf)	70,6	+ 8,2	1.10.1927
weiblicher Arbeiter (Rpf)	52,3	–	1.10.1927
– Tariflicher Bruttowochenverdienst			
männlicher Arbeiter (RM)	33,98	–	1.10.1927
weiblicher Arbeiter (RM)	25,10	–	1.10.1927
Preise			
– Einzelhandelspreise ausgewählter Lebensmittel (RM)			
Butter, 1 kg	4,22	+ 1,1	1927
Weizenmehl, 1 kg	0,60	+ 5,1	1927
Schweinefleisch, 1 kg	2,20	–12,0	1927
Rindfleisch, 1 kg	2,33	+ 6,3	1927
Eier, 1 Stück	0,14	– 1,3	1927
Kartoffeln, 1 kg	0,75	+38,8	1927
– Index der Lebenshaltungskosten für 4-Personen-Arbeiter-Haushalt (1980 = 100)	30,1	+ 4,1	1927
– Bruttosozialprodukt (Mio. RM)	73700	–	1926[1]

Erhebungsgegenstand	Bremen	Berlin	Breslau	Aachen	Stuttg.	München
Klimatische Verhältnisse						
– Mittl. Lufttemperatur						
Januar (° C)	3,7	2,3	1,4	3,9	3,2	0,1
Februar	2,5	0,7	–0,2	3,6	3,2	–1,0
März	7,4	7,0	6,7	7,0	7,5	4,0
April	7,4	7,1	7,4	8,2	9,9	7,6
Mai	10,8	10,8	11,0	12,0	13,9	12,5
Juni	13,7	14,1	15,7	14,3	17,1	15,7
Juli	18,2	19,0	18,4	17,3	19,2	17,4
August	17,5	17,4	17,6	16,8	17,9	16,2
September	14,2	14,0	14,3	14,2	15,5	13,2
Oktober	10,5	9,2	8,6	10,4	9,9	7,0
November	3,0	2,2	2,3	4,7	5,0	3,2
Dezember	–2,0	–3,0	–4,6	–0,6	+0,1	–2,8
– Eistage (Temp. unter 0° C) im Jahr	22	35	33	13	7	23
– Niederschlagsmengen						
Januar (mm)	49	52	45	48	20	38
Februar	22	20	13	60	42	38
März	46	28	39	63	48	42
April	85	104	89	82	77	107
Mai	39	42	57	34	50	56
Juni	80	96	148	111	77	132
Juli	76	103	170	85	76	59
August	125	136	44	119	118	119
September	113	38	72	97	112	153
Oktober	34	23	27	18	20	25
November	25	29	49	74	97	55
Dezember	44	22	15	55	20	17
– Sonnentage (mind. 25° C) im Jahr	10	24	28	23	42	44

[1] Letzte verfügbare Angabe

Österreich

Erhebungsgegenstand	Wert	Vergleich Vorjahr (%)	Stand
Fläche			
Fläche (km²)	83833	±0	1927
Bevölkerung			
Wohnbevölkerung	6671333	+1,0	1927
– männlich	3147404	–	1923[1]
– weiblich	3387077	–	1923
Einwohner je km²	79,6	+1,0	1927
Ausländer	423487	–	1920
Lebendgeborene	119058	–6,4	1927
Gestorbene	99330	+0,3	1927
Eheschließungen	48523	+1,0	1927
Familienstand der Bevölkerung			
– Ledige insgesamt	3587774	–	1920[1]
männlich	1783063	–	1920[1]
weiblich	1804711	–	1920[1]
– Verheiratete	2072203	–	1920[1]
– Verwitwete und Geschiedene	471471	–	1920[1]
männlich	124848	–	1920[1]
weiblich	346623	–	1920[1]
Religionszugehörigkeit			
– Christen insgesamt	6451400	–	1920[1]
katholisch	6225843	–	1920[1]
evangelisch	206505	–	1920[1]
sonstige	19052	–	1920[1]
– Juden	194584	–	1920[1]
Altersgruppen			
unter 5 Jahren	556292	–	1923[1]
5 bis unter 15 Jahren	1077837	–	1923[1]
15 bis unter 20 Jahren	633698	–	1923[1]
20 bis unter 30 Jahren	1150756	–	1923[1]
30 bis unter 40 Jahren	953190	–	1923[1]
40 bis unter 50 Jahren	850234	–	1923[1]

Erhebungsgegenstand	Wert	Vergleich Vorjahr (%)	Stand
50 bis unter 60 Jahren	649361	–	1923[1)]
60 bis unter 70 Jahren	432957	–	1923[1)]
70 und darüber	230120	–	1923[1)]
Die zehn größten Städte (Wohnbevölkerung)			
– Wien	1865780	–	1923[1)]
– Graz	152706	–	1923[1)]
– Linz	102081	–	1923[1)]
– Innsbruck	56401	–	1923[1)]
– Salzburg	37856	–	1923[1)]
– Wiener Neustadt	36956	–	1923[1)]
– St. Pölten	31576	–	1923[1)]
– Klagenfurt	27423	–	1923[1)]
– Baden	22217	–	1923[1)]
– Steyr	22111	–	1923[1)]
Erwerbstätigkeit			
Erwerbstätige[2)]	3342996	–	1923[1)]
– nach Wirtschaftsbereichen			
Land- und Forstwirtschaft, Tierhaltung und Fischerei	1426238	–	1923[1)]
Industrie und Gewerbe	1009952	–	1923[1)]
Handel und Verkehr	517469	–	1923[1)]
Öffentlicher Dienst und freie Berufe	210524	–	1923[1)]
Sonstige	178813	–	1923[1)]
Arbeitslose[3)]	202142	–	1923[1)]
Betriebe			
– Landwirtschaftliche Betriebe	875	–	1926[1)]
– Bergbau und verarbeitendes Gewerbe	47558	+ 3,6	1927
– Baugewerbe	17517	+10,7	1927
– Handel, Gastgewerbe, Reiseverkehr	11541	+30,4	1927
Verkehr			
– Eisenbahnnetz (km)	7117	+ 1,0	1927
– Straßennetz (km)	34203,325	+ 0,3	1927
– Bestand an Kraftfahrzeugen	51823	+27,8	1927
davon Pkw	14145	+15,5	1927
davon Lkw	9672	+23,4	1927
– Luftverkehr			
Beförderte Personen	15740	+83,9	1927
Beförderte Güter (in 1000 t)	556,109	+80,1	1927
Bildung			
– Schüler an Volks- und Bürgerschulen	710397	– 0,3	1926/27[4)]
Realschulen	20361	+ 4,0	1926/27[4)]
Realgymnasium	14314	+ 2,1	1926/27[4)]
Gymnasium	12780	+ 2,0	1926/27[4)]
– Studenten	13530	–34,0	1926/27[4)]
Sozialleistungen			
– Mitglieder der gesetzlichen Krankenversicherung	1307851	–	1926[1)]
– Empfänger von Arbeitslosenunterstützung	196114	+11,1	31. 12. 1927
Finanzen und Steuern			
– Gesamtausgaben des Bundes in Mio. Schilling (Mio. RM)	1835,37 (1090,2)	+55,8	1927
– Gesamteinnahmen des Bundes in Mio. Schilling (Mio. RM)	1750,4 (1039,8)	+52,8	1927

[1)] Letzte verfügbare Angabe
[2)] Ohne Arbeitslose
[3)] Zur Vermittlung vorgemerkte Arbeitslose
[4)] Jahresdurchschnitt

Erhebungsgegenstand	Wert	Vergleich Vorjahr (%)	Stand
Preise			
– Einzelhandelspreise ausgewählter Lebensmittel in Wien (Schilling/RM)			
Butter, 1 kg	6,60 (3,92)	+ 9,8	1. 12. 1927
Weizenmehl, 1 kg	0,70 (0,41)	–18,6	1. 12. 1927
Schweinefleisch, 1 kg	4,00 (2,38)	+ 3,9	1. 12. 1927
Rindfleisch, 1 kg	3,20 (1,90)	– 4,2	1. 12. 1927
Eier, 1 Stück	0,23 (0,14)	– 8,0	1. 12. 1927
Kartoffeln, 1 kg	0,18 (0,11)	– 5,2	1. 12. 1927
– Bruttonationalprodukt in Mio. Schilling (Mio. RM)	11110 (6599)	+ 3,1	1927

Erhebungsgegenstand	Wien	Salzburg	Graz	Klagenfurt	Innsbruck	Feldkirch
Klimatische Verhältnisse						
– Mittl. Lufttemperatur Januar (° C)	2,0	1,1	0,8	–2,0	–1,7	–0,7
Februar	0,8	0,2	0,1	–3,1	–1,2	–0,9
März	7,4	6,7	6,5	5,5	+6,3	5,8
April	9,8	8,3	9,6	9,3	9,1	8,7
Mai	13,2	13,2	13,8	13,8	14,4	13,3
Juni	17,9	16,6	18,6	18,2	17,2	16,2
Juli	19,8	18,0	20,2	19,7	18,1	17,9
August	19,2	17,2	18,5	18,2	17,2	16,9
September	15,7	14,4	15,2	14,8	14,5	13,6
Oktober	9,7	8,8	9,3	8,1	8,0	8,5
November	4,7	3,6	4,3	2,4	4,4	3,8
Dezember	–3,2	1,5	–1,9	–2,1	–1,3	–1,1
– Niederschlagsmengen Januar (mm)	65	91	60	56	84	99
Februar	7	60	4	8	29	45
März	45	69	67	98	42	92
April	85	189	92	88	78	107
Mai	30	139	102	86	48	58
Juni	77	173	161	82	141	176
Juli	62	156	125	68	131	168
August	66	129	211	153	143	214
September	51	247	172	196	126	259
Oktober	24	77	26	31	31	23
November	36	118	78	140	140	73
Dezember	31	38	36	18	18	15

Schweiz

Erhebungsgegenstand	Wert	Vergleich Vorjahr (%)	Stand
Fläche			
Fläche (km²)	41294,9	± 0,0	1927
Bevölkerung			
Wohnbevölkerung	3955900	+ 0,6	1927
– männlich	1871123	–	1920[1)]
– weiblich	2009197	–	1920[1)]
Einwohner je km²	95,8	+ 0,6	1927
Ausländer	402385	–	1920[1)]
Privathaushalte	886874	–	1920[1)]
Lebendgeborene	69533	– 3,5	1927
Gestorbene	49202	+ 5,9	1927
Eheschließungen	28585	+ 1,8	1927
Ehescheidungen	2500	+12,9	1927
Familienstand der Bevölkerung			
– Ledige insgesamt	2281170	–	1920[1)]
männlich	1127467	–	1920[1)]
weiblich	1153703	–	1920[1)]

Statistische Zahlen 1927

Erhebungsgegenstand	Wert	Vergleich Vorjahr (%)	Stand
Familienstand der Bevölkerung			
– Verheiratete	1337653	–	1920[1]
– Verwitwete und Geschiedene insgesamt	261497	–	1920[1]
männlich	74844	–	1920[1]
weiblich	186653	–	1920[1]
Religionszugehörigkeit			
– Christen insgesamt	3815908	–	1920[1]
katholisch	1585311	–	1920[1]
evangelisch	2230597	–	1920[1]
– Juden	20979	–	1920[1]
andere, ohne Konfession	43433	–	1920[1]
Altersgruppen			
unter 5 Jahren	328866	–	1920[1]
5 bis unter 10 Jahren	364063	–	1920[1]
10 bis unter 15 Jahren	390365	–	1920[1]
15 bis unter 20 Jahren	386901	–	1920[1]
20 bis unter 30 Jahren	653486	–	1920[1]
30 bis unter 40 Jahren	543828	–	1920[1]
40 bis unter 50 Jahren	488576	–	1920[1]
50 bis unter 60 Jahren	363569	–	1920[1]
60 bis unter 70 Jahren	227417	–	1920[1]
70 bis unter 80 Jahren	108445	–	1920[1]
80 und darüber	24804	–	1920[1]
Die zehn größten Städte			
– Zürich	210720	–	1926[1]
– Basel	139560	–	1926[1]
– Genf (Agglomeration)	126000	–	1926[1]
– Bern	107960	–	1926[1]
– Lausanne	74250	–	1926[1]
– St. Gallen	65600	–	1926[1]
– Winterthur	52000	–	1926[1]
– Luzern	45900	–	1926[1]
– Biel	36100	–	1926[1]
– La Chaux-de-Fonds	35950	–	1926[1]
Erwerbstätigkeit			
Erwerbstätige	1871725	–	1920[1]
– männlich	1236281	–	1920[1]
– weiblich	635444	–	1920[1]
– nach Wirtschaftsbereichen			
Land- und Forstwirtschaft, Tierhaltung und Fischerei	482758	–	1920[1]
Industrie, Handwerk, Baugewerbe usw.	802876	–	1920[1]
Dienstleistungen	586091	–	1920[1]
Ausländische Arbeitnehmer	216224	–	1920[1]
Arbeitslose	7015	–	1926[1]
Außenhandel			
– Einfuhr in Mio. sFr. (Mio. RM)	2563,8 (2076,4)	+ 6,1	1927
– Ausfuhr in Mio. sFr. (Mio. RM)	2023,3 (1638,7)	– 10,1	1927
– Einfuhrüberschuß in Mio. sFr. (Mio. RM)	540,5 (437,8)	–	1927
Verkehr			
– Eisenbahnnetz (km)	5870	+ 0,05	1927
Beförderte Personen (in 1000)	374540	+ 5,7	1927
Beförderte Güter (in 1000 t)	24563	+ 6,5	1927
– Bestand an Kraftfahrzeugen	54447	+ 17,3	1927
davon Pkw	42369	+ 17,5	1927
davon Lkw	11174	+ 23,0	1927
– Luftverkehr			
Beförderte Personen (in 1000)	13110	+ 66,7	1927
Beförderte Güter (in 1000 t)	82,98	– 154,9	1927
Bildung			
– Schüler an Primarschulen	482686	± 0,0	1927
Sekundarschulen	49285	– 21,5	1927
Gymnasium, Kantonsschulen, Höhere Töchterschulen	10881	– 43,5	1927
– Studenten	6526	– 17,8	1926/27
Rundfunk			
– Hörfunkteilnehmer	59066	+ 15,3	1927
Gesundheitswesen			
– Ärzte	3008	–	1923[1]
– Zahnärzte	745	–	1923[1]
– Krankenhäuser[2]	107	+ 1,9	1927
Sozialleistungen			
– Mitglieder der gesetzlichen Krankenversicherung	1299592	+ 6,7	1927
Finanzen und Steuern			
– Gesamtausgaben des Bundes (Mio. sFr./Mio. RM)	332,9 (269,6)	+ 3,0	1927
– Gesamteinnahmen des Bundes (Mio. sFr./Mio. RM)	331,3 (268,3)	+ 5,5	1927
– Schuldenlast des Bundes (Mio. sFr./Mio. RM)	2007,8 (1626,1)	– 0,2	1927
Preise			
– Einzelhandelspreise ausgewählter Lebensmittel in sFr. (RM)			
Butter, 1 kg	5,99 (4,85)	+ 5,2	1. 12. 1927
Weizenmehl, 1 kg	0,74 (0,60)	– 1,3	1. 12. 1927
Schweinefleisch, 1 kg	4,27 (3,46)	– 5,3	1. 12. 1927
Ei, 1 Stück	0,22 (0,18)	± 0,0	1. 12. 1927
Kartoffeln, 1 kg	0,22 (0,18)	– 8,3	1. 12. 1927
– Index der Lebenshaltungskosten für Nahrungsmittel (1914 = 100)	159	–	1. 12. 1926

Erhebungsgegenstand	Zürich	Basel	Bern	Genf	Davos	Lugano
Klimatische Verhältnisse						
– Mittl. Lufttemperatur Januar (° C)	1,0	2,4	– 0,2	1,9	– 5,9	2,3
Februar	0,6	2,5	– 0,6	1,9	– 5,6	2,6
März	9,6	7,2	4,8	6,4	– 1,4	7,7
April	9,1	10,2	8,8	10,3	2,4	12,7
Mai	13,6	14,2	13,7	14,7	8,1	16,9
Juni	15,9	16,8	14,7	17,3	10,7	20,0
Juli	17,9	18,9	17,6	19,1	12,1	21,9
August	16,5	17,3	16,1	17,5	11,4	20,2
September	14,1	19,1	13,6	14,8	8,4	16,3
Oktober	8,8	9,6	8,2	9,5	3,7	11,8
November	4,4	9,0	3,3	5,4	0,3	7,7
Dezember	– 0,5	0,9	– 0,8	2,0	– 3,7	3,4
– Niederschlagsmengen Januar (mm)	81	43	60	50	89	115
Februar	73	67	60	42	38	31
März	116	59	102	100	70	232
April	109	75	90	58	81	189
Mai	80	68	96	73	91	135

[1] Letzte verfügbare Angabe
[2] Hauptkrankenhäuser

Erhebungsgegenstand	Zürich	Basel	Bern	Genf	Davos	Lugano
Juni	132	83	143	133	110	179
Juli	133	92	130	56	153	168
August	202	198	225	250	147	98
September	155	89	109	196	169	248
Oktober	29	11	29	20	22	42
November	48	58	62	62	83	222
Dezember	33	20	43	49	16	115
– Sonnenscheindauer Januar (Std.)	27	57	49	51	58	97
Februar	81	109	106	123	128	147

Erhebungsgegenstand	Zürich	Basel	Bern	Genf	Davos	Lugano
März	114	126	126	130	146	189
April	136	153	161	193	147	244
Mai	236	255	248	291	208	194
Juni	223	242	227	261	204	229
Juli	222	251	232	484	204	289
August	200	196	211	227	213	271
September	135	123	145	169	128	171
Oktober	131	143	161	168	168	219
November	47	71	72	67	81	98
Dezember	24	43	23	24	88	53

Die Regierungen Deutsches Reich, Österreich und Schweiz 1927

Neben den Staatsoberhäuptern des Deutschen Reichs, Österreichs und der Schweiz sind in der Zusammenstellung die einzelnen Kabinette des Jahres 1927 in chronologischer Reihenfolge enthalten. Hinter den Namen der wichtigsten Regierungsmitglieder stehen in Klammern die Parteizugehörigkeit und der Zeitraum ihrer Tätigkeit.

Deutsches Reich

Staatsform: Republik
Reichspräsident: Paul von Hindenburg (1925–1934)

4. Kabinett Marx (29. 1. 1927–1928):
Reichskanzler: Wilhelm Marx (Zentrum; 1923/24, 1926–1928)
Vizekanzler und Justiz: Oskar Hergt (deutschnational; 1927/28)
Auswärtiges: Gustav Stresemann (DVP; 1923–1929)
Inneres: Walter von Keudell (deutschnational; 1927/28)
Finanzen: Heinrich Köhler (Zentrum; 1927/28)
Wirtschaft: Julius Curtius (DVP; 1926–1929)
Arbeit: Heinrich Brauns (Zentrum; 1920–1928)
Wehr: Otto Geßler (parteilos; 1920–1928)
Post: Georg Schätzel (Bayerische Volkspartei; 1927–1932)
Verkehr: Wilhelm Koch (deutschnational; 1927/28)
Ernährung: Martin Schiele (deutschnational; 1927/28)
Besetzte Gebiete: Beauftragt Wilhelm Marx (Zentrum; 1927/28)
Staatssekretär der Reichskanzlei: Hermann Pünder (parteilos; 1926–1932)
Pressechef: Walter Zechlin (parteilos; 1926–1932)

Regierungen der deutschen Länder, Freien Hansestädte und Berlins
Anhalt: Heinrich Deist (SPD), Ministerpräsident (1919–1932)
Baden: Heinrich Köhler (Zentrum), Staats- und Ministerpräsident (1923/24, 1926–3. 2. 1927) sowie Finanzminister (1920–3. 2. 1927), Gustav Trunk (Zentrum), Staats- und Ministerpräsident (1920/21, 1925/26, 3. 2.–23. 11. 1927) sowie Justizminister 1919–1929), Adam Remmele (SPD), Staats- und Ministerpräsident (1922/23, 23. 11. 1927–1928) und Innenminister (1919–1929)
Bayern: Heinrich Held (BVP), Ministerpräsident und Außenminister (1924 bis 1930)
Berlin: Gustav Böß, Oberbürgermeister (1921–1929)
Braunschweig: Gerhard Marquordt (parteilos), Ministerpräsident, Inneres und Volksbildung (1924–14. 12. 1927), Heinrich Jasper (SPD), Ministerpräsident (1919/20, 1922–1924, 14. 12. 1927–1930)
Bremen: Martin Donandt (DNVP), Bürgermeister (1920–1933)
Hamburg: Karl Petersen, Regierender Bürgermeister (1924–1928, 1932/33)
Hessen: Karl Ulrich, Ministerpräsident (1918–1928)
Lippe: Heinrich Drake (SPD), Ministerpräsident (1920–1933)
Lübeck: Johannes Neumann, Regierender Bürgermeister (1920–1927), P. B. H. Löwigt (SPD), Regierender Bürgermeister (1927–1933)
Mecklenburg-Schwerin: Paul Schröder (SPD), Ministerpräsident, Äußeres und Inneres (1926–1929)
Mecklenburg-Strelitz: Karl Schwabe (deutschnational), Ministerpräsident (1923–1928)
Oldenburg: Eugen von Finkh, Ministerpräsident, Auswärtiges, Justiz, Kirche und Schule (1923–1930)
Preußen: Otto Braun (SPD), Ministerpräsident (1920/21, 1921–1925, geschäftsführend 1925–1932)
Sachsen: Max Heldt (SPD), Ministerpräsident (1924–1929)
Schaumburg-Lippe: E. Steinbrecher (SPD), Ministerpräsident (1925–7. 10. 1927), Heinrich Lorenz (SPD), Ministerpräsident (7. 10. 1927–1933)
Thüringen: Richard Leutheußer (DVP), Ministerpräsident (1924–1928)
Württemberg: Wilhelm Bazille (DNVP), Ministerpräsident (1924–1928)

Österreich

Staatsform: Republik
Bundespräsident: Michael Hainisch (christlichsozial; 1920–1928)

4. Kabinett Seipel (1926–18. 5. 1927):
Bundeskanzler: Ignaz Seipel (christlichsozial; 1922–1924, 1926–1929)
Äußeres: Ignaz Seipel (christlichsozial; 1926–1930)
Inneres: Ignaz Seipel (christlichsozial; 1923, 1926–1929)
Vizekanzler: Franz Dinghofer (großdeutsch; 1926/27)
Justiz: Franz Dinghofer (großdeutsch; 1926–1928)
Unterricht: Richard Schmitz (christlichsozial; 1926–1929)
Finanzen: Viktor Kienböck (christlichsozial; 1922–1924, 1926–1929)
Handel und Verkehr: Hans Schürff (großdeutsch; 1923–1929)
Soziale Verwaltung: Josef Resch (christlichsozial; 1920/21, 1924–1929)
Heerwesen: Karl Vaugoin (christlichsozial; 1921–1933)
Land- und Forstwirtschaft: Andreas Thaler (christlichsozial; 1926–1929)

5. Kabinett Seipel (19. 5. 1927–1929):
Bundeskanzler: Ignaz Seipel (christlichsozial; 1922–1924, 1926–1929)
Äußeres: Ignaz Seipel (christlichsozial; 1926–1930)
Inneres: Ignaz Seipel (christlichsozial; 1923, 1926–1929)
Vizekanzler: Karl Hartleb (Landbund; 1927–1929)
Justiz: Franz Dinghofer (großdeutsch; 1926–1928)
Unterricht: Richard Schmitz (christlichsozial; 1926–1929)
Finanzen: Viktor Kienböck (christlichsozial; 1922–1924, 1926–1929)
Handel und Verkehr: Hans Schürff (großdeutsch; 1923–1929)
Soziale Verwaltung: Josef Resch (christlichsozial; 1920/21, 1924–1929)
Heerwesen: Karl Vaugoin (christlichsozial; 1921–1933)
Land- und Forstwirtschaft: Andreas Thaler (christlichsozial; 1926–1929)

Schweiz

Staatsform: Republik
Bundespräsident: Giuseppe Motta (katholisch-konservativ; 1915, 1920, 1927, 1932, 1937)

Justiz und Polizei: Heinrich Häberlin (freisinnig; 1920–1934)
Äußeres: Giuseppe Motta (katholisch-konservativ; 1920–1940)
Inneres: Ernest Louis Chuard (freisinnig; 1920–1928)
Finanzen und Zölle: Jean-Marie Musy (katholisch-konservativ; 1919–1934)
Militär: Karl Scheurer (freisinnig; 1919–1929)
Volkswirtschaft: Edmund Schultheß (freisinnig; 1912–1935)
Post und Eisenbahn: Robert Haab (freisinnig; 1918–1929)

Staatsoberhäupter und Regierungen ausgewählter Länder 1927

Die Einträge zu den wichtigsten Ländern des Jahres 1927 informieren über die Staatsform (hinter dem Ländernamen), Titel und Name des Staatsoberhauptes sowie in Klammern dessen Regierungszeit. Es folgen – soweit vorhanden – die Regierungschefs, bei wichtigeren Ländern auch die Außenminister des Jahres 1927; jeweils in Klammern stehen die Zeiträume der Amtsausübung. Eine Kurzdarstellung gibt – wo es sinnvoll erscheint – einen Einblick in die innen- und außenpolitische Situation des Landes (siehe auch S. 223).

Abessinien (Äthiopien): Kaiserreich
Kaiserin: Woisero Zudito (1916–1928)
Regent und Thronfolger: Täfäri Mäkwännen (1916–1928, danach König 1928–1930 und Kaiser 1930–1974 als Haile Selassie I.)

Afghanistan: Königreich
König: Aman Ullah Khan (1919–1929)

Ägypten: Königreich
König: Fuad I. (1922–1936, zuvor Sultan 1917–1922)
Ministerpräsident: Adli Jegen Pascha (1921, 1926–18. 4. 1927), Abd Al Chalik Tharwat Pascha (23. 4. 1927–1928)
Britischer Oberkommissar: George Ambrose Lord Lloyd of Dolobran (1925–1929)

Albanien: Republik
Präsident: Achmed Bey Zogu (seit 1925, König 1928–1939), zugleich *Ministerpräsident* (1923/24, 1925–1928)
Durch ein Defensivbündnis mit Italien (22. 11.) wird Albanien faktisch italienisches Protektorat.

Algerien:
Politisch und wirtschaftlich dem Mutterland angegliedertes französisches Generalgouvernement
Generalgouverneur: Maurice Viollette (1925–20. 11. 1927), Pierre Louis Bordes (20. 11. 1927–1930)

Annam: Kaiserreich
Als Teil der Indochinesischen Union französisches Protektorat
Kaiser: Bao-Dai (1925–1945, danach Staatschef von Vietnam 1945–1955)

Argentinien: Republik
Präsident: Marcelo Torcuato de Alvear (1922–1928)

Australien: Bundesstaat im Britischen Empire
Ministerpräsident und Außenminister: Stanley Melbourne Bruce (1923–1929)
Britischer Generalgouverneur: John Lawcrene Baird Baron Stonehaven (1925–1930)

Belgien: Königreich
König: Albert (1909–1934)
1. Kabinett Jaspar (katholisch; 1926–21. 11. 1927):
Ministerpräsident: Henri Jaspar (katholisch; 1926–1931)
Außenminister: Emile Vandervelde (Sozialist; 1925–1927)
2. Kabinett Jaspar (katholisch; 22. 11. 1927–1929):
Ministerpräsident: Henri Jaspar (katholisch; 1926–1931)
Außenminister: Paul Hymans (liberal; 1918–1920, 1924/25, 1927–1934, 1934/35)

Bhutan: Königreich
König: Jigme Wangchuk (1926–1952)
Das Land erkennt die britisch-indische Vormacht an, regelt seine inneren Angelegenheiten jedoch selbständig.

Birma:
1886 von Großbritannien annektiert und als Provinz von Britisch-Indien verwaltet
Gouverneur: Harcourt Butler (1922–1927), Charles Innes (1927–1932)

Bolivien: Republik
Präsident: Hernando Siles (1926–1930)
Im Mai kommt es zu Studentenunruhen in La Paz, im August zu Indianeraufständen.

Brasilien: Bundesrepublik
Präsident: Washington Pereira de Souza (1926–1930)

Bulgarien: Königreich
König/Zar: Boris III. (1918–1943)
Ministerpräsident: Andreas Ljáptschew (1926–1931)

Chile: Republik
Präsident: Emilio Figueroa-Larrain (1925–9. 4. 1927)
Präsident (Diktator): Oberst Carlos Ibáñez del Campo (9. 4. 1927–1931)
Oberst Ibáñez kommt am 9. April durch einen Putsch an die Macht und errichtet eine Präsidialdiktatur.

China:
Keine Zentralregierung
Die bürgerkriegsähnliche Situation wird durch den Bruch zwischen der Kuomintang und den Kommunisten am 15. Juli verschärft.

Costa Rica: Republik
Präsident: Ricardo Jiménes Oreamuno (1910–1912, 1924–1928, 1932–1936)

Dänemark: Königreich
König: Christian X. (1912–1947)
Ministerpräsident: Thomas Madsen-Mygdal (1926–1929)
Außenminister: Laust Jevsen Moltesen (1926–1929)

Danzig: Freie Stadt unter dem Schutz des Völkerbundes
Völkerbundskommissar: Joost Adriaan van Hamel (Holländer; 1925–1929)
Senatspräsident: Heinrich Sahm (1920–1931)
Danzig gehört zum polnischen Zollgebiet, Polen vertritt die Stadt im Ausland.

Dominikanische Republik: Republik
Präsident: Horacio Vásquez (1899, 1902/03, 1924–1930)
Die USA haben zwar 1924 nach internationalen Protesten ihre Besatzungstruppen abgezogen, jedoch mit Vásquez einen ihnen genehmen Präsidenten eingesetzt. Die indirekte Kontrolle des Landes durch die USA dauert durch die US-»Finanzberatung« noch bis 1934 an.

Ecuador: Republik
Präsident: Isidro Ayora (1926–1931)

El Salvador: Republik
Präsident: Alfonso Quinones Molina (1914/15, 1923–28. 2. 1927), Pio Rómeo Bosque (1. 3. 1927–1931)

Estland: Republik
Staats- und Ministerpräsident: Johann Teemant (1925–22. 2. 1927), Jüri Uluots (22. 2.–22. 11. 1927), Hans Tonisson (1919/20, 10. 12. 1927–1928, 1933)

Finnland: Republik
Präsident: Lauri Relander (1925–1931)
Ministerpräsident: Väinö Tanner (1926–17. 12. 1927), Juho Sunila (17. 12. 1927–1928)
Außenminister: Väinö Voionmaa (1926–17. 12. 1927), Hjalmar Procope (1924/25, 22. 12. 1927–1931)
Der erneute Kabinettswechsel ist einer von 23 in den Jahren 1917 bis 1939.

Frankreich: Republik
Präsident: Gaston Doumergue (1924–1931)
4. Kabinett Poincaré (23. 7. 1926–1928):
Ministerpräsident: Raymond Poincaré (1912/13, 1922–1924, 1926–1928, 1928/29)
Außenminister: Aristide Briand (1915–17, 1921/22, 1925–32)
Die wirtschaftlichen Probleme des Landes (Inflation, Arbeitslosigkeit) führen zu einer Krise des parlamentarischen Systems, das von radikalen Gruppen rechts und links bedroht wird. Außenminister Aristide Briand setzt die Politik des Ausgleichs mit dem Deutschen Reich fort. – Am 11. November schließt Frankreich einen Bündnisvertrag mit Jugoslawien.

Griechenland: Republik
Präsident: Pavlos Konduriotis (1924–1926, 1926–1929)
Ministerpräsident: Alexander Zaimis (1897–1899, 1901/02, 1915, 1916, 1917, 1926–1928)
Außenminister: Andreas Michalakopulos (1926–1928)

Großbritannien:
Erbmonarchie mit parlamentarisch-demokratischer Regierungsform
König: Georg V. (1910–1936)
2. Kabinett Baldwin (konservativ, 1924–1929):
Premierminister: Stanley Baldwin (1923/24, 1924–1929)

Außenminister: Joseph Austen Chamberlain (1924–1929)
Schatzkanzler: Winston Churchill (1924–1929)
Gesundheitsminister: Arthur Neville Chamberlain (1924–1929)
Die Regierung läßt das Arcos-Haus durchsuchen, den Sitz der sowjetischen Handelsvertretung in London (12. 5.), und bricht die diplomatischen Beziehungen zur UdSSR ab (27. 5.). – Die konservative Regierung erläßt in Reaktion auf den Generalstreik und den Bergarbeiterstreik von 1926 eine Reihe von antigewerkschaftlichen Gesetze (23. 6.).

Guatemala: Republik
Präsident: Lázaro Chacón (1926–1930)

Haiti: Von den USA besetzte Republik
Präsident: Joseph Luis Bornó (1922–1930)
1915 bis 1934 ist Haiti von den USA besetzt, die das politische Geschehen, die Finanzen und die Zölle kontrollieren.

Honduras: Republik
Präsident: Miguel Paz Baraona (1925–1929)
Seit seiner Unabhängigkeit als Republik 1838/39 ist Honduras der unstabilste Staat in Zentralamerika.

Indien (Britisch-Indien): Britisches Vizekönigreich
Vizekönig: Edward Wood Lord Irwin of Kirby Underdale (1925–1929)
Der spätere Ministerpräsident Jawaharlal Nehru nimmt am Gründungskongreß der Liga gegen Imperialismus in Brüssel teil (Februar).

Indochinesische Union: Französisches Protektorat
Generalgouverneur: Alexandre Varenne (1925–1928)
Indochina besteht aus den 1887 vereinigten französischen Protektoraten Annam, Tonkin und Kambodscha, der Kolonie Kotschinchina und seit 1893 auch Laos.

Irak: Königreich
König: Faisal I. (1921–1933)
Ministerpräsident: Dscha'far Pascha al-'Askari (1923/24, 1926–31. 12. 1927), zugleich erster Außenminister (1926–31. 12. 1927)

Iran: Siehe Persien (amtlich »Iran« ab 1934)

Irland: Republik (Freistaat innerhalb des British Commonwealth)
Ministerpräsident: Liam T. Mac Cosgair = William Cosgrave (1922–1932)
Außenminister: Desmond Mac Gearailt = D. Fitzgerald (1922–November 1927), Patrick Mac Giollagain = Mac Gilligan (12. 11. 1927–1932)
Britischer Generalgouverneur: Timothy Michael Healy (1922–Dezember 1927), James McNeill (15. 12. 1927–1932)

Island: Republik (in Personalunion mit Dänemark bis 1944)
Ministerpräsident: Jón Thorlakson (1924–27. 8. 1927), Trygvi Thorhallson (28. 8. 1927–1932)

Italien: Königreich/Diktatur
König: Viktor Emanuel III. (1900–1946)
Ministerpräsident: Benito Mussolini (1922–1943, 1943–1944; Außenminister 1922–1929, 1932–1936, 1943; Innenminister 1922–1924, 1926–1943; Kriegsminister 1933–1943; Marineminister 1933–1943; Luftfahrtminister 1933–1943)
Italien schließt einen Freundschaftsvertrag mit Ungarn (5. 4.) und ein Defensivbündnis mit Albanien (22. 11.), das mit diesem Vertrag faktisch italienisches Protektorat wird.

Japan: Kaiserreich
Kaiser: Hirohito (seit 1926)
Ministerpräsident: Reijiro Wakatsuki (1926–19. 4. 1927), Gi-ichi Tanaka (19. 4. 1927–1929)
Außenminister: Kijuro Shidera (1924–April 1927), Gi-ichi Tanaka (19. 4. 1927–1929)
Während einer Finanzkrise (15. 3.) übernimmt General Tanaka die Macht (19. 4.).

Jemen (Sana): Königreich
König: Hamid Ad Din Jahja (1918–1948, davor Imam 1904–1918)

Jugoslawien = »Königreich der Serben, Kroaten und Slowenen«
(umbenannt in »Königreich Jugoslawien« 1929)
König: Alexander I. (1921–1934)
Ministerpräsident: Nikola Uzunović (1926–16. 4. 1927, 1934), Welja Vukičević (16. 4. 1927–1928)
Das Land schließt einen Bündnisvertrag mit Frankreich (11. 11.).

Kambodscha: Königreich
Zur Indochinesischen Union gehörendes französische Protektorat
König: Sisovath (1904–9. 8. 1927), Sisovath Monivong (9. 8. 1927 bzw. 22. 7. 1928–1941)

Kanada: Parlamentarische Monarchie innerhalb des britischen Commonwealth
Premier- und Außenminister: William Lyon Mackenzie King (1921–1926, 1926–1930, 1935–1948)
Britischer Generalgouverneur: Freeman Freeman-Thomas Viscount Ratendone of Willingdone (1926–1931)

Kirchenstaat: Siehe Päpste

Kolumbien: Republik
Präsident: Miguel Abadía Méndez (1926–1930)

Korea: Japanisches Generalgouvernement Chosen (1910–1945)
Generalgouverneur: Makoto Saito (1919–1927), Hanzo Yamanashi (1927–1929)

Kuba: Republik
Präsident: Gerardo Machado de Morales (1925–1933)

Kuwait: Emirat unter britischem Protektorat
Emir: Scheich Ahmad (1921–1950)

Laos: Königreich
Seit 1893 zur Indochinesischen Union gehörendes französisches Protektorat
König: Sisavong Vong (1904–1959)

Lettland: Republik
Präsident: Johann Cakste (1922–14. 3. 1927), Gustav Zemgals (8. 4. 1927–1930)
Ministerpräsident: Margcr Skujeneek (1926–1928)

Libanon: Französisches Völkerbundsmandat
Präsident: Charles Dabbas (1926–1934)
Ministerpräsident: Auguste Pascha Adib (1926–Anfang Mai 1927), Bischara Bey al-Churi (5. 5. 1927–1928)

Liberia: Republik
Präsident: Charles Dunbar Burgess King (1920–1930)

Liechtenstein: Fürstentum
Fürst: Johann II. (1858–1929)

Litauen: Diktatur
Diktator: Antanas Smetona (1919–1922, 1926–1940)
Ministerpräsident: Augustin Voldemaras (1918, 1926–1929)

Luxemburg: Großherzogtum
Großherzogin: Charlotte (1919–1964)
Ministerpräsident: Joseph Bech (1926–1937, 1953–1958)

Marokko: Sultanat unter französischem Protektorat
Sultan: Jusuf (1912–17. 11. 1927), Sidi Muhammad V. (17. 11. 1927–1953)
Großwesir: Muhammad al-Muqri (1917–1955)
Französischer Generalresident: Théodore Steeg (1925–1929)

Memelgebiet: Autonomer Staat unter Litauen 1924 bis 1939
Landespräsident (von Litauen oktroyiert): Falk (Litauer; 1926–4. 1. 1927), Schwellnus (Litauer; 5. 1.–5. 10. 1927)
Landespräsident (vom Parlament gewählt): Kadgiehn (2. 12. 1927–1930)

Mexiko: Bundesrepublik
Präsident: Plutarco Elias Calles (1924–1928)

Monaco: Fürstentum
Fürst: Ludwig II. (1922–1949)

Mongolische Volksrepublik: Volksrepublik
Vorsitzender des Präsidiums des Großen Rates (Staatspräsident): Korlin Tschoibalsan (1924–1930)
Ministerpräsident: Korlin Tschoibalsan (1924–1952)

Nepal: Königreich
König: Tribhuvana (1911–1950, 1952/53)

Neuseeland: Dominion im britischen Commonwealth
Premierminister: Joseph Gordon Coates (1925–1928)
Britischer Generalgouverneur: Charles Fergusson (1924–1929)

Nicaragua: Republik
Präsident: Adolfo Díaz (1911–1916, 1926–1929)
Der Bürgerkrieg zwischen dem konservativen Präsidenten Adolfo Díaz und dem liberalen Gegenpräsidenten Juan Bautista Sacasa wird auf Druck der USA am 7. Mai durch ein Waffenstillstandsabkommen beigelegt.

Niederlande: Königreich
Königin: Wilhelmina (1890–1948)
Ministerpräsident: Dirk Jan de Geer (katholisch; 1926–1929)
Außenminister: Hermann Adriaan van Karnebeek (1918–1. 4. 1927), Frans Beelaerts van Blokland (1. 4. 1927–1929)
Der 1926 in Java ausgebrochene kommunistische Aufstand wird 1927 endgültig niedergeschlagen.

Nordirland:
Teil des Vereinigten Königreichs von Großbritannien und Nordirland
Ministerpräsident: James Craig Viscount Craigavon (1921–1940)

Norwegen: Königreich
König: Håkon VII. (1905–1957)
Ministerpräsident: Ivar Lykke (1926–1928)

Palästina: Britisches Völkerbundsmandat
Oberkommissar: Herbert Charles Onslow Baron Plumer (1925–1928)

Panama: Republik
Präsident: Roberto Chiari (1924–1928)
Die Republik Panama wird de facto finanziert von der US-amerikanischen United Fruit Company.

Papst: Absolute Monarchie
Pius XI., vorher Achille Ratti (1922–1939)
Kardinalstaatssekretär: Kardinal Pietro Gasparri (1914–1930)
Der frühere Kirchenstaat ist seit 1870 dem italienischen Nationalstaat eingegliedert. Erst 1929 wird durch die Lateranverträge der autonome Stadtstaat Vatikanstadt geschaffen.

Paraguay: Republik
Präsident: Eligio Ayala (1923/24, 1924–1928)

Persien: Königreich (amtlich »Iran« erst 1934)
Schah: Resa Pahlawi (1925–1941)
Ministerpräsident: Mirza Hasan Chan (1923, 1926–28. 5. 1927), Mahdi Quly Hidajät (2. 6. 1927–1933)

Peru: Republik
Präsident: Augusto Bernardino Leguía (1908–1912, 1919–1930)

Philippinen: Gouvernement der USA
Generalgouverneur: Leonard Wood (1921–7. 8. 1927), Henry Lewis Stimson (Ende 1927–1929)

Polen: Republik/autoritär regierter Staat
Präsident: Ignacy Mościcki (1926–1939)
Kriegsminister: Jósef Klemens Pilsudski (1926–1930)
Ministerpräsident: Jósef Klemens Pilsudski (1926–1928, 1930)
Außenminister: August Zaleski (1926–1930, 1931/32)
Der Sejm (Parlament) wird aufgelöst, zahlreiche oppositionelle Abgeordnete werden verhaftet.

Portugal: Diktatur
Präsident: António Óscar Fragoso Carmona (1926–1951)
Ministerpräsident: António Óscar Fragoso Carmona (1926–1928)

Rumänien: Königreich
König: Ferdinand I. (1914–20. 7. 1927), Michael (20. 7. 1927–1930, 1940–1947)
Ministerpräsident: Alexandru Avarescu (1918, 1920/21, 1926–7. 6. 1927), Prinz Barbu Ştirbey (7. 6.–22. 6. 1927, zugleich Außenminister), Ion I. C. Brătianu (1909/10/11, 1914–1918, 1918/19, 1922–1926, 22. 6.–24. 11. 1927, zugleich Außenminister), Vintila Brătianu (24. 11. 1927–1928)
Außenminister: I. M. Mitilineu (1926–4. 6. 1927), Prinz Barbu Ştirbey (7. 6.–22. 6. 1927, zugleich Ministerpräsident), Ion Brătianu (1918/19, 22. 6.–24. 11. 1927, zugleich Ministerpräsident), Nikolaus Titulescu (24. 11. 1927–1928, 1932–1936)
Nach dem Tod von König Ferdinand I. besteigt sein Enkel, der erst fünfjährige Michael, am 20. Juli den Thron.

Sansibar: Sultanat unter britischem Protektorat
Sultan: Chalifa II. (1911–1960)

Saudi-Arabien: Königreich
König: Abd Al Asis Ibn Saud (1926–1953)

Schweden: Königreich
König: Gustav V. (1907–1950)
Ministerpräsident: Karl Gustav Ekman (1926–1928, 1930–1932)
Außenminister: Eliel Löfgren (1926–1928)

Siam: Siehe Thailand

Spanien: Königreich
König: Alfons XIII. (1886–1931)
Ministerpräsident/ Militärdiktator: Miguel Primo de Rivera y Oraneja (1923–1930, ab 27. 2. 1927–1930 zugleich Außenminister)
Außenminister: José Yanguas y Messía Graf von Santa Clara de Avedillo (1925–27. 2. 1927)

Sowjetunion: Siehe UdSSR

Südafrikanische Union: Dominion im britischen Commonwealth
Ministerpräsident: James Barry Munnick Hertzog (1924–1939)
Generalgouverneur: Alexander Earl of Athlone (1924–1931)

Syrien: Französisches Völkerbundsmandat
Ministerpräsident: Damad Ahmad Nami Bey (1926–1928)
Oberkommissar: Henri Ponsot (1926–1931)

Thailand: Königreich
König: Rama VII. Prajadhipock (1925–1935)

Tibet: Autonomer Staat seit 1914
Dalai-Lama: Thupten Gjatso (1876/95–1933)
Pantschen-Lama: Tschökji Njima (1883–1937)

Tschechoslowakei: Republik
Präsident: Tomáš Garrigue Masaryk (1918/20–1935)
Ministerpräsident: Anton Svehla (1922–1926, 1926–1929)
Außenminister: Eduard Beneš (1918–1935, danach Staatspräsident)

Tunis: Französisches Protektorat
Bei: Muhammad VI. (1922–1929)
Generalresident: Lucien Saint (1921–1929)

Türkei: Republik
Präsident: Mustafa Kemal Pascha, ab 1934 genannt Kemal Atatürk (1923–1938)
Ministerpräsident: Mustafa Ismet Pascha, ab 1934 genannt Ismet Inönü (1923–1924, 1925–1937, 1961–1965)
Außenminister: Tevfik Rüschtü Aras (1925–1938)

UdSSR: Republik
Parteichef: Josef W. Stalin (1922–1953)
Präsident (Vorsitzender des Präsidiums des Obersten Sowjets): Michail I. Kalinin (1919/1923–1946)
Ministerpräsident (Vorsitzender des Rates der Volkskommissare): Alexei I. Rykow (1924–1930)
Außenminister (Volkskommissar des Äußeren): Georgi W. Tschitscherin (1918–1930)
Verteidigung: Kliment J. Woroschilow (1925–1940)
Der Vierte Sowjetkongreß beschließt die Ausarbeitung des Ersten Fünfjahrplans (April). – Die britische Regierung läßt das Arcos-Haus durchsuchen, den Sitz der sowjetischen Handelsvertretung in London (12. 5.), und bricht die diplomatischen Beziehungen zur UdSSR ab (27. 5.). – Grigori J. Sinowjew und Leo D. Trotzki werden aus dem Zentralkomitee der KPdSU ausgeschlossen (21.–23. 10.); am 14. November folgt der Parteiausschluß für Sinowjew, Trotzki und Lew B. Kamenew.

Ungarn: Monarchie
König: Otto II. (1922–1944/45), lebt in Bayern, nachdem sein Vater, König Karl IV. (†1922), 1921 zweimal an der Rückkehr nach Ungarn gehindert worden ist. 1921 hat die Nationalversammlung die Thronenthebung der Habsburger ausgesprochen.
Reichsverweser: Miklós Horthy (1920–1944)
Ministerpräsident: István Graf Bethlen von Bethlen (1921–1931)
Außenminister: Ludwig Walkó (1925–1930)
Ungarn schließt einen Freundschaftsvertrag mit dem faschistischen Italien (5. 4.).

Uruguay: Republik
Präsident: José Serrato (1923–1. 3. 1927), Juan Campisteguy (1. 3. 1927–1931)

USA: Bundesstaat
Präsident: Calvin Coolidge (Republikaner), 29. Präsident (1923–1929)
Vizepräsident: Charles Gates Dawes (1925–1929)
Außenminister: Frank Billings Kellogg (1925–1929)

Venezuela: Diktatur
Präsident: Juan Vicente Gómez (1908–1929, 1931–1935)

Kriege und Krisenherde 1927

Die herausragenden politischen und militärischen Krisensituationen des Jahres 1927 werden – alphabetisch nach Ländern geordnet – im Überblick dargestellt. Internationale Kriege und Krisenherde sind dem alphabetischen Länderverzeichnis vorangestellt.

Albanien italienisches Protektorat:

Das faschistische Italien und Albanien schließen am 22. November ein Defensivbündnis. Albanien wird faktisch italienisches Protektorat.

Militärputsch in Chile:

Oberst Carlos Ibáñez del Campo zwingt Präsident Emilio Figueroa-Larrain zum Rücktritt (9. 4.) und errichtet eine Präsidialdiktatur halbmilitärischen Charakters. Es kommt zu Verfolgungen von Kommunisten und Gewerkschaftern. Die Ibáñez-Diktatur begünstigt das Eindringen großer US-amerikanischer Firmen in Chile.

Bürgerkrieg in China:

In China kommt es am 15. Juli zum Bruch zwischen der Kuomintang (Nationalchinesische Volkspartei) unter Chiang Kai-shek und den Kommunisten unter Mao Tse-tung. Die innenpolitische Lage nach dem Tod von Sun Yat-sen (1925), dem »Vater der chinesischen Revolution«, ist weiter ungeklärt. Folge ist ein neuer Bürgerkrieg. Als Chiang Kai-shek die Zusammenarbeit mit der UdSSR aufkündigt, werden Tausende von chinesischen Kommunisten ermordet. Die Bildung der Nationalregierung Chiang Kai-sheks in Nanking beantworten die Kommunisten unter Mao Tse-tung mit organisierten Bauernaufständen und Revolten.

Finanzkrise in Japan:

Nach Ausbruch einer Finanzkrise (15. 3.) übernimmt General Gi-ichi Tanaka in Japan die Macht (19. 4.). Er gerät in offenen Gegensatz zur chinesischen Nanking-Regierung und entsendet Soldaten nach China (Mai/Juni).

Arcos-Affäre London/Moskau:

Großbritannien bricht am 27. Mai die diplomatischen Beziehungen zur UdSSR ab, nachdem es in Moskau zu antibritischen Protestaktionen gekommen ist. Am 12. Mai hatte die britische Polizei das Arcos-Haus, den Sitz der sowjetischen Handelsvertretung in London, besetzt und durchsucht. Die Beziehungen werden 1929 wiederaufgenommen.

Apartheid in Südafrika:

Die südafrikanische Regierung unter General James Barry Munnick Hertzog erläßt das sog. Unmoralgesetz, das Geschlechtsverkehr zwischen Weißen und Schwarzen unter Strafe stellt. Das Gesetz bedeutet eine weitere Verschärfung der weißen Apartheidpolitik (Apartheid = »einzeln, besonders«) gegenüber den Schwarzen. Die Apartheid wird allerdings erst 1948 als offizieller Bestandteil der südafrikanischen Politik institutionalisiert.

Neuerscheinungen auf dem internationalen Buchmarkt 1927

Die Auswahl berücksichtigt nicht nur Neuerscheinungen von literarischem oder wissenschaftlichem Wert, sondern auch vielgelesene Bücher des Jahres 1927. Innerhalb der einzelnen Länder sind die erschienenen Werke alphabetisch nach Autoren geordnet.

Deutsches Reich

Bertolt Brecht:
Hauspostille
Mit Anleitungen, Gesangsnoten und einem Anhange
Gedichtsammlung
Die im Propyläen-Verlag in Berlin erschienene »Hauspostille« Bertolt Brechts (1898–1956) enthält 50 Gedichte aus dem Frühwerk des während der Entstehungszeit (1917–1924) weltanschaulich noch ungebundenen Lyrikers und Dramatikers, der inzwischen mit der kommunistischen Bewegung sympathisiert. Die Gedichte sind analog der Gliederung in christlichen Erbauungsbüchern in fünf »Lektionen« für verschiedene Anlässe eingeteilt: »Bittgesänge«, »Exerzitien«, »Chroniken« (Balladen, Kernstück der Sammlung), »Mahagonnygesänge«, »Die kleinen Tagzeiten der Abgestorbenen«. Programmatisch für die Lyrik des frühen Brecht steht der monumentale »Choral vom großen Baal«: Das Menschenleben erfüllt sich unter dem götterlosen Himmel und führt in die Erde zurück; Religion, Kirche und christlichem Asketismus wird eine Absage erteilt: »Laßt euch nicht verführen! / Es gibt keine Wiederkehr.«

Leonhard Frank:
Karl und Anna
Erzählung
Das Ochsenfurter Männerquartett
Roman
Leonhard Frank (1882–1961), sozialistisch-pazifistischer Erzähler zwischen Expressionismus und Sachlichkeit mit Neigung zu psychoanalytischer Darstellung, veröffentlicht im Propyläen-Verlag in Berlin die im Jahr zuvor in der »Vossischen Zeitung« abgedruckte Erzählung »Karl und Anna«, die nach dem Roman »Die Räuberbande« (1914) sein größter Erfolg wird; die dramatisierte Fassung wird 1929 uraufgeführt; 1928 und 1947 wird die Erzählung verfilmt. In russischer Kriegsgefangenschaft erzählt der Soldat Richard seinem unverheirateten Kameraden Karl von seiner Ehe mit Anna. Karl, der etwas früher als Richard entlassen wird, hat sich aufgrund der Erzählungen Richards so sehr in das Traumbild Annas verliebt, daß er sich bei ihr als ihr Mann ausgibt, obwohl Anna sofort merkt, daß er ein anderer ist. Verwirrt durch seine Kenntnis intimster wie trivialster Dinge aus ihrem früheren »gemeinsamen« Leben, gibt sie sich ihm schließlich hin. Sie beginnen sich zu lieben, die Frage nach der Identität Karls spielt für sie keine Rolle mehr. Als Richard nach Hause kommt, sind sie entschlossen, weiter zusammenzubleiben. Richard bricht zusammen. – Im selben Jahr erscheint bei Insel in Leipzig Franks Roman »Das Ochsenfurter Männerquartett«, in dem Frank das Schicksal einiger Gestalten aus seinem Roman »Die Räuberbande« weiterverfolgt. Er macht am Beispiel der ehemaligen Würzburger Lausbuben die tiefe Veränderung sichtbar, die seit der wilhelminischen Zeit vor sich gegangen ist.

Oskar Maria Graf:
Wir sind Gefangene
Ein Bekenntnis aus diesem Jahrzehnt
Autobiographie
Der sozialistisch-pazifistische Erzähler Oskar Maria Graf (1894–1967) liefert in seiner im Drei Masken-Verlag in München erschienenen Autobiographie »Wir sind Gefangene« eine kritische Darstellung seiner Erfahrungen als Bäckergeselle, Vagabund und 1919er Revolutionär in München und begründet damit seinen Ruf als realistischer Erzähler. Graf schildert seinen Weg vom anarchistischen Wirrkopf zum revolutionären Kämpfer. Die Zeit der Münchner Räterepublik, nach deren Zerschlagung er verhaftet wurde, lehrte ihn die Notwendigkeit unablässigen Kampfes für eine bessere Welt, in der die einfachen Menschen nicht mehr »Gefangene« sind. – Das Buch findet ungewöhnlich große Resonanz. Maxim Gorki, Hugo von Hofmannsthal, die Brüder Mann, Romain Rolland u. a. würdigen es – so Graf im Vorwort zur Neuausgabe – in »begeisterten, eingehenden Äußerungen«, während der Rezensent Adolf Hitler dem Verfasser den Galgen prophezeit. 1933 verläßt Graf Deutschland.

Martin Heidegger:
Sein und Zeit
Philosophische Untersuchung
Mit seiner philosophischen Untersuchung »Sein und Zeit«, die als Band 8 des »Jahrbuches für Philosophie und phänomenologische Forschung« bei M. Niemeyer in Halle erscheint, wird Martin Heidegger (1889–1976) zum führenden Vertreter der deutschen Existenzphilosophie. Ausgangspunkt Heideggers ist die Frage nach dem Sinn von Sein. Die Seinsfrage untersucht er am Beispiel des Menschen, der sich dadurch auszeichnet, daß er sich auf seine eigene Existenz besinnen kann. Diese ist wesentlich durch die Vergänglichkeit bestimmt: Das Dasein des Menschen ist ein »Sein zum Tode«, sein Verhältnis zur Welt wird mit den Begriffen Sorge, Angst, Gewissen, Schuldigsein bezeichnet. Der Mensch soll durch einen »Sprung« aus der Alltäglichkeit zum »eigentlichen Sein« gelangen. – Das Werk erregt weit über die philosophische Fachwelt hinaus Aufsehen. Viele Menschen sehen sich durch die in diesem Buch ausgedrückten Gedanken in ihrer Grundstimmung erfaßt. Die Verwendung eigenwilliger Wortschöpfungen (»Geworfensein«, »Gelichtetheit«) wird zu einer regelrechten Mode.

Hermann Hesse:
Der Steppenwolf
Roman
Der in der Schweiz lebende Erzähler und Lyriker Hermann Hesse (1877–1962), Literaturnobelpreisträger 1946, veröffentlicht im Rahmen seiner bei Fischer in Berlin erscheinenden »Gesammelten Werke« den Roman »Der Steppenwolf«, den er ein »Dokument der Zeit« nennt, einen »Versuch, die große Zeitkrankheit nach dem Ersten Weltkrieg nicht durch Umgehen und Beschönigen zu überwinden, sondern durch den Versuch, die Krankheit selbst zum Gegenstand der Erklärung zu machen«. Konfrontiert erscheinen in dem Roman »die geschiedenen Welten des Humanisten und Bürgers, der Wahrheit und Verlogenheit, der Menschlichkeit und Unmenschlichkeit«, die menschliche Natur wird dargestellt als zerfallen in eine gute, d. h. menschlich-humane, und in eine böse, d. h. wölfisch-barbarische Komponente. Der Hauptteil des Romans besteht aus den Aufzeichnungen des Schriftstellers Harry Haller, der sich selbst als »Steppenwolf« bezeichnet, um seine gesellschaftliche Außenseiterposition zu charakterisieren. Die Harmonisierung der inneren Disharmonie, die Hesse als existentiell und zeitlos begreift, will Haller durch Ausbildung einer neuen geistigen Haltung – und nicht etwa durch Bemühen um Veränderung der gesellschaftlichen Realität – innerlich zustande bringen. Haller hofft, das Dasein als »Lebensspiel« leichtnehmen zu lernen.

Arnold Zweig:
Der Streit um den Sergeanten Grischa
Roman
Beträchtliches Aufsehen erregt der bei Kiepenheuer in Potsdam und Berlin erschienene antimilitaristische Roman »Der Streit um den Sergeanten Grischa« von Arnold Zweig (1887–1968), der zuvor in Fortsetzungen in der »Frankfurter Zeitung« abgedruckt worden ist. Anders als in den Antikriegsromanen etwa von Ludwig Renn (»Krieg«) oder Erich Maria Remarque (»Im Westen nichts Neues«) werden hier keine Materialschlachten dargestellt, sondern Zweig unternimmt den Versuch, anhand eines juristischen Falls und der Kompetenzstreitigkeiten von Verwaltungsstellen der Heeresleitung den preußisch-deutschen Militarismus als ein System der Gewalt und Unterdrückung und den Krieg als ein Produkt der imperialistischen Gesellschaft zu entlarven. Der russische Sergeant Grischa flieht 1917 aus deutscher Kriegsgefangenschaft. Während der Flucht lernt er die Partisanin Babka kennen, die ihm den Ausweis des verstorbenen Überläufers Bjuschew gibt. Als Grischa von den Deutschen gefaßt wird und den Ausweis vorzeigt, wird er – nach einem entsprechenden Befehl, von dem er nichts weiß – als russischer Überläufer zum Tode verurteilt. In dieser Situation nennt er seinen wahren Namen. Nun entbrennt der Streit zwischen dem kommandierenden General Schieffenzahn (in dem unschwer Erich Ludendorff zu erkennen ist) und einigen Offizieren, die das Urteil überprüft haben wollen. Schieffenzahn setzt seinen Willen durch: Das Urteil wird vollstreckt, obwohl sich Grischas Angaben über seine Identität als wahr herausgestellt haben. – »Der Streit um den Sergeanten Grischa« ist der erste Roman von Zweigs großangelegtem Zyklus »Der Krieg der weißen Männer«. Dieser umfaßt die Bände »Die Zeit ist reif« (1957), »Junge Frau von 1914« (1931), »Erziehung vor Verdun« (1935), »Der Streit um den Sergeanten Grischa«, »Feuerpause« (1954), »Einsetzung eines Königs« (1937). – »Der Streit um den Sergeanten Grischa« wird 1930 verfilmt.

Frankreich

Julien Benda:
Der Verrat der Intellektuellen
(La Trahison des clercs)
Kulturkritischer Essay
Der französische Philosoph und Schriftsteller Julien Benda (1867–1956), Verfechter eines absoluten Intellektualismus, eines Kults der reinen Idee, einer »Begeisterung des Geistes«, beschuldigt in seinem kulturkritischen Essay »Der Verrat der Intellektuellen« die sog. *clercs,* d. h. die philosophisch und literarisch tätigen Intellektuellen, seit etwa 1890 zu sehr dem Irrationalen gehuldigt zu haben und mit Massenbewegungen zu paktieren. Dabei wendet sich Benda vor allem gegen den Einfluß Friedrich Nietzsches, Henri Bergsons, gegen die rechtsnationalistische »Action Française« und den italienischen Faschismus. – Die deutsche Übersetzung erscheint 1948.

Pierre Drieu la Rochelle:
Der Junge Europäer
(Le Jeune Européen)
Politischer Essay
Der konservative, nationalistische französische Schriftsteller Pierre Drieu de la Rochelle (1893–1945), später Anhänger des Faschismus und einer der Wortführer der Kollaboration mit den Deutschen, stellt in seinem politischen Essay »Der Junge Europäer« die These auf, daß Europa nur als politische und wirtschaftliche Einheit gegenüber den USA und der UdSSR Bestand haben könne. Der Verfasser wünscht sich ein konservatives Europa ohne den amerikanischen Kult der Technik und ohne den sowjetischen Materialismus.

Jean Giraudoux:
Eglantine
(Eglantine)
Roman
Jean Giraudoux (1882–1944), einer der bedeutendsten modernen Dramatiker Frankreichs und Europas, beschäftigt sich auch in seinem Roman »Eglantine« mit den überall in seinem Werk wiederkehrenden Themen Jugend, Alter und Liebe. Die märchenhafte Eglantine liebt den alternden Aristokraten Fontrange, der ihre Neigung erwidert; doch beide deuten ihre Liebe nur durch Zeichen an, die dem anderen kaum verständlich sind. Eglantine fühlt sich vorübergehend zu einem anderen, ebenfalls alternden Mann hingezogen, kehrt jedoch zu Fontrange zurück. – Fast alles in diesem Werk ist Allegorie und läßt die verschiedensten Deutungen zu. Die deutsche Übersetzung erscheint 1928.

Julien Green:
Adrienne Mesurat
(Adrienne Mesurat)
Roman
Wie auch die meisten anderen Hauptgestalten der psychologisch-realistischen Romane des katholischen Romanciers Julien Green (*1900) ist die Titelheldin von »Adrienne Mesurat« eine Gefangene, eine »Eingemauerte«. Adrienne lebt in der Provinz zwischen ihrem tyrannischen Vater und einer mißgünstigen Schwester wie in einem Kerker ohne Hoffnung. Als die Schwester aus dem Haus flieht, bringt Adrienne, die sich in den alternden Doktor Maurecourt verliebt hat, ihren Vater nach einer lebhaften Auseinandersetzung um und sprengt so ihre Fesseln. Doch nach dieser Verzweiflungstat verfällt sie in geistige Umnachtung, als Maurecourt, dem sie ihre Liebe gesteht, sie abweist. – Die deutsche Übersetzung erscheint 1927.

Gabriel Marcel:
Metaphysisches Tagebuch
(Journal métaphysique)
Philosophisches Tagebuch
Der Philosoph, Dramatiker und Kritiker Gabriel Marcel (1889–1973), Hauptvertreter des christlichen Existentialismus (eine Bezeichnung, die er ab 1950 durch »Neo-Sokratiker« ersetzt), untersucht in seinem »Metaphysischen Tagebuch« die philosophische Dialektik im Hegelschen Sinne und erläutert den Unterschied zwischen »Existenz« und »Objektivität«.

François Mauriac:
Die Tat der Thérèse Desqueyroux
(Thérèse Desqueyroux)
Roman
Wie auch in seinen anderen Romanen will François Mauriac (1885–1970), einer der führenden Vertreter des katholischen Frankreich, in »Die Tat der Thérèse Desqueyroux« zeigen, daß Gott denen am nächsten steht, die sich scheinbar am weitesten von ihm entfernt haben. Die hochbegabte Thérèse Desqueyroux, verheiratet mit einem geistig trägen Mann, der sie nur wegen ihres Reichtums geheiratet hat, wird zu einer Verzweiflungstat getrieben: Sie versucht ihn zu vergiften. Der Anschlag mißlingt, Thérèse wird vor Gericht gestellt, doch von ihrem Mann gedeckt, da die Familie einen Skandal vermeiden will. Mauriac gibt die Versuche Thérèses, ihre Handlung vor sich selbst zu rechtfertigen, nach der Gerichtsverhandlung wieder. – Die deutsche Übersetzung erscheint 1928. 1962 wird das Werk verfilmt.

André Maurois:
Bernard Quesnay
(Bernard Quesnay)
Roman
Das Leben Disraelis
(La Vie de Disraeli)
Romanbiographie
André Maurois (1885–1967) schildert in »Bernard Quesnay«, seinem ersten Roman, wie auch in den folgenden Romanen mit psychologischem Gespür das französische Großbürgertum. Bernard Quesnay, Erbe der väterlichen Fabrik, muß sich in jungen Jahren während einer Zeit von Arbeiterunruhen mit dem Sozialismus auseinandersetzen. Sozialismus erscheint ihm schließlich als ein pragmatisches Mittel zur Verhütung sozialen Unrechts. – Im selben Jahr erscheint Maurois' romanartige Biographie »Das Leben Disraelis« über den britischen Politiker und Schriftsteller Benjamin Disraeli. Mit diesem Werk begründet Maurois die Gattung der »biographie romancée«, der zum Roman verarbeiteten, an Lebensdokumente gebundenen Biographie. – Beide Werke erscheinen 1928 in deutscher Sprache.

Großbritannien

Virginia Woolf:
Die Fahrt zum Leuchtturm
(To the Lighthouse)
Roman
In ihrem dreiteiligen Roman »Die Fahrt zum Leuchtturm«, der von der Kritik als ihr Meisterwerk angesehen wird, verzichtet Virginia Woolf (1882–1941), Essayistin und Verfasserin von Romanen in der Art von Marcel Proust und James Joyce, auf eine kausal verknüpfte Handlung, davon ausgehend, daß im Leben wie in der Kunst Sinn und Ordnung nur in »Momenten« faßbar wird. Der Roman ist die psychologische Studie eines die Gesellschaft repräsentierenden Familien- und Bekanntenkreises. Mit diesem fünften Roman erreicht die britische Schriftstellerin erstmals nicht nur Anerkennung bei der Kritik, sondern auch eine breitere öffentliche Aufmerksamkeit. – Die deutsche Übersetzung erscheint im Jahre 1931.

Norwegen

Knut Hamsun:
Landstreicher
(Landstrykere)
Roman
»Landstreicher« von Knut Hamsun (1859–1952), Literaturnobelpreisträger 1920, ist der erste Teil einer Romantrilogie um den ruhelosen Phantasten August, der immer neue Pläne schmiedet, ein geborener Vagabund, der in allen Wechselfällen des Lebens seine Souveränität wahrt. 1930 folgt der Roman »August Weltumsegler«, 1933 »Nach Jahr und Tag«. – Die deutsche Übersetzung des »Landstreichers« erscheint 1927.

Österreich

Felix Braun:
Agnes Altkirchner
Roman
Der österreichische Erzähler, Dramatiker und Lyriker Felix Braun (1885–1973), einer der letzten Vertreter des Wiener Impressionismus, schildert in seinem bei Insel in Leipzig erschienenen 1000-Seiten-Roman »Agnes Altkirchner« den Untergang der österreichisch-ungarischen Doppelmonarchie in den Jahren 1913 bis 1919. Zentrale Gestalt ist die schöne Generalstochter Agnes Altkirchner. Am Schluß des Werks formuliert ein Dichter als neue Aufgabe nach dem Zusammenbruch der Monarchie, »wiederherzustellen, aufzubauen, neuzuschaffen, aber nicht nur Völker und Staaten, nicht nur Europa, nicht nur die Menschheit: vor allem uns selbst«.

Sigmund Freud:
Die Zukunft einer Illusion
Religionskritische Schrift
Der österreichische Arzt Sigmund Freud (1856–1939), der Begründer der theoretischen und praktischen Psychoanalyse, umschreibt in seiner im Internationalen Psychoanalytischen Verlag in Wien erschienenen religionskritischen Schrift »Die Zukunft einer Illusion«, die von einem historisch-materialistischen und nicht wie in Freuds meisten anderen Werken biologisch-materialistischen Ansatz ausgeht, die »Illusion« Religion als ein Instrument für den Zusammenhalt von Klassengesellschaften, die auf Ungleichheit und Herrschaft basieren.

Franz Kafka:
Amerika
Romanfragment
Zwei Jahre nach dem Tod des im Alter von nur 40 Jahren an Kehlkopftuberkulose verstorbenen österreichischen Erzählers Franz Kafka (1883–1924) gibt sein Freund Max Brod gegen den Willen des Autors, der seine Manuskripte testamentarisch zur Verbrennung bestimmt hatte, bei Kurt Wolff in München Kafkas Romanfragment »Amerika« heraus, das vor den großen Romanen »Der Prozeß« (erschienen 1925) und »Das Schloß« (erschienen 1926) entstanden ist. Das erste Kapitel, »Der Heizer«, ist 1913 gesondert erschienen. Das Fragment – Kafka selbst nannte es in seinen Aufzeichnungen »Der Verschollene« – stellt den ersten Teil eines Erziehungsromans dar, in

dem Kafka mit einer für sein Schaffen vergleichsweise seltenen realistischen Ausdrucksweise die Erlebnisse des 16jährigen Einwanderers Karl Roßmann aus Prag in Amerika schildert. Karl scheitert bei seinen Versuchen, eine Stellung im bürgerlichen Leben zu finden, um den auf ihm lastenden Makel eines mißratenen Sohns zu tilgen. Immer wieder erfährt er, daß in der modernen kapitalistischen Gesellschaft, einem »System von Abhängigkeiten«, menschliche Anständigkeit und redliche Pflichterfüllung unvereinbar sind mit den Bedingungen des Erwerbslebens. Schließlich will Karl in der Welt der Kunst den »Anfang einer anständigen Laufbahn« finden. – Max Brod dramatisiert »Amerika« 1957.

Robert Neumann:
Mit fremden Federn
Parodien
Als »literarische Aggression« versteht Robert Neumann (1897–1975) seine bei Engelhorn in Stuttgart erschienene Parodiensammlung »Mit fremden Federn«, die ihn dem deutschen Publikum bekannt macht und durch die er die Parodie zur literarischen Kunstform erhebt. Neumann parodiert die Publikumslieblinge der deutschen Trivialliteratur (Hedwig Courths-Mahler, Eugenie Marlitt, Rudolf Herzog), verschont aber auch Rainer Maria Rilke, Rabindranath Tagore oder die Expressionisten nicht. 1955 erscheint der zweite Band dieses erfolgreichen Buchs mit 58 Kurzparodien der europäischen Literatur nach 1933.

Arthur Schnitzler:
Spiel im Morgengrauen
Erzählung
Bei Fischer in Berlin erscheint Arthur Schnitzlers (1862–1931) 1926/27 in der »Berliner Illustrirten Zeitung« vorabgedruckte Erzählung »Spiel im Morgengrauen«. Diese Erzählung über einen Leutnant, der beim Spiel ein Vermögen verliert und sich daraufhin erschießt, ohne zu wissen, daß wenig später sein Onkel mit dem Geld erscheint, mit dem er die Spielschulden hätte zahlen können, spielt im Titel gleichermaßen auf das Glücks*spiel* an und auf das *Spiel* von Zufall und Notwendigkeit, durch das die Personen wie Marionetten durchs Leben bewegt werden. – 1931 wird die Erzählung verfilmt.

Stefan Zweig:
Sternstunden der Menschheit
Fünf historische Miniaturen
Essays
Verwirrung der Gefühle
Private Aufzeichnungen des Geheimrates R. v. D.
Novelle
In seiner bei Insel in Leipzig erschienenen Essaysammlung »Sternstunden der Menschheit« will Stefan Zweig (1881–1942) geschichtliche Momente gestalten, »schicksalsträchtige Stunden, in denen eine zeitüberdauernde Entscheidung auf ein einziges Datum, eine einzige Stunde ... zusammengedrängt ist«; »Sternstunden« nennt er diese Momente, »weil sie leuchtend und unwandelbar wie Sterne die Nacht der Vergänglichkeit überglänzen«. Zu diesen Sternstunden zählt Zweig u. a. das erste transatlantische Telefongespräch, die Sterbestunde Leo Tolstois, Wladimir Lenins Fahrt im verplombten Eisenbahnwaggon durch Deutschland, die Entdeckung Eldorados oder Johann Wolfgang von Goethes Reise von Karlsbad nach Weimar, während der er die »Marienbader Elegie« schrieb. – Eine erweiterte Ausgabe mit zwölf Essays erscheint 1945. – Ebenfalls 1927 erscheint Zweigs Novelle »Verwirrung der Gefühle« über einen Studenten, der in einer Kleinstadt bei einem verheirateten Professor wohnt, der verzweifelt mit seiner Homosexualität kämpft.

UdSSR

Maxim Gorki:
Das Leben des Klim Samgin
(Zizn' Klima Samgina)
Romanchronik
Maxim Gorki (1868–1937), Gründer und Vorbild des sozialistischen Realismus der offiziellen Literaturdoktrin der Sowjetunion, gibt in seiner 1927 bis 1937 in vier Bänden erscheinenden Romanchronik »Das Leben des Klim Samgin« eine Schilderung der vier Jahrzehnte vor der Oktoberrevolution aus der Sicht des egozentrischen Intellektuellen Klim Samgin, der, um als »außergewöhnlicher« Mensch zu erscheinen, sich unverbindlich mit allen Modeströmungen der Zeit einläßt, auch mit dem Bolschewismus, und Zeuge aller wichtigen historischen Ereignisse wird, aber stets passiver Betrachter bleibt, eine »leere Seele«, der die »allgemeine Idee« fehlt. Gorki will mit diesem Werk, mit dem er sich seit 1905 beschäftigt, die »geistige Verarmung des Menschen« und die »unvermeidliche Einengung des Ich« in der kleinbürgerlichen russischen Intelligenz in den letzten Jahren des Zarenregimes zeigen. – Die deutsche Übersetzung erscheint 1929 bzw. 1952 bis 1957.

USA

Willa Cather:
Der Tod kommt zum Erzbischof
(Death Comes for the Archbishop)
Roman
Der auf historische Begebenheiten beruhende, episodisch angelegte Roman »Der Tod kommt zum Erzbischof«, eine Verherrlichung der Rolle der katholischen Kirche bei der Besiedlung des US-amerikanischen Südwestens, gilt als Höhepunkt im literarischen Schaffen der zum Katholizismus konvertierten amerikanischen Erzählerin Willa Cather (1873–1947), Pulitzerpreisträgerin 1923. Sie schildert die Missionstätigkeit Jean Marie Latours, der 1851 Erzbischof von Santa Fé wurde, und seines Generalvikars Joseph Vaillant. – Die deutsche Übersetzung erscheint 1940.

William Faulkner:
Moskitos
(Mosquitoes)
Roman
In »Moskitos«, seinem zweiten Roman nach »Soldatenlohn« (1926), schildert der US-amerikanische Erzähler William Faulkner (1897–1962), Literaturnobelpreisträger 1950, satirisch den Generationenkonflikt am Beispiel zweier Familien der US-Oberschicht auf einem Jachtausflug. – Die deutsche Übersetzung erscheint 1961.

Sinclair Lewis:
Elmer Gantry
(Elmer Gantry)
Roman
Sinclair Lewis (1885–1951), der 1926 sensationell die Annahme des Pulitzerpreises abgelehnt hat, aber 1930 als erster Amerikaner den Literaturnobelpreis annimmt, liefert in seinem Roman »Elmer Gantry« eine scharfe Satire auf das auf Heuchelei beruhende und zum Geschäft verkommene Sektenunwesen in den USA. Elmer Gantry, die raffinierte Titelgestalt, nutzt sein gutes Aussehen und sein Rednertalent und macht als Prediger bei Baptisten, Evangelisten und Methodisten Karriere, bis er seine eigene Kirche in der Stadt Zenith gründet. Bei allem hat er stets seinen sehr irdischen Vorteil vor Augen. – Die deutsche Übersetzung erscheint 1928. 1960 wird das Werk verfilmt.

Carl Sandburg (Hg.):
The American Songbag
Liedersammlung
Der amerikanische Lyriker Carl Sandburg (1878–1967), der auch als Sammler und öffentlicher Rezitator und Sänger amerikanischer Folklore hervortritt, veröffentlicht in seiner »American Songbag« 292 volkstümliche Lieder aus allen Teilen der Vereinigten Staaten. Jedem Lied sind die Melodie und Erläuterungen über die Herkunft u. a. beigefügt.

Thornton Wilder:
Die Brücke von San Luis Rey
(The Bridge of San Luis Rey)
Roman
In dem erfolgreichen Roman »Die Brücke von San Luis Rey« – 1928 erhält der Autor dafür den Pulitzerpreis, 1929 und 1944 wird das Werk verfilmt und 1954 als Oper vertont von Hermann Reutter – gelingt dem amerikanischen Erzähler und Dramatiker Thornton Wilder (1897–1975), was er als seine Aufgabe formuliert hat: Ohne Schulmeisterei die religiösen Urprinzipien der Menschheit künstlerisch darzustellen. Ein Franziskanerpater glaubt nach dem Einsturz der Brücke von San Luis Rey, bei dem fünf Menschen ums Leben kamen, daß es sich nicht um einen Zufall, sondern um ein durch Gott vorherbestimmtes Ereignis gehandelt hat, und recherchiert die Lebensläufe der Verunglückten. Als verbindendes Moment (»Brücke«) der fünf Einzelschicksale entdeckt er die Liebe in verschiedensten Ausprägungen. – 1929 erscheint die deutsche Übersetzung.

Uraufführungen Schauspiel, Oper, Operette, Ballett 1927

Die bedeutendsten Uraufführungen aus Schauspiel, Oper, Operette und Ballett sind alphabetisch nach Autoren/Komponisten geordnet.

Deutsches Reich

Walter Hasenclever:
Ein besserer Herr
Lustspiel in zwei Teilen
Mit der Gaunerkomödie »Ein besserer Herr«, uraufgeführt am 12. Januar im Schauspielhaus Frankfurt am Main, vollzieht Walter Hasenclever (1890–1940) den Übergang vom expressionistischen Frühwerk zum Boulevardtheater voll sprühenden Humors und geistreicher Ironie. Im Mittelpunkt der Handlung steht ein erfolgreicher Heiratsschwindler, den genau bei einer Millionärin, mit der er das Geschäft seines Lebens machen wollte, die Liebe packt. Diese Frau hatte per Annonce einen nüchternen »besseren Herrn« als Partner gesucht.

Ernst Toller:
Hoppla, wir leben!
Ein Vorspiel und fünf Akte
Das dem Regisseur Erwin Piscator und dem Schriftsteller Walter Mehring gewidmete Drama »Hoppla, wir leben!«, das am 1. September in den Hamburger Kammerspielen uraufgeführt wird, ist Ernst Tollers (1893–1939) erstes Stück seit seiner Entlassung aus der Haft. 1919 war er durch ein Standgericht als Beteiligter an der Bayrischen Räterepublik zu fünf Jahren Festungshaft in Niederschönenfeld verurteilt worden. Das Stück spiegelt Tollers eigene Erfahrungen in der durch den Wirtschaftsaufschwung der 20er Jahre geprägten gesellschaftlichen Wirklichkeit nach der Haftentlassung: Der während der Haft 1919 wahnsinnig gewordene Revolutionär Thomas wird als »geheilt« aus der Nervenheilanstalt entlassen; die einstigen Mitkämpfer haben die revolutionären Ziele verraten oder sich angepaßt. Thomas begegnet überall Korruption und

Intrigen. Er endet im Selbstmord. Mit dem Toller-Stück eröffnet der kommunistisch orientierte Regisseur Erwin Piscator am 3. September eine eigene Bühne, das Theater am Wollendorfplatz. – 1939 geht Toller im Exil in den USA in den Freitod.

Ermanno Wolf-Ferrari:
Sly
oder Die Legende vom wiedererwachten Schläfer
Oper in drei Akten
Ein Welterfolg wird die tragische Oper »Sly«, uraufgeführt am 27. Dezember in Mailand, des deutsch-italienischen Komponisten Ermanno Wolf-Ferrari (1876–1948), der vor allem bekannt wurde durch sein Opernschaffen in der Tradition der italienischen Opera buffa und der Commedia dell'Arte. In »Sly« wendet sich Wolf-Ferrari, wie schon in »Der Schmuck der Madonna« (1911), wieder dem Verismus zu.

Carl Zuckmayer:
Schinderhannes
Schauspiel in vier Akten
In lockerer Szenenfolge bringt Carl Zuckmayer (1896–1977) in seinem Schauspiel »Schinderhannes«, uraufgeführt am 13. Oktober im Berliner Lessing-Theater, die Geschichte des 1803 hingerichteten deutschen Räuberhauptmanns Johann Bückler auf die Bühne, der beim Volk damals nicht als Verbrecher, sondern als Helfer der Armen und Schwachen gegen eine ungerechte Obrigkeit gegolten hatte. Zuckmayers Stück findet beim breiten Publikum, nicht jedoch bei der Kritik großen Anklang.

Österreich

Erich Wolfgang Korngold:
Das Wunder der Heliane
Oper in drei Akten
Den Erfolg seiner zwischen Richard Strauss und dem Verismus stehenden Oper »Die tote Stadt« (1920) kann Erich Wolfgang Korngold (1897–1957) mit der esoterischen Oper »Das Wunder der Heliane«, uraufgeführt am 7. Oktober in Hamburg, nicht wiederholen. Zahlreiche Massenszenen führen zu allzu großer Gleichförmigkeit im zweiten und dritten Akt. Ferner wirft die Kritik ihm vor, daß er sich zu stark an seinem musikalischen Vorbild Richard Strauss orientiert habe.
In den Metropolen Wien und Berlin wird das Werk 1927/28 nachgespielt, danach gerät es jedoch weitgehend in Vergessenheit.

Ernst Křenek:
Johnny spielt auf
Oper in zwei Teilen
In seiner Oper »Jonny spielt auf«, uraufgeführt am 10. Februar in Leipzig, verwendet der vielseitige österreichische Komponist Ernst Křenek (*1900) hauptsächlich Jazzmusik und Tanzrhythmen der Modetänze Shimmy, Foxtrott und Charleston, mischt jedoch auch andere Stilrichtungen ein, darunter operettenhaft-sentimentale Partien. Das Werk, zu dem der Komponist auch das Libretto geschrieben hat, wird ein außerordentlicher Erfolg, Opernbühnen in ganz Europa, 1929 auch in den Vereinigten Staaten, spielen es nach.

Franz Lehár:
Der Zarewitsch
Operette in drei Akten
»Der Zarewitsch«, uraufgeführt am 16. Februar in Berlin, ist eine der sog. tragischen Operetten des österreichisch-ungarischen Komponisten Franz Lehár (1870–1948), 1929 folgt die »romantische« Operette »Das Land des Lächelns«. Der große Erfolg des Werks beruht auf den populären Liedern, die im slawischen Ton verfaßt und inzwischen volkstümlich geworden sind. Die Titelrolle des Zarewitsch war dem Tenor Richard Tauber gewidmet, der insbesondere in den Liedern »Es steht ein Soldat am Wolgastrand« und »Hab nur dich allein« seinen lyrischen Schmelz voll zur Geltung bringen kann und vom Publikum bei der Premiere in der Reichshauptstadt begeistert gefeiert wird.

Schweiz

Othmar Schoeck:
Penthesilea
Oper in einem Akt
Othmar Schoeck (1886–1957), einer der ersten Schweizer Komponisten, die auch im Ausland Beachtung finden, bekannt vor allem als lyrischer Liederkomponist, beschreitet mit der Oper »Penthesilea« nach der gleichnamigen Tragödie von Heinrich von Kleist, uraufgeführt am 8. Januar in Dresden, musikalisch neue Wege. Mit dieser ersten Oper, deren Musik von der Liedhaftigkeit seiner sonstigen Kompositionen stark abweicht, erringt Schoeck seinen ersten internationalen Erfolg.

Tschechoslowakei

Jaromir Weinberger:
Schwanda, der Dudelsackpfeifer
(Švanda Dudák)
Volksoper in zwei Akten
International bekannt wird der tschechische Komponist Jaromir Weinberger (1896–1967), Schüler von Max Reger, mit seiner Volksoper »Schwanda, der Dudelsackpfeifer«, die am 27. April in Prag uraufgeführt wird. Wie alle Werke Weinbergers steht auch diese Oper um zwei Gestalten aus der böhmischen Volkssage in der Tradition der tschechischen Nationalmusik und ist vom Volkslied beeinflußt.

USA

Jerome Kern:
Show Boat
(Show Boat)
Musical in zwei Akten
Jerome Kerns (1885–1945) Musical »Show Boat«, uraufgeführt am 27. Dezember in New York, ist eines der ersten größeren Musicals, entstanden aus der Notwendigkeit, dem aufkommenden Tonfilm auf dem Gebiet des musikalischen Unterhaltungstheaters etwas Gleichwertiges, wenn nicht Besseres entgegenzusetzen. Das Stück mit seiner volkstümlichen Musik wird nach der Uraufführung an Bühnen in der ganzen Welt gespielt. Dreimal wird es verfilmt, 1929 mit Joseph Schildkraut, 1936 mit Paul Robeson und 1951 mit William Warfield. Die deutsche Erstaufführung findet 1970 in Freiburg im Breisgau statt.

Filme 1927

Die neuen Filme des Jahres sind im Länderalphabet und hier wiederum alphabetisch nach Regisseuren aufgeführt. Bei ausländischen Filmen steht unter dem deutschen Titel in Klammern der Originaltitel.

Deutsches Reich

Hans Behrendt:
Die Hose
Einer der witzigsten deutschen »Schauspieler-Filme« der 20er Jahre und zugleich der bedeutendste Film von Hans Behrendt ist die Komödie »Die Hose« mit Jenny Jugo, Werner Krauss, Rudolf Forster und Olga Limburg sowie mit dem späteren »Jud-Süß«-Regisseur Veit Harlan in der Rolle eines Juden (!). Die attraktive Frau (Jenny Jugo) eines kleinen Beamten (Werner Krauss) verliert mitten auf dem Marktplatz ihr Höschen und erregt dadurch die Phantasie mehrerer Männer, die sich nun um ihre Gunst bewerben.

Arnold Fanck:
Der große Sprung
Leni Riefenstahl, Luis Trenker und Hans Schneeberger sind die Hauptdarsteller in Arnold Fancks Alpen-Ski-Komödie »Der große Sprung«. Eine Sennerin bringt einem gestreßten Großstadtmenschen das Skilaufen bei.

Karl Grune:
Am Rande der Welt
Karl Grune stellte den pazifistischen Film »Am Rande der Welt« fertig, bevor die Ufa von dem rechtsstehenden Hugenberg-Konzern übernommen wurde. Die Premiere fand nach diesem Wechsel statt, in die Kinos kommt ein derart geschnittener und entstellter Film, daß Grune eine Klage auf Weglassung seines Namens im Vorspann und auf sämtlichen Werbemitteln einreicht. In der Urfassung erzählt Grune die Geschichte einer Mühle, die nach Kriegsausbruch von den Feinden besetzt und niedergebrannt wird. Als die Frau des Müllers einen Knaben zur Welt bringt, schwört der Vater, seinen Sohn niemals zum Soldaten zu machen, sondern zu einem Zimmermann, der neue Mühlen bauen wird. – Im selben Jahr dreht Grune den Preußen-Film »Die Jugend der Königin Luise« mit Mady Christians als Luise von Mecklenburg, Anita Dorris als Friederike von Mecklenburg und Mathias Wieman als Kronprinz Friedrich Wilhelm von Preußen.

Fritz Lang:
Metropolis
Noch bis in die Mitte der 80er Jahre sind die Einflüsse spürbar, die von Fritz Langs »Metropolis«, einem der künstlerisch wertvollsten Filme des Expressionismus, ausgehen. Dem überirdischen Metropolis als der Stadt der Zukunft mit ihren im Überfluß lebenden Menschen stellt Lang das unterirdische Metropolis entgegen, die Stadt des Millionenheers der Arbeiter, die weder Licht noch Freiheit kennen. Daß der Aufstand dieser Arbeitssklaven mit einer die Klassenschranken durchbrechenden Verbrüderung endet, erscheint aus heutiger Sicht naiv, ist jedoch Ausdruck des Denkens weiter Teile der Bevölkerung in der Zeit um 1927. Die Hauptdarsteller sind Brigitte Helm, Gustav Fröhlich, Alfred Abel, Rudolf Klein-Rogge, Fritz Rasp, Theodor Loos, Erwin Biswanger und Heinrich George.

Friedrich Wilhelm Murnau:
Sonnenaufgang
(Sunrise)
1926 ging Murnau von Deutschland nach Hollywood, sein großes Prestige veranlaßte den Produzenten William Fox, ihm enorme Mittel für die Verfilmung von Hermann Sudermanns Novelle »Die Reise nach Tilsit« zur Verfügung zu stellen. Der Filmtitel »Sonnenaufgang« blieb nicht die einzige Veränderung der Vorlage, Murnau mußte auf Auflagen des Produzenten Rücksicht nehmen, doch sind alle Abweichungen vom Original konsequent in die Handlung integriert. Der junge Bauer Ansas (George O'Brien) wird von einer Frau aus der Stadt (Margaret Livingstone) verführt und seiner Frau Indre (Janet Gaynor) entfremdet. Auf Anstiftung der Fremden will er Indre töten, indem er sie während einer Bootsfahrt in die Stadt ins Wasser stößt, doch der Plan mißlingt, und in der Stadt söhnt sich das Ehepaar wieder aus. Auf der Rückfahrt kentert das Boot im Sturm. Während bei Sudermann Ansas ertrinkt, gibt es bei Murnau ein Happy-End: Ansas und Indre können sich beide retten, die Frau aus

der Stadt hat ausgespielt. – Sudermanns Novelle kommt 1938 in der Regie von Veit Harlan unter dem Originaltitel »Die Reise nach Tilsit« erneut in die Kinos.

Georg Wilhelm Pabst:
Die Liebe der Jeanne Ney
Zwischen Kriegs- und Kriminalfilm steht Pabsts »Die Liebe der Jeanne Ney« nach dem gleichnamigen Roman von Ilja Ehrenburg. Als Tochter eines französischen Journalisten erlebt Jeanne Ney (Edith Jehanne) die Wirren der russischen Revolution, flieht nach Paris und wird dort von einem russischen Agenten (Fritz Rasp) verfolgt, der ihren Onkel (Adolf Edgar Licho) tötet. Jeanne überführt den Mörder.

Bruno Rahn:
Dirnentragödie
Asta Nielsen spielt in Bruno Rahns »Dirnentragödie« eine alternde Prostituierte, die sich von einem jungen Studenten (Werner Pittschau) geliebt glaubt, ihm zuliebe alles opfert, ihn aber schon bald an eine Jüngere (Hilde Jennings) verliert. – Im selben Jahr dreht Rahn, wieder mit Asta Nielsen in der Hauptrolle als Besitzerin eines Gasthofs, die Komödie »Kleinstadtsünder«.

Walter Ruttmann:
Berlin – die Sinfonie der Großstadt
Einen Tag in der Reichshauptstadt filmte das Team um Walter Ruttmann mit Karl Freund an der Kamera nach einer Idee von Carl Mayer. Während Mayer eher der soziologische Aspekt des Lebens in einer Großstadt interessierte, legte Ruttmann mehr Wert auf die formale Gestaltung und setzte sich mit dieser Linie weitgehend durch. Geschaffen wurde keine soziale Analyse, sondern eine visuelle Symphonie des Lebens in der Großstadt, eine Art abstrakter Dokumentarfilm. Die Kameras waren vielfach in Koffern u. a. versteckt, um Menschen ohne ihr Wissen filmen zu können. »Berlin – die Sinfonie der Großstadt« zählt zu den meistimitierten deutschen Filmen dieser Zeit.

Friedrich Zelnik:
Die Weber
Die Verfilmung von Gerhart Hauptmanns sozialkritischem Drama »Die Weber« über den schlesischen Weberaufstand des Jahres 1844 ist ein eindrucksvolles Zeugnis für den realistischen Film dieser Zeit. Friedrich Zelnik verbindet Beschreibungen des Elends der schlesischen Weber mit sozialrevolutionärem Impuls. Einige Kinos glauben die Zuschauer darauf hinweisen zu müssen, daß dieser Film keine politische Absicht verfolge, sondern einzig vom künstlerischen Standpunkt aus betrachtet werden wolle.

Frankreich

René Clair:
Der italienische Strohhut
(Un chapeau de paille d'Italie)
Nach einer Komödie von Eugène Labiche und Marc Michel entstand René Clairs erster erfolgreicher, abendfüllender Film »Der italienische Strohhut«. Olga Tschechowa spielt eine zwar verheiratete, aber zu Liebesabenteuern aufgelegte Dame, deren Strohhut von einem Pferd gefressen wird, als sie gerade mit einem Offizier Zärtlichkeiten austauscht. Die Suche nach einem Ersatz-Strohhut führt zu allerlei Verwechslungen, Verfolgungsjagden und Mißverständnissen.

Abel Gance:
Napoleon
(Napoléon)
Die Öffentlichkeit bleibt weitgehend ungerührt, als Abel Gances 15 000-Meter-Werk (neun Stunden Laufzeit) mit der Musik von Arthur Honegger uraufgeführt wird in einer auf 5000 Meter gekürzten Fassung. Daß dieses Opus, das Napoleon (Albert Dieudonné) in der Art von Friedrich Nietzsches Übermenschen verherrlicht, dennoch Filmgeschichte macht, ist dem hervorragenden Einsatz filmischer Techniken zu verdanken. Am berühmtesten wird das sog. Triptychon, zwei Szenen, bei denen dem Geschehen um Napoleon (Leinwand in der Mitte) das Geschehen in Paris auf zwei weiteren Leinwänden gegenübergestellt ist. – Gance stellt 1933 eine Tonfassung des Films her und bringt 1955 eine gekürzte Fassung heraus.

Großbritannien

Anthony Asquith:
Sternschnuppen
(Shooting Stars)
Das Interesse für den Film ist bei Anthony Asquith, dem Sohn des früheren britischen Premierministers, bei einem Besuch in Hollywood erwacht. Mit »Sternschnuppen« legt er nach der Rückkehr aus den USA seinen ersten Stummfilm vor, einen leicht melodramatischen Thriller mit stark atmosphärischen Effekten. Die Filmschauspielerin Mae (Annette Benson) vertauscht in einem Revolver, aus dem auf ihren Mann Julian (Brian Aherne) während einer Filmszene geschossen werden soll, die Platzpatrone mit einer echten Patrone, weil sie fürchtet, daß Julian ihr Verhältnis mit dem Komiker Andy (Donald Calthrop) an die Öffentlichkeit bringen will, was ihrer Karriere schaden könnte. Die Kugel trifft jedoch nicht Julian, sondern Andy. Jahre später ist Julian, der die Zusammenhänge ahnt und sich von Mae getrennt hat, ein erfolgreicher Regisseur, während Mae nur unbedeutende Rollen erhält.

UdSSR

Boris Barnet:
Das Mädchen mit der Hutschachtel
(Dewuschka s koroboi)
Seine Stärke als Regisseur satirischer Komödien zeigt der frühere Rotarmist und Boxer Boris Barnet in seinem ersten Film »Das Mädchen mit der Hutschachtel«. Die attraktive Natascha (Anna Sten) arbeitet in einem Hutsalon, der in der Zeit der privatwirtschaftliche Initiative erlaubenden Neuen Ökonomischen Politik aufgeblüht ist. Als sie den obdachlosen Studenten Ilja (Iwan Kowal-Samborski) in der Wohnung ihrer Chefin einquartiert, wird sie entlassen und mit angeblich wertlosen Staatsobligationen ausgezahlt. Die Obligationen sind jedoch mit der Teilnahme an einer Lotterie verbunden, und dort gewinnt Natascha mehrere Tausend Rubel. Sie kann nun glücklich mit Ilja leben.

Jakow Protasanow:
Der Einundvierzigste
(Sorok perwy)
Das Problem des Bürgerkriegs zwischen Weißen und Roten nach der Oktoberrevolution und die Sinnlosigkeit des Tötens behandelt Jakow Protasanow in dem Film »Der Einundvierzigste« nach der gleichnamigen Erzählung von Boris Lawrenjew. Die Rotarmistin Marjutka (Ada Woizik) verfehlt mit ihrem Gewehr durch Zufall einen weißrussischen Offizier (Iwan Kowal-Samborski), trifft ihn später jedoch als Gefangenen wieder. Während des Gefangenentransports kentert das Boot, Marjutka und der Offizier können sich als einzige retten und verlieben sich ineinander auf einer einsamen Insel. Als sich ein Boot nähert, gerät Marjutka in den Konflikt zwischen politischem Kampf und Liebe. Sie erschießt den Offizier. – Grigorij Tschukrai verfilmt Lawrenjews Erzählung erneut 1956.

Wsewolod Pudowkin:
Die letzten Tage von Sankt Petersburg
(Kones Sankt-Peterburga)
Wie Sergej M. Eisensteins zur selben Zeit gedrehter Film »Oktober« (1928) war Wsewolod Pudowkins »Die letzten Tage von Sankt Petersburg« eine Auftragsarbeit anläßlich der Zehnjahrfeier der Oktoberrevolution. Anders als Eisenstein stellt Pudowkin ein individuelles Schicksal in den Mittelpunkt seiner Geschichte, einen jungen Bauernburschen (Iwan Tschuwelew), den die Erfahrungen während des Weltkriegs zu einer Bewußtwerdung führen, die in den Willen zur Revolution mündet.

USA

Frank Capra:
Lange Hosen
(Long Pants)
Hauptdarsteller in Frank Capras Stummfilmkomödie »Lange Hosen« ist Harry Langdon, der hier einen jungen Mann mimt, der zum Geburtstag die ersten langen Hosen geschenkt bekommen hat und sich in eine Rauschgiftschmugglerin (Alma Bennett) verliebt, während seine Eltern ihn mit der Jugendfreundin (Priscilla Bonner) verheiraten wollen. Nach »Der starke Mann« (1926) ist »Lange Hosen« der zweite Film, bei dem Capra und Langdon erfolgreich zusammenarbeiten. Danach trennen sich die beiden, Langdon inszeniert seine Filme selbst.

Alan Crosland:
Der Jazzsänger
(The Jazz Singer)
Mit der Uraufführung von Alan Croslands sentimentalem und pathetischem Film »Der Jazzsänger« am 23. Oktober 1927 wird der Beginn des Tonfilm-Zeitalters angesetzt. Wegen seiner Jazz-Songs und zwei Dialogzeilen macht dieser ansonsten kaum beachtenswerte Streifen als »erster Tonfilm« Geschichte.

Cecil B. DeMille:
Der König der Könige
(The King of Kings)
Henry Byron Warner spielt die Rolle des Christus in Cecil B. DeMilles aufwendigem Film »Der König der Könige«, der weniger durch seinen künstlerischen Gehalt als durch eine Vielzahl an Komparsen beeindruckt. – Ein Remake von Ray Nicholas mit demselben Titel kommt 1961 in die Kinos.

Josef von Sternberg:
Unterwelt
(Underworld)
Mit dem künstlerischen und kommerziellen Erfolg des Gangsterfilms »Unterwelt« beginnt die Verbindung des österreichisch-US-amerikanischen Regisseurs Josef von Sternberg mit der US-amerikanischen Produktionsgesellschaft Paramount, für die er alle seine wertvollen Filme dreht. Die Schilderung des Machtkampfs zweier rivalisierender Gangster in Chicago besticht durch die Milieuschilderungen und die Beschwörung einer Atmosphäre düsterer Ausweglosigkeit.

Sportereignisse und -rekorde des Jahres 1927

Die Aufstellung erfaßt Rekorde, Sieger und Meister in wichtigen Sportarten. Aufgenommen wurden nur solche Wettbewerbe, die in den vergangenen Jahren bereits regelmäßig ausgetragen worden sind oder ab 1927 kontinuierlich zu den Sportprogrammen gehörten (Sportarten in alphabetischer Folge).

Automobilsport

Grand-Prix-Rennen (Formel Eins)

Großer Preis von/Kurs	Sieger (Land)	Marke	Ø km/h
Belgien/Spa* (9./10.7.)	Robert Senechal (FRA)	Excelsior	91,800
Deutschland/Nürburgring (17.7.)	Otto Merz (GER)	Mercedes	101,891
England/Brooklands (1.10.)	Robert Benoist (FRA)	Delage	137,735
Frankreich/Monthlery (3.7.)	Robert Benoist (FRA)	Delage	126,012
Italien/Monza (4.9.)	Robert Benoist (FRA)	Delage	144,930
Spanien/Lasarte (31.7.)	Robert Benoist (FRA)	Delage	129,558

Langstreckenrennen

Kurs/Dauer	Sieger (Land)	Marke	Ø km/h
Indianapolis/500 Ms (30.5.)	Gerry Souders (USA)	Duesenberg	156,982
Le Mans/24 Stunden (18./19.6.)	J. Dudley Benjafield (GBR)/ John Davis (GBR)	Bentley	98,740
Mille Miglia/1000 Ms (26./27.3.)	Fernando Minoia (ITA)/ Guiseppe Morandi (ITA)	OM	77,238
Targa Florio/540 km (24.4.)	Emilio Materassi (ITA)	Bugatti	71,064

Rallyes

Monte Carlo	Lefebvre/Despeaux (FRA)	Amilcar	

*ausgetragen als 24-Stunden-Rennen

Boxen/Schwergewicht

Ort/Tag	Weltmeister	Gegner	Ergebnis
Chicago/22. 9.	Gene Tunney (USA)	Jack Dempsey (USA)	PS (10 R.)

Eiskunstlauf

Einzel	Herren	Damen
Weltmeister	Willi Böckl (AUT)	Sonja Henie (NOR)
Europameister	Willi Böckl (AUT)	Sonja Henie (NOR)
Deutscher Meister	Heinz Franke	Ellen Brockhöft

Paarlauf

Weltmeister	Herma Jaross-Szabo/Ludwig Wrede (AUT)
Europameister	Herma Jaross-Szabo/Ludwig Wrede (AUT)
Deutsche Meister	Kishauer/Gaste (Berlin)

Fußball

Länderspiele	Ergebnis	Ort	Datum
Deutschland (+ 1/= 1/– 1)			
Dänemark – Deutschland	3:1	Kopenhagen	02. 10.
Deutschland – Norwegen	6:2	Altona	23. 10.
Deutschland – Niederlande	2:2	Köln	20. 11.
Österreich (+ 4/= 0/– 3)			
Österreich – Belgien	4:1	Wien	22. 05.
Schweiz – Österreich	1:4	Zürich	29. 05.
Italien – Österreich	0:1	Bologna	06. 11.
Österreich – Tschechoslowakei	1:2	Wien	
Tschechoslowakei – Österreich	2:0	Prag	
Österreich – Ungarn	6:0	Wien	
Ungarn – Österreich	5:3	Budapest	
Schweiz (+ 0/= 1/– 3)			
Schweiz – Italien	1:5	Genf	30. 01.
Spanien – Schweiz	1:0	Santander	17. 04.
Schweiz – Österreich	1:4	Zürich	29. 05.
Schweiz – Schweden	2:2	Zürich	06. 11.

Landesmeister

Deutschland	1. FC Nürnberg – Hertha BSC Berlin 2:0
Österreich	Admira Wien
Schweiz	Grashopper Zürich
Belgien	CS Brügge
England	Newcastle United
Niederlande	Heracles Almelo
Italien	AC Turin
Jugoslawien	Hajduk Split
Schottland	Glasgow Rangers

Landespokal

Österreich	SK Rapid Wien – FK Austria Wien 3:0
Schweiz	Grashopper Zürich – Young Fellows Bern 3:1
England	FC Cardiff – FC Arsenal 1:0
Frankreich	Olympique Marseille – US Quevillaise 3:0
Niederlande	VUC
Schottland	Celtic Glasgow – East Fife 3:1
Spanien	Union Irun

Gewichtheben/Schwergewicht

Weltrekord (Land), Datum	Dreikampf	Drücken	Reißen	Stoßen
Karl Mörke (GER) 1927	380,0 kg	–	–	–
Rudolf Schilberg (AUT)	–	122,5 kg	–	–
Charles Rigoulot (FRA)	–	–	126,5 kg	161,5 kg

Leichtathletik

Deutsche Meister

Disziplin	Sieger (Stadt)	Leistung
Männer (16./17. Juli, Berlin)		
100 m	Helmut Körnig (Berlin)	10,8
200 m	Helmut Körnig (Berlin)	21,4
400 m	Joachim Büchner (Magdeburg)	48,8
800 m	Herbert Böcher (Berlin)	1:55,1
1500 m	Willi Boltze (Stettin)	4:02,2
5000 m	Otto John (Berlin)	15:03,2
10 000 m	Otto Petri (Hamburg)	32:00,8
25 000 m[1]	Willi Horlemann (Berlin)	1:30:46,0
Marathon[2]	Franz Wanderer (Potsdam)	2:58:30,0
110 m Hürden	Hans Steinhardt (Karlsruhe)	15,4
400 m Hürden	Otto Peltzer (Stettin)	54,8
3000 m Hindernis	nicht ausgetragen	
4 × 100 m	SC Charlottenburg Berlin	41,3
4 × 400 m	DSC Berlin	3:21,4
3 × 1000 m	nicht ausgetragen	
4 × 1500 m	SC Teutonia Berlin	16:41,0
Hochsprung	Otto Betz (Berlin)	1,88
Stabhochsprung	Achilles Reeg (Neu-Isenburg)	3,76
Weitsprung	Rudolf Dobermann (Köln)	7,28
Kugelstoßen	Georg Brechenmacher (Frankfurt)	14,22
Kugel beidarmig	Georg Brechenmacher (Frankfurt)	26,15
Diskuswurf	Hermann Hänchen (Berlin)	44,67
Diskus beidarmig	Hermann Hänchen (Berlin)	77,66

[1] 8. Mai Berlin
[2] 6./7. August Berlin

Disziplin	Sieger (Stadt)	Leistung
Hammerwurf	Josef Mang (Regensburg)	40,71
Speerwurf	Herbert Molles (Königsberg)	56,15
Speer beidarmig	Herbert Molles (Königsberg)	98,01
Zehnkampf[1]	Kurt Weiß (Berlin)	701
Gehen 50 km[2]	Karl Hähnel (Erfurt)	4:46:22,0
Mannschaft	SC Charlottenburg Berlin	
Frauen (6./7. August, Breslau)		
100 m	Gertrud Gladisch (Karlsruhe)	12,6
800 m	Lina Batschauer (Karlsruhe)	2:23,7
4 × 100 m	SC Viktoria Magdeburg	49,9
Hochsprung	Elisabeth Bonetsmüller (München)	1,45
Weitsprung	Eva von Bredow (Berlin)	5,45
Kugelstoßen	Ruth Lange (Berlin)	11,32
Diskuswurf	Ruth Lange (Berlin)	34,75
Schlagball	Käthe Alpen (Itzehoe)	72,38
Speerwurf	Augustine Hargus (Lübeck)	32,30
Dreikampf	Annelise Jacke (Magdeburg)	212

Weltrekorde (Stand: 31. 12. 1927)

Disziplin	Name (Land)	Leistung	Datum	Ort
Männer				
100 m	Charles Paddock (USA)	10,4	23. 04. 1921	Redlands
200 m (Gerade)	Roland Locke (USA)	20,6	01. 05. 1926	Lincoln
400 m	Ted Meredith (USA)	47,4	27. 05. 1916	Cambridge
800 m	Otto Peltzer (GER)	1:51,6	03. 07. 1926	London
1500 m	Otto Peltzer (GER)	3:51,0	11. 09. 1926	Berlin
5000 m	Paavo Nurmi (FIN)	14:35,4	12. 09. 1922	Stockholm
10 000 m	Paavo Nurmi (FIN)	30:06,2	31. 08. 1924	Kuopio
110 m Hürden	Earl Thomson (CAN)	14,8	18. 08. 1920	Antwerpen
400 m Hürden	Sten Petterson (SWE)	53,8	04. 10. 1925	Paris
4 × 100 m	USA	41,0	13. 07. 1924	Paris
4 × 400 m	USA	3:16,0	13. 07. 1924	Paris
Hochsprung	Harold Osborn (USA)	2,03	27. 05. 1925	Urbana
Stabhochsprung	Sabin Carr (USA)	4,27	27. 05. 1927	Philadelphia
Weitsprung	William DeHart Hubbard (USA)	7,89	13. 06. 1925	Chicago
Dreisprung	Daniel Ahearn (USA)	15,52	30. 05. 1911	New York
Kugelstoßen	Ralph Rose (USA)	15,54	21. 08. 1909	S. Francisco
Diskuswurf	Clarence Houser (USA)	48,20	03. 04. 1926	Palo Alto
Hammerwurf	Patrick Ryan (USA)	57,77	17. 08. 1913	New York
Speerwurf	Eino Penttilä (FIN)	69,88	08. 10. 1927	Viipuri
Zehnkampf	Paavo Yrjölä (FIN)	6.768	16./17. 7. 27	Helsinki
Frauen				
100 m	Gundel Wittmann (GER)	12,4	24. 08. 1926	Braunschweig
200 m	Eileen Edwards (GBR)	26,0	1926	
400 m	Vera Palmer (GBR)	60,5	1923	
Weitsprung	Kinye Hitomi (JAP)	5,50	1926	
Kugelstoßen	Hilde Koppl (AUT)			
Diskuswurf	Milly Reuter (GER)	38,34	22. 08. 1926	Braunschweig

Deutsche Rekorde (Stand: 31. 12. 1927)

Disziplin	Name (Ort)	Leistung	Datum	Ort
Männer				
100 m	Helmut Körnig (Breslau)	10,4	08. 08. 1926	Leipzig
200 m	Hubert Houben (Krefeld)	21,5	21. 09. 1924	Augsburg
400 m	Jochen Büchner (Magdeburg)	48,2	01. 09. 1927	Magdeburg
800 m	Otto Peltzer (Stettin)	1:51,6	03. 07. 1926	London
1000 m	Otto Peltzer (Stettin)	2:25,8	19. 09. 1927	Paris
1500 m	Otto Peltzer (Stettin)	3:51,0	11. 09. 1926	Berlin
3000 m	Emil Bedarff (Frankfurt)	8:44,5	13. 07. 1922	Düsseldorf
5000 m	Otto Kohn (Berlin)	15:03,2	21. 08. 1927	Paris
10 000 m	Otto Petri (Hamburg)	32:00,8	17. 07. 1927	Berlin
110 m Hürden	Heinrich Troßbach (Berlin)	14,9	08. 08. 1926	Berlin
400 m Hürden	Otto Peltzer (Stettin)	54,8	17. 07. 1927	Berlin
4 × 100 m	Nationalstaffel	41,0	31. 07. 1927	Düsseldorf
	SC Charlottenburg	41,3	17. 07. 1927	Berlin
4 × 400 m	Nationalstaffel	3:17,4	22. 08. 1926	Basel
	DSC Berlin	3:21,4	07. 08. 1927	Breslau
Hochsprung	Robert Pasemann (Berlin)	1,923	13. 08. 1911	Braunschw.
Stabhochsprung	Heinrich Fricke (Hannover)	3,80	20. 08. 1922	Duisburg
Weitsprung	Rudolf Dobermann (Köln)	7,53	26. 06. 1927	Ludwigshf.
Dreisprung	Arthur Holz (Berlin)	14,99	01. 07. 1922	Berlin
Kugelstoßen	Georg Brechenmacher (Frankfurt)	14,72	29. 08. 1927	Frankf./M.
Diskuswurf	Hans Hoffmeister (Münster)	47,04	15. 05. 1927	Gießen
Hammerwurf	Josef Mang (Regensburg)	43,12	26. 09. 1926	Regensburg
Speerwurf	Bruno Schlokat (Insterburg)	64,60	18. 09. 1927	Oslo
Zehnkampf	Kurt Weiß (Berlin)	701	6./7. 8. 1927	Breslau
Frauen				
100 m	Wally Wittmann (Berlin)	12,4	24. 08. 1926	Braunschw.
200 m	Gertrud Gladitsch (Karlsruhe)	27,0	04. 09. 1927	Hannover
800 m	Lina Batschauer (Karlsruhe)	2:23,7	07. 08. 1927	Breslau
1000 m	Wally Lingner (Berlin)	3:15,0	18. 07. 1926	Berlin
80 m Hürden	Eva v. Bredow (Berlin)	12,8	12. 06. 1927	Berlin
4 × 100 m	Viktoria Magdeburg	49,9	07. 08. 1927	Breslau
Hochsprung	Elisabeth Bonetsmüller (München)	1,525	19. 06. 1927	München
Weitsprung	Gertrud Gladitsch (Karlsruhe)	5,62	04. 09. 1927	Hannover
Kugelstoßen	Ruth Lange (Berlin)	11,37	11. 09. 1927	Berlin
Diskuswurf	Milly Reuter (Frankfurt)	38,34	22. 08. 1926	Braunschw.
Speerwurf	Augustine Hardus (Lübeck)	37,57	12. 06. 1927	Berlin

[1] 6./7. August Berlin
[2] 2. Oktober Erfurt

Pferdesport

Disziplin/Turnier	Sieger (Land)	Pferd (Gestüt)
Galopprennen		
Deutsches Derby	Ernst Pretzner (GER)	Mah Jong
Trabrennen		
Deutsches Derby	Georg Jau jr. (GER)	Aga (Nitschke)
Prix d'Amerique	V. Capovilla	Uranie
Turniersport		
Springreiten		
Deutsches Derby	Frhr. v. Langen (GER)	Falkner

Radsport

Disziplin, Ort, Datum	Plazierung, Name (Land)	Zeit/Rückstand
Straßenweltmeisterschaft (21. 7.)		
Profis (184 km) (Nürburgring)	1. Alfredo Binda (ITA)	6:35:00 Std.
	2. Costante Girardengo (ITA)	
	3. Domenico Piemontesi (ITA)	

Radsport (Fortsetzung)

Disziplin, Ort, Datum	Plazierung, Name (Land)	Zeit/Rückstand
Straßenweltmeisterschaft		
Amateure (184 km) (Nürburgring)	1. Jean Aerts (BEL)	6:53:00 Std.
	2. Wölke (GER)	
	3. O. Orrecchia (ITA)	
Rundfahrten (Etappen)		
Tour de France (24) Datum: 19. 6.–17. 7. Länge: 5398 km	1. Nicolas Frantz (LUX)	198:16:42 Std.
	2. Martin Dewaele (BEL)	200:05:03 Std.
	3. Freddy Verwaecke (BEL)	200:41:48 Std.
Giro d'Italia (15) Datum: 15. 5.–6. 6. Länge: 3860 km	1. Alfredo Binda (ITA)	144:15:35 Std.
	2. Giovanni Brunero (ITA)	144:42:59 Std.
	3. Antonio Negrini (ITA)	144:51:41 Std.

Schwimmen

Deutsche Meister (Hannover)

Disziplin	Sieger (Stadt)	Leistung
Männer		
Freistil 100 m	August Heitmann (Magdeburg)	1:03,0
Freistil 400 m	Herbert Heinrich (Leipzig)	5:20,8
Freistil 1500 m	Joachim Rademacher (Magdeburg)	22:38,4
Freistil 3 × 100 m	Magdeburg 1896	3:14,5
Freistil 3 × 200 m	Magdeburg 1896	7:34,0
Brust 100 m	Erich Rademacher (Magdeburg)	1:20,3
Brust 3 × 100 m	Hellas Magdeburg	4:06,7
Rücken 100 m	Ernst Küppers (Viersen)	1:13,0
Seite 100 m	Hans Bartsch (Berlin)	1:12,5
Lagen 4 × 100 m	Hellas Magdeburg	5:00,5
Kunstspringen	Joachim Lechnir (Dessau)	177,54
Turmspringen	Hans Luber (Berlin)	136,24
Mehrkampf	Hans Pielsticker (Düsseldorf)	
Wasserball	Wasserfreunde Hannover	
Frauen		
Freistil 100 m	Reni Erkens (Oberhausen)	1:17,3
Freistil 3 × 100 m	Poseidon Dresden	4:12,0
Brust 100 m	Hildegard Schrader (Magdeburg)	1:35,5
Brust 3 × 100 m	1. Magdeburger DSV	4:48,6
Rücken 100 m	Anni Rehborn (Bochum)	1:30,0
Kunstspringen	Lini Söhnchen (Bremen)	105,32

Europameister (Bologna, 31. 8.–4. 9.)

Disziplin	Sieger (Land)	Leistung
Männer		
Freistil 100 m	Arne Borg (SWE)	1:00,0
Freistil 400 m	Arne Borg (SWE)	5:08,6
Freistil 1500 m	Arne Borg (SWE)	19:07,2
Freistil 4 × 200 m	Deutschland	9:49,4
Brust 200 m	Erich Rademacher (GER)	2:55,2
Rücken 100 m	Erik Lundahl (SWE)	1:17,4
Kunstspringen	Ewald Riebschläger (GER)	173,86
Turmspringen	Hans Luber (GER)	114,86
Wasserball	Ungarn	
Frauen		
Freistil 100 m	Maria Vierdag (HOL)	1:15,0
Freistil 400 m	Maria Johanna Braun (HOL)	6:11,8
Freistil 4 × 100 m	Großbritannien	5:11,0
Brust 200 m	Hildegard Schrader (GER)	3:20,4
Rücken 100 m	Wilhelmine van den Turk (HOL)	1:24,6
Kunstspringen	Klara Bornett (AUT)	103,12
Turmspringen	Isabelle M. White (GBR)	36,04

Weltrekorde (Stand 31. 12. 1927)

Disziplin	Name (Land)	Leistung	Datum	Ort
Männer				
Freistil 100 m	Johnny Weissmüller (USA)	57,4	17. 2. 1924	Miami
Freistil 200 m	Johnny Weissmüller (USA)	2:15,2	26. 5. 1922	Ann Arbor
Freistil 400 m	Arne Borg (SWE)	4:50,3	11. 9. 1925	Stockholm
Freistil 800 m	Johnny Weissmüller (USA)	10:22,2	27. 7. 1927	Honolulu
Freistil 1500 m	Arne Borg (SWE)	19:07,2	2. 9. 1927	Bologna
Freistil 4 × 200	Deutschland	9:49,6	4. 9. 1927	Bologna
Brust 100 m	Walter Spence (USA)	1:14,0	28. 10. 1927	New York
Brust 200 m	Erich Rademacher (GER)	2:48,0	11. 3. 1927	Brüssel
Rücken 100 m	Peter A. House (USA)	1:10,2	22. 3. 1927	Newhaven
Rücken 200 m	Walter Laufer (USA)	2:38,8	13. 7. 1926	Magdeburg
Frauen				
Freistil 100 m	Ethel Lackie (USA)	1:10,0	28. 1. 1926	Toledo
Freistil 200 m	Martha Norelius (USA)	2:40,6	28. 2. 1926	Miami
Freistil 400 m	Martha Norelius (USA)	5:51,4	23. 1. 1927	Coral Gables
Freistil 800 m	Martha Norelius (USA)	12:17,8	31. 7. 1927	Massapaqua
Freistil 1500 m	Martha Norelius (USA)	23:44,6	28. 7. 1927	Massapaqua
Freistil 4 × 100	USA	4:58,8	18. 7. 1924	Paris
Freistil 4 × 200	USA	11:10,4	26. 2. 1925	Miami
Brust 100 m	Agnes Geraghty (USA)	1:28,8	13. 2. 1926	St. August
Brust 200 m	Else Jacobsen (DAN)	3:16,6	20. 8. 1927	Oslo
Rücken 100 m	Wilhelm. v. d. Turk (HOL)	1:22,0	10. 7. 1927	Rotterdam
Rücken 200 m	Sybil Bauer (USA)	3:03,8	9. 2. 1924	Miami

Deutsche Rekorde (Stand 31. 12. 1927)

Disziplin	Name (Land)	Leistung	Datum	Ort
Männer				
Freistil 100 m	Herbert Heinrich (Leipzig)	1:01,0	21. 5. 1927	Leipzig
Freistil 200 m	Herbert Heinrich (Leipzig)	2:19,0	3. 3. 1927	Leipzig
Freistil 400 m	Herbert Heinrich (Leipzig)	5:09,0	27. 3. 1927	Leipzig
Freistil 800 m	Friedel Berges (Darmstadt)	11:38,6	26. 6. 1926	Magdeburg
Freistil 1500 m	Friedel Berges (Darmstadt)	22:18,0	5. 7. 1924	Magdeburg
Freistil 4 × 100	Magdeburg 1896	4:29,8	1926	Köln
Freistil 4 × 200	Nationalstaffel	9:49,6	5. 9. 1927	Bologna
	Magdeburg 1896	10:36,9	1926	Köln
Brust 100 m	Erich Rademacher (Magdeburg)	1:15,0	22. 3. 1924	München
Brust 200 m	Erich Rademacher (Magdeburg)	2:48,0	11. 3. 1927	Brüssel
Rücken 100 m	Ernst Küppers (Viersen)	1:12,0	19. 6. 1927	Düsseldorf
Rücken 200 m	Albert Schumburg (Magdeburg)	2:46,6	17. 5. 1927	Magdeburg
Frauen				
Freistil 100 m	Lotte Lehmann (Dresden)	1:14,2	26. 2. 1927	Leipzig
Freistil 200 m	Lotte Lehmann (Dresden)	2:50,4	27. 2. 1927	Leipzig
Freistil 400 m	Lotte Lehmann (Dresden)	6:25,5	9. 7. 1927	Bielefeld
Freistil 800 m	Lotte Lehmann (Dresden)	15:46,2	14. 6. 1925	Breslau
Freistil 1500 m	Lotte Lehmann (Dresden)	29:33,9	14. 6. 1925	Breslau
Freistil	Nationalstaffel	5:12,8	4. 9. 1927	Bologna
	DSV Hannover	6:21,6	1922	Berlin
Brust 100 m	Erna Huneus (Mönchengladbach)	1:29,0	4. 10. 1925	Aachen
Brust 200 m	Erna Murray (Leipzig)	3:20,2	5. 4. 1925	Leipzig
Rücken 100 m	Anni Rehborn (Bochum)	1:29,2	15. 11. 1925	Duisburg
Rücken 200 m	Hanna Wunram (Hildesheim)	3:18,0	8. 3. 1926	Magdeburg

Tennis

Meisterschaften	Ort	Datum
Wimbledon	London	20. 6.–4. 7.

Meisterschaften	Ort	Datum
French Open	Paris	Mai
US Open	Forest Hills	September
Australian Open	Melbourne	Januar
Internationale Deutsche Meisterschaften	Hamburg	10.–17. 8.
Daviscup-Endspiel	Philadelphia	8.–10. 9.

Turnier	Sieger (Land) – Finalgegner (Land) Ergebnis
Herren	
Wimbledon	Henri Cochet (FRA) – Jean Borotra (FRA) 4:6, 4:6, 6:3, 6:4, 7:5
French Open	René Lacoste (FRA) – William Tilden (USA) 6:4, 4:6, 5:7, 6:3, 11:9
US Open	René Lacoste (FRA) – William Tilden (USA) 11:9, 6:3, 11:9
Australian O.	Gerald Patterson (AUS) – J. B. Hawkes 3:6, 6:4, 3:6, 18:16, 6:3
Int. Deutsche	Hans Moldenhauer (GER) – Hannemann (GER) 6:2, 4:6, 6:4, 6:4
Daviscup	Frankreich – USA 3:2
Damen	
Wimbledon	Helen Wills (USA) – Lili de Alvarez (SPA) 6:2, 6:4
French Open	K. Bouman – G. Peacock 6:2, 6:4
US Open	Helen Wills (USA) – Betty Nuthall (USA) 6:1, 6:4
Australian O.	E. Boyd (AUS) – R. Harper 5:7, 6:1, 6:2
Int. Deutsche	Cilly Aussem (GER)

Turnier	Sieger (Land) – Finalgegner (Land) Ergebnis
Herren-Doppel	
Wimbledon	Francis T. Hunter (USA)/ William Tilden (USA) – Jacques Brugnot (FRA)/ Henri Cochet (FRA) 1:6, 4:6, 8:6, 6:3, 6:4
French Open	Henri Cochet (FRA)/Jacques Brugnot (FRA)
US Open	Francis T. Hunter (USA)/ William Tilden (USA) – William Johnston (USA)/ Richard Williams (USA)
Australian O.	Gerald Patterson (AUS)/J. B. Hawkes (AUS)
Int. Deutsche	Greig/Summerson
Damen-Doppel	
Wimbledon	Helen Wills (USA)/ Elizabeth Ryan (USA) – Bobbie Heine (SAF)/ G. Peacock 6:3, 6:2
French Open	G. Peacock/E. Heine
US Open	Ermyntrude Harvey (USA)/Kitty Godfree (GBR)
Australian O.	P. O'Hara Wood/L. Bickerton
Int. Deutsche	M. Neppach/v. Petery-Varady
Mixed	
Wimbledon	Francis T. Hunter (USA)/ Elizabeth Ryan (USA) – Kitty Godfree (GBR)/ Leslie A. Godfree (GBR) 8:6, 6:0
French Open	Jean Borotra (FRA)/M. Bordes
US Open	Henri Cochet (FRA)/E. Bennet
Australian O.	J. B. Hawkes/E. F. Boyd

Nekrolog

Bekannte Persönlichkeiten aus allen Bereichen des gesellschaftlichen Lebens, die im Jahr 1927 gestorben sind, werden – alphabetisch geordnet – in Kurzbiographien vorgestellt.

Riunosuke Akutagawa

japanischer Novellist (* 1. 3. 1892, Tokio), scheidet in Tokio am 24. Juli durch Freitod aus dem Leben.
Akutagawa, Vater des Komponisten Jasuschi Akutagawa, behandelte in seinen neorealistischen Novellen historische und zeitgenössische Themen. Ins Deutsche wurden übersetzt »Rashomon« (1915), »Hana« (1916), »Der Kappa« (1927).

Michael Ancher

dänischer Maler (* 9. 6. 1849, Rutsker auf Bornholm), stirbt am 19. September in Skagen.
Ancher, Schüler der Kopenhagener Akademie, verheiratet mit der Malerin Anna Ancher, malte impressionistische Landschaften und realistische Bilder aus dem Strand- und Fischerleben sowie Bildnisse.

Svante August Arrhenius

schwedischer Physikochemiker, Physiknobelpreisträger 1903 (* 19. 2. 1859, Gut Wyk bei Uppsala), stirbt am 2. Oktober in Stockholm.
Für seine Theorie der elektrolytischen Dissoziation erhielt Arrhenius 1903 den Physiknobelpreis. Elektrolytische Dissoziation ist der Zerfall von Molekülen in die positiv geladenen Kationen und die negativ geladenen Anionen, der durch elektrischen Strom hervorgerufen werden kann bzw. die elektrische Leitfähigkeit bewirkt. Bei Untersuchungen der Reaktionskinetik erkannte Arrhenius die Abhängigkeit chemischer Reaktionen von der Temperatur und stellte die nach ihm benannte Arrhenius-Gleichung auf. Seine weiteren Forschungsgebiete waren die Aktivierungsenergie, die Serumtherapie und die Astrophysik. Letztere führte ihn zu der Theorie vom Strahlungsdruck der Sonne bei der Entstehung der Kometenschweife.

Hugo Ball

deutscher Dramatiker, Erzähler, Essayist und Zeitkritiker, Wegbereiter des expressionistischen Theaters, Mitbegründer des Dadaismus (* 22. 2. 1886, Pirmasens), stirbt am 14. September in Gentilino bei Lugano.
Bei Beginn des Weltkriegs meldete sich Ball freiwillig an die Front, kehrte aber als erbitterter Kriegsgegner zurück und emigrierte 1915 mit seiner späteren Ehefrau, der Schriftstellerin Emmy Hennings, in die Schweiz. Als Mitbegründer des Dadaismus im Zürcher »Cabaret Voltaire« (1916) gab er über diese Bewegung Aufschluß in seinem Roman »Flametti oder vom Dandysmus der Armen« (1918), wandte sich aber schon 1917 vom Dadaismus ab, weil er ihm überholt erschien. Als politischer Journalist an der »Freien Zeitung« in Bern 1917 bis 1919 verfaßte er, beeinflußt von dem Anarchisten Michail A. Bakunin, Programmschriften und provozierende Manifeste. Die Anprangerung der Sinnlosigkeit des Krieges gipfelte in seinen Lautgedichten; dieselbe Tendenz haben sein Roman »Tenderenda der Phantast« (hg. 1967) und die Zeitschrift »Zur Kritik der deutschen Intelligenz« (1919). 1920 trat Ball vom Protestantismus zum katholischen Glauben über, 1921 zog er sich in das Tessin zurück und lebte ganz seiner literarischen Arbeit. Zu seinem umfangreichen Werk gehören ferner Tagebücher (»Flucht aus der Zeit«, 1927), Dramen, Erzählungen, Essays und Kulturkritiken sowie eine Biographie über seinen Freund Hermann Hesse.

Georg von Below

deutscher Historiker (* 19. 1. 1858, Königsberg/Preußen), stirbt am 20. Oktober in Badenweiler.
Below, 1905 bis 1924 Professor in Freiburg im Breisgau, befaßte sich vor allem mit Verfassungs- und Wirtschaftsgeschichte. Werke: »Das ältere deutsche Städtewesen und Bürgertum« (1898), »Der deutsche Staat des Mittelalters« (1914), »Die deutsche Geschichtsschreibung von den Befreiungskriegen an bis zu unseren Tagen« (1916), »Probleme der Wirtschaftsgeschichte« (1920), »Die italienische Kaiserpolitik des deutschen Mittelalters« (1927).

Georg Brandes

eigentlich Morris Cohen, dänischer Literarhistoriker, Kritiker und Biograph (* 4. 2. 1842, Kopenhagen), stirbt am 19. Februar in Kopenhagen.
Brandes, Bruder des Schriftstellers, Theaterkritikers, Dramaturgen und Politikers Edvard Brandes, war der Wegbereiter des Realismus in Skandinavien und förderte in seinen Schriften junge Dichter wie Björnstjerne Björnson, Henrik Ibsen, Holger Drachmann, Jens Peter Jacobsen u. a. Er führte Friedrich Nietzsche in den skandinavischen Ländern ein und beeinflußte dadurch August Strindberg und Knut Hamsun. Er war der Begründer des nach ihm benannten Brandesianismus, einer kulturradikalen, kosmopolitischen und antiklerikalen Geistesströmung. Wegen seiner radikalen Haltung erhielt er erst 1902 einen staatlichen Lehrstuhl. Er verfaßte zahlreiche Biographien (William Shakespeare, Johann Wolfgang von Goethe, Voltaire, Caesar, Michelangelo Buonarroti) und Reisebücher.

Ion I. C. Brătianu

rumänischer liberaler Politiker (* 20. 4. 1864, Florica), stirbt am 24. November in Bukarest.
Brătianu, Sohn des gleichnamigen Staatsmannes, wurde 1909 Führer der Liberalen Partei und war 1909 bis 1911 erstmals Ministerpräsident. Als Ministerpräsident 1914 bis 1918 setzte er 1914 gegen König Karl die Neutralität Rumäniens während des Ersten Weltkriegs durch, vollzog jedoch 1916 nach den Erfolgen der russischen Brussilow-Offensive den Anschluß an die Entente. Nach der Niederlage Rumäniens gegen die Mittelmächte demissionierte er im Februar 1918, war jedoch bereits im Dezember desselben

Jahres wieder im Amt. Im September 1919 trat er erneut zurück aus Protest gegen die Bestimmungen des Pariser Friedensvertrags, der Rumänien nicht das ganze Banat zusprach. 1922 bis 1926 leitete er erneut die Regierung und setzte 1923 die neue Verfassung Großrumäniens durch. Im Juni 1927 wurde er zum fünften Mal Ministerpräsident.

Heinrich Braun

deutscher Sozialpolitiker (* 23. 11. 1854, Budapest), stirbt am 8. Februar in Berlin.

Heinrich Braun, der Bruder der österreichischen Sozialpolitikers Adolf Braun, des Mitbegründers der Sozialdemokratischen Arbeiterpartei Österreichs, und Mann der Schriftstellerin und Frauenrechtlerin Lily Braun, zählte 1883 zu den Mitbegründern der »Neuen Zeit«, der wichtigsten wissenschaftlichen Zeitschrift der deutschen Sozialdemokratie. 1888 bis 1903 gab er das von ihm gegründete »Archiv für soziale Gesetzgebung und Statistik«, 1892 bis 1895 das »Sozialpolitische Zentralblatt«, 1905 bis 1907 die »Neue Gesellschaft« und die »Annalen für Sozialpolitik und Gesetzgebung« heraus. Innerhalb der SPD war er ein Vertreter des Revisionismus.

Paul Vincenz Busch

deutscher Zirkusdirektor (* 21. 1. 1850, Berlin), stirbt am 28. November in Berlin.

Buschs Karriere begann nach dem Deutsch-Französischen Krieg 1870/71 als Schulreiter in Wanderzirkussen. Mit zehn eigenen Pferden machte er sich schließlich in Dänemark selbständig. Der nach ihm benannte Zirkus pflegte neben artistischer Akrobatik und Clownerien die Tierdressur und die Hohe Schule. Neben Viermastzelten für Tourneen durch die ganze Welt besaß Busch feste Zirkushäuser in Hamburg-Altona, Wien, Berlin und Breslau. Nach dem Tod Buschs leitet seine Tochter Paula Busch das Unternehmen.

Houston Stewart Chamberlain

britischer Kulturphilosoph und Schriftsteller, seit 1916 deutscher Staatsbürger (* 9. 9. 1855, Portsmouth), stirbt am 9. Januar in Bayreuth.

Chamberlain, Verehrer des deutschen Geisteslebens, vor allem des Schaffens von Richard Wagner, dessen Tochter Eva er heiratete, vertrat völkisch-mystische Ideen und einen auf Joseph Arthur von Gobineau fußenden Rassismus. Sein Hauptwerk sind die zwei Bände »Die Grundlagen des 19. Jahrhunderts« (1899).

Charlotte

Ex-Kaiserin von Mexiko (* 7. 6. 1840, Laeken bei Brüssel), stirbt am 19. Januar in Bouchoute bei Brüssel.

Die einzige Tochter des belgischen Königs Leopold I. vermählte sich 1857 mit Erzherzog Maximilian von Österreich, den sie zur Annahme der mexikanischen Kaiserkrone drängte (1864). Als Maximilians Lage in Mexiko durch den Abzug der Franzosen aussichtslos wurde, ging Charlotte nach Europa. Bei Kaiser Napoleon III. warb sie in Paris vergeblich um Unterstützung für ihren Gatten, der 1867 von den Revolutionären unter Benido Juárez García hingerichtet wurde. Wenig später verfiel sie in Wahnsinn. Seit 1867 lebte sie in den belgischen Schlössern Tervueren und Bouchoute.

Michael Georg Conrad

deutscher frühnaturalistischer Kritiker und Erzähler (* 5. 4. 1846, Gnodstadt bei Ochsenfurt), stirbt am 20. Dezember in München.

Durch seine begeisterten Essays über den französischen Romancier Émile Zola wurde Conrad, der aus einer Bauernfamilie stammte, zu einem der Wegbereiter des deutschen Naturalismus. Er war Gründer und 1885 bis 1901 Herausgeber der Zeitschrift »Die Gesellschaft«, des Organs des deutschen Frühnaturalismus. Seine breitangelegten Romane greifen auf die Milieutechnik Zolas zurück: »Was die Isar rauscht« (1888), »Die klugen Jungfrauen« (1889), »Die Beichte des Narren« (1893), »In purpurner Finsternis« (1895), »Majestät« (1902), »Der Herrgott am Grenzstein« (1904). Conrad verfaßte auch zahlreiche Novellen und den Essayband »Von Émile Zola bis Gerhart Hauptmann« (1902) sowie eine Zola-Biographie (1906).

Manuel Díaz Rodríguez

venezolanischer Schriftsteller (* Februar 1871, Caracas), stirbt am 24. August in New York.

Díaz Rodríguez zählt zu den bedeutendsten Vertretern des Modernismus in der hispanoamerikanischen und spanischen Literatur. Während er anfangs ausgesprochen europäisch ausgerichtet war, wandte er sich nach 1900 einem übertriebenen Ästhetizismus zu und schilderte in seiner Spätphase das ländliche Leben Venezuelas, seine Landschaft und Bewohner. Neben Erzählungen (»Confidencias de Psiquis«, 1897, »Cuentos de color«, 1899) und Romanen (»Idolos rotos«, 1901, »Sangre patricia«, 1902) verfaßte er auch philosophische Essays (»Camino de perfección«, 1908, »Motivos de meditación«, 1918) und Reiseberichte.

Isadora Duncan

US-amerikanische Ausdruckstänzerin (* 27. 5. 1878, San Francisco), stirbt am 14. September in Nizza. Ihr Schal hatte sich in den Speichen eines Autos verfangen, dabei wurde sie erdrosselt.

Als Isadora Duncan 1899 nach Europa kam, führte sie einen neuen Tanzstil ein, der sich in Ausdruck und Bewegung, Kostüm und Musik von den starren Regeln des klassischen Balletts gelöst hatte. Diesen Tanz bezeichnete sie als den natürlichen Tanz, der den Tanz der griechischen Antike mit der Harmonie von Körper und Seele wiederbeleben sollte. Isadora Duncan tanzte barfuß in weißen, fließenden Gewändern nach klassischer, nicht für den Tanz geschaffener Musik und begründete damit den modernen sinfonischen Tanz. Mit ihrer Schwester Elisabeth gründete sie in Berlin und anderen europäischen Städten Tanzschulen.

Georges Eekhoud

belgischer Schriftsteller (* 27. 5. 1854, Antwerpen), stirbt am 29. Mai in Schaerbeek.

Eekhoud, Gründer der avantgardistischen Zeitschrift »Le coq rouge« (1895), wandte sich in seinen Romanen und Erzählungen gegen Fortschrittsglauben und Geldkultur und verherrlichte das ländliche Leben, dem er die Ausgestoßenen der bürgerlichen Gesellschaft gegenüberstellte, Landstreicher und Kriminelle, in denen er verkannte Heilige erblickte. Werke: »Kees Doorik« (1883), »Escal-Vigor« (1899).

Ferdinand I.

König von Rumänien seit 1914 (* 24. 8. 1865, Sigmaringen), stirbt am 20. Juli in Bukarest.

Ferdinand, der zweite Sohn des Fürsten Leopold von Hohenzollern-Sigmaringen und Neffe des kinderlosen Königs Karl I. von Rumänien, wurde 1889 als rumänischer Thronerbe anerkannt, heiratete 1893 die britische Prinzessin Maria und bestieg 1914 den Thron. Unter seiner Regierung, die meist von dem liberalen Ion I. C. Brătianu geleitet wurde, trat Rumänien in den Weltkrieg ein und gewann nach anfänglichen Niederlagen Siebenbürgen, einen Teil des Banats, die Bukowina und Bessarabien. 1922 wurde Ferdinand in Karlsburg zum König von Neurumänien gekrönt. – In der Herrschaft folgt sein unmündiger Enkel Michael, da der Kronprinz Carol auf Druck seines Vaters bereits 1926 auf den Thron verzichtet hat.

Juan Gris

eigentlich José Victoriano Gonzáles, spanischer Maler und Graphiker (* 23. 3. 1887, Madrid), stirbt am 11. Mai in Paris.

Nach der Übersiedlung nach Paris 1906 schloß sich Juan Gris dem Kreis um Pablo Picasso an. Mit ihm und mit Georges Braque entwickelte er die sog. synthetische Variante des Kubismus, wollte »aus der Abstraktion zur konkreten Wirklichkeit gelangen« und aus Grundformen »neue Einzeldinge entstehen lassen«. Trotz seiner Tuberkulose entfaltete er eine umfangreiche Tätigkeit. Er arbeitete 1922/23 für das Diaghilew-Ballett in Monte Carlo, schuf zahlreiche Illustrationen zu Werken der Weltliteratur und vertrat seine künstlerischen Vorstellungen in Aufsätzen und Vorträgen.

Ricardo Güiraldes

argentinischer Schriftsteller (* 13. 2. 1886, Buenos Aires), stirbt am 8. Oktober in Paris.

Güiraldes stand als Lyriker anfangs unter dem Einfluß der Modernisten, wandte sich später jedoch avantgardistischen Formen zu. 1924 gründete er mit Jorge Luis Borges die Literaturzeitschrift »Proa«. Ein internationaler Erfolg wurde sein autobiographisch gefärbter Roman »Das Buch vom Gaucho Sombra« (1926).

Maximilian Harden

eigentlich Felix Ernst Witkowski, deutscher Publizist und Schriftsteller (* 20. 10. 1861, Berlin), stirbt am 30. Oktober in Montana im Wallis.

Harden begann seine Laufbahn als Schauspieler, den Theaternamen Maximilian Harden behielt er bei, 1889 war er Mitbegründer der Freien Bühne in Berlin und wurde 1905 Berater des Regisseurs Max Reinhardt. Nach Mitarbeit beim »Deutschen Montagsblatt« und bei der »Gegenwart«, erregte er 1892 mit »Apostata«, einer Sammlung literarischer und politischer Essays, breites Aufsehen. Im selben Jahr gründete er die politische Wochenschrift »Die Zukunft«, in der er sich mit unerbittlicher Schärfe und großer Sachkenntnis als Verfechter altpreußischer Gesinnung und Wahrer deutscher Machtinteressen gab. Ziel seiner Angriffe waren Kaiser Wilhelm II. und dessen jeweilige Reichskanzler. Diese politischen Fehden gipfelten 1907 bis 1909 in den Homosexualitäts-Skandalprozessen gegen die »Hofkamarilla« Wilhelms II. (Philipp Fürst zu Eulenburg). Zu Beginn des Weltkriegs vertrat er einen imperialistischen, annexionistischen Kurs, wandelte sich jedoch bald zum Pazifisten und Gegner des Nationalismus und nach dem Krieg zum Sozialisten. 1922 verübten Nationalisten ein Attentat auf ihn, von dem er schwere körperliche und geistige Schäden davontrug. 1923 stellte er seine Zeitschrift ein und übersiedelte in die Schweiz. Essays: »Literatur und Theater« (1896), »Köpfe« (vier Bände, 1910–1924), »Krieg und Friede« (zwei Bände, 1918). Er schrieb ferner die Autobiographie »Von Versailles nach Versailles« (1927).

Friedrich Hegar

schweizerischer Dirigent und Komponist (* 11. 10. 1841, Basel), stirbt am 2. Juni in Zürich.

Hegar, der ab 1863 in Zürich lebte, war 1868 bis 1906 Dirigent des Tonhallenorchesters und 1876 bis 1914 der von ihm mitbegründeten Musikschule. Als Komponist war er von Johannes

Brahms beeinflußt. Er schuf Orchester- und Kammermusikwerke, ein Violoncellokonzert, die Chorwerke »Manasse« (Oratorium, 1888) und »Ahasvers Erwachen« (für Soli, Chor und Orchester, 1904) sowie mehrere Männerchorwerke.

Jerome K. Jerome

britischer Journalist, Erzähler und Dramatiker (*2. 5. 1859, Walsall/Staffordshire), stirbt am 14. Juni in Northampton.
Der Humorist Jerome K(lapka) Jerome verfaßte populäre Erzählungen, von denen »Drei Mann in einem Boot« (1889) ein Welterfolg wurde. Auch sein Theaterstück »Der Fremde« (1907) war überaus erfolgreich. Er schrieb ferner den Roman »Anthony John« (1923).

Hermann Muthesius

deutscher Architekt und Kunstschriftsteller (*20. 4. 1861, Großneuhausen), stirbt am 26. Oktober in Berlin.
Muthesius arbeitete 1887 bis 1891 für die Architekturfirma Ende & Böckmann in Japan, war anschließend im preußischen Ministerium für öffentliche Arbeiten tätig und wurde 1896 bis 1903 als Botschaftsattaché zum Studium der englischen Reformbewegung in Kunstgewerbe und Hausbau nach London geschickt. Ergebnis war das Werk »Stilarchitektur und Baukunst«, die erfolgreichste deutsche Kampfschrift gegen die akademisch-historisierende Architektur und gegen den Jugendstil. Er wurde mit dieser Schrift und mit dem dreibändigen Werk »Das englische Haus« (1904/05) der führende Architekturtheoretiker des gehobenen Bürgertums und seiner auf Einfachheit gerichteten Reformbewegung. Seine bedeutendsten Bauten sind Landhausbauten in Berlin in traditioneller Handwerkstechnik (Haus von Seefeld, Haus Freudenberg, Haus De Burlet). Er baute auch Fabriken und Geschäftshäuser.

Wassili Dmitrijewitsch Polenow

russischer Maler (*1. 6. 1844, Petersburg/Leningrad), stirbt am 18. Juli in Borok (heute Polenowo im Gebiet Tula).
Mit einem Auslandsstipendium der Akademie der Künste bereiste Polenow Italien und lebte 1872 bis 1876 mit Ilja Repin in Frankreich. Neben intensivem Naturstudium wandte er sich in dieser Zeit der Porträt- und Historienmalerei zu (»Aufstand der Niederlande«, Skizzen zu »Vortrag Lassalles in einem Arbeiterclub«). Nach seiner Rückkehr 1876 wurde er Mitglied der Akademie, war während des Russisch-Türkischen Krieges 1876 bis 1878 im Stab des russischen Heeres auf dem Balkan und schuf Zeichnungen und Schlachtenbilder. 1879 wurde er Mitglied der Künstlergruppe »Wanderer« (Peredwischniki), auf deren Kunstausstellung von 1878 er sein Gemälde »Moskauer Hof« ausgestellt hatte, ein hervorragendes Beispiel russischer Pleinairmalerei. Als Leiter der Landschaftsklasse der Moskauer Schule für Malerei, Bildhauerei und Baukunst ab 1882 wurde er Lehrer einer Reihe der bedeutendsten Vertreter der russischen Landschafts- und Genremalerei.

Stanislaw Przybyszewski

polnischer Schriftsteller (*7. 5. 1868, Lojewo), stirbt am 23. November in Jaronty.
Przybyszewski schrieb bis 1900 in deutscher, danach in polnischer Sprache. Er war einer der Hauptvertreter der von Friedrich Nietzsche und August Strindberg beeinflußten naturalistisch-symbolistischen Bewegung »Junges Polen«, der er den Namen gab. Seine bedeutendsten Werke entstanden während seiner sog. satanischen Periode 1895 bis 1900, während der er den Kampf der Geschlechter schonungslos analysierte. Romane: »De Profundis« (1895), »Satans Kinder«, »Synagoge des Satans« (beide 1897), »Homo Sapiens« (Trilogie, 1895–1898), »In diesem Erdental der Tränen« (1900). Von Bedeutung sind auch seine Memoiren »Meine Zeitgenossen« (1926–1930).

Carl Runge

deutscher Mathematiker (*30. 8. 1856, Bremen), stirbt am 3. Januar in Göttingen.
Runge, 1886 bis 1904 Professor in Hannover, 1904 bis 1924 in Göttingen, zählte zu den führenden Vertretern der angewandten und approximativen Mathematik. Werke: »Praxis der Gleichungen« (1900), »Theorie und Praxis der Reihen« (1904), Analytische Geometrie der Ebene« (1908), »Graphische Methoden« (1915), »Vektoranalysis« (1919).

Matilde Serao

italienische Journalistin und Erzählerin (*7. 3. 1856, Patras/Griechenland), stirbt am 25. Juli in Neapel.
Matilde Serao verfaßte rund 40 Bände realistischer Erzählungen und Romane, in denen sie das Leben des einfachen Volkes und der kleinbürgerlichen Welt in Neapel ebenso wie Skandalgeschichten und Probleme junger Frauen behandelte. 1884 heiratete sie den Journalisten Eduardo Scarfoglio, mit dem sie u. a. die Zeitung »Il Corriere di Napoli« gründete. Zu ihren bekanntesten Romanen gehören »Fantasia« (1883), »Riccardo Joanna's Leben und Abenteuer« (1887), »Schlaraffenland« (1890), »Es lebe das Leben!« (1909), »Mors tua, vita mea« (1926).

Fjodor Sologub

eigentlich Fjodor Kusmitsch Teternikow, russischer Schriftsteller (*1. 3. 1863, Petersburg/Leningrad), stirbt am 5. Dezember in Leningrad.
Sologub, einer der bedeutendsten russischen Symbolisten, stellte in seinen erzählerischen und lyrischen Werken eine Welt des Phantastischen dar. Dem »Gefängnis des Lebens« stellt er das Schönheit und Geborgenheit verheißende Reich des Todes gegenüber. Sein bekanntestes Werk ist der Roman »Der kleine Dämon« (1907). Weitere bedeutende Romane sind »Totenzauber« (Trilogie, 1908–1913), »Süßer als Gift« (1908).

Stephan Gudmundsson Stephansson

isländisch-kanadischer Dichter (*3. 10. 1853, Kirkjuböll), stirbt am 10. August in Markerville/Alberta in Kanada.
Stephansson gilt als einer der bedeutendsten Dichter Islands und als größter Dichter Kanadas, wohin er 1873 auswanderte. In seinen Gedichten, die in der Tradition von Sagas, Edda und Rímur stehen, schildert er die kanadische Landschaft und greift Kapitalismus und Klerikalismus an. Während des Weltkriegs war er ein kompromißloser Kriegsgegner.

Otto Wiener

deutscher Physiker (*15. 6. 1862, Karlsruhe), stirbt am 18. Januar in Leipzig.
Wiener, ab 1895 Professor in Gießen, ab 1899 Professor der Experimentalphysik und Direktor des Physikalischen Instituts der Universität Leipzig, forschte vor allem auf dem Gebiet der Optik. 1889 wies er die stehenden Lichtwellen nach, die Grundlage der Lippmannschen Farbenfotografie.

Alfred Fürst zu Windischgrätz

österreichischer konservativer Politiker (*31. 10. 1851, Prag), stirbt am 23. November in Wien.
Windischgrätz, Enkel des gleichnamigen Feldmarschalls, der 1848 das aufständische Wien eroberte und 1849 die Revolution in Ungarn niederschlug, war erbliches Mitglied des österreichischen Herrenhauses, wurde 1883 auch in den böhmischen Landtag gewählt und wurde 1890 Obmann der Verhandlungen über den böhmischen Ausgleich. 1893 bis 1895 war er Ministerpräsident einer Koalitionsregierung, die sich auf die Vereinigte Deutsche Linke, den konservativ-klerikalen Hohenwartklub und die Polen stützte. 1897 bis 1918 war er Präsident des Herrenhauses.

Ludwig von Zumbusch

deutscher Maler (*17. 7. 1861, München), stirbt am 28. Februar in München.
Zumbusch, Sohn des deutsch-österreichischen Bildhauers Kaspar von Zumbusch, war einer der ersten Mitarbeiter der Zeitschrift »Die Jugend«. Er schuf Porträts, vor allem Kinderbildnisse, und Kinderszenen sowie feine Pastelllandschaften.

Register

Das Personenregister enthält alle in diesem Buch genannten Personen (nicht berücksichtigt sind mythologische Gestalten und fiktive Persönlichkeiten sowie Eintragungen im Anhang). Die Herrscher und Angehörigen regierender Häuser sind alphabetisch nach den Ländern ihrer Herkunft geordnet. Kursive Zahlen verweisen auf Abbildungen.

Abkürzungen zu den Sportseiten

AFG	Afghanistan
ARG	Argentinien
AUS	Australien
AUT	Österreich
BEL	Belgien
BOL	Bolivien
BRA	Brasilien
BUL	Bulgarien
BUR	Birma
CAN	Kanada
CHI	Chile
CHN	China
COL	Kolumbien
COS	Costa Rica
ČSR	Tschechoslowakei
CUB	Kuba
DAN	Dänemark
DOM	Dominikanische Republik
ECU	Ecuador
EGY	Ägypten
EST	Estland
ETH	Äthiopien
FIN	Finnland
FRA	Frankreich
GBR	Großbritannien
GER	Deutschland
GRE	Griechenland
GUA	Guatemala
HAI	Haiti
HOL	Niederlande
IRA	Persien (Iran)
IRK	Irak
IRL	Irland
ISL	Island
ITA	Italien
JAP	Japan
LET	Lettland
LIE	Liechtenstein
LIT	Litauen
LUX	Luxemburg
MCO	Monaco
MEX	Mexiko
MON	Mongolische Volksrepublik
NEP	Nepal
NIC	Nicaragua
NOR	Norwegen
NZL	Neuseeland
PAN	Panama
PAR	Paraguay
PER	Peru
POL	Polen
POR	Portugal
RUM	Rumänien
SAF	Südafrika
SAL	El Salvador
SAN	San Marino
SOV	Sowjetunion
SPA	Spanien
SUI	Schweiz
SWE	Schweden
THA	Thailand
TUR	Türkei
UNG	Ungarn
URU	Uruguay
USA	Vereinigte Staaten von Amerika
VEN	Venezuela

Bildquellen

Harenberg Kommunikation, Dortmund (596), Haus-, Staats- und Hofarchiv, Wien (1), Großversandhaus Quelle, Fürth (1), Süddeutscher Verlag, München (3

Karten und Grafiken: Bertelsmann Lexikon Verlag GmbH, Gütersloh / München (11)